KB155699

이하선후설

이(夷)·하(夏) 관계의 선후를 밝히다

유교철학 · 문화콘텐츠연구소 연구총서 **1**

이 夷 · 하 夏 관계의 선후를 밝히다

이하선후설 夷夏先後說

이화易華 지음 김성기金聖基 옮김

성균관대학교
출판부

해동(海東)에서 나를 알아주는 이를 만나다

가을 바람에 괴로이 시만 읊는데	秋風惟苦吟
세상 길에 알아주는 이가 드무네	擧世少知音
창문 밖 깊은 밤 빗소리에	窓外三更雨
몸은 등잔 앞이나 마음은 만리 밖으로 가네	燈前萬里心

　이 시는 동국의 유종(儒宗)으로 추앙받던 최치원이 당나라에 있으면서 지은 것입니다. 그의 시를 보며 자신을 알아주는 이[知音]를 만나기 어려운 것은 예나 지금이나 똑같다는 것을 떠올렸습니다. 최치원이 「쌍계사진감선사비명(雙磎寺眞鑑禪師碑銘)」에서 "도는 사람과 멀리 떨어져 있지 않고, 사람은 나라에 따라 차이가 없다(夫道不遠人, 人無異國)."라고 한 것은, 문화와 문명은 민족과 국가를 초월한다는 뜻이라 생각됩니다. 진주를 알아보는 혜안을 소유한 한국의 성균관대학교 김성기 교수가 전심전력을 다해 『이하선후설(夷夏先後說)』을 번역하여 출간한다는 소식을 듣고, 저를 알아주는 이가 해동에 있음에 감격하였습니다.
　국가와 민족의 문화는 본토문화와 외래문화가 반복적으로 뒤섞여 형성되는 것이기에 민족의 역사를 해석할 때에는 민족국가를 초월하여야 합니다. 『이하선후설』이 아시아가 인류 문명과 조화롭게 공존할 수 있는 길을 찾는 데에 조금이나마 도움이 되길 바랍니다.

2021년 5월 25일, 중국 간쑤성 민현에서, 이화(易華) 쓰다.

이 책은 이화(易華) 교수의 『이하선후설(夷夏先後說)』(北京:民族出版社, 2012)을 완역한 것이다.

2012년 6월 7일, 미국의 저명한 한학자 빅터 마이어(Victor H. Mair) 교수가 북경대학 외국어학원에서 "한학(漢學)의 어제와 오늘: 방법과 목표"란 강연을 하였다. 그는 여기서 모든 이의 관심을 끄는 책을 소개하였는데 바로 『이하선후설』이었다. 그는 이 책에 대하여 다음과 같이 정중하게 평가하였다.

『이하선후설』은 한학연구의 신영역을 개척하였다. 새로운 방법을 응용하였고, 신견해를 제출하였으며 한학(漢學)연구의 신동향을 체현했다.[1]

이후 줄곧 이하관계사(夷夏關係史) 논쟁의 화제가 된 이 책은 중국사회과학원 이화(易華) 박사가 집필한 것이다. 이하관계는 동서의 구분뿐만 아니라 선후(先後)의 구별도 있다는 명확한 견해를 제출하였다.

이화(易華) 박사는 부사년(傅斯年)의 「이하동서설(夷夏東西說)」과 왕헌당(王獻唐)의 「염황씨족문화고(炎黃氏族文化考)」의 영향을 받고, 프랑스 역사학자 페르낭 브로델(Fernand Braudel, 1902~1985)이 제시한 "장

---

1 信華網, 北京, 2012. 6. 14. 참조.

기지속(Long duree)" 이론과 임마누엘 월러스타인(Immanuel Wallerstein, 1930~2019)의 "세계체계(World System)" 개념을 참고하여 "이하선후설"을 제기하였다. 그의 이론은 몇 가지 면에서 독창성을 가지고 있다고 평가된다.

그에 의하면 역사적 기록과 전설은 하(夏)왕조 건립 이전의 동아시아를 이만(夷蠻)의 땅이라고 기록하고 있다. 우(禹) 부자가 이(夷)의 지역에서 하왕조를 건립한 이후에 동이(東夷)와 서이(西夷)의 구분이 생겼다. 고고학 발굴에서는 하왕조 건립 이전의 동아시아에는 유목과 농경의 구분이 아직 없었던 것으로 보며, 이(夷)가 동아시아 신석기시대를 개창하고 농업문화를 정착시켰고, 하(夏)와 융적이 청동시대 유목문화를 도입한 것으로 본다. 체질인류학 연구에 의하면 이(夷)는 몽골인종에 속한 인종으로 남아시아에서 온 것으로 보이고, 일부 하(夏)나 융적은 인도유럽인종에 속했으며 중앙아시아에서 온 것으로 보인다. 언어학 연구에 따르면 한어(漢語)·한국어[韓語]·일본어[日語]는 전형적인 혼합어로, 이어(夷語)와 화오어(華澳語)가 기층언어이고, 하어(夏語)와 인도유럽어족이 상층언어이다. 이(夷)와 하(夏)의 결합과 전환으로 비로소 중국의 역사를 개창하였고 독특한 동아시아문화 전통을 형성했다는 것이다.

이화 교수는 "이(夷)와 하(夏)는 동서(東西)의 구분만이 아니라 선후(先後)의 차이가 있다. 이(夷)는 동아시아의 토착이고, 동아시아 신석기시대를 창조하고 농업문화를 정착시켰다. 하인(夏人)은 서쪽에서 기원하여 청동시대 유목문화를 전파했다. 이하(夷夏) 양자가 서로 만나고 반복적으로 혼합하여 유전자를 형성하여 한민족(漢民族)을 형성하였다. 한(漢)족은 이(夷)족과도 다르고 하(夏)족과도 다른 이하(夷夏)혼합의 산물이다. 한족(漢族)의 역사는 이하(夷夏)결합의 역사이고, 한인(漢人)·한문화(漢文化)는 모든 이하혼합의 결과이다."라고 하고 이어서 "이하(夷夏)의 전환이 동아시아 상고사의 중대 전환점이다."라는 매우 주목할 만한 내용을 내어놓았다.

역자는 이화 교수의 "이하관계는 동서의 구분이 있을 뿐 아니라 선후의 구별도 있다."라는 학문적 관점은 이하관계론의 결론이면서 동시에 21세기 이하관계론의 방향을 제시하는 엄청난 선언으로 판단하고 있다. 동서양을 막론하고 20세기, 21세기 이래로, 내내 당혹감과 충격의 반전에 반전을 거듭하는 중국상고사의 학문적 성과에 대한 결론이 어떠해야 할지를 고민해온 전공자들은 찬탄의 평가로 반향하고 있다. 그리고 이것이 이 책을 번역하게 된 동기이기도 하다.

그가 말하는 이하관계의 선후에 대해서는 "이인(夷人)은 동아시아의 토착(土着)이고 동아시아 신석기시대의 농업문화를 정초하였다. 반면에 하인(夏人)은 서쪽에서 와서 청동시대 유목문화를 전파했다.", "이하(夷夏)의 결합과 전환이 중국역사를 개창했고 독특한 동아시아 민족문화 전통을 형성했다."라는 내용을 통해 그가 의도하는 방향성을 짐작할 수 있다.

주목할 것은, 그는 이족(夷族)을 중국, 즉 동아시아의 토착으로 보았다. 여기서 소위 토착이란 신도래자에 상대적으로 쓰이는 말로서 비교적 일찍 도달한 이민자를 의미한다. 미주 토착인 인디안은 유럽 식민지 지배자에 비해서 상대적으로 일찍 도착한 아시아 이민자(移民者)이듯 하(夏)족에 비하면 이(夷)는 동아시아의 토착인이라는 것이다.

현재 중국 상고사와 고고학의 학문적 동향을 눈여겨 본 사람이라면 이화 교수의 이 학문적 결론이 얼마나 중대한 의미를 갖는 것인지 헤아릴 수 있을 것이다. 이화 교수의 이하관계의 결론은 20세기 내내 축적되어 온 고고학과 인류학, 나아가서 분자인류학의 업적이 어우러져 만들어질 수 있었을 것으로 보인다.

중앙민족대학 교수 장해양(張海洋)은『이하선후설』이 고금을 순간으로 보고, 지구를 작은 마을로 보면서, 인류의 이동으로 이하(夷夏) 관계를 투시하고 있다고 평가하였다. 그는 특히 그 의미를 다음 세 가지 측면에서 높이 평가하였다.

1. 부사년의 「이하동서설」과 왕헌당, 근래의 하상주 단대공정, 중화문명탐원공정에 대해 실질적으로 비판하고 계승하며 독창적 발전을 이루어 내었다.
2. 인류학의 측면에서 대한족주의(大漢族主義), 소수민족 소망동화론(消亡同化論), 민족주의 신화 등을 해체하는 등 독창적인 새로운 논점을 제공하고 있다.
3. 중국문화 본토기원과 외래전파설의 두 설을 타당하게 처리하고 중국문화 연원과 중국인의 정체성에 대하여 새로운 학설을 제공했다는 점을 특별히 지적하고 있다.

이화 교수의 견해는 마이어 교수와 장해양 교수가 지적한 바와 같이 초기 동아시아 문명의 발전개념에 대해 창견이 돋보이는 저작으로 평가받고 있다. 80년 전 역사학자 부사년이 「이하동서설」을 제기하여 중국민족과 문화형성의 이원적 구조를 제시하였다면, 이화 교수는 이 바탕 위에서 다시 새롭게 연구하여 이하(夷夏)는 동서의 구분만이 아니라 선후의 구분이 있다는 진일보한 견해를 제출하였고 동시에 중국문화는 이하혼합(夷夏混合)으로 이루어졌음을 논증하고 있다. 이는 역사인류학, 고고인류학, 체질인류학, 언어인류학 방면에서 고증과 분석을 종합하여 내린 결론이다. 그는 이(夷)는 토착이고, 하(夏)는 뒤에 정착하였다는 선후설의 파악이 중국상고사를 바르게 판단하는 관건임을 누누이 강조하고 있다. 이하(夷夏)는 한족(漢族)과 소수민족의 공동의 조상이 되고 소수민족과 한족은 상호 전환되어 혈맥이 서로 연결되어 밀접하기 때문에 분리될 수 없다는 것이다.

오늘날 중국 상고학계와 고고학계는 엄청난 충격 속에서 미로를 더

듣는 당혹감에서 헤어나오지 못하고 있는 실정이다. 그 의미는 "상고사 연구가 전통 경전이나 문헌에만 의존할 수 없는 새로운 단계로 접어 들었다"는 것으로 요약된다. 고고학과 역사학의 심각한 괴리를 발견한 학계에서는 당혹감에 휩싸여서 그 대응에 분주하였다. 이 주제는 이후 상고사 연구에 "역사학과 고고학의 정합성 문제"란 주제로 귀결되어 토론이 이어진다.

이 흥미로운 "정합성"을 주제로 한 최초의 국제학술회의는 타이완의 타이페이 중앙연구원에서 열렸다. 이 회의의 정식 명칭은 "중국 고고학과 역사학의 정합 연구 국제 토론회(中國考古學與歷史學整合研究國際研討會)"였고, 회기는 민국 83년 1월 4일~7일(1994. 1. 4.~1. 7.)까지였다. 여기에는 중국의 소병기(蘇秉琦), 대만의 관동귀(官東貴), 하버드 대학의 장광직(張光直) 등 중국 대륙과 대만, 해외학자 등 고고학과 상고사의 대가들이 모두 모였다. 한편 후일담으로 공개된 대회조직의 과정과 참가자들의 면면을 보면 그 회의의 중요한 의미를 짐작할 수 있다. 또 대륙학자들이 연착하여 따로 1월 19일~20일 한 번 더 발표회를 갖는 우여곡절을 겪기도 하면서 열린 회의이다. 이 회의에 관한 성과는 후일 출판된 자료집에 수록되었다(『中國考古學與歷史學之整合研究』(臺北, 中央研究院, 民國 86年 7月).

이처럼 정합성을 주된 주제로 문명의 기원을 탐색한 것은 타이페이의 회의가 처음이라 할 수 있다. 또 대륙의 고고학계 원로 13명이 대거 참가하여 규모나 성격상 매우 의미 있는 회의로 평가할 수 있다. 이후 역사학과 고고학간의 정합성이란 주제의 학술대회가 중국 대륙에서도 열리게 된다.

2005년 11월 23일~25일, 하남박물원과 중국사회과학원 고대문명 연구중심, 하남성문물고고연구소 등이 공동으로 주최한 "문명 탐원-고고와 역사의 정합"(文明探源-考古與歷史的整合)"이란 학술토론회가 정주

(鄭州)에서 열렸다.[2] 여기에는 20여 개 고고역사관련 연구기관과 대학교 등에서 80여 명의 학자가 출석하여 50여 편의 논문과 제요편이 발표되었다.

위 두 차례의 역사학과 고고학의 정합문제에 대한 토론은 주로 "문명의 기원"에 대한 주제가 중심 주제였다. 특히 "정합"의 문제에 가장 첨예화된 문제로 대두된 것이 "전통화이관(傳統華夷觀)" 즉 "대일통사관"이다. 논문과 치사(致詞)에서는 반복적으로 고고학의 결과와 이에 따른 다원론의 의미에 관한 견해를 피력하였다.

이화 교수의 『이하선후설』은 20세기 이래의 다원론적 이하관계론의 흐름을 비판적으로 계승하고, 새로운 논의의 방향을 제시했다는 점에서 더욱 큰 의미를 가진다. 원래 화이론이란 화하족과 주변의 민족을 구분하는 담론으로 화하가 중원으로 문명의 선진이고, 주변의 여러 민족을 야만으로 구별하는 것이다. 20세기 이하관계론에서 두드러진 특색을 대표하는 사람은 왕국유(王國維)와 부사년(傅斯年)을 들 수 있다.

왕국유는 『은주제도론』을 지은 청말민국초의 거유이다(王國維, 「殷周制度論」, 『觀堂集林』(臺北, 河洛, 1975). 부사년은 5·4운동을 주도한 왕국유와 20년 차이의 청년이었다. 그런데, 왕국유와 부사년은 중국의 고대사에 대한 관점은 달랐다. 왕국유와 부사년의 학문적 분기점은 "민족"의 문제이다.

왕국유는 은주제도의 이동(異同)을 비교하면서 지리적 관점에서 은과 주를 동과 서로 구분하였다. 왕국유는 민족의 문제에서는 "은주의 대변

---

2 여기에는 중국사회과학원 고고연구소, 고궁박물원, 하북성문물연구소 등 20여 개 고고역사관련 연구기관과 대학교 등에서 80여 명의 학자가 출석하여 50여 편의 논문과 提要편이 발표되었다. 그 주요한 토론주제는 "中原地區文明化進程及各種文明化現狀與特點的探索", "中原地區與其周邊地區文化交流及對文明起源的作用", "古代中原地區自然環境及其演變對文明起源的作用", "中國文明起源的模式, 機制化動力的探索", "故事傳說中有關五帝時代史蹟的探索及對五帝時代的認識", "如何進一步深入開展中國文明起源的研究" 등이었다.

혁은 그 표면만으로 말하자면 일성일가(一姓一家)의 흥망과 도읍의 천도에 지나지 않지만, 그 내용으로 말하자면 구제도(舊制度)가 폐지되고 신제도가 흥기하고, 구문화가 폐기되고 신문화가 흥기 된 것이라 할 수 있다.",[3] "은주는 모두 제곡(帝嚳)의 후예이니 은주(殷周)는 모두 친족이다."라고 하여 은주 동일민족의 전통적 역사관의 입장에 선다. 그래서 그는 주문화(周文化) 중심주의자로 분류된다.

1933년, 부사년은 「이하동서설」을 발표하였다.

역사는 지리에 의존해서 발생한다. 이 2,000여 년의 대치는 동서의 구분일 뿐이지 남북의 구분이 아니었다. 삼대 및 삼대(三代)의 전기 무렵엔 대체로 동서(東西)에 다른 두 개의 계통이 존재했다. 이 두 계통은 대치하였으므로 투쟁이 발생하였고 투쟁하였으므로 혼합이 되기도 하였으며, 이 혼합으로 인해서 문화의 진전이 있었다. 이(夷)와 상(商)은 동쪽 계통에 속하고, 하(夏)와 주(周)는 서쪽 계통에 속한다.[4]

그러나 부사년은 은주 교체기의 요체를 "민족의 교체"라는 관점에 방점을 둔다. 부사년의 학문방법론에 있어서 분석의 틀은 "종족"과 "지리"란 두 축이다. 부사년은 왕국유와 달리 은주간의 극렬한 변화는 명백히 "민족이 교체되어 흥기된 연고"로 규정하고 있다.

부사년의 이하동서설은 극찬을 받게 되고 이후 역사학계에 매우 큰 영향을 미친다. 부사년의 이와 하의 구분은 후일 서병창(徐炳昶)의 삼집단설로 발전하여(『中國古史的傳說時代』, 1943), 화하와 동이, 그리고 묘만이 동아시아 상고사의 세 주역으로 등장하는 다원론적 해석의 전통을

---

3 王國維, 「殷周制度論」, 『觀堂集林』, 臺北, 河洛, 1975, 453쪽 참조.

4 傅斯年, 「夷夏東西說」, 『慶祝蔡元培先生六十五歲論文集』下冊, 1935년, 1쪽.

이룬다.

여기서 이화 교수의 탁월한 관점은 다시 한번 강조되어야 할 듯하다. 그는 부사년의 "지리－종족"의 관점을 단순히 계승한 것이 아니라 "지리－종족"의 관점에다가 "선후(先後)"의 문제로 이하관계 논의의 방향을 확대하고 있다. 특히 이하의 선후문제가 단순히 하선이후(夏先夷後)라는 전통적 화이관의 통념을 역전시켜 놓을 뿐만 아니라, 그 속에 엄청난 역사의 비밀 코드를 풀은 다음에야 도달할 수 있는 결론을 제시했다는 점에서 이 책은 더욱 우리의 흥미를 유발시키고 있다. 그리고 그의 연구를 좇다 보면 어느덧 미래의 학문적 가설이 어떻게 가능할지, 또 얼마나 다양한 방면으로 역동적으로 펼쳐질지 많은 영감을 얻을 수 있을 것으로 기대된다. 그리고 이 책 출간 후 10년간 펼쳐진 그의 분석방법인 역사인류학, 고고인류학, 체질인류학, 언어인류학 등의 학문 분야의 비약적 연구결과로 독자들의 관심이 자연스레 이어질 수 있을 것이다. 이 책은 어쩌면 중국상고사, 고고학 분야는 물론 한국고대사 등을 연구하는 우리 모두에게 분발을 촉구하고 있는지도 모른다.

이화 선생께 다시 한번 감사드리고 싶은 마음이다.

이 책을 번역하는 데 많은 분들이 힘이 되어 주었다. 우선 여러 차례 대학원 "동아시아 문명의 기원"과목을 개설하여 발표하고 수정하고 토론하는 것은 기쁜 일이었다. 그리고 번역, 주석, 교정의 단계마다 도움을 준 여러분께도 감사한 마음이다. 특히 북경대 사학과 박사인 이유표 군은 역사 고고학적 입장에서 문장 전체를 꼼꼼하게 읽고 오류를 바로잡아 주어서 거듭 고마움을 전하고 싶다. 박사논문을 작성하는 분주한 와중에도 교정과 일정 등을 잘 챙겨준 윤서연 양과 손정민 군에게도 감사의 마음을 전한다. 그리고 마지막 교정에 참여한 차민경 박사, 황인옥 박사 등에게도 고마움을 전한다. 출판 전 과정에서 늘 친절하게 안내해주고 다듬어주신 편집진에게도 감사의 말씀을 전하고 싶다. 그동안 인내하며 학문의 길을 가도록 도와준 가족들에게도 감사하고 싶다.

2021년 6월
역자 김성기

| 차례 |

| 초록 |

    인류는 이동을 선호했던 동물로, 인류사는 이동의 역사였다. 하나의 민족 또는 국가는 다양한 이민족들로 구성되어 있다. '토착민'이라고 할 때, 이 용어는 외지에서 새로 건너온 이들에 대해 상대적으로 지칭하는 말로, 토착민은 그 지역에 초기에 정착했던 이민족을 일컫는 것이다. 미국 대륙의 토착민은 인디언으로, '인디언'은 나중에 미국 대륙에 정착했던 유럽 식민지 개척자들에 대해 상대적으로 일컫는 말이 되었다. 이들 인디언들은 먼저 이 지역에 자리를 잡았던 아시아 계통의 이민족들이었다. 하(夏)에 대해 상대적으로 말할 때의 이(夷)는 동아시아의 토착민이다. 부사년(傅斯年)의 『이하동서설(夷夏東西說)』과 왕헌당(王獻唐)의 『염제황제의 씨족문화 고찰[원제: 염황씨족문화고(炎黃氏族文化考)]』의 발견에 근거하고, 페르낭 브로델(Fernand Braudel)의 장기지속(long duree)과 임마누엘 월러스타인(Immanuel Wallerstein)의 세계체제론 개념을 참고하여 이 책에서는 이하선후설(夷夏先後說)을 다음과 같이 제시하고자 한다.

    역사기록이나 전설에 나타난 하(夏) 왕조 건립 전의 동아시아는 이만(夷蠻)의 땅이었다. 곤(鯀)과 우(禹) 부자(父子)가 이(夷) 땅에서 하(夏) 왕조를 건립하고 나서야 동이(東夷)와 서이(西夷)의 구분이 있게 되었다. 고고학적인 발견과 연구 성과들은 하(夏) 왕조 건립 이전에는 동아시아에 유목과 농경의 구분이 아직 존재하지 않았다는 것을 보여주고 있다. 이는 이(夷)가 동아시아 지역의 신석기시대 정착문화와 농업문화를 발명해냈음을 보여주는 것이며 하(夏) 또는 융적(戎狄)은 청동기시대에 유목문화를 도입시켰음을 보여준다. 체질인류학 연구에 따르면 이(夷)는 몽골인에 속한 인종으로 남아시아에서 온 것으로 보이고, 일부 하(夏) 또는 융적(戎狄)은 인도유럽인종에 속했으며 중앙아시아에서 온 것으로 보인다. 언어학적인 연구에 따르면 중국어, 한국어, 일본어는 전형적인 혼합어로 이어(夷語) 또는 화오어(華澳語, Sino-Tibetan-Austronesian-Austro-nesian languages)가 기층에 자리하고 있고 하언(夏言) 또는 인도유럽어족이 상층에 자리하고 있다. 이(夷)와 하(夏)의 결합과 전환이 중국의 역사를 열었으며 독특한 동아시아 문화의 전통을 형성한 것이다.

이(夷)·하(夏)는 지리적인 동서의 구분뿐만 아니라, 시간적인 선후의 구분이 있었다. 이(夷) 종족은 동아시아 토착민으로 동아시아 신석기시대의 정착문화와 농업문화를 열었다. 하(夏) 종족은 서쪽에서 온 이들로 청동기시대의 유목문화를 전파했다. 한족(漢族)의 역사는 이(夷)와 하(夏)의 결합의 역사일 뿐만 아니라 한인(漢人), 중국어, 한족이 연 한문화(漢文化)는 이(夷)와 하(夏)가 혼합된 결과물이다. 이(夷)와 하(夏)의 교체는 동아시아 상고사의 중대 전환점이었다. 인류역사에서 주객전도의 사건이 발생했던 시점이었지만 지금은 그 역사의 뿌리를 잊은 게 일상사가 되어버렸다. 이 책에서는 그 근본을 바로잡아 이하선후설(夷夏先後說)을 통해 동아시아 문명의 본토기원설과 외래전파설의 모순을 잠식시키고 중국민족문화의 형성과 동아시아역사를 이해하는 데 조금이나마 보탬이 되고자 한다.

첫 번째 서

빅터 마이어(Victor H. Mair)

펜실베이니아 대학교

『이하선후설(夷夏先後說)』은 방대한 학문적 성취가 집대성된 저작이다. 저자는 체질 인류학을 포함한 인류학, 민족학, 유전학, 고고학, 야금학, 언어학 등을 널리 섭렵했다. 동시에 1차 문헌인 역사 문헌 원전 자료와 2차 문헌인 관련 이론서들을 광범위하게 참고했다. 그 결과 오늘날 이 분야의 동아시아 문명에 관한 여정을 담은 획기적인 저작이 완성될 수 있었다.

이화(易華) 교수의 이 책은 20세기 초 부사년(傅斯年)의 '이하동서설(夷夏東西說)'의 발견을 수용하면서도, 이를 기초로 하여, 이(夷)는 농경에 종사했던 토착민이었고[이(夷)는 남방에서 왔음. 이화 교수는 인류의 본성을 이동에 대한 선호로 보았음], 하(夏)는 소·말·양 등의 가축을 끌고 서쪽에서 대초원으로 넘어온 유목민족이라는 논의들을 구체적으로 제시했다.

이 책의 각각의 장들은 그 논점이 상당히 체계적이고 설득력 있게 정리되어 있다. 저자는 마지막 부분에 표로 이(夷)·하(夏) 간의 명백한 차이를 정리했다. 이 표를 통해 양자 간 문화적 속성의 차이를 간단명료하게 대비하여, 독자들로 하여금 한 걸음 더 나아간 생각을 진척시킬 수 있게 해준다. 표 앞에 '중국민족주의'와 '청동시대 세계체제 속의 중국' 두 편의 논문을 덧붙여 그 내용을 보다 상세하게 밝혀내었다. 그러나 가장 인상적이었던 점은 저자가 세심하게 여섯 장으로 이 책의 내용들을 배치하여, 자신의 논점을 체계적으로 밝혔다는 점이다. 이화 교수는 방대한 최신 연구 성과들과 문헌 자료에 근거하여 자신의 관점을 명확하게 밝혀냈다.

전체적으로 보면, 이 책은 설득력 있는 정합적인 논증을 통해 동아시아와 세계 여러 지역들이 수천 년 동안 지속적인 상호 교류가 있었다는 점을 밝혀내었다. 이화 교수의 논점은 개방적이고 포용적이지만, 논증해 나가는 방식은 충분한 비판적 정신에 기초하고 있다. 이 책을 읽는 독자들은 분명 저자가 관련된 모든 자료를 일일이 수집하는 번거로움을 마다하지 않았으며, 꼼꼼하게 살피고 이를 취사선택하여, 가장 관련성 있는 데이터만을 최종적으로 엄밀하게 취했다는 점을 알 수 있을 것이다.

『이하선후설』은 혼신의 힘을 기울인 작품이다. 이 책을 완성하는 것은 결코 쉬운 일이 아니었을 것이라고 여겨진다. 이처럼 이화 교수가 이 책이 완성되기까지 엄청난 노력을 기울였음을 알 수 있다. 더욱 경하할 만한 점은, 책의 첫 장을 펼치자마자 사람들이 빠져들 만큼 잘 읽히는 글이라는 점이다. 이화 교수가 제기한 상고시대 동아시아 문명의 변화·발전의 동태에 관한 새로운 관점은 논쟁의 여지가 있지만 매우 설득력 있는 견해라고 생각된다. 이 책은 일부 디테일한 부분에서 보다 상세히 논의되고 정밀하게 개진되어야 할 부분들이 존재하지만, 전체적인 논증이 충분히 설득력이 있어 앞으로 수년 내에 이 분야의 연구를 진일보시킬 수 있을 만한 연구 성과라고 생각된다. 이 책은 지금까지의 상고시대 중국과 유라시아 문명의 상호 교류에 관한 연구 성과 중에서도 가장 중요한 저작 가운데 하나로, 뛰어난 업적을 이룩해냈다고 할 만 하다.[1]

---

1 역주: 원저에는 장명연(張明娟)이 번역, 장해양(張海洋)이 교정한 것으로 언급되어 있다.

두 번째 서: 신종추원하고, 근본부터 바로잡고 정리하다.
(愼終追遠, 正本淸源)

장해양(張海洋)

중앙민족대학(中央民族大學)

　신해혁명(辛亥革命) 이후 백여 년의 시간이 흐른 오늘날, 중국민족문화에 관한 연구 풍토는 다소 관성적인 것 같다. 심혈을 기울여 정리해낸 큰 테마의 성과도 적고, 큰 테마를 짧은 글들로 명료하게 정리해낸 성과는 더욱 드물다. 이러한 현실에 비교해 본다면 이화(易華) 교수가 집필한 이 책은 특히 눈에 띄는 성과이다. 저자는 학술적으로 크게 알려지진 않았지만 이미 대가(大家)의 풍격을 지니고 있다고 생각된다. 이 책은 비록 "붓을 들면 비바람을 놀라게 한다(落筆驚風雨)"고 했던 두보가 이백에게 보냈던 시 구절만큼은 아니더라도, 고염무가 역사적 책임감을 가지고 말한 "귀가 먹은 사람도 떨쳐 일어날 수 있도록 큰소리로 깨우쳐 준다(振聾發聵)"고 했던 말에 비견될 만하다.

　저자인 이화(易華) 교수는 이 책의 구상을 10여 년 동안 했고, 2006년 ~2007년 두 해 동안의 한국 방문기간 중에 이 책의 주요 부분들을 완성했다고 말했다. 국가의 공식 연구비를 지원 받은 프로젝트가 아니었기 때문에, 경제적 이유도 문자옥의 압력도 존재하지 않았다. 그래서 비교적 자유롭고도 객관적으로 쓰인 글이라고 할 수 있다. 이 책을 배독(拜讀)하면서 이 말이 허황된 말이 아니라는 걸 확인할 수 있었다. 중국문화의 기원과 구조를 간단명료하게 분석해 내었으니 세심한 독자들이라면 이 책을 통해 얻는 것이 많을 것이라고 생각된다. 산서(山西) 지역의 염백천(閻百川) 선생이 말년에 대만에서 친구였던 채맹견(蔡孟堅)에게 족자에 "사실과 이론이 서로 부합하여 하나가 되어야만 비로소 성공적인 일을 해낼 수 있으며, 천리와 인욕이 서로 부합하여 하나가 되어야만 비로소 허물이 없는 사람이 될 수 있다(事實與理論相合爲一, 始可做成功的事. 天理與人欲相合爲一, 始可作無過之人)."라고 썼는데 이 구절을 옮겨 이화 교수의 문장력과 사람됨을 충분히 표현해 낼 수 있을 것이라고 생각된다.

이화 교수는 호남 누저시(婁底市)에서 태어났다. 북경농업대학교 수의학과[北農獸醫學] 학사, 1990년 중국과학원연구생원(中科院硏究生院)에서 생물학사(生物學史) 석사를 졸업한 후에 중국사회과학원 민족연구소에서 연구하기 시작하여, 2000년에 민족사학(民族史學)으로 박사학위를 받았다[유목과 농경민족의 관계를 연구함]. 이화 교수는 중국 남방 사람이면서도 북방 유목문화에 애착을 가지고 있었다. 생물학을 전공하면서도 문학과 사학에도 큰 관심을 갖고 있었다. 보통화(普通話)의 발음은 부정확했지만² 글을 참 잘 쓰고 말은 간명하면서도 그 뜻은 깊이가 있었다. 이 책은 이화 교수가 정식으로 학계에서 활동한 후에 처음으로 출판한 개인 저서이다.[이전에 『세계생물학사(世界生物學史)』, 『초원문화(草原文化)』, 『북강통사(北彊通史)』 등 여러 책을 공동 집필했음] 중국농업학회(中國農業學會) 이사, 중국민족사(中國民族史)·중국과학기술사(中國科技史)·중국몽골사학회(中國蒙古史學會) 회원으로서 이화 교수는 학계의 인사들과 교유관계가 있을 것이다. 상식적으로 생각해 본다면 이 책의 서문을 쓰는 막중한 임무가 나에게 떨어지지는 않았을 것이지만, 이화 교수는 다음과 같은 이유를 들어 마치 홀리듯 내가 차마 거절할 수 없게 했다.

---

2 역주: '보통화(普通話)'는 현대 중국어의 표준어를 말한다. 중국에는 56개 민족에 따른 7대 방언, 약 120종의 소수 민족의 언어가 존재할 정도로 민족마다 지역마다 서로 다른 언어와 방언을 가지고 있다. 이화 교수는 남방 출신으로 중국의 표준어인 보통화(普通話)의 발음이 지역색으로 인해 알아듣기에 다소 부정확했다는 점을 장해양(張海洋)교수가 언급한 것이다.

첫째, 중국사회과학원 본원은 건국문(建國門) 거리에 위치해 있는데 민족학 및 인류학연구소[民族學與人類學硏究所, 원래 명칭은 民族硏究所였음]는 1958년 창립 때부터 중앙민족대학(中央民族大學) 캠퍼스 내에 자리 잡고 있었기 때문에 이 둘은 같은 위공촌(魏公村) 지역에 있으며[3] 줄곧 교유관계를 맺어왔다는 것이다. 둘째, 이화 교수가 예전에 수의학을 전공하던 시절에 이곳에 와서 민족연구를 했는데, 내가 적지 않은 근본주의자적인 농담을 던진 데 대해 서문으로 그 하나를 갚아도 여전히 갚아야 할 죄과가 남아 있다. 셋째, 학문의 역사를 거슬러 올라가 보면, 보애스,[4] 말리노프스키[5]와 리치[6] 등 이공계에 종사하던 선구자가 있었다. 지금 이공계의 학문을 전공했던 이화 교수가 인류학적 방법론으로 중국 문화의 구조와 근원을 해독하고자 하면서 이공계의 학문을 배워 본 적 없는 나를 찾아와 이 고된 일을 내놓아서 그의 면벽 수양의 자세로 십년 동안 갈고닦은 저 한 자루의 검이 잘 드는지 아닌지를 그를 도와 살펴보게 되었다.

이러한 인연이 없었더라도 내 스스로 기꺼이 이 책을 가장 먼저 읽었

---

3 역주: 중국사회과학원은 북경 동성구(東城區) 건국문내대가(建國門內大街) 5호(號)에 위치해 있고 중앙민족대학은 중국사회과학원 본원과 불과 100여 미터, 도보로 1~2분 거리에 매우 가까이 위치해 있다. 여기에서 "위공촌(魏公村)"은 북경 일대의 지명으로 그 안에 중국사회과학원 본원, 중앙민족대학이 위치해 있다.

4 역주: 프란츠 보아스(Franz Boas, 1858년 7월 9일~1942년 12월 21일)는 미국의 문화인류학자이자, 현대 인류학의 선구자이며 "미국 인류학의 아버지", "현대 인류학의 아버지"로도 불린다.

5 역주: 브로니스와프 카스퍼 말리노프스키(Bronis·aw Kasper Malinowski, 1884년 4월 7일~1942년 5월 16일)는 폴란드 태생의 영국 인류학자이다. 런던 대학에서 사회인류학 교수, 후에 예일 대학의 초빙교수를 지냈으며, 뉴기니 동북의 트로브리안드 등의 여러 섬의 실지 조사에 근거하여, '서태평양의 항해자' 이하 제연구로 인류학에 기능주의의 새로운 방향을 열었다.

6 역주: 에드먼드 로날드 리치(Edmund Ronald Leach, 1910년 11월 7일~1989년 1월 6일)는 케임브리지대학에서 수학과 공학을 전공했다. 졸업 후 중국 상해에서 상업에 종사했는데, 그 때 대만의 야미족[雅美族]을 찾아간 것이 계기가 되어 인류학으로 전환했다. 영국의 사회인류학자로 전후(戰後) 고지대 미얀마의 사회조직에 관한 논문을 썼다. 인류학자이면서 동시에 사회 · 문명비평가로서도 널리 알려져 있었다.

을 것이기에 이 막중한 임무를 흔쾌히 받아들였다. 학계의 선구자인 양계초, 왕국유, 진인각(陳寅恪), 부사년과 같은 분들 모두, 학문에 있어서는 동서고금, 인문학과 자연과학, 유용점 여부에 대한 구분이 없어야 한다고 주장했으며, 각 학문 분야들은 서로 소통해야 하고 서로 우호적인 관계를 맺어야 한다고 주장했다. 나 또한 줄곧 중앙민족학원에서 공부하고 강의를 담당해 왔고, 근래에는 또한 학교교육부와 민위회(民委會)가 공동으로 설립한 국가인문사회과학 중점연구기지로 선정된 중국소수민족연구센터에서 겸직하고 있어서 자연스레 고금의 "화이론[華夷之辨]"에 대해 관심이 많다. 그리고 '화(華)'와 '한(漢)'의 분별[華漢之辨]을 촉구하여 국민들이 최근에 "날마다 쓰면서도 알지 못하는[日用而不知]"[7]는 민족주의, 대한족주의(大漢族主義),[8] 민족소망동화론(民族消亡同化論)과 인터넷 포퓰리즘[網絡民粹主義] 등의 개념에 대해 그 구조를 해체하려는 시도를 하고자 한다.

『이하선후설(夷夏先後說)』이란 제목이 이런 의의를 밝혀내기에 적합하다고 생각된다.

이 책『이하선후설』은 다음과 같은 측면에서 의의를 가지고 있다. 하나는 부사년의『이하동서설』, 최근의 하·상·주 삼대의 시기를 구분하고자 하는 "하·상·주 단대공정(夏商周斷代工程)" 사업, 그리고 중화문명의 기원을 밝혀내고자 하는 "중화문명탐원공정(中華文明探源工程)" 사업 등을 포함하여 신해혁명 이래 백 여 년 간 진행되었던 중국문화연구에 대해서 실질적인 비판과 계승, 창의적인 전개를 시도를 했다는 점이

---

7 역주:『周易』「繫辭傳」: 인자는 이를 보고 인이라 이르고, 지자는 이를 보고 지라 이르며, 백성들은 날마다 쓰면서도 알지 못한다. 그러므로 군자의 도가 드물다.(仁者見之, 謂之仁, 知者見之, 謂之知, 百姓, 日用而不知, 故, 君子之道鮮矣.)

8 역주: 대한족주의(大漢族主義, Han chauvinism)는 일종의 한족 우월론적 쇼비니즘이다. 또한 한인지상주의(漢人至上主義)를 가리킨다.

다. 다른 하나는 인류학의 측면에서 대한족주의(大漢族主義), 소수민족 소망동화론(民族消亡同化論)과 민족주의신화[民族主義迷思]의 그 구조를 해체하려는 여러 혁신적 논점을 제공했다는 점이다. 마지막으로 중국 문화 본토기원설과 외래전파설[9]의 관계에 대해 매우 적절하게 그 논의를 전개함과 동시에, 중국문화의 기원과 중국인의 공동체 의식에 대해서 새로운 관점을 제기했다는 점이다. 이처럼 신해혁명 백 주년에 즈음하여, 새로운 "민족단결백년행동(民族團結百年行動)"을 위한 방대한 지적 논의의 장을 깨끗하게 정리한 책이라고 할 수 있다. 또한 중국사회과학원 민족학 및 인류학연구소와 중앙민족대학교 동료들 간에 굳이 말하지 않아도 서로 마음이 통하는 "위공촌공식(魏公村共識)"을 구현했다. 즉 민족학과 인류학이란 학문의 장을 통해서, 역사학·언어학·고고학·체질인류학의 성과를 종합함으로써, 중화문화의 구조와 원류를 고찰했고, 중화민족 다원일체(多元一體)·화이부동(和而不同)의 의식을 발전시켰으며, 중국의 인문사회연구가 "사회발전사(社會發展史)로부터 문화생태학(文化生態學)"으로 향하는 패러다임의 전환을 이루어냈다고 할 수 있다. 이것이 바로 위공촌 공식이다. 지금부터 백 년간, 중국의 경제적 빈부의 문제와 관계없이, 반드시 더욱더 중국 각 민족들이 공생(共生)하고 공화(共和)하는 대국을 유지해야 하며, 공화헌정(共和憲政)의 체제로써 민족문화의 다양성을 포용해야 하며, 다원문화주의로 중화민족의 부흥과 궐기를 지속해 나아가야 할 것이다.

방법론의 측면으로 보면, 이화 교수는 이제(李濟) 선생이 일생동안 추

---

9 역주: 이하관계(夷夏關係)는 중국민족의 형성과 문화기원의 핵심으로, 연구에 앞서 연구진행 체계와 관련하여 돌이켜 볼 필요가 있다. 중국민족의 형성과 문화기원은 밀접하게 관련되는데, 연이어 외래전파설, 동서이원설의 유행을 거쳐 현재는 본토기원설이나 다원론이 주도적 지위를 차지하고 있다. 이 세 가지는 모두 부분적인 진리를 포함하고 있으며, 이하관계의 복잡성을 드러냈다. 이화, 『이하선후설』, 민족출판사, 2012년, 서론 부분 3쪽 참조.

앙하고 실천했던 인류학의 "모든 것[全科]" 즉 "사분지방법(四分支方法)"[10]을 본받고자 하였으며, 부사년의 『이하동서설』, 왕헌당(王獻唐)의 『염제 · 황제의 씨족문화 고찰[원제: 염황씨족문화고(炎黃氏族文化考)]』[11]와 비효통(費孝通)의 『중화민족다원일체의 구조[원제: 중화민족다원일체격국(中華民族多元一體格局)]』[12]을 종합한 바탕 위에, 고힐강(顧頡剛) 『고사변(古史辨)』의 고대사가 누층적으로 겹겹이 쌓여 조성되었다는 "고사층루조성설(古史層累造成說)"을 거울로 삼았다. 또한 서북초원과 동남연해안의 양대 변경문화의 특징을 참고로 했으며, 체계적으로 상고시대 삼대의 중국문화 형성기(中國文化形成期)에 출현하던 인물과 사건을 고찰했다. 이를 통해 충분한 근거에 기초한 "이하선후설"을 제기했다. 그 요지는 다음과 같다.

첫째, 생물문화정체론(生物文化整體論)의 범례와 프랑스 아날학파[年鑑學派]의 "장시간" · "대범위" · "다주체(多主體)" 이론을 조사의 기본 관점으로 삼고, 중국 또는 동아시아문화를 월러스틴, 프랑크, 맥닐, 다이아

---

10 역주: 이제(李濟)는 하버드 대학에서 계통적으로 인류학을 공부했으며, 고고학, 민족학 언어학과 체질인류학조사연구(體質人類學調査研究)를 창도했다. 역사어언연구서(歷史語言研究所)에서 가장 유능한 자로서 부사년의 후계자이기도 하는데, 묵묵히 인류학 사대학과(四大學科)계통으로써 "이하동서설"을 계통적으로 논증했다.

11 역주: 왕헌당(王獻唐)은 『염황씨족문화고』에서 중국 원주민인 이(夷)와 그 문화를 고논(考論)했는데, 그 가운데 다만 1/5 미만의 내용은 황제, 하인(夏人)과 유목활동(遊牧活動)을 언급했다. 또한 "혹자가 묻기를, 염제와 황제는 아버지가 다르니, 어찌 두 민족인 것을 알겠는가? 답하기를 이하(夷夏)로써 아는 것인데, 황하유역을 차지하기 위해서 죽이고 정벌함으로써 알게 되었다. 그 당시에 이른바 사이(四夷)는 염제의 후예고, 반면, 황제의 자손은 대부분 스스로 화하족(華夏族)으로 여겼다고 추측할 수 있다. 황제 이후부터 은상 이전까지 역대의 전쟁들은 거의 다 민족을 위해서 일어났을 것과 같다. 즉, 이른바 염황 두 민족 간의 전쟁이다." 이하의 선후순서에 대해서 언급했다. 『염황씨족문하고』, 제노서사(齊魯書社), 1985년, 12쪽 참조.

12 역주: 비효통은 고고학과 역사학, 언어학과 체질인류학을 결합하여 중화민족 "다원일체구조"의 가설을 제기하여, 일원론과 다원론의 모순을 조화시켰다. "중화민족다원일체격국"은 원래 비효통이 1988년 홍콩중문대학교 강연이었는데, 나중에 중앙민족대학교출판사 『중화민족다원일체격국』으로 수정(修訂)되었다.

몬드, 포머란츠 등이 구축하고 진전시킨 "세계체제(世界体系)"의 배경 속에서, 중국 또는 동아시아는 예로부터 세계체제 가운데 한 부분으로 전 세계로 이어지는 인터넷 세상 속에서 하나의 랜선일 뿐임을 설명했다. 중국문화는 인류문화 가운데 동아시아에 존재하는 하나의 독특한 변이체로, 세상을 품을 수 있는 기개와 이중 나선형 DNA처럼 강인한 자기 재생과 증식 능력을 갖추고 있다.

둘째, 체질인류학, 고고학과 언어학 등 방면의 자료를 통해서, 하(夏)나라 사람들과 하문화 이전의 중국은 북방 초원지대의 내륙아시아[內亞]를 포괄하는데, 모두 원시상태로 농업과 목축업의 구분이 없는 각 지역의 이문화(夷文化)가 점유하고 있었다. 원주민으로서의 고대 이인(夷人)들은 동아시아 신석기시대의 정착농업생활의 토대를 마련했다. 그 다음으로 나타난 서북지역의 하(夏)·융(戎)·적(狄)은 중앙아시아와 남아시아에 이주해온 인도유럽인(Indo-Europeans)이 이미 정착하고 있던 이인(夷人)의 이문화(夷文化)와 서로 결합하여 융합했다. 그리고 중국 중원의 청동문화를 이루게 됐다. 이를 통해 중국 상고문명사의 서막을 열었으며, 독특한 중국의 역사·문화 전통을 만들었다. 이화 교수는 요순과 염황은 통일 계통에서 나온 것이 아니라 동아시아와 내륙아시아의 두 갈래로 발전되어온 역사·문화적 자취가 중국 중원지역에서 만나게 된 결과일 뿐임을 밝혀냈다. 즉, 요순은 옥석을 사용하고 농경생활을 했으며 문례(文禮)를 숭상하고 선양(禪讓)을 주장했던 이인(夷人)의 전설이며, 염황은 청동을 사용하고 유목생활을 하고 무력을 숭상하고 혁명을 주장하는 하인(夏人)의 설화이다. 요순의 계통은 중국 또는 동아시아에 훨씬 앞서서 등장했다. 육경(六經)에 두루두루 나타나며 공자는 도(道)라고 언급하게 된다. 한편, 염황의 계통은 보다 늦게 출현했는데, 서로 모순된 내용으로 전국시대 문헌에서 처음으로 보이기 시작했다. 전한시기 사마천(司馬遷)이 『사기(史記)』「오제본기(五帝本紀)」에 두 신화를 교묘하게 엮어 하나의 계통으로 만들어 황제를 문명을 연 시조로 높였다. 사마천이 이런 작업을 시작하기 전 "여러 학자들이 황제 때의 일을 말했지만, 그 문장이 우아하지 못하고 순리에도 맞지 않는다. 학식 있는 이들도 〈기록의 진위에 대해서〉 단언하지 못했다.(『고문관지(古文觀之)』: 百家言黃帝, 其文不雅馴, 縉紳先生難言之.)"라고 한 것은 "태사공"으로서 반드시 이행해야 할 직분을 나타낸다. 이는 진한(秦漢) 시기 이래 중국이 이미 하나로 통일되어 있었으며, 분서갱유(焚書坑儒), 독존유술(獨尊儒術) 할 것 없이 천자의 독단적인 군권에 기초한다는 시대정신을 드러내기 위해서였다.

이화 교수는 한 걸음 더 나아가 증거를 제시했다. 중국에서 발굴된 본토에서 발생한 석기, 도기, 벼, 좁쌀, 돼지, 개, 닭, 반지혈(半地穴), 호상 가옥[干欄式建築], 토갱장(土坑葬), 옥기 등 정착문화 요인들은 동아시아에서 8,000년부터 10,000년 전까지도 거슬러 올라 갈 수 있다. 반면 청동, 밀, 황소, 면양, 말, 화장, 금기물(金器物) 등 유목문화 요소들은 일반적으로 4,000년 이상의 역사를 가지지 못한다. 이화 교수는 이에 근거하여 신석기 정착농업은 중국과 동아시아 본토에서 기원했고, 청동시대 유목생활은 외부로부터 전래되었을 가능성이 크다고 추정했다. 그리고 지금으로부터 4,000년 전 당시 정착농업문화와 유목문화는 실크로드와 황하유역에서 반복적으로 교류했다가 마침내 서로 만나게 되었고, 명성을 널리 드날리는 중국문명 또는 역사문화의 대전통으로 발전하게 되었다.

아무리 변해도 그 근본을 벗어날 수는 없다. 이중 나선형으로 상호작용한 중국문명 또는 역사문화전통은 하루아침에 이루어진 것이 아니며, 한번 정해져 고정불변한 것도 아니다. 또한 이는 중국 특유의 생태환경 하에서 상고시대 하(夏)·은(殷)·주(周) 삼대를 걸쳐 오늘날까지 계속되었으며, 미래에도 끊임없이 발전되고 번성할 것이다. 예컨대, 주나라와 강(羌), 한나라와 호월(胡越), 당나라와 돌궐(突厥), 송나라와 거란족·서하·여진족[遼夏金], 명나라 시대의 남양(南洋)·북원(北元), 청나라 시대의 중원과 변경, 민국시기의 오족공화(五族共和),[13] 그리고 오늘날의 중화민족다원일체 등은 모두 앞서 언급한 이중 나선형 구조가 각 시대에 나타난 변형체였다. 이화 교수는 부사년의『이하동서설』에 근거하여 이(夷)와 하(夏)는 동서의 구분이 있었을 뿐만 아니라, 선후의 구별도 있었음을 논증했다. 중원의 원주민이었던 이인(夷人)은 예악과 선양에 있어서 타민족·타문화보다 선진적이었으며, 서쪽의 하인(夏人)은 군사와 정치 혁명에 있어 진보적이었다. 양자는 공동으로 현재의 화하족 전통을 구성했지만, 동시에 또한 본말이 전도되거나 자기 집단의 역사를 망각하는 에피소드들도 적지 않다. 이화 교수의 이 학설은 중국문화 본토기원설과 외래설을 절충하면서도 청동과 옥백(玉帛)의 쌍방향 대류에 관한 논의로 실크로드의 함의를 보다 풍성하게 했다.

셋째, 중국역사에서 북방목축문화의 위치를 높임으로써, 설화와 역사 사이에 존재했던 하인·하문화에 대해 창의적으로 재해석했고 역사상에서의 위치를 바로잡았다. 현재 국제 학계에서는 문화의 가치가 문명에 못지않다고 보고 있어, 중국고대문명이 메소포타미아, 고대 이집트, 고대 인도보다 일이천년 정도 늦었다는 데 대한 논의는 드물다. 그러나 중국학계와 정치계는 이를 늘 염두에 두고, "하상주단대(夏商周斷代)" 또는 "중국문명탐원" 등의 공정에 심혈을 기울이고 있으며, 이 책을 구상할 때까지도 계속 활발하게 그 논의가 진행되고 있다. "하상주단대(夏商周斷代)" 또는 "중국문명기원탐측" 등 공정의 요지는 중국이 지금 실현하고 있는 현대화 공정과 마찬가지로, 모두 외국에서 도입된 규

---

13 역주: 오족공화(五族共和)는 중화민국 성립 초기의 정치 슬로건이다. 오족은 한족(漢族)·만주족(滿洲族)·몽골족(蒙古族)·위구르 족·티베트 족의 다섯 민족을 가리킨다.

정에 근거를 두고 실제와 맞지 않는 원리원칙에 의지하여, 본토 고대 원주민들의 "도시화"에 열중하여 그 증거를 찾으려고 한다. 그들의 목표는 바로 중원이라는 땅에서 역사상 하(夏)가 확실히 존재했다는 점을 실증하는 것이고, 그 방법은 바로 상(商) · 주(周) 이전의 초야지역을 찾아다니며 도시국가를 찾는 것이다. 이 책을 구상하는 기간에도 이 공정은 진행 중이었고, 이화 교수는 하남성(河南省) 이리두궁성유적지(二里頭宮城遺址)와 옥설동령(玉舌銅鈴), 터키석동패[綠松石銅牌] 등의 기물을 산서성(山西省) 도사유지(陶寺遺址) 고분의 구조와 서로 비교분석하고 해독하여 다음과 같은 결론을 내렸다. 도사(陶寺)는 동아시아 옥백고국시대의 마지막 무대였으며, 이리두(二里頭)는 청동기시대 새로운 권력의 핵심이었다. 이 결론에는 두 가지 함의가 있다. 하나는 역사적 전설로 여겨졌거나 고고학계가 기대하던 "하대(夏代)"와 관련된 문화 혹은 문명의 형태는 확실히 존재하였으나 반드시 은 · 주시기처럼 식별이 가능한 엄정한 왕조문명 형식으로 나타나는 것은 아니었다. 다른 하나는 하인과 하문화는 부사년이 주장하듯 서쪽 지역뿐만 아니라, 흉노족, 거란족, 몽골족 등 유목민족들이 활동하던 드넓은 "서북 · 화북(華北) · 동북" 지역에 분포하던 것이었다. 무엇보다 고사의 전설에 나오는 하(夏)를 "사병(師兵)으로 병영을 지어 호위하며" 일정한 거처가 없던 황제(黃帝)와 합류시키고, 또 하(夏)의 근원을 제가(齊家)문화와 하가점(夏家店) 상층문화를 포함시켜 북방 초원까지 거슬러 올라가, 토방(土方) · 귀방(鬼方) · 강방(羌方) · 융(戎) · 狄(적) · 월지(月氏) · 흉노(匈奴) · 대하(大夏)인 청동시대 유목민 토하라(Tochara)부터 오늘날의 초원민족의 문화를 체계적으로 정리해 냈다. 상고 삼대(三代)시대의 황제(黃帝)의 청동문화와 신석기시대 본토에서 전승되던 요순(堯舜)의 옥백(玉帛)문화가 결합되어 비로소 중국 역사문화 대전통의 완전한 조형(Proto-Type)을 이루었다. 오늘날 중국 주류사회에서 입에 오르내리는 염황설(炎黃說)은 사마천(司馬遷)이 고사층루조성법(古史層累造成法)을 적용해 인공적으로 구축한 것이다. 그것은 상고시대 중국의 문화와 일치하지 않기 때문에 오늘날 중국의 통일 다민족 국가의 현실 국정도 적절하게 설명할 수 없다. 요컨대, 이화 교수는 이 시점에서 중국문화의 "이원합성설(二元合成說)"을 제기하였다.

『장자(莊子)』「제물론(齊物論)」에서 장자는 남곽자기(南郭子綦)의 입을 통하여, "저것이 아니면 나라는 주체를 확인할 수 없고, 내가 아니면 희노애락의 감정이 나타날 수 있는 주체가 없어진다.(非彼無我, 非我無所取.)"라고 하여 심리학 용어인 "동일시(identification)" 개념에 관해 심오한 말을 한 적이 있다. 장자는 세 가지 개념으로 "동일시(identification)"라는 다소 역설적인 개념의 어원과 연기(緣起)의 본질을 공(空)으로 보는 "연기성공(緣起性空)"이라는 오묘한 이치에 관해 밝혀냈다. 만약 민족문화와 민족관계에 관심이 있는 중국인 독자라면, 스스로 깨달을 수 있을 것이다. 장자가 말하는 '저[彼]'는 타자이며, '나[我]'는 주체이고, '취(取)'는 주체로서의 행위의 선택이다. 사람은 분류하고 동질성 찾기를 좋아하는 동물이다. 크로체의 "모든 역사는 현대사이다"라는 명제에 따르면, "동일시"에서의 '나'는 두 가지 함의가 있다. 하나는 개체로서의 작은 '나'이다. 다른 하나는 작은 '나'가 동일시하는 큰 '나'이다. 이때 큰 '나'라는 존재는 곧 향토, 고향, 민족, 중화와 문화적 측면의 중국을 의미할 것이다. 한편, '저[彼]'라는 존재는 곧 공간적으로는 타향·이방(異邦)·타국이고, 구조적으로는 이민족·이문화(異文化)이고, 시간적으로는 고대인·고대문화 등의 의미를 내포하고 있다. 만약 이러한 '나[我]'의 상대가 되는 타자인 '저[彼]'의 개념으로, 타자의 개념에 다시 "인(仁)한 사람은 사람을 사랑하고 극기복례하고", 또는 "실사구시(實事求是)하고 처지를 바꾸어 생각한다"는 공통주관성[Inter-subjectivity, 互主性] 의식을 더한다면, 인한 사람의 마음에 부합할 것이며, 말에 허물이 적고 행실에 후회할 일이 적게 할 수 있을 것이다. 이 책에 적용시켜, "비피무

아, 비아무소취(非彼無我, 非我無所取)"라는 말을 잘 명심한다면 이 책을 읽는 독자들이 중국문화의 "이원합성설(二元合成說)"을 보다 잘 이해할 수 있을 것이라고 생각된다.

현대 중국인으로서 "이원합성설(二元合成說)"을 잘 이해한다는 것은 어떤 의미가 있는 것일까? 대변혁시대(大變革時代)에 옛 것을 개혁하고 새로운 것을 창조하는 공동의 인식을 응집할 수 있을 것이며, 중국인들이 중화문화를 인식하는 기본 사고방식인 "사회발전사(社會發展史)"적 관점으로부터 "문화생태학(文化生態學)"적 관점을 촉진시킬 수 있을 것이라고 대답하겠다. 구체적으로 말하자면, 사회발전사 연표를 문화생태학 지도로 복원함으로써 대한족주의(大漢族主義)와 소수민족소망동화론(少數民族消亡同化論)에 대해서 그 구조를 해체하고, 사람들로 하여금 보다 자각적으로 중국생태환경, 문화다양성, 각 민족 간의 결속력과 사회적 화합을 유지하게 할 수 있을 것이다. 개인적 측면에서는, 자신이 처해 있는 환경적 요소나 심정적인 흠결과 애국 애족의 명분으로 검을 빼들어 타인 또는 상대편, 혹은 다른 나라를 향해 자의적으로 폭력을 행사하고 폭력적인 언사를 높이는 행위를 예방할 수 있을 것이다. 이는 개인, 가정과 민족 그리고 국가의 존엄성을 지켜가고, 조상과 신명 및 자손 후대의 안녕을 위한 밑거름이 될 수 있을 것이다. 인류학이 "위공촌공식"과 『이하선후설』의 공통적인 학문적 기반이기 때문에, 여기에서 다시금 인류학의 요지에 대해 상세히 설명할 필요가 있다고 생각된다.

인류학은 문화를 연구함으로써 인간의 본성과 민족적 특징을 이해할 수 있으며, 각 나라와 민족들 간의 이해, 평등, 단결, 존경, 호혜 등을 촉진시킬 수 있는 학문이다. 인류학의 목표는 인성(人性), 문화, 민족이다. 인류학의 방법론적 체계는 필드 워크로 자료를 수집하여, 비교연구 방법론을 통해서 자료를 분석하고 해석하는 것이다. 또한 생물학적 문화정체론(文化整體論)과 문화상대론을 통해서 자료 수집, 분석과 해석 작업을 뒷받침한다. 인류학 분야에 있어서 현재 중국에서 활용하고 지향하는 것은 "두 가지 보호"와 "두 가지 유지"이다. 즉 전통문화와 생태환경에 대한 보호, 소수민족의 이익과 소외계층의 권익에 대한 유지이다. 다시 말해서 중국 각 민족들의 평등과 단결, 문화다양성의 전수와 계승을 균등하게 지켜가는 것이다. 앞서 언급한 이념들은 모두 형이상학적인 것으로 말로는 매우 간단하다. 하지만 막상 실천해 보면, 이 이념들은 사람들로 하여금 타자를 직면할 때 자신으로 돌이켜 보게 하고 그 한계성에 대해 반성케하는 문화적 각성을 일으킬 수 있을 것이다. 그리하여 우리 눈앞에서 횡행하고 있는 여러 가지 편견과 고정관념에 영향력을 미침으로써 이를 와해시켜서 사회문화의 개혁과 창조를 추진해 나갈수 있을 것이다. 예컨대, 현재의 중국은 민족문제가 소수민족지역의 열악한 환경과 민생고에서 기인한다고 보고, 급격한 발전 방식을 적용하여 민생문제를 해결하려고 하였다. 전체론(holism)적 측면에서 소수민족들이 살아가고 있는 지역에서 개발 가능한 임업자원, 광산자원, 수력자원과 토지자원 등을 살펴보면 생활자원의 기초는 부족하지 않다. 그러나 국가가 소수민족지역의 자원에 오랜 세월 투자해 왔고 크게 발전시켜 왔음에도 여전히 개선해야 할 민생문제가 많은 것은 민생 자체의 문제가 아닌 그 지방의 민권과 엘리트들의 도덕성 문제에서 기원한 것이기 때문에 현대 중국사회의 공정한 메커니즘 건설에 관한 의제가 명확하게 드러난다.

주류사회는 소수민족의 발전을 언급할 때마다 그들을 자기들처럼 도시화시키려고 하곤 한다. 그러나 문화상대론의 측면으로 보면, 채집과 어렵, 화전경작, 목축업 등의 생계 방식은 도시화가 아닌 적절한 토지제도에 따라 지속적으로 발전해 온 것이다. 레비스트로스가 『구조주의 인류학』(1950-1970)에서 논증한 바와 같이, 고대인들이라고 야만이 아니며, 현대인이라고 문명적인 것도 아니다. 또한 "문명"이라는 말 그 자체에 다양성을 배척하고 지도를 연보(年譜)로 만드는 의미가 내포되어 있다. 그 당시 프랑스에서는 계몽운동이 문명 개념에 의거했으며, 프랑스 사회를 들썩였고, 독일인들은 문화라는 개념을 제기하여 그 문명 개념에 대응하고자 했다. 또한 살린스가 『석기시대경제학』에서 민족지(民族誌) 자료를 인용하여, 석기시대의 인류는 오히려 현대인보다 더 많은 생활자원과 여유로운 시간을 가지고 있었음을 논증했다. 다만 소수민족들의 도시, 정부, 대학과 연구기관 내에서의 분포도가 확실히 적기 때문에 발언권이 적을 뿐이지, 생태계에 대한 지식과 생활양식에 대한 지식이 부족한 것이 아니다. 그들이 전통적으로 전수받아온 지식은 국민교육과 사회체계에 의해 구조적인 차원에서 배척을 받기 때문에, 그들의 민생과 문화의 계승은 여러 가지 압력과 위기에 직면할 수밖에 없다. 만약 주류사회가 이에 대해 자기 성찰을 하지 않고, 몇 마디 말로 "피해자"들을 책망하고, 심지어 민족문화의 다양성을 제거하려는 행동을 능사로 삼는다면, 국내 생태환경은 반드시 "공유지의 비극"[14]으로 갈 수밖에 없다. 즉 하류사회에 속한 농민과 소수민족 사람들은 "발전의 역설"에 빠질 것이며, "자원으로부터의 저주"를 받을 것이며, 마침내 중국내 각 계급과 민족 간의 관계를 "죄수의 딜레마"[15]에 빠지게 만들 것

---

14 역주: 공유지의 비극(The Tragedy of the Commons)이란 미국 UCSB 생물학과 교수인 개럿 하딘에 의해 만들어진 개념으로 1968년 12월 13일자 사이언스지에 실렸던 논문의 제목이기도 하다. 경제학을 포함한 많은 분야의 논문과 저서에서 즐겨 인용할 만큼 중요한 개념으로 자리 잡았다. 공유지(Common Pool Resource)의 비극은 '지하자원, 초원, 공기, 호수에 있는 고기와 같이 공동체의 모두가 사용해야 할 자원은 사적 이익을 주장하는 시장의 기능에 맡겨 두면 이를 당세대에서 남용하여 자원이 고갈될 위험이 있다'는 내용을 담고 있다. 따라서 이는 시장실패의 요인이 되며 이러한 자원에 대해서는 국가의 관여가 필요하다. 아니면 이해당사자가 모여 일정한 합의를 통해 이용권을 제한하는 제도를 형성해야 한다는 내용이다.

15 역주: 죄수의 딜레마(罪囚-, prisoner's dilemma)는 게임 이론의 유명한 사례로, 2명이 참가하는 비제로섬 게임 (non zero-sum game)의 일종이다. 이 게임은 용의자의 딜레마 또는 수인의 번민(囚人의 煩悶)이라고도 부른다. 이 사례는 협력할 경우 서로에게 가장 이익이 되는 상황일 때 개인적인 욕심으로 서로에게 불리한 상황을 선택하는 문제를 보여주고 있지만 이후 이러한 딜레마

이고, 사람들에게 계륵같은 행복감을 얻게 할 것이다. 발전의 역설이란 주류사회가 기꺼이 과학적 발전관[Scientific Outlook on Development]을 배우고 실천하려고 하지 않고, 생산방식과 발전 매커니즘을 전환하려고 하지 않고, 민족문화의 다양성에 대해서 장기적인 안목에서 계획하려고 하지 않으면서 소수민족들을 발전시키고자 한다면 자문화의 소멸과 동화(同化)를 부득이 감내해 내야하고, 동일성을 유지하려면 기회와 자원의 박탈을 참고 견뎌야 하며, 권리와 이익을 쟁취한다면 분리와 분열, 통일을 파괴하는 난처한 상황에 처하게 될 것이다. "한 사람 때문에 분위기 망친다[一人向隅, 擧座不歡]"는 중국 속담에 이끌려 가게되고 이러한 발전방식과 권력구조는 온 백성의 마음과 인성에 적합하지 않은 것이다. 앞으로 중국이 진정으로 민족단결, 사회화합, 국가통일, 대국굴기, 중화민족의 부흥을 이루고자 한다면, 반드시 혁신을 해야 한다.

인류학의 창시자 중 한 명인 테일러는 1871년『원시문화』에서 인류학을 "개혁자의 과학"이라 정의했다. "개혁자의 과학"은 인간 마음과 인간 본성을 이해하고, 실사구시(實事求是)를 견지하는 것이 가장 필요하다. 예컨대, 주류사회의 정부 관리와 학자들이 스스로를 애국애향인이라 여긴다면, 사람들이 모두 이에 대해 같은 마음을 지니고 있을 것이라고 가정해야지 다른 사람이기 때문에 소수민족들은 그 마음이 다를 것이라고 가정해서 문화적으로 동화시키려는 작업을 실행하면 안 된다. "개혁자의 과학"은 반드시 전면적으로 인성, 문화와 민족특징을 이해해야 하고, 또한 이에 합당한 일련의 방도가 필요하다. 따라서 본 학문에는 기본적으로 4개의 분과가 있다.

첫 번째 분과는 체질 또는 생물인류학이다. 생물과 문화가 동시에 진

의 '반복되는 죄수의 딜레마'가 지속적으로 일어날 경우 긍정적인 협동이 가장 최선의 선택지가 된다는 사회행동의 전략적 진화를 보여준다.

화한다는 이론에 근거하여, 인류의 전체적인 진화와 개체의 변이를 연구하고, 오늘날 세계의 모든 인류는 공통의 기원을 가지고 있다는 것과, 같은 종, 즉 호모 사피엔스(Homo sapiens)에 속한다는 것을 증명한다. 호모 사피엔스는 두 발로 직립 보행하는 것과 발달한 뇌를 가진 것 외에, 상징부호를 자유롭게 활용할 수 있기 때문에 문화의 다양성을 창조하는 방면에서 억누를 수 없는 능력과 잠재력을 가지고 있다. 체질인류학은 최근 몇 년 동안 유전적 메커니즘를 사용하여, 호모 사피엔스가 아프리카에서 기원했고, 동일한 유전자 풀[gene pool]을 공유하고 있다는 것을 증명했다. 인류의 모든 구성원의 몸에 존재하는 게놈은 1%를 넘어서는 차이는 없고, 그 중에는 식별 가능한 민족이나 국민 유전자도 없고, 두 개가 완전히 같은 개체 또한 없다. 따라서 인류에게는 오직 서로 우애하는 의무만 있고, 서로 차별해야 할 이유가 없는 것이다. 이러한 결론은 인류학과의 제1의 공리(公理)로, 인종차별주의, 사회 다원주의, 쇼비니즘과 문화 우생학은 마약·에이즈와 같이 인류사회의 공공의 적이 되어 학계에서 경시하고 경멸하게 되었다. 체질인류학의 또 다른 기능은 시공간의 양 측면에서 인류의 시야를 확장시키는 것이다. 시간을 지질 연대까지 확대시키고, 공간을 하늘 끝과 바다 끝까지 확장시키고, 더 나아가 고고학과 역사학에 방대한 시공간적으로 참고할 만한 체계를 제시해 준다. 이화 교수는 이 분야의 성과와 추적을 매우 성실하게 해 내었고, 그 논증에 힘이 있다.

두 번째 분과는 고고인류학이다. 협의적인 의미의 고고학은 물질문화에 관한 연구이고, 광의적적인 의미의 고고학은 발굴·출토된 유물을 사용하여 고대인의 생태와 심리적 상황까지 고찰할 수 있고, 그 나라와 그 민족의 문화 및 제도의 능력과 한계성을 살펴 볼 수 있다. 인류의 역사는 몇 백 만년이고 문자의 역사는 단지 몇 천 년에 불과하기 때문에, 우리가 고대 인류학을 역사학·민족학과 한 뿌리의 지식 고리로 연결하고자 한다면, 고고학은 필수 불가결한 연결고리일 것이다. 고고학은 고인류학과 자료 수집 방법을 공유하고 있고, 역사학과 자료 해독법을 공유하기 때문에 본래 서로 결이 통하는 특성을 가지고 있다. 그러나 1950년대부터 중국 고고학과 역사학은 모두 이데올로기로 인해 겪게 될 혼란을 두려워하여 자연과학적인 방법론을 표방하고, 전공분야 간의 경계를 강조하며 중국의 고고학을 중요시한 반면 인류의 문화를 소홀히 했다. 중국의 고고학과 역사학은 과학적 방법론을 지키고 전공분야간의 구분을 엄수한다고 자신하지만, 결국 사회발전사적 이데올로기의 패권 하에서 손안에 든 증거의 무게에 따른 중요성이 어떠한지에 관계없이 "인류는 보편적으로 난혼잡혼(亂婚雜婚)의 단계를 거쳤다.", "부계사회 이전에 모계사회가 존재했다.", "상고 삼대는 노예제도이다.", "중화문화의 뿌리가 중원 대륙에 있다.", "소수민족이 한족을 접촉하면 견문을 넓힐 수 있다.", "한족이 소수민족 지역에 가면 선진적인 제도 · 기술 또는 이념을 가지고 갈 것이다." 등등 일일이 다 열거할 수 없는 견해들을 대담하게 말하곤 한다.

이러한 현실과 비교해 본다면, 자연과학을 공부한 이화 교수는 고고학과 역사학 자료를 이용하는 데에 있어서 독립적인 정신과 자유로운 사유를 유지해 왔다고 여겨진다. 그는 이 책에서 폭넓게 책을 읽고 광범위한 현지 조사를 통해 체득한 것들을 근거로 하여, 과감하게 중국의 고고학 자료를 두 그룹으로 나누었다. 하나는 최초로 생성된, 먼저 정착해 있었던, 동남지역의 이(夷) 계통이며, 다른 한 그룹은 다음으로 형성된 서북지역에서 온 하(夏) 계통이다. 또한 오늘날 중국문화는 이 두 계통의 전통을 합성한, 강인하고 상호보완적이며 기억과 회복성이 매우 강한 DNA 이중나선의 긴 사슬로 확인되었고, 상고 삼대 본토에서 본래 생겨난 것과 외래에서 전파된 문화와의 결합이 중국의 문화 특성을 형성하게 되었다는 것을 밝혀냈다. 북경대학교 이령(李零) 교수는 중국 역사를, 삼대 이전의 일련의 시기는 주로 고고학적 세계이며, 삼대 이후의 일련의 시기는 주로 역사·문헌학적 세계라고 말했다. 삼대는 고고학과 역사학이 접전하는 학문적 논제로서, 고고학·고문자학·고문헌학적 연구성과와 그 논의가 함께 전개되어야 한다. 이화 교수의 이러한 전략은 이령 교수의 주장을 수용하여 구현한 것이고, 고대 인류학의 진수를 깊이 연구한 것으로, 중국의 인문사회 연구의 혁신과 종합에 좋은 본보기를 제공하였다.

세 번째 분과는 언어인류학이다. 고고학은 물질적 측면에서 인문사회를 이해하고, 언어학은 상징부호와 그 의미를 통해서 인성을 이해한다. 인류는 상징부호를 자유롭게 활용하는 동물이다. 언어문자는 가장 방대하고 가장 집중된 상징부호의 집합이다. 따라서 언어학은 인문연구의 본체이자 핵심이다. 공동체 의식을 응집시키는 관점에서 보자면, 음악과 무용의 상징부호로서의 역할도 언어문자에 못지않다고 생각된다. 따라서 광의적인 측면에서 언어 인류학은 예술미학도 포함해야 한다.

얼마 전까지 각광을 받았던 언어학 분야는 본래 학계에서 인간성, 인간 주체와 인류의 존엄을 가지고 물욕과 패권에 반격하는 사상 해방운동이었다. 20세기의 중국 언어학 연구는 전쟁·정치·경제적 문제들과 맞물려 휘말리듯 과학적 연구방법에만 몰입되는 방식으로 변질되어 실질적으로 일어나고 있는 인간사의 실정을 살펴보려고 하지 않아 결국 이번 세기의 연구 성과는 거의 빈손으로 끝났다. 이화 교수는 이 즈음에 처하여 그 난점을 알고 연구를 진척시켰다. 언어 인류학의 방법을 차용하여 중국 티베트어족의 특수한 위치와 중국어의 구조를 고찰했다. 고대 한어와 현대중국어는 "상층이 하언(夏言)이고 기층이 이어(夷語)이다[夏表夷裏]."라는 이원합성성(二元合成性)을 식별하고, 동아시아의 한국어와 일본어도 중국어와 마찬가지로 모두 전형적인 혼합어라는 점을 지적했다. 그 가운데 고대 이어(夷語) 또는 화오어(華澳語, Sino-Tibetan-

Austronesian—Austronesian languages)가 상층이며, 하언(夏言) 또는 인도유럽어족은 상층이라고 말했다. 따라서 "언어의 계통에 대한 연구로부터 언어의 바다[語海, 각각의 언어의 강줄기가 모여든 바다, 즉 혼합어]에 대한 연구에 이르러야 한다[從語系到語海]"라는 명제를 제기했다.

이러한 이화 교수의 학설은 독창성이 매우 강하다 생각되지만, 단언할 수는 없을 것이라고 생각된다. 중국어의 언어체계는 일반적으로 원래 있었던 "기초구조"와 외래의 "상부구조"가 합쳐져 이루어진 것이다. 중국과 동아시아 본토는 매우 다양한 민족, 지방, 민간의 언어 및 방언이 있어 왔다. 그러나 상고시대 삼대의 이하(夷夏) 교류의 중심축이 되는 시기에 고대인들은 다민족 통일국가를 관리해야 하는 필요에 의해서 추상적인 부호, 즉 여러 가지 구어를 넘어서는 상형표의문자체계를 개발했다. 이 체계는 중앙정권의 지속적인 역할과 외국 문헌(예컨대, 불경)의 번역에 대한 필요성으로 점점 일련의 공식적 표준음[正音] 규칙을 획득했고, 그리하여 중국문화체계의 "세계어(世界語)" 즉 "표준어[雅言]"의 역할을 담당하게 되었다. 그러나 근본적인 관점에서 보면, 그것은 결국 부호화나 글을 쓰기에는 장점이 있지만 구두 표현에는 잘 어울리지 않는 측면이 존재한다. 가장 좋은 표현 방식은 구두어가 아닌 문어체의 글의 방식이고, "음본위"가 아니라 "글자본위[字本位]"[16] 방식이다. 이러한 "한자가 중국어를 만든" 언어 체계는, 소쉬르의 "음과 뜻의 임의 결합설[音義任意結合法]"에 도전했지만, 오히려 중화 민족의 다원일체의 구조적인 요구를 잘 충족시킬 수 있었다. 여기에서 "다원"은 각 민족, 각 지방이 간직해온 언어·문자에 관한 "소(小)" 전통을 의미하고, "일체"

---

16 역주: · 20세기 들어 80년대 특히 90년대 이래 중국어법학계에서는 "본위(本位)" 이론의 연구에 대하여 관심을 많이 기울였고, 그 후 "사본위(詞本位)" "소구중심설(小句中樞說, Clausal Pivot in Grammar)" 등의 영역으로 확대 되면서 본위 이론에 대한 연구가 본격화 되었다. 여기서 언급하는 자본위는 글자를 중국어의 기본적 구성 단위로 삼아 언어연구를 하는 방법이다.

는 역대 중앙 왕조가 모범적이고 바른 글로서의 "아문(雅文)"과 고문을 뜻하는 "문언문(文言文)"을 전승한 "대(大)" 전통을 가리킨다. 크고 작은 전통은 중앙 정부와 지방 민족의 두 층위에서 병존하면서 서로 보완해 왔다. 가는 길이 다르더라도 서로 어긋나지 않고 만물이 함께 자라나도 서로에게 해가 되지 않듯이, 중국은 수천 년간의 정치통일의 구조적 이념과 문화의 다양한 패턴을 유지해 온 것이다. 오늘날 중국학계는 5·4 운동의 과학과 민주의 정신을 중요하게 여겨왔지만 혁명은 아직 완성되지 않았기 때문에 이에 대해 부정적인 측면의 영향만을 언급해서는 안 될 것이라고 생각된다. 그 시기 백화문(白話文)의 제창은 어쩌면 당연한 것일지 모르지만 현재 고문인 문언문(文言文)의 폐기가 중국 문화에 끼친 해악이 크다는 점은 인정하지 않을 수 없을 것이다. 문언문은 비록 한대(漢代)를 의미하는 "한(漢)"자를 썼지만, 중국의 세계인식으로서의 천하체계에서 한자는 "세계어"의 기능을 담고 있었다. "보통화[普通話]" 라고 불리는 현대중국어는 한족 언어로서의 명성을 받들고 있지만, 중국문화의 대전통으로서의 무게를 감당할 수 있는 적법성은 약화되었다. 이는 중국 역사문화의 다원일체 구조를 경솔하게 무너뜨릴 수 있는 것이며 소수 민족을 중국 역사문화의 대전통과 동일화하여 그 여파를 가늠할 수 없는 후환을 만든 것이라고 할 수 있다. 특히 인류가 글로벌 시대에 글로벌 거버넌스에 요구되는 문자 선택지에서 그 자격을 잃을 수도 있다. 이화 교수가 분석해낸 중국어의 특징이 갖는 학술·정치적 의미도 결국 여기에 있다고 할 것이다.

네 번째 분과는 민족학, 즉 협의적 의미의 문화인류학(미국식) 또는 사회인류학(유럽식)이다. 이는 문자가 없던 시대의 민족의 혼인, 가족친척 관계, 사회제도, 풍속습관과 종교신앙을 연구함으로써 그 문화적 내력을 이해하기 위한 것이다. 나아가 민족학을 정리함으로써 인류문화의 다양성, 윤리적 상통, 역사적 특수성, 인성의 보편적 원리를 밝혀내었다. 인간의 신체적 상태, 문물과 언어 · 문자는 모두 문화의 구성 요소이면서 인간의 삶의 의미를 전달해 주는 매개체이기 때문에 이 분과는 앞서 언급한 세 개 분과를 총체적으로 파악할 수 있는 분과이다. 그러나 천하에 공짜는 없는 법, 총체적인 의미를 파악할 수 있는 자격을 갖추기 위해서는 분명한 근거에 기반해야 하고, 다른 세 분과보다 더 광범위한 실사와 문헌 분석을 통해 권위 있는 민족학적 논의가 담긴 글을 서술함으로써 이 분야를 확립해 나가야 한다. 인류학적 표준과 중국문화에 관한 총체적 연구가 서로 만날 때 하나의 패러독스가 발생할 수 있다. 즉 통일다민족국가의 방대한 규모를 고려해볼 때 모든 현지조사가 전면적으로 철저하게 이루어지기는 어렵겠지만, 필수적 현지조사로써 그 논의를 단단하게 하지 못한다면 학문적으로 요구되는 기준에 부합하지 못할 것이다. 다행히 중국 역사문헌은 매우 이른 시기부터 상당히 많은 자료가 부단히 축적되어 왔고, 적지 않은 민족 · 민속자료의 아카이브가 형성되어 왔다. 이화 교수는 이에 따라 역사인류학 문헌분석의 방식을 채용했다. 즉 역사와 민속자료를 정리함으로써 그의 "이하선후설"을 밝혀 낸 것이다. 그러나 이러한 방법론도 다소 한계성이 보이는 것이 사실이다. 예컨대, 많은 소수민족 문헌들이 지금까지도 중국어권에서 번역 · 유통되지 못하고 있다. 이화 교수는 북방민족지역에서 광범위하게 현지조사를 진행하고 다양한 소수민족 출신 동료들과의 교류를 통해 이러한 한계를 돌파했으며, 명확한 논의 전개와 함께 충분한 증거를 가지고 『이하선후설』을 완성했다.

내몽골교육출판사에서 근래에 출판한 반조동(潘照東)의 『중화문화대계 비교연구: 초원문화의 중국문화에 대한 역사공헌(中華文化大系比較研究: 草原文化對中國文化的歷史貢獻)』에서 북방초원문화를 황하와 양자강과 더불어 중국문화의 세 개의 원류 중 하나로 규정했다. 이는 "문화생태학"이 중국문화 원류를 탐색하는 새로운 방법론을 이루게 되었음을 입증해 주었다. 동시에 북방 소수민족들이 거주하는 동북으로부터 티벳[西藏]의 "내륙아시아 판"은 중국문화 가운데 중요한 지위와 역할을 담당하고 있음을 밝혀내었다. 2009년에 곤명시가 "인류발전과 문화다양성"이라는 주제로 국제 인류학과 민족학연합회 제16회 대회를 주최했고, 여기에서『곤명선언』을 통과시켰다. 여기에서 다음과 같이 말했다. "인류생활은 생태환경과 상호작용하며 이루어낸 성과이고, 문화다양성은 인류의 독특한 창조 능력을 보여주는 동시에 집단들이 서로 교류하는 단단한 기초이자 개인의 행복감의 끊임없는 원천이다. …… 국제사회는 반드시 개발도상국, 소수민족, 취약집단, 최하부 공동체가 경제발전에 동참할 수 있는 평등한 권리를 존중해야 한다. 동시에 반드시 그 문화 자원, 사회적 존엄과 발언권을 존중해야 한다."고 했다.

이화 교수 저작의 독창성은 다음과 같은 부분에서 발견된다. 수많은 학자들이 돌파하려 했지만 상세하게 그 논의를 전개하지 못했던 중국문화를 "본토기원"과 "외래전파"의 관계로 주목하여 정리해 내고 있다는 점이다. 나는 아래와 같은 이유로 이화 교수의 결론에 동의한다. 족외혼 제도는 인류생존의 가장 중요한 조건이기 때문에 고금의 문화는 모두 본토의 전통과 외래의 요소들이 합쳐진 것이고, 수많은 문화의 창시 혹은 창시자에 관한 전설이 '감응'에 의해 '남다른 사람[異人]'이 태어나거나 혹은 혼인으로 인해 '생소한 사람이 왕으로 칭해진다'는 등의 모티브가 나타나게 된 것이다. 본토설과 외래설의 논쟁은 역사상의 하(夏)·이(夷) 논변과 유사하다. 그 논의의 관건은 모두 실재 사실이 무엇이었느냐에 주목하기 보다는 주체의 자기 인식에 의한 지향성에 달려 있었다. 오늘날 중국이 세계경제체제에서 중요한 역할을 담당해야 할 시점에 놓여 있기 때문에 "이원합성설"은『대의각미록(大義覺迷錄)』의 업그레이드 버전이라고 불릴 만하다. 이 책은 지난 백년간의 중국학계의 중국문화 원류 연구에 대한 다방면의 성과들을 가장 간략하고 핵심적으로 정리하여 밝혀내었다. 따라서 인문사회학문 분야들이 이 연구 주제에 대해 지속적으로 학제 간 연계하여 난점들을 돌파해 나갈 수 있는 다방면의 방향성을 제시해주고 있으니 학계에 큰 기여를 한 것이라고 생각된다. 다만 나는 이화 교수의 서사 방식에 대해서는 몇 가지 개인적인 천견(淺見)을 가지고 있거나 혹은 동의하지 않는 의견이 있어서, 감히 이 기회를 빌어 이화 교수와 독자들에게 아래와 같은 논의점을 제시하고자 한다.

첫 번째는 논거가 제시되고 있는 순서의 문제이다. 어떤 동료는 그가 증거를 제시할 때 인류학 네 개 분과를 똑같이 중시하여, 결론이 선명치 않게 되었다고 지적한 바 있다. 나 또한 이 의견에 동감했으나, 원고를 상세히 검토하고 난 후, 이는 똑같은 비중으로 중시한 문제라고 보기 보다는, 증거를 제시하는 순서 혹은 차례의 잘못된 배치가 빚어낸 문제였다. 본서는 마땅히 역사인류학을 '강(綱)'으로 삼고, 나머지 부분을 '목(目)'으로 삼았어야 했다. 바로 『이하선후설』이라는 천리를 달려온 용이 바로 여기에 자리매김을 했어야 했다. 이 책이 만약 제2장과 제5장의 순서를 조정하고, 역사인류학적 관점으로 제 2·3·4장을 총결함으로써 제6장의 결론의 논거를 지지할 수 있었다면 총결론이 더 선명하고 충격적인 힘이 있었을 것이라고 생각된다.

두 번째는 상고 삼대 이하문화 합성의 관건이 되는 시기의 문제다. 이 책은 먼저 하·상·주 삼대의 민중이 모두 각 지방의 '이'임을 밝혔고, 또 황제가 기술과 군대와 정치의 패권에 의지하여 '새치기'하여 화하의 시조가 되었다고 판단했다. 그는 이 두 가지 판단에 관한 대량의 증거를 들면서, 당시 중국은 청동과 거마(車馬) 문화를 도입함으로써 정치적 혁명과 문화적 변화가 나타나, 중국문화는 이때부터 쌍나선 구조를 갖췄다고 결론을 내렸다. 그러나 본서에서 그는 이러한 혁명 혹은 변화가 고조된 시간적 범위와 융합과정에 대한 식별과 설명을 전혀 하지 않았다. 따라서 독자들은 그가 밝힌 '이(夷)·하(夏) 두 주체'가 언제 하나로 융합되었는지에 대한 의문은 끝내 설명을 전혀 얻지 못하게 되었다고 생각된다. 그는 대체로 글로벌 체계 혹은 '네트워크 이론'을 결합하여 현재 접근할 수 있는 데이터에 근거하여 다음과 같이 밝혔다. 청동 거마와 북방 초원 목축 문화는 하대에 형성되어, 상대 중기에 이르러 중원 내륙에서 통합 능력을 이루게 되었고, 나아가 동주시기에는 유라시아 대륙 세계 역사 축심 시대라고 이를 만한 능력을 축적했다는 사실을 더욱 분명하게 확인해주고 있거나 이에 대해 설명해 주고 있다. 고고학자들이 앞세운 하상주단대공정 혹은 중화문명탐원공정이 언제 향방(鄕邦)에서 성방(城邦)을 찾아내거나 설명할 수 있을지에 대해서는 우선은 그 시시비비를 논하지 않아도 될 것으로 여겨진다.

세 번째, 상고 하·상·주 삼대에 있어 '한족' 개념을 사용하는 것의 폐해 문제다. 원고를 읽어보니, 이화 교수는 중국인의 정체성 문제에 대해 '남방인'의 맹점이 있는 것 같다고 본 것으로 여겨진다. 즉 이하선후설을 이용하여 두 주체가 평등하다고 여기고, 또 이원문화합성설을 이용하여 두 주체의 지위에 대해 공평하게 그 논의를 전개했음에도, 화하와 한족을 중립적 성격의 순수한 '명칭', 즉 기호로 여겼다. 따라서 그는 하·상·주 삼대를 설명하면서도 화하와 한족을 마음대로 호환하여 사용했다고 판단된다. 이러한 오류는 마땅히 타파되어야 할 것이다. 앞에서 '동일시'는 공시적 구조 현상으로 '명칭'은 '동일시'의 최우선적인 요구 사항이라고 말했다. 오늘날 사람들이 사용하는 '명칭'은 모두 오늘날 사람들의 감수성(感受性)을 근거로 사용되는 경향이 있다. 오늘날 사람들이 느끼기에 '이인'에 전혀 부정적인 의미가 없다고 여겨지며, '한인'에도 또한 긍정적인 의미가 없다고 여겨진다. 다만 '화하'라는 명칭과 그것이 가리키는 "인(人)"은 이 예에 속하지 않는다. 이는 어떤 구체적인 문화를 가리키는 것이 아니라 특정 문명의 주체자를 가리킨다. 따라서 이는 긍정적인 뜻을 지니고 있을 뿐만 아니라 또한 '이인(夷人)', '한인(漢人)'에 대해 국가정치와 문화정통을 대표하는 함의도 지니고 있다. 다시 말해, '이인'과 '한인'이 대표하는 것이 다원적 보통 문화라면, 화하가 대표한다는 것은 정치와 계급 문명 일체를 내포하는 것이다. 이인·한인과 화하가 비록 중화민족 다원일체 구조를 공동으로 구성(쌍층적)하고 있지만, 카테고리는 각각 다르다. 이인·한인이 각 지역 각 민족문화 '정체성'의 '자류지(自留地)'라고 한다면, 화하는 이인과 한인이 공유하고 함께 누리며 함께 다스리는 '천하공기(天下公器)'다.

만약 오늘날의 중국이 중화민족의 '정체성'를 강조하고자 한다면, 학계는 이러한 화(華)와 한(漢)을 구별하는 "화한지변"의 의식이 있어야 할 것이다. 양자를 결코 동일시해서는 안 된다. 그렇지 않으면, 소수 민족에게 "중화민족 언어문화를 '동일시'하려면 반드시 먼저 한족 언어문화에 '동일시'해야 한다"라는 구조적인 난점을 만들어낼 수 있는 것이다. 이런 '동일시'의 규칙은 던져버리고 언급하지 말아야 할 것이다. 주대의 화하는 후대 한족과 동급이 아니다. 오늘날 어떤 한인은 염황과 공자를 모두 한인으로 만들지 않으면 안 된다고 하는데, 이는 문화자각이 결핍된 '무의식적 패권' 행위에서 나온 것이다. 이에 세밀하게 연구해 보면, 공자는 주대를 살면서 주공을 숭배했지만, 부계를 살펴보면, 그의 조상은 오히려 상조(商朝) 이인(夷人) 귀족으로, 주나라의 민족정책과 통일 전쟁 정책 때문에 '송국(宋國)'에 제사터를 잡게 되었다. 그는 노나라로 이민한 후, 벼슬에 있을 때는 소수민족의 고급 간부(정법위원회)였으나, 벼슬에서 물러난 후에는 소수민족 교수(사립대학)였다. 다만 그의 국가 고급간부로서의 의식이 민간의 교육자로서의 의식보다 항상 강했지만, 줄곧 화하의 대변인의 역할을 잘 수행하여, 중화 각 민족의 지도적 스승이 되었고, 후세 각 민족의 통치자들도 모두 그의 '성인(聖人)'으로서의 지위를 인정했다. 그러나 그의 마음속에는 줄곧 자기 가문의 민족에 대한 정체성이 자리 잡고 있었다. "죽음에 즈음하여 그 말이 선량하다"라고 하였는데, 그는 학생들에게 "나(丘)는 은인(殷人)이다"라고 말하면서, 은 민족이 본래 지니고 있던 상장(喪葬) 방식을 채용할 것을 부탁했다(이 일은 『논어』에 보인다). 만일 오늘날 한인들이 억지를 부리지 않았다면, 그는 당시 '실제로는 존재하지 않았던' '한족'과 무슨 관계가 있었겠는가? 만일 오늘날 곡부 공가의 민족을 끌어들여 공자의 민족을 증명하려 하는 시도는 아들 며느리의 생육 능력을 가지고 할아버지의 민족 성분을 바꾸려는 우스꽝스러운 일이 아니겠는가? 이화 교수는 이에 대해 전혀 마음에 두고 있지 않지만, 그가 '한인' 개념을 하·상·주 삼대에 사용한 것은 이 같은 문제를 야기할 수 있는 것이다. 문화의 다양성을 보호하고, 다원문화를 승인하고 국민 '동일시'를 추진하는 것이 중국의 급선무가 되었으나, 중국 내 민족 관계가 대한족주의(大漢族主義)에 의해 깊은 곤경에 처해있는 오늘날, 명분을 바로 잡는 문제에 있어 반드시 신중하게 처리해야 한다. 이러한 맥락에서, "화하와 한족을 혼용한 것이 소수민족의 존재와 감각을 존중하지 않은 것"이라는 지적은 또한 결코 지나치다 할 수 없을 것이다.

네 번째는 남방산지와 연해 문화대의 지위 문제이다. 이 책은 고대 중국문화의 이하(夷夏) 원류와 합성의 문제에 대해 그 논의를 정리하고 있다. 따라서 이 점은 주제와 무관하다고 할 수 없다. 저자가 큰 공력을 들여 논점을 북쪽과 서쪽으로 이끄는 동시에, 만약 중국 동쪽과 남쪽의 종심(縱深)적 측면을 더욱 관조한다면, 장차 '연보'를 '지도'로 환원하는 문화생태학적 노력에 유리할 것이고, 동시에 점차 중요해지는 중국 해역 문제에도 시사하는 바가 있을 것이다.

서언이 이미 너무나 길기 때문에 나는 몇 가지 가능한 인지모델을 제기하여 금후 연구를 위한 참조와 참고로 삼고자 한다. 첫째는 태극도다. 즉 중국은 동서 양부와 한족−소수민족의 양대 문화 모듈이 있어,

이는 중국문화의 다양성을 인지하는 기초 상식이다. 둘째는 쌍나선 사슬이다. 즉 본서에서 토론한 이선하후(夷先夏後)의 이원 결합 구조다. 만약 태극도를 세로로 잡아 늘인다면 이 정보를 읽어낼 수 있다. 셋째는 이화괘(離火卦) 혹은 샌드위치다. 곧 중국은 동북쪽부터 서남쪽으로 동은정(童恩正) 선생이 말한 '반월형 목축 문화대'가 존재하고, 동남에서 동북쪽으로는 능순성(凌純聲) 선생이 말한 '연해문화대'가 존재하며, 그 중간에 남북으로 두 개의 작은 모듈의 좁쌀[粟] 농사를 짓는 중원과 벼농사를 짓는 남방산지로 나눌 수 있다. 넷째는 정전제다. 즉 중국의 변화한 종심(縱深) 지대인 중원과 각기 서로 다른 유형의 동북 임해, 북방 초원, 서부 고원, 남방산지로 나뉘는 변경 지대다. 결국에는 일종의 회귀라 할 수 있는데, 주대에 중국 문화의 천하를 규획할 때, 사예, 사령, 오색토라는 중원에 사해를 더한 오방(五方) 구조로 짝을 지었다. 어떤 모델로 중국을 인식하던 간에, 그것은 문화 생태의 다원성, 다양성의 거대한 실체다. 이 거대한 실체에서 탄생한 중국문화는 항상 친속의 향방(鄉邦)을 중시했고, 생태학적 토대를 중시하면서, 현재의 다민족 통일국가를 이루었다. 이러한 역사지리와 문화생태적 국가 상황은 항상 우리에게 다음과 같은 점을 제시해 준다. 중국이 다시 어떻게 발전하더라도 또한 본토 현실에 기초하여 공생 공화를 도모할 것이고, 서방에서 왔다는 것에 너무 집착하거나 공동체 이탈을 주장하거나, 단일적인 공공문화 도시국가 모델을 추구하지는 않을 것이다.

이 책의 부록 역시 주목해 볼 만한 가치가 있다고 생각된다. 종횡으로 이하선후설을 보충적으로 논증하고 있기 때문이다. 「중국민족주의」는 우선 민족주의를 정의했고, 연역법을 사용하여 민족주의와 개인주의, 국가주의, 인류주의 내적 관계를 드러냈다. 예나 지금이나, 중국이나 외국이나 모두 정도의 차이는 있지만 다양한 형식의 각기 다른 민족주의가 있었다는 것을 발견해 내었고, 민족주의는 개인 중심주의의 확장 형식이라는 점을 지적했다. 하 숭배는 일종의 민족주의로 '저가 아니면 나도 없고, 내가 아니면 얻는 바가 없다(非彼無我, 非我無所取)'는 인성의 근원이다. 이러한 관점은 겔너와 안데르손 등이 민족주의가 현대 서방에서 기원한다는 인쇄 세계의 설에 대한 잘못된 점을 바로잡아 주는 효과가 있다. 『청동시대 세계체제 속의 중국』은 우선 제라드의 "제2차 산업혁명"과 "청동시대 세계체제"개념을 소개하고 있으며, 그 후에 열 개 방면에서 삼대의 중국은 대부분의 유럽과 마찬가지로 서아시아를 중심으로 하는 고대 세계 체제의 가장 자리를 조성하는 부분이었음을 논증하여, 중국 문화와 인류 문화의 관계를 드러내고 있다. 중국과 세계는 병립한 것이 아닌 세계의 구성 부분이었다는 것이다. 이러한 시각에서 통시적인 관찰을 통해, 야스퍼스가 「역사의 기원과 목표」에서 '제1 축심시대'로 종결한 이후의 2천년은 중국과 서방이 '변연(邊緣)에서 중심으로' 후발주자의 이점을 빌려 세계 체제의 각축에 참여한 시기로 볼 수 있다. 그러나 그가 책을 쓸 때 기대하던 제2 축심시대는 인류가 포스트모더니즘의 반성과 각성을 기초로 문화 다양성을 가지고 글로벌 공동 치리(治理)의 신시대에 참여하는 것이었다. 옛 제1 축심시대이든 제2 축심시대 중국은 세계정치의 내재적 구성 부분이지, 거기서 도외시된 대립적 성격은 아니라는 것이다.

그 지식구조로 말하자면, 이화 교수의 이 글은 사실 하나의 대작이라 할 수 있다. 한 순간에 고금을 관찰하고, 지구를 작은 마을로 보면서, 인류가 이동한 대 배경을 통해 이하관계를 투시했는데, 그 속의 논리적 공백, 나아가 오류를 피하기는 힘들 것이다. 독자가 이 같은 명제와 작품을 바라봤을 때, 자연히 어진 사람은 어질게 보고, 지혜로운 사람은 지혜롭게 해독됨을 느낄 것이다. 내가 본 것은 관중규표(管中窺豹)의 협소한 견해에 불과하여, 여기에 쓴 것도 한쪽 측면에서 본 언급임을 밝혀둔다. 『안자춘추(晏子春秋)』에는 사람이 한 번만 봐도 외우게 되는 명구가 있다. "별이 밝게 빛나나 달이 흐린 것만 같지 못하다. 작은 일이 이루어지는 것은 큰 일이 폐해지는 것만 못하다. 군자가 바르지 못하다 해도 소인이 옳은 일을 하는 것보다 현명하다." 나는 이화 교수의 『이하선후설』에 대한 매우 타당한 언급이라는 점을 확신한다.

세 번째 서: 서양 사조의 세찬 물결 속에서의 중화문명의 기원

등총(鄧聰)

홍콩중문대학

일찍이 1899년, 영국 고고학자인 D. G. 호가드는 고고학이란 인류 물질유물을 연구하는 과학이라고 지적했다. 1984년에 하내(夏鼐)는 『고고학이란 무엇인가(甚麼是考古學)』에서 언급했다. "본질적으로, 고고학연구의 대상은 단지 물질적 유물인데, 이것은 유물과 유적을 포함한다." 백 년 동안 중국학술계의 고고학 연구의 본질이 무엇인가에 대한 이해는 그다지 변화가 없음을 알 수 있다. 현재 고고학적 정의에 따라 살펴보자면, 유물과 유적 양자에 대한 물질 형태의 연구는, 마땅히 실증주의 과학 기초를 기반으로 세워진 것이다. 그러나 이런 물질들의 출현은 흔히 인류의 사회와 민족의 관계와 매우 밀접하다. 그러므로 고고학적 연구는 또한 필연적으로 순수과학의 영역일 수가 없다. 주지하다시피, 사회구성요소와 시대사조 등은 물질유물에 대한 해석 경향에 결정적인 영향을 미치고 있다. 고고학은 이미 인문과학의 영역에 속할 뿐 아니라, 자연과학의 범주이기도 하다. 나 개인적으로 굳게 믿는 것은, 현대의 고고학 종사자로서, 이 양날의 검과 같은 고고학 특성에 대하여, 반드시 충분한 인식과 이해가 있어야만 한다는 것이다. 최근 1세기 이래로 중국 문명 본토기원과 외래 기원의 논쟁에 관해서는, 한 쪽이 조용하면 다른 쪽이 들고 일어나 의견이 분분하고 결론이 나지 않았다. 나는 이 문제의 배후는 아직도 고고학의 본질과 밀접한 관계를 가지고 있다고 생각한다. 중국 문명기원의 탐색은 과학적 문제일 뿐만 아니라,

사회문화적 문제이기도 하다.

　이화 선생의 『이하선후설(夷夏先後說)』이라는 책은 현재 동아시아 문명 본래의 기원과 외래 전파 논쟁의 문제를 이해하는 데 매우 중요한 저술이다. 나의 개인적 식견에 의거하면, 국내 및 동아시아의 학술 범위에서, 이와 같은 책에 필적할 만한 저작을 아직 본 적이 없다. 매우 많은 사람들이 도대체 어떤 지식구조의 사람이기에 이러한 전문적인 것을 겸하여 학술논저를 써낼 수 있는지 궁금해 할 수도 있다. 그 책을 읽으면 그 사람 됨됨이를 미루어 알 수 있다. 저명한 역사학자 하병체(何炳棣)가 말했다. "역사학자가 제목을 선정하여 난관을 돌파하는 능력은, 거의 대부분은 작업 도구의 많고 적음에 달려 있다." 이화 교수가 보유하고 있는 '작업 도구'를 살펴보기로 하자. 그는 남방 부용국(芙蓉國)에서 태어나 마음이 초원에 있어 젊은 시절에 북경농업대학 수의학과를 졸업했다. 그 후 중국과학원 대학원 생물학사 석사학위를 획득하고, 박사과정은 중국 사회과학원에서 유목과 농경민족 관계사를 전공했다. 중국 사회과학원 민족학과 인류학 연구소에 취직하여 중국정치문화의 핵심인 북경에서 생활하고 있다. 그는 북경에서 적지 않은 최신 학술계 인물들과 매우 잦은 왕래를 했다. 이화 교수 스스로 후기에서 피력한 것처럼, 그의 친밀한 스승과 벗은, 중국 과학기술사, 체질인류학, 분자유전학, 야금학, 고고학, 언어학과 민족학 등 각 학계의 전공학자들을 포함하고 있다. 이화는 그의 날카로운 관찰력으로 예지반성[睿智反思]하고 (통하지 않은 것이 없고, 알지 못하는 것이 없게 과거의 역사 발전 과정이나 사회 사조 등에 대해 심도 있게 재 고찰하고), 여러 장점을 널리 받아들여, 『이하선후설』에 여실이 반영하였다.

　『이하선후설(夷夏先後說)』의 주제는 부사년의 『이하동서설(夷夏東西說)』에서 영감을 받아, 유라시아대륙 청동 시대의 세계체제에서 중국의 위치를 확인하고, 나아가 거시적으로 중국 민족과 문화의 기원을 제시한 것이다. 이화는 맺는말에서 지적했다. "청동기술과 유목문화는 구대륙 (舊大陸) 고대 세계체제를 형성시킨 기술문화적 기초다. 청동, 소, 말, 양, 밀, 보리, 잠두, 우경(牛耕), 차마(車馬), 모제품, 벽돌, 화장(火葬), 묘도(墓道), 호전풍기, 금전숭배, 상제신앙 등은 청동기 시대 세계체제의 지시물이나 흔적을 보여주는 요소로서, 하(夏)·상(商)[은(殷)]·주(周) 삼대의 중국에서 전반적으로 받아들였기 때문에, 당시 이미 청동시대의 세계체제에 진입했다는 것을 의심치 않는다. 중국은 고고학에서의 고도 (孤島)가 아니며, 인류 문화의 사각 지대가 아니다." 진짜 금은 빨간 용광로를 두려워하지 않는다. 학술적 논점은 비교적 긴 시일을 두고 검증할 필요가 있다. 최소한 나는 이상의 예를 드는 것에 대하여, 결코 그대로 전부 받아들이는 것은 아니다. 중국 상고시대의 호전적 풍조의 출현을 예로 들면, 나는 오천여 년 전의 회하·장강 중하류의 기술이 숙련된 벼농사 농업경제체계의 고대 중국에서부터 이미 나타났다고 생각한다. 고고학 지식은 시대와 더불어 나란히 나아가는 것이다. 그러나 이화의 이상의 결론이 대체로 정확한 것이라면, 중국 전통 역사관을 완전히 뒤흔드는 것이라고 할 수 있다. 거세게 일어나 넘쳐 밀려오는 서양 사조는 막을 자가 없을 정도로 기세가 세차다. 『이하선후설』 중에 서아시아 청동기시대 문화가 세계를 압도한 까닭과, 유럽과 동아시아가 이 핵심문화의 가장자리에 처한 것에 대한 각종 분석과 설득력 있는 논조는, 다만 독자 자신이 체득하는 일로 남겨둘 수 있을 뿐이다.

물론 중국 문명 기원 문제에 있어서, 현재도 여전히 하내(夏鼐)의 관점이 가장 권위가 있다. 하 선생은 1983년에 다음과 같이 제기했다. "중국 문명의 기원 문제에 관하여, 상(商)문명의 고도의 수준을 가장 잘 대표하는 특이점이 있다. 청동을 주조하는 기술이 상당히 발달한 것과 청동기의 무늬 장식, 갑골문자의 구조와 특징, 도기의 형태와 무늬, 옥기의 제작법과 무늬장식 등등이다. 이러한 것들은 모두 그것의 개성과 그것의 특수한 풍격과 특징이 있다. 이것으로 중국 문명은 독자적으로 발생, 발전한 것이지 결코 외래의 것이 아니라는 것을 증명할 수 있다."

이상 하내는 도기와 옥기 양자를 가리켜 모두 신석기시대문화의 연장이기 때문에 엄밀히 말해서 중국 청동기시대의 상징적인 특색으로 쓰기는 어렵다고 한다. 그러나 세계 고고학의 최근 가장 새로운 발견에 따르면 청동기시대 문명 기원의 과정에서 청동, 소, 말, 양, 보리, 차마 등 몇 종의 중요한 요소들은 분명 서아시아에서 동아시아로 전파되었을 가능성이 크다. 서아시아에서 소, 말, 양, 보리 등 길들여지고 재배된 데에는 만 년의 역사가 있다. 이러한 외래 요인에서 동아시아 대륙 본토 문화를 뒤흔든 영향을 오늘날까지도 강렬하게 느낄 수 있다. 이하에서는 밀과 말만을 대략 논하기로 한다. 이화는 "청동시대에는 밀을 상징으로 한 농경문화와 말을 상징으로 한 유목문화가 유라시아 대륙에 전파되면서 세계 체제가 형성됐다."고 지적했다. 최근에 식물고고학자 조지군(趙志軍)은 이리두(二里頭)에서 소량의 밀을 부유선광(浮游選鑛/flotation)[17]으로 검출했지만, 이리강(二里崗) 문화 단계에 이르러서는 밀의 출토 확률은 조[粟]와 같아졌고, 나중에는 중원(中原)의 주요 농작물을 대체하기에 이르러 고대 농업 혁명이라고 불리게 되었다. 말의 영향은 더욱 국가 정치가 강대해질 수 있는 중요 요소였다. 『사기(史記)』에는 유방(劉邦)이 육가(陸賈)를 욕하며 "내가 말 위에서 천하를 얻었거늘, 한가롭게 『시경(詩經)』과 『상서(尚書)』를 논할 수 있는가?"라고 기록되어 있다. 유방이 말 위에서 천하를 얻었다는 경구는 고대에는 불멸의 진리였다. 비록 국민들이 오늘날 '마상(馬上)'이라고 입버릇처럼 말하지만, 보통은 핑계를 대며 거절하는 용법으로 많이 쓰이는 대명사가 되었다. 우

---

17 역주: 미세한 광석·석탄 등의 펄프에서 특정한 종류의 입자만을 선택적으로 기포에 부착시켜 부상시킴으로써 분리하는 방법.

리들은 "마상"이라는 두 글자 속에, 고대문명의 기원에 이렇게 중대한 관계가 숨겨져 있다는 것을 생각해 본적이 없을 것이다. 최근 3천여 년 동안 아시아유럽 대륙 기마민족과 황하, 장강 농민의 결전에서 승부를 결정짓는 중요한 요인은 모두 말 위에서의 힘겨루기와 밀접한 관련이 있다. 역사학자 엄경망(嚴耕望)은 "안사의 난 이후 농산(隴山) 및 경수(涇水) 상류 서쪽은 모두 토번에 함락되었다⋯⋯그 이후 중국은 가장 중요한 전마 생산지와 기병 양성소를 잃고, 국력도 영원히 회복될 수 없었다."고 지적했다. 일본 고고학자 강상파부(江上波夫, 에가미 나미오)는 기마전술과 마차전투를 기계 동력 이전의 '황패(皇牌)'로 언급하였는데, 인류 역사상 획기적인 사건인 몽골의 유럽 원정과 유럽의 성공적인 미주 정복은 모두 마전에서 압도하여 승리를 거둔 것이었다. 이처럼 말 위에서 천하를 얻는 국면은 제1차 세계대전 이후에야 변했다. 하내는 은허 문화 특성을 이야기할 때 "말이 끄는 차를 이용하는 것은 은허 문명의 또 다른 특성이다."라고 지적했다. 안타깝게도 하내는 상대(商代) 마차의 의미에 대해 더 많은 의견을 발표하지 않았다. 일본의 증전정일(增田精一, 마스다 세이이치)의 유라시아 대륙의 말 문화에 대한 심도 있는 연구에서, 중원 지역의 상주(商周) 마차의 발견을 매우 중시했고, 중국 상주 "마성시관의 전래(馬聖視觀の傳來)"를 집필하여, 중국과 서아시아 마차의 연원 관계를 평론한 적이 있다.

이상의 대비를 통해, 중국 문화 기원에 대한 현재와 과거 양자의 인식에 중대한 변화가 생겼다. 사실 중화 문명의 기원 문제에 있어서, 외래 전파와 본토기원설 양자는 결코 대립적인 것이 아니다. 그중 적지 않은 부분에서 고고학자 자신의 시대적 배경, 사회, 문화 등의 요인의 영향을 종종 받는다. 이것이 바로 앞서 강조한, 날카로운 양날 검과 같은 고고학의 특징이다.

마지막으로 나는 고고학적으로 청동기시대 이전에 유라시아 세계체제가 이미 형성되었다고 보충하고 싶다. 일찍이 100만 년 전에 직립인(호모 에렉투스)들을 유라시아 대륙에 확산시킨 것은 아마도 상고 시대 세계체제의 건립자였을 것이다. 구석기시대 중기에 이르러 서양의 모스트 기술 체계가 동북아시아로 들어와 중국 북부의 구석기시대 말기 문화에 중요한 영향을 미쳤다. 고고학은 시대를 뛰어넘고 지역을 초월한 학문으로, 과학과 인문학의 경계에서 객관적 결론을 내기도 하고 인문학의 제한도 받으며 주관과 시대에 따라 낙인을 받는다.

이제(李濟)는 「중국 상고사의 재건 문제를 다시 이야기하다(再談中國上古史的重建問題)」 중에서 "중국 역사는 인류 전 역사의 가장 영광스러운 일면이다. 그것을 전체 인류의 배경에 놓아야 그 찬란한 빛이 더 선명하게 보인다. 오래된 방안에서 문을 닫고 자신을 고결한 인격자라고 여기며 스스로 만족해하던 날들은 이미 지나가 버렸다."라고 말했다. 왕국유는 『영사이십수(咏史二十首)』의 첫 머리에서 "서쪽 변경을 돌이켜 보면 형세가 막막하고, 동천한 종족은 얼마나 힘든 세월을 겪었는가, 언제 해어진 짚신을 신고 밟아 볼 것인가, 도리어 곤륜으로 가서 고향을 바라볼 까나(回首西陲勢渺茫, 東遷種族幾星霜, 何當踏破雙芒屐, 却向昆侖望故鄕)."라고 했다.

외지인은 어화원에 못 들어 간다면, 어찌 세계 대동이라 하겠는가! 고고학은 인간과 지구를 중심으로 연구하는 학문이다. 고고학의 목표는 인류의 역사를 재건하는 것이다. 나는 이화의 『이하선후설』의 가장 중요한 의의는 중국의 문명적 요소를 체계적으로 유라시아 대륙의 체계 속에서 새롭게 찾으려 한 것이라 여긴다. 이는 중국과 세계 고고학의 융합을 시도한 것으로 21세기 세계 고고학의 공통의 방향이다.

인류학과 사명

1995년 국제 인류학과 민족학 연합회(The International Union of Anthropological and Ethnological Sciences) 집행위원회는 이탈리아 피렌체에서 "인종 개념에 관한 성명(Statement on Race)"을 통과시켰다. 이 성명은 지금 지구상에 살고 있는 모든 인류는 공동의 혈통을 가지고 있으며, 호모 사피엔스 사피엔스(Homo Sapiens Sapiens)에 속한다는 것을 명확하게 선포한 것이다. 이는 생물인류학자와 문화인류학자들이 장기간에 걸친 각고의 연구 끝에 도달한 공통된 인식으로, 형형색색의 인종주의(Racism)에 학술적인 마침표를 찍은 것이다. 이는 가히 인류학의 제1공리라 일컬을 만하고, 인류학이 새로운 시대에 접어들었다는 이정표라 할 수 있다. 1998년 미국 윌리엄스부르크(Williamsburg)에서 열린 국제 인류학과 민족학 연합회의 주제는 '21세기: 인류학의 세기'로, 인류학자의 웅심(熊心)을 나타내고 인류학의 사명을 암시했다. 2009년 곤명(昆明)에서 개최된 제16회 대회는 '인류발전과 문화다양성'이라는 주제로 인류의 과거, 현재와 미래를 주시하고, '화이부동'의 인류 발전의 길을 모색했다.

1. 생물인류학

생물인류학(Biological Anthropology)은 체질인류학(Physical Anthropology)이라고도 하는데, 자연과학적 방법론으로 인류의 기원과 생물성을 연구하는 학문이다. 일찍이 18세기 린네(Carl von Linné)는 『자연의 체계(Systema naturae)』에서 인류를 호모 사피엔스라고 명명하여, 자연계에서 인류의 지위를 어느 정도 확정지었다. 19세기 다윈(Charles Robert Darwin)의 『인류의 유래와 성선택(The Descent of Man and Selection in Relation to Sex)』은 인류의 동원(同源)을 논증하고, 인류의 공통성을 긍정하여, 동물계에서 인류의 지위를 보다 명확히 하면서 인류학의 탄생에 초석을 다졌다.

다른 한편으로, 많은 학자들은 일반사람들과 마찬가지로 인류 내부의 차이를 특별히 주목했다. 블루멘바흐(Johann Friedrich Blumenbach)는 인류의 두개골의 형태적 차이에 따라 '두개학(頭蓋學)'을 창립하고, 이를 근거로 인류의 재분류를 시도했다. 또 세속 관념과 피부색깔, 그리고 모발 특징을 근거로 인류를 세 종류 혹은 네 종류, 심지어 64종류로 분류한 사람들도 있었다. 사실 이러한 관점은 모두 전형적인 좁은 식견으로 특히 종족주의자들에게 이용당하기 쉬운, 혹 직접적으로 종족주의 사조를 조장하는 것이라 할 수 있다. 히틀러 시대 종족주의 선전이 극에 달했을 때, 일부 수준이 낮은 인류학자들이 이를 조장하는 역할을 했다. 이는 인류에게 아주 비통한 교훈을 남겼다.

하와[이브] 가설과 아담 가설은 상호 보완적인 인류 기원 학설인데, 두 학설 모두 공교롭게도 인류의 기원지를 아프리카로 고정시켰다. 1987년 레베카 칸(Rebecca Louise Cann) 등은 현대인의 mtDNA(미토콘드리아 유전자)가 아프리카 샘플에서 변이된 것이 가장 많다는 것을 발견하

여, 인류가 아프리카에서 나왔다는 하와 가설을 제기했다. 아담 가설은
Y염색체 연구를 통하여 인류의 친연관계를 거슬러 올라가는 것이다. 해
머(Michael Hammer) 등은 다섯 세트의 YAP 하플로타입과 27세트의 결합
식 하플로타입 가운데 21세트가 아프리카 사람들에게서 나타난다는 것
을 통해, 최근 20만년 동안 인류의 수 차례의 이주와 확장 역정을 추론
했다. 인류가 아프리카에서 이주한 것은 한 번에 그치지 않았다. 인류
가 유라시아대륙, 아메리카와 호주로 들어간 구체적인 과정이 날로 명
확해졌다.

　20세기말, 생물인류학자들이 인류의 동일성을 다시금 증명하여, 인
류가 같은 근원을 갖고 있다는 것은 이미 상식이 되었다. 인류 유전자
는 30억 쌍의 염기(Base) 혹 뉴클레오티드(Nucleotide)로 조성된 2－3만개
의 게놈으로 구성되어 있다. 이는 지구상 모든 사람의 몸속에 존재하는
데, 인류 게놈 공학 연구는 유전자가 완전히 같은 사람은 없지만, 그 차
이는 불과 1%를 넘지 않으며, 어떤 민족 혹은 어떤 나라의 국민들을 대
표하는 유전자도 발견되지 않았다는 것이 분명해졌다. 이에 따라 1998
년 유엔 총회는 유네스코가 제출한 「인간게놈과 인권에 관한 국제 선언
(Universal Declaration on the Human Genome and Human Rights)」을 통과시켰
다. 이는 학술적 · 정치적으로 인류는 공통의 게놈을 갖고 있기 때문에
어떤 형식의 인종차별도 반대한다는 것을 선포한 것이다. 종족 혹은 민
족 집단에 고유의 차별 혹은 우열의 학설이 존재한다는 어떠한 주장도
과학적 근거가 없으며, 인류 윤리 원칙에 위배된다.

2. 문화인류학

좁은 의미의 문화인류학과 사회인류학 · 민족학은 비슷한 개념이나,

넓은 의미의 문화인류학은 고고인류학과 언어인류학을 포함한다. 문화
인류학 또한 대체로 비슷한 길을 걸었다. 인류학의 초석을 다진 타일
러, 모건, 프레이저, 라첼(Friedrich Ratzel) 등은 모두 천하를 자신의 소임
으로 삼고, 인류가 공통된 근원을 가졌다는 인식 속에서 인류문화의 공
통성과 인류사회의 발전 규율을 탐색하는 데 힘써 사회진화론과 문화전
파론이 한동안 주도적 지위를 점할 수 있었다.

  20세기에 들어선 후, 말리노프스키(Bronislaw Kasper Malinowski)를 대
표로하는 인류학자들은 세계 각지를 돌아다니며 인류문화의 차이점을
탐색하면서부터, '이문화(異文化)'가 문화인류학 연구의 주요 대상이 되
었다. 기능주의와 구조주의 인류학자들은 가치 중립을 외쳤고, 또 여
러 인류학자들은 '이문화'를 빌려 '본문화(本文化)'를 비판하기도 했고,
그 밖에 여러 인류학자들은 민족중심주의에서 '이문화'를 폄하하기도
했다. 보아스(Franz Boas)는 모든 문화는 모두 자신의 독특한 역사를 지
녔기 때문에, 인류학은 '사회 생활 현상의 통합적 총체'를 연구하는 기
초에서 인류문화와 문명사를 '구성'해야 함을 제기했다. 문화상대주의
(Cultural Relativism)는 '민족중심주의'(Ethnocentralism)와 사회진화론(Social
Evolutionism)을 반대하며, 문화에는 우열이 없다는 인식으로, 각 민족 및
그 문화를 동등하게 대우해야 한다고 주장한다. 평등과 상호 존중은 각
나라 간의 대화와 협력을 열어가는 초석일 뿐 아니라, 개인과 민족의
권리를 보호하는 전제이기도 하다.

  문화상대론은 '본문화'와 '이문화'의 충돌을 완화하고, 서방문화의 패
권주의를 효과적으로 억제했으나, 또한 인류문화에 대한 판단의 기준을
상실하게 했다. 문화인류학계는 학파가 많아 공통된 인식이 없다. '문
명', '사회', '민족', '구조', '기능', '토템', '기호' 또한 통일된 정의가 없다.
'원시인'이라고 해서 반드시 야만적인 것도 아니고, '현대인'이라고 해서
반드시 문명적인 것은 아니다. 살린스(Marshall Sahlins)는 석기시대 사람

들이 모두 자원을 보유했고 자유시간이 현대인보다 많았다는 것을 발견했다. 문화인류학자들은 문화의 미궁 속에서 탐색하며 여전히 묘술 혹은 심묘(Thick Description)의 단계에 처해있기 때문에 인류 발전의 규율 혹 규칙을 천명하지 못했다. 어떤 인류학자들은 인류문화의 참뜻을 발견했다고 하지만, 사실상 장님이 코끼리를 만지는 것처럼 지방적 지식(Local Knowledge)이나 상상적 공동체(Imaginary Community)에 불과했다. 기어츠(Clifford Geertz)는 문화인류학적 결론은 '본질적으로 논쟁의 여지가 있는 것'으로, '본인도 여지껏 본인이 쓴 모든 것을 완벽히 이해하지 못했음'을 분명하게 의식하고 있었다.

20세기말 문화인류학자들의 동시다발적 성찰인, 인류학에 대한 성찰(Reflexive Anthropology)이 뜨거운 화제가 되었다. 문화는 물과 공기처럼 불가산명사(不可算名詞)로, '이문화'와 '본문화'의 경계는 있는 것 같지만 실제로는 없는 것이다. 문화는 인류가 공동으로 창조한 것으로, 고정된 구조와 기능이 없이, 부단히 전파되고 발전되는 중이다. 문화인류학의 중점은 이역에서 점차 본토로 옮겨져 도시가 인류학 연구의 새로운 핫스팟이 되었다. 인류문화의 정체성과 동태성이 다시금 인정을 받고 있다. 문화는 '요소'로 분해될 수 있지만, '종류'로 구분될 수는 없다. 시간과 공간, 인간 군체 등은 구분의 객관적 표준이 될 수 없기 때문이다. 따라서 '지구상에 도대체 얼마나 많은 문화가 있는가?'에 대한 대답은 '하나' 혹은 '무수히 많다'는 것밖에는 없는데, 문화는 단지 한 가지지만 인식의 한계로 인해 혹은 연구적 편의를 위해 임의적으로 분류되기도 한다는 것이다.

2001년 유네스코는 「세계문화 다양성 선언(Universal Declaration on Cultural Diversity)」을 통과시켜 세계화 시대에 문화를 보호·전승·연속시키기 위한 나침반을 제공했다. 문화다양성은 교류와 혁신 그리고 창작의 원천으로, 반드시 생물다양성을 보호하듯이 문화다양성을 보호해야 한다. 문화다양성을 존중하고 보호하는 것은, 억지스럽게 말하자면, 인류학의 제2공리라 할 수 있다.

3. 이상인류학

21세기는 인류학의 세기다. 이는 결코 인류학이 휘황한 성과를 이룩했다는 의미가 아니라, 인류학의 기본 원리가 21세기에 이르러서야 겨우 발견되고 공인될 수 있었다는 의미이다.

20세기는 의심할 여지없이 물리학의 세기였다. 19세기말 물리학 또한 유사한 위기와 희망 사이에 있었다. 아인슈타인이 나타난 이후에야 물리학의 국면이 호전되었다. 20세기 물리학의 성취는 자랑스러움과 놀라움을 금치 못할 정도였다. 물리학자는 100억 광년 내의 우주에 대해 초보적인 이해를 했고, 원자 내부로 파고들어 기본 입자를 발견했으며, 거시와 미시의 양극을 통해 인류의 시야를 개척했으나, 물리학의 부산물인 핵무기는 인류를 자멸의 변연(邊緣)으로 몰아넣기도 했다. 원자탄을 만드는 데는 소수의 총명함을 필요로 하지만, 핵무기를 없애는 데는 도리어 수많은 사람들의 지혜를 필요로 한다. 물리학이 가져올 재난을 방지하기 위해, 인류는 21세기의 인류학에 희망을 걸고 있다. 인류 게놈 공학 연구의 큰 성공으로 인류학 시대의 도래가 예견된다.

필드 조사와 귀납은 인류학 연구의 기본 방법이다. 종합비교와 연역적 연구도 마찬가지로 중요하다. 예일 대학이 세운 인류관계구역문서(the Human Relations Area Files)는 인류 행위와 사회에 대하여 세계적 다문화 비교연구를 하는 데 힘을 불어넣어 주었다. 인류학자는 또 안락의자에 앉아 거시적인 비교와 추상적인 사고, 케이스 연구를 통해 학설을 세울 수도 있다. 수학인류학 혹은 이론인류학이 이미 탄생하여, 인류학

연구의 좌표 시스템을 확립하고 있다. 웨버의 이상 유형(Ideal Type)과 아인슈타인의 이상 실험(Ideal Experiment)은 인류학에 응용할 수 있었다. 촘스키(Noam Chomsky)의 변형생성어법(transformational-generative grammar)은 바로 '이상화'(Idealized)된 화자와 청자의 언어 중에서 제련되어 나온 것이다.

인류는 물론 일종의 동물이지만 문화를 창조했고 또 이상도 지니고 있다. 플라톤의 '이상국', 공자의 '대동(大同)', 기독교의 '천당', 불교의 '피안', 그리고 '도화원', '선 시티', '유토피아', '공산주의'는 모두 서로 다른 방식으로 어느 정도 인류의 이상을 표현한 것이다. 이상은 장차 인류학 연구의 제3대 영역이 되어, 이상인류학(Ideal Anthropology)이 곧 탄생할 것이다. 이상인류학은 인류가 공통의 이상을 지니고 있는지, 무엇이 이상적인 개인인지, 이상적 상태 속에서 인류는 어떻게 생존할 것인지를 탐구하는 것이다. 이상적 상태는 인류가 실현하기는 어렵지만 가까이 갈 수는 있다. 인류가 나아갈 방향을 대표하고, 인류의 자아인식에 반드시 필요한 참조 프레임을 제공한다.

4. 인류학의 사명

21세기는 인류학자가 실력을 발휘할 시대다. '팔선과해(八仙過海)'처럼 인류학자는 서로 다른 각도에서 서로 다른 방법으로 인류 및 그 문화와 이상을 연구할 수 있다. 생물인류학자는 인류의 자연 본성을 발견하고, 문화인류학자는 인류의 의지 혹은 반드시 준수해야할 문화 준칙을 천명하고, 이상인류학자는 인류의 이상적 상태를 명확히 밝힌다. 생물인류학과 문화인류학의 기초 위에 세워신 생태인류학 혹은 문화생태학, 의학인류학 등은 장차 인류와 자연의 모순을 해결하고, 비판인류학

(Critical Anthropology), 법률인류학, 종교인류학 등은 문화인류학과 이상인류학에 의거하여 인류 내부의 충돌을 중재하고, 기타 각양각색의 응용인류학이 비온 뒤 새순이 돋아나듯이 출현할 것이다. 과학과 인문의 큰 틈을 뛰어 넘어 자연·문화와 이상(理想)의 연구 성과를 종합하는 인류학은 희망이 충만한 종합적 학문이다.

　문화와 문명은 정의가 분명하지 않아 오랜 기간 동의어로 오용되었다. 문화(Culture)는 글자의 의미로 봤을 때 재배(Cult)와 숭배(Cult)랑 관련이 있다. 인류가 창조한 모든 것, 물질적인 것과 정신적인 것, 좋은 것과 좋지 않은 것, 모두 문화라 일컬을 수 있다. 문명(Civilization)은 도시(Civilitas) 혹은 공민(Civis)와 관련이 있다. 그 본래 의미는 도시화 혹 도시생활방식을 가리키는 것으로, 좋은 것 혹은 이상적인 문화로 의미가 확장되었다. 중국에서 문명은 '진보된 문화[開明的文化]'로 이해할 수 있다. 문명은 곧 이상적인 문화다. 개인의 이상에 부합된 문화는 개인 문명으로 일컬을 수 있고, 인류의 이상에 부합된 문화는 인류 문명으로 일컬을 수 있다. 인류가 창조한 일체는 모두 문화라 일컬을 수 있는데, 전쟁과 쓰레기도 포함된다. 그러나 문화 중에서 일부만이 문명이라 일컬을 수 있다. 인류 문명은 모두가 누릴 수 있다. 인류의 이상이 천차만별이라는 것에 비춰보면, 인류는 또 일종의 편견에서 벗어날 수 없는 동물로 문화와 문명을 구분하는 표준 또한 통일시키기 어렵다. 누군가는 긍지를 느끼는 문명 성과라도 누구에게는 사악함의 결정으로 보일 수도 있다. 그러나 한 가지 명확하게 해야 할 것은 인류와 지구에 거대한 피해를 끼치지 않는 문화만이 인류 문명이 될 수 있다는 것이다. 인류가 자연 상태에서 문화 상태로 들어섰다 하더라도, 반드시 문명 상태에 들어섰다고 할 수는 없다. 인류는 결코 모건이 상상한 대로 미개[蒙昧]에서 야만을 거쳐 문명 시대로 진입한 것이 아니다. 인류의 문화 수준은 확실히 날로 높아지고 있으나, 문명 수준도 반드시 '시대와 함께 발전'되는 것은 아니다. 루소가 일찍이 설득력 있게 증명한 것처럼, 과학기술의 발전이 반드시 인류 도덕 윤리의 진보를 촉진시킨다고 할 수 없으며, 심지어 인류의 타락 혹은 퇴화를 초래할 수도 있다. 루소는 '자연으로의 회귀'를 주장했다. 자연 상태에 살고 있는 사람들이 반드시 고상한 것도 아니고, 인류의 문화 수준과 문명 수준이 반드시 정비례하는 것도 아니다. 우리는 '문명'적이고 저들은 '야만'적이라는 것은, 사실 인류 심리의 '자타 불일치(自他反差, self-others discrepancies)'의 결과다. '야만인'은 타인 혹은 이족(異族)에 대한 호칭으로, 스스로를 야만이라고 하는 경우는 없다. 당사자는 알지 못하고 방관자가 명확히 아는 것처럼, 인류는 스스로의 야만을 인식하기 어렵다. 몽골인이 일찍이 남쪽의 한인(漢人)을 '야만인 자식[蠻子]'이라하며 남방을 '만자성(蠻子省)'으로 일컬은 것에서 '야만'이라는 단어에 대한 이해를 더욱 깊게 할 수 있다. 서방 사회 혹 현대 공업 사회가 반드시 문명 사회인 것은 아니다. 현대 공업 사회에도 천리를 해치거나, 인성 혹은 인류의 이상에 위배되는 비문명적인 측면이 수없이 많다. 공업화는 지구를 파괴하고 환경을 오염시켰다. 농약의 사용만으로도 '침묵의 봄'을 초래할 수 있다. 다른 한편으로, 전체적으로 말하자면, 인류는 여전히 폭력시대에 머물며 아직 문명 상태에 들어서지 못했다.

인류학은 인류의 자아인식과 성찰의 학문이다. 인류 공감은 인류가 서로 해치는 것을 피하기 위해 반드시 거쳐야하는 길이다. 인류는 지구촌에서 함께 살아가고 있다. '이하지변'이나 '세계대전'은 모두 '와각지쟁(蝸角之爭)'에 불과하다. 인류는 반드시 혈육을 나눈 서로 밀접한 관계라는 것을 진정으로 느껴야 한다. 원자탄 따위는 순전히 잉여라는 것을 조만간 인식할 것이다. 만약 인류가 공감하지 못한다면, 사람과 사람 사이, 민족과 민족 사이, 나라와 나라 사이 혹은 세대와 세대 사이의 모순을 효과적으로 해결할 수 없고, 인류와 자연도 평화롭게 공생할 수 없기 때문에, 인류의 장래는 상상조차 할 수 없다. 인류의 기원은 동일하지만 문화는 다양하고, 같은 것을 추구하지만 차이가 존재하니 화합할 뿐 같아질 수는 없다. 인류학은 장차 인류가 자연 상태에서 문화의 안개를 뚫고 이상적 상태에 다가가게끔 이끌 것이다. 이를 통해 인류학자의 역사적 사명을 실현할 것이다.

제1장

서론

이(夷)와 하(夏)는 중국 역사를 관통하며, 주변부까지도 영향을 끼쳤다. 이(夷)와 하(夏)의 관계는 우선 역사학 분야의 문제이다. 중앙연구원(中央研究院) 역사언어연구소(歷史語言研究所)의 창시자 부사년(傅斯年)은 이(夷)와 하(夏)의 관계에 관해 체계적으로 연구하여 이하동서설(夷夏東西說)을 제기했고, 중국민족과 문화형성의 이원구조를 제시했다. 안타깝게도 대부분의 사람들이 진정으로 이해하지 못하고 쉽사리 간과해 버렸다. 이 책에서는 부사년(傅斯年)의 학설을 다시 연구하여 이(夷)와 하(夏)는 동서의 구분만이 아니라 선후의 차이도 있음을 발견했다.

　　한편, 이(夷)와 하(夏)의 관계는 고고학 분야의 문제이다. 하(夏) 문화를 찾는 일은 줄곧 중국 고고학의 사명 중 하나였다. 청동기시대 중원에 하(夏) 문화가 존재했을 것으로 보지만, 확실한 하(夏) 문화는 아직 발견되지 않았다. 한편, 흩날리는 버드나무 씨가 싹을 틔우듯, 이(夷)와 이(夷)문화의 것으로 보이는 고고학적 발견은 끊임없이 나오고 있다. 용산(龍山)문화와 대문구(大汶口)문화로 대표되는 해대(海岱)문화는 동이(東夷)문화로 인정된다. 이것으로 유추해보면, 동아시아 신석기시대의 모든 문화는 이(夷)문화이다. 고고학적 발굴과 연구로 이(夷)와 하(夏)의 선후가 뚜렷해졌으며, 신석기시대 동아시아는 이만(夷蠻)의 땅이었으나, 하(夏)민족의 문화적 근원은 아직 알 수 없다.

　　이(夷)와 하(夏)의 관계는 또한 체질인류학(physical anthropology) 분야의 문제이다. 북경원인(北京猿人)[18]의 발견은 중국인이 본토에서 자생했다는 믿음을 조장했다. 오신지(吳新智)[19]로 대표되는 중국의 구세대 체질인류학자들은 중국인은 북경원인에서 기원했고 몽골인종은 중국에서 기원하여 계속 진화했다고 주장했다. 김력(金力)·장아평(張亞平)으로 대표되는 신세대 분자생물학(molecular biology)자들은 동아시아인은 아프리카에서 기원했다고 논증했다. 체질인류학은 인류의 이주, 민족의 형성, 문화의 변천을 연구하는 데 유용한 방법론이다. 분자유전학연구로 인류가 동일한 기원을 지니고 있다는 점이 드러났지만, 민족의 형성과정은 매우 복잡하다. 증거가 늘어날수록 동아시아인은 대부분 아프리카에서 기원한 후 동남아시아를 거쳐서 왔으며, 대체로 몽골인종에 속한다는 것이다. 또 극히 일부분이 서북으로부터 진입하였는데, 이들은 인도 유럽인종에 속한다. 이 둘이 결합하여 동아시아 각 민족이 형성되었다는 점이 명확해졌다. 먼저 동아시아에 도착한 자들이 토착민인데, 이(夷)라고 한다. 이들은 동아시아 석기시대문화를 창조하였다. 나중에 도착한 자들이, 하(夏)와 밀접한 관련이 있는데, 이들이 청동기시대의 유목문화를 가져왔다.

이(夷)와 하(夏)의 관계는 언어학 분야의 문제이기도 하다. 한국어와 일본어는 어족을 확정하기 어렵고, 중국어의 어족도 사실 확정할 수는 없다. 중국티베트어족(Sino-Tibetan languages) 가설은 준엄한 도전에 직면해있다. 에드윈 풀리블랭크(Edwin G. Pulleyblank)[20]는 한어(漢語)가 인도유

---

18 역주: 1923년 중국 베이징의 周口店에서 발견된 化石人類로, 신생대 제4기의 첫 시기인 플라이스토세(Pleistocene Epoch)에 나타났으며, 생존 시기는 약 70-20만년 전으로 추정된다. 자바원인(Java Man)과 함께 猿人 단계의 호모 에렉투스(Homo erectus)를 대표한다.

19 역주: 安徽 合肥 사람으로, 1928년생. 고대 인류학자로, 中國科學院院士이다.

20 역주: 에드윈 풀리블랭크(Edwin George Pulleyblank, 1922-2013). 캐나다의 중국학 연구자. 그는 일찍이 중국사료를 통해 흉노어와 알타이어의 서로 용납될 수 없는 몇가지 특징을 연구하여 흉노어가 알타이어계에 속하지 않고 아마도 러시아 지역의 몇 종의 언어와 관련이 있다는

럽어족에 속한다고 주장했지만, 로랑 사가르(Laurent Sagart)[21]는 오스트로네시아어족(Austronesian family)[22]과 매우 가깝다고 보았다. 두 사람 모두 중국어 연구의 권위자임에도 관점이 첨예하게 대립하는 것은, 그들이 한족(漢族)과 한어(漢語)의 혼합성을 충분히 인식하지 못한 점에서 기인한다. 한어(漢語)의 기층언어인 이어(夷語)는 확실히 오스트로네시아어와 밀접하지만, 한어(漢語)의 상층언어인 하언(夏言)은 인도유럽어의 영향이 적지 않다. 한족(漢族)은 이(夷)와 하(夏)가 혼합되어 이루어졌기 때문에, 한어(漢語)도 혼합어이다.

인류는 이주를 좋아하는 동물로, 인류사는 바로 이주의 역사이다. 민족과 국가는 모두 다양한 이주민으로 구성되었다. 토착민이란 새로 도착한 이주민에 상대되는 용어로, 일찍 도착한 이주민이다. 미국의 토착 인디언은 유럽 식민지 정복자에 상대되는 용어로, 먼저 도착한 아시아 이주민이다. 하(夏)에 상대해서 말하면, 이(夷)는 동아시아의 토착민이다. 부사년(傅斯年)의 『이하동서설(夷夏東西說)』을 계승하며, 페르낭 브로델(Fernand Braudel)의 장기지속(longue duree) 이론과 이매뉴얼 월러스틴(Immanuel Wallerstein)의 세계체제(World-System) 개념을 참고하여, 이하선후설(夷夏先後設)을 다음과 같이 제기하고자 한다.

역사기록이나 전설에서는 하(夏)왕조가 건립되기 이전의 동아시아는 이만

가설을 제시했다. *Middle Chinese: A Study in Historical Phonology*, Vancouver, British Columbia, Canada: UBC Press, 1984.와 *Outline of Classical Chinese Grammar*, Vancouver, British Columbia, Canada: UBC Press, 1995. 등의 저서가 있다.

21 역주: 로랑 사가르(Laurent Sagart)는 프랑스의 언어학자로, 상고시대의 漢語·漢語方言·南島語系의 전문가이다. 그는 중국티베트어족과 오스트로네시아어족이 기원이 같다는 가설을 제기했다.

22 역주: 오스트로네시아어족(Austronesian family): 세계에서 유일하게 대부분 섬에만 분포하는 어족으로, 1200종 이상의 언어를 포괄한다. 그 분포는 동쪽으로 남아메리카 서쪽의 이스터섬, 서쪽으로 동아프리카의 마다가스카르, 남쪽으로 뉴질랜드, 북쪽으로는 대만에까지 이른다.

(夷蠻)의 땅이었고, 대우(大禹)부자가 만이(蠻夷) 가운데에서 하(夏)왕조를 건설한 후에야 남만(南蠻)과 북만(北蠻), 동이(東夷)와 서이(西夷)의 구분이 생기게 되었다는 것을 밝히고 있다. 고고학 발굴과 연구는 하(夏)왕조가 건립되기 이전의 동아시아에는 아직 유목과 농경의 구분이 나타나지 않았으며, 이(夷)가 동아시아 신석기시대의 정착 농경문화를 창조했고, 하(夏)나 융적(戎狄)이 청동기시대의 유목문화를 도입했음을 밝혔다. 체질인류학연구는 이(夷)는 대체로 몽골인종에 속하며 동남아시아에서 왔고, 일부의 하(夏) 또는 융적(戎狄)은 인도유럽인종에 속하며 중앙아시아에서 왔음을 밝혔다. 언어학 연구는 한어(漢語)·한국어·일본어는 전형적인 혼합어로, 이어(夷語)나 화오어(華澳語)가 기층이며, 하언(夏言)이나 인도유럽어가 상층인 것을 밝혔다. 이(夷)와 하(夏)의 결합과 전환이 중국의 역사를 만들고, 독특한 동아시아 민족문화 전통을 형성했다.

이(夷)와 하(夏)의 관계는 중국민족의 형성과 문화기원의 핵심이기 때문에 연구에 앞서 관련 연구 분야의 진척 상황과 관련하여 체계적으로 되짚어볼 필요가 있다. 중국민족의 형성은 문화의 기원과 밀접한 관계를 지니고 있다. 외래전파설과 동서이원설이 차례로 유행했었지만, 현재는 본토기원설과 다원론이 주도적인 지위를 차지하고 있다.[23] 이 세 이론이 모두 부분적으로 일리 있는 논의를 포함하고 있다고 생각되는데, 이는 이하(夷夏)관계의 복잡성을 나타내는 것이다. 이제 각각의 논의들을 검토해보자.

23　陳星燦,「從一元到多元─中國文明起源研究的心路歷程」,『中原文物』, 2002(2).

1. 본토기원설 또는 진화론

고고학적으로 중국문화의 본토기원설은 성자애(城子崖)[24]의 발굴과 용산(龍山)문화라고 명명되는 데에서 시작되었다. 양사영(梁思永)[25]은 열 가지 측면에서 용산(龍山)문화와 은(殷)문화가 밀접한 관계에 놓여 있음을 논증하여, 용산(龍山)문화는 중국문명사 전기에 속한 문화 중 하나라는 견해를 제시했다.[26] 하내(夏鼐)[27]는 앙소(仰韶)문화와 제가(齊家)문화의 시대 순서를 명확하게 했고, 본토기원에 관한 신념을 공고히 했다.[28] 1956년 안지민(安志敏) 등은 삼문협(三門峽) 묘저구(廟底溝) 유적에서 묘저구(廟底溝) 2기 문화층을 발견했고, 하남(河南) 용산(龍山)문화는 앙소(仰韶)문화로부터 발전해 온 것이라는 점을 증명했다.[29] 용산(龍山)문화·앙소(仰韶)문화의 동서이원론은 앙소(仰韶)문화에서 용산(龍山)문화를 거쳐 상(商)문화가 되었다는 일원론으로 대체되었다.[30]

---

24 역주: 중국 산동성 동부의 장구(章丘) 시 용산(龍山)진에 위치.

25 역주: 梁思永(1904-1954). 중국 현대고고학자로, 양계초의 아들이다. 근대 田野考古學의 기초를 쌓은 사람 중의 하나. 중국 廣東 新會 사람. 1948년 中華民國 中央研究院 首屆院士를 지냈고, 中國科學院 考古研究所 副所長을 역임했다.

26 Liang Ssu-Yung, The Lungshan Culture: a Prehistoric Phase of Chinese Civilization, *Proceedings of the Sixth Pacific Science Congress*, Vol. 4, pp.69-79, 1939. 中文『考古學報』第7冊, 1954.

27 역주: 夏鼐(1910-1985). 浙江 溫州사람. 고고학자로, 中國科學院 院士, 淸華大學 歷史系 졸업. 중국 고고작업의 주요 지도자와 조직자로, 중국 현대 고고학의 기초를 다진 사람들 중의 하나. 고고학 연구에서 현대 자연과학방법을 응용할 것을 매우 중시했다. 「齊家期墓葬的新發現及其年代的改訂」, 『考古學論文集』, 『考古學與科技史』, 『中國考古學研究』, 『中國文明的起源』 등을 저술하였다.

28 夏鼐, 「齊家期墓葬的發現及其年代之二改訂」, 『中國考古學報』第2冊, 1948.

29 安志敏, 「試論黃河流域新石器時代文化」, 『文物參考資料』, 1959(10), 559-565쪽. 石興邦, 「黃河流域原始社會考古研究上的若干問她」, 『文物參考資料』, 1959(l0), 566-570쪽.

30 安志敏, 「試論文明的起源」, 『考古』, 1987(5)에 실림.

1983년 하내(夏鼐)는 일본 강연에서 중국문명의 기원에 대하여 언급했다. 그는 이리두(二里頭)문화 후기에 문명의 단계에 도달했고, 이리두(二里頭)보다 앞선 문화는 선사시기에 속하기 때문에, 중국문명의 기원은 신석기시대 후기의 갖가지 문명적 요소의 발전에서 비롯된 것이며, 문명은 야만적인 신석기시대 사람들이 창조한 것이라는 점을 명확하게 밝혀냈다.

중국문명의 탄생은, 대부분 자체적으로 발전했지만, 발전과정에서 어느 정도 외래의 요소와 외래의 영향이 더해졌을 가능성을 완전히 배제할 수는 없다. 고고학적 증거에 근거하면, 비록 중국이 완전하게 외부와 격리되었던 것은 아니었지만, 중국문명은 중국 지역에서 자생한 것이다.[31]

하병체(何炳棣)[32]는 생태환경 · 농경 · 축목업 · 도기 · 청동기 · 문자와 기타 여러 방면에서 중원의 황토지대는 중국문명, 나아가 전체 동방문명의 요람이라는 점을 논증했다.[33] 그는 중국문화는 중국에서 자생했다고 확신했다. 촌락 정착농업이 오랫동안 지속되었어야 앙소(仰韶)문화 유적지 한가운데의 큰 건물과 거주군 · 교혈 · 가마 · 분묘가 밀집된 것을 해석할 수 있으며, 대대로 한 곳에서 태어나 죽고 매장된 황토지대여야 인류 역사상 고도로 발달된 가족제도와 조상숭배가 나타날 수 있기 때문이다. 1976년 미국 아시아연구학회 회장 취임 연설에서 그는 중

---

31 夏鼐, 『中國文明的起源』, 北京, 文物出版社, 1985, 80쪽.

32 역주: 何炳棣(1917~2012). 浙江 金華 사람. 중국 역사학계의 태두. 대표작으로 『明初已降人口及其相關問題』, 『明淸社會史論』, 『東方的搖籃』, 『讀史閱世六十年』 등이 있음.

33 何炳棣, 『黃土與中國農業的起源』, 香港, 香港中文大學出版社, 1969. Ping-ti Ho, *The Cradle odf the East, An Inquiry into the Indigenous Origins of Techniques and Ideas of Neolithic and Early Historic China, 5000-1000 B.C.*, Chicago & Hong Kong, Hong Kong Chinese University, 1975.

국농경의 가장 주요한 특징은 관개(灌漑)가 아니라 자급(自給)으로, 이는 중국 고대인들이 냉혹한 자연환경에 맞서 만들어낸 대응책이라고 발표했다.[34] 그는 중국 문화가 분열과 확장 그리고 이식되는 과정에서도, 중국식 농업경제의 기초와 그 사회조직인 가(家)와 족(族)을 포기하지 않고, 조상숭배와 천하국가관념을 대대로 이어왔다고 여겼다. 중국문화는 소농경제와 가족조직이라는 문화 유전자를 통해 안정성을 유지했으며, 현대화를 직면하기 전까지 이에 대해 근본적인 도전과 질의를 받은 적이 없었다.

하내(夏鼐)의 견해는 상당히 신뢰할 만하고 하병체(何炳棣)의 견해는 상당히 설득력이 있어, 이 학설은 중국 안팎으로 모두 영향을 끼쳤다. 그러나 사실 황토는 중국문화 혹은 문명의 기원과 뚜렷한 연관관계가 없다. 황토고원에서 신석기시대 초기에 속하는 주목할 만한 문화유적지는 아직 발견되지 않았다.[35] 동아시아 신석기문화의 여러 요소가 꼭 황토지대에서 기원한 것은 아니다. 중원은 동아시아에서 가장 먼저 청동기시대에 진입한 지역도 아니며, 청동기시대의 새로운 문화 요소들은 타지역에서 왔다. 하(夏) · 상(商) · 주(周) 삼대(三代)가 황토고원의 남부를 수도로 삼은 데에는 다른 원인이 있었다.

중원 바깥지역에서의 고고학적 발견이 점차 늘어나면서, 시대적 요구에 따라 다원론이 나타났다. 소병기(蘇秉琦)의 구계유형이론(區系類型理論)은 다원론의 대표적인 이론이다. 구(區)는 지역적인 횡적 체제이며, 계(系)는 종적 체제이고, 유형(類型)은 분과이다. 그는 중국 고고학 문화를 6개의 구계(區系)로 나누어, 중국민족문화의 다양성과 문화연원의 연

---

34 何炳棣, 「中國的文明, 對其長期性的原因的探索」, 楊品泉譯, 『中國史研究動態』 試刊, 1978.

35 陳星燦, 「黃河流域農業的起源, 現象和假說」, 『中原 文物』, 2001(4).

속성을 밝혀냈다.[36] 이 이론이 중국대륙에 끼친 영향은 매우 크다. 중국 문화의 다원성은 지역별로 그 전승된 계보가 있지만, 인근 지역에서도 상당한 영향을 받았다.

장광직(張光直)은 구계이론(區系理論)에 상응하는 상호작용권(Interaction Sphere) 가설을 제기하여, 중국 고대 각 문화구의 상호작용과 상호관계 성을 능동적인 시각에서 보아 중원만이 특별히 앞서 나갔다는 일원론을 부정했다.[37] 중국 내 여러 상호작용권은 모두 중국문명의 원천이다. 중원문화는 단지 커다란 체계 중 하위 체계일 뿐이며, 기타 지구의 문화 또한 동일한 역사를 지니고 있다. 그는 중국문명의 형성에 대해 용산(龍山)형성기부터 상호작용권으로 전환되었다고 해석했다. 전자는 정(鼎)과 역(鬲)을 대표로 하는 중원문화가 주위 문화로 확장된 것을 강조한 것이고, 후자는 각 지구와 중원지구 및 기타 지구간의 상호작용을 강조한 것이다. 그러나 중국의 문화는 특색을 갖춘 이 땅의 산물이며, 중국인과 그들의 환경이 서로 영향을 주고받은 결과라는 것은 변함이 없다고 해석했다.[38]

역사학계에도 본토기원설이 있다. 일원론은 사마천의『사기(史記)』「오제본기(五帝本紀)」로까지 거슬러 올라간다. 만세일통, 즉 온 천하는 모두 황제(黃帝)의 자손이며, 호(胡)와 월(越)은 모두 하후(夏后)의 후예이다. 이러한 이하(夷夏)일체와 천하일가의 사상이 바로 일원론적 민족관이다. 이러한 사관의 영향은 매우 커서, 많은 학자들이 중국민족과 중

---

36 蘇秉琦等,「關於考古文化的區系類型問題」,『文物』, 1981(5).

37 Kwang-chih Chang, *The Archaeology of Ancient China, Fourth Edition*, Yale Universfly Press, 1986.
張光直,「中國相互作用圈與文明的形成」,『考古學論文選集』, 125-156頁. 台北, 聯經出版事業公司, 1995.

38 張光直,「中國文明起源的繼續探索」,『考古學參考資料』第1冊, 1978.

화문명이 황하 중하류에서 기원했다고 믿었다. 1930년대에 임혜상(林惠祥)은 중국문화는 화하(華夏)문화를 기본 요소로 하여, 차례로 여묘(黎苗)문화 · 동이(東夷)문화 · 형만(荊蠻)문화 · 백월(百越)문화 · 북적(北狄)문화 · 저강(氐羌)문화와 접촉하기도 하고 흡수하기도 하면서 혼합을 거쳐 융해되었다는 점을 지적했다.[39]

고대사의 다원론에 관한 논의의 흥기는 고사변(古史辨) 운동과 관련이 있다. 고힐강(顧頡剛)은 고대 민족이 일원(一元)에서 기원했다는 점에 의문을 품고, 마땅히 다원(多元)에서 기원했을 것이라고 여겼다. 사실 다원론은 『예기(禮記)』 「왕제(王制)」로까지 거슬러 올라간다.

중국(中國)과 융이(戎夷)는 오방(五方)의 백성들로, 모두 각각의 특성이 있어 바꿀 수 없다. 동방(東方)을 이(夷)라고 하니, 머리를 풀어헤치고 문신을 했으며, 화식을 하지 않는 경우가 있었다. 남방(南方)을 만(蠻)이라고 하니, 이마에 무늬를 새기고 발을 꼬아 앉으며, 화식을 하지 않는 경우가 있었다. 서방(西方)을 융(戎)이라 하니, 머리를 풀어헤치고 가죽으로 옷을 해 입으며, 낟알을 먹지 않는 경우가 있었다. 북방(北方)을 적(狄)이라 하니, 깃과 털로 옷을 해 입고 동굴에 살며, 낟알을 먹지 않는 경우가 있었다. 중국(中國) · 이(夷) · 만(蠻) · 융(戎) · 적(狄)은 모두 편안히 여기는 거처와 알맞은 맛, 적절한 복식과 이로운 도구와 갖춘 기물이 각각 달라서, 다섯 지역의 사람들은 말이 서로 통하지 않았고 좋아하는 것이 달랐다.[40]

---

39 林惠祥, 「中國文化之起源及發達」, 『東方雜志』 34卷 7號, 1937. 林惠祥, 『中國民族史』, 上海, 上海商務印書館, 1936.

40 역주: 『禮記』 「王制」: 中國戎夷五方之民皆有性也, 不可推移. 東方曰夷, 被髮文身, 有不火食者矣. 南方曰蠻, 雕題交趾, 有不火食者矣. 西方曰戎, 被髮衣皮, 有不粒食者矣. 北方曰狄, 衣羽毛穴居, 有不粒食者矣. 中國夷蠻戎狄, 皆有安居和味宜服利用備器. 五方之民, 言語不通, 嗜欲不同.

몽문통(蒙文通)[41]과 서욱생(徐旭生)[42]은 잇달아 삼집단설(三集團說)을 제기했다. 몽문통(蒙文通)은 고대 민족을 강한(江漢)·해대(海岱)·하락(河洛)의 세 계통으로 나누었는데, 부락·성씨·지역·경제·문화에 각각의 특징이 있다고 보았다.[43] 서욱생(徐旭生)은 중국 고대 민족을 묘만(苗蠻)·동이(東夷)·화하(華夏) 등 세 개의 고대 부족집단으로 개괄했는데, 대체로 몽문통(蒙文通)의 세 계통과 대응된다고 보았다.[44]

진연개(陳連開)[45] 등은 중화문명 기원의 본토 기원과 다원 및 다원에서 일체로 수렴되어가는 특징을 다음과 같이 묘사했다.[46] 동서의 큰 두 집단과 남북의 큰 세 집단의 여러 민족의 통일 과정이 바로 통일된 다민족 중국의 형성 과정이었다. 동서의 큰 두 집단은 해양의 습한 동남부 농경 지역과 유라시아 대륙과 등을 맞댄 드넓은 건조한 목축 지역에 위치해 있었고, 남북의 큰 세 집단은 진령(秦嶺) 산맥과 회하(淮河) 이남의 수전 농경 지역과 그 북쪽에서 만리장성에 이르는 밭 농경 지역 그리고 만리장성 이북의 유목지역에 위치해 있었다. 세 집단의 다양한 경제유형과 문화 전통이 교류하며 한데 모여, 하(夏)·상(商)·주(周) 삼대(三代) 문명의 출현과 국가의 형성을 위한 기초를 다졌으며, 문화공동체를 형

41　역주: 蒙文通(1894-1968), 원래 이름은 爾達, 字가 文通, 四川省 鹽亭縣 石牛廟鄕 사람. 중국 현대의 걸출한 역사학자. 중국 고대사 및 고대학술문화 연구 영역에서 큰 성과를 남김. 저서로『古史甄微』,『輯校李榮老子注』,『輯校成玄英老子義疏』등이 있음.

42　역주: 徐旭生(1888-1976). 이름은 炳昶, 字는 以行, 필명은 虛生, 遁庵. 河南省 唐河縣 사람. 중국 현대의 저명한 사학자이자 저명한 정치가이다. 저술로『略談硏究夏文化問題』,『禹治洪水考』,『〈山海經〉箚記』,『〈山海經〉的地理意義』,『對我國封建社會長期遲滯問題的看法』등이 있음.

43　蒙文通,「古史甄微」, 北京, 商務印書館, 1933. 收入『蒙文通文集』第5卷, 成都, 巴蜀書社, 1999.

44　徐旭生,『中國古代的傳說時代』(增訂本), 北京, 文物出版社, 1985.

45　역주: 陳連開(1933-2010). 중국의 저명한 사학자, 민족학자. 일생을 민족사 및 중화민족의 형성과 발전에 대한 연구에 전념했다. 특히 "中華民族多元一體格局"이론의 형성에 큰 공헌을 함.

46　陳連開,「中華新石器文化的多元區域性發展及其彙聚與輻射」,『北方民族』, 1988(1).

성하는 과정에서 하나된 중국이 실현되었다.[47] 비효통(費孝通)은 고고학과 역사학 그리고 언어학과 체질인류학을 연계하여 중화민족의 다원일체구조 가설을 제기하여, 일원론과 다원론의 모순을 정합적으로 풀어냈다.[48]

북경원인(北京猿人)·산정동인(山頂洞人)과 대량의 신석기시대인의 인골이 발견되면서, 중국인들의 본토 기원에 대한 확신이 늘어갔다. 오신지(吳新智)와 한강신(韓康信)을 대표로 하는 고인류학자들 대부분은 몽골인종이 동아시아에서 기원했으며, 중국인이 몽골인종의 대표라고 굳게 믿었다. 산정동인(山頂洞人)은 전형적인 몽골인종이 형성되는 과정 중에서 나타난 인류였다.[49] 동아시아 석기시대의 인체 골격에는 분명한 연속성이 있다.[50] 몽골인종의 전형적인 특징으로 공인받은 삽모양앞니[51]는 중국치(Sindadonty)라고도 일컬어지며,[52] 동아시아 인류의 연속성을 드러내는 유력한 증거로도 여겨진다.[53] 한강신(韓康信) 등은 지금까지 중

---

47 陳連開,「中華民族的起源」, 王鍾翰主編,『中國民族史』第編, 北京, 中國社會科學出版社, 1994.

48 費孝通,『中華民族的多元一體格局』, 1988年香港中文大學 Tanner 講演; 收入費孝通主編,『中華民族多元一體格局』(修訂本), 北京, 中央民族大學出版社, 1999.

49 吳新智,「山頂洞人的種族問題」,『古脊椎動物與古人類』2(2), 1960. Kamminga J. et al., The Upper Cave at Zhoukoudian and the Origins of Mongoloids, *Journal of Human Evolution*, 17, 739-765, 1988.

50 吳新智,「中國古人類進化連續性新辭」,『人類學學報』, 2006(2).

51 역주: 대패 모양의 앞니. 윗턱은 두개의 앞니가 양쪽으로 소용돌이 치는 모양. 중간의 안쪽 오목한 것이 대패와 비슷하다. 대패 모양의 앞니는 동아시아 현대 인류와 화석인류에서 모두 비교적 많이 나타난다. 중국은 대부분 이러한 앞니이다.

52 Tumer C. G., Major Feature of Sindadonty and Sundadonty, including Suggestions about East Asian Micro-evolution, Populalion History, and Late Pleistocene Relationship with Australian Aboriginals, American Journal of Physical Anthropology, 82, 295-317, 1990.

53 劉武,「華北新石器時代人類牙齒形態特徵及其在現代中國人起源與液化士的意義」,『人類學學報』, 1995(4).

국 청해(青海)·감숙(甘肅)·영하(寧夏)·섬서(陝西) 등 서북지역에서 발견된 신석기시대와 청동기시대 및 진한(秦漢) 이전의 고대 정착민의 인종은 조금의 예외도 없이 몽골인종의 유형에 속하며, 아직까지 서방 코카서스인종의 어떠한 요소도 발견되지 않았다고 보았다.[54]

스웨덴의 한학자인 베른하르트 칼그렌(Bernhard Karlgren)[55]은 진화론 사조의 영향을 깊게 받아, 한어(漢語)는 상고시대부터 중고시대를 지나 현대 방언에 이르기까지 직선적으로 발전했다고 보고, 중국문명의 본토 기원설을 지지했다. 그는 『절운(切韻)』이 중고시대 장안(長安)이나 낙양(洛陽)의 말로, 『절운(切韻)』의 음운 체계는 『시경(詩經)』의 음운 체계로까지 거슬러 올라갈 수 있으며, 현존하는 한어(漢語) 방언은 『절운(切韻)』의 '자어(子語)'라고 보았다. 칼그렌 모형은 인도유럽어족의 유전트리 이론(genetic tree theory)을 기초로 하여 세워졌고 한문화중심론(漢文化中心論)을 내포하고 있기 때문에 과학적이면서도 민족 정서를 만족시켜, 중국 언어학계의 보편적이고 영구적인 승인을 얻어냈다.[56]

해외에서 칼그렌 모형은 험난한 도전에 직면했다. 중국계 미국인 장곤(張琨)은 제일 먼저 시간과 공간 이차원적으로 한어(漢語)의 어음사(語音史)를 연구하여, 남방언어와 북방언어의 차이를 강조하고, 차이형(差異型) 이론 모형을 만들었다. 장곤(張琨) 부부는 『원시 한어의 운모체계와 『절운(切韻)』(原始漢語韻母系統與『切韻』)[57]을 함께 저술하여, 베른하르트 칼그렌(Bernhard Karlgren)의 『중국음운학연구(中國音韻學硏究)』의 논의

54 韓康信 等, 『中國西北地區古代居民種族硏究』, 上海, 復旦大學出版社, 2005.

55 역주: Klas Bernhard Johannes Karlgren(1889~1978): 스웨덴의 가장 영향력 있는 중국학자. 중국의 역대 학자의 기초에서 유럽의 비교언어학의 방법을 통해 고금의 한어어음과 한자의 변천에 대해 탐구했다. 저서로 *Études sur la phonologie chinoise* (Doctoral thesis), University of Uppsala, 1915., 『上古漢語問題』, 『詩經硏究』 등이 있다.

56 李葆嘉, 「論漢語史硏究的理論模式」, 『語文硏究』, 1995(4).

57 張琨 等著, 涂又光 譯, 『原始漢語韻母系統與〈切韻〉』, 1980.

를 수정했다. 방언의 차이는 예로부터 자연스러운 현상이며, 초기의 한어(漢語) 방언은 오늘날과 비교하면 훨씬 복잡했다. 현재 방언과의 차이는 남방방언과 북방방언이 병행하여 발전한 결과다. 아울러 프린스턴대학 '중국 언어학 프로젝트(The Chinese Linguistics Project)'의 일부 학자들도 베른하르트 칼그렌(Bernhard Karlgren)의 연구 방법을 비평하며, 현대 방언을 기초로 하여 고대 한어(漢語)를 연구해야 한다고 주장했다. 이는 프린스턴 가설이라고 불린다. 그들은 우선 단독적 방언군을 각각 원시관화(原始官話)·원시월어(原始粵語)·원시오어(原始吳語)·원시민어(原始閩語) 등과 같은 원시어로 재구성하고, 이로부터 원시 한어(漢語)를 재구성했다. 이러한 방식을 방언 역추적모형이라고 할 수 있다. 제리 노먼(Jerry Norman)[58]의 『원시 민어의 성모(原始閩語的聲母, The Initials of Proto-Min)』와 『원시 민어의 운모(原始閩語的韻母, The Proto-Min Finals)』 그리고 중국계 미국인 여애근(余靄芹)의 『원시 월어의 모음과 복모음(原始粵語的輔音和複輔音)』 등이 대표작이다.

칼그렌 모형과 프린스턴 모형 모두 서양의 관점에서 한어사(漢語史)를 관찰했지만, 장곤(張琨) 모형은 중국정치와 문화중심의 이동과 결합에도 주목하여 한어(漢語)의 변모를 고찰했다. 차이형(差異型) 모형은 직선형 모형에 비해 한걸음 더 나아간 점이 있었으나, 여전히 일원분화론(一元分化論)에서 벗어나지 못했다.[59] 세 이론은 모두 진화론의 서로 다른 형태로, 중국문화의 본토기원설을 지지하거나 암묵적으로 승인했다.

소병기(蘇秉琦)의 구계유형이론(區系類型理論)이나 만천성두설(滿天星

---

58 역주: 제리 노먼(Jerry Norman, 1936-). 미국의 중국학자. 오랫동안 한어방언 특히 閩方言 연구에 종사했다. 漢語에 대해 광범하고 심도 깊은 연구가 있다. 저서로 『漢語槪說(Chinese)』가 있다.

59 李葆嘉, 「論漢語史硏究的理論模式」, 『語文硏究』, 1995(4).

斗說)[60]과 장광직(張光直)의 상호작용권(Interaction Sphere) 가설은 동아시아 문화의 본토성을 긍정했다. 안지민(安志敏)·하내(夏鼐)·하병체(何炳棣) 등은 중원이 중국문명의 요람이라 강조했으며, 비효통(費孝通)의 중화민족 다원일체구조, 오신지(吳新智) 등의 고인류학 연구와 베른하르트 칼그렌(Bernhard Karlgren) 등의 고대 한어(漢語)연구는 모두 진화론의 다른 모습이다. 서평방(徐苹芳)·장광직(張光直) 등이 함께 저술한 『중국문명의 형성(中國文明的形成)』은 중국문명의 형성과 그 본토의 특징을 다음과 같이 종합적으로 결론 내렸다.

중국문명은 그 땅에서 태어나 성장한 독립적 원생문명(原生文明)이다. 중국문명의 경제적 기초는 농경이었다. 따라서 농경과 관련된 과학 기술이 발전했다. 중국문명의 기원에서 문명사회의 탄생에 이르기까지 약 3,000여 년이 걸렸다. 황하유역과 장강유역은 동시에 발전했다. 상(商)나라와 주(周)나라 시기는 중국 초기 문명사회의 번영기로, 왕궁과 사당을 중심으로 하는 도시 그리고 옥기와 청동기로 된 예기(禮器)의 출현은 중국 초기 문명사회의 지표다. 중국이 씨족사회에서 문명사회로 진입할 때, 씨족사회의 혈연관계를 약화시키지 않고, 오히려 혈연관계의 유대를 정치와 결합시켜, 서주(西周)의 종법분봉제를 구성하여 혈연정치통치를 실행했다. 조상숭배는 견고한 혈연관계를 반영하고 있으며, 상(商)·주(周) 이래로 중국 종교의 주요 형태가 되어, 줄곧 후세에 영향을 끼쳤다. 진시황(秦始皇)이 통일하여, 혈연정치를 지연정치로 바꾸고 통일된 중앙집권제국을 수립한 것은 중국문명의 발전에 결정적인 영향을 끼쳤으며 역사적 의의가 깊다.[61]

60　蘇秉琦, 『中國文明起源新探』, 北京, 三聯書店, 1999, 102-128쪽.

61　徐苹芳 等, 『中國文明的形成』, 北京, 新世界出版社, 2004.

동아시아 신석기 문화는 대체로 본토에서 기원한 것으로, 서로 상호 작용했던 몇몇 개의 '구계(區系)'로 나눌 수도 있지만, 또한 분명한 연속성도 가지고 있었다. 상(商)·주(周)시대에는 중원을 정치경제문화의 중심으로 하는 중앙왕조를 형성했다. 현재 세계에서 소수의 사람들만이 중국문명의 토착성과 창조성을 부정하고 있으며, 매우 적은 사람들만이 각 지역이 상호작용하며 발전해 왔다는 점을 의심하고 있다. 그러나 앞서 말한 이론이나 가설은 모두 신석기시대에서 청동기시대에 이르는 과도기를 해석할 수 없다. 동아시아에서는 청동이 황동에 비해 더 일찍 혹은 동시에 출현했지만, 중국에서는 황동시대 혹은 동석병용시대(銅石竝用時代)가 전혀 없었고, 신석기시대 후기까지도 청동과 유목문화를 배태한 흔적이 없다.

앙소(仰韶)문화가 쇠락하고서 제가(齊家)문화의 흥기가 있었고, 노호산(老虎山)문화가 쇠락하고서 주개구(朱開溝)문화의 흥기가 있었으며, 홍산(紅山)문화가 쇠락하고서 하가점(夏家店) 하층문화의 흥기가 있었고, 양저(良諸)문화가 쇠락한 후에 마교(馬橋)문화가 비로소 나타났으며, 용산(龍山)문화가 쇠락하고서 악석(嶽石)문화가 비로소 나타났고, 석가하(石家河)문화 쇠락 이후 일련의 과정을 거쳐 나타난 도사(陶寺) 유적이 동아시아 신석기시대의 마지막이었으며, 이리두(二里頭)문화는 청동기시대의 도래를 나타낸 것이었다. 특정 문화의 이전과 이후는 진화식의 계승과 발전이 이루어졌던 것이 아니라 분명한 단층이 존재했으며, 때문에 혹자는 질적 변화가 발생한 것으로 보기도 했다. 4,000~5,000년 전후의 수많은 지역문화가 서로 영향을 주고받던 중에 스스로 멸망했다고 보기는 어려우며, 4천여 년 전 하(夏)왕조의 건립 역시 여러 신석기 문화의 붕괴를 야기하였다고 추론할 수도 없다. 하(夏)왕조나 청동기시대가 도래하기 전에 동아시아 정착 농경문화는 큰 재난과 위기를 마주했다. 상술한 학설들은 동아시아 정착 농경문화의 기원과 진화를 해석할

수는 있지만 농경문화의 붕괴와 청동기시대 유목문화의 도래를 해석할
수 없으므로 반드시 다른 가설을 찾거나 제기해야 한다.

하(夏) 이전의 노호산(老虎山)문화·용산(龍山)문화·양저(良諸)문화·
홍산(紅山)문화·석가하(石家河)문화 등과 같은 많은 고고학적 문화
의 계통들은 여러 나라가 병립하는 추방(酋邦)[62]의 유적으로 볼 수 있
다. 지금으로부터 4,000여 년 전의 기온 하강은 전 세계 전신세(全新世,
Holocene)[63]인류의 진화사에 중요 전환점이었다. 기온 하강과 지구궤도
의 변화에 의해 전신세(全新世, Holocene) 시기에 동아시아 계절풍의 변
화가 일어났고 이로 인해 형성된 습한 기후의 남쪽과 가문 기후의 북쪽
의 환경 구조가 중원 주위의 신석기 문화 쇠락의 주요 원인이었을 것이
다.[64] 유동생(劉東生)은 기온 하강이 중국의 5대 신석기 문화의 쇠락을
야기했고, 중원지역의 하(夏)왕조 건립으로 상징되는 중화문명의 탄생
을 촉진시켰다고 보았다.[65]

재해성 기후와 환경변화는 중국 신석기 문화의 쇠락을 해석할 수 있
으나 청동기시대의 도래는 해석되지 않는다. 왕외(王巍)는 B.C. 2,000
년경 출현한 대규모의 문화 격변은, 자연환경이 중요한 배경이기는 하
나 결정적 요인은 결코 아니라는 관점을 제기했다. 화하(華夏)집단은 자
연재해를 막는 과정에서 조직성과 응집력을 보다 강화했고, 지속적인

---

62 역주: 미국학자 앨먼 서비스(Elman Service)가 제안한 국가탄생 이전의 인류 사회 조직 형태
에 대한 명칭. 酋邦 모형은 酋邦과 전제정치 사이의 필연적 관계를 강조한다.

63 역주: 전신세(全新世, Holocene). 지질학상 신생대 제4기(Quaternary)의 마지막 부분이며 갱
신세(Pleistocene) 다음에 오는 시기. 전신세는 빙하가 물러간 다음의 시기를 말하므로 일반적으로
'후빙기(後氷期)'라고도 말해진다. 이러한 후빙기는 고고학상 중석기시대와 신석기시대에 해당한
다. 그러므로 중석기·신석기시대를 연구하는 입장에서는 전신세(후빙기)에 대한 지식이 필수적이
다(『고고학사전』, 국립문화재연구소, 2001 참고).

64 吳文祥 等, 「4000caB. P 前後東亞季風變遷與中原周圍地區新石器文化的衰落」, 『第四紀硏
究』, 2004(3).

65 劉東生, 「4000caB. P. 前後降溫事件與中華文明的誕生」, 『第四紀硏究』, 2001(5).

발전을 중시하여 상대적으로 강대한 군사적 역량을 갖추었고, 마침내 두각을 나타내며 중국 역사상 첫 왕조를 건립했다는 것이다.[66] 유리(劉莉)는 예중(豫中, 하남성 중부)지역의 사회 복잡화 과정은 환경과 사회정치종교적 요소에 의한 것이었다고 보았다. 진남(晉南, 산서성 남부)과 산동(山東)지역은 조상제사를 중시했고, 중원지역은 자연신제사를 중시했다. 전자는 개인적이며, 후자는 협력적이다. 동방의 대문구(大汶口)문화와 남방의 굴가령(屈家嶺)문화의 정착민이 중원에 모이자, 예중(豫中)지역이 국가 탄생의 최적의 온상이 되었다.[67] 그들은 초기 국가의 발전은 독특한 지리적 구조와 중요한 자원(동·은·납 및 국가 경제와 민생과 관련된 소금)의 분포 및 채굴과 운송 그리고 정치와 경제조직 및 신앙체계와 밀접한 관계가 있다는 관점을 제시했다.[68]

이러한 논의들의 짜임새는 질서정연한 도미노처럼 정교하다. 그러나 이리두(二里頭)국가의 형성과정은 여전히 명확하지 않다.[69] 고고학에만 의지해서는 중국문화의 기원과 동아시아국가의 형성을 설명해내기에는 부족하다. 다양한 본토 기원설은 아마도 그럴듯하게 꾸며낼 수 있을 것이나, 하(夏)왕조의 흥기를 해석하지 못하고 있고, 더욱이 동아시아 기타 국가의 형성을 설명하지 못한다. 여산(廬山)의 진면목은 좀처럼 알기 어렵다는 소동파의 시구절이 있지만 좋은 풍경을 오랫동안 보면 시야가 넓어진다는 모택동의 시구절처럼, 다른 학설들을 차근차근 다시 검토해 볼 필요가 있을 것이다.

---

66 王巍, 「公元前2000年前後我國大範圍文化變化原因探討」, 『考古』, 2004(1).

67 Liu Li, *The Chinese Neoiithic, Trajectories to Early States*, Cambridge University Press, 2004.

68 Liu Li, Xingcan Chen, *State Formation in Early China*, Duckworth, 2003.

69 陳星燦, 「何以中原?」, 『讀書』, 2005(5).

2. 외래전파설 또는 전파론

전파론으로서의 중국문화 외래설은 진화론으로서의 본토기원설과 비교하면 매우 창의적이지만, 터무니없는 날조거나 뜬구름 잡는 소리는 결코 아니다. 잇따라 유행한 이집트설·바빌로니아설·중앙아시아설·인도설 등도 일원론과 다원론으로 나눌 수 있다.

사마천(司馬遷)의 『사기(史記)』는 중국의 전무후무한 통사이다. 근대에 이르러서야 점차 중국 상고사 연구가 이루어지고 주목을 받게 되었다. 1658년 예수회 전도사 마르티노 마르티니(Martino Martini)[70]가 발표한 『중국고대사(中國古代史)』는 예수탄생 이전의 중국역사를 서술했다. 이 책의 제1권 중국기원(B.C. 2,925)에서는 복희(伏羲)시대에서 시작하여 삼황오제(三皇五帝)를 순서대로 서술했고, 제10권에서 한(漢)나라 애제(哀帝) 원수(元壽) 2년(B.C. 1)으로 끝난다. 이에 대해서 블레즈 파스칼(Blaise Pascal)은 『팡세(Les Penses)』에서 "중국은 모호함을 느끼게 한다. 그러나 거기서 빛을 찾아볼 수 있다. 그것을 찾아라."[71]라고 했다.

거의 이와 동시대의 아타나시우스 키르허(Athanasius Kircher)[72]는 『오이디푸스 아게시아쿠스(Oedipus Aegyptiacus)』(로마, 1654)와 『중국도판집

---

70 역주: Martino Martini(1614-1661). 이명은 衛匡國. 이탈리아 예수회 선교사로 1643년 중국에 부임했으나, 명청전쟁으로 중국 각지를 떠돌아다닌 후 항저우에 정착하여 蘭谿에 교회를 세우고 전도활동을 하다 1661년 사망했다. 그는 한학자·지리학자·역사학자·신학자로서, 중국의 역사학과 지리학 방면에 뛰어난 업적을 많이 남겼다. 저서로는 『中國上古史』, 『中國新圖志』, 『論韃靼之戰』, 『漢語語法』등이 있다.(『인명사전』, 민중서관, 2002. 참조.)

71 파스칼 저, 정봉구 역, 『팡세』, 사단법인 올재, 2013년, 322쪽.

72 역주: Athanasius Kircher(1601-1680). 독일의 자연 과학자수학자고고학자. 제수이트 교도. 1831년까지 뷔농츠부르크 대학 교수. 1830년 전쟁으로 피난했으나 교황(敎皇)에 초빙되어 1835-43년 아비르로마 대학에서 수학, 헤브라이 어를 강의하고 자연 과학수학고대 이집트 어를 연구하여 이집트 기념비의 고대 이집트의 상형 문자를 처음으로 판독했다. 환등 발명. 해도 제작을 비롯 페스트가 병균으로 전염됨을 확증했으며, 그가 수집한 고고학적 자료는 로마의 키르허 박물관에 수장되어 있다.

(China monumentis)』(암스테르담, 1667) 두 책을 발표하여, 중문과 이집트의 상형문자가 비슷하다는 점에 근거하여 중국인이 이집트인의 후예라고 논증했다. 18세기(1758년) 프랑스 한학자 조제프 드 기네(Joseph de Guignes)는 『중국인은 이집트 식민에서 기원했다는 설[中國人爲埃及植民說]』을 발표한 강연에서, 한자와 고대 이집트 상형문자의 유사점으로부터, 이집트인이 중국으로 이주했던 구체적인 연대(B.C. 1,122)를 고증하여, "나는 그러므로 중국의 문자 · 법률 · 정치체제 · 군주 심지어 정부의 대신 및 전체 제국이 모두 이집트에 기원했다고 굳게 믿는다. 그러니 중국의 고대사라는 것은 사실은 이집트의 역사이다."[73]라고 했다. 이는 18세기 상상력이 가장 풍부한 허황된 논의 중 하나였지만, 중국인이나 중국문화가 이집트에서 기원했다는 이집트설은 하나의 학설이 되었다. 대량의 이집트인들이 동아시아로 진입했을 가능성은 크지 않지만, 이집트문화가 중국에까지 전파되었을 가능성마저 배제할 수는 없다. 몽골 나귀와 티베트 나귀는 길들일 수 없다. 가축 나귀는 아프리카에서 기원했고, 동아시아의 가축 나귀는 이집트에서부터 중앙아시아와 서아시아를 거쳐 왔다.[74] mtDNA분석으로 중국의 가축 나귀는 소말리계(Somali)와 누비아계(Nubian) 두 종이며, 모두 아프리카에서 온 것임을 밝혀냈다.[75] 중국 서북지역에서는 고이집트의 것과 매우 유사한 지팡이 머리부분[權杖頭]이 출토되었는데, 기원전 3,000년까지 거슬러 올

73 Guignes J. de, *Memoire Dnas Lequel on Prouve, Que les Chinois Sonlune Colonie Egyptienne*, Desaint & Saillant, Paris(1760), 江曉原, 「中國天學之起源:西來環是自生?」, 『自然辨證法通訊』, 1992(2)에서 재인용.

74 Beja-Pereira A. et al., AfricanOrigins of the Domestic Donkey, *Science*, Vol. 304 Issue5678, 2004.

75 Lei Chu-zhao et al., African Maternal Origin and Genetic Diversity of Chinese Domestic Donkeys, *Asian- Australasian Journal of Animal Sciences*, 20(5), 645-652, 2007.

라간다.[76] 3,000년 전의 이집트 여성 미라 머리카락에서 출토된 비단제품은, 연구에 의하면 중국에서 전래되었을 가능성이 있다.[77] 이집트는 5,000년전에 이미 천칭을 사용했고, 중국의 저울[權衡]과 대저울[杆秤, 양쪽 길이가 다른 저울]은 이집트에서 기원했을 가능성이 있다. 요주(料珠)는 고대이집트에서 기원했고, 낭간(琅玗) 즉 잠자리 눈모양 옥은 서주(西周)시대에 이미 서역에 전파되었으며, 춘추(春秋)시대에는 중원에까지 전파되었다.[78]

19세기에 테리앙 드 라쿠페리(Terrien de Lacouperrie)는 중국민족의 시조인 황제(黃帝)가 바빌론에서 왔다고 주장했다.[79] 그는 기원전 2,282년에 바크(bak)족을 이끌고 동천한 나훈테(Nakhunte)왕이 바로 황제(黃帝)이고, 신농(神農)은 사르곤(Sargon)이라고 보았다. 두 지역은 금·목·수·화·토(金·木·水·火·土)의 5일 누적법, 1년을 12달과 4계절로 나눈 것, 윤달을 둔 것, 60년을 주기로 간지가 순환하는 것, 천문관을 둔 것, 금속을 사용한 것, 말이 끄는 전차, 보리, 오른쪽 숭상, '사해(四海)'라는 명칭, 군주의 관(冠) 등이 매우 유사하다는 것이다. 시라카와 지로(白河次郎) 등은 바빌론과 고대중국의 학술·문자·정치·종교·신화 등의 방면에서 서로 유사한 점 70조목을 들어 바빌론 기원론을 지지했다.[80] 옥스퍼드대학의 볼(Charles James Ball)은 고대 중국과 수메르 언어문

---

76 李水城, 「權杖頭, 古絲綢之路早期文化交流的重要見證」, 『中國社會科學院古代文明研究中心通訊』, 2004(4).

77 Lubec G. et al., Use of Silk in Ancient Egypt, *Nature*, March 4, 1993.

78 王炳華, 「琅玗考」, 劉國祥·陳啓賢 主編, 『玉文化論叢(4)』, 台北, 衆志美術出版社, 2011. 에 보인다.

79 Terrien de Lacouperrie, *Western Origin of the Early Chinese Civilization, from 2300 B.C. to 200 A.D.*, London, ASHER & Co., 1894. 蔣智由, 『中國人種考』, 상해, 廣智書局, 1906.에 자세한 개요가 보인다.

80 白河次郎, 國府種德, 『支那文明史』, 上海, 競化書局, 1903.

자의 유사점을 상세히 논증했다.[81] 정겸(丁謙)의 『중국인종종래고(中國人種從來考)』, 장지유(蔣智由)의 『중국인종고(中國人種考)』, 장태염(章太炎)의 『종성편(種姓編)』, 유사배(劉師培)의 『국토원시론(國土原始論)』, 황절(黃節)의 『종원편(種原篇)』 등은 모두 테리앙 드 라쿠페리(Terrien de Lacouperrie)의 학설에 찬성했다. 손중산(孫中山) 역시 이러한 학설을 믿었다. 중국국가(國歌)에 "화하의 후예는 곤륜산 꼭대기로부터 왔으며, 강물은 도도히 흐르고 산은 면면히 이어진다.(華胄來從崑崙巔, 江河浩蕩山綿連)"[82]라고 한다. 이러한 억측이나 신념은 자연히 반박될 수 있지만,[83] 황제(黃帝)와 하인(夏人)이 서쪽에서 왔다는 것은 가능성이 전혀 없는 것은 아니다.

이외에 프랑스인 장 실뱅 바이(Jean Sylvain Bailly)는 『고대천문학사(古代天文學史)』에서 바빌론과 인도 그리고 중국의 고대 천문학은 이미 사라진 민족으로부터 기원했다고 단정했다.[84] 일본인 이이지마 다다오(飯島忠夫)는 『지나고대사론(支那古代史論)』에서 장 실뱅 바이(Jean Sylvain Bailly)의 학설을 전면적으로 상술했으며, 중국의 천문학은 서방에서 유입되어 기원전 3세기에서야 비로소 체계를 갖추었다고 보았다.[85] 곽말약(郭沫若)은 천간지지(天干地支)가 바빌론에서 기원했다는 점을 다음과 같이 고증했다.

이와 유사하게 상(商)민족의 기원은 사실 문제가 될 수 있다. 이 말은 상(商)민족은 본래 서북 변경으로부터 왔으며, 올 때 바빌론으로부터 전수받은 천문역법 지식을 가지고 중국 땅에 들어온 후 널리 사용하게 되었다는 것인

---

81 Ball C. J., *Chinese and Sumerian*, Oxford University Press, 1913.

82 魏庚人, 「中國國歌簡史」, 『西北大學學報』, 1991(1).

83 何炳松, 「中華民族起源之新神話」, 『何炳松論文集』, 北京, 商務印書館, 1990.

84 Bailly S., *Histoire del'Astronomie Ancienne*, Paris, 1775.

85 飯島忠夫, 「支那古代史論」, 『東洋文庫』, 1925.

가?[86]

그는 12진(辰)이 본래는 황도 12궁(宮)으로 고대 바빌론에서 유래했다고 보았다. 바빌론과 중국은 확실히 교류가 있었으며, 제(帝) 관념도 바빌론에서 유래했을 가능성이 매우 크다고 보았다.[87] 그는 중국 천문학의 기본 성분이 서방에서 왔음을 인정하면서, 동시에 28수(宿)는 중국에서 기원했다는 학설을 주장했다. 조셉 니담(Joseph Needham)은 중국과 인도 그리고 아랍 등의 중요 월참(月站) 체계가 모두 바빌론에서 기원했다고 보았다.[88] 28수(宿)는 바빌론에서 창조된 후, 인도와 중국에까지 전파되었을 것이다.[89] 그러나 고대 중국 천문학의 기원은 매우 이르기 때문에 비교적 늦은 시기(예를 들어 전국 시기)에 서방에서 전래되었을 가능성은 배제시킬 수 있다. 중국 천문학의 기원 문제는 중국 문명의 기원 문제와 떼려야 뗄 수 없으니, 이 두 문제는 더욱 발전된 논의를 필요로 한다.[90] 중국은 군국(軍國) 점성학이 매우 발달했지만, 본토에서 자생한 점성학이 없다. 황도 12궁(宮)과 산명천궁도(算命天宮圖)가 바빌론에서 기원했음은 의심의 여지가 없다. 점성학의 시초는 메소포타미아이다.[91]

일찍이 중국에서 지질연구에 종사하던 페르디난트 폰 리히트호펜(Ferdinand von Richthofen)은 신강(新疆) 지역의 타림분지가 중국인[漢族]의 발상지라고 강력하게 제창했다.[92] 영국 한학자 제임스 레그(James Legge)

---

86 郭沫若,「釋支干」,『郭沫若全集・考古編』第1卷, 北京, 科學出版社, 1982.

87 郭沫若,「靑銅時代」,『郭沫若全集・考古編』第1卷, 北京, 人民出版社, 1982.

88 李約瑟,「中國古代和中世紀的天文學」,『李約瑟全集』, 沈陽, 遼寧科技出版社, 1986.

89 李約瑟,「古典中國的天文學」,『李約瑟全集』, 沈陽, 遼寧科技出版社, 1986.

90 江曉原,「中國天學之起源:西來環是自生?」,『自然辨證法通訊』, 1992(2).

91 江曉原,『歷史上的星占學』, 上海, 上海科技教育出版社, 1995.

92 Richthofen F., *China*, Berlin, 1887.

도 중국인의 선조는 중앙아시아에서 왔다고 주장했고[93], 미국 고고학자 라파엘 펌펠리(Raphael Pumpelly)도 역시 유사한 주장을 했다. 위취현(衛聚賢)은 용모(머리카락·수염·눈·코)·언어·문자·풍속·화폐·제왕 등 일곱 가지 측면에서 증거를 찾아, 하(夏)민족은 아리안 인종이라고 주장했다.[94] 인도유럽인은 인도에서 기원한 것도 유럽에서 기원한 것도 아닌, 중앙아시아에서 형성되었을 가능성이 크다. 20세기 마리야 김부타스(Marija Gimbutas)는 쿠르간(Kurgan) 가설을 제기했고, 인도유럽인과 인도유럽문화의 기원과 전파에 대해 깊게 연구하고 대담하게 추측했다.[95] 데이비드 앤서니(David Anthony)는 말[馬]을 연구하여 쿠르간(Kurgan) 가설을 긍정하고 발전시켰다.[96] 제임스 맬러리(James Mallory)는 인도유럽어와 인도유럽인의 계통을 조사하여 인도유럽인이 기원전 2,000년경부터 동아시아에 진입했을 가능성이 매우 크다고 했다.[97] 중앙아시아는 인도유럽인의 고향으로 인정받고 있으며, 유럽과 인도에서의 그들의 역사는 이미 비교적 분명해졌지만, 서아시아와 동아시아에서의 활동은 학술계의 오래된 과제이다.

한학·언어학·천문학·지리학 등이 앞장서서 중국인과 중국문화의 서래설(西來說)을 제출하면, 고고학도 그 뒤를 바짝 뒤따랐다. 20세기에

---

93 Legge J., *The Chinese Classics*, Hong Kong−London, Vol. 1−7, 1886−1871.

94 衛聚賢, 『古史硏究』 第3集, 上海, 上海文藝出版社, 1990, 36−43쪽.

95 Gimbutas M., Proto−Indo−European Culture, The Kurgan Culture during the Fifth, Forth and Third Millennia B.C, *Indo-European and Indo-Europeans*, 155−197, ed. by G. Cardona et al, Philadelphia, 1970.

96 Anthony D. W., The "Kurgan culture", Indo−Eureopan Origins, and the Domestication of the Horse, Reconsideration, *Current Anthropology*, 27, 291−313, 1986. 최근 그는 쿠르간(Kurgan) 가설이 너무 모호하고 상세하지 못하다고 보았다. *The Horse, The Wheel and Language*, p.306, Prinseton University Press, 2007.

97 Mallory J. P., *In Search of the Indo-Europeans, Language, Archaeology and Myth*, Thames and Hundson, 1989.

스웨덴의 요한 군나르 안데르손(Johan Gunnar Andersson)은 앙소(仰韶)유적지가 발굴되자 앙소(仰韶)문화는 중화 상고시대의 문화라고 보았고, 앙소(仰韶) 채도와 중앙아시아 아나우(Anau) 채도가 매우 유사한 점에 주목하여 앙소(仰韶)문화의 서래(西來) 가설을 제기했다.[98] 하다마 고사쿠(濱田耕作)는 은허(殷墟)의 매우 성대한 청동문화가 서방에서 유입된 것이라고 여겼다. 구대륙에서는, 동이나 청동은 서아시아의 중심에서 발생하여 각 지역에 전파되었기 때문에, 청동에 관한 지식이 서방에서 중국에 전파되었다는 것도 가능한 일이다.[99]

칼 비숍(Carl Bishop)은 중국문명의 각 항목별 특징을 검토했다. 채도 · 청동기 · 보리 · 전차 · 문자 · 소 · 양 · 말 · 닭 · 물소 · 좁쌀 · 쌀 · 수수 등은 근동이 아니라 인도에서 왔으며, 혈거(穴居)와 복합궁(複合弓)도 역시 북아시아에서 왔다고 보았다. 동아시아문명의 기원과 기본 유형은 필시 근동문화의 전파가 파생한 자극 탓이다.[100] 그의 외래설은 종합적 특징을 가졌는데, 중국문화는 1차원적으로 하나의 지역에서 전래된 것이 아니라 다차원적으로 여러 방향에서 전파되어 왔다고 보았다. 그래서 그것을 외래설 중의 다원론이라고 칭할 수 있다. 그러나 청동 · 전차 · 소 · 말 · 양 · 보리는 외부에서 전래된 것이지만, 닭 · 좁쌀 · 쌀은 그렇지 않으며, 채도와 문자는 여전히 설명하기 어렵다.

레오니드 바실리예프(Leonid Vasilyev)는 중국문화 외래설을 집대성했

---

98 Anderson J. G., *An Early Chinese Culture, Bulletin of the Geological Society of China*, 5(1), 1923. 그는 나중에 관점을 바꿨다. *Children of the Yellow Earth, Studies in Prehistoric China*, The MIT Press, 1973.

99 濱田耕作, 『東亞文明之黎明』, 東京刀江書院, 1930. 張我軍, 「東亞文明之黎明」(『輔仁學志』2號, 1930)에 석문이 있다.

100 Bishop C. W., The Beginnings of Civilization in Eastern Asia, *Antiquity*, 14, 301−316, 1940.

다.[101] 그는 일원론적 간단한 도식을 포기하고, 지식의 단계적 전파이론으로 대체했다. 만약 문화의 상호작용과 확산의 메커니즘이 어느 정도 혈관 계통과 비교가 가능하다면, 이와 같은 상호작용의 실제 결과와 문화가 발전하는 과정에서 다양한 수준의 인류 거주지로 전파될 때, 단계적인 피라미드를 상상할 수 있다는 것이다. 그는 유리한 증거를 전면적으로 수집하여, 중국의 청동 유목문화는 서방에서 유래했을 뿐만 아니라, 석기시대의 문화도 역시 외부에서 유래되었거나 외래문화의 거대한 영향을 받았고, 심지어 중국인도 외부에서 유래되었음을 지적했다. 그는 중국문명은 토착문화가 서방에서 유래한 비교적 수준 높은 문화와 융합된 산물이고, 그 서방문화는 지금까지는 아직 확실하게 알려지지 않았지만 이미 상형문자 체계와 천문역법을 소유하고 예술기법을 장악하고 있던 초원부락지대에서 유래되었을 것이라고 보았다. 그는 은(殷)대 유목부락집단이 중원으로 진입하는 과정을 상상력으로 복원했다.[102] 청동 유목문화가 서방이나 중앙아시아에서 유래했을 수는 있지만, 반드시 그가 상상한 방식이었다고는 할 수 없을 것이다.

일본의 에가미 나미오(江上波夫)로 대표되는 많은 학자들은 스키타이(Scythia)·흉노·선비의 청동 유목문화가 일본 열도의 역사와 문화를 변화시켰다고 보았다.[103] 한국의 김원룡·김정배·김병모·최몽룡·이형구·박양진 등은 한반도의 청동 유목문화는 중국 동북(발해만)이나 서북(중앙아시아)에서 유래했다고 보았다. 대략 2,000~3,000년 전의 고향은 동북(발해만)지역이었고, 4,000~5,000년 전의 고향은 서북(중앙아시아)지역이었으며, 수만년 전의 고향은 아프리카였다.

---

101 邵望平·莫潤先, 「評瓦西里耶夫「中國文明的起源問題」, 『考古』, 1989(12).

102 Leonid Vasilyev, 郝鎭華 等譯, 『中國文明的起源問題』, 北京, 文物出版社, 1989.

103 江上波夫, 張承志譯, 『騎馬民族國家』, 北京, 光明日報出版社, 1988.

칼 제트마(Karl Jettmar)는 중앙아시아와 동아시아 사이에 광범위한 문화 교류가 있었으며, 기원전 2천 년기부터 시작된 연속적인 동서 교류(Continuing East-West Interaction)가 있었음을 밝혔다.[104] 밀과 최근 발견된 청동기시대의 문화 유적에 대한 연구에서 이러한 상호 교류를 확신했다.[105] 캐서린 린더프(Katheryn Linduff)는 여러 나라의 학자들을 모아 중앙아시아와 동아시아 청동 문화의 계통 연구를 완성하여, 우랄 지역에서 황하 유역에 이르는 청동 문화가 일맥상통함을 밝혔다.[106]

토하라인(Tocharians)은 역사적으로 최초의 인도유럽인이며, 또한 중국 영토 내의 최초의 유목민으로 여겨진다. 월터 브루노 헤닝(Walter Bruno Henning)은, 토하라인은 최소한 나람신(Naram-Sin)을 격파하여 약 백 년간 바빌론을 통치했던 구티족(Gutians)까지 거슬러 올라갈 수 있다고 보았다. 그들은 기원전 3천 년대기 말에 페르시아 서부를 떠나 중국에 도착하여 일부는 정착생활을 했고, 나머지는 여전히 유목생활을 했는데 그들이 바로 후대 중국 역사서에 항상 보이는 월지(月支)족이다.[107] 여태산(余太山)은, 윤성(允姓)의 융(戎)・대하(大夏)・우지(禹氏)는 각각 소호씨(少昊氏)・도당씨(陶唐氏)・유우씨(有虞氏)까지 거슬러 올라갈 수 있고, 또 월지(月氏) 혹은 토하라와 관계가 깊기 때문에, 그들이 인도유럽인에 속할 가능성을 배제할 수 없다고 보았다. 그는『고족신고(古族新

104 Jettmar K., Cultures and Ethnic Groups West of China in the Second and First Millennia B.C., *Asian Perspective*, 24(2), 1981.

105 李水城,「從考古發現看公元前2000年東西方文化的碰撞與交流」, 北京大學中國傳統文化研究中心編,『文化饋贈-漢學研究國際會議論文集』(考古學卷), 北京, 北京大學出版社, 2000.

106 Katheryn M. Linduff ed., *Metallurgy in Ancient Eastern Eurasia From the Urals to the Yellow River*, The Edwin Mellen Press, 2004.

107 Henning W. B., The First Indo-Europeans in History, *Society and History: Essays in Honor of Karl August Wittfogel*, ed. by G. L. Ulman, Herausgeber. 1978. 徐文堪「歷史上最初的印歐人」,『西北民族研究』, 1992(2).

考)』의 발문(跋文)에서 상고시대의 중국인은 인도유럽인에서 기원했다는 가설을 조심스럽게 제기했다.[108] 최근 발표한『중국최초의 토하라인(The Earliesr Tocharians in China)』에서 고대 중국에서의 인도유럽인의 활동을 탐구했다.[109] 오손(烏孫)·새인(塞人)·월지(月支)는 서역 혹은 중앙아시아에서 활약한 인도유럽인이다.[110] 그들은 중앙아시아 초원을 군림했을 뿐만 아니라 주변 세계에 깊은 영향을 주었다.[111] 이와 같이 볼 때, 상고시대 인도유럽인은 서역에만 국한하지 않고 이미 중국에서도 활약했었다.

신강(新疆) 등지에서 발견된 청동기시대 문화유적지의 주인은 대부분 인도유럽인에 속한다.[112] 은허(殷墟)의 유골도 역시 인도유럽인의 성분을 갖고 있다.[113] 산동 임치(臨淄)의 춘추전국시대 묘장에서 출토된 인골 중에도 인도유럽인에 속하는(유사한) DNA검사 결과가 조금 있었다.[114] 삼성퇴(三星堆) 청동군상(靑銅群像)[115]·서주방조인두상(西周蚌雕人頭

---

108 余太山,『古族新考』, 北京, 中華書局, 2000.

109 Taishan Yu, The Earliesr Tocharians in China, *Sino-Platonic Papers*, 204, 2010.

110 Pulleyblank E. G., The Wu-sun and Sakas and the Yüeh-chih Migration, *Bulletin of the School of Oriental and African Studies*, 33, 164-160, 1970.

111 Puri B. N., *The Sakas and Indo-Parthians*, 191-207, *History of Civilizations of Centaral Asia*, Volume Ⅱ: *The Development of Sedentary and Nomadic Civilizations, 700 B.C. to A.D. 250*, ed. by Harmatta Janos. UNESCO Publishing, 1994.

112 韓康信,「絲綢之路古代居民種族人類學研究」, 烏魯木齊, 新疆人民出版社, 1994.

113 楊希枚,「河南安陽殷墟墓葬中人體骨骼的整理和研究」,『中央研究院歷史言語研究所集刊』42本2分, 1970.

114 Li Wang et al., Genetic Structure of a 2500-Year-Old Human Population in China and Spatiotemporal Changes, *Molecular Biology and Evolution*, 17(9), 1396-1400, 2000.

115 范小平,「三星堆青銅人像群的社會內容和藝術形式探討:兼與中東地區上古彫塑藝術之比較」,『三星堆與巴蜀文化』, 成都, 巴蜀書社, 1993.

像)[116] · 백부서주묘장(白浮西周墓葬)에서 출토된 청동 인면상[117] 등은 모두 분명한 인도유럽인의 특징을 갖고 있고, 청동기의 도철문(饕餮紋)[118]과 수렵도상[119]도 역시 상고시대에 중국에서 활동해 온 인도유럽인의 흔적일 것이다. 임매촌(林梅村)은 토하라인(Tocharians)이 실크로드를 개척했다고 제기했다.[120]

풀리블랭크(Pulleyblank)는 베른하르트 칼그렌(Bernhard Karlgren)의 뒤를 이은 고대 한어 연구의 권위자로 인도유럽인과 인도유럽어 그리고 중국 연구에 일생을 바쳤다. 그는 상고시대 중국어와 인도유럽어를 비교하여 또한 유사한 결론을 얻었다.[121] 그는, 1975년 아메리카아시아 연구학회 회장 취임 연설에서, 인도유럽인이 중국에 진입한 시기가 인도유럽인이 인도에 진입한 시기보다 결코 늦지 않다고 주장했다.[122] 그는 중국인 · 중국어 더 나아가 중국문화 외래설의 강력한 선도자다. 한어(漢語)[123]와 알타이어[124]에는 인도유럽어(토하라어) 차용어가 많이 존재할 뿐만 아니

116 尹盛平, 「西周蜂雕人頭像種族探索」, 『文物』, 1986(1).

117 Csorba M., The Chinese Northern Frntier, Reassessment of the Bronze Age Burials From Baifu, *Antiquity*, 70, 564–87, 1996.

118 楊希枚, 「古饕餮民族考」, 『中央研究院民族研究所集刊』 제42기, 1967.

119 徐中舒, 「古代狩獵圖像考」, 『中央研究院歷史言語研究所集刊外篇 · 慶祝蔡元培先生六十五歲論文集(下)』, 1935.

120 林梅村, 「開拓絲綢之路的先驅—吐火羅人」, 『文物』, 1989(1).

121 Pulleyblank E. G., Chinese and Indo-Europeans, *Journal of Royal Asiatic Society*, 3–39, 1966.

122 Pulleyblank E. G., Prehistoric East-West Contacts across Eurasia, *Pacific Affairs*, 47, 500–508, 1975.

123 Chang Tsung-tung, Indo-European Vocabulary in Old Chinese, A New Thesis on the Emergence od Chinese Language and Civilization in the Late Neolithic Age, *Sino-Platonic Papers* 7, 1988.

124 Penglin Wang, Tokharian Words in Altaic Regal Titles, *Central Asia Journal*, 39(2), 155–207, 1995.

라, 구조적 유사성도 존재한다. 그는 대담하게 간지(干支)가 상고시대 한어(漢語)의 성모체계라고 추측하여, 한어(漢語)와 인도유럽어는 단지 차용되거나 서로 영향을 준 것뿐만 아니라 발생학적인 관계가 있다고 굳게 믿었다.[125] 그는, 한인(漢人)과 한어(漢語)는 그 주위의 민족과 언어와는 극명한 차이가 있고, 인도유럽인과 인도유럽어와 혈연관계에 있다고 보았다.[126] 어떤 사람은 로마·희랍·히브리(헤브루)·페니키아의 알파벳을 갑골문자·수메르문자·고이집트문자·아시리아문자·켈트문자·게르만문자 및 기타 문자와 비교하여 22조의 부호대조도표를 완성하여, 중국문자는 서방에서 기원했고, 간지자부(干支字符)는 차용현상의 일부분이라고 했다.[127] 요종이(饒宗頤)는 중국 도문(陶文)과 페니키아 알파벳을 비교하여 같은 글자 20개를 발견했다. 그러나 수메르인·이집트인·한인(漢人)이 사용한 도형문자의 목적이 매우 달랐으며 지시사의 용법도 차이가 있다고 보고, 한자(漢字)의 독립적인 발전을 주장했다.[128]

어떤 사람은 한어(漢語)와 인도유럽어에서 400여 개의 대응어를 찾아냈는데, 그 중 89쌍은 스와데시(Swadesh)[129]의 200개 기본어휘 리스트에 속하고,[130] 97쌍은 천(天)·제(帝)·용(龍)·마(馬)·만(萬) 등의 핵심어를

---

125 Pulleyblank E. G., The Chinese Cyclical Signs as Phonograms, *Journal of the American Oriental Society*, Vol. 99 No. 1, 24–38, 1979.

126 Pulleyblank E. G., The Chinese and Their Neighbors in Prehistoric Time, in *The Origins of Chinese Civilization*, ed. by David N. Keightley, University of California Press, 1983.

127 Julie Lee Wei, Correspondences between the Chinese Calender Signs and the Phoenician Alphabet, *Sino-Platonic Papers*, 94, 1–65, 1999.

128 饒宗頤, 『符號·初文與字母－漢字樹』, 홍콩, 商務印書館, 1998.

129 역주: 미국의 언어학자 모리스 스와데시에 의해 고안된 어휘목록표이다. 총 207개 단어로 구성되어 있다 스와데시 리스트에 속한 어휘들은 모든 언어의 가장 기본적인 어휘로 구성되어 있는데, 여기에 속한 어휘들은 외래어의 영향에도 거의 변하지 않는 원소적 특성이 있어 비교언어학에서 서로 다른 언어들간의 친족관계를 밝히는 데 매우 유용하다. 어휘통계학, 역사언어학 등의 중요한 도구이다.

130 Zhou Jixu, Correspondences of the Basic Words between Old Chinese and Proto-Indo-

포괄하는 문화 어휘에 속한다고 보았다.[131] 19세기 초반에는 한어(漢語)를 인도유럽어족에 귀속시키는 사람이 있었다.[132] 언어학연구는 중국문화 외래설의 증거를 발견했다. 인도 토착언어에 대한 아리안어의 교체는 비교적 철저하게 이루어졌지만, 게르만의 언어들과의 대응은 눈에 띄게 드러난다. 동아시아 토착 언어들 중, 원시 한어(漢語)의 변화는 매우 복잡하여 그 모형이 아직 분명하지 않다. 중국문명은 인디안문명과 같이 완전한 토착문명이 아니라 인도문명 · 그리스문명과 같은 파생된 복합문명이다.[133]

최근 수십년동안 중국인과 중국문화의 외래설을 공개적으로 주장하는 사람은 매우 적었지만, 관련연구는 아직도 진행 중이다. 빅터 마이어(Victor Mair)는 중국인 · 중국어 · 중국문화와 인도유럽인 · 인도유럽어 · 인도유럽문화의 관계성 연구에 힘을 쏟고 있다. 1996년 필라델피아에서 그가 중국 신강(新疆)의 청동기시대 문화와 사람을 주제로 국제학술토론대회를 주관했을 때, 국내외 다양한 분야의 전문가들이 모여 영향력 있는 회의논문집을 출판했다.[134] 그는 동태적 상호론을 제창하여 정태적 본토기원설에 대항했다.[135] 그는 수년간 때때로 '중국—플라

European, *Sino-Platonic Papers*, 115, 2002.

131 Zhou Jixu, Correspondences of Cultural Words between Old Chinese and Proto—Indo—European, *Sino-Platonic Papers*, 125, 2003.

132 Joseph Edkins, *China's Place in Philology: An Attempt to Show that the Language of Eurape and Asia Have a Common Origin*, London, 1871.

133 Coleman J. E., An Archaeological Scenario for the "Coming of the Greeks" ca3200 BC,101—153, *Journal of Indo-European Studies*, 28(1/2), 2000.

134 Victor H. Mair ed., *The Bronze Age and Early Iron Age Peoples of Eastern Central Asia*, vol.2, The Institute for the Study of Man; University of Pennsylvania Museum Publications, 1998.

135 Victor H. Mair, Kinesis versus Stasis, Interaction versus Independent Invention, *Contact and Exchange in the Ancient World*, University of hawaii Press, 2006.

톤 논문(Sino-Platonic Papers)'에 중국의 다문화와 관련된 대담하고 창의적인 연구논저를 발표하여, 2010년까지 207편을 발표한, 중국문화의 외래영향설 연구 분야를 선도하는 연구자이다.

진성찬(陳星燦)은 각종 외래설에 대하여 다음과 같이 평가했다.

프랑스인 아서 드 고비노(Arthur de Gobineau) 같은 종족주의자가 중국문화의 서방 유래설을 제기한 것은, 서방열강의 중국 침략을 조장하기 위한 것 외에, 중요한 것은 학술적 목적에서 나왔다는 것이다. 사실 중국에서나 외국에서나, 거의 모든 서방유래설은 모두 맹렬한 비난을 받아왔다. 실제로 중국문화의 서방유래설과 본토설은 학술적으로 유사하게 보잘 것 없는 수준이며, 모두 믿을 만한 고고학적 증거가 없다. 상술한 중국문화 기원의 결론 없는 논쟁들은 견강부회한 방법을 버리고 실질적인 증거를 찾아나서야 함을 사람들에게 보여주고 있다.[136]

최근 100년의 고고학발굴과 관련 연구가 밝혀낸 외래전파설과 본토기원설은 모두 증거가 충분하지는 않다. 우리들은 학술적이고 체계적인 관찰과 분류를 해야 한다. 고고학·언어학·체질인류학과 역사기술 및 전설이 모두 상고시대에 있었던 대규모의 인구이동과 문화교류를 밝히고 있어, 청동기문화와 유목문화가 외부에서 유래했다는 점을 부인하기 어려우며 본토기원을 증명하는 것도 거의 불가능할 것이라고 여겨진다.

---

136 陳星燦, 『中國史前考古學史硏究』, 北京, 社會科學文獻出版社, 2007, 26-28쪽.

3. 동서이원설(東西二元說) 또는 상호작용론

부사년(傅斯年)은 일찍이 "학문의 도는 국경의 제한이 없으니, 후학들의 성공을 진실로 빌어주고, 현실에 안주해서는 안 된다. …… 한 나라의 역사를 연구하려면, 먼저 그 종족을 밝혀야 하니, 역사란 종족과 토지가 서로 곱해진 값이다.[137]"라고 했다. 진인각(陳寅恪) 역시 약속이나 한 듯이 '종족문화'로 역사를 설명했다. 그는 『당대정치사술논고(唐代政治史述論稿)』 첫 구절에서 『주자어류(朱子語類)』의 "당(唐)의 원류는 이적(夷狄)에서 나왔기에, 풍기가 예를 잃게 된 것이 이상하지 않다.[138]"라는 언급을 인용했다.

진실로 사상적인 측면에서 체계를 세우고 새로운 성과를 내려면, 한편으로는 외래의 학설을 익히고 받아들여야 하고, 다른 한편으로는 민족의 지위를 잊지 말아야 한다. 이러한 상반되면서도 서로를 보완하여 이루어주는[相成] 태도는 바로 도교의 진정한 정신이자 신유가의 오래된 방법론이며, 이천 년 우리 민족과 타 민족의 사상의 교섭사가 보여주고 있는 것이다.

이는 풍우란(馮友蘭)의 『중국철학사(中國哲學史)』에 대한 평가일 뿐만 아니라, 진인각(陳寅恪) 자신에 대한 이야기로, 현대 중국 학술 연구의 본보기가 되었다.

은주(殷周) 시기의 민족적 격변과 그 관계는 후세에 있어서 매우 중요하다. 부사년(傅斯年)은 민족대흥(民族代興)으로 은주(殷周)시기의 격변을 이해했다. 『이하동서설(夷夏東西說)』은 역사문헌에 근거하여 중국 동서

---

137 傅斯年, 「中國歷史分期之研究」, 『傅斯年全集』, 台北, 聯經出版事業公司, 1980, 1230쪽.

138 역주: 『朱子語類』: 唐源流出於夷狄, 故閨門失禮之事不以爲異.

의 서로 다른 민족문화계통을 이동(夷東)과 하서(夏西)로 논증했다.

우리들은 이제 제하(諸夏)의 서방·남방·북방의 전체적인 경계를 알게 되었고, 동하(東夏)의 명칭[139]과 이하(夷夏)의 전쟁을 통해 하(夏)의 동쪽 경계도 확실히 알게 되었다. 이로써 고대 하수(河水)·제수(濟水)·회수(淮水)·사수(泗水) 유역에 이르는 중국 고대의 전역(全域)으로 논한다면, 하(夏)는 사실 서방의 제국 혹은 연맹으로, 일찍이 한 차례 혹은 여러 차례 동방을 압박한 일이 있었을 뿐이다. 일찍이 두 차례 서방으로 진출하여 하(夏)를 멸망시키고 귀방(鬼方)을 정복했던 동방의 제국인 상은(商殷)과는 매우 상반된다. 이러한 형세를 알면, 중국 고대사를 이해하는 데 조금은 보탬이 될 것이다.[140]

부사년(傅斯年)은 동방은 만물이 처음 생성되는 곳이고 '서방은 만물이 성숙되는 곳'이라는 중국의 오래된 견해를 고찰하여, 삼대(三代)는 한 계통이며, 은(殷)과 주(周)는 모두 서쪽 땅에서 일어났다는 설을 부정했다. 『사기(史記)』「육국연표(六國年表)」에서는 "무릇 일을 시작하는 곳은 반드시 동남(東南)이고, 실제적인 효과를 거두는 곳은 언제나 서북(西北)이다. 그러므로 우(禹)는 서강(西羌)에서 일어났고, 탕(湯)은 박(亳)에서 일어났으며, 주(周)왕조는 풍(豊)과 호(鎬)를 근거로 하여 은(殷)을 정벌했으며, 진(秦)의 제왕들은 옹주(雍州)에서 일어났고, 한(漢)나라가 일어난 곳은 촉(蜀)과 한(漢)이었다."[141]라고 했다. 그는 박(亳)이 시기에 따라 위

---

139 역주: 부사년의 『夷夏東西說』에서는 『左傳』에 나타난 기사들을 통해 '東夏'가 安陽 방면의 衛나라의 땅이라는 것을 밝혀서 이곳이 '東夏'라면 夏의 本土는 그 西方에 있었음을 지적했다.

140 傅斯年, 『夷夏東西說』, 『中央研究院歷史語言研究所集刊外編·慶祝蔡元培先生六十五歲論文集(下)』, 1935.

141 역주: 『史記』「六國年表」: 夫作事者必於東南, 收功實者常於西北. 故禹興於西羌, 湯起於

치가 달랐고 탕박(湯亳)이 동방에서 시작된 것을 고증하여, 상고시기 중
국의 동서간의 교류와 대항의 큰 골격을 지적했다.

삼대(三代)와 삼대(三代) 이전 시기의 정치는 하수(河水)·제수(濟水)·회수
(淮水) 유역을 기반으로 부락에서 제국으로 발전했다. 이 넓은 지역의 지리
적 형세는 단지 동서의 구분만이 있었을 뿐 남북의 구분은 없었다. 역사는
지리에 의존해서 발생하는데, 이 이천여 년의 대치는 동서간의 일일 뿐 남북
간의 일이 아니었다. 현재 고대 지리를 고찰하여 고대사를 연구하는 방법으
로 삼대(三代) 및 삼대(三代) 초기에 가까운 시기에 동쪽과 서쪽에 서로 다른
두 개의 계통이 존재했음을 충분히 증명할 수 있다. 이 두 계통은 대치하며
투쟁하고, 투쟁하며 혼합되고, 혼합되며 문화가 발전했다. 이(夷)와 상(商)은
동쪽 계통에 속하고, 하(夏)와 주(周)는 서쪽 계통에 속한다.[142]

왕국유(王國維)의 『은주제도론(殷周制度論)』의 영향으로 부사년(傳斯年)
의 『이하동서설(夷夏東西說)』은 그 이론을 심화시켰다.[143] 고힐강(顧頡剛)
의 『고사변(古史辨)』은 부사년(傳斯年)의 사상을 격발시켰다.[144] 왕국유
(王國維)는 일찍이 "오제(五帝)이후 도읍지를 동방에서 서방으로 이전하
는 것은 주(周)로부터 시작했다. 종족 유형의 관점에서 보면, 우(虞)와 하
(夏)는 모두 전욱(顓頊)의 후예이고, 은(殷)과 주(周)는 모두 제곡(帝嚳)의
후예이니, 마땅히 은(殷)과 주(周)는 친족관계이다. 지리적 관점에서 보

亳, 周之王也以豐鎬伐殷, 秦之帝用雍州興, 漢之興自蜀漢.

142 傳斯年, 『夷夏東西說』, 同前揭書.

143 王汎森, 「一個新學術觀點的形成─從王國維的『殷周制度論』到傳斯年的『夷夏東西說』」,
『中國近代思想與學術的系譜』, 吉林出版集團有限責任公司, 2011.

144 傳斯年, 「與顧頡剛論古史書」, 『中國古代思想與學術十論』, 南寧, 廣西師範大學出版社,
2006.

면, 우(虞)·하(夏)·상(商)은 모두 동쪽 땅에 자리 잡았고, 주(周)만 홀로 서방에서 일어났으므로 하(夏)와 은(殷) 이대의 문화가 대략 동일하다."[145]라고 하며 하(夏)가 동방에 있었다고 주장했다. 양향규(楊向奎) 역시 하(夏)가 동방에서 기원했다는 견해를 견지했다.[146] 『이하동서설(夷夏東西說)』은 여전히 그 권위를 잃지 않고, 줄곧 부사년(傅斯年)의 대표작으로 공인되고 있다.

당시 중국에서 현대고고학·언어학·체질인류학은 아직 맹아 단계였다. 부사년(傅斯年)은 역사와 지리 문헌만 활용했고, 이(夷)와 하(夏)를 어떠한 고고학문화와도 대응시키지 못하고 이(夷)와 하(夏)의 선후와 기원을 지적하지 못했기 때문에, 이하동서설(夷夏東西說)은 사실상 가설로만 여겨졌 왔다. 그가 이끈 역사언어연구소(歷史語言硏究所)는 현대 중국의 역사학·고고학·언어학·체질인류학의 요새였고, 연구소의 연구자들은 부단히 그의 이하동서설(夷夏東西說)을 보충했다. 오금정(吳金鼎)이 발굴한 산동성 성자애(城子崖) 유적지의 복골(卜骨)과 흑도(黑陶) 그리고 성벽은 앙소(仰韶)문화와는 다르고 상(商)문화와 비슷하여, 아마도 이(夷)문화에 속할 것으로 보인다. 서중서(徐中舒)는 일찍이 은(殷)과 주(周)는 동일한 민족이 아니며 목야(牧野)의 전투는 민족의 존망이 걸린 전쟁이었음을 지적한 적이 있었다. 주인(周人)들은 이 사실을 은폐하고, 유가(儒家)는 백성을 위로하고 죄인을 정벌한 것[弔民伐罪]으로 해석하여, 이에 동서 두 민족의 성쇠와 변천을 결국 알 수 없게 되었다고 보았다.[147] 그는 소둔(小屯)문화와 앙소(仰韶)문화는 각각 연원이 있어, 앙소(仰韶)문화는 하(夏)민족의 문화일 것이며, 소둔(小屯)문화의 문자와 청동기는 산동

---

145 王國維, 「殷周制度論」, 『觀堂集林』 卷10, 北京, 中華書局, 1959.

146 楊向奎, 「夏民族起於東方考」, 『禹貢』 第7卷 第6·7合期, 1937.

147 徐中舒, 「從古書推測之殷周民族」, 『國學論叢』 第1卷 第1號, 1927.

이나 발해만 일대에서 연원했을 것으로 여겼다.[148]

이제(李濟)는 일생동안 중국민족의 형성과 중국문화의 기원연구에 힘을 쏟았다. 그는 하버드 대학에서 인류학을 공부한 후, 고고학 · 민족학 · 언어학 · 체질인류학조사를 발전시켰으며, 몸소 연구에 모범을 보였기에 중국고인류학의 대부로 불리기에 손색이 없을 것으로 여겨진다.[149] 이제(李濟)는 역사어언연구소(歷史語言硏究所)에서 가장 유능한 연구원이자 부사년(傅斯年)의 후계자로, 묵묵히 인류학의 사대 분과인 고고학 · 민족학 · 언어학 · 체질인류학으로 이하동서설을 논증했다.

이제(李濟)가 박사과정 중 『중국유학생(中國留學生)』에 발표한 「중국의 몇 가지 인류학 문제(中國的若干人類學問題)」는 버트런드 러셀(Bertrand Russell)의 사유를 촉발시켰다. 러셀은 『중국문제(中國問題)』라는 책에서 이제(李濟)의 언어문자에 관한 의견을 인용했다.

표음문자 사용자와 상형문자 사용자 사이에는 근본적인 차이가 존재하지만, 두 종류의 문자는 각각 나름대로 장단점을 갖고 있다. 내가 비록 표음문자 문명을 매우 존중한다고 하더라도, 솔직히 말하자면, 이러한 문명은 안정성이 결핍되어 있어 심각하고 본질적인 결점을 지니고 있다. 표음문자가 발달한 지역은 변덕스러운 사람들이 거주한다. …… 한어(漢語)가 표음문자 계열과 대립 면에 서 있다는 것은 의심할 여지가 없다. 한어(漢語)는 표음언어에 보이는 수많은 장점이 결핍되어 있지만, 최종적이며 간단명료하고 확실한 진리의 화신으로서 어떠한 폭풍과 변화에도 흔들리지 않았다. 이것은 4천여 년에 이르는 중국의 문명을 보호해 왔다.[150]

---

148 徐中舒, 「再論小屯與仰韶」, 『安陽發掘報告』第3冊, 1931.

149 張光直, 「人類學派的古文學家─李濟先生」, 李濟, 『中國文明的開始』, 南京, 江蘇敎育出版社 · 鳳凰出版傳媒集團, 2005.

150 [英]羅素, 『中國問題』(英文版), 37-38쪽, 『中國民族的形成』, 南京, 江蘇敎育出版社 · 鳳

이제(李濟)는 갑골점복(甲骨占卜)을 동아시아의 전통으로 보았지만, 갑골문(甲骨文)이 동아시아에서 기원했다고는 확신하지 못했다.

소둔(小屯)의 문자는 최초의 수메르 문자에 비해 약 1,600년에서 1,800년 정도 늦는데, 이 기간에 기록보존의 관념이 유프라테스 강 유역과 티그리스 강 유역에서 황하유역까지 이식되었을 것이다. 그렇지만 이천여 개의 단어가 복잡한 구조로 되어 있고 쐐기문자와 전혀 닮지 않은 갑골문자가 갑자기 중국에서 출현한 원인은 여전히 해석할 수 없다. …… 개인적으로 지금이든 과거든 위대한 문명의 발생은 모두 문화의 접촉의 결과라고 생각한다.[151]

이제(李濟)는 현대중국인의 체질적 특징을 측량하고 연구하여, 눈에 띄는 다양성을 발견했다. 중국인 중 장두형(長頭型)은 2종으로, 장두협비(長頭狹鼻)는 산동성지역에서 많이 보이고 장두활비(長頭闊鼻)는 감숙성과 광서성에서 많이 보인다. 단두형(短頭型)은 비교적 많은 편으로, 특히 장강(長江)유역의 강소성이 가장 순수한 형태를 띠는 중심지이다. 중두형(中頭型)은 가장 많지만, 장두형(長頭型)과 단두형(短頭型)이 혼합된 것이다.[152] 그는 또 소수의 턱수염[濃鬚]이 있고 곱슬머리거나 붉은 홍채를 가진 사람들까지 주의하여, 중국인은 동종계(同種系, Homogeneous)일 수 없다고 지적했다. 안양(安陽)에서 발견된 두골에 대한 양희매(楊希枚)의 측량과 연구[153]를 통해 이제(李濟)는 중국인이 이종계(異種系, Heterogeneous)임을 더욱 확신하게 되었다.

凰出版傳媒集團, 2005, 316쪽에서 재인용.

151　李濟, 「中國文明的開始」, 南京, 江蘇敎育出版社·鳳凰出版傳媒集團, 2005, 17-18쪽.

152　李濟, 「中國文明的開始」, 南京, 江蘇敎育出版社·鳳凰出版傳媒集團, 2005, 75쪽.

153　楊希枚, 「河南安陽殷墟墓葬中人體骨格的整理和研究」, 「中研院歷史語言研究所集刊」 42本2分, 1970.

가장 언급할 가치가 있는 것은, 편두지수(cranial index)의 평균이 되는 표준 편차의 지표가 3.95에 달하며, 이 수치는 순일혈통의 지표에 비해 47% 이상 높다는 것이다. 이와 같은 큰 차이는 앙소(仰韶)시대부터 은상(殷商)시대까지 북방민족에 새로운 혈액 성분의 유입이 있었다는 것을 증명할 수 있다.[154]

중원은 다양한 인종이 모이는 용광로였다. 대다수의 이주는 주로 북방의 끊임없는 침입으로 촉발된 것이며, 매번 이주할 때마다 다양한 씨족과 부족 그리고 민족 사이의 결합이 더욱 가속화 되었다.[155] 그는 중국 민족의 형성 순서를 다음과 같이 결론지었다.

1. 기본성분의 태반은 몽골종 혈통에서 나왔다. 그러나 몽골종은 몇몇 종파로 나눌 수 있기 때문에, 몽골종의 여러 종파가 중국대륙 경내나 인근 지역에서 어떻게 형성되었는지는 여전히 해결해야 할 문제이다.
2. 중국 민족이 아직 형성되기 전, 이 지역에는 몽골종 혈통 외에 이미 몇몇 비몽골종 혈통 성분이 각지에 흩어져 있었던 것이 명백하다.
3. 중국 민족의 형성은, 물론 혈통의 유사성에 의한 것이 기본 원인이지만, 생활의 동화력도 아주 중요한 요소였다.[156]

포정해우(庖丁解牛)의 고사처럼, 이제(李濟)는 은허(殷墟)를 손바닥 보듯 꿰뚫었다. 은허(殷墟)의 상용 병기인 화살촉·과(戈)·모(矛)·도삭(刀削)·

154 李濟, 「踏入文明的過程」, 『中國上古史』(待定稿) 第1本, 中研院史語所, 1972; 收入 『中國文明的開始』, 南京, 江蘇教育出版社·鳳凰出版傳媒集團, 2005, 142쪽.

155 李濟, 「中國人的種族歷史」, 『中國民族的形成』, 南京, 江蘇教育出版社·鳳凰出版傳媒集團, 2005, 352쪽.

156 李濟, 「踏入文明的過程」, 『中國上古史(待定稿)』 第1本, 中研院史語所, 1972; 收入 『中國文明的開始』, 南京, 江蘇教育出版社鳳凰出版傳媒集團, 2005, 142쪽.

부근(斧斤)의 다섯 병기 가운데 과(戈)만 중국본토의 산물이다.[157] 은허(殷墟)의 동기(銅器)는 은허(殷墟)의 도기(陶器)를 모방한 것이고, 은허(殷墟) 이전에는 중국에 독자적으로 발전한 청동기는 없었다.[158] 중국고대의 이륜수레가 바빌론 유물에 그려진 도상과 비교해 차이가 없는 것에서, 제련기술과 이륜수레가 모두 외래한 것임을 확신할 수 있다.[159] 이제(李濟)는 은허(殷墟) 후가장(侯家莊) M1001 대묘의[160] 덧널에서 나온 비유(肥遺) 도안과 목조(木雕) 파편에 조각된 쌍호(雙虎) 도형은 메소포타미아에서 연원한 것임을 발견했다. 비유(肥遺)의 두 몸이 서로 교착된 형상은, 이집트의 금제 손잡이에 뒤얽힌 뱀 형상과 관련되어 있을 가능성이 아주 크다.[161] 쌍호(雙虎)도형은 사모무정(司母戊鼎)[162]의 이(耳)부분에도 보이는데, 이 또한 메

---

157 李濟, 「殷墟銅器五種及其相關之問題」, 『中央研究院歷史語言研究所集刊外編·慶祝蔡元培先生六十五歲論文集(上)』, 1933.

158 李濟, 「記小屯出土之靑銅器」, 『中國考古學報』第3冊, 1948.

159 徐中舒, 「北狄在前殷文化上之貢獻:論殷墟靑銅器與兩輪大車之由來」, 『古今論衡』, 1999(3), 171–200쪽. 본문은 1948년에 작성된 서중서 선생의 유고로, 이제(李濟)의 영향을 많이 받았다.

160 역주: 1934–35년에 걸쳐 河南省 安陽의 侯家莊 일대에서 12기의 대묘와 1000여기의 소묘가 발견되었다.

161 李濟, 『中國文明的開始』, 同前揭書, 24쪽.
　　『山海經·海內經』 "사람의 머리에 뱀의 몸을 한 신이다. 크기는 수레의 끌채와 같고 좌우에 머리가 있으며 자주색 옷을 입고 털로 된 관을 쓰고 있다. 이름을 延維라 하며 임금이 이것을 잡아 잔치해 먹으면 천하를 제패하게 된다." 곽박이 붙인 주에는 '延維'를 '委蛇'라고도 했다. 『莊子·達生篇』 "위사는 크기가 수레바퀴통만 하고, 그 길이는 수레의 끌채만 하며, 붉은 옷을 입고 붉은 갓을 썼으며, 그 성질은 우레나 수레의 소리를 싫어하여 그런 소리만 들으면 대가리를 들고 일어섭니다. 이것을 본 사람은 霸者가 된다고 합니다." 연유, 위사는 장차 비유가 될 수 있다. 감숙성 臨洮 馮家坪 齊家문화 유적지에서 출토된 雙連杯의 겉에 "인수사신상(人首蛇身像)"이 조각되어 있었다. 이는 伏羲·女媧 신화전설과 관련 있으며, 별도의 논문에서 서술했다.

162 역주: 1939년 중국 河南省 安陽의 은허에서 세계적으로 제일 큰 청동기인 司母戊鼎이 출토되었다. 사모무정은 무게가 875kg, 높이가 133cm, 길이가 110cm, 너비가 78cm였다. 이 솥의 내부에는 '司母戊'라는 명문이 새겨져 있어서 '사모무정'이라고 불린다. 이 솥은 지금까지 발견된 청동기 가운데 금문이 주조된 것으로는 가장 오래된 것으로 商王 祖庚이 그의 모친의 명복을 비는 내용이다.

소포타미아에서 기원한 후 다시 이집트로 전해진 유명한 '영웅과 야수' 모티브의 변형이다.[163]

기원전 2,000년 혹은 더 이른 시기에 중국이 서방문명과 접촉했다는 가장 흥미로운 증거는 특수한 도관(陶罐) 뚜껑이다. 동아시아의 소둔(小屯) · 남아시아의 모헨조다로[164] · 서아시아의 매우 많은 유적지에서 나타나는 항아리 뚜껑[罐蓋]은 화분처럼 중앙에 돌출된 음경(陰莖)모양의 손잡이가 있는데, 비어 고든 차일드(Vere Gordon Childe)[165]의 소개로 세상에 유명해졌다.[166]

영국 인류학의 아버지 에드워드 버넷 타일러(Edward Burnett Tylor)[167]는 무릎 꿇는 것[跪]을 야만에서 문명화된 지표의 하나로 보았다. 이제(李濟)는 쭈그리고 앉기[蹲踞]와 다리를 뻗고 앉기[箕踞], 그리고 무릎 꿇고 앉기[跪坐]의 문화인류학적 의의에 주목했다. 쭈그리고 앉기[蹲踞]와 다리를 뻗고 앉기[箕踞]는 이인(夷人)의 습속으로 동아시아에서 기원했고, 무릎 꿇고 앉기[跪坐], 즉 정좌(正坐)는 근동(近東)이나 이집트에서 기원했다. 그는 이것으로 부사년(傅斯年) 이하동서설(夷夏東西說)의 추론을 지지했다. 상인(商人)이 설령 이(夷)가 아니라 할지라도, 일찍이 이방(夷方)의 사람들을 보호하고 그 문화를 공유했으며, 이 인민들에 의지해 하

---

163 李濟, 『中國文明的開始』, 25쪽. 이 책의 첫 번째 도판이 바로 『영웅과 야수』 탁본이다.

164 역주: '死者의 언덕'이라는 뜻. 파키스탄 남부, 수도 카라치의 북북동 300km에 있는 인더스 문명 최대의 도시 유적.

165 역주: Vere Gordon Childe(1892–1957): 호주의 언어학자로 이후에 고고학을 전공하게 되는 인물이다. 선사 시대에 대한 마르크스주의적 사관으로 명성을 날렸으며, '신석기 혁명'과 '도시 혁명'이라는 용어를 만들어 냈다.

166 李濟, 『中國文明的開始』, 南京, 江蘇教育出版社 · 鳳凰出版傳媒集團, 2005, 26쪽.

167 역주: Edward Burnett Tylor(1832–1917): 영국 출신의 진화주의 인류학자. 테일러의 현대 인류학에 대한 공헌은 문화, 언어, 종교 등의 개념을 통해 인류학적 연구를 그리스도교적 세계관에서 해방시킨 것에 있으며 그 학문적 공적에 의해서 '인류학의 아버지'로 불린다.

(夏)를 정벌하고 멸망시켰다.[168] 상(商) 왕조의 선조들은 먼저 동이(東夷)를 정복하여 그들의 예술 전통을 흡수하고 전쟁 신기술을 가르쳤다. 상인(商人)들은 새로이 훈련된 병사를 이끌고 서쪽의 하(夏)를 정벌한 후, 그들이 가치가 있다고 생각한 하(夏)의 일부 문화를 흡수했다. 따라서 상(商)왕조의 문명에는 동이(東夷)와 서하(西夏) 그리고 기존의 상(商)의 문화 전통이 종합되어 있다.[169]

이제(李濟)는 전설과 역사 문헌의 사료적 가치도 잊지 않았다. 성씨(姓氏)가 기원한 전통에 대한 해석은 신화시대로 거슬러 올라간다. 그의 박사논문 제4장은 성씨(姓氏)의 기원을 통한 민족 형성 연구, "우리들의 진화(我郡的演進)"이다. 고사변(古史辨)논쟁을 통해서, 이제(李濟)는 고대의 역사는 조작된 부분도 상당히 많고, 어떤 전설들은 의심의 여지 없이 외래의 영향을 받은 것들이지만, 몇몇 고사들은 역사적 근거가 있는 것들도 적지 않다고 보았다. 그가 열거한 『사기(史記)』「오제본기(五帝本紀)」의 황제(黃帝)와 관련된 네 건의 사건은 주의해서 살펴볼 가치가 있다.

1. 옮기고 오가며 일정한 거주지가 없었으며, 사병(師兵)으로 병영을 지어 호위한 것.[170] 2. 염제(炎帝)와 판천(阪泉)의 들에서 싸운 것.[171] 3. 치우(蚩尤)와 탁록(涿鹿)의 들에서 싸워, 마침내 치우(蚩尤)를 잡아 죽인 것.[172] 4. 때에

---

168 李濟, 「跪坐・蹲踞與箕踞―殷墟石刻研究之一」, 『中研院歷史語言研究所集刊』 24本 1953; 王仁湘 主編, 『中國考古人類學百年文選』, 北京, 知識産權出版社, 2008.

169 李濟, 『中國文明的開始』, 南京, 江蘇教育出版社・鳳凰出版傳媒集團, 2005, 20쪽.

170 역주: 『史記』「五帝本紀」: 遷徙往來無常處, 以師兵爲營衛.

171 역주: 『史記』「五帝本紀」: 與炎帝戰於阪泉之野.

172 역주: 『史記』「五帝本紀」: 與蚩尤戰於涿鹿之野, 遂禽殺蚩尤.

맞게 갖은 곡식과 풀과 나무를 심고, 금수와 곤충을 길들인 것.[173] 이상의 네 사건 중, 1번과 4번은 생활 습관과 관련이 있는 것으로, 황제(黃帝)시대는 이주에서 정착하는 중간 단계에 있었음을 밝혀주는 것으로 선사시대 고고학에서 얻은 일반적인 결론과 서로 부합한다. …… 전설에서 황제(黃帝)가 치우(蚩尤)를 반대하는 전쟁은 대체로 화북지역 농촌부락의 최초의 연방결합이었을 것이고, 몽골초원의 각 부락의 남침을 방어하기 위해서 형성되었을 것이다.[174]

이제(李濟)는 중국민족의 형성과 중국문화의 기원을 연구할 때, 특히 동서 인구의 이주와 문화교류를 주목했다. 칼 화이트닝 비숍(Carl Whiting Bishop)의 중국문화서래설에 대해, 이제(李濟)는 중국문화가 항상 외국문화를 받아들인 점이 바로 중국문화의 큰 장점이라고 인정하면서 동시에 골복(骨卜)·잠사(蠶絲) 그리고 은(殷)나라 장식예술은 중국본토의 '3대 발명'이라고 확실하게 지적했다.

외국인이 동방의 문화를 이야기할 때, 언급하지 않더라도 이 세 가지는 극동에서 독자적으로 발전한 것임을 인정하지 않을 수 없다. 골복(骨卜)은 당시의 정신생활의 일부를 대표하고, 잠사(蠶絲)는 물질생활의 일부를 대표하며, 장식예술은 그들의 예술생활을 대표한다. 전체적으로 보면, 이 세 가지는 각각 하나의 단위를 이루면서도 본체를 갖춘 문화를 이루고, 그 자체의 문화를 발판으로 외국의 문화를 받아들인 점은 우아하고 아름다운 유연성을 드러낸다.[175]

---

173 역주: 『史記』 「五帝本紀」: 時播百穀草木, 淳化鳥獸蟲蛾.

174 李濟, 「踏入文明的過程」, 『中國上古史(待定稿)』 第1本, 中研院史語所, 1972; 『中國文明的開始』, 南京, 江蘇教育出版社·鳳凰出版傳媒集團, 2005, 143쪽.

175 李濟, 「中國上古史之重建工作及其問題」, 『李濟考古學論文選集』, 北京, 文物出版社,

그는 『중국문명의 시작(中國文明的開始)』에서 상대(商代)의 문화는 매우 복잡한데, 이는 다양한 문화 원류들이 융합되었음을 대표한다고 재차 강조했다. 아주 오래전부터 화북평원은 수많은 민족의 지류들이 모인 곳으로, 원시 중국인들도 부분적으로 이 민족 집단들이 융합되어 이뤄진 것이다. 비록 그렇더라도 이 지류들 가운데 우세를 점한 것은 의심할 바 없이 몽골인종 집단이라는 것을 반드시 기억해야 한다.[176] 이제(李濟)는 중국민족과 중국문화의 본토기원을 강조하는 동시에 외래 민족과 외래문화의 작용도 소홀히 하지 않았다.

은상(殷商)시대의 중국문화는 이미 고도로 발전을 이루었다. 그리고 그 발전의 배경을 태평양 연안에 널리 퍼져 있던 원시문화로 생각한다. 이러한 원시문화의 바탕 위에, 은상(殷商)사람들은 위대한 청동문화를 세웠다. 청동문화는 유래가 복잡하다. 그 유래 중 일부는 티그리스강과 유프라테스강 유역 즉 중앙아시아와 밀접한 관계가 있는 것으로 보인다. 만약 우리가 유럽·아시아·아프리카 대륙의 최근 1,200만 년의 변천과 동식물 이동의 역사를 분명하게 이해한다면, 이 현상이 전혀 이상할 것이 없다고 할 수 있을 것이다. 사학자들이 이 문화를 연구하며 직면한 가장 중요한 문제는, 어떻게 하면 은상(殷商)의 고고학 자료를 선사시대의 고고학 자료와 비교 분석할 것인가와 해석이 되지 않는 몇 가지 요소의 가능성 있는 유래를 찾아내는 것이다. 이러한 문제들은 상상으로만 해결할 수 있는 것이 아니다. 그것의 해결을 위해서는 더 넓은 지역의 고고학 작업과 더 깊은 비교연구가 필요하다.[177]

1990.

176 李濟, 『安陽』, 石家莊, 河北教育出版社, 1996, 267쪽.

177 李濟, 「中國上古史之重建工作及其問題」, 『李濟考古學論文選集』, 北京, 文物出版社, 1990.

"중국의 초기 문화 중 외래적 성분이 얼마이고 토착적 성분이 얼마인가? 이것이 중국 상고사를 토론하는 핵심 문제이다. 이에 대해 명료하게 이야기할 수 없다면, 상고사는 쓸 수 없다." 따라서 이제(李濟)는 '종'과 '횡'의 '거점'을 모두 고려해야 한다고 했다.

1. 중국 최초의 문화, 즉 황하(黃河)유역에서 발생한 상(商)문화의 배경은 동경 90도 이동(以東)의 지역을 포함하는 광대한 구역이다. 만일 더 나아가 은상(殷商)문화의 기원을 찾는다면, 만리장성 이남부터 장강 이북의 지역으로는 부족하고 반드시 사방으로 태평양 군도와 남북아메리카, 북극에서부터 남극까지를 포함해야 한다. 이 지역의 모든 고고학 자료와 민족학 자료는 모두 중국 상고사의 참고자료이다.

2. 하지만 이것이 중국문화의 고립적 세계를 말하는 것은 아니다. 이를 중심으로, 중서문화의 관계를 연구하는 것도 중요하다. 이 관계는 흑해부터 중앙아시아 초원, 신강(新疆)의 중가르 분지(Junggar Basin), 몽골의 고비사막을 지나 만주로까지 이어진다.[178]

능순성(淩純聲)은 부사년(傅斯年)·이제(李濟)와 의견을 같이하여, '종'과 '횡'의 '거점'으로 이(夷)와 하(夏)의 동서 관계를 연구했다. 그는 중국문화의 기층은 아시아 지중해의 해양문화인 이(夷)문화이고, 화하(華夏)민족은 대륙에서 왔으며 대륙문화를 대표한다는 것을 발견했다.

1. 아시아 지중해의 대륙 연안은 환태평양 고대문화의 기원지이고, 중국의 옛사람들은 이 지역의 문화를 이(夷)문화라고 했다. 따라서 이것을 해양문화

---

178 李濟, 「中國上古史之重建工作及其問題」, 『李濟考古學論文選集』, 北京, 文物出版社, 1990.

라고 할 수 있으며, 그 민족의 북방은 맥(貊)이라고 하고, 남방은 만(蠻) 혹은 월(越)이라고 할 수 있다.

2. 청강고원(靑康高原)과 황토고원에서 온 대륙문화의 민족이 화하(華夏)이고, 이들이 동쪽으로 와서 해양문화와 접촉한 후 2,000년 동안 융합되어 중원문화를 이룩했다. 지금 고고학에서 확인할 수 있는 은상(殷商)문화가 대표적이다.[179]

3. 화북평원에서 화하(華夏)와 동이(東夷)의 해양문화와 대륙문화가 융합되어 형성된 중원문화는, 강남(江南)과 영남(嶺南)의 남이(南夷)문화를 극복하기는 했지만 두 문화의 문화접변은 아직 미완성이었다.[180]

그는 환태평양의 중국 기층문화의 여러 가지 요소들, 예를 들면 항해-뗏목[桴排]·방주(方舟)·과선(戈船)·누선(樓船)-, 무기-유단석부(有段石斧)·파도(巴圖)·석월(石戉)-, 악기-죽황(竹簧)·포생(匏笙)·배소(排簫)·토훈(土壎)-, 탑포(榻布), 사묘(社廟), 견제(犬祭), 작주(嚼酒), 향사(鄕射), 현조(玄鳥) 전설 등을 체계적으로 연구했다. 총괄하면 다음과 같다.

태평양의 다도(多島)·소도(小島)·흑도(黑島)와 인도네시아 네 군도의 민족들의 언어는 모두 오스트로네시아어(Austronesia)에 속하고 그들의 문화도 대부분 비슷해 문화와 언어가 동일한 민족이라고 말할 수 있다. 상고시대에 화북 동해지역과 화남 남해에 거주하던 민족은 후대에 구이(九夷)와 백월(百越)로 일컬어지는 민족이다. …… 공자(孔子)께서 말씀하셨다. 선진들은 예

179 李濟, 「中國上古史之重建工作及其問題」, 『李濟考古學論文選集』, 北京, 文物出版社, 1990.

180 淩純聲, 「中國古代海洋文化和亞洲地中海」, 『海外雜志』 第3卷 第10期, 1954 收入氏著『中國邊疆民族與環太平洋文化』, 台北, 聯經出版事業公司, 1979.

악을 행하는 것이 야인 같았고, 후진들은 예악을 행하는 것이 군자 같다. 그러므로 태평양에 분포한 야인은 모두 상고문화의 선진이다.[181]

능순성(凌純聲)은 중국문화의 본토기원을 연구하는 동시에, 중국문화 중 서방에서 들어온 요소도 주목했다. 그는 중국의 봉선(封禪)은 티그리스강과 유프라테스강 유역의 곤륜(昆侖)문화에서 기원했다고 여겼다. 이 문화가 중국에 유입된 것은 두 번인데, 초기의 단선(壇禪)은 비교적 낮고 작으며, 후기의 대관(臺觀)은 매우 높고 크다.[182] 그는 곤륜구(昆侖丘)와 서왕모(西王母)는 명당(明堂)과 관련이 있고,[183] 이집트의 피라미드가 중국의 고왕릉에 아주 뚜렷한 영향을 끼쳤다고 보았다.[184] 이것들은 모두 대륙문화로 화하(華夏)민족이 들여왔으며, 주(周)문화와 진(秦)문화의 상층문화를 이루었다.

역사어언연구소 부사년(傅斯年) 소장의 간접 계승자인 두정승(杜正勝)은 동서 교류의 의미에 주목하여, 유라시아초원의 동물문양에 관한 체계적인 비교연구를 통해서 중국 북방민족의 역사적인 작용을 논술했다.[185] 왕명가(王明珂)는 남방과 북방의 소통의 기능을 인식하고, 하황(河湟)지역 · 오르도스지역 · 서요하(西遼河)지역의 유목사회가 화하(華夏)의

181 凌純聲, 「太平洋上的中國遠古文化」, 『大陸雜志』 第23卷 第11期, 1961; 收入氏著 『中國邊疆民族與環太平洋文化』, 台北, 聯經出版事業公司, 1979.

182 凌純聲, 「中國的封禪與兩河流域的昆侖文化」, 『中研院民族學研究所集刊』 第19期, 1965; 收入氏著 『中國邊疆民族與環太平洋文化』, 台北, 聯經出版事業公司, 1979.

183 凌純聲, 「昆侖丘與西王母」, 『中研院民族學研究所集刊』 第22期, 1966; 收入氏著 『中國邊疆民族與環太平洋文化』, 台北, 聯經出版事業公司, 1979.

184 凌純聲, 「埃及金字塔與中國古王陵」, 『中研院民族學研究所集刊』 第24期, 1967; 收入氏著, 『中國邊疆民族與環太平洋文化』, 台北, 聯經出版事業公司, 1979.

185 杜正勝, 「歐亞草原動物紋飾與古代北方民族之考察」, 『中研院歷史語言研究所集刊』 64本 2分, 1993.

주변지역 형성에 구조적인 작용을 했다고 보았다.[186]

이 밖에, 장성랑(張星烺)은 중화문명은 뿌리가 깊다는 것을 강조하면서 동시에 상고시대에 폭넓은 동서 교류와 소통이 있었다는 것을 인식하고, 『중서교통사료휘편(中西交通史料彙編)』에서 한무제(漢武帝) 이전의 외교적 교류를 체계적으로 소개했다.

우리는 예부터 서방은 곧 동이(東夷)·북적(北狄)·남만(南蠻)과 다르다는 관념을 갖고 있었다. 상고시대에 서왕모(西王母)의 나라에 불사약이 있다고 전해와 군주들의 환심을 샀다. 요(堯)와 우(禹) 두 임금은 모두 서쪽으로 가서 서왕모를 알현했다. 순(舜)임금 때에는 서왕모가 손님으로 왔다. 하(夏)나라 때 예(羿)도 서쪽으로 가서 서왕모에게 불사약을 구했다. 주(周)나라 시대에 목왕(穆王)은 직접 육군(六軍)의 군사를 이끌고 서왕모를 조회했다. 한위(漢魏) 이후 사책(史策)에 대진국(大秦國, 로마제국)의 영토가 넓고 문물들이 많다고 기록되었다. 서쪽으로 선계[仙境] 화림(花林)을 바라보면, 세속에서 도적이 없으며 사람들이 편안하고 즐겁다.[187]

왕헌당(王獻唐)은 『염황씨족문화고(炎黃氏族文化考)』에서 중국의 토착민인 이인(夷人)과 그 문화를 논하면서, 황제(黃帝)와 하인(夏人) 그리고 유목문화에 대한 언급은 20%에도 못 미쳤지만, 이하(夷夏)의 선후에 대해서는 밝혔다.

염제(炎帝)와 황제(黃帝)의 아버지가 다르기는 하지만, 어떻게 두 민족인 것을 알 수 있는가? 말하길, 이(夷)와 하(夏)로 알 수 있고, 황하(黃河)유역을

---

186 王明珂, 『華夏邊緣-歷史記憶與族群認同』, 北京, 社會科學文獻出版社, 2006.

187 張星烺 編注, 朱傑勤 校訂, 『中西交通史料彙編·自序』, 北京, 中華書局, 2003.

차지하기 위한 싸움으로 알 수 있다. 당시의 사이(四夷)는 염제(炎帝)의 후손이고, 황제(黃帝)의 자손은 모두 화하(華夏)였다. 황제(黃帝)로부터 상(商)나라와 주(周)나라 이전까지의 전쟁은 대체로 민족 간의 전쟁으로, 이른바 염제(炎帝)와 황제(黃帝) 두 민족의 전쟁이었다.[188]

잠중면(岑仲勉)은 한족(漢族)의 일부가 서방에서 왔으며, 거수(渠搜)와 북발(北發)은 상고시대에 동천한 이란족(伊蘭族)이고, 상고시대의 천문역수(天文曆數) 지식은 대부분 이란(伊蘭)에서 기원했다고 여겼다. 그는 또 하(夏)나라 시대에 있었던 적족(狄族)에 대해서 하(夏)나라와 융(戎)・적(狄)의 상호 영향을 강조했다.[189] 그가 언급한 이란족은 상고 돌궐(突厥)이나 페르시아인으로, 융(戎)・적(狄)이나 인도유럽인을 가리키기도 한다.

허탁운(許倬雲)도 하(夏)・상(商)・주(周) 삼대(三代)가 교체되는 원인이 중원 밖에 있었을 것으로 보았다.

중앙아시아에서 인도유럽민족이 차례차례 남하하여 인도반도에 들어가 현지의 민족 구성 및 문화 형태를 근본적으로 바꿨다. …… 아시아 내륙의 중북부 아시아에서도 일찍부터 연속적인 민족 대이동의 영향을 받아, 동쪽으로는 오늘날의 시베리아 및 몽골로 남쪽으로는 오늘날의 신강(新疆)과 티베트로 차례 차례 '등을 밀려' 나아갔다고 생각한다. 이러한 연속적 상황들을 풀이할 수 있는 열쇠는 아마도 내륙아시아와 북아시아 즉, 중국 역내(域內)가 아닌 역외(域外)의 고고학적 성과에 있을 것이다.[190]

---

188 王獻唐遺書, 『炎黃氏族文化考』, 濟南, 齊魯書社, 1985, 12쪽.

189 岑仲勉, 「漢族一部分西來之初步考證」・「渠搜與北發是上古東遷的伊蘭族」・「我國上古天文曆數知識多導源於伊蘭」・「夏時與狄族」, 『兩周文史論叢』, 上海, 商務印書館, 1958.

190 許倬雲, 『西周史・序』北京, 三聯書店, 2001, 11쪽..

조지 P. 머독은 '인류관계 구역문서'를 종합적으로 고찰하고 나서, "역사학적으로나 인류학적으로, 그 구성 요소 가운데 최소 90%가 외래 문화의 영향을 받지 못한 단일한 문화가 있는지 의심스럽다."라고 지적했다.[191] 중국민족과 중국문화의 기원에 대한 탐색은 아직도 장님이 코끼리 만지는 수준이다. 장님마다 말하는 바가 거짓말은 아니지만, 부분을 가지고 전체를 말하는 것에 불과하다. 하나님처럼 전지전능한 사람이 없기 때문에, 모든 장님의 견해를 다 합쳐야 코끼리의 모양을 추측할 수 있다. 각종 '본토기원설'과 마찬가지로 중국민족과 문화의 기원 및 형성을 만족스럽게 해석할 수 있는 '외래설'도 없다. 진인각(陳寅恪) · 이제(李濟) · 부사년(傅斯年) · 능순성(淩純聲) 등은 중국과 서양의 학문에 모두 해박하고 견해도 대략 비슷하니, '이하동서설' 혹은 '상호작용론'이 진실에 가깝다고 생각된다.

이제(李濟) 이후, 인류학의 네 분과는 각각 큰 발전을 이루었고, 수많은 문제들도 더 명확한 답을 얻었다. 그러나 네 분야의 지식을 균형 있게 종합하여, 중국인과 중국문화의 맥락을 체계적으로 탐색한 사람은 드물다. 장해양(張海洋)은 문화 인류학을 중심으로 고고학 · 언어학과 체질인류학을 결합하여 중국문화의 기원과 중국인의 정체성을 연구했다.[192] 왕사원(王士元)은 언어인류학을 중심으로 역사학 · 고고학 · 체질인류학을 결합, 국내외 학자를 모아 한어(漢語)의 기원과 발전을 연구했다.[193] 김력(金力) 등은 체질인류학을 중심으로 고고학 · 민족학 · 언어학을 결합하여 중국인의 이주와 민족형성을 연구했다.[194] 중화문명탐구

191 王賡武, 「中國文明與文化傳播」, 『王賡武自選集』, 上海, 上海敎育出版社, 2002, 38쪽에서 재인용.

192 張海洋, 「中國的多元文化與中國人的認同」, 北京, 民族出版社, 2006.

193 王士元 主編, 李葆嘉 主譯, 『漢語的祖先』, 北京, 中華書局, 2005.

194 金力 · 褚嘉祐 編著, 『中華民族遺傳多樣性硏究』, 上海, 上海科技出版社, 2006.

프로젝트는 고고학을 중심으로 다른 학과와 연계하여 중국문명을 연구했다. 동서교류와 상호작용의 연구는 이제 막 시작 단계이고, 선사시대 동서양의 접촉과 중국의 탄생은 여전히 연구자들을 흥분시키는 학술과제이다.[195]

종합적으로 말하자면, 이하(夷夏)의 관계는 인식의 문제로써, 민족의 정체성과 관련이 있는 동태적인 변환 과정에 서있기 때문에, 단일한 학과가 이러한 관계를 체계적으로 밝히는 것은 불가능하다. 본 연구는 이하동서설(夷夏東西說)을 출발점으로 하여, 인류학의 네 분과별로 각각 이하(夷夏)의 관계를 연구하고 토론하며 입체적으로 살펴보고자 한다.

---

195 Li Shuicheng. Ancient interaction in Eurasia and Northwest China, Revisiting 1. G Andersson's Legacy. Special Issue. New Perspectives in Eurasian Archaeology. *BMFEA*. 75, 9-30. 2003.

제2장

이(夷)에서
하(夏)까지:
역사인류학 논증

부사년(傅斯年)은『이하동서설(夷夏東西說)』에서 다음과 같이 말했다.

하(夏)는 사실 서방의 제국 혹은 연맹으로, 일찍이 한 차례 혹은 여러 차례 동방을 압박한 일이 있었을 뿐이다. 일찍이 두 차례 서방으로 진출하여 하(夏)를 멸망시키고 귀방(鬼方)을 정복했던 동방의 제국 상은(商殷)과는 매우 상반된다. 이러한 형세를 알면, 중국 고대사를 이해하는 데 조금은 보탬이 될 것이다.[196]

이(夷)와 하(夏)는 동서의 구분이 있을 뿐만 아니라 선후(先後)의 구별도 있다. 요점만 말하면, 이(夷)는 동아시아의 토착민이었고 하(夏)는 후에 이주해 왔다.『상서(尙書)』에 이제삼왕(二帝三王)은 모두 이인(夷人)이라고 했다.『맹자(孟子)』에서는 "순(舜)은 동이(東夷) 사람이었고 문왕(文王)은 서이(西夷) 사람이었지만, 뜻을 얻어 중국(中國)에 행한 것에 있어서는 부절을 합치듯 똑같다."라고 했다.[197]『국어(國語)』「주어(周語)」에

196　傅斯年,『夷夏東西說』,『中央研究院歷史語言研究所集刊外篇・慶祝蔡元培先生六十五歲論文集(下)』, 1935.

197　역주:『孟子』「離婁下」: 孟子曰, 舜生於諸馮, 遷於負夏, 卒於鳴條, 東夷之人也. 文王生於岐周, 卒於畢郢, 西夷之人也. 地之相去也, 千有餘裏, 世之相後也, 千有餘歲. 得志行乎中國, 若合符節, 先聖後聖, 其揆一也.

서는 "하(夏)나라는 비록 쇠했지만 기(杞)나라와 증(鄫)나라가 여전히 있다."[198]라고 했다. 『사기(史記)』「흉노전(匈奴傳)」에는 "흉노(匈奴)는 그 선조가 하후씨(夏后氏)의 후예이다."[199]라고 했다. 하(夏)는 융(戎)·적(狄)과 관계가 밀접하고 또 토하라(Tochara)나 인도유럽인과 관계가 있다. 이하(夷夏)의 유래가 설령 복잡하게 뒤섞여 분명히 구별할 수 없을지라도 그 선후의 순서는 그래도 대략적으로 고찰할 수 있다.

1. 이만(夷蠻)과 하(夏)

(1) 요(堯)와 순(舜)의 전설: 이인(夷人)의 고사

요(堯)와 순(舜)은 사서(四書)와 오경(五經)에서 공자(孔子)와 맹자(孟子)에게 호평을 받은 것이 보인다. 『상서(尙書)』는 「요전(堯典)」으로 시작하고, 『논어(論語)』는 「요왈(堯曰)」로 마무리되니 의미심장하다고 할 수 있다.[200] 『상서(尙書)』「요전(堯典)」에는 "옛날 요임금을 상고해 보면, 이름

---

198   역주: 『國語』「周語」: 有夏雖衰, 杞鄫猶在.

199   역주: 『史記』「匈奴傳」: 匈奴, 其先祖夏后氏之苗裔也.

200   『상서(尙書)』는 수천 편이 전해졌지만, 공자가 산정하여 100편이 되었고, 진(秦)나라 때 망실되었다. 복생(伏生)의 『금문상서(今文尙書)』는 진(晉)나라 때 망실되었으며, 공안국(孔安國)의 『고문상서(古文尙書)』는 당(唐)나라 때 망실되었다. 매색(梅賾)의 『공전고문상서(孔傳古文尙書)』만 현재까지 전해지고 있지만, 진서(眞書)와 위서(僞書)가 섞여있고, 요순(堯舜)전설 또한 마찬가지다. 고힐강(顧頡剛)은 지나친 논조로 '요순(堯舜)선양의 전설이 묵가(墨家)에게서 나왔으며, 「요전(堯典)」과 「순전(舜典)」은 후대에 위조된 것이라고 강력하게 말했다.(『禪讓傳說起於墨家考』, 『古史辨』第1冊.) 시라토리 구라키치(白鳥庫吉)의 '요순우말살론(堯舜禹抹殺論)'과 나이토 코난(內藤湖南)이나 도미나가 나카모토(富永仲基)의 '가상설(加上說)'은 고힐강의 '누층적 조성설'과 기본적으로 일치한다. 왕국유(王國維)는 "의고의 과오는 요순우(堯舜禹)가 사람이라는 것을 의심한 것이다. 그의 의심하는 태도와 비판정신은 취할 것이 없지 않으나, 고사 자료를 충분히 처리하지 못한 것이 애석하다."(『古史新證』, 長沙, 湖南人民出版社, 2010, 2쪽.)라고 했다. 양희매(楊希枚)는 요순우(堯舜禹) 선양은 광범하게 유전된 오래된 전설로, 결코 한 학파에서 위탁한 것이 아니라고 했

은 방훈으로, 몸가짐이 공경스럽고 총명하고 우아하고 신중하시어 편안
함을 느끼게 하셨고, 진실로 공손하고 능히 겸양하시어, 광채가 사방에
입혀져 하늘과 땅에 이르렀도다. 큰 덕을 밝혀 온 집안을 화목하게 하
셨고, 온 집안을 화목하게 하신 다음 백성을 고루 밝히시니 백성이 덕
을 밝혀 만방이 화합했도다."[201]라고 했고, 『논어(論語)』「요왈(堯曰)」에서
는 "아 그대 순(舜)이여! 하늘이 정한 운수(차례)가 그대에게 있으니, 진
실로 그 중(中)을 잡아 행하라. 천하가 곤궁해지면 천록(天祿)이 영원히
끊어질 것이다."[202]라고 했다.

공자(孔子)는 요(堯)와 순(舜)을 숭상했고, 맹자(孟子)는 사람은 모두 요
(堯)와 순(舜)처럼 될 수 있다고 명확하게 주장하며 공자(孔子)의 후계를
자처했다. 『맹자(孟子)』「공손추하(公孫丑下)」에서 "만약 천하를 고르게 다
스리고자 한다면, 지금 시대에 나를 놔두고 그 누가 하겠는가?"[203]라고
했다. 도통(道統)은 유가(儒家)의 중요한 개념으로, 한유(韓愈)는 『원도(原
道)』에서 요(堯)에서부터 맹자(孟子)에 이르는 전승계보를 명확하게 제시
했고 스스로를 도통의 계승자로 여겼다. 도통(道統)은 왕통(王統)이 아니
다. 공자(孔子)가 존경한 자는 요(堯)·순(舜)·우(禹)·주공(周公)이지 계
(啓)·탕(湯)·문(文)·무(武)가 아니었으며, 맹자(孟子)가 존경한 자는 요
(堯)·순(舜)·우(禹)·공자(孔子)이지 춘추오패(春秋五霸)나 전국칠웅(戰

다.(『再論堯舜禪讓傳說』, 『楊希枚集』, 北京, 中國社會科學出版社, 2006.) 이학근(李學勤)은 『상
서(尙書)』「요전(堯典)」은 갑골문에 나타난 사방풍(四方風) 이름으로 인증할 수 있고, 여기에 서술
된 사중성(四中星)은 요순시기와 대체로 부합하며, 지금으로부터 3,600년에서 4,100년 사이로
추정된다고 보았다.(「西水波"龍虎墓"與四象的起源」, 『走出疑古時代』, 沈陽, 遼寧大學出版社,
1994.)

201   역주: 『尙書』「堯典」: 曰若稽古帝堯, 曰放勳, 欽明文思安安, 允恭克讓, 光被四表, 格於上
下, 克明俊德, 以親九族, 九族旣睦, 平章百姓, 百姓昭明, 協和萬邦.

202   역주: 『論語』「堯曰」: 咨爾舜, 天之曆數在爾躬, 允執其中, 四海困窮, 天祿永終.

203   역주: 『孟子』「公孫丑下」: 如欲平治天下, 當今之世, 舍我其誰也.

國七雄)이 아니었으며, 한유(韓愈)가 존경한 자는 요(堯)·순(舜)·공자(孔子)·맹자(孟子)이지 진시황(秦始皇)이나 한무제(漢武帝)가 아니었다. 도를 높이는 것은 임금에게 충성하는 것이 아니다. 『맹자(孟子)』「진심하(盡心下)」에서 "요(堯)와 순(舜)은 본성대로 사신 분들이고, 탕(湯)과 무(武)는 본성을 회복하신 분들이다."[204]라고 했다. 나중에 유가(儒家)는 도통(道統)과 왕통(王統)을 헷갈리고 경계가 갈수록 모호해져, 공맹(孔孟)의 언행에 나타나지 않는 충군사상(忠君思想)을 연역해 낸 것이다.

유가(儒家)와 묵가(墨家)는 첨예하게 서로 대립하지만 요(堯)와 순(舜)에 관해서는 견해가 비슷하다. 『묵자(墨子)』「상현중(尙賢中)」에서 "요(堯)는 복택(服澤)의 북쪽에서 그를(순(舜)을) 얻어 들어 천자로 세우고, 더불어 천하의 정치를 함께 보며 천하의 백성을 다스렸다."[205]라고 했고,『묵자(墨子)』「상현상(尙賢上)」에서 "요(堯)와 순(舜)과 우(禹)와 탕(湯)의 도를 계승하고자 한다면, 현인을 숭상하지 않을 수 없다. 무릇 현인을 숭상하는 것이 정치의 근본이다."[206]라고 했다. 유가경전 외에『죽서기년(竹書紀年)』·『국어(國語)』·『천문(天問)』·『관자(管子)』·『한비자(韓非子)』·『여씨춘추(呂氏春秋)』 등에서도 요(堯)와 순(舜)을 언급하고 있다. 춘추전국시기 제자백가들도 대부분 요(堯)와 순(舜)을 칭송했지만, 선양(禪讓)제도의 존재 자체를 의심하는 사람들도 있었다.

요순의 고사는 전형적인 신석기시대 정착 농경생활방식을 반영한다. 『상서(尙書)』「우서(虞書)」에서 "제순(帝舜)이 처음(이전에) 역산(歷山)에서 밭에 가셨다."라고 했고,[207]『관자(管子)』「판법해(版法解)」에서 "순(舜)

---

204 역주: 『孟子』「盡心下」: 堯舜性者也, 湯武反之也.

205 역주: 『墨子』「尙賢中」: 堯得之服澤之陽, 擧以爲天子, 與接天下之政, 治天下之民.

206 역주: 『墨子』「尙賢上」: 尙欲祖述堯舜禹湯之道, 將不可以不尙賢. 夫尙賢者, 政之本也.

207 역주: 『尙書』「虞書」: 帝初於歷山, 往於田.

은 역산(歷山)에서 농사를 짓고 하빈(河濱)에서 토기를 굽고 뇌택(雷澤)에서 물고기를 잡되 그 이익을 취하지 않고 백성을 가르쳐 백성 모두 이롭게 하셨다. 이것이 이른바 (나에게) 이롭지 않은 것으로 남을 이롭게 할 수 있다는 것이다."208라고 했다. 『묵자(墨子)』「상현하(尙賢下)」에서 "때문에 예전에 순(舜)은 역산(歷山)에서 농사를 짓고 하빈(河濱)에서 토기를 굽고 뇌택(雷澤)에서 물고기를 잡고 상양(常陽)에서 장사를 했다."209라고 했고, 『한비자(韓非子)』「난일(難一)」에서 "동이(東夷)의 도기는 조악했으나 순(舜)이 가서 도기를 구우니 1년 만에 그릇이 단단해 졌다."210라고 했다. 도기는 동아시아 신석기시대의 상징으로 도기의 제작은 중요한 수공업이었다. 순(舜)이 뇌택(雷澤)에서 고기를 잡으니 고기 잡는 사람들이 서로 자리를 양보했다. 순(舜)은 땅에 씨를 뿌리고 도기를 굽고 물고기를 잡았을 뿐만 아니라 집을 짓고 창고를 수리하고 우물을 파고 가구를 만들었다. 이러한 것들은 모두 넓은 의미의 농사일이며 정착 생활양식을 나타낸 것이다. 『사기(史記)』「오제본기(五帝本紀)」는 이를 종합하여 "순(舜)이 역산(歷山)에서 농사를 짓자 역산(歷山)의 사람들이 모두 밭두둑의 경계를 양보했고, 뇌택(雷澤)에서 물고기를 잡자 뇌택(雷澤)의 사람들이 모두 고기 잡는 장소를 양보했고, 하빈(河濱)에서 도기를 굽자 하빈(河濱)의 그릇들이 모두 조악하지 않게 되었다. 1년이 지나자 거처하는 곳이 취락이 되었고, 2년이 지나자 읍이 되었었으며, 3년이 지나자 도시가 되었다."211 라고 했다.

---

208 역주: 『管子』「版法解」: 舜耕歷山, 陶河濱, 漁雷澤, 不取其利, 以敎百姓, 百姓學利之. 此所謂能以所不利利人者也.

209 역주: 『墨子』「尙賢下」: 是故昔者舜耕於歷山, 陶於河瀕, 漁於雷澤, 灰於常陽.

210 역주: 『韓非子』「難一」: 東夷之陶者器苦窳, 舜往陶焉, 朞年而器牢.

211 역주: 『史記』「五帝本紀」: 舜耕歷山, 歷山之人皆讓畔, 漁雷澤, 雷澤之人皆讓居, 陶河濱, 河濱器皆不苦窳. 一年而所居成聚, 二年成邑, 三年成都.

요(堯)와 우(禹)에 관련된 전설도 요(堯)·순(舜)이 정착 농경문화 시대에 살았음을 증명한다. "요정(堯井)"은 "최초의 우물"로 일컬어진다. 동아시아에서 우물은 신석기시대의 중대한 발명이다. 우(禹)는 손에 굳은 살이 박히고 다리에 털이 빠지며, 다리를 절고 엎어지면서 치수를 지휘했다. 후직(后稷)은 농사(農師)가 되어 때에 맞게 모든 곡식을 파종했고, 백성들이 모두 그것을 본받아 천하가 그 이로움을 얻게 되자 "농신(農神)"으로 높임을 받았다. 요순(堯舜)시대는 분명히 농사를 근본으로 삼는 시대였다. 사람들은 해가 뜨면 일어나고 해가 지면 쉬고, 우물을 파서 마시고 밭을 갈아서 먹는 정착 농경생활을 했다. 도기제작은 주요한 수공업이었으며 어렵(漁獵)과 채집을 겸했다. 공자는 『상서(尚書)』를 산정(刪定)하면서 「우서(虞書)」로 시작하여 순(舜)의 우(虞)나라를 하(夏)·상(商)·주(周)의 앞에 두었다. 『예기(禮記)』 「예운(禮運)」에서 묘사한 대동(大同) 시대는 우(禹)·탕(湯)·문(文)·무(武)·주공(周公)보다 앞서고, 요(堯)와 순(舜)의 시기는 신석기 정착 농경문화시대였다.

요순(堯舜) 시기는 "성현"의 시대로 일컬어진다. 요(堯)임금은 검소하고 백성을 사랑했으며, 순(舜)에게 선위한 공인된 인군이자 성군이다. 선양(禪讓)은 즉 예양(禮讓)이다. 갑골문에 보이는 '요(堯)'자와 '우(虞)'자는 아마도 요순(堯舜)의 전설과 관계가 있을 것이다.[212] 새롭게 출토된 4건의 문헌 중 「당우지도(唐虞之道)」·「자고(子羔)」·「용성씨(容成氏)」는 모두 선양(禪讓)을 추앙하며 하(夏)이전에 보편적으로 실행되던 예양제도로 보았다.[213] 「용성씨(容成氏)」에서 "여씨(盧氏)·혁서씨(赫胥氏)·교결씨(喬結氏)·창힐씨(蒼頡氏)·헌원씨(軒轅氏)·신농씨(神農氏)……가 천하를

---

212 李孝定, 『甲骨文字集釋』第10冊 虞字條, 第13冊 堯字條, 台北, 中硏院歷史語言硏究所, 1970.

213 裵錫圭, 『新出土先秦文獻與古史傳說』, 『中國出土古文獻十講』, 上海, 復旦大學出版社, 2004.

소유했을 적에는 모두 그 아들에게 물려주지 않고 현인에게 물려주었다."[214]라고 했다. 삼대(三代) 이전에는 현인에게 물려주고 아들에게 물려주지 않았기 때문에 천하가 안정되었지만, 삼대 이후에는 계(啓)가 익(益)을 공격하고 탕(湯)이 걸(桀)을 정벌하고 문왕(文王)과 무왕(武王)이 상(商)나라를 도모했다. 선양(禪讓)의 도가 폐해지고 혁명(革命)의 설이 생겨나, 전후가 대비된다.[215] 「자고(子羔)」에서는 순(舜)이 어진 덕을 소유해서 요(堯)가 순(舜)에게 선양했다고 서술하며, "순(舜)은 명을 받은 백성이라고 말할 수 있다. 순(舜)은 (보통) 사람의 자식이다. 세 천자가 그를 섬겼다."[216]라고 했다. 「당우지도(唐虞之道)」에서는 요순(堯舜)의 도를 이야기하면서 "선양하지 않고서 백성을 교화할 수 있는 자는 백성이 생겨난 이래로 있지 않았다."[217]라고 했다. 신석기시대의 왕위(王位)는 결코 풍요로운 자리가 아니기 때문에 사람들이 감당할 수 없었고, 쟁탈을 즐기지도 않았기 때문에 추천과 이양이 가능했다. 최술(崔述)은 『고신록(考信錄)』「풍호고신록(豊鎬考信錄)」에서 "옛 사람들이 나라를 선양하는 것은 일상적인 일일 뿐 특이한 것이 아니다. 송(宋)나라 양공(襄公)은 일찍이 자어(子魚)에게 선양했고, 한(韓)나라 무기(無忌)는 일찍이 기(起)에게 선양했고, 오(吳)나라 제번(諸樊)도 일찍이 계찰(季札)에게 양위했다. 춘추시대에도 여전히 형제를 훌륭하게 여겨 양위한 경유가 있는데, 하물며 상주(商周)의 순박한 시대는 어떻겠는가!"[218]라고 했다. 선양은 실질적으

---

214 馬承源 主編, 「容成氏」, 『上海博物館藏戰國楚竹書(二)』, 上海, 上海古籍出版社, 2002. 249-293쪽.

215 馬承源 主編, 『上海博物館藏戰國楚竹書(二)』, 上海, 上海古籍出版社, 2002. 249쪽.

216 馬承源 主編, 「子羔」, 『上海博物館藏戰國楚竹書(二)』, 上海, 上海古籍出版社, 2002. 183-199쪽.

217 荊門市博物館, 「唐虞之道」, 『郭店楚墓竹簡』, 北京, 文物出版社, 1998. 157-160쪽.

218 역주: 『考信錄』「豊鎬考信錄」: 古人讓國常事耳, 不足異也. 宋襄公嘗讓子魚矣, 韓無忌嘗讓起矣, 卽吳諸樊亦嘗讓季札矣. 春秋時猶有以兄弟爲賢而讓之者, 況商周之際淳朴之世哉.

로는 일종의 선거제로, 공자(孔子)와 맹자(孟子) 등의 '탁고개제(托古改制)' 뿐만 아니라 묵가(墨家)의 "귀의(貴義)"와 "상현(尙賢)"의 주장과도 부합한다.

소(韶)음악은 순(舜)음악이라고도 칭해지며 요(堯)의 덕을 노래하고 칭송하고 충심(忠心)을 보여준다. 기(夔)는 비범한 음악적 재능이 있어 "「소소(簫韶)」를 9번 연주하자 봉황이 와서 춤을 추었다."[219]고 한다. 음악을 통해 사람과 신이 서로 화합하는 경계에 도달한 것으로 "매우 아름답고 또 매우 좋았기"[220] 때문에 공자(孔子)는 소(韶)음악을 듣고서 3개월을 고기 맛을 몰랐다.[221] 순(舜)의 주요 미덕은 효(孝)와 선(善)이다. 중국 전통 윤리의 핵심 관념은 효(孝)로, 확대하면 바로 아랫사람이 윗사람에게 복종하는 것이다. 춘추전국시기 사회가 동요되고 불안해지자 제자백가들은 순(舜)과 그의 효도를 숭앙했다. 훗날 유가사상이 지배적 지위를 점하게 되자, 효(孝)는 삼강오륜(三綱五倫)으로 확대되었다. 『맹자(孟子)』「공손추(公孫丑)」에 다음과 같이 말했다.

순(舜)은 위대한 점이 있으셨으니, 선(善)을 다른 사람과 함께하여 자신의 불선(不善)은 버리고 다른 사람의 선을 따르며, 다른 사람에게서 취하여 선을 행하기를 즐기셨다. 농사짓고 도기를 굽고 물고기를 잡을 때부터 제위에 이르도록 다른 사람에게서 취하지 않음이 없었다. 다른 사람에게서 취하여 선을 행한 것은 다른 사람이 선을 행하도록 도와주는 것이다. 그러므로 군자가 다른 사람이 선을 행하도록 돕는 것보다 더 훌륭한 것이 없다.[222]

---

219 역주: 『尙書』「益稷」: 簫韶九成, 鳳皇來儀.

220 역주: 『論語』「八佾」: 子謂韶, 盡美矣, 又盡善也.

221 역주: 『論語』「述而: 子在齊聞韶, 三月不知肉味.

222 역주: 『孟子』「公孫丑上」: 大舜有大焉, 善與人同, 捨己從人, 樂取於人以爲善. 自耕稼陶漁以至爲帝, 無非取於人者. 取諸人以爲善, 是與人爲善者也. 故君子莫大乎與人爲善.

순(舜)이 덕(德)을 우선시 하고 교화를 중시한 것은 네 방면에서 집중적으로 드러난다. 윤리적으로는 치욕을 견디고 책임을 중시하여 인애(仁愛)하고 경효(敬孝)했으며, 사회적으로는 다른 사람을 돕는 것을 즐거워하여 다른 사람과 더불어 선을 행했으며, 정치적으로는 덕정을 펼쳐 현자를 등용하고 재주 있는 자를 임용했으며, 사상적으로는 화(和)를 귀하게 여겨 인신(人神)이 모두 즐거워했다. 바로 공자(孔子)가 "시(詩)에서 흥기하고 예(禮)에서 서며 음악(樂)에서 완성 된다."[223]라고 말한 것과 같다. 순(舜)이 농경문화를 기초로 하고 도덕문화를 내용으로 하여 유가문화에 의해 전승된 것이 중화문화(中華文化)의 본색이다.

요(堯)와 순(舜)은 중원에서 활약했지만 동방이나 남방과도 관계가 긴밀한 동아시아 이인(夷人)의 대표였다. 그들이 생활한 시대는 하(夏)나 황제(黃帝)의 자취는 아직 없었다. 전설 속의 요(堯)가 도읍을 세웠다는 평양(平陽)은 산서성(山西省) 임분(臨汾) 일대일 가능성이 있다.[224] 황보밀(皇甫謐)은 『제왕세기(帝王世紀)』에서 "요(堯)의 도읍 평양(平陽)을 『시(詩)』에서 당나라[唐國]라고 했다."[225]라고 했다. 도사(陶寺)유적지[226]의 지리적 위치는 고문헌에 기록된 요(堯)의 도읍지와 서로 부합되고, 그 연대도 도당씨(陶唐氏)가 흥성하던 시기와 대체로 일치한다. 당요(唐堯)와 우순(虞舜)의 활동 중심지는 기주(冀州)였다. 순(舜)은 포판(蒲坂)에 도읍하고 우(禹)는 안읍(安邑)에 도읍하며 대대로 이어지며 더욱 발전했다.

순(舜)이 역산(歷山)에서 농사를 지은 일은 요순(堯舜)고사의 핵심내용의 하나로 널리 알려진 전설이다. 순(舜)이 농사를 지었다는 것은 논쟁

---

223 역주: 『論語』「泰伯」: 子曰, 興於詩, 立於禮, 成於樂.

224 王克林, 「陶寺文化與唐堯·虞舜－論華夏文明的起源(下)」, 『文物世界』, 2001(2).

225 역주: 『帝王世紀』卷二: 堯都平陽, 於詩爲唐國.

226 역주: 산서성(山西省) 임분(臨汾) 도사(陶寺) 유적지. 고대 천문대 유적이 발굴된 바 있으며, 고대에 제례가 행해진 곳으로 알려져 있다.

이 적지만, 역산은 방방곡곡에 있다. 제남(濟南)의 천불산(千佛山)은 옛 명칭이 역산(歷山)이고 또한 순경산(舜耕山)이라고도 칭해졌다. 북위(北魏)의 역도원(酈道元)은 『수경주(水經注)』 「제수(濟水)」에서 "역성(歷城) 남쪽에 마주한 산이 있다. 산 위쪽에 순(舜)의 사당이 있고, …… 『서(書)』에서 순(舜)이 역산(歷山)에서 농사를 지었다는 것도 이곳을 말한 것이다."[227]라고 했다. 당(唐)나라의 『봉씨문견기(封氏聞見記)』 권8에는 "제주성(齊州城) 동쪽에 고석(孤石)이 평지에 솟아 있어 세속에서 역산(歷山)이라 하며, 북쪽에 있는 샘을 순정(舜井)이라 부르고, 동쪽으로 작은 거리 건너에 또 아무리 길어도 마르지 않는 석정(石井)이 있어 이것을 순(舜)의 동쪽 집의 우물이라고 한다."[228]라고 했다. 우순(虞舜)이 일찍이 산에서 황무지를 개척하고 밭에서 씨를 뿌렸다고 전해지며 산언덕 위에 비석이 있어 지금까지 상경조운(象耕鳥耘)의 고사가 전해지고 있다. 산서성(山西省) 홍동(洪洞) 영신산(英神山)도 역산(歷山)이라고 거론되고, 산서성(山西省) 영제(永濟) 뇌수산(雷首山)도 역산(歷山)이라 칭해지며, 호북성(湖北省) 수주(隨州)의 역산(歷山)에도 순(舜)의 사당이 있고, 안휘성(安徽省) 회남(淮南) 순경산(舜耕山)도 역산(歷山)이라 불린다. 이외에 하북성(河北省) 회래현(懷來縣) · 산동성(山東省) 하택현(荷澤縣) · 절강성(浙江省) 여요현(餘姚縣) 등에도 모두 역산(歷山)이 있다. 동방과 남방 지방에 분포해 있는 전국 21개의 역산(歷山)은 어느 정도 순(舜)이 농사지은 전설과 관계가 있거나 그 후손들이 순(舜)을 추모하기 위하여 이름붙인 것이다. 순(舜)을 구의(九嶷)에 장사지냈다는 것은 의심할 것 없는 오래된 전설로 순(舜)은 창오(蒼梧)에서 죽고 구의(九嶷)에 장사지냈다. 고금의 학자들은

---

227 「水經注」「濟水」: 城南對山. 山上有舜祠, …… 書舜耕歷山, 亦雲在此.

228 역주: 『封氏聞見記』 卷八: 齊州城東有孤石, 平地聳出, 俗謂之歷山, 以北有泉, 號舜井, 東隔小街, 又有石井, 汲之不絕, 云是舜東家之井.

대부분 순(舜)을 장사 지냈다는 구의(九嶷)는 호남성(湖南省) 영주(永州)에 위치하고 있다고 생각했다.[229]

동방을 이(夷)라 보는 것은 『상서(尙書)』「요전(堯典)」의 "희중(羲仲)에게 따로 명하여 우이(嵎夷)지역에 머물게 하니 양곡(暘谷)이라 한다.……그 백성은 평화롭다."[230]에 이미 반영되어 나타난다. 순(舜)이 동이(東夷) 사람인 것은 거의 정설이다. 『맹자(孟子)』「이루(離婁)」에서 "순(舜)은 제풍(諸馮)에서 태어나 부하(負夏)로 옮겼다가 명조(鳴條)에서 별세하셨으니, 동이(東夷) 사람이다."[231]라고 했고, 『풍토기(風土記)』에도 "순(舜)은 동이 사람으로 요구(姚丘)에서 태어났다."[232]라고 설명했으며, 『사기(史記)』「오제본기(五帝本紀)」에서는 "순(舜)은 기주(冀州) 사람이다."[233]라고 했다. 옛 기주(冀州)는 화북평원(華北平原)에 위치했고, 이곳은 이인(夷人)의 거주지였다.

고고학은 신석기시대에 번창했던 이(夷)문화권이 제로(齊魯)문화를 태동시켰음을 발견했다. 제(齊)나라와 노(魯)나라는 유가문화(儒家文化)의 발상지이고 유가사상은 요(堯)와 순(舜)에 근원하고 있다. 순(舜)이 은(殷)나라 사람들의 시조라는 것이 전적에 기록되어 있고, 공자(孔子)는 은인(殷人)의 후예로 학식과 교양이 있고 예절에 밝았다. 요(堯)와 순(舜)의 전설이 매우 비슷한 것은 모두 조이(鳥夷)에게서 나왔기 때문이다. 요(堯)와 순(舜)은 조이(鳥夷)가 숭배하는 조상이다.[234] 요순(堯舜)시대에 "만이

229　譚其驤, 「二千一百多年前的一幅地圖」, 『文物』, 1975(1).

230　역주: 『尙書』「堯典」: 分命羲仲, 宅嵎夷, 曰暘谷,……厥民夷.

231　역주: 『孟子』「離婁下」: 舜生於諸馮, 遷於負夏, 卒於鳴條, 東夷之人也.

232　역주: 『風土記』: 舜東夷之人, 生姚丘.

233　역주: 『史記』「五帝本紀」: 舜冀州之人也.

234　顧頡剛, 「鳥夷族的圖騰崇拜及其氏族集團的興亡」, 『古史考』第6卷, 海口, 海南出版社, 2003.

(蠻夷)가 잇따라 복종하여"[235] 순(舜)이 만이(蠻夷)의 우두머리가 된 것도, 순(舜)이 만이(蠻夷)라는 증거가 된다. 순(舜)의 후손이 퍼져 백여 가지 성씨가 되었는데, 그 중 진(陳)·호(胡)·원(袁)·전(田)·요(姚)·오(吳)·우(虞)·손(孫)·왕(王)·육(陸) 등은 번성한 성씨로 유명한 인사가 많으며 영향력도 꽤 크다.[236]

(2) 이인(夷人)이 하(夏) 왕조를 건립했고 군중의 기반은 이인(夷人)이었다.

부사년(傅斯年)은『이하동서설(夷夏東西說)』「이하교승(夷夏交勝)」장에서, 하대(夏代)는 익(益)과 계(啓)의 다툼으로 시작하여 중간에 후예(后羿)와 소강(小康)의 싸움을 거쳐 탕(湯)과 걸(桀)의 싸움으로 끝나는데, 세 차례의 싸움은 모두 이(夷)와 하(夏)의 싸움이라는 것을 증명했다. 백익(伯益)·후예(后羿)·상탕(商湯)은 이인(夷人)이지만 하걸(夏桀)과 소강(少康)의 명의상 조상인 계(啓)와 우(禹)가 반드시 하인(夏人)인 것은 아니다.[237]

일반적으로 하(夏)나라는 진남(晉南, 산서 남부)과 예서(豫西, 하남 서부) 일대에 건립되었다고 생각하지만, 우(禹)의 자취는 하나라 밖에서 많이 보이며 서남쪽 문천(汶川)과 동남쪽 회계(會稽)의 우(禹)의 자취가 가장 유명하다.[238] 우(禹)는 서강(西羌)에서 태어나 도산(塗山)에 장가들고 회계(會稽)에서 죽었다는 설은 널리 퍼져 거의 정설이 되었다.『사기(史記)』

---

235 역주:『尙書』「舜典」: 食哉惟時, 柔遠能邇, 惇德允元, 而難任人, 蠻夷率服.

236 그 후손인 진(陳)·호(胡)·우(虞)·요(姚)·원(袁)·전(田)·손(孫)·왕(王) 등의 백여 성은, 인구가 수억이 넘고 5대주 수십 개 국가에 널리 펴져있다. 1985년 홍콩에서 세계 순(舜)의 후손 종친친목회가 결성되었고, 세계 각지에서 친목회를 20여 회 개최했다.

237 1923년 顧頡剛은『與錢玄同先生論古史書』에서 주(周)나라 사람들 심중의 가장 옛 선조는 우(禹)라고 제기했으나,『詩經』「周頌」 31편에 '禹'자는 없으며, 우(禹)는 하(夏)·주(周)와 본래 관계가 없다고 했다.

238 역주:『禹跡圖』와『尙書』「禹貢」을 참고하라.

「육국연표(六國年表)」에 "일을 일으키는 것은 반드시 동남쪽이고 공적을 거두는 것은 항상 서북쪽이다. 그러므로 우(禹)는 서강(西羌)에서 일어났고 탕(湯)은 박(亳)에서 일어났다……"239라고 했고, 『예문유취(藝文類聚)』 11권에서도 『제왕세기(帝王世紀)』를 인용하여 "우(禹)는 서강(西羌)에서 태어나 자란 서강(西羌) 이인(夷人)이다."240라고 했다. 『오월춘추(吳越春秋)』 「월왕무여외전(越王無余外傳)」에는 더욱 구체적으로 설명했다.

곤(鯀)은 유신씨(有莘氏)의 딸에게 장가들었는데 이름이 여희(女嬉)였다. 장년이 되도록 아이가 없었다. 여희(女嬉)가 지산(砥山)에서 의이(薏苡)를 얻어 삼키자, 사람에게 감응된 듯하더니 이 일로 임신하여, 갈비뼈를 갈라 고밀(高密)을 낳았다. 서강(西羌)에 거주했고 지명은 석뉴(石紐)라 했다. 석뉴는 사천(四川)에 속해 있다.……우(禹)가 서른이 되도록 장가들지 못했는데, 순행하다가 도산(塗山)에 이르렀을 때, 때가 늦어져 예법을 어길까 두려워하여,……도산(塗山)에서 장가들었으니 그녀를 여교(女嬌)라 했다.241

우(禹)는 서강(西羌)에서 태어났지만, 도산(塗山)에서 예에 따라 동이(東夷)의 여인을 맞이하여 아내로 삼았다. 『여씨춘추(呂氏春秋)』 「음초(音初)」에 다음과 같이 말했다.

우(禹)는 치수를 하다가 도산씨(塗山氏)의 딸을 만났지만, 우(禹)는 아직 혼

---

239 역주: 『史記』 「六國年表」: 夫作事者必於東南, 收功實者常於西北. 故禹興於西羌, 湯起於亳……

240 역주: 『藝文類聚』 「帝王部一」: 長於西羌, 西羌夷人也.

241 역주: 『吳越春秋』 「越王無余外傳」: 鯀娶於有莘氏之女, 名曰女嬉. 年壯未孳. 嬉於砥山, 得薏苡而吞之, 意若爲人所感, 因而妊孕, 剖脅而産高密. 家於西羌. 地曰石紐. 石紐在蜀西川.……禹三十未娶, 行到塗山, 恐時之暮, 失其度制.……因娶塗山, 謂之女嬌.

례를 올리지 않은 채 남쪽으로 순행을 떠나버렸다. 도산씨(塗山氏)의 딸은 그 여종에게 명하여 도산의 남쪽에서 우(禹)를 기다리게 하고, 자신은 노래를 지어 '님을 기다리네[候人兮猗]'라고 불렀다. 이것이 사실상 남음(南音)의 시초가 되었다. 주공(周公)과 소공(召公)은 이 풍(風)을 취하여 「주남(周南)」과 「소남(召南)」이라 했다.²⁴²

『시경(詩經)』 「국풍(國風)」과 같이 "즐거우면서도 음란하지 않은(樂而不淫)" 시는 도산씨(塗山氏) 딸의 오랜 기다림의 탄식에 근원하고 있다. 대우(大禹)의 좋아함은 확실히 뭇 사람들과는 달랐다. 혼인 전에 만났지만 의례를 행하지 않았고, 혼인을 했지만 집 앞을 지나도 들어가지 않았다. 『사기(史記)』 「하본기(夏本紀)」에서 "우(禹)는 아버지 곤(鯀)이 공을 이루지 못해 죄를 받은 것을 슬퍼하여, 몸이 수고롭고 노심초사하며 13년을 밖에서 지내면서 집을 지나가도 감히 들어가지 못했다."²⁴³라고 했다. 우(禹)는 치수를 통해 공을 세웠고 품행도 탁월했기 때문에 순(舜)의 선양으로 왕위를 계승했고, 요(堯)와 순(舜)의 고사를 좇아 백익(伯益)에게 왕위를 전했다. 익(益)은 계(啓)에게 양위하고 기산(箕山) 남쪽으로 피하여 기거했다. 우(禹)의 아들 계(啓)가 어질었기 때문에, 천하의 뜻에 따라 마침내 천자에 즉위했으니, 이가 하후(夏后) 제계(帝啓)이다.²⁴⁴

우(禹)는 서강(西羌)에서 태어나 도산(塗山)에서 장가들고 중원지역에

---

242 역주: 『呂氏春秋』 「音初」: 禹行功, 見塗山之女, 禹未之遇而巡省南土. 塗山氏之女乃令其妾待禹於塗山之陽, 女乃作歌, 歌曰候人兮猗, 實始作爲南音. 周公及召公取風焉, 以爲周南召南.

243 역주: 『史記』 「夏本紀」: 禹傷先人父鯀功之不成受誅, 乃勞身焦思, 居外十三年, 過家門不敢入.

244 『古本竹書紀年』을 살펴보면 계(啓)가 익(益)을 죽이고 왕위를 빼앗자 유호씨(有扈氏)는 연맹을 거느리고 토벌했지만, 계(啓)의 두 차례 승리로 전통적인 선양제도에서 세습제도로 전향되었다.

서 치수사업을 하다가 회계(會稽)에서 죽을 때까지, 하(夏)왕조 건립을 위하여 광범위한 기초를 다졌다. 선진(先秦)시기 문헌 중 걸(桀)은 항상 '하(夏)' 자를 붙여 하걸(夏桀)로 칭하지만, 하우(夏禹)라고 칭한 것은 보이지 않는다. 이는 우(禹)가 먼저 있었고 하(夏)왕조가 나중에 있었다는 것을 설명하는 것으로, 우(禹)를 반드시 하(夏)나라 사람으로 볼 필요는 없다는 것이다. 서이(西夷)사람인 우(禹)가 동이(東夷)여자를 아내로 삼은 것은, 하(夏)왕조 건립 이전에는 동이(東夷)와 서이(西夷)는 뚜렷한 경계 없이 이(夷)로 통칭할 수 있음을 말해준다. 그들의 아들 계(啓)도 이(夷)였다는 것은 바로 이인(夷人)이 하(夏)왕조를 건립했다는 것이 된다.[245]

이인(夷人)이 하(夏)왕조를 건립했고 하(夏)왕조의 백관과 군중들도 대부분 이족(夷族)이었다. 앞에서 요순(堯舜)시대에 "만이(蠻夷)가 연이어 복종했다"고 언급한 '만이(蠻夷)'는 요순(堯舜)시대 군중의 기반이었을 뿐만 아니라 하(夏)왕조의 기본 군중이었다. 『상서(尙書)』 「우공(禹貢)」의 '구주(九州)' 중에 '하주(夏州)'는 없다. 황하(黃河) 중·하류 및 회하(淮河) 유역과 장강(長江) 하류의 네 개 주(州)는 이인(夷人)이 거주하던 지역이었다. 기주(冀州)지역에는 도이(島夷), 청주(靑州)지역에는 우이(嵎夷)와 래이(萊夷), 서주(徐州)지역에는 회이(淮夷), 양주(揚州)지역에는 조이(鳥夷)가 거주했다. 만약 하주(夏州)가 있었다면 황하(黃河) 상류지역에 생활했을 가능성이 유력하다. 이른바 조이(鳥夷)는 후대의 동이(東夷)처럼 전형적인 새 토템 부락이었을 가능성이 크다. 『춘추좌전(春秋左傳)』 「애공 7년(哀公七年)」에서 "우(禹)가 도산(塗山)에서 제후들과 회합을 할 때, 폐백

---

245 이러한 현상은 인류역사상 드물지 않은 모습이다. 유대민족의 영웅 모세는 이집트인이었을 것이고(Sigmund Freud, *Moses and Monotheism*), 몽골 칸 왕국의 창시자 테무친(鐵木眞)은 몽골인이라고 할 수는 없고(鄭眞, 「成吉思汗與蒙古民族共同體的形成」, 『內蒙古大學學報』, 1962 [1]) 아마도 투르크계(돌궐인)이었을 것이다. 프랑스 황제 나폴레옹은 아마도 이탈리아 사람이었을 것이다. 독일 제3제국 원수 히틀러는 프로이센 사람이었고, 미국 대통령 워싱턴은 영국인이었으며, 영국 국왕 정복왕 윌리엄은 유럽대륙에서 왔다.

을 들고 온 나라가 만여 나라였다."²⁴⁶라 했고, 『국어(國語)』「노어(魯語)」
에도 "제가 들으니, 옛날에 우(禹)가 군신(群神)들을 회계(會稽)의 산에 모
았을 때 방풍(防風)이 늦게 이르자 우(禹)임금이 그를 죽여 시체를 펼쳐
놓았는데 그 뼈마디가 수레를 가득 채웠다고 합니다."²⁴⁷라는 유사한 기
록이 있다. 만국의 중이(衆夷)는 곧 서민이거나 백성으로 훗날 하(夏)왕
조 군중의 기반이고, 그 수장들은 하(夏)왕조의 백관이었을 것이다. 『춘
추좌전(春秋左傳)』「정공 원년(定公元年)」에서 "설(薛)나라의 태조 해중(奚
仲)이 설(薛)땅에 살면서 하(夏)나라의 거정(車正)이 되었다"²⁴⁸라고 했고,
『세본(世本)』에는 "해중(奚仲)이 수레를 만들었다."²⁴⁹라고 했다. 동이(東
夷)의 나라 설국(薛國)의 조상 해중(奚仲)은 바로 하(夏)왕조의 '거정(車正)'
이었다. 『후한서(後漢書)』「동이전(東夷傳)」에서 하(夏)왕조에 "이(夷)가 아
홉 종류가 있으니 견이(畎夷)·우이(于夷)·방이(方夷)·황이(黃夷)·백이
(白夷)·적이(赤夷)·현이(玄夷)·풍이(風夷)·양이(陽夷)라 한다."²⁵⁰라고
했다. 구이(九夷)는 바로 이인(夷人)들로, 『고본죽서기년(古本竹書紀年)』에
모두 보이며, 회이(淮夷)와 남이(藍夷)도 포함된다.

하(夏)왕조의 강적이나 잠재적 라이벌도 역시 이인(夷人)이었다. 후예
(后羿)는 하대(夏代) 초기 이족(夷族)의 수령으로 일찍이 하(夏)왕조의 통
치를 전복시켜 태강(太康)의 왕위를 빼앗았고, 이로 인해 역사에 "후예
대하(后羿代夏)"의 고사가 있었다. 이리두유형문화는 "후예대하(后羿代

---

246 역주: 『春秋左傳』「哀公7年」: 禹合諸侯於塗山, 執玉帛者萬國.

247 역주: 『國語』「魯語」: 丘聞之, 昔禹致羣神於會稽之山, 防風氏後至, 禹殺而戮之, 其骨節
專車.

248 역주: 『春秋左傳』「定公元年」: 薛之皇祖奚仲居薛, 以爲夏車正.

249 역주: 『世本』「作篇」: 奚仲作車.

250 역주: 『後漢書』「東夷傳」: 夷有九種, 曰畎夷于夷方夷黃夷白夷赤夷玄夷風夷陽夷.

夏)"가 남긴 증거일 듯하다.[251] 이 후예(后羿)가 서북방에서 왔다면, 서방의 이예(夷羿)[252]이거나 서이(西夷)일 것이다.[253] 태강(太康)이 나라를 빼앗기고 소강(少康)이 중흥한 것은, 하(夏)가 이(夷)부락을 평정하는 과정이 험난했음을 나타낸다. 후상(后相)의 즉위 후 주요 임무는 이(夷)를 정벌하는 것이었었다. 『고본죽서기년(古本竹書紀年)』에 "원년(元年)에 회이(淮夷)를 정벌했다.……2년에 풍이(風夷)와 황이(黃夷)를 정벌했다.……7년에 우이(于夷)가 빈객으로 왔다.……소강(少康)이 즉위하니 방이(方夷)가 빈객으로 왔다.……후설(后泄) 21년에 견이(畎夷)·백이(白夷)·적이(赤夷)·현이(玄夷)·풍이(風夷)·양이(陽夷)에게 명령을 내렸다."[254]라고 하니, 이(夷)와 하(夏)는 구분하기 어렵다.

하(夏)왕조 말기까지 군중의 기초는 여전히 이인(夷人)이었다. 『고본죽서기년(古本竹書紀年)』에 하후(夏后) 발(發) 원년(元年)에 "여러 이족들이 빈객으로 왕문에 와서 이족들의 춤을 추었다."[255]라고 하고, 『주례(周禮)』「춘관(春官)」에도 "모인(旄人)은 민간에서 춤과 음악에 뛰어난 자들에게 이(夷)의 춤과 음악을 가르치는 것을 관장한다. 모든 사방에서 춤으로써 벼슬하는 자들은 모인(旄人)에게 소속된다. …… 제루씨(鞮鞻氏)는 사이(四夷)의 음악과 성가(聲歌)를 관장한다."[256]라고 하여, 사방의 이인(夷人)을 포괄하고 있다. 바로 『설원(說苑)』「권모(權謀)」에서 말한 것과 같다.

---

251 李伯謙, 「二里頭類型的文化性質及族屬問題」, 『中國靑銅文化結構體系硏究』, 北京, 科學出版社, 1998.

252 鄭傑祥, 「二里頭早期文化與后羿代夏問題」, 『中原文物』, 2001(1).

253 王克林, 「從后羿代夏論二里頭二期文化的變化」, 『中原文物』, 2004(4).

254 역주: 『古本竹書紀年』: 元年, 征淮夷.……二年, 征風及黃夷.……七年, 于夷來賓.……帝卽位.……方夷來賓.……二十一年, 命畎夷白夷赤夷玄夷風夷陽夷.

255 역주: 『古本竹書紀年』: 帝發元年,……諸夷賓於王門……諸夷人舞.

256 역주: 『周禮』「春官」: 旄人, 掌教舞散樂舞夷樂. 凡四方之以舞仕者屬焉.……鞮鞻氏, 掌四夷之樂與其聲歌.

탕(湯)이 걸(桀)을 정벌하려 하자, 이윤(伊尹)이 말하기를 "청컨대 (걸왕에게 바치는) 공물을 막고 그의 행동을 보십시오."라고 했다. 걸(桀)이 노하여 구이(九夷)의 군사들을 일으켜서 쳐들어 왔다. 이윤(伊尹)이 말하기를 "아직 안 됩니다. 저들이 아직도 구이의 군사를 일으킬 수 있는 것은 그 잘못이 우리에게 있기 때문입니다."라고 했다. 탕(湯)이 곧 사죄하고 항복을 청하고 다시 공물을 바쳤다. 이듬해에 또 공물을 바치지 않았다. 걸(桀)이 노하여 구이(九夷)의 군사를 일으키려 했으나 구이(九夷)의 군사가 움직이지 않았다. 이윤(伊尹)이 말하기를 "되었습니다."라고 했다. 탕(湯)이 이에 군사를 일으켜 정벌하고 잔멸시켰다.[257]

"구이의 군사[九夷之師]"는 하(夏)왕조 혹은 걸(桀)의 상비군이다. 명조(鳴條)의 전투에 실패한 후 하걸(夏桀)은 남소(南巢)로 도망갔고, 하나라 사람들 일부는 동쪽으로 가서 이월(夷越)에 동화되었고, 일부는 서쪽으로 가서 융(戎)이나 대하(大夏)가 되었으며, 일부는 북쪽으로 가서 적(狄)이나 흉노가 되었다. 하(夏)는 이(夷)에 의해 흥기하고, 이(夷)에 의해 망했음을 기억해야 한다.

(3) 상(商)왕조는 이인(夷人)의 왕조이며, 하인(夏人)은 영향을 미치지 못했다.

상(商)나라 선조들은 이인(夷人)의 일부였다. 하(夏)나라와 상(商)나라의 교체기에 이인(夷人)들은 광범위한 연맹을 결성하고 있었다.[258] 걸(桀)

257　역주: 『說苑』「權謀」: 湯欲伐桀, 伊尹曰, 請阻乏貢職, 以觀其動. 桀怒, 起九夷之師以伐之. 伊尹曰, 未可, 彼尙猶能起九夷之師, 是罪在我也. 湯乃謝罪請服, 復入貢職. 明年, 又不供貢職. 桀怒, 起九夷之師, 九夷之師不起. 伊尹曰, 可矣. 湯乃興師伐而殘之.

258　역주: 張國碩, 「論夏末早商的商夷聯盟」, 『鄭州大學學報』, 2002(2).

왕을 치기 전 경박(景亳)에서 회맹이 있었다. 『춘추좌전(春秋左傳)』「소공 4년(昭公四年)」에 "하(夏)나라 계(啓)는 균대(鈞臺)에서 제후들을 모아 연향을 베풀었고, 상(商)나라 탕(湯)은 경박(景亳)에서 제후들에게 명령을 내렸으며, 주(周)나라 무(武)는 맹진(孟津)에서 맹약을 맺었다."[259]라고 했다. 『금본죽서기년(今本竹書紀年)』에는 "상(商)나라는 경박(景亳)에 제후들을 회집했다."[260]라고 했다. 하(夏)나라가 멸망한 후에 또 태권(泰卷)의 회맹이 있었다. 상(商)나라 탕(湯)은 일찍이 유신씨(有莘氏)를 처로 맞이했는데, 유신씨(有莘氏)의 잉신(媵臣)이었던 이윤(伊尹)이 하(夏)나라가 멸망하고 상(商)나라가 흥하는 과정에 중요한 역할을 했다. 『묵자(墨子)』「상현중(尙賢中)」에 "이지(伊摯)는 유신씨(有莘氏) 딸의 사신(私臣)으로 포인(庖人)이었지만, 탕(湯)은 그를 등용하여 자신의 재상으로 삼았다."[261]라고 했고, 『맹자(孟子)』「만장상(萬章上)」의 기록은 조금 차이는 있지만 "이윤(伊尹)은 유신(有莘)의 들에서 밭을 갈며 요(堯)와 순(舜)의 도를 즐겼다.……탕(湯)이 세 번 사람을 보내 초빙했다."[262]라고 했으며, 『춘추좌전(春秋左傳)』「정공 원년(定公元年)」에서 "중훼(仲虺)는 설(薛)땅에 거하며 탕(湯)의 좌상이 되었다."[263]라고 한 것은, 바로 이인(夷人)들이 하(夏)왕조를 전복시키고 상(商)왕조를 건립했다는 것이다.

　『사기(史記)』「은본기(殷本紀)」에서 "은(殷)나라 설(契)의 어머니는 간적(簡狄)으로 유융씨(有娀氏)의 딸이며 제곡(帝嚳)의 둘째 비(妃)가 되었다. 세 사람이 목욕을 갔다가 현조가 떨어뜨린 알을 보고, 간적(簡狄)이 이

259　역주: 『春秋左傳』「昭公4年」: 夏啓有鈞臺之享, 商湯有景亳之命, 周武有孟津之誓.

260　역주: 『今本竹書紀年』: 商會諸侯於景亳.

261　역주: 『墨子』「尙賢中」: 伊摯, 有莘氏女之私臣, 親爲庖人, 湯得之, 擧以爲己相.

262　역주: 『孟子』「萬章上」: 伊尹耕於有莘之野, 而樂堯舜之道焉.……湯三使往聘之.

263　역주: 『春秋左傳』「定公元年」: 仲虺居薛, 以爲湯左相.

것을 삼키고 임신하여 설(契)을 낳았다."[264]라고 했다. 상(商)나라 왕실 세계(世系) 중 가장 중요한 인물로는 설(契)·왕해(王亥)·상갑미(上甲微) 등이 있다. 왕해(王亥)는 복사(卜辭)에서 언급되는 세 고조 중 하나다. 상인(商人)들은 왕해(王亥)가 당시 하왕(夏王)에게 농간을 친 것으로 여겼지만 그에 대한 제례는 가장 성대했다. 호후선(胡厚宣)은 8편의 갑골문에서 고조 왕해(王亥)에게 제사하는 점사를 모두 10개 찾았는데, 그중 왕해(王亥)의 해(亥)자 위에는 모두 새[鳥]의 기호가 더해져 있었다. 『산해경(山海經)』「대황동경(大荒東經)」에도 "왕해(王亥)라는 사람이 있는데 양손에 새를 잡고 있다."[265]라고 했다. 이 때문에 그는 "조(鳥)자로 구성되어 있든 추(隹)자로 구성되어 있든, 관(冠)이 있든 없든 혹 손으로 (새를) 잡든 관계없이, 모두 새를 상징한다. 왕해(王亥)의 해(亥)자가 조(鳥)를 구성요소로 삼고 있는 것은, 바로 상족(商族)이 새를 토템으로 했다는 확실한 증거이다."라고 주장했다.[266]

이(夷)는 은허(殷墟)의 복사에 시(尸) 혹은 인(人)으로 쓰였으며, 복사에서 시방(尸方)이나 인방(人方)은 바로 이방(夷方)이다. 시방(尸方)과 인방(人方)은 이족(夷族) 중 하나이다. 기타 이족(夷族)은 스스로 소멸되지 않고, 계속해서 동아시아 지역에서 활약했다. 주(周)나라 금문(今文)도 이족(夷族)을 시(尸)로 칭하여, 동이(東夷)를 동시(東尸)로 회이(淮夷)를 회시(淮尸)로 칭했다.

상이(商夷)연맹은 점차 적대적인 관계로 나아갔다. 『고본죽서기년(古

---

264 역주: 『史記』「殷本紀」: 殷契, 母曰簡狄, 有娀氏之女, 爲帝嚳次妃. 三人行浴, 見玄鳥墮其卵, 簡狄取吞之, 因孕生契.

265 역주: 『山海經』「大荒東經」: 有人曰王亥, 亥兩手操鳥.

266 胡厚宣, 「甲骨文商族鳥圖騰的遺蹟」, 『歷史論叢』第1輯 1964. 胡厚宣, 「甲骨文所見商族鳥圖騰的新證據」, 『文物』, 1977(2).

本竹書紀年)』에 "중정(仲丁)이 즉위하여 남이(藍夷)를 정벌했다."[267]라고 했으며, 『후한서(後漢書)』 「동이열전(東夷列傳)」에도 "중정(仲丁)에 이르러 남이(藍夷)는 도적이 되었고, (다른 이족들은) 이로부터 반란을 일으키거나 복종했다."[268]라고 했다. 상(商)나라 말기에 인방(人方)은 강적이 되었다. 제을(帝乙)과 제신(帝辛) 시기에 인방(人方)을 정벌한 복사(卜辭)가 많은데, 동작빈(董作賓)은 한데 모아서 인방(人方) 정복 일정표를 만들고 왕복 노선도를 제작했다.[269] 인방(人方)은 제수(濟水)와 회수(淮水) 사이, 등현(滕縣)[270]일대에 위치했을 것이다.[271] 상(商)나라 주왕(紂王)과 이족(夷族)의 대규모 전쟁이 상(商)나라 멸망의 주요 원인이었다. 주(周)나라 무왕(武王)은 상나라를 멸망시킬 때, 주왕(紂王)이 이(夷)와 전쟁을 하며 조가(朝歌)[272]가 비어있던 시기를 이용했다. 『춘추좌씨전(春秋左氏傳)』 「소공 4년(昭公四年)」에서 "상(商)나라 주왕(紂王)이 려(黎)에서 제후를 모았을[蒐] 때, 동이(東夷)가 배반했다."[273]라고 했고, 『춘추좌씨전(春秋左氏傳)』 「소공 11년(昭公十一年)」에도 "주왕(紂王)은 동이(東夷)를 이겼으나 그 목숨을 잃었다."[274]라고 했다. 동이(東夷)는 동주(東周)시대의 문헌에 보이는데, 동방의 여러 이(夷)에 대한 통칭이며 상(商)나라는 포함되지 않는다. 상(商)왕조와 동이(東夷)의 전쟁은 기간도 비교적 길었고 규모도 비교적 커서 멀리 회하(淮河)유역까지 미쳤다. 『여씨춘추(呂氏春秋)』 「고악(古樂)」에서

---

267 역주: 『古本竹書紀年』: 仲丁卽位, 征於藍夷也.

268 역주: 『後漢書』 「東夷列傳」: 至於仲丁, 藍夷作寇, 自是或服或畔.

269 董作賓, 『殷曆譜』下篇 卷9, 中央研究院歷史語言研究所專刊, 1945.

270 역주: 滕縣: 산동성 滕州市이다.

271 王恩田, 「人方位置與征人方路線新證」, 『胡厚宣先生紀念文集』, 北京, 科學出版社, 1998.

272 역주: 춘추시대의 도시명, 은허를 말함.

273 역주: 『春秋左氏傳』 「昭公4年」: 商紂爲黎之蒐, 東夷叛之.

274 역주: 『春秋左氏傳』 「昭公11年」: 紂克東夷而隕其身.

"상(商)나라 유민들이 코끼리를 부리며 동이(東夷)를 위협하자, 주공(周公)이 이에 군대를 거느려 그들을 몰아내 강남(江南)까지 이르렀다."[275]라고 했다.

『춘추좌씨전(春秋左氏傳)』「소공 24년(昭公二十四年)」에서 고본(古本)「대서(大誓)」를 인용하여 "주왕(紂王)에게는 수많은 백성[夷人]들이 있었으나 덕이 같지 않았다."[276]라고 했다. 하인(夏人)이 상(商)나라에 중요한 영향을 미쳤다는 문자증거는 없지만, 하(夏)나라와 관계된 강(羌)·귀방(鬼方)·토방(土方) 또는 융(戎)·적(狄)의 영향은 뒤에서 논하고자 한다.

(4) 주(周)왕조는 서이(西夷)가 건립한 왕조이며, 동이(東夷)는 지지 기반이었다.

『고본죽서기년(古本竹書紀年)』에 "무왕(武王)은 서이(西夷)의 제후를 이끌고 은(殷)나라를 정벌하여 목야(坶野)에서 패배시켰다."[277]라고 했다. 주인(周人)과 서융(西戎)은 대단히 복잡하게 관련되어 있다. 주인(周人)의 시조는 이름이 기(棄)이고 후직(后稷)으로 불렀으며, 그의 어머니 강원(姜嫄)은 강인(羌人) 부락 출신이다. 강인(羌人)은 융(戎)의 근간이다. 강인(羌人) 혹은 융(戎)은 바로 은상(殷商) 갑골 복사에 자주 보이는 강방(羌方) 및 상주(商周)시기 문헌에 보이는 강융(羌戎)과 강융(姜戎)이다. 주인(周人)은 강성(姜姓)인 강인(羌人)과 대대로 혼인했다. 강성(姜姓)은 염제(炎帝)씨족의 후예이고, 주인(周人)은 또 스스로 황제(黃帝) 희성(姬姓)의 후예라고 했다. 전설에 보면 염제(炎帝)와 황제(黃帝)는 한 근원에서 나와

---

275 역주: 『呂氏春秋』「古樂」: 商人服象, 爲虐於東夷, 周公遂以師逐之, 至於江南.

276 역주: 『春秋左氏傳』「昭公24年」: 紂有億兆夷人, 亦有離德.

277 역주: 『古本竹書紀年』: 武王率西夷諸侯伐殷, 敗之於坶野.

두 유파가 되었다가, 주(周)왕조에 이르러 다시 합쳐져 하나가 된 것이다.

무왕(武王)을 보좌한 강상(姜尙)[278]은 동이인(東夷人)이다. 『여씨춘추(呂氏春秋)』「효행(孝行)·수시(首時)」에서 강상(姜尙)은 "동이(東夷)의 사(士)이다."[279]라고 했다. 강성(姜姓)의 이인(夷人)은 산동·산서·하남·섬서에서 감숙에 이르는 일대에 광범위하게 분포했다. 『춘추좌씨전(春秋左氏傳)』「환공 16년(桓公十六年)」에서 "위(衛)나라 선공(宣公)이 이강(夷姜)과 간음하여 급자(急子)를 낳았다."[280]라고 했는데, 여기에서의 이강(夷姜)이 바로 강성(姜姓)의 이인(夷人)이다.

주(周)나라 무왕(武王)이 즉위하고 오래지 않아 세상을 떠났을 때 주왕(紂王)의 아들 무경(武庚)이 동이(東夷)와 연합하여 군대를 일으켜 주(周)나라에 반란을 일으키자, 주공(周公)은 친히 정벌하여 승리하고 신생 정권을 안정시켰다. 서주(西周)시기 이족(夷族)들은 주(周)왕조의 강력한 적이었다. 문헌에 기록된 주(周)나라와 동방의 전쟁은 시기별로 동이(東夷)·회이(淮夷)·남회이(南淮夷)·남이(南夷) 등 다른 명칭으로 출현했다. 서주(西周) 초기에는 단지 동이(東夷)만 보였지만, 성왕(成王)시기에 주조된 『설정(雪鼎)』과 『관정(盬鼎)』의 명문에 기록된 것은 동이[東尸(夷)]와 동국[東或(國)]을 정벌한 것이다. 서주(西周) 중기의 금문(金文)에는 회이(淮夷)만 보이고 오히려 동이(東夷)의 기록은 보이지 않는다. 서주(西周) 말기에 이르면, 『우정(禹鼎)』에 다시 회이(淮夷)와 동이(東夷)가 나란히

---

278 역주: 여상, 태공망이라고도 불린다. 그의 선조가 여(呂)나라에 봉하여졌으므로 여상(呂尙)이라 불렸다. 주나라 문왕(文王)의 스승이 되었고, 무왕(武王)을 도와 상(商)나라 주왕(紂王)을 멸망시켜 천하를 평정했으며, 그 공으로 제(齊)나라 제후로 봉해져 그 시조가 되었다.

279 역주: 『呂氏春秋』「孝行·首時」: 太公望, 東夷之士也.

280 역주: 『春秋左氏傳』「桓公16年」: 衛宣公烝於夷姜, 生急子.

거론된 것이 보인다.[281] 주(周)나라 여왕(厲王) 시기의 청동기『종주종(宗周鍾)』의 명문에 복자(濮子)가 일찍이 남이(南夷)와 동이(東夷) 26개국의 수장이었다고 기록된 것으로 이국(夷國)의 수가 많았음을 알 수 있다.

이는 전세문헌의 기록과는 약간의 차이가 있다.『상서(尙書)』「비서(費誓)」에서 주공(周公)은 말하기를 "사람들아, 떠들지 말고 내 말을 들어라. 지금 회이(淮夷)와 서융(西戎)이 나란히 일어났다."[282]라고 했고,『맹자(孟子)』「등문공(滕文公)」에서 "주공(周公)께서 무왕(武王)을 도와 주왕(紂王)을 주벌하시고, 엄(奄)나라를 정벌하신 지 3년 만에 그 임금을 토벌하시고, …… 멸망시킨 나라가 50개국이었다."[283]라고 했으며,『사기(史記)』「주본기(周本紀)」에서는 "소공(召公)은 태보가 되고 주공(周公)은 태사가 되어, 동쪽으로 회이(淮夷)를 정벌하고 엄(奄)나라를 멸망시킨 후 그 군주를 박고(薄姑)에 이주시켰다."[284]라고 했다.『사기(史記)』「노주공세가(魯周公世家)」에는 "관숙(管叔)과 채숙(蔡叔), 무경(武庚) 등이 회이(淮夷)를 이끌고 반란을 일으키자, 주공(周公)은 이에 성왕(成王)의 명을 받들어 군사를 일으켜 동방을 정벌하고, …… 회이(淮夷) 동쪽 땅을 안정시켰다."[285]라고 했고,『일주서(逸周書)』「왕회(王會)」에는 "성주(成周)의 회맹[286]"에 서쪽에는 양이(良夷)가 있고 북방에는 고이(高夷)가 있다고 기록했으며,『예기(禮記)』「왕제(王制)」에는 "동방(東方)을 이(夷)라고 한다."[287]라고 했

281　역주: 張懋鎔,「西周南淮夷稱名與軍事考」,『人文雜志』, 1990(4).

282　역주:『尙書』「費誓」: 人無譁, 聽命, 徂玆淮夷徐戎, 並興.

283　역주:『孟子』「滕文公下」: 周公相武王誅紂, 伐奄三年討其君, …… 滅國者五十.

284　역주:『史記』「周本紀」: 召公爲保, 周公爲師, 東伐淮夷, 殘奄, 遷其君薄姑.

285　역주:『史記』「魯周公世家」: 管蔡武庚等果率淮夷而反. 周公乃奉成王命, 興師東伐, …… 寧淮夷東土.

286　역주: 기원전 12세기경 서주 왕실이 商을 멸하고, 삼감(三監)의 난을 평정한 뒤 서주의 입국(立國)을 널리 알리고 사방에 세력을 과시하기 위해 개최한 대회이다.

287　역주:『禮記』「王制」: 東方曰夷.

다. 서주(西周)시기 금문(金文)에 동이(東夷)의 명칭이 나타나는 것은 아마도 주인(周人)이 스스로 서방에 거주했음을 반영하는 것이다. 동이(東夷)가 늘 동아시아 제이(諸夷)의 통칭은 아니지만, 통칭해서 중이(衆夷)나 제이(諸夷) 혹은 이(夷)라고 하는 것이 좋다.

서주(西周)시기 주(周)나라를 배반한 활동으로 인해 강제로 이족(夷族)이 이주한 것은 역사적 사실이지만, 이인(夷人)은 소멸당하거나 완전히 쫓겨난 것은 아니었다. 주(周)나라 목왕(穆王)시기 서(徐)나라 언왕(偃王)은 구이(九夷)를 이끌고 종주(宗周)를 정벌했다. 목왕(穆王)은 이에 동방을 나누어주고 제후들에게 서(徐)나라 언왕(偃王)을 섬기도록 명하니, 대륙에서 조회를 오는 나라가 36개국이었다. 『우정(禹鼎)』명문에는 악후어방(鄂侯馭方)이 주(周)나라를 배반하고 "남회이(南淮夷)와 동이(東夷)를 이끌고 대규모로 남국(南國)과 동국(東國)을 정벌하여"[288], 주(周)나라의 동도(東都) 낙읍(雒邑)을 위협했다. 남회이(南淮夷)의 명칭은 서주(西周) 말기 청동기 『요생수(翏生盨)』·『어궤(敔簋)』·『괵중수(虢仲盨)』·『우정(禹鼎)』·『혜갑반(兮甲盤)』·『구보수개(駒父盨蓋)』의 명문에 보이는데, 주(周)왕조의 강력한 적이 되어 수 차례 지금의 섬서(陝西) 상현(商縣)일대까지 쳐들어가 나라 전체를 혼란하게 했다. 서주(西周) 여왕(厲王)시기 『진후소편종(晉侯蘇編鐘)』에는 주(周)나라 여왕(厲王) 33년(B.C. 845) 정월 초팔일에 진후소(晉侯蘇)가 명을 받아 숙이(夙夷)를 정벌하는 과정이 자세히 기록되어 있다.

주(周)왕조가 이(夷)를 소멸시키려는 것은 불가능했는데, 이는 정부가 그 백성을 소멸시키려고 하는 것과 같은 것이었다. 주(周)왕조는 동쪽으로 이(夷)를 정벌하고 서쪽으로 융(戎)을 정벌하여, 이(夷)와 융(戎) 사이에서 좌우로 어렵게 되었다. 목왕(穆王)의 서방 정벌은 서주(西周) 나아

---

288 역주: 『禹鼎』: 畾[鄂]侯馭方率南淮尸[夷]東尸[夷], 廣伐南或[國]東或[國].

가 주(周)나라 전체의 전환점이니, 주인(周人)은 융(戎)에게 점차 수세로 밀리다가 마침내 견융(犬戎)에게 멸망했다. 서주(西周)는 융(戎)에서 일어나 융(戎)에게 멸망했으니, 개괄적으로 말하면 이인(夷人)의 왕조이다. 따라서 『맹자(孟子)』에서는 "문왕(文王)은 서이(西夷) 사람이다.……뜻을 얻어 중국에 시행한 것이 부절과 같았다."[289]라고 했다.

(5) 자(子)는 이(夷)의 예(禮)를 행하기 때문에 자(子)는 이인(夷人)이다.

『예기(禮記)』「곡례(曲禮)」에서 다음과 같이 말했다.

구주(九州)의 장(長)은 천자국(天子國)에 들어오면 스스로 목(牧)이라 칭한다. 천자(天子)는 그가 동성(同姓)이면 숙부(叔父)라 이르고, 그가 이성(異姓)이면 숙구(叔舅)라 이른다. 나라 밖에서는 후(侯)라고 하고, 나라 안에서는 군(君)이라 한다. 동이(東夷)·북적(北狄)·서융(西戎)·남만(南蠻)은 비록 그 땅이 크더라도 자(子)라고 칭한다. 나라 안에서는 불곡(不穀)이라 칭하고, 나라 밖에서는 왕노(王老)라고 칭한다.[290]

구주(九州) 밖의 이만(夷蠻)의 지역에서는 그 임금을 "비록 땅이 크더라도 자(子)라고 칭했기" 때문에 "자(子)는 이(夷)의 예법을 행한다."는 설이 있었다. 이 때문에 초(楚)나라는 비록 대국이지만 그 임금을 『춘추(春秋)』에서도 자(子)로 칭했다. 기(杞)나라는 구주(九州) 안에 위치하고 하(夏)나라의 후예인데도 또한 자(子)라고 칭해졌다. 『춘추(春秋)』「희공 23

---

289 역주:『孟子』「離婁下」: 文王…… 西夷之人也. …… 得志行乎中國, 若合符節.

290 역주:『禮記』「曲禮」: 九州之長, 入天子之國曰牧. 天子同姓謂之叔父, 異姓謂之叔舅. 於外曰侯, 於其國曰君. 其在東夷北狄西戎南蠻, 雖大曰子, 於內自稱曰不穀, 於外自稱曰王老.

년(僖公二十三年)』에서 "겨울 11월에 기자(杞子)가 세상을 떠났다."[291]라고
했다. 여기의 기자(杞子)는 바로 기(杞)나라 성공(成公)이다. 『춘추(春秋)』
「희공 27년(僖公二十七年)」에서 "봄에 기자(杞子)가 조회를 왔다."[292]라고
했고, 『춘추좌씨전(春秋左氏傳)』에서 해석하여 "기(杞)나라 환공(桓公)이
조회를 와서 이(夷)의 예법을 사용했기 때문에 자(子)라고 한 것이다. 희
공(僖公)이 기자(杞子)를 낮추어 본 것은 기자(杞子)가 공손하지 않았기
때문이다."라고 했다. 『주례주소(周禮注疏)』에서도 "기(杞)나라는 하(夏)나
라의 후예인데도, 혹은 후(侯)로 칭하고 혹은 백(伯)으로 칭하고 혹은 자
(子)로 칭한 것은, 기(杞)나라 군주가 무도하고 간혹 이(夷)의 예법을 사
용했기 때문이다. 때문에 그를 폄하하여 공(公)이라고 칭하지 않은 것
이다."[293]라고 했다. 천자(天子)도 이(夷)의 예법을 사용했다. 『예기(禮記)』
「곡례(曲禮)」에서 "천하(天下)의 군주를 천자(天子)라고 하지만, 제후의 조
회를 받고 직책을 나누고 정령을 시행하고 일을 맡길 때는 여일인(予一
人)이라고 한다."[294]라고 했다. 정현(鄭玄)은 주(注)에서 "천하(天下)는 국
외 및 사해(四海)를 이른다. 지금 한(漢)나라는 만이(蠻夷)에게는 천자(天
子)라고 칭하고, 왕후(王侯)에게는 황제(皇帝)라고 칭한다."[295]라고 했다.

자(子)가 이(夷)의 예법을 썼다면, 제자(諸子)는 모두 이족(夷族)이다.
기자(箕子)·비간(比干)·미자(微子)는 모두 은(殷)나라 말기의 삼현(三賢)
으로 불린다. 은주(殷周) 교체 시기에 비간(比干)은 장렬하게 희생되었
고, 무왕(武王)은 기자(箕子)를 조선(朝鮮)에 봉했으며, 주공(周公) 단(旦)은

291　역주: 『春秋』 「僖公23年」: 冬十有一月, 杞子卒.

292　역주: 『春秋』 「僖公27年」: 春, 杞子來朝.

293　역주: 『周禮注疏』: 杞爲夏後, 或稱侯, 或稱伯, 或稱子者, 杞君無道, 或用夷禮, 故貶之而
不稱公也.

294　역주: 『禮記』 「曲禮」: 君天下曰天子. 朝諸侯分職授政任功, 曰予一人.

295　역주: 『禮記注疏』: 天下, 謂外及四海也. 今漢於蠻夷稱天子, 於王侯稱皇帝.

미자(微子)에게 송(宋)나라에 선조의 제사를 받들 것을 명했다. 기자(箕子)는 걸출한 이족(夷族)의 대표임에도 사람들은 그를 중화(中華) 제일의 '자(子)'로 칭했고, 미자(微子)는 은(殷)나라의 후손임에도, 모두 공자(孔子)에게 추앙받은 선현이었다. 공자(孔子)와 기자(箕子)·미자(微子)는 모두 이인(夷人)의 후손이었다. 공자(孔子)는 노(魯)나라에서 태어났으며 은(殷)나라의 후손이다.『사기(史記)』「공자세가(孔子世家)」에서는 다음과 같이 말했다.

그의 선조는 송(宋)나라 사람으로 공방숙(孔防叔)이다. 방숙(防叔)이 백하(伯夏)를 낳고, 백하(伯夏)는 숙량흘(叔梁紇)을 낳았다. 흘(紇)은 안씨(顔氏)의 딸과 야합하여 공자(孔子)를 낳았다.…… 천하에 도가 없어진 지 오래되어 아무도 나를 존중하지 않는구나! 상을 치를 때, 하(夏)나라 사람들은 빈(殯)을 조계(阼階)에 모셨고, 주(周)나라 사람들은 빈(殯)을 서계(西階)에 모셨으며, 은(殷)나라 사람들은 빈(殯)을 두 기둥 사이에 모셨다. 어제 저녁 나는 두 기둥 사이에서 제사를 받는 꿈을 꾸었다. 나의 조상은 은(殷)나라 사람이다.[296]

공자(孔子)는 야합하여 태어난 성인이고 또한 신화전설적인 인물이다.[297] 그는 주(周)나라를 인정했으나 임종 때는 자신이 은(殷)나라 사람임을 잊지 않았다.『논어(論語)』「선진(先進)」에 공자(孔子)가 말하길 "선배들이 예악(禮樂)을 행함은 야인(野人)과 같다고 하고, 후배들이 예악을

---

296 역주:『史記』「孔子世家」: 其先宋人也, 曰孔防叔. 防叔生伯夏, 伯夏生叔梁紇. 紇與顔氏女野合而生孔子, …… 天下無道久矣, 莫能宗予. 夏人殯於東階, 周人於西階, 殷人兩柱間. 昨暮予夢坐奠兩柱之間, 予殆殷人也.

297 Lionel Jensen, Wise Man of the Wilds: Fatherlessness, Fertility, and the Mythic Exemplar, Kongzi, *Early China*, 20 :407~437, 1995. 詹啓華,「孔子: 野生的聖人, 感孕而生的神話典型」, 夏含夷主編『遠方的時習』(『古代中國』精選集), 上海, 上海古籍出版社, 2008.에 수록.

행함은 군자(君子)와 같다고 한다. 만일 내가 예악(禮樂)을 행한다면 나는 선배를 따를 것이다."[298]라고 했다. "예를 잃어 야(野)에서 찾아야하기"[299]때문에 공자(孔子)는 "구이(九夷)에 거하고자"[300] 했다. 많은 인의도덕(仁義道德)은 확실히 이(夷) 혹은 은(殷)나라의 전통에 근원한다.

『맹자(孟子)』「이루하(離婁下)」에서 종합적으로 말했다.

순(舜)은 제풍(諸馮)에서 태어나 부하(負夏)로 옮겼다가 명조(鳴條)에서 별세하셨으니, 동이(東夷) 사람이다. 문왕(文王)은 기주(岐周)에서 태어나 필영(畢郢)에서 별세하셨으니, 서이(西夷) 사람이다. 땅의 거리가 천여 리이며 세대의 선후가 천여 년 차이가 있으나, 뜻을 얻어 중국(中國)에 행함에 있어서는 부절(符節)을 합치듯 똑같았다. 앞의 성인(聖人)과 뒤의 성인(聖人)의 그 헤아림이 똑같다.[301]

맹자(孟子)는 순(舜)임금은 동이(東夷) 사람이며 문왕(文王)은 서이(西夷) 사람으로 보았고, 그 자신도 꼭 하인(夏人)은 아니라고 보았다. 『맹자(孟子)』「이루하(離婁下)」에서 "순(舜)임금도 사람이며 나도 사람이다. 순(舜)임금은 천하에 모범이 되어 후세에 전할 만하셨다."[302]라고 했고, 『맹자(孟子)』「고자상(告子上)」에서는 "성인(聖人)도 나와 같은 동류(同類)

---

298 역주: 『論語』「先進」: 子曰, 先進於禮樂, 野人也, 後進於禮樂, 君子也. 如用之, 則吾從先進.

299 역주: 『漢書』「藝文志」: 禮失求諸野.

300 역주: 『論語』「子罕」: 子欲居九夷. 或曰, 陋如之何. 曰, 君子居之, 何陋之有.

301 역주: 『孟子』「離婁下」: 孟子曰, 舜生於諸馮, 遷於負夏, 卒於鳴條, 東夷之人也. 文王生於岐周, 卒於畢郢, 西夷之人也. 地之相去也, 千有餘裏, 世之相後也, 千有餘歲. 得志行乎中國, 若合符節, 先聖後聖, 其揆一也.

302 역주: 『孟子』「離婁下」: 舜人也, 我亦人也. 舜 爲法於天下, 可傳於後世.

이시다."[303]라고 했다. 맹가(孟軻)는 추(鄒)나라 사람이며, 추기(鄒忌)와 추연(鄒衍)과 더불어 삼추자(三鄒子)로 불린다. 『사기색은(史記索隱)』「맹자순경열전(孟子荀卿列傳)」에 "추(鄒)는 노(魯)나라의 지명이다. 또 판본에 따라 주(邾)나라 사람이라고도 하는데, 추(鄒)땅으로 옮겨왔기 때문이다."[304]라고 했다. 노(魯)나라 지역은 동이(東夷)의 옛 지역으로 추(鄒)나라 사람이나 주(邾)나라 사람들은 대부분 이인(夷人)이거나 이인(夷人)의 후손이었다. 춘추전국시대(春秋戰國時代)는 많은 이인(夷人)들이 하인(夏人)으로 변하는 시대였다. 그 또한 이인(夷人)에서 하인(夏人)으로 변했다.

한비자(韓非子) 등은 유가(儒家)와 묵가(墨家)를 합쳐 전국시대(戰國時代)의 현학(顯學)으로 불렀다. 묵자(墨子)는 겸애(兼愛)와 비공(非攻)을 숭상하고 상현(尙賢)과 상동(尙同)[305]을 제창했으며, 요순(堯舜)시대의 예양(禮讓)과 평화의 경지를 회복하려고 했다. 진한(秦漢)시대에는 정권에 굴복하지 않아, 묵학(墨學)은 추락했다. 사마천(司馬遷)은 『사기(史記)』「맹자순경열전(孟子荀卿列傳)」 말미에 "묵적(墨翟)은 송(宋)나라의 대부로 수어(守禦)에 능했으며 절용(節用)을 주장했다. 어떤 사람은 그를 공자(孔子)와 같은 시대의 사람이라고 말하고, 어떤 사람은 공자보다 후대의 사람이라고도 말한다."[306]라고 했다. 묵자(墨子)는 일정한 거처가 없이 중

---

303 역주: 『孟子』「告子上」: 與我同類者.

304 역주: 『史記索隱』「孟子荀卿列傳」: 鄒魯地名, 又云本邾人徙鄒故也.

305 역주: 묵자의 정치이론과 정치혁신의 핵심이다. 묵자는 일정한 재능만 가지고 있으면 그를 천거하여 높은 직위와 봉록을 주어 일하게 하고 일정한 권한을 주어야 한다고 주장했으며 상현사능(尙賢使能)이 정치의 근본이라 했다. 사람의 본질적 특징은 노동과 실천적 활동이며 사회의 모든 사람은 비록 종사하는 활동의 종류는 다르지만 각자의 일에 종사해야 하고 그 일에 책임을 다해야 하는데 이것을 명확히 하는 것이 상동이며 이것은 전 사회의 사상과 여론을 통일을 의미한다. 묵자는 상현은 상동을 실현하는 기본전제이기에 반드시 상현을 기초로 하여야 한다고 강조했다.

306 역주: 『史記』「孟子荀卿列傳」: 蓋墨翟, 宋之大夫, 善守御, 爲節用. 或曰并孔子時, 或曰在其後.

국 전역에서 활약하여 그 출생지나 족보를 고증하기 어렵다.[307] 그는 송 (宋)나라 대부(大夫)였기 때문에 은(殷)나라 사람의 후예일 가능성이 가장 크다.

노장(老莊)사상은 청정무위(淸淨無爲)와 소국과민(小國寡民)을 숭상하고 와각지쟁(蝸角之爭)[308]을 반대한, 정착 농경생활방식의 창도자였다. 노자 (老子)는 초(楚)나라 고현(苦縣) 여향(厲鄕) 곡인리(曲仁里) 사람이다.[309] 초 (楚)나라는 남만(南蠻)의 대국이다. 노자(老子)는 초(楚)나라 사람이니 또 한 이인(夷人)이었다. 장자(莊子)는 몽(蒙)나라 사람으로 이름은 주(周)이 고, 몽(蒙)나라의 칠원리(漆園吏)[310]를 지냈다. 몽(蒙) 지역은 송(宋)나라의 옛 땅인데, 몽(蒙)나라 사람은 은(殷)나라 사람의 후예이며 또한 이인(夷 人)이다.

상술한 바를 종합하면, 자(子)는 이(夷)의 예법을 쓰는 자로, 기자(箕 子) · 미자(微子) · 공자(孔子) · 맹자(孟子) · 묵자(墨子) · 노자(老子) · 장자 (莊子) 등이 모두 이인(夷人)이었으니, 바로 이인(夷人)이 중국의 전통문 화정신을 창조하고 기술한 것이다.

(6) 이(夷)는 동아시아 토착민이다.

이(夷)가 토착민이라는 것은 『후한서(後漢書)』 「동이열전(東夷列傳)」에 보인다.

---

307   方授楚:『墨學源流』影印本, 北京, 中華書局, 1989.

308   역주: 달팽이 촉각 위에서 싸운다는 뜻으로, 작은 나라끼리의 싸움을 뜻하거나 하찮은 일로 승강이하는 것을 의미한다.

309   역주:『史記』「老子韓非列傳」: 老子者, 楚苦縣厲鄕曲仁裏人也.

310   역주: 옻나무밭을 관리하는 하급관리.

이(夷)는 근본[기층민]으로, 인(仁)을 말하고 생(生)을 좋아하여 만물을 땅에 뿌리내리고 키운다. 때문에 천성이 유순하고 도로 다스리기가 쉽다.……한(漢)나라가 중흥한 이후, 사방의 이(夷)가 빙문을 옴에 비록 때때로 어기거나 배반함이 있었으나 사신과 역마가 끊이지 않았기 때문에 나라의 풍속과 풍토를 대략 기록할 수 있었다. 동이(東夷)는 거의 모두 토착민으로, 술마시고 노래하며 춤추기를 좋아하고, 변(弁)을 쓰고 비단옷[錦]을 입으며, 예기로 조(俎)와 두(豆)를 사용한다.[311]

왕헌당(王獻唐)은 이(夷)가 동아시아의 토착민이고 하(夏)나 유목과 관계가 있는 황제(黃帝)일족은 토착민이 아니라고 보았다.

염제(炎帝)와 황제(黃帝)의 아버지가 다르기는 하지만, 어떻게 두 민족인 것을 알 수 있는가? 말하길, 이(夷)와 하(夏)로 알 수 있고, 황하(黃河)유역을 차지하기 위한 싸움으로 알 수 있다. 당시의 사이(四夷)는 염제(炎帝)의 후손이고, 황제(黃帝)의 자손은 모두 화하(華夏)였다. 황제(黃帝)로부터 상(商)나라와 주(周)나라 이전까지의 전쟁은 대체로 민족 간의 전쟁으로, 이른바 염제(炎帝)와 황제(黃帝) 두 민족의 전쟁이었다.[312]

태호(太皞) · 소호(少皞) · 요(堯) · 순(舜) 및 고요(皐陶) · 백익(伯益) · 치우(蚩尤) · 후예(后羿) 등은 모두 이(夷)에 속한다. 발해만(渤海灣) 지역의 이(夷)문화는 역사가 유구하고, 중국문명 초기의 예악문명과 같은 일련의 중대한 특징은 이(夷)문화에 근원한다. 『춘추좌씨전(春秋左氏傳)』「소

---

311   역주: 『後漢書』「東夷列傳」: 夷者, 柢也, 言仁而好生, 萬物柢地而出, 故天性柔順, 易爾禦,……自中興之後, 四夷來賓, 雖時有乖畔, 而使驛不絶, 故國俗風土, 可得略記. 東夷率皆土著, 憙飮酒歌舞, 或寇弁衣錦, 器用俎豆.

312   王獻唐: 『炎黃氏族文化考』, 濟南, 齊魯書社, 1985. 12쪽.

공 17년(昭公十七年)』에 담자(郯子)가 말했다.

저의 고조(高祖) 소호(少皞) 지(摯)께서 즉위할 때 봉조(鳳鳥)가 마침 날아왔
습니다. 때문에 새로 벼리를 삼아, 새로 백관(百官)의 사(師)를 삼으며 새의
이름으로 관명(官名)을 지었습니다. 봉조씨(鳳鳥氏)는 역정(歷正)의 관직이
고, 현조씨(玄鳥氏)는 사분(司分)의 관직이고, 백조씨(伯趙氏)는 사지(司至)의
관직이며, 청조씨(靑鳥氏)는 사계(司啓)의 관직이고, 단조씨(丹鳥氏)는 사폐
(司閉)의 관직이었습니다. 축구씨(祝鳩氏)는 사도(司徒)의 관직이며, 저구씨
(鴡鳩氏)는 사마(司馬)의 관직이고, 시구씨(鳲鳩氏)는 사공(司空)의 관직이며,
상구씨(爽鳩氏)는 사구(司寇)의 관직이고, 골구씨(鶻鳩氏)는 사사(司事)의 관
직이었습니다. 다섯 구(鳩)[祝鳩氏 · 鴡鳩氏 · 鳲鳩氏 · 爽鳩氏 · 鶻鳩氏]의
관직은 백성을 모으는(다스리는) 관직입니다. 다섯 치(雉)[鷮雉 · 鶅雉 · 翟
雉 · 鵗雉 · 翬雉]의 관직은 다섯 공예의 정(正)이 되어 기용(器用)을 이롭게
하고 도량(度量)을 바로잡아 백성들을 고르게 하는 관직입니다. 아홉 호(扈)
[鳻鶞 · 竊玄 · 竊藍 · 竊黃 · 竊丹 · 喈喈 · 嘖嘖 · 竊脂 · 鴳鴳]의 관직은 아
홉 농사의 정(正)이 되어 백성들이 지나침이 없도록 저지하는 관직입니다.[313]

오치(五雉) · 구호(九扈)와 오조(五鳥) · 오구(五鳩)는 모두 새의 명칭이
다. 소호(少皞)는 이름이 지(摯)이지만, 지(摯)는 지(鷙)와 통가되니, 또한
새의 명칭이다. 소호(少皞)가 새로 벼리를 삼아, 새로 백관(百官)의 사(師)
를 삼고 새의 이름으로 관명(官名)을 지은 것은 전형적인 새토템 문화이
다. 견이(畎夷) · 우이(于夷) · 방이(方夷) · 황이(黃夷) · 백이(白夷) · 적이(赤

---

313 역주: 『春秋左氏傳』「昭公17年」: 我高祖少皞, 摯之立也. 鳳鳥適至, 故紀於鳥, 爲鳥師而
鳥名. 鳳鳥氏歷正也, 玄鳥氏司分者也, 伯趙氏司至者也, 靑鳥氏司啓者也, 丹鳥氏司閉者也. 祝
鳩氏司徒也, 鴡鳩氏司馬也, 鳲鳩氏司空也, 爽鳩氏司寇也, 鶻鳩氏司事也. 五鳩, 鳩民者也. 五
雉, 爲五工正, 利器用, 正度量, 夷民者也. 九扈, 爲九農正, 扈民無淫者也.

夷)·현이(玄夷)·풍이(風夷)·양이(陽夷) 등은 동아시아 지역에서 오랫동안 생활하며 번영했다. 곡부(曲阜) 일대 즉 공상(空桑)의 지역은 이(夷)문화의 중심지역이며, 소호씨(少皞氏)의 근거지로 대대로 전해졌다.

오사(五祀) 중에 구망(句芒)·욕수(蓐收)·현명(玄冥)은 이 지역에서 기원했고, 후예(后羿)는 이 지역에서 나라를 세웠다. 이 지역의 토착민인 이윤(伊尹)은 그 문화에서 부여받은 지혜를 이용하여 탕(湯)임금을 섬겨 마침내 하(夏)나라를 멸망시켰다. 이 지역의 토착민인 공자(孔子)는 시세에 의해 마침내 유교(儒敎)의 종통을 이루었다. 이러한 일들은 모두 공상(空桑)이 문화의 중심지임을 명백히 가리킨다. 고대 동방 종교의 중심인 태산(太山)과 유우씨(有虞氏)와 상(商)나라 사람들이 거처한 상구(商丘) 및 상(商)나라 사람들의 종읍(宗邑)인 몽박(蒙亳)은 모두 공상(空桑) 외곽에 있었다.[314]

『사기(史記)』「오제본기(五帝本紀)」에서 순(舜)임금의 시기에 "식신(息愼)이 와서 조공했다"고 서술했다. 『사기집해(史記集解)』에서 정현(鄭玄)의 주(注)를 인용하여 "식신(息愼)은 숙신(肅愼)이라고도 하는데, 동북이(東北夷)이다."[315]라고 했다. 『삼국지(三國志)』「동이전(東夷傳)」에 "그들의 활의 길이는 4척이고 활의 힘이 노(弩)와 같으며, 화살은 싸리나무를 쓰고 길이가 1척 8촌이며 청석으로 화살촉을 만들었다. 옛 숙신(肅愼)의 나라이다."[316]라고 했다. 구이(九夷)는 명확한 지칭이 아니기 때문에, 단지 아홉 이(夷)가 아니라 실제로는 여러 이(夷)를 가리키는 것으로, 그 구체적인

---

314 傅斯年, 「夷夏東西說」, 『中央研究院歷史語言研究所集刊外篇·慶祝蔡元培先生六十五歲論文集(下)』, 1935.

315 역주: 『史記集解』: 鄭玄曰, 息愼, 或謂之肅愼, 東北夷.

316 역주: 『三國志』「東夷傳」: 其弓長四尺, 力如弩, 矢用楛, 長尺八寸, 靑石爲鏃, 古之肅愼氏之國也.

명칭은 지역에 따라 달랐을 것이다. 즉 동이(東夷)가 가장 유명하지만, 그 의미 또한 시대에 따라 다르다.

황제(黃帝)가 서쪽에서 왔다는 것은 여전히 논쟁이 있지만, 요(堯)와 순(舜)이 동쪽에서 일어났다는 것은 확실하다. 하(夏)나라와 하(夏)나라 사람들의 역사는 여전히 명확하지는 않으나 이보다 앞서 이인(夷人)이 동아시아 지역에서 생활했음은 분명하다. 상(商)나라 사람들은 청동유목문화에 큰 영향을 받았지만 기본적으로 이(夷)에서 기원했다. 부사년(傅斯年)은 "상(商)나라가 흥기할 때는 동북지역에서 왔으며, 상(商)나라가 망할 때는 동북지역으로 떠났다. 상(商)나라는 중국 신사(信史)의 첫 장이자 또한 동북 지역 역사의 첫 페이지이다."[317]라고 했다. 김경방(金景芳)은 상(商)나라의 문화는 요수(遼水)에서 기원 한 것으로 보았다.[318] 만리장성 일대와 연산(燕山) 남북 일대는 상(商)나라 선조의 활동지역이고, 홍산(紅山)문화는 상(商)나라 선조의 유적이며, 요하(遼河) 유역이 그 발상지일 것이다.[319]

기자조선(箕子朝鮮)은 『사기(史記)』「송미자세가(宋微子世家)」에서 "이에 무왕(武王)은 기자(箕子)를 조선(朝鮮)에 봉했으나 신하로 대하지 않았다."[320]라고 했고, 『상서대전(尙書大傳)』에서는 더욱 명확하게 "무왕(武王)이 은(殷)나라를 이긴 후, 공자 녹보(祿父)로 잇게 하고 갇혔던 기자(箕子)를 석방시켰다. 기자(箕子)는 주(周)나라가 풀어준 것을 참지 못하고 조선(朝鮮)으로 도망갔다. 무왕(武王)이 이를 듣고 조선(朝鮮)을 봉해주었다. 기자(箕子)는 주(周)나라의 봉지를 받아 신하의 예를 행하지 않을 수

---

317 傅斯年, 「東北史綱」, 『中央研究院歷史語言研究所專刊』, 1932.

318 金景芳, 「商文化起源於我國北方說」, 『中華文史論叢』第7輯, 1978.

319 干志耿・李殿福・陳連開: 「商先起源於幽燕說」, 『歷史研究』, 1985(5).

320 역주: 『史記』「宋微子世家」: 於是武王乃封箕子於朝鮮而不臣也.

없었기 때문에 무왕(武王) 13년에 와서 조회했다."[321]라고 했다. 『삼국사기(三國史記)』 및 『삼국유사(三國遺事)』·『제왕운기(帝王韻記)』·『조선사략(朝鮮史略)』·『해동역사(海東繹史)』에 모두 기자조선(箕子朝鮮)의 기록이 있다. 한반도에서는 기자(箕子)와 직접적으로 관련이 있는 문물이 발견되지는 않았으니 기자조선(箕子朝鮮)은 아마도 조선(朝鮮)반도에 있지 않았을 것이다.[322] 기자(箕子)가 조선(朝鮮)반도에 이르지 않았더라도 결코 기자(箕子)의 후손들이 조선반도 및 조선과 이(夷)에 이르렀다는 관계를 부인할 수는 없다. 『후한서(後漢書)』「동이열전(東夷列傳)」의 동명(東明)의 설화·『위서(魏書)』「고구려전(高句麗傳)」의 주몽(朱蒙)의 설화·『광개토왕릉비(廣開土王陵碑)』의 추모(鄒牟)의 설화는 대동소이하게 모두 상(商)나라 사람의 난생(卵生)설화와 주(周)나라 사람의 기아(棄兒)설화의 결합이다. 『삼국사기(三國史記)』권13 「고구려본기(高句麗本紀)」에도 "나이 7세에 보통 사람과 크게 달라서 스스로 활과 화살을 만들어 쏘았는데 백발백중이었다. 부여(扶餘)에서는 활을 잘 쏘는 사람을 주몽(朱蒙)이라고 했기 때문에 이것으로써 이름을 삼았다."[323]라는 유사한 기록이 있다. 한민족(韓民族) 기원의 부여(扶餘)설·예맥(穢貊)설·양이(良夷)설·고이(高夷)설·상원(商源)설과 이(夷)·예맥(穢貊)·한(漢) 다원설 등 모두 이(夷)와 관련이 있다. 『산해경(山海經)』에 기록된 소호지국(少昊之國)과 희화지국(羲和之國)은 동해 바깥에 위치하고, 『삼국사기(三國史記)』「김유신전(金庾信傳)」에서 "신라(新羅)사람들은 스스로 소호(少昊) 금천씨(金天氏)의 후

---

321 역주: 『尙書大傳』: 武王勝殷繼公子祿父, 祿父紂之子也. 釋箕子囚. 箕子不忍周之釋, 走之朝鮮. 武王聞之, 因以朝鮮封之. 箕子旣受周之封, 不得無臣禮, 故於十三祀來朝.

322 李亨求, 「大凌河流域의 殷末周初 靑銅器文化와 箕子 및 箕子朝鮮」, 『한국상고사학보』 제5집, 1991.

323 역주: 『三國史記』「高句麗本紀」: 年甫七歲, 嶷然異常, 自作弓矢, 射之, 百發百中. 扶餘俗語, 善射爲朱蒙, 故以名.

예라고 생각하기 때문에 성을 김(金)이라 했다."³²⁴라고 했다. 『송사(宋史)』 「고려전(高麗傳)」에 실린 고려(高麗) 국왕이 올린 표(表)에 송(宋)나라에서 유학한 왕빈(王彬) 등을 겸칭하여 "어려서 포계(匏繫)를 따라 우이(嵎夷)에 섞여 있는 것이 안타까웠습니다.……우댁(嵎宅)의 변변치 못한 백성이며 해동(海門)의 미천한 관리입니다."³²⁵라 했다. 『산해경(山海經)』의 청구국(青丘國)과 흑치국(黑齒國)이 한국에 위치했다는 견해도 일리가 있다.

동북 지역은 이(夷)의 고향이고, 서남 지역은 또한 이(夷)의 영지이다. 『사기(史記)』 「서남이열전(西南夷列傳)」에서 "서남이(西南夷)의 군장(君長)은 십여 명이며 야랑(夜郎)의 세력이 가장 컸다. 그 서쪽에 미모(靡莫)의 부족이 십여 개이며 전(滇)의 세력이 가장 컸다. 전의 북쪽에도 군장이 십여 명이며 공도(邛都)의 세력이 가장 컸다. 이들은 모두 상투를 틀고 밭을 경작하며 읍을 두고 모여 살았다."³²⁶라고 했다. 중원 역시 이(夷)의 천하였고, 더욱이 이(夷)는 이주할 수 있었기 때문에 동이(東夷)와 서이(西夷)로 구분하기도 어렵다. 영성(嬴姓)인 서(徐)와 회이(淮夷)는 동방 소호씨(少昊氏) 새 토템 종족의 하나로, 일찍이 하(夏)나라 이전부터 산동(山東) 곡부(曲阜)와 유수(濰水) 일대에서 회수(淮水)유역으로 이동하며 거주했다. 서(徐) 즉 고요씨족(皋陶氏族)은 하(夏)나라 이전의 도산씨(塗山氏)까지 거슬러 올라갈 수 있다.³²⁷ 파인(巴人)은 동이(東夷)에서 나왔고 그 핵심 씨족인 파씨(巴氏)는 서(徐)의 한 갈래이니, 은인(殷人)과 종족기원 관계가 있다. 파씨(巴氏)의 초기 거주지는 회수(淮水)유역이었고, 상(商)나라가 진(晉)의 동남일대로 이주하자 번(樊)·상(相)·정(鄭) 등과 더

---

324 역주: 『三國史記』 「金庾信傳」: 羅人自謂少昊金天氏之後, 故姓金.

325 역주: 『宋史』 「高麗傳」: 幼從匏繫, 嗟混跡於嵎夷,……嵎宅細民, 海門賤吏.

326 역주: 『史記』 「西南夷列傳」: 西南夷君長以什數, 夜郎最大. 其西靡莫之屬以什數, 滇最大. 自滇以北君長以什數, 邛都最大. 此皆魋結, 耕田, 有邑聚.

327 李修松: 「徐夷遷徙考」, 『歷史研究』, 1996(4).

불어 네 성(姓)은 동맹을 맺었다. 주(周)나라가 상(商)나라를 멸한 후, 파인(巴人)의 활동 중심지는 남쪽으로 옮겨가 한수(漢水) 중상류 지역에 이르렀고, 춘추전국(春秋戰國) 시기에 다시 여러 차례 옮겨 중경(重慶) 동부까지 이동했다.[328]

『주례(周禮)』「춘관(春官)」에서 "제루씨(鞮鞻氏)는 사이(四夷)의 악(樂)과 그 성가(聲歌)를 관장한다."[329]라고 했다. 주(周)나라 사람은 사이(四夷) 가운데에서 생활하며 "중국에 임하여 사이(四夷)를 어루만졌기"[330] 때문에, 이(夷)는 주변 민족을 범범하게 가리켰다. 『상서(尚書)』「여오(旅獒)」에서 "밝은 왕께서 덕을 삼가시자 사이(四夷)가 빈(賓)으로 찾아왔다."[331]라고 했고, 『춘추좌씨전(春秋左氏傳)』「소공 17년(昭公十七年)」에서 "천자가 관제(官制)를 잃으면 사이(四夷)에게서 배운다."[332]라고 했다. 이(夷)로 해외 민족을 지칭한 것이 근거가 없는 것은 아니다. 일본 열도 또한 이(夷)에 속했고, 대만도 이주(夷州)로 불렸다. 이(夷)가 동북 지역 · 조선 · 일본 및 동남 도서 지역에 이른 것도 가능했다. 『삼국지(三國志)』「위서(魏書) · 동이전(東夷傳)」·『송서(宋書)』「만이열전(蠻夷列傳)」·『양서(梁書)』「제이열전(諸夷列傳)」·『구당서(舊唐書)』「동이열전(東夷列傳)」·『신당서(新唐書)』「동이열전(東夷列傳)」 등 역대 사서는 모두 해외의 여러 나라를 이(夷) 또는 만이(蠻夷), 제이(諸夷)의 반열에 넣었다. 『한서(漢書)』「지리지하(地理志下)」에서 "만이(蠻夷)의 장삿배는 물건을 보내어 이르게 했다."[333]라고 한 것은, 만이(蠻夷)의 항해 중의 역할과 해외 섬나라들과의 밀접

---

328 楊銘,『巴人源出東夷考』,『歷史研究』, 1999(6).

329 역주: 『周禮』「春官」: 鞮鞻氏, 掌四夷之樂與其聲歌.

330 역주: 『孟子』「梁惠王上」: 蒞中國而撫四夷.

331 역주: 『尚書』「旅獒」: 明王愼德, 四夷咸賓.

332 역주: 『春秋左氏傳』「昭公17年」: 天子失官, 學在四夷.

333 역주: 『漢書』「地理志下」: 蠻夷賈船, 轉送致之.

한 관계를 설명한 것이다.

현존하는 사료에 근거하면, 이(夷)는 동아시아 토착민으로 하(夏)나라 이전에 여러 이(夷)는 중국에 두루 퍼져있었으며 하(夏)·상(商)·주(周) 삼대(三代)의 이(夷)는 지지 기반이었음을 증명할 수 있다.

2. 하(夏)와 융적(戎狄)

(1) 염제(炎帝)와 황제(黃帝)의 전설: 하(夏)나라 사람들의 이야기

염제(炎帝)와 황제(黃帝)에 관계된 전설은 전국시대 문헌에 산재해 있는데, 사마천(司馬遷)의 『사기(史記)』가 비교적 체계적으로 기술했다. 『춘추좌씨전(春秋左氏傳)』「소공 17년(昭公十七年)」에 담자(郯子)가 말했다.

옛날에 황제씨(黃帝氏)는 구름으로 벼리를 삼아, 구름으로 백관(百官)의 사(師)를 삼으며 구름의 이름으로 관명(官名)을 지었습니다. 염제씨(炎帝氏)는 불로 벼리를 삼아, 불로 백관(百官)의 사(師)를 삼으며 불의 이름으로 관명(官名)을 지었습니다. 공공씨(共工氏)는 물로 벼리를 삼아, 물로 백관(百官)의 사(師)를 삼으며 물의 이름으로 관명(官名)을 지었습니다. 태호씨(太皞氏)는 용으로 벼리를 삼아, 용으로 백관(百官)의 사(師)를 삼으며 용의 이름으로 관명(官名)을 지었습니다. 저의 고조(高祖) 소호(少皞) 지(摯)가 즉위할 때 봉조(鳳鳥)가 마침 날아왔습니다. 때문에 새로 벼리를 삼아, 새로 백관(百官)의 사(師)를 삼고 새의 이름으로 관명(官名)을 지었습니다.[334]

---

334 역주: 『春秋左氏傳』「昭公17年」: 昔者黃帝氏以雲紀, 故爲雲師而雲名. 炎帝氏以火紀, 故爲火師而火名. 共工氏以水紀, 故爲水師而水名. 大皞氏以龍紀, 故爲龍師而龍名. 我高祖少皞摯之立也, 鳳鳥適至, 故紀於鳥, 爲鳥師而鳥名.

황제(黃帝)는 염제(炎帝)·공공(共工)·태호(太皞)·소호(少皞) 등과 병립하며 각각 특징을 갖고 있다.『국어(國語)』「진어(晉語)」에서 진(晉)나라 대부 사공계자(司空季子)는 염제(炎帝)와 황제(黃帝)를 형제로 보았다.

옛날에 소전(少典)이 유교씨(有蟜氏)를 아내로 맞이하여 황제(黃帝)와 염제(炎帝)를 낳았습니다. 황제는 희수(姬水)에서 나라를 이루고 염제는 강수(姜水)에서 나라를 이루었습니다. 때문에 황제는 희성(姬姓)이 되었고 염제는 강성(姜姓)이 되었습니다. 두 제(帝)가 군사를 일으켜 서로 멸망시킨 것은 덕이 다른 까닭입니다.[335]

『국어(國語)』「노어(魯語)」에서 황제(黃帝)가 제(帝)들을 능가하기 시작했다.

그러므로 유우씨(有虞氏)는 황제(黃帝)에게 체제(禘祭)를 지내고 전욱(顓頊)에게 조제(祖祭)를 지내며 요(堯)에게 교제(郊祭)를 지내고 순(舜)에게 종제(宗祭)를 지냈다. 하후씨(夏后氏)는 황제에게 체제(禘祭)를 지내고 전욱에게 조제(祖祭)를 지내며 곤(鯀)에게 교제(郊祭)를 지내고 우(禹)에게 종제(宗祭)를 지냈다. 상(商)나라 사람은 제곡(帝嚳)에게 체제(禘祭)를 지내고 설(契)에게 조제(祖祭)를 지내며, 명(冥)에게 교제(郊祭)를 지내고 탕(湯)에게 종제(宗祭)를 지냈다. 주(周)나라 사람은 제곡(帝嚳)에게 체제(禘祭)를 지내고 직(稷)에게 교제(郊祭)를 지내며, 문왕(文王)에게 조제(祖祭)를 지내고 무왕(武王)에게 종제(宗祭)를 지낸다.[336]

---

335 역주:『國語』「晉語四」: 昔少典娶於有蟜氏, 生黃帝炎帝. 黃帝以姬水成, 炎帝以姜水成. 成而異德, 故黃帝爲姬, 炎帝爲姜, 二帝用師以相濟也, 異德之故也.

336 역주:『國語』「魯語」上: 故有虞氏禘黃帝而祖顓頊, 郊堯而宗舜. 夏后氏禘黃帝而祖顓頊, 郊鯀而宗禹. 商人禘舜而祖契, 郊冥而宗湯. 周人禘嚳而郊稷, 祖文王而宗武王.

『죽서기년(竹書紀年)』·『세본(世本)』·『오덕종시설(五德始終說)』은 황제(黃帝)의 고사로 시작하지만, 『상서(尙書)』·『춘추(春秋)』와는 매우 다른 사학 전통을 형성했다. 『사기(史記)』「오제본기(五帝本紀)」에서는 조정을 거쳐 비교적 완전한 고사를 이루었다.

황제(黃帝)는 소전(少典)의 자손으로 성은 공손(公孫)이고 이름은 헌원(軒轅)이다. 태어나면서부터 신령스러웠고 태어난 지 얼마 되지 않아서 말을 할 수 있었으며, 어려서 매우 영리했고 자라면서는 성실하고 영민했으며, 어른이 되어서는 총명했다. 헌원(軒轅)의 시대는 신농씨(神農氏)의 세력이 쇠약하여, 제후들은 서로 침탈하고 백성들을 못살게 굴어도 신농씨(神農氏)는 이들을 정벌할 수가 없었다. 이에 헌원(軒轅)이 창과 방패 등 무기의 사용을 익혀 조공을 바치지 않는 제후들을 정벌하자, 제후들이 모두 와서 빈객으로 따랐다.[337]

염황(炎黃)의 전설은 늘 풍부하며 견고하다. 황제(黃帝)는 오제(五帝)의 우두머리로 중화제국을 개창한 것으로 공인받으며, 인문(人文)의 시조이자 제왕(帝王)의 전범으로 존숭되었고, 또한 초월적인 신성성을 갖추고 있는 것으로 여겨졌다.[338] 정복상대설(征服相代說)로는 황제(黃帝)는 주요한 정복자였고, 오행설로는 중앙에 거하며 사방을 제어했으며, 세대진화설로는 미개로부터 문명에 이르는 전환점이었고, 또한 우(虞)·

337　역주: 『史記』「五帝本紀」: 黃帝者, 少典之子, 姓公孫, 名曰軒轅. 生而神靈, 弱而能言, 幼而徇齊, 長而敦敏, 成而聰明. 軒轅之時, 神農氏世衰. 諸侯相侵伐, 暴虐百姓, 而神農氏弗能征. 於是軒轅乃習用干戈, 以征不享, 諸侯咸來賓從.

338　Le Blanc C., A Reexamination of the Myth of Huang-ti, *Journal of Chinese Religions*, 13/14: 45~63, 1985/1986.

하(夏)·상(商)·주(周)나라의 공통의 조상이었다.[339]

요(堯)와 순(舜)의 주요한 사적은 정착 농경과 관계가 있고, 염제(炎帝)와 황제(黃帝)는 청동 유목문화와 관계가 밀접하다. 전설상 황제(黃帝)는 많은 것을 창조했는데, 예를 들면 수레를 만들고 면류관을 만들었으며, 수산(首山)에서 구리를 채취하여 정(鼎)을 주조했다. 수공업의 발전은 전문적인 분업의 형성과 사회적 부의 증가 아울러 약탈전쟁을 자극했음을 의미한다. 염제(炎帝)의 실패는 한 시대의 종결 즉 전설상의 요순(堯舜)시대의 종결을 대표하고, 황제(黃帝)의 승리는 새로운 시대의 시작 즉 고고학적으로 청동기시대의 도래를 의미한다. 황제(黃帝)는 헌원(軒轅)의 언덕에 거주했기 때문에 헌원황제(軒轅黃帝)라고도 부른다. 헌(軒)과 원(轅)자는 모두 수레[車]와 관계가 있다. 서아시아와 중앙아시아에서 수레[車]와 말은 각각 신석기시대까지 거슬러 올라가지만 수레[車]와 말의 결합 즉 마차(馬車) 혹은 거마(車馬)는 청동기시대의 산물이다. 치우(蚩尤)는 동두철액(銅頭鐵額)이며 금속 병기를 만들었다고 전해진 것은 분명 청동기시대의 형상이다. 금속 도·검과 투구·갑옷은 청동기 혹은 철기시대의 상징적인 기물이다. 은허(殷墟)의 시촉(矢鏃)·과(戈)·모(矛)·도삭(刀削)·부근(斧斤) 청동 병기는 중국 본토의 기물이다.[340] 과(戈)는 하(夏)의 족휘(族徽)일 가능성이 있는데, 또한 청동기시대보다 이르지 않다.[341] 황제(黃帝) 때 이미 청동기시대에 접어들었다는 것을 설명하는 또 다른 전설은 정(鼎)을 주조했다는 것이다. 『사기(史記)』「봉선서(封禪書)」에서 다음과 같이 말했다.

---

339 王明珂, 「論攀附」, 『中研院歷史語言研究所集刊』 73本3分, 2002.

340 李濟, 「殷墟銅器五種及其相關之問題」, 『中央研究院歷史語言研究所集刊外篇·慶祝蔡元培先生六十五歲論文集(上)』, 1933.

341 曹定雲, 「殷代族徽"戈"與及人後裔氏族」, 『考古與文物』, 1989(1).

황제(黃帝)는 수산(首山)에서 동(銅)을 채취하여 형산(荊山)아래에서 정(鼎)을 주조했다. 정(鼎)이 완성되자 하늘에서는 긴 턱수염을 드리운 용이 황제(黃帝)를 영접했다. 황제(黃帝)가 용의 등에 올라타고 군신과 후궁 등 70여명도 따라서 용의 등에 올라타자 용이 상공으로 올라갔다. 나머지 지위가 낮은 신하들은 올라타지 못하고 모두 용의 수염을 잡았으나 수염이 뽑혀 땅으로 떨어지고 황제(黃帝)의 활도 떨어졌다. 백성들은 황제(黃帝)가 상천(上天)하는 광경을 바라보면서, 황제(黃帝)의 활과 용의 수염을 부여안고서 통곡했다. 이로 인해 후세에 그 장소를 정호(鼎湖)라고 불렀으며, 그 활을 오호(烏號)라고 불렀다.[342]

한(漢)나라 무제(武帝)는 흠모하여 이궁(離宮)을 짓고 정호궁(鼎湖宮)이라 했다. 정(鼎)은 국가의 상징으로 상(商)나라와 주(周)나라 시대에 성행한 것으로 또한 중국 청동기시대의 상징이다.

『산해경(山海經)』「대황남경(大荒南經)」에서 유목 생활 방식을 "길쌈도 않고 옷감을 짜지 않지만 옷이 있고, 곡식을 심지 않고 거두지 않아도 먹을 것이 있다."[343]라고 기술했다. 황제(黃帝)가 군사로 호위하며 일정한 거처 없이 옮겨 다닌 것은 유목의 기풍이 분명하며 몽골의 칭기즈칸과 유사하다.[344] 황제(黃帝)는 좌우 대감(大監)을 두고 만국을 감독했으며, 풍후(風后)·역목(力牧)·상선(常先)·대홍(大鴻)을 등용하여 백성을 다스렸다. 흉노 등 유목제국은 또 백만대국(百蠻大國)이라 불리는데,

---

342 역주: 『史記』「封禪書」: 黃帝采首山銅, 鑄鼎於荊山下. 鼎旣成, 有龍垂胡髥下迎黃帝. 黃帝上騎, 群臣後宮從上者七十餘人, 龍乃上去. 餘小臣不得上, 乃悉持龍髥, 龍髥拔墮, 墮黃帝之弓. 百姓仰望黃帝旣上天, 乃抱其弓與胡髥號, 故後世因名其處曰鼎湖, 其弓曰烏號.

343 역주: 『山海經』「大荒南經」: 不績不經, 服也, 不稼不穡, 食也.

344 易華, 「黃帝與成吉思汗-從遊牧看中國文化的形成」, 『論草原文化』第6輯, 呼和浩特, 內蒙古教育出版社, 2009.

좌우 현왕(賢王)을 두어 황제(黃帝)의 전통을 계승했다. 『물원(物原)』에서 "헌원이 처음으로 띠를 만들었다"[345]라고 했고, 『대대례기(大戴禮記)』「오제덕(五帝德)」에서 "황제는 보불(黼黻)장식 옷을 입고 큰 띠를 둘렀다."[346]라고 했으며, 『풍속통의(風俗通義)』「황패(皇霸)」에서 "황제가 처음으로 면류관을 만들었다."[347]라고 했고, 『한서(漢書)』「율력지(律曆志)」에서 황제(黃帝)가 "비로소 의상을 드리우고, 헌면(軒冕)의 복식이 있게 되자, 천하 사람들이 헌원씨(軒轅氏)라 불렀다."[348]라고 했다. 금관(金冠)은 고대 이집트·바빌론부터 스키타이(Scythia)·대하(大夏)·흉노·신라까지 일맥상통하며 대[帶]는 유목 민족 성인 남자의 필수품이었다. 어떤 사람들은 황(黃)은 짐승가죽의 뜻이고, 헌원(軒轅)은 돌궐어로 황제(皇帝)·몽골어로 칸·퉁구스어로 왕(王) 혹은 한(汗)으로 알타이어의 공통된 호칭인 것에 주목했다.[349] 천자(天子) 혹은 천지교자(天之驕子) 역시 유목민족이 좋아하는 호칭이다. 『한서(漢書)』「흉노전(匈奴傳)」에서 흉노가 한(漢)나라에 보낸 국서에 "남쪽에 대한(大漢)이 있고, 북쪽에 강호(强胡)가 있다. 호(胡)는 천지교자(天之驕子)이다!"[350]라고 기록했다. 일대천교(一代天驕)와 칭기즈칸은 우연의 일치가 아니다. 흉노부터 돌궐 다시 몽골까지 모두 텅거리(騰格里) 사막을 숭배했으니, 텅거리(騰格里) 사막 숭배와 천자(天子)라는 칭호는 상고시대 서북 유목민족으로부터 왔다. "천하에 순종하지 않은 자가 있으면, 황제가 가서 정벌하고 평정된 후에 떠났다. 산을

---

345 역주: 『物原』: 軒轅始作帶.

346 역주: 『大戴禮記』「五帝德」: 黃帝黼黻衣大帶.

347 역주: 『風俗通義』「皇霸」: 黃帝始制冠冕.

348 『漢書』「律曆志」: 始垂衣裳, 有軒冕之服, 故天下號曰軒轅氏.

349 역주: 唐善純 等, 「釋黃帝」, 『文史知識』, 1988(9).

350 역주: 『漢書』「匈奴傳」: 南有大漢, 北有强胡, 胡者, 天之驕子也.

개간하여 길을 통하게 하며 일찍이 편안하게 거처하지 못했다."[351] 황제(黃帝)가 대표하는 것은 군사력이 뛰어난 유목부족집단이다.[352]

창과 방패의 사용을 익힌 염제(炎帝)와 황제(黃帝)의 전쟁 및 황제(黃帝)와 치우(蚩尤)의 전쟁은 누구나 알 수 있듯이 황제(黃帝)는 이미 전쟁 시대에 진입했음이 틀림없다. 『회남자(淮南子)』「병략(兵略)」에서 "싸움의 유래는 오래되었으니, 황제(黃帝)는 일찍이 염제(炎帝)와 전쟁했고, 전욱(顓頊)은 일찍이 공공(共工)과 싸웠다."[353] 치우(蚩尤)와 황제(黃帝)는 모두 전쟁의 신으로 전해진다. 『할관자(鶡冠子)』「세병(世兵)」에서 "상덕(上德)이 이미 쇠해지자 전쟁의 지략이 함께 일어났다. 황제(黃帝)는 백 번 전쟁했고, 치우(蚩尤)는 일흔 두 번 전쟁했다."[354]라고 했다. 전쟁의 기원에 관해서는 여전히 분명하지 않다. 신석기시대는 비교적 평화로운 시대였다. 일본 조몬시대·한반도 빗살무늬토기시대와 중국 신석기시대에는 대규모 정벌 전쟁의 증거가 발견된 것이 없다. 설령 신석기시대까지 거슬러 올라 갈 수 있다 하더라도, 전쟁은 청동기시대에 유행하기 시작한 문화 현상이다. 분명 청동 병기가 전쟁의 촉매제였기 때문에 염황(炎黃) 전쟁이 신석기시대에 발생했을 리 없다. 『상군서(商君書)』「획책(畫策)」에서 황제(黃帝)시대는 "내적으로는 형벌을 사용하고, 외적으로는 무력을 사용했다."[355]라고 말한 것은 요순(堯舜)시대의 종결을 상징한다. 황제(黃帝)가 염제(炎帝)와 판천(阪泉)의 들에서 전쟁을 하고 치우(蚩尤)도 패배시키자, 제후들은 모두 헌원황제(軒轅黃帝)를 받들어 천자로 삼아 무력으로 정권을 탈취하는 선례를 열고 무력으로 정권을 창출하는 본보기

---

351 역주: 『史記』「五帝本紀」: 天下有不順者, 黃帝從而征之, 平者去之, 披山通道, 未嘗寧居.

352 范文瀾, 『中國通史』第1冊, 北京, 人民出版社, 1978. 16쪽.

353 역주: 『淮南子』「兵略」: 兵之所由來者遠矣. 黃帝嘗與炎帝戰矣, 顓頊嘗與共工爭矣.

354 역주: 『鶡冠子』「世兵」: 上德已衰矣, 兵知俱起. 黃帝百戰, 蚩尤七十二.

355 역주: 『商君書』「畫策」: 內行刀鋸, 外用甲兵.

를 세웠다. 염제(炎帝)와 황제(黃帝)는 전설상 형제이다. 본래는 같은 뿌리에서 나왔지만, 형제간의 불화가 너무 심했다. 전쟁이나 문명의 시대에 진입한 이후로, 형제가 서로 다투는 일은 되풀이되었다. 무왕(武王)이 상(商)나라를 멸망시킨 것은 황제(黃帝)가 동쪽을 정벌한 역사의 판박이였다. 고힐강(顧頡剛)은 『일주서(逸周書)』「세부(世俘)」가 바로 『고문상서(古文尚書)』에서 없어진 「무성(武成)」이라고 확정하고, 무왕(武成)이 은(殷)나라를 정복할 때 인민을 죽이고 재산을 약탈했으며, 선조와 상제에게 제사지낼 때 극도의 겉치레와 낭비를 저질렀다고 지적하고, 도통(道統)의 계열에서 무왕의 지위를 뒤집어 버렸다.[356] 『춘추좌씨전(春秋左氏傳)』「희공 25년(僖公二十五年)」에서 진(晉)나라 문공(文公)이 군사를 출병시키고자 거북점을 치며 "길하다. 황제(黃帝)가 판천(阪泉)에서 전쟁할 징조를 얻었다."[357]라고 했고, 『사기(史記)』「봉선서(封禪書)」에서 진(秦)나라 영공(靈公)이 "오양(吳陽)에서 상치(上畤)를 세우고 황제(黃帝)에게 제사지냈다."[358]라고 했다. 진공(秦公)의 대묘(大墓)에서 출토된 경(磬)의 명문에서는 황제(黃帝)를 시조로 추인했다. 진시황(秦始皇)은 황제(黃帝)를 본보기로 삼고 무력으로 정권을 탈취하는 길로 나아갔다. 그는 모친을 수감하고 동생을 죽이고 계부를 제거하고 육국(六國)을 멸망시키며, 폭력으로 중국을 통일하고, 최초로 황제(皇帝)를 칭했다. 황제(黃帝)에 대한 숭배는 진한(秦漢)시대에 최고조에 달했다. 황제(黃帝)와 진시황(秦始皇)은 요순(堯舜)과는 배치되기 때문에 공맹(孔孟)의 무리들은 대역무도하다고 여겼고 분서갱유(焚書坑儒)를 피할 수 없었다.

황제(黃帝)는 중원의 통치자가 되었지만 그 근원은 서북지방과 관련

---

356 顧頡剛, 「『逸周書 · 世俘』校注 · 寫情定和評論」, 『顧頡剛古史論文集(二)』, 北京, 中華書局, 1988.

357 역주: 『春秋左氏傳』「僖公25年」: 吉. 遇黃帝戰於阪泉之兆.

358 역주: 『史記』「封禪書」: 秦靈公作吳陽上畤, 祭黃帝.

이 있다. 『장자(莊子)』「천지(天地)」에서 "황제가 적수(赤水)의 북쪽에서 노닐다가 곤륜(昆侖)의 언덕에 올랐다."[359]라고 했고, 『장자(莊子)』「지락(至樂)」에서 "곤륜(昆侖)의 터는 황제(黃帝)가 쉬던 곳이다."[360]라고 했다. 『죽서기년(竹書紀年)』에서는 "주(周)나라 목왕(穆王)이 서쪽으로 곤륜(昆侖)의 언덕을 정벌했다."[361]고 했고, 『목천자전(穆天子傳)』에서는 주(周)나라 목왕(穆王)이 서쪽을 유람한 일을 "길일(吉日)인 신유(辛酉)일에, 천자는 곤륜의 언덕을 올라 황제(黃帝)의 궁을 둘러보고 풍륭(豊隆)의 무덤을 더 높이 쌓아 올려 후세까지 알리고자 했다."[362]라고 기록했으며, 『산해경(山海經)』「서산경(西山經)」에서는 "서남쪽으로 400리를 가면 곤륜(昆侖)의 언덕이니, 실은 제(帝)의 하도(下都)이다"[363]라고 했다. 곤륜산(昆侖山)에 있는 동주(銅柱)는 그 높이가 하늘처럼 높고 둥근 둘레는 깎아지른 절벽 같으며 약수(弱水)가 에돌아 흐른다. 중국 고대신화는 대부분 곤륜(昆侖)이 중심이다. 곤륜(昆侖)은 고대인의 마음속 선산(仙山)이자 황제(黃帝)가 거처한 곳이다. 왕록우(王彔友)은 『시행기(侍行記)』에서 "곤륜(昆侖)은 마땅히 이치로서 판단해야지 말로만 따져서는 안 된다. 상고시대의 지명은 대부분 방언(方言)을 사용했고, 곤륜(昆侖)은 호인(胡人)의 말로 소리를 번역한 것이기 때문에 일정한 글자가 없다."라고 했다. 곤륜(昆侖)·기련(祁連)[364]은 토하라어(Tocharian languages)의 음역이며, 한어(漢語) 중에서 가장 이른 인도유럽어(印歐語, Indo-European languages)의 가차자일 것이다.[365] 신

---

359 역주: 『莊子』「天下」: 黃帝遊乎赤水之北, 登乎昆侖之丘.

360 역주: 『莊子』「至樂」: 昆侖之虛, 黃帝之所休.

361 역주: 『竹書紀年』: 十七年, 王西征昆侖丘.

362 역주: 『穆天子傳』: 吉日辛酉, 天子升於崑崙之丘, 以觀黃帝之宮, 而豊隆之葬, 以詔後世.

363 역주: 『山海經』「西山經」: 西南四百里, 曰昆侖之丘, 是實惟帝之下都.

364 역주: 중국 간쑤성(甘肅省) 서쪽의 치롄 산 지역.

365 林梅村, 「祁連與昆侖」, 『敦煌研究』, 1994(4).

석기시대 말기 혹은 상(商)나라 초기, 중국은 서방으로부터 청동기 등의 중요한 물건들이 전해져 들어왔고 그것을 따라서 온 것이 또한 황제(黃帝)와 곤륜(昆侖) 신화이다.

황제(黃帝)가 서방에서 왔다면 융(戎)과의 관계는 자연히 밀접하다. 『산해경(山海經)』「대황북경(大荒北經)」에서 말했다. "대황(大荒) 가운데에 산이 있으니 융보산(融父山)이고 순수(順水)가 흘러 들어간다. 그곳에 사람이 있으니 견융(犬戎)이다. 황제(黃帝)는 묘룡(苗龍)을 낳고, 묘룡(苗龍)은 융오(融吾)를 낳고, 융오(融吾)는 농명(弄明)을 낳고, 농명(弄明)은 백견(白犬)을 낳았다. 백견(白犬)은 암수가 있으니 이들이 견융(犬戎)이다."[366] 견융(犬戎)이나 서융(西戎)은 황제(黃帝)의 직계 자손이며, 서융(西戎)에서 흥기한 진(秦)나라 사람도 황제(黃帝)의 후예가 된다. 『사기(史記)』「진본기(秦本紀)」에서 "진(秦)나라의 선조는 전욱제(顓頊帝)의 후예로서, 이름은 여수(女修)이다.……그 현손은 비창(費昌)인데, 그 자손은 중국에도 있고 이적(夷狄)에도 있다."[367]라고 했다. 황제(黃帝)는 북방 융(戎)·적(狄)의 종신(宗神)으로 여겨진다.[368] 『산해경(山海經)』「대황서경(大荒西經)」에서 "북적(北狄)의 나라가 있다. 황제(黃帝)의 후손 시균(始均)이 있었는데, 시균(始均)이 북적(北狄)을 낳았다."[369]라고 했다. 황제(黃帝)가 북적(北狄)의 조상일 가능성이 매우 크기 때문에, 사마천(司馬遷)은 흉노(匈奴)가 하후씨(夏后氏)의 후예라는 주장을 했다. 『국어(國語)』「진어(晉語)」에서 황제(黃帝)에게 자식이 25명이 있었지만 반드시 아버지의 성이나 어머

---

366 역주: 『山海經』「大荒北經」: 大荒之中, 有山名曰融父山, 順水入焉. 有人名曰犬戎. 黃帝生苗龍, 苗龍生融吾, 融吾生弄明, 弄明生白犬. 白犬有牝牡, 是爲犬戎.

367 역주: 『史記』「秦本紀」: 秦之先, 帝顓頊之苗裔, 孫曰女脩. …… 其玄孫曰費昌, 子孫或在中國, 或在夷狄.

368 田昌五, 『華夏文明的起源』, 北京, 新華出版社, 1993. 47쪽.

369 역주: 『山海經』「大荒西經」: 北狄之國, 黃帝之孫始均, 始均生北狄.

니의 성을 따르지는 않았다고 말한다. 칭기즈칸과 같은 유목 제왕들에게는 4개의 오르도(斡耳朶, ordo; 황제의 궁전)가 있었으며, 자녀의 후예들은 매우 자유롭게 성(姓)을 가질 수 있었다.『국어(國語)』「진어(晉語)」에서 황제(黃帝)는 희수(姬水)에서 이루었기 때문에 희성(姬姓)이라고 했는데, 주(周)왕조의 왕족도 성이 희(姬)였다. 우리는 황제(黃帝)의 고사가 주(周)나라 사람이 날조한 것이 아니라면 주(周)나라 사람이 듣고 싶어 했던 전설이라는 것을 추론할 수 있다. 황제(黃帝)는 하(夏)나라·주(周)나라·융(戎)·적(狄)의 전설에서 시조이다.

염제(炎帝)는 동아시아 정착 농경민족의 상징이며, 황제(黃帝)는 서북 유목민족의 상징이다. 염제(炎帝)와 황제(黃帝)의 전설은 유목과 농경민족·정벌과 융합의 복잡한 사정을 반영하고 있다. 염제(炎帝)와 황제(黃帝)의 전설은 강력한 정권이 곧 공리(公理)라는 원칙과 부자·형제·친구의 분쟁도 모두 무력으로 해결할 수 있다는 원칙을 확립시켰다. 진시황(秦始皇) 영정(嬴政), 흉노의 선우(單于) 묵돌(冒頓), 당태종(唐太宗) 이세민(李世民), 칭기즈칸 테무진(鐵木眞) 등은 이러한 원칙을 계승했다. 염제(炎帝)와 황제(黃帝)의 전쟁은 끊임없이 되풀이 되었고, 선양(禪讓)은 점점 요원한 전설이 되었다. 백성들은 정의(正義)가 반드시 승리한다는 것을 믿는 동시에, 승자가 옳다는 현실을 수용하지 않을 수 없었다. 황제(黃帝)는 전설 속 청동기시대의 수령이 되어 유목과 농경문화가 결합된 역사를 열었으며, 이로부터 화하(華夏)의 시조로 숭배되어 민족을 응집시키는 정신적 연결체가 되었다.

(2) 하(夏)와 융(戎): 강(羌), 월지(月氏), 토하라(Tochara), 대하(大夏)

강(羌)은 상(商)나라 시대의 주요한 이민족 집단으로, 늘 상(商)나라 사람들과 전쟁을 벌였다. 무정(武丁)시기에 강(羌)족을 정벌하는 전쟁이 가장 왕성했다. "강(羌)족을 정벌하는데, 부호(婦好, 무정의 왕후)의 군대 3천 명·족인 군대 1만 명으로 모두 1만 3천 명이었다."(庫 310) 강(羌)족은 서방에서 활약했을 뿐만 아니라 북방도 점거하고 있었기 때문에 북강(北羌)이라고도 불렸다. 그중에는 또한 다신강(多臣羌)·다마강(多馬羌)·아기(亞其) 등도 있는데, 고증에 의하면 이들은 상(商)왕조에 신하로 복종한 강인(羌人)들이다.[370] 강인(羌人)은 보편적으로 악신(嶽神)을 숭배하고 화장(火葬)하는 습속이 있었다. 제가(齊家)문화·신점(辛店)문화·사와(寺窪)문화에는 화장 유물이 있어 저강(氐羌)문화일 것이나, 선주(先周)문화 혹은 하(夏)문화일 수도 있다.

강인(羌人)은 항상 상(商)나라 사람들에 의해 인생(人牲)이 되었다. 상(商)나라는 강인(羌人)을 인생(人牲)으로 삼는 정책을 시행하여, 상(商)나라 사람들은 포로나 공물로 바쳐진 강인(羌人)으로 조상·상제(上帝)·하악(河嶽)에 제사 지내고, 기년(祈年)·거재(祛災) 등의 중요한 의식에는 2~3명에서 많게는 100명에 이르기까지 일정하지 않았다.[371] 그 중 무정(武丁)의 복사(卜辭)에 "무자(戊子)일에 점쳐 물었다. 오늘 저녁 조정(祖丁)의 제사에 300명의 강인(羌人)으로 하고자 합니다.(戊子卜, 宕, 貞歆今夕用三百羌於丁.)"(契 245)라고 했다. 갑골문 중 인생(人牲)의 최고 기록이 1천 명이다.[372] 이인(夷人)과 해인(奚人)을 인생(人牲)한 경우는 매우 적다. 진몽가(陳夢家)는 강(羌)족은 하후씨(夏后氏)와 동족인 강성(姜姓)의 민족으로서 하(夏)와 관련이 있기 때문에 상(商)나라 사람들에게 이민족으로 여겨졌을 것으로 보았다.[373] 곽말약(郭沫若)·고힐강(顧頡剛)·동작빈(董作

---

370 越林, 『商代的羌人與匈奴: 試論産生中國人的若干體質與文化上的背景』, 臺北, 政治大學邊政硏究所, 1985.

371 百川靜, 「羌族考」, 『甲骨金文學論叢』第9集, 1958. 2–16쪽.

372 姚孝遂, 「商代的俘虜」, 『古文字硏究』第1期, 1979. 369–382쪽.

373 陳夢家, 『殷墟卜辭綜述』, 北京, 中華書局, 1988. 282쪽.

賓)·호후선(胡厚宣)·서중서(徐中舒)[374] 등도 유사한 시각을 가졌다.

『사기(史記)』「대원열전(大宛列傳)」에서 말했다. "대월지(大月氏)는 대원(大宛) 서쪽 2~3천 리쯤 되는 곳에 규수(嬀水) 북쪽에 위치하고 있다. 그 남쪽은 대하(大夏), 서쪽은 안식(安息), 북쪽은 강거(康居)이다. 정착하지 않고 유목을 하며 옮겨 다니니 흉노(匈奴)와 풍속이 같다."[375]라고 했다. 대하(大夏)는 그리스(Greece)의 박트리아(Bactria, 지금의 아프가니스탄과 우즈베키스탄, 타지키스탄의 일부 지역) 왕국으로, 나중에 대월지(大月氏) 등에게 정복되었다. 스트라보(Strabo, B.C. 64?~A.D.23?, 고대 그리스의 지리학자)의『지리지(地理地, Geographica)』에서 박트리아(Bactria)를 탈취한 것은 Asii족·Gasiani족·Tochari족·Sacarauli족 이라고 했다. Tochari는 대하(大夏)와 매우 비슷하다고 할 수 있다.[376] 여태산(余太山)은, 대하(大夏)는 한(漢)나라 문헌 중 토하라인(Tocharians)을 지칭하는 가장 이른 형식으로, 원래는 진남(晉南, 산서성 남부) 대하(大夏)의 폐허에 거처하다가 하서(河西)를 지나 이리하(伊犁河)와 초하(楚河) 유역으로 이동해 거주한 것으로 생각했다.[377] Asii는 윤성(允姓)의 융(戎)으로, 약수(若水)에 거처하다가 노(魯)나라 북쪽 궁상(窮桑)으로 이동하여 거처했다. 나머지 종족은 서쪽으로 이동하여 이리하(伊犁河)와 초하(楚河) 유역에 이르러 스키타이인(Scythiansa)의 하나가 되었는데 지금의 하미(Hami, 중국 신강(新疆) 위구르자치구(維吾爾自治區)의 북동쪽에 있는 오아시스 도시) 서쪽에 자리잡은 오손(Wusun)이다.[378] 인도유럽어(印歐語)는 두 개의 언어조직으

---

374 徐中舒,「夏代的歷史與夏商之際夏族的遷徙」,『先秦史論稿』, 成都, 巴蜀書社, 1992.

375 역주:『史記』「大宛列傳」: 大月氏, 在大宛西可二三千裏, 居嬀水北. 其南則大夏, 西則安息, 北則康居, 行國也, 隨畜移徙, 與匈奴同俗.

376 土靜如,「論吐火羅及吐火羅語」,『中德學志』第5卷 第1·2期合刊, 1943.

377 余太山,「大夏溯源」,『古族新考』, 北京, 中華書局, 2000.

378 余太山,「允姓之戎考」,『古族新考』, 北京, 中華書局, 2000.

로 나뉜다. 서쪽의 센텀(Centum) 언어조직과 동쪽의 사템(Satem) 언어조직이다. 토하라어(Tocharian languages)는 인근의 이란어와는 큰 차이가 있으며 센텀(Centum) 언어조직에 속한다.[379] 이러한 특이한 현상은 토하라인(Tocharians)이 사템(Satem) 인도유럽어(印歐語) 인근의 종족들보다 훨씬 일찍 동방으로 와서, 상대적으로 독립적인 역사를 가지고 있었다는 점을 설명한다. 비교언어학연구에서는 이미 알려진 바와 같이 토하라인(Tocharians)이 최초의 인도유럽어족으로, 고대 바빌로니아(Babylonia) 설형문자(楔形文字)에서 수차례 언급된 구티족(Gutians)은 구자(龜玆) · 월지(月氏)에 대응되며, 형제 부족인 도극리(Turukkaeans)는 토하라(Tochara) · 돈황(敦煌) 등에 대응될 수 있다고 밝혔다.[380] 일찍이 B.C. 3,000~2,000년에 토하라어(Tocharian languages)는 양대 방언인 고제어(庫提語)와 도극리어(圖克里語)로 분화되었고, 두 토하라(Tochara) 부락은 장거리를 이동해 근동의 이란(Iran)으로부터 중앙아시아 하서(河西)의 회랑지대까지 광활한 구역 내에 그들의 흔적을 남겼다.[381] 선진(先秦)시기 이란과 중국 사이 문화 교류의 중개자가 바로 인도유럽어족인 토하라인(Tocharians)이다.[382] 상주(商周)시대 청동기의 쌍마(雙馬) 족휘(族徽)와 신강(新疆) 천산(天山) · 내몽골(內蒙古) 음산(陰山)의 고대 암각화(岩畵)의 쌍마(雙馬) 신상(神像), 그리고 중국 북방 초원과 농목(農牧) 경계지대의 쌍

---

379 AdamsD. Q. The Position of Tocharian among the other Indo-European Lanaguages, *Journal of the American Oriental Society*, 1984(4).

380 Henning W. B., The First Indo-Europeansin History, in *Society and History Essay in Honor of Karl August Wittfigel*, ed. by G. L. Ulmen, Hague, 1978. 徐文堪譯, 「歷史上最初的印歐人」, 「西北民族研究」, 1992(2).

381 T.V. 加姆克列利則等, 「歷史上最初的印歐人: 吐火羅人在古代中東的祖先」, 楊繼東等譯, 「西北民族研究」, 1998(1).

382 林梅村, 「開拓絲綢之路的先驅-吐火羅人」, 「文物」, 1989(1).

마무늬 예술품은 모두 토하라(Tochara)의 쌍마신(雙馬神) 우상이다.[383]

『한서(漢書)』「서역전(西域傳)」에 보이는 새인(塞人)은 바로 페르시아 (Persia) 다리우스(Darius) 시대의 명문(銘文)에 보이는 사카인(Saka)으로, 그리스인들은 스키타이인(Scythians)라고 불렀으며 부락이 매우 번성했고 유목지역도 광대했다.[384] 스키타이(Scythia) 4대 부락 집단 중 Gasiani 는 월지(月氏)·구자(龜玆)·고차(庫車)·귀상(貴霜) 등과 연관이 있고, Sacarauli는 사차(莎車)·강거(康居)와 관련이 있다. 월지(月氏)는 우후(虞侯)가 된다.[385] Gasiani는 서쪽으로 이동한 유우씨(有虞氏) 즉 월지(月氏) 일 것이고, 하서(河西)를 경유하여 이리하(伊犁河)와 초하(楚河) 유역에 이른 또 다른 갈래는 대월지(大月氏)로 부르며 계속해서 서쪽으로 이동해 귀상(貴霜)제국을 건립했다.[386] 장액(張掖)은 소무(昭武)의 다른 명칭으로, 아무다리야강(阿姆河) 유역의 대월지인(大月氏人)은 당(唐)왕조에 이르러 서도 여전히 소무(昭武)를 성(姓)으로 했다.

은상(殷商) 갑골문 중 마방(馬方)·용방(龍方)·여방(盧方) 등의 부락 명칭이 있는데, 이것들은 토하라인(Tocharians)과 관계가 있을 것이다. 마방(馬方)은 의거(義渠), 용방(龍方)은 언기(焉耆)의 용부락(龍部落), 여방(盧方)은 여수(盧水)의 호(胡)와 관련이 있을 것이다.[387] 토하라인(Tocharians)은 일찍이 하서(河西)지역에 깊은 영향을 끼쳤다. 한(漢)나라 무제(武帝)는 흉노를 격파하고, 무위(武威)·장액(張掖)·주천(酒泉)·돈황(敦煌)의 하서(河西) 사군(四郡)을 설립했다. 장액(張掖)과 돈황(敦煌)은 토하라

383 林梅村, 「吐火羅神祇考」, 『古道西風―考古新發現所見中西文化交流』, 北京, 三聯西店, 2002.

384 余太山, 『塞種史硏究』, 北京, 中國社會科學出版社, 1992.

385 徐中舒 等, 「月氏爲虞侯及"氏"和"氏"의 問題」, 『燕京學報』13, 1933.

386 余太山, 「有虞氏的遷徙」, 『古族新考』, 北京, 中華書局, 2000.

387 林梅村, 「吐火羅人與龍部落」, 『西域硏究』, 1997(1).

(Tochara)와 관련이 있고, 무위(武威)는 고장(姑臧)이라고도 하는데 토하라어(Tocharian languages)에서 나온 말이다.

월지(月氏)와 토하라(Tochara)의 관계는 매우 밀접한데, 모두 대체로 인도유럽인에 속한다. 이것은 기원전에 단지 한 무리의 인도유럽족(印歐人)만이 동아시아에 진출한 것이 아니라는 의미이다. 그들은 돌아오는 이동과정에서 예를 들면 하허(夏墟)·영하(寧夏)·임하(臨夏)·대하하(大夏河) 등과 같은 하(夏)와 관련된 지명을 남겼다. 동주(東周) 초기 제(齊)나라 환공(桓公)은 일찍이 "유사(流沙)를 건너 서쪽으로 대하(大夏)를 정벌했다."[388] 기원전 6세기에 하인(夏人)은 아무다리야강(阿姆河) 유역에 이르러 대하(大夏)를 건립했다. 기원전 2세기 중엽, 대하(大夏)는 서쪽으로 이동해 온 대월지인(大月氏人)에게 정복되고, 귀상(貴霜)제국을 세웠다. 후에 페르시아(Persia)제국과 마케도니아(Macedonia)제국의 행성(行省)이 되었고, 대하인(大夏人)은 페르시아인·그리스인 및 대월지인(大月氏人)과 점차 그 지역의 이란인으로 융합되었다. 하(夏)는 토하라(Tochara)위주의 혼합 부락이다. 하(夏)와 대하(大夏)는 토하라(Tochara)와 음이 비슷한데, 마르크바르트(Marquart)[389]와 왕국유(王國維) 등은 인도유럽어(印歐語)에서 유래한 것으로 추측했다.[390] 주(周)나라는 상(商)나라를 멸망시킨 후, 하(夏)로 자처하며 스스로를 유하(有夏)라 일컫고, 그 동맹을 제하(諸夏)라 칭하며, 그 원래의 조상인 융적(戎狄)이나 만이(蠻夷)와 구별지었다.

은허(殷墟)의 복사(卜辭)에 이미 융(戎)자가 출현한다. 강(羌) 혹은 저

---

388 역주: 『史記』「封禪書」: 西伐大夏, 涉流沙.

389 역주: Josef Mark'wart, Marquart(1864~1930). 독일의 동양학자. 튀빙겐 대학 고대사 강사(1897)를 거쳐, 레이덴 민속 박물관(民俗 博物館)에 근무하고(1900) 레이덴 대학 조교수(1902), 베를린 대학 이란어·아르메니어 교수가 되었다(1920).

390 王國維, 「西胡考」, 『觀堂集林』 卷13, 北京, 中華書局, 2004.

(氏)·강(羌)은 상(商)나라 시대에 이미 족칭(族稱)이었다. 융(戎)이 족칭
(族稱)이 된 것은 주나라 때 시작된 것으로, 상(商)을 융은(戎殷) 혹 융의
(戎衣)라 일컬었고, 서(徐)를 서융(徐戎)이라 불렀다. 춘추(春秋)시대에 융
(戎)은 여전히 화(華)와 병칭하여 화융(華戎)이라고 했다. 서융(西戎)은 주
(周)나라 시대에는 주로 저강(氏羌) 계열의 각 부락과 서부의 각 민족들
을 포괄적으로 가리켰다. 갑골문의 강(羌)은 양(羊)과 인(人)으로 구성되
어 있고, 강(姜)은 양(羊)과 여(女)로 구성되어 있어, 두 글자는 서로 통
가된다.[391] 『산해경(山海經)』「해내경(海內經)」에서 "백이보(伯夷父)가 서악
(西嶽/四嶽)을 낳고, 서악(西嶽/四嶽)은 선룡(先龍)을 낳았고, 선룡(先龍)이
비로소 저강(氏羌)을 낳았다. 저강(氏羌)은 걸성(乞姓)이다."[392]라고 했다.
강(羌)은 본래 서이(西夷)였지만, 후에 인도유럽의 유목문화의 영향을 받
아 융화(戎化)되어 서융(西戎)이 되었다.

융(戎)은 서방에만 국한되지 않고, 구주(九州)에 널리 분포해 있었다.
"동방에는 노(魯)나라 서쪽의 융(戎)이 있었고, 북방에는 지금의 하북성
(河北省)·산동성(山東省)·산서성(山西省) 사이에 거처하는 북융(北戎)·
산융(山戎) 그리고 무종씨(無終氏)의 융(戎)이 있었고, 서방에는 지금의
섬서성(陝西省)에 거처했던 견융(犬戎)과 여융(驪戎) 등이 있었고, 지금
의 하남성(河南省) 지역에는 가장 먼저 이락(伊雒)의 융(伊雒之戎)이 있었
다."[393] 서주(西周) 중엽에 주(周)나라 목왕(穆王)은 서쪽으로 견융(犬戎)을
정벌하여 그 다섯 왕을 사로잡고 또 흰 이리 네 마리와 흰 사슴 네 마리
를 얻고서, 왕은 마침내 융(戎)을 태원(太原)으로 이주시켰다.

---

391 傅斯年, 「姜原」, 『民族與古代中國史—二十世紀中國史學名著』, 石家莊, 河北教育出版社,
2002.

392 역주: 『山海經』「海內經」: 伯夷父生西嶽, 西嶽生先龍, 先龍是始生氏羌. 氏羌乞姓.

393 顧頡剛, 「九州之戎與戎禹」, 『古史辨』第7冊, 『顧頡剛集』, 北京, 中國社會科學出版社,
2001.

기원전 638년, 진(秦)나라 목공(穆公)은 진(晉)나라 혜공(惠公)과 함께 육혼(陸渾)의 융(戎)을 이천(伊川)으로 이주시키고, 동시에 강융(姜戎)을 진(晉)나라 남쪽으로 이주시켰다. 윤성(允姓)은 험윤(獫狁, 북방 소수 민족의 명칭)으로 인하여 성을 붙였다. 『춘추좌씨전(春秋左氏傳)』「장공 28년(莊公二十八年)」에서 "진(晉)나라 헌공(獻公)은 … 융(戎)에서 두 여인을 부인으로 맞이했다. 대융(大戎)의 고희(孤姬)는 중이(重耳)를 낳았고, 소융(小戎)의 여인은 이오(夷吾)를 낳았다."[394]라고 했다. 진(晉)나라 혜공(惠公)의 모친은 윤성(允姓)인 융(戎)의 여인이었다. 강(羌)과 융(戎)에서 온 주(周)나라 사람들도 화장(火葬)을 시행했다.[395] 견융(犬戎)·진(秦)·의거(義渠) 그리고 주(周)나라 사람 중 일부가 음양(陰陽)을 믿은 것은 아마도 조로아스터교(Zoroaster, 拜火敎, 祆敎徒), 인도유럽어(印歐語) 계열의 민족이 가졌던 가장 이른 시기의 종교인 현교(祆敎)와 관련이 있을 것이다.[396]

(3) 하(夏)와 적(狄): 토방(土方), 귀방(鬼方), 흉노(匈奴), 대하(大夏)

토방(土方)은 상(商)나라 왕의 강적으로 무정(武丁)과 부호(婦好)가 이전에 군사를 이끌고 정벌했다. 1930년 곽말약(郭沫若)은 "소위 토방(土方)은 하(夏)민족이다. 하(夏)자의 고음(古音)은 어부(魚部)에 있으며 하(夏)·토(土)·삭(朔)·어(馭)는 같은 자이다."[397]라고 주장했다. 호후선(胡厚宣)은 갑골복사(甲骨卜辭)로 보면 토방(土方)은 산서성(山西省) 남부와 하남성(河南省) 서부의 하(夏)나라 유민으로 상(商)왕조에 복종하지 않은 방국

---

394 역주: 『春秋左氏傳』「莊公28年」: 晉獻公 …… 娶二女於戎, 大戎狐姬生重耳, 小戎子生夷吾.

395 王志友, 「關中地區發現的西周火葬墓」, 『西北大學學報』 2005(5).

396 岑仲勉, 「春秋戰國時期關西的拜火敎」, 『兩周文史論叢』, 上海, 商務印書館, 1958.

397 郭沫若, 「夏禹的問題」, 『郭沫若全集·歷史編』 第1卷, 北京, 人民出版社, 1982.

으로 판정하고 문헌에서는 대하(大夏)로 칭한다고했다. "토(土)자는 두
(杜)자와 통용되고, 두(杜)자는 아(雅)자와 통용되며, 아(雅)자는 하(夏)자
와 통용되니, 토(土)는 바로 하(夏)이다."[398] 정복과정에서 토방(土方)은
대부분 상(商)나라와 융합되어 일부는 북쪽에 거주하며 흉노(匈奴)가 되
었다. 용(龍)숭배 문화는 흉노인(匈奴人)에게 유전되던 특징으로 대개 하
(夏)의 유민인 토방(土方)이 흉노(匈奴)에 유입되는 것과 관련이 있다.[399]

사마천(司馬遷)은 흉노(匈奴)는 하후씨(夏后氏)의 후예라고 믿었다. 왕
국유(王國維)는 귀방(鬼方)과 흉노(匈奴)의 관계를 논증했다. 『사기(史記)』
「흉노열전(匈奴列傳)」 권두에서 "흉노(匈奴)의 선조는 하후씨(夏后氏)의 후
예로 순유(淳維)라고 한다. 당우(唐虞) 이전에는 산융(山戎) · 험윤(獫狁) ·
훈육(葷粥)이 북만(北蠻)에 거주하며 목축을 따라 이동했다."[400]라고 명
확하게 말했다. 『사기색은(史記索隱)』「오제본기(五帝本紀)」에서는 "당우
(唐虞) 이전에는 산융(山戎)이라고 했고 또 훈육(熏粥)이라고도 했다. 하
(夏)나라에서는 순유(淳維)라고 했고, 은(殷)나라에서는 귀방(鬼方)이라고
했으며, 주(周)나라에서는 험윤(獫狁)이라고 했고, 한(漢)나라에서는 흉
노(匈奴)라고 했다."[401]라고 했다. 『산해경(山海經)』「대황서경(大荒西經)」
에서도 "북적(北狄)의 나라가 있다. 황제(黃帝)의 후손 시균(始均)이 있었
는데, 시균(始均)이 북적(北狄)을 낳았다."[402]라고 했다. 『여씨춘추(呂氏
春秋)』「심위(審爲)」에서 "적인(狄人)은 험윤(獫狁)이며, 지금의 흉노(匈奴)

---

398 胡厚宣,「甲骨文土方爲夏民族考」,『殷墟博物苑刊』, 1989년 창간호.

399 陳立柱,「夏文化北播及其與匈奴關系的初步考察」,『歷史研究』, 1997(4).

400 역주:『史記』「匈奴列傳」: 匈奴, 其先祖夏後氏之苗裔也, 曰淳維, 唐虞以上有山戎獫狁葷
粥, 居於北蠻, 隨畜牧而轉移.

401 역주:『史記索隱』「五帝本紀」: 唐虞已上曰山戎, 亦曰熏粥, 夏曰淳維, 殷曰鬼方, 周曰獫
狁, 漢曰匈奴.

402 역주:『山海經』「大荒西經」: 有北狄之國, 黃帝之孫曰始均, 始均生北狄.

이라."[403]라고 했다. 『진서(晉書)』「흉노열전(匈奴列傳)」에서는 "흉노(匈奴)의 부류를 모두 일컬어 북적(北狄)이라고 한다.…… 하(夏)나라에서는 훈육(薰鬻)이라고 했고, 은(殷)나라에서는 귀방(鬼方)이라고 했으며, 주(周)나라에서는 험윤(玁狁)이라 했으니, 지금의 흉노(匈奴)이다."[404]라고 했다. 상(商)나라 및 주(周)나라 초기의 귀족(鬼族)에 대해, 왕국유(王國維)는 "모두 위(畏)와 귀(鬼)의 양성(陽聲)이다.……그러므로 귀방(鬼方)·곤이(昆夷)·훈육(熏育)·험윤(玁狁)은 한 단어에서 변한 것으로 또한 한 종족의 명칭이다."[405]라고 했다. 『사기(史記)』「은본기(殷本紀)」에서 주왕(紂王)은 "서백창(西伯昌)·구후(九侯)·악후(鄂侯)를 삼공(三公)으로 삼았다."[406]라고 했다. 구후(九侯)는 바로 귀후(鬼侯)이다. 주(周)나라 초기에 당숙(唐叔)은 진(晉)나라 남쪽에 봉지를 받고 하사받은 백성에 회성(懷姓)의 아홉 종족이 있었다. 『춘추좌씨전(春秋左氏傳)』「정공 4년(定公四年)」에서 "당숙(唐叔)에게 대로(大路)와 밀수(密須)의 북과 궐공(闕鞏)과 고세(姑洗)와 회성(懷姓)의 아홉 종족과 직관(職官)의 다섯 정(正)을 나누어주었다. 「당고(唐誥)」로 명명(命名)하고 하허(夏虛)에 봉하여 하(夏)나라 정제(政制)로써 백성을 이끌고 융적(戎狄)의 법으로 토지를 구획하게 했다."[407]라고 했다. 회성(懷姓)은 즉 귀방(鬼方)의 괴성(媿姓)이다.[408] 상(商)나라 왕의 유족은 귀방(鬼方)과 연합하여 주(周)나라에 대항했었다. 서주(西周) 초기의 청동기물인 『소우정(小盂鼎)』에 귀방(鬼方)과 2차례 행한 전쟁을 기록

---

403 역주: 『呂氏春秋』「審爲」: 狄人玁狁, 今之匈奴.

404 역주: 『晉書』「匈奴列傳」: 匈奴之類, 總謂之北狄. …… 夏曰 薰鬻, 殷曰鬼方, 周曰玁狁, 今之匈奴.

405 王國維, 「鬼方昆夷玁狁考」, 『觀堂集林』卷13, 北京, 中華書局, 1959.

406 역주: 『史記』「殷本紀」: 以西伯昌九侯鄂侯爲三公.

407 역주: 『春秋左氏傳』「定公4年」: 分唐叔以大路密須之鼓, 闕鞏姑洗, 懷姓九宗, 職官五正. 命以唐誥而封於夏虛, 啓以夏政, 疆以戎索.

408 陳公柔, 「說媿氏卽懷姓九宗」, 『古文字研究』第16輯, 北京, 中華書局, 1989.

했는데, 첫번째 전쟁의 포로가 13,811명, 사로잡은 수령이 3명이었다. 『양백과(梁伯戈)』에는 양백(梁伯)이 일찍이 귀방(鬼方)을 정벌했다고 기록되어 있다. 따라서 왕국유(王國維)는 "귀방(鬼方)의 세력 범위는 주(周) 나라의 서쪽과 북쪽까지 둘러싸고 있었으며, 그 동북 지역도 통제했다"고 추정했다. 『시경(詩經)』「소아(小雅)·채미(采薇)」에서 "실(室)이 없고 가(家)가 없음이 험윤(獫狁) 때문이며……어찌 날마다 경계하지 않겠는가? 험윤(獫狁)의 난이 위급하도다."[409]라고 했고, 『맹자(孟子)』「양혜왕(梁惠王)」에서 "문왕(文王)은 곤이(昆夷)를 섬겼고, 태왕(太王)은 훈육(獯鬻)을 섬겼다."[410]라고 했다. 훈육(薰育)·훈육(熏鬻)·곤이(昆夷)·면이(綿夷)·관이(串夷)·견융(畎戎)·대융(大戎)·험윤(獫狁)과 같은 귀융(鬼戎)은 주(周)왕조의 강력한 적이었다.

양계초(梁啓超) 또한 "고대의 이른바 훈육(薰鬻)·험윤(獫狁)·귀방(鬼方)·곤이(昆夷)·견융(犬戎)은 모두 한 종족의 이칭이다."라고 보았다.[411] 토방(土方)·공방(舌方)·귀방(鬼方)·흉노(匈奴)는 한 계통이다.[412] 그들은 하(夏)·적(狄)·황제(黃帝)와 관계가 밀접하다. 악언(樂彦)의 『괄지보(括地譜)』에 다음과 같이 말했다.

하(夏)나라 걸왕(桀王)이 무도하여 탕왕(湯王)이 그를 명조(鳴條)로 방벌하니, 3년 후 죽었다. 그 아들 훈육(獯粥)은 걸왕(桀王)의 여러 첩들을 아내로 삼고, 북야(北野)에 피해 살며 가축을 따라 옮겨 다녔다. 중국에서 이들을 흉노

---

409 역주: 『詩經』「小雅·采薇」: 靡室靡家, 獫狁之故.……豈不日戒, 獫狁孔棘.

410 역주: 『孟子』「梁惠王」: 文王事昆夷.……太王事獯鬻.

411 梁啓超,「中國歷史上民族之觀察(附『史記·匈奴傳』戎狄名義考」),『飮冰室合集·合集』第8冊, 北京, 中華書局, 1989.

412 余太山,「犬方·鬼方·舌方與獫狁·匈奴同源說」,『歐亞學刊』第1輯, 北京, 中華書局, 1999.

(匈奴)라 했다. 이는 하후(夏后)의 후예를 말한 것이니 혹 마땅한 듯하다. [413]

여사면(呂思勉)은 흉노(匈奴)가 하(夏)나라 걸왕(桀王)의 후손이라고 보았는데, 근거가 없는 것이 아니다.……흉노(匈奴)가 하후씨(夏后氏)의 후예인 것은 믿을 수 있으니, 이치가 마땅히 이와 같다.[414] 임간(林幹)은 흉노족(匈奴族)의 기원은 마땅히 훈육(葷粥) · 귀방(鬼方) · 험윤(獫狁) · 융(戎) · 적(狄) · 호(胡)를 포함하는 사막 남북에서 본래부터 활동하던 각 종족을 포괄해야한다고 말한다. 흉노족(匈奴族)의 기원은 단일한 씨족이나 부락에 있다고 단정하기 어렵다. 하지만 흉노(匈奴)가 형성되는 과정에서, 일부의 흉노(匈奴)라는 명칭이 점차 전 부족 명칭을 총괄하고 대표하게 되었다.[415] 흉노(匈奴)는 온전한 동쪽의 토착 민족이 아니고 서쪽에서 왔을 것이다. [416]

폴 펠리오(Paul Pelliot)의 견해에 따르면, 이 흉노(匈奴)라는 명칭은 고대에 kung-nu라고 읽었다. '견(犬)'의 뜻을 가진 별호로, 사람들이 '토하라어'라고 부르던 투르판 일대의 고 인도유럽어에서 가차되어 왔을 것이다. 이러한 언어는 ku라는 글자의 종격, 즉 kun이 '견(犬)'자로 해석되기 때문이다.[417] 흉노(匈奴)는 북적(北狄)의 한 지파로서 그의 기원은 매우 오래되었다. 혁연발발(赫連勃勃)은 흉노(匈奴) 우현왕(右賢王)의 현손으로 헌원(軒轅)과 자신을 비견하여 스스로를 천왕(天王) · 대선우(大單于)로 자칭하고 국호를 대하(大夏)로 했다. 『진서(晉書)』 「재기(載記)」에서 발

---

413 역주: 『史記索隱』 「匈奴列傳」: 樂彦括地譜云, 夏桀無道, 湯放之鳴條, 三年而死. 其子獯粥妻桀之衆妾, 避居北野, 隨畜移徙. 中國謂之匈奴. 其言夏后苗裔, 或當然也.

414 呂思勉, 『論學集林 · 蒿廬論學叢稿』, 上海, 上海敎育出版社, 1987.

415 林幹, 『匈奴通史』, 北京, 人民出版社, 1986.

416 岑仲勉, 「伊蘭之胡與匈奴之胡」, 『眞理雜志』, 1944(3).

417 伯希和, 「庫蠻」, 馮承鈞譯, 『西城南海史地考證譯叢續編』, 北京, 商務印書館, 1934.

발(勃勃)은 "경은 한 가지만 알고 둘은 알지 못하는 것이오. 내가 대업을 막 이루어 군사가 많지 않으니, 요흥(姚興)도 당대의 영웅이었으나 관중(關中)도 도모하지 못했소. 옛 헌원씨(軒轅氏)도 일정한 거처 없이 20여 년을 이주했으니, 어찌 나만 그러하겠나!"[418]라고 했다.

(4) 하(夏)와 기(杞)·증(鄫)

기(杞)는 갑골복사에 보이지만 하(夏)와의 관계는 언급되지 않았다.

1. 丁酉卜, 觳貞, 杞侯炬弗其禍, 有疾.(『合集』13890)
2. 癸巳卜, 令登賨杞.(『合集』22214)
3. 己卯卜行貞, 王其田亡災, 在杞. 庚申卜行貞, 王其步自杞, 亡災.(『合集』24473)
4. 庚寅卜在女香貞, 王步於杞, 亡災. 壬申卜, 在杞貞, 王步於杞意, 亡災.(『合集』36751)

기(杞)는 하후씨(夏后氏)의 후예로 선진(先秦)시대의 문헌에 보인다. 『국어(國語)』「주어(周語)」에서 "하(夏)나라는 망했지만, 기(杞)와 증(鄫)은 여전히 존재 한다"[419]라고 했고, 『춘추좌씨전(春秋左氏傳)』「희공 31년(僖公三十一年)」에서 "위(衛)나라 성공(成公)의 꿈에 강숙(康叔)이 나와 '상(相)이 나의 제사를 빼앗아 먹는다.'라고 했다. 공이 상(相)에게 제사지내라고 명하자 영무자(甯武子)가 반대하며 '귀신은 그 종족이 아니면 그 제사

---

418 『晉書』「載記」: 勃勃曰 卿徒知其一, 未知其二, 吾大業草創, 衆旅未多, 姚興亦一時之雄, 關中未可圖也. ……昔軒轅氏亦遷居無常二十餘年, 豈獨我乎.

419 역주: 『國語』「周語」: 有夏雖衰, 杞鄫猶在.

를 흠향하지 않습니다. 기(杞)와 증(鄫)은 어찌하여 제사를 섬기지 않습니까?'라고 말했다."[420]

『춘추좌씨전(春秋左氏傳)』「양공 29년(襄公二十九年)」에서 "기(杞)는 하(夏)의 후손으로 즉 동이(東夷)이다."[421]라고 했고, 『관자(管子)』「대광(大匡)」에서 제(齊)나라 환공(桓公)은 "기(杞)나라는 명왕(明王)의 후예이다."[422]라고 했다. 『대대례기(大戴禮記)』「소간(少間)」에서 "성탕(成湯)이 마침내 천명을 받들어 …… 하(夏)나라 걸(桀)을 추방하고 그의 보좌들을 분산시켰다. …… 사성(姒姓)부족을 기(杞)지역으로 이주시켰다."[423]라고 했고, 『일주서(逸周書)』「왕회(王會)」에서 주(周)왕조의 연회에 참여한 기(杞)나라 군주를 하공(夏公)으로 칭하고 송(宋)나라 군주를 은공(殷公)으로 칭하고 있다. 『논어(論語)』「팔일(八佾)」에서도 기(杞)와 하(夏)·송(宋)과 은(殷)을 함께 논하며 "하례(夏禮)는 내가 말할 수 있으나 기(杞)나라에서 증명하기 부족하며, 은례(殷禮)를 내가 말할 수 있지만 송(宋)나라에서 증명하기 부족하다."[424]라고 했다.

『세본(世本)』「왕후(王侯)」에서 보면, 은(殷)나라 탕(湯)은 기(杞)땅에 하(夏)의 후손을 봉했고, 주(周)나라도 이와 같이 했다. 은(殷)이 봉해준 기(杞)나라는 산동(山東)에 있었던 것 같으나 주(周)나라가 봉해준 기(杞)나라는 하남(河南)에 있으니, 은주(殷周) 불안기에 기(杞)나라도 이동이 있었던 것이다.[425] 『사기(史記)』「진기세가(陳杞世家)」에서 다음과 같이 말

---

420 역주: 『春秋左氏傳』「僖公31年」: 衛成公夢, 康叔曰 相奪予享. 公命祀相, 甯武子不可, 曰 鬼神非其族類, 不歆其祀, 杞鄫何事.

421 역주: 『春秋左氏傳』「襄公29年」: 杞夏餘也, 而卽東夷.

422 역주: 『管子』「大匡」: 夫杞明王之後也.

423 역주: 『大戴禮記』「少間」: 成湯卒受天命.…… 乃放移夏桀, 散亡其佐, …… 乃遷姒姓於杞.

424 역주: 『論語』「八佾」: 夏禮吾能言之, 杞不足徵也, 殷禮吾能言之, 宋不足徵也.

425 역주: 郝導華, 「杞國史地考略」, 『中原文物』, 2006(1).

했다.

기(杞)나라의 동루공(東樓公)은 하후(夏后) 우(禹)의 후손이다. 은(殷)나라 때,
제후에 봉해지기도 하고 끊어지기도 했다. 주(周)나라 무왕(武王)이 은(殷)나
라 주왕(紂王)을 멸하고 우(禹)의 후손을 구해 동루공(東樓公)을 기(杞)에 봉
하여 하후씨(夏后氏)의 제사를 받들게 했다. [426]

기(杞)는 하(夏)의 후손이지만 주(周)나라 시대에 진정한 존숭을 받지
는 못했다. 문헌과 금문에서 항상 이(夷)라고 칭했다. 『사밀궤(史密簋)』
명문에 "12월 왕이 사속(師俗)과 사밀(史密)에게 명하여 '동방을 정벌하
라. 남이(南夷)의 로(盧)와 호(虎)를 소집하고 기이(杞夷)와 주이(舟夷)를
소집하여……동국(東國)을 광범위하게 정벌했다."라고 했다. 주(周)나라
사람들이 하(夏)를 존경한 것은 자신을 높이는 것에 지나지 않았다. 춘
추전국(春秋戰國)시대는 더더욱 복잡한 시기로 기(杞)나라는 궁지에 빠져
초(楚)나라에게 멸망한다. 하늘이 그들을 보살펴 주지 않는데도 기(杞)나
라 사람들은 하늘을 걱정하는 것으로 유명하다.

증(鄫) 역시 하후씨(夏后氏)의 후손으로 증(鄫)땅에 봉해져 국명이 되었
다. 『국어(國語)』「진어(晉語)」에 "신(申)나라 사람과 증(鄫)나라 사람이 서
융(西戎)을 불러 주(周)나라를 정벌했다." [427]라고 했고, 『사기(史記)』「주
본기(周本紀)」에도 "신후(申侯)는 노하여 증(繒)과 서이(西夷)·견융(犬戎)
과 함께 유왕(幽王)을 공격했다." [428]라고 했다. 『사기정의(史記正義)』에서
는 『괄지지(括地志)』를 인용하여 "증현(繒縣)은 기주(沂州) 승현(承縣)에 있

---

426 역주: 『史記』「陳杞世家」: 杞東樓公者, 夏后禹之後苗裔也. 殷時或封或絶. 周武王克殷紂,
求禹之後, 得東樓公, 封之於杞, 以奉夏后氏祀.

427 역주: 『國語』「晉語」: 申人鄫人召西戎以伐周.

428 역주: 『史記』「周本紀」: 申侯怒, 與繒西夷犬戎攻幽王.

고 옛 후국(侯國)이다."[429]라고 했다. 증(鄫)나라도 건국부터 멸망까지 누차 이동하여, 처음에는 하남(河南)에 봉해졌지만 마지막에는 산동(山東)에 있었다. 증(鄫)나라 멸망 후, 태자 무(巫)는 노(魯)나라로 도망갔으며, 그 후손들은 고국 증(鄫)을 기리기 위해 증(曾)을 성씨로 삼았다.

(5) 주(周)나라 시대의 하(夏) 숭배

하(夏)는 갑골문에서 찾아볼 수 없다.[430] 진몽가(陳夢家)는 하(夏)나라의 역사는 상(商)나라의 역사에서 나온 것으로, 하(夏)나라의 세계(世系)는 바로 상(商)나라의 세계(世系)라고 주장했다.[431] 양관(楊寬)은 하(夏)나라의 역사 대부분은 주(周)나라 사람들이 동서신화를 바탕으로 섞어 만든 것으로 보았다.[432] 서양 학자들은 보통 하(夏)나라의 존재를 믿지 않고, 상(商)나라가 중국 역사상 첫 왕조이라고 믿는다.[433]

설령 하(夏)나라가 존재했었더라도 상(商)나라는 하(夏)나라를 숭배하지 않았다. 『상서(尙書)』 「탕서(湯誓)」에서 "하씨(夏氏)가 죄가 있어, 나는 상제(上帝)를 두려워하여 감히 바로잡지 않을 수 없다."[434]라고 했다. 하(夏) 숭배는 주(周)나라 때부터 시작되었다.[435] 『상서(尙書)』 「주서(周書)」에서 다음과 같이 말했다.

---

429 역주: 『史記正義』「周本紀」: 括地志云, 繒縣在沂州承縣, 古侯國.

430 陳夢家, 『殷虛卜辭綜述』, 北京, 中華書局, 1988.

431 陳夢家, 『商代的神話與巫術』, 『燕京學報』(20), 1936.

432 楊寬, 「說夏」, 『禹貢』第7卷 第6,7合期, 『古史辨』第7冊, 上海, 上海古籍出版社, 1982.

433 Keightley D. N., The Shang: China's First Historical Dynasty, in *The Cambridge History of Ancient China*, ed. by M. Loewe and E. L Shaughnessy, Cambridge, 1997.

434 역주: 『尙書』「湯誓」: 夏氏有罪, 予畏上帝, 不敢不正.

435 李民, 「釋『尙書』周人尊夏說」, 『中國史硏究』, 1982(2).

옛 선민인 하(夏)나라를 살펴보면, 하늘이 인도하여 그 자식을 보호하니, 하늘을 향하여 돌아봄이 이와 같았지만 지금은 이미 그 명을 무너뜨렸습니다. 지금 은(殷)나라를 살펴보면, 하늘이 인도하여 바로잡아 보호하니, 하늘을 향해 바라봄이 이와 같았지만 지금은 이미 그 명을 무너뜨렸습니다.…… 우리는 하나라를 거울삼지 않으면 안 되고, 또한 은나라를 거울삼지 않으면 안 됩니다. 제가 감히 알지 못하지만, 하(夏)나라는 하늘의 명(命)을 따라서, 여러 해 동안 나라를 다스렸다고 합니다. 제가 감히 알지 못하지만, 그들은 더 이어지지 못했습니다. 오직 덕(德)을 공경하지 아니하여 일찍 그 명(命)을 무너뜨린 것입니다. 제가 감히 알지 못하지만, 은(殷)나라는 하늘의 명(命)을 받아 여러 해 동안 나라를 다스렸다고 합니다. 제가 감히 알지 못하지만, 그들은 더 이어지지 못했습니다. 오직 덕(德)을 공경하지 아니하여 일찍 그 명을 무너뜨린 것입니다.[436]

「다사(多士)」·「다방(多方)」·「입정(立政)」 등에서도 여러 곳에 '유하(有夏)' 혹은 '하(夏)'가 언급되고 있으며, 주공(周公)은 여기서 '유하(有夏)'나 '하(夏)'를 '선민(先民)'과 '옛 사람(古之人)'으로 칭하고 있다. 주인(周人)은 융적(戎狄)에서 발생했기 때문에 스스로를 융적(戎狄) 사이에 숨은 하인(夏人)이라 강조하였고, 그들이 거주하는 지역도 하인(夏人)을 계승해 왔다. 『예기(禮記)』「제법(祭法)」에서 "여산씨(厲山氏)가 천하를 얻었다. 그의 아들은 농(農)이라고 하는데 백곡을 재배할 줄 알았다. 하(夏)나라가 쇠하자 주(周)나라의 기(棄)가 그의 뒤를 이었기 때문에 제사를 지내고 직

---

436 역주: 『尙書』「周書」: 相古先民有夏, 天迪從子保, 面稽天若, 今時旣墜厥命. 今相有殷, 天迪格保, 面稽天若, 今時旣墜厥命. …… 我不可不監於有夏, 亦不可不監於有殷. 我不敢知曰, 有夏服天命, 惟有歷年. 我不敢知曰, 不其延, 惟不敬厥德, 乃早墜厥命. 我不敢知曰, 有殷受天命, 惟有歷年. 我不敢知曰, 不其延, 惟不敬厥德, 乃早墜厥命.

(稷)으로 삼았다."[437][438]

　명문이 새겨져 있는 서주(西周)시대의 청동기가 위수(渭水) 유역에서 발견되었는데, 이(夷)와 만(蠻)을 정벌한 공이 있어 상을 받은 것을 주제로 삼고 있으며, 정벌의 대상은 주로 동국(東國)·동이(東夷)·남국(南國)·초형(楚荊)·회이(淮夷)·남회이(南淮夷) 등이다. 그러나 선진 문헌에서 북방의 융적(戎狄)은 끝임 없이 서주(西周)의 적이었다. 이는 명문은 대부분 주인(周人)이나 융적(戎狄)에 의해 제작되고, 문헌은 대부분 이(夷)에 의해 기록된 것임을 설명한다. 주(周)왕조가 견융(犬戎)에게 패하고 융적(戎狄)이 날로 번성해지자 제하(諸夏)의식이 점차 생겨났다. 관중(管仲)은 "제하(諸夏)는 친하니 버릴 수 없다."[439]고 주장했다. 제(齊)나라 환공(桓公)은 존왕양이(尊王攘夷)와 규구지회(葵丘之會)를 솔선하여 제하(諸夏)의식을 강화했다. 진(晉)나라 문공(文公)이 이어서 패왕(霸王)을 칭했던, 성복(城濮)의 전투 또한 존왕양이(尊王攘夷)의 의의가 있었다. 제(齊)와 진(晉)은 모두 주(周)왕조의 중요 봉국(封國)이기 때문에 주(周)를 따라서 하(夏)를 받드는 것은 당연하다. 춘추전국시기 장성(長城)의 북쪽과 서북쪽 사람들의 유목화와 무장화, 그리고 그들의 남쪽을 향한 생존 자원 쟁탈은 화하(華夏) 공동체 형성의 주요한 요소였다.[440]

　진(秦)과 초(楚)는 이적(夷狄)의 대표이다.『사기(史記)』「진본기(秦本記)」에서 "진(秦)나라는 구석진 옹주(雍州)에 있었기 때문에 중국의 제후들과

437　역주:『禮記』「祭法」: 厲山氏之有天下也, 其子曰農, 能殖百穀. 夏之衰也, 周棄繼之, 故祀以爲稷.

438　『國語』「魯語」에는 "昔烈山氏之有天下, 其子曰柱, 能殖百穀百蔬. 夏之興也, 用棄繼之."로, 내용이 약간 다르다.

439　역주:『春秋左氏傳』「閔公元年」: 諸夏親暱, 不可棄也.

440　王明珂,「歷史事實·歷史記憶與歷史心性」,『歷史硏究』, 2001(5).

회맹하지 못하여 이적(夷翟)으로 대우받았다."**441**라고 했고,『춘추공양전(春秋公羊傳)』「희공 11년(僖公十一年)」에서 "초(楚)는 이국(夷國)이다."**442**라고 했다. 바로 이 두 이(夷)와 만(蠻) 대국이 훗날 중국 역사를 주재했다. 초(楚)나라는 중원에 진출하여 패권을 잡고 진(秦)나라 목공(穆公)은 스스로를 중국(中國)으로 칭하기 시작했다. 진인(秦人)의 기원은 매우 복잡하다. 동이(東夷)인 조보(造父)는 수레를 잘 몰아 조(趙)땅에 봉해지고, 그 이후 비자(非子)는 말을 잘 길러 주(周)나라 효왕(孝王)으로부터 진읍(秦邑)에 봉해져, 주(周)나라의 부용국으로 삼아 '서융(西戎)과 화합'했다. 영정(嬴政)은 이(夷)와 하(夏)를 구분하지 않고 육국(六國)을 멸하고 무력으로 중국을 통일하여 시황제(始皇帝)를 칭했다. 초나라에 비록 세 집[三戶]만 남아도, 진(秦)을 멸망시킬 자는 반드시 초(楚)나라였다. 초(楚)나라 사람 유방(劉邦) 역시 이(夷)의 후예로 한(漢)왕조를 세웠다. 진한(秦漢)시대 황제(黃帝) 숭배는 최고조에 이르렀고, 진(秦)나라 시황(始皇)과 한(漢)나라 무제(武帝)가 난데없이 황제(黃帝)의 자손·하(夏)나라의 후예가 되었다.

제(齊)와 노(魯)는 동이(東夷)의 옛 땅에 위치했으나, 이(夷)에 대한 정책은 분명히 달랐다.『사기(史記)』「제태공세가(齊太公世家)」에서 태공(太公)은 제(齊)나라를 다스리며 "그 지역의 풍속을 따르며 예(禮)를 간소화시키고 상공업을 통하게 하여 어업과 염업을 편리하게 했다. 그러므로 백성이 제(齊)나라에 많이 돌아와 제(齊)나라는 대국이 되었다."**443**라고 했다.『사기(史記)』「노주공세가(魯周公世家)」에서 백금(伯禽)은 노(魯)나라를 다스리며 "그 풍속을 바꾸고 예(禮)를 변혁하고 삼년상을 치르느라

---

441 역주:『史記』「秦本記」: 秦僻在雍州, 不與中國諸侯之會盟, 夷翟遇之.

442 역주:『春秋公羊傳』「僖公11年」: 楚, 夷國.

443 역주:『史記』「齊太公世家」: 因其俗, 簡其禮, 通商工之業, 便魚塩之利, 而人民多歸齊, 齊爲大國.

늦었습니다."**444**라고 했고, 상(商)나라 정책을 펴며 주(周)나라의 행정 구역 제도를 따랐다. 노(魯)나라는 주례(周禮)를 행했고, 공자(孔子) 등 상족(商族)의 후예들은 찬란한 문물제도를 시행하는 주(周)를 따랐다. 춘추시대 노(魯)나라의 근처에는 태호(大昊)의 후예인 임(任)·숙(宿)·수구(須句)·전유(顓臾)와 소호(少昊)의 후예인 거(莒)·담(郯)·담(譚)·비(費) 등 작은 나라들이 여전히 있었다. 그들은 제하(諸夏)와 통혼하고 회맹하여 제하(諸夏)의 동맹으로 여겨졌다. 제(齊)나라 환공(桓公)의 존왕양이(尊王攘夷)는 30여개 동이(東夷) 소국을 연이어 멸망시켰고, 춘추(春秋) 말년에 제(齊)나라 영공(靈公)은 동이(東夷)의 대국인 내국(萊國)을 멸망시켜 영토를 배로 넓혔다. 회하(淮河) 중하류 지역의 서(徐)·강(江)·갈(葛)·황(黃)·회이(淮夷)·종리(鍾離)·영(英)·육(六)·서구(舒鳩) 등과 같은 소호(少昊) 집단의 후예인 영성(嬴姓)과 언성(偃姓) 나라들은 춘추시대에 제하(諸夏)를 섬기는 양상으로 회맹에 참여했다. 춘추시대 패권다툼과 전국시대의 병탄과정에서 문화와 민족이 융합되면서 이하(夷夏)사이의 차이는 점차 소실되었다. 진(秦)이 육국을 통일한 후, 회수(淮水)와 사수(泗水)의 이(夷)는 모두 흩어져 진(秦)나라의 백성이 되어, 자연스럽게 하(夏)의 일부가 되었다.

화이오방(華夷五方)의 구조는 춘추전국시대에 형성되었다. 『논어(論語)』에는 동이(東夷)나 남만(南蠻)과 같은 방위와 짝한 민족 호칭이 보이지 않는다. 『춘추좌씨전(春秋左氏傳)』「소공 17년(昭公十七年)」에서 공자(孔子)가 담자(郯子)를 향해 "제가 듣기로는, 천자가 관제(官制)를 잃으면 사이(四夷)에게서 배운다고 했으니, 믿을 만합니다."**445**라고 했다. 『맹자(孟子)』「양혜왕상(梁惠王上)」에서 "중국에 임하여 사이(四夷)를 어루만진

---

444 역주: 『史記』「魯周公世家」: 變其俗, 革其禮, 喪三年然後除之, 故遲.

445 역주: 『春秋左氏傳』「昭公17年」: 吾聞之, 天子失官, 學在四夷, 猶信.

다.”⁴⁴⁶라고 했고, 『맹자(孟子)』「진심하(盡心下)」에서는 “국군(國君)이 인(仁)을 좋아하면 천하에 대적할 자가 없다. 남쪽을 정벌하면 북적(北狄)이 원망하고 동쪽을 정벌하면 서이(西夷)가 원망하며, ‘어찌 우리를 나중에 하는가?’라고 한다.”⁴⁴⁷고 했다. 중국(中國)·동이(東夷)·남만(南蠻)·북적(北狄) 오방의 백성 및 그 습성(習性)·언어(言語)·의복(衣服)·기용(器用) 등이 방위와 정연하게 배합되는 관념이 『관자(管子)』「소광(小匡)」과 『예기(禮記)』「왕제(王制)」에 나타나는 것은 전국시대 진(秦)나라와 한(漢)나라의 대일통 사상(大一統思想)이 체현된 것이다.

『설문해자(說文解字)』에서 “이(夷)는 대(大)와 궁(弓)으로 구성되었다. 동방의 사람이다.”⁴⁴⁸라고 했다. 동아시아는 본래 만이(蠻夷)의 지역이었으며, 이(夷)는 폄하하는 의미가 없고 평(平)과 상(常)의 의미를 갖고 있으며 평화와 만족으로 풀이될 수 있다. 『시경(詩經)』「정풍(鄭風)·풍우(風雨)」에서 “이미 군자를 만났으니 어찌 마음이 화평하지 않으리오.”⁴⁴⁹라고 했다. 서주(西周)시대는 또 이왕(夷王)과 이공(夷公)이 있었다. 『설문해자(說文解字)』에서 “하(夏)는 중국(中國)의 사람이다.”⁴⁵⁰라고 했다. 하(夏)자는 아(雅)자와 통용되기 때문에, 대하(大夏)는 바로 대아(大雅)이다. 『순자(荀子)』「영욕(榮辱)」에서 “월(越)나라 사람은 월(越)땅에 안주하고, 초(楚)나라 사람은 초(楚)땅에 안주하며, 군자는 아(雅)땅에 안주한다.”⁴⁵¹라고 했고, 『순자(荀子)』「유효(儒效)」에서도 “초(楚)땅에 거주하면 초(楚)

---

446 역주: 『孟子』「梁惠王上」: 莅中國而撫四夷也.

447 역주: 『孟子』「盡心下」: 國君好仁, 天下無敵焉. 南面而征, 北狄怨, 東面而征, 西夷怨, 曰 奚爲後我.

448 역주: 『說文解字』「大部」: 夷, 從大從弓, 東方之人也.

449 역주: 『詩經』「鄭風·風雨」: 既見君子, 云胡不夷.

450 역주: 『說文解字』「夊部」: 夏, 中國之人也.

451 역주: 『荀子』「榮辱」: 越人安越, 楚人安楚, 君子安雅.

나라 습속을 갖추고, 월(越)땅에 거주하면 월(越)나라 습속을 갖추며, 하(夏)땅에 거주하면 하(夏)의 습속을 갖춘다."[452]라고 했다.

『춘추공양전(春秋公羊傳)』「성공 15년(成公十五年)」에서 "나라를 안으로 하면 제하(諸夏)를 밖으로 하고, 제하(諸夏)를 안으로 하면 이적(夷狄)을 밖으로 한다"[453]라고 했다. 서주(西周)시기의 하(夏)에 포함된 지리적 개념에서의 주인(周人)은 종주(宗周)[관중지역]를 중심으로 한 활동지역을 가리키고, 하(夏)로 대표되는 문화족군의 개념에서의 주인(周人)은 주(周)문화를 가리킨다. 종주(宗周)가 붕괴되어 평왕(平王)이 동쪽 낙읍(洛邑)으로 천도한 뒤, 하(夏)에 담긴 지리적·문화적 의미에 근본적인 변화가 생겼다. 춘추시대부터 하(夏)와 중국(中國)은 중원지역의 제후국(諸侯國)을 가리킨다. 통일 관념의 형성에 따라 이 지리적·문화적 개념은 점차 민족 정체성의 화하(華夏)개념으로 바뀌었다.[454]

부사년(傅斯年)은 일찍이 화하(華夏)는 누구이며 융적(戎狄)은 누구인지 개탄하며, "주(周)의 호칭이 후직(后稷)에서 나온 것은 흉노(匈奴)의 호칭이 하씨(夏氏)에서 나온 것과 같다. 주(周)의 조상들이 융적(戎狄) 사이를 넘나들었다고 믿기보다는 차라리 주(周)의 조상들이 원래 융적(戎狄)에서 나왔다고 말할 수 있다."[455] 주인(周人)과 강(羌)·융(戎)·적(狄) 및 토하라(Tochara)의 관계는 매우 밀접하고 서로 교첩되어 구분하기 어려우며, 동아시아 상고사에 특수한 역할을 했다. 희주(姬周)를 융적(戎狄)이라고 부르지 못할 것도 없다.[456]

하(夏)·상(商)·주(周) 삼대(三代)는 이(夷)와 하(夏)의 투쟁과 전환의

---

452 역주: 『荀子』「儒效」: 居楚而楚, 居越而越, 居夏而夏.

453 역주: 『春秋公羊傳』「成公15年」: 內其國而外諸夏, 內諸夏而外夷狄.

454 陳致, 「夷夏新辨」, 『中國史硏究』, 2004(1).

455 傅斯年, 「與顧頡剛論古史書」, 『傅斯年全集』, 台北, 聯經出版事業公司, 1980.

456 王克林, 「姬周戎狄說」, 『考古與文物』, 1994(4).

시기였다. 중심에서부터 주변으로, 중심의 이(夷)는 하(夏)가 되고 주변은 사이(四夷) 혹은 해외(海外)민족이 되었다. 하(夏)는 군자(君子)이고 이(夷)는 야인(野人)이라는 개념이 고정관념이 되었다. 이인(夷人)과 이문화(夷文化)는 하(夏)·상(商)·주(周) 삼대(三代)의 기초로, 한족(漢族)과 한문화(漢文化)의 근본이고, 하인(夏人)과 하문화(夏文化)는 전국(戰國)·진한(秦漢)시기에 주류민족과 주류문화가 된 것이다.

서주(西周)시기의 주인(周人)이 하(夏)로 자처 한 것에서부터 춘추시기 제하(諸夏)를 포함할 때까지가 하(夏)숭배의 보급과정이다. 춘추전국시대는 이(夷)와 하(夏)의 관념이 전환되는 중요한 시기이다.『맹자(孟子)』「등문공상(滕文公上)」에서 이(夷)가 하(夏)로 바뀌는 보편성을 총결하여 "나는 하(夏)의 가르침으로 이(夷)를 변화시켰다는 말은 들었지만, 이(夷)에 의해 변화되었다는 말은 듣지 못했다."[457]라고 했다. 제(齊)는 동이(東夷)에서 일어났고, 진(晉)은 북적(北狄)에서 일어났으며, 초(楚)는 남만(南蠻)에서 일어났고, 진(秦)은 서융(西戎)에서 일어났다.『춘추공양전(春秋公羊傳)』「희공 4년(僖公四年)」에서 "남이(南夷)와 북적(北狄)이 번갈아 침략하니, 중국의 운명은 가느다란 실과 같았다."[458]라고 했다. 비록 존왕양이(尊王攘夷)와 제하(諸夏)를 안으로 삼고 이적(夷狄)을 밖으로 삼음[內諸夏而外夷狄]을 높이 외치더라도 주(周)왕조의 멸망과 이적(夷狄)의 유입을 막을 수는 없었다. 하(夏)와 이적(夷狄)의 경계는 매우 모호하여 이를 뚜렷하게 구분할 수 있는 사람이 거의 없다.『춘추공양전(春秋公羊傳)』「소공 23년(昭公二十三年)」에서 "이적(夷狄)이 중원을 주도한 것을 찬성하지 않았기 때문이다. 그렇다면 어째서 중원이 주재한 것처럼 하지 않았

---

457 역주:『孟子』「滕文公上」: 吾聞用夏變夷者, 未聞變於夷者也.

458 역주:『春秋公羊傳』「僖公4年」: 南夷與北狄交, 中國不絶若線.

는가? 중원도 또한 새로운 이적(夷狄)이 되었기 때문이다."⁴⁵⁹라고 했다. 역으로 『논형(論衡)』「선한(宣漢)」에서는 "옛 융적(戎狄)이 지금은 중국(中國)이 되었다."⁴⁶⁰라고도 했다.

전국시대에 제하(諸夏)에 대한 복잡한 호칭은, 하(夏)는 3인칭에서 1인칭으로 바뀌고 이(夷)는 인(人)에서 타인(他人)으로 바뀌어, 이(夷)와 하(夏)는 인칭과 시공간의 전환이 이루어졌다. 강통(江統)은 『사융론(徙戎論)』에서 다음과 같이 말했다.

춘추시대 말기에 이르러 전국나라들이 강성해져 초(楚)는 만씨(蠻氏)를 겸병하고, 진(晉)은 육혼(陸渾)을 점멸하고, 조무(趙武)는 호복(胡服)의 령을 내리고 유중(楡中) 지역을 개간하고, 진(秦)은 함양(咸陽)을 점령하고 의거(義渠)를 멸망시켰다. 시황(始皇)이 천하를 합병시킨 것이 남으로는 백월(百越)로부터 북으로는 흉노(匈奴)에까지 달했고, 오령(五嶺)에 장성(長城)을 건설하며 죽은 사람이 수십만이었다. 비록 전역(戰役)이 번다하고, 구적(寇賊)들이 횡포를 부렸으나, 일세의 공훈은 북방의 소수 민족들을 쫓아내어 당시 중국에 사이(四夷)가 없게 한 것이다.⁴⁶¹

삼대(三代) 이전에는 모두 이(夷)였던 것이 삼대(三代) 이후에는 대부분 하(夏)가 되었다. 이(夷)와 하(夏)의 변화는 이와 같다. 이적(夷狄)은 모두 죽음을 당한 것이 아니라 하(夏)로 변한 것이다. 진한(秦漢) 이후 하(夏)를

---

459 역주: 『春秋公羊傳』「昭公23年」: 不與夷狄之主中國也. 然則曷爲不使中國主之. 中國亦新夷狄也.

460 역주: 『論衡』「宣漢」: 古之戎狄, 今爲中國.

461 역주: 『晉書』「江統傳」: 逮至春秋之末, 戰國方盛, 楚呑蠻氏, 晉翦陸渾, 趙武胡服, 開楡中之地, 秦雄咸陽, 滅義渠之等. 始皇之幷天下也, 南兼百越, 北走匈奴, 五嶺長城, 戎卒億計. 雖師役煩殷, 寇賊橫暴, 然一世之功, 戎虜奔郤, 當時中國無復四夷也.

찬양하고 이(夷)를 폄하하는 기풍이 생기면서 이(夷)와 하(夏)의 변화의
역사는 잊혀졌다. 하(夏)가 무엇인지 예나 지금이나 아무도 알지 못하지
만, 단지 이(夷) · 만(蠻) · 융적(戎狄)으로 그의 존재를 추정할 뿐이다. 하
(夏)숭배는 사실 자아숭배로 민족중심주의적 표현형식이다.

제3장

석기부터 청동기까지: 고고인류학 논증

고고학자들은 고고학 문화의 특징과 세부사항에 주목하고, 인류학자들은 인류 문화의 공통성과 일반규칙을 탐구한다. 최근 한 세기 동안 동아시아 고고학은 각각 전 세계의 이목을 끌만한 성과를 이루었고, 인류학 연구를 위한 견실한 기초를 다졌다. 고고학과 인류학을 결합한 전방위적인(Holistic) 고고인류학(Anthropological Archaeology) 연구로 비로소 인류 문화의 흐름을 꿰뚫어 볼 수 있었다.

배문중(裵文中)은 신생대 제4기에 아시아대륙과 일본열도의 동물군이 일치하며, 일본 큐슈 소주다이(早水台) 유적과 중국 북경 주구점(周口店) 제15지점의 석기문화 유물에 공통점이 매우 많다고 보았다.[462] 일본 학자들도 동아시아대륙과 일본이 구석기시대에 교류가 있었다고 보았다.[463] 대략 1만 2천 년 전은, 뷔름빙기가 끝나고 대륙과 일본의 교역로가 사라지고, 동아시아가 신석기시대로 진입한 매우 중요한 시기였다. 축가정(竺可楨)은 주(周)왕조가 건립된 전후로 지구가 다시 한랭기에 진입한 것에 주목했다.[464] 조문(繩文) 중기에 하강한 해수면은 동아시아대

462 裵文中, 「從古文化及古生物看中日的古交通」, 『科學通報』 1978(2).

463 加藤晉平, 「剝片尖狀器文化的擴散—2萬年前日本列島和東亞大陸的文化交流」, 『考古學文化論集 (4)』, 北京, 文物出版社, 1997.

464 竺可楨, 「中國近五千年來氣候變遷的初步研究」, 『考古學報』, 1972(1).

륙과 일본열도의 교역을 위한 자연지리적 조건을 제공했다.[465] 조몬(繩文)문화 후기의 석기에 대륙계 석기가 많은 것은, 당시에 낮아진 해수면을 이용한 해상왕래가 비교적 많았음을 설명해준다.[466] 구석기문화 전통의 유사성과 신석기문화의 교류가 동아시아 신석기시대의 문화가 동질한 토대가 된다.

1. 이(夷)와 신석기시대의 정착 농업문화

일본의 신석기시대 문화를 조몬((繩文)문화라고 부르며, 일반적으로 초기 · 조기 · 중기 · 만기 · 말기로 분류한다. 초기(B.C. 14,000~9,250)에는 큐슈에서 계절성 정착지와 원시 토기가 출현했다. 조기(B.C. 9,250~5,300)에는 장기 정착지가 출현하며, 더욱 큰 반지혈식 주거지와 많은 토기 그리고 더욱 나아진 생계수단과 자연조건이 갖추어진 정착 생활방식을 형성했다.[467] 한국의 신석기시대 문화는 빗살무늬토기문화로, 토기와 반지혈식 주거지에서 시작하여 거석건축물과 민무늬토기문화로 이어졌다.[468] 조기(B.C. 8,000~6,000)에는 채집 · 어로 · 수렵이 주된 생계방식이었으며, 만기(B.C. 3,500~2,000)에는 소규모 농업이 출현했다.[469] 민무늬토기문화와 청동기시대에는 정착농경이 주된 생활방식이 되었

465 袁靖, 『從貝丘遺址看繩文人與環境的相互關係』, 『地球科學進展』, 1995(4).

466 中山清隆, 「繩文文化與大陸系文物」, 『季刊考古學』 제38호, 1992.

467 Pearson R, Jomon Hot Spot, Increasing Sedentism in South- western Japan in the Incipi-ent Jomon and Earliest Jomon Periods, *World Archaelogy*, 38 (2), 239 · 258, 2006.

468 Nelson S.M., *The Archaeology of Korea*, p. 58, Cambridge University Press, 1996.

469 Choe C.P. et al., Current Perspectives on Settlement, Subsistence, and Cultiviation on Prehistoric Korea, *Arctic Anthropology*, 39(1/2), 95 · 121, 2002.

다. 중국의 신석기시대 문화는 풍부하고 다채로워, 동서남북과 시기별로 각각의 특색이 달라 통일된 명칭이 없다. 요약하면, 동아시아 신석기문화는 정착농경문화라 할 수 있지만, 채집·어로·수렵을 겸한 명확한 공통성을 지니고 있다. 서아시아와 비교해보면,[470] 동아시아의 신석기시대 문화는 다음과 같은 특징을 가지고 있다. 토기의 출현이 비교적 이르기 때문에 전-토기 신석기시대(Pre-pottery Neolithic Cultures)가 없고, 조와 벼가 주요 작물이며, 돼지와 개가 특징적인 가축이었다. 단칸 반지혈식 혹은 간란(幹欄)식 가옥에 거주하며, 누에·모시·수피포(樹皮布)·동유(桐油)·옻 등을 비교적 이른시기부터 이용했다. 토갱(土坑)과 옹관(甕棺)이 주요 매장방식이었고, 옥기를 숭상하며, 제사를 중시했다.

(1) 조, 벼, 콩

조(Setaria italica subsp. italica)는 유라시아대륙에서 가장 오래된 곡물 중 하나이며, 중국은 조 경작의 중심기원지로 여겨진다.[471] 중국 북방의 주요 신석기시대 문화유적지에서 끊임없이 조가 출토되고 있으며, 특히 하북의 자산(磁山)문화와 내몽골의 흥륭와(興隆窪)문화 유적지에서 출토된 조농사 유물은 특히 중요하다. 자산(磁山)유적지에서 출토된 탄화된 조 낟알은 50톤이 넘는 것으로 추정되며, 고고유적지에서 양식이 출토되는 기적을 창조했다.[472] 흥륭구(興隆溝)유적지에서 출토된 조 낟알과

---

470 Ofer Bar-Yosef, The Natufian Culture in the Levant, Threshold to the Origins of Agriculture, *Evolutionary Anthropology*, 159 · 177, 2006.

471 游修齡, 「黍粟的起源及傳播問題」, 『中國農史』 1993(3).

472 黃其煦, 「"灰像灰"在考古學中的應用」, 『考古』, 1982 (4). 佟偉華, 「磁山遺址的原始農業遺存及其相關的問題」, 『農業考古』, 1984 (1).

기장 낟알은 8,000년 전에 이미 밭농사가 시작되었음을 보여준다.[473] 고고식물학 연구를 통해, 조가 신석기시대 북방의 주요 작물이었으며, 그 다음이 기장(Panicum Miliaceum)이었음이 밝혀졌다.[474] 동위원소분석으로 신석기시대 조와 같은 C-4 작물은 북방인의 주요 식량이었을 뿐만 아니라,[475] 돼지와 개의 주요한 영양공급원이었음도 밝혀졌다.[476]

조의 야생원조(Fox Millets, Setaria Italica Subsp. Viridis)는 유라시아대륙과 아프리카에 광범위하게 분포한다. 유럽·아프리카와 서아시아·중앙아시아·남아시아·동남아시아에서 모두 조를 재배했지만, 신석기시대 동아시아에서만 조가 주요 작물이었다. 유전학 연구로, 조는 풍부한 유전적 다양성을 지니고 있으며, 아종(亞種)이나 품종으로 나뉠 수 있는 것은 길고 복잡한 순화과정을 거쳐왔기 때문이라는 것을 밝혀냈다.[477] 그 중에서도 항상 제사에서 이용되던 차조(Waxy Foxtail Millet)는 GBSS1 유전자의 돌연변이가 중요한 작용을 일으킨 것으로, 이 과정은 주로 동아시아에서 일어났다.[478] 한국과 일본의 신석기시대 문화유적지에서도 조와 기장을 주요 작물로 하는 잡곡문화 유물이 발견되었다.[479] 신석기

473 趙志軍, 「從興隆溝遺址浮選結果談中國北方旱作農業起源問題」, 『東亞古物』, 北京, 文物出版社, 2004.

474 Gyoung-Ah Lee et al., Plants and People from the Early Neolithic to Shang Periods in North China, *PNAS*, Vol 104 No 3, 1087·1092, 2007.

475 張雪蓮 等, 「古人類食物結構研究」, 『考古』, 2003(2).

476 Pechenkina E.A. et al., Reconstructing Northern Chinese Neolithic Subsistence Practices by Isotopic Analysis, *Journal of Archaeological Science*, 32 (8), 1176·1189, 2005.

477 Kenji Fukunaga et al., Mitochondrial DNA Variation in Foxtail Millet, Setaria Italica (L.) P. Beauv., *Euphtica*, Vol. 129 No.1, 7·13, 2003.

478 Makoto Kawase et al., Diverse Origins of Waxy Foxtail Millet Crops in East and Southeast Asia Mediated by Multiple Transposable Insertions, *Mol Gen Genomics*, 274, 131·140, 2005.

479 下條信行, 「遼東形伐採石斧の展開」, 『東夷世界的考古學』, 青木書店, 2000.

시대 한반도의 농경화 과정은 밭에서 잡곡을 기르거나 논에서 벼를 기르는 두 가지 유형으로 나눌 수 있다. 동산동(東山洞) 조개더미에서 발굴된 조·기장·호미형 석기 등은 4,000~5,000년 전에 한반도에서 이미 밭농사를 지었음을 나타낸다.[480]

동아시아 본토에 적응된 작물인 조는, 중요한 실용적 가치뿐만 아니라 숭고한 정신적 의의도 갖추고 있다. 조[粟]는 또 직(稷)이라고도 한다.[481] 『주서(周書)』에서 "신농(神農)의 시대에, 하늘에서 조에 비를 내리니, 신농(神農)이 마침내 밭을 갈고 씨를 뿌렸다."[482]라고 했고, 『국어(國語)』「노어(魯語)」에서 "하(夏)나라가 일어나자, 주기(周棄)가 그 일을 계승했으므로 그를 곡신[稷]으로 제사지냈다."[483]라고 했다. 신농(神農)의 조 농사가 대대로 전해지자, 주(周)나라의 선조는 직(稷)으로 존숭받았다. 오곡의 신인 직(稷)과 토지의 신인 사(社)를 합쳐 사직(社稷)이라 하였고, 사직(社稷)은 국가의 상징이 되었다. 『맹자(孟子)』「진심(盡心)」에서 "사직(社稷)이 중하고, 군주는 가볍다."[484]라고 했다. 사직단(社稷壇)은 중국과 한국에서 모두 신성한 상징적 의미를 가지고 있다. 조는 동아시아 민속 생활에서 특별한 의미가 있으니, 이(夷)문화의 상징이다.[485]

물벼(Oryza Sativa L.)는 국제적으로 일본벼(Oryza Sativa Japonica)와 인도벼(Oryza Sativa Indica) 두 아종으로 분류하지만, 중국에서는 각각 갱도(粳稻)와 선도(秈稻)로 부른다. 전자는 일본에서 기원한 것이 아니지만, 후

---

480 Crawford G.W. et al., Agricultural Origins in the Korean Peninsula, *Antiquity*, 77, 87·95, 2003.

481 李根蟠,「古籍中的稷是粟非穄的確證」,『中國農業科學』, 2005 (5).

482 『周書』: 神農之時, 天雨粟, 神農遂耕而種之.

483 『國語』「魯語」: 夏之興也, 周棄繼之, 故祀以爲稷.

484 『孟子』「盡心下」: 社稷次之, 君爲輕.

485 Takei E., *Charactreistics and Ethnobotany of Millets in the Southwestern (Nansei) Islands of Japan* (in Japanese with English abstract), Ph. D. Dissertation, Kyoto University, 1994.

자는 인도에서 기원했을 것 같다. 많은 중국학자들은 두 종 모두 중국에서 기원했다고 막연히 생각한다. 무양현(武陽縣) 가호(賈湖)유적지의 탄화된 볍씨는 지금까지 가장 이른 시기에 재배된 벼로 인정받으며, 회하(淮河)유역도 벼 재배 기원지 중 한 곳으로 인정받는다.[486] 황하(黃河)유역과 그 이북 지역은 예나 지금이나 야생벼의 분포가 없었으며, 북방의 선사시대 유적지 벼농사유물의 식물규산체 연구에 의하면 모두 재배벼였으며 갱도(粳稻)였다.[487]

실제 정황은 매우 복잡하다. 사토 요이치로(佐藤洋一郞) 등은 DNA를 통해 갱도(粳稻)와 선도(籼稻)의 차이는 적응단계 이전에 일어났음을 증명했다. 갱도(粳稻)는 다년생 야생벼(Oryza Rufipogon)에서 기원했고, 선도(籼稻)는 일년생 야생벼(Oryza Nivara)에서 기원했다. 일본과 한국 그리고 중국 북부에서 출토되는 벼는 모두 갱도(粳稻)이다.[488] 갱도(粳稻)는 중국 물벼의 주요 유전적 유형으로, 동질효소연구를 통하여 갱도(粳稻)는 다년생 야생벼에서 기원한 것을 확인했다.[489] 선사시대에 다년생 야생벼는 장강(長江)유역에 광범위하게 분포하고 있었고, 일찍이 하모도(河姆渡)문화의 벼농사유물이 계속해서 발견되는 것에서, 장강(長江)유역의 선사시대 사람들은 대략 10,000년 전부터 다년생 야생벼를 적응시켜 재배한 것을 밝혀냈다. 최초의 벼는 강서성 만년현(萬年縣)의 조통환(弔桶環)유적 · 선인동(仙人洞)유적과 호남성 도현(道縣)의 옥섬암(玉

---

486 孔昭宸 等, 「河南舞陽賈湖遺址八千年前水稻遺存的發現及其才環境考古學上的意義」, 『考古』, 1996 (12).

487 靳桂雲, 「中國北方史前遺址稻作遺存的植物硅酸體判別標準」, 『文物保護與考古科學』, 2002 (1).

488 Sato Y., *Origin of Rice and Rice Cultivation Based on DNA Analysis*, Tokyo, NHK books, 1996.

489 王象坤 等, 「中國普通野生稻的原始型及其是否存在籼粳分化初探」, 『中國水稻科學』, 1994(4).

蟾巖)유적에서 보이며, 연대는 모두 10,000년이 넘는다.[490] 벼가 있다고 해서 벼농사를 지었다는 의미가 아니고, 농사에 적합한 생산도구도 있어야 한다. 지금까지 공인받은 재배 물벼는 약 8,000년 전 가호(賈湖)유적에서 보이며, 인골 동위원소 분석으로 벼가 이미 가호인(賈湖人)의 식단에서 중요한 부분이었음을 확인했다.[491] 하모도(河姆渡)문화 시기의 벼농사는 이미 규모를 갖추고, 논농사의 기초를 다져놓았다.

아시아 재배 벼의 기원과 분화에 유전자의 제한효소 절편길이 다형성(RFLP)표기연구를 응용한 클러스터 분석 결과, 야생 벼는 야생벼 조(組)에 속하고, 재배 벼는 선도(籼稻) 조(組)나 갱도(粳稻) 조(組)에 속하는 것을 확인했고, 선도(籼稻)와 갱도(粳稻)는 거의 동시에 고대 야생벼에서 작물화되었음을 확인했다.[492] 왕상곤(王象坤) 등은 장강(長江)중류−회하(淮河)상류가 벼농사의 기원지이고, 원시 재배 벼의 작물화 과정에는 수천 년의 강화 기간이 있었다고 보았다. 같은 이치로 일년생 야생 벼에서 유래한 선도(籼稻)는 남아시아에서 기원했다고 보았다.[493] 중국과 남아시아는 상대적으로 독립된 벼농사의 기원과 진화의 중심지이다. 선도(籼稻)와 갱도(粳稻)가 각각 작물화된 과정이 점차 증명되고 있다.[494] 의문이 여전히 존재하기는 하지만, 유일하게 확실한 것은 갱도(粳稻)가 동아시아에서 기원했다는 점이다.

---

490 Zhao Zhijun, The Middle Yangtze Region in China is One Place Where Rice Was Domesticated, Phytolith Evidence from the Diaotonghuan Cave, Northern Jiangxi, *Antiguity*, 72, 1998.

491 Hu Yaowu et al., Stable Isotopic Analysis of Human Bones from Jiahu Site, Henan, China, Implications for the Transition to Agriculture, *Journal of Archaeological Science*, 33 (9), 1319 · 1330, 2006.

492 莊傑雲 等, 「應用RFLP標記研究亞洲栽培稻的起源與分化」, 『中國水稻科學』, 1995 (3).

493 王象坤, 「中國稻作起源與演化」, 『科學通報』, 1998(22).

494 Jason P.L. et al., Phylogeography of Asian Wild Rice, Oryza Rufipogon, Reveals Multiple Independent Domestications of Cutivated Rice, Oryza Sativa, *PNAS*, Vol.103 No.25, 2006.

동아시아 물벼재배는 일만 년 전 신석기시대 초기에 기원하여, 가호 (賈湖)와 하모도(河姆渡)문화시기에 성숙되었고, 신석기 말기의 앙소(仰韶)와 용산(龍山)시기에 이르러서는 황하유역으로 전파되었으며, 또한 한반도와 일본 열도로 끊임없이 전파되었다. 교동반도(膠東半島)의 용산 문화시대 서하(棲霞) 양가권(楊家圈)유적과 발해만의 청동문화시기의 대취자(大嘴子)유적 및 쌍타자(雙坨子)유적에서 출토된 벼농사 유물은 벼 농사가 전파된 증거를 제공한다. 그러나 한반도에서 더 이른 시기의 벼 농사의 유물이 발견될 가능성을 완전히 배제할 수는 없다.[495] 한반도의 4,000년 전 신석기문화 유적에서 벼농사 유물이 발견되었다.[496] 청동기 시대가 되어서 벼농사가 보편화되었다.[497] 일본은 조몬(繩文)문화 중기 혹은 말기에 벼농사가 시작되었고, 야요이(彌生)시대에 이르러 대규모 의 논농사가 출현했다.[498] 대다수의 학자들은 일본의 벼생산이 대륙계 통의 농경문화에서 연원한다고 본다.[499] 유사한 자연환경이 벼농사 문 화가 전파된 객관적인 기반이다.[500] 서로 유사한 석기 도구 및 목재 농

495 임효재 편저, 『한국 고대 도작문화의 기원』, 학연문화사, 2001. 안승모, 「한국과 일본의 초기 도작: 미완의 과제들」, 『호남고고학보』 제13기, 2001.

496 Lee Y. H. et al., New Materials on Prehistoric Rice Cultivation in Korea from the Kawajisite, Kyoungki Province, *Paper Presented to the 2nd IACAA*, Nanchang, China, 1997.
Kim J. H. et al., Rice Agriculture in Korea through Plant—Opal Analysis of Neolithic Pottery, *Paper Presented to the 2nd IACAA*, Nanchang, China, 1997

497 Norton C.J., Subsistence Change at Konam-Ri, Implication for the Advant of Rice Agriculture in Korea, *Journal of Anthroplogical Research*, 56 (3), 325 · 348, 2000.

498 Matsui A. et al., The Question of Prehistoric Plant Husbandry during the Jomon Period in Japan, *World Archaeology*, 38 (2), 259 · 273, 2006.

499 和佐野喜久生 等, 「東亞稻作起源與古代稻作文化」, 報告論文集, 1995.
安田喜憲 等, 「稻作的傳播與長江文明」特輯, 『季刊考古學』 제56호, 1996.

500 渡部忠世, 『水稻之路』, 日本廣播出版協會, 1997.
佐佐木高明 著, 劉愚山 譯, 『照葉樹林文化之路』, 昆明, 雲南大學出版社, 1998.

기구의 발견도 이를 증명한다.[501] 벼농사 문화는 중국 옛 백월(百越) 선민이 창조한 것으로, 조엽수림문화대의 핵심 내용이다.

숙(菽)은 대두(大豆)이다. 대두(Glycine max) 재배의 중국 기원은 공인된 것이다. 문헌학과 고고학 양 방면의 연구는 대두 재배가 중국 북방 지역에서 기원했다는 것을 밝혀냈다.[502] 융(戎)이나 동북의 이(夷)는 가장 일찍 대두(大豆)를 재배한 사람들이다. 최근 도사(陶寺)유적에서 콩과 식물의 유물을 발견했는데, 그 중 3알의 비교적 큰 콩은 아마도 재배된 대두일 것이다.[503] 여러 학과의 종합적인 연구로, 춘대두(春大豆)의 생태 유형은 3,000~4,000년 전 황하 중하류 지역 및 동북 지역에서 기원했고, 보리와 콩을 가을에 교대로 심어 2년에 3번 수확하는 하대두(夏大豆)의 생태유형은 2,000년 전 황하 및 회수 지역에서 기원했으며, 벼와 콩을 1년에 2번 수확하는 하대두(夏大豆)의 생태유형은 장강 유역에서 기원했음을 밝혔다.[504] 콩 농사는 동아시아 정착 농경문화가 지속적으로 발전할 수 있었던 관건이었다. 대두는 질소고정식물로, 공기 중의 질소를 고정시켜 토양을 비옥하게 회복시킨다. 따라서 토지는 휴경이나 방치할 필요가 없이, 농경생산을 지속적으로 진행할 수 있다. 대두는 단백질 함량이 높아, 때마침 동아시아 주민들의 식물성 식단으로 인한 단백질 부족의 결함을 보완했다. 풍부하고 다양한 콩 제품은 동아시아 식문화에서 가장 특색 있는 부분이다.

밤 등의 견과는 조몬(繩文)시대의 경제생활에서 특별한 의의가 있

---

501   Young- nai Chon, Introduction of Rice Agricultural into Korea and Japan, Form the Perspective of Polished Stone Implements, pp. 161 · 172, in *Pacific Northeast Asia in Prehistory*, ed. by C. Melvin Aikens and Song Nai Rhee, WSU press, 1994.

502   郭文韜, 「試論中國栽培大豆起源問題」, 『自然科學史研究』, 1996(4).

503   趙志軍, 何弩, 「山西襄汾陶寺城址2002年度浮選結果分析報告」, 『考古』, 2006(5).

504   郭文韜, 「略論中國栽培大豆的起源」, 『南京農業大學學報(社會科學版)』, 2004(1).

다.[505] 목본식물은 초본식물에 비해 더욱 중요하다.[506] 복숭아 · 대추 · 감귤 · 귤 · 매실 · 토란 · 대두 · 대나무 · 삼 · 모시 · 옻나무 · 차 · 납매 · 국화 · 모란 · 무궁화 · 벚꽃 등도 특색이 있는 동아시아 재배식물이다. 밤 · 삼 · 복숭아는 위하(渭河)상류, 황토고원과 진령주변부의 선민들이 가장 먼저 재배한 식물이고, 화북평원은 아마도 밤 · 뽕나무 · 호두 · 대추 · 도토리의 발원지이며, 장강 중하류는 아마도 벼, 연꽃, 마름, 옻나무, 매실, 모시풀 및 참대를 재배 가능하게 한 지역이고 장강 상류는 고구마 · 마름 · 조롱박 · 팥의 고향이다. 대두재배는 동북에서 시작되었고, 그 중 뽕나무 · 벼 · 모시풀은 중국의 특징적인 식물이다.[507] 동아시아 농업의 기반 식물은 서로 다른 지역의 선인들이 작물화하였으나, 약속한 듯이 동시에 같은 식물을 이용하는 것이 가능했던 것은, 결코 하나의 중심에서 주변 지역으로 퍼진 결과가 아니다. 민족 식물학적으로 고찰해보면, 이러한 식물들이 동아시아 민족문화의 토대를 마련한 것이다.

(2) 돼지, 개, 닭

돼지를 기르는 것은 동아시아 정착농경생활의 전통으로, 돼지[豕]가 없으면 집[家]이라는 글자를 만들지 못한다. 북쪽의 흥륭와(興隆窪)에서 남쪽의 증피암(甑皮巖)[508]까지, 서쪽의 앙소(仰韶)로부터 동쪽의 용산(龍

505　名久井文明,「乾燥堅果類儲備的歷史展開」,『日本考古學』제17호, 2004.

506　Matsui A. et al, The Question of Prehistoric Plant Husbandry during the Jomon Period in Japan, *World Archaeology*, 38 (2): 259~273, 2006.

507　羅桂環,「早期的植物馴化與我國文明的起源」,『農業考古』, 2003(1).

508　覃聖敏,「從桂林甑皮巖猪骨看家猪的起源」,『甑皮巖遺址硏究』, 桂林, 漓江出版社, 1990, 240~242쪽.

山)까지 동아시아 신석기시대의 주요 문화유적에서 거의 모두 돼지의 뼈가 출토되었다. 돼지나 돼지의 하악골을 함께 매장하는 것은 종교적 의미[509]를 가질 뿐만 아니라 재부와 정치적 권위의 상징[510]이었다. 돼지는 동아시아 신석기시대 목축업에서 가장 중요한 위치를 차지하고 있었고, 육축(六畜) 중에서 단연 으뜸이었다. 돼지 뼈는 옥기와 마찬가지로 동아시아 신석기시대의 가장 귀한 순장품이었다. 이러한 형국은 청동기시대에 가서야 변화를 보인다. 청동 예기(禮器)[511]와 말[馬][512]이 각각 옥과 돼지의 지위를 부분적으로 혹은 전부 대체했다.

멧돼지(Sus scrofa)와 조[粟]는 동일하게 유라시아 대륙 및 그 부근 도서에서 광범하게 분포했다. 유전학 연구에 의하면 유럽과 동아시아의 가축 돼지는 확연히 다르며, 각각 서아시아와 동아시아에서 기원했다고 한다.[513] 유럽과 남부아시아도 가축 돼지의 기원지 중 하나일 수도 있다.[514] 서아시아는 가축 돼지의 기원지로 공인되고 있다.[515] 동아시아 가축 돼

509　王仁湘, 「新石器時代葬猪的宗教意義」, 『文物』, 1981(2).

510　Kim Seung-og, Burial, Pig, and Prestige in Neolithic China, *Current Anthropology*, 35(2): 119~141, 1994.

511　Li liu, "The Products of Minds as Well as of Hands": Production of Prestige Goods in the Neolithic and Early State Periods of China, *Asian perspectives*, 42 (1): 1~40, 2003.

512　Jing Yuan et al, New Zooarchaeoligical Evidence for Changes in Shang Dynasty Animal Sacrifice, *Journal of Anthropollgical Archaeology, Vol. 24 NO*. 3: 252~270, 2005.

513　Giuffra E. et al., The Origin of Domestic Pig: Independent Domestication and Subsequent Introgression, *Genetics*, 154 (4): 1785~91, 2000.
K-I Kim et al., Phylogenetic Relationships Relationships of Asian and European Pig Breads Determined by Mitochondrial DNA D-Loop Sequence Polymorphism, *Animal Genetids*, 33: 19~25, 2002.

514　Greger Larson et al., Worldwide Phylogeography of Wild Boar Reveads Multiple Center of pig Domestication, *science, VoL.* 307 No. 5715: 1618~21, 2006.

515　Nelson, S. ed., Ancestor for the Pigs: Pigs in Prehistory, *MASCA Research Paper in Science and Archaeology*, 15, 1998.

지는 동아시아 멧돼지에서 기원했지만, 구체적인 시간과 지점은 여전히 확인하기 어렵다.[516] 중국, 동남아, 인도에서 온 가축 돼지 567마리와 멧돼지 155마리의 mtDNA연구에서, 동아시아의 가축 돼지와 멧돼지는 같은 혈통인 D이며, 그 중 D2, D3, D4, D1b, D1a2의 여러 지계를 포함한다고 밝혀졌다. 계통 생물 지리도에 따르면 메콩강 유역이 동물 가축화의 중심지였고, 그 후 서북과 동북방향으로 나뉘어 분포하게 되었다는 것을 추론할 수 있다.[517]

흥륭와(興隆窪)사람이 돼지를 함께 매장한 의미는 심오하다. 대략 8,000년 전 자산(磁山)문화유적에서 출토된 돼지의 뼈가 가축 돼지의 것이었음을 확인할 수 있었다.[518] 과호교(跨湖橋)유적에서 출토된 동물의 골격부분은 가축 돼지로 확인되었으며, 또한 중국에서 가장 오래된 가축 돼지의 실례 중 하나이다.[519] 일본열도와 한반도에도 멧돼지가 분포되어 있었는데 가축 돼지와 혈연관계가 밀접하다.[520] 고고학의 발견과 역사 기록에서 동아시아의 여러 민족에게 양돈 전통이 있었음을 밝히고 있다.[521]

개[狗]는 인류가 가장 일찍 길들이기 시작한 동물로 여겨지는데, 인류의 가장 가까운 친구일 뿐만 아니라 육식공급원의 하나이기도 했다. 가축 개[狗]가 야생 늑대[野狼]에서 왔다는 것은 이미 공인된 사실

516 Young-fu Huang et al., Mitochondrial Genetic Variation in Chinese Pigs and Wild Boars, *Biochemical Genetics*, Vol. 37 No. 11/12: 335~343, 1999.

517 Gui-sheng Wu et al., Population Phylogenomic Analysis of Mitochondrial DNA in Wild Boars and Domestic Pigs Revealed Rrvealed Multiple Domestication Events in East Asia, *Genome Biology* 2007, 8: R245.

518 周本雄, 「河北武安磁山遺址的動物骨骸」, 『考古學報』, 1981(3). Yuan Jing et al., Pig Domestication in Ancient China, *Antiquity*, 76: 724 ~ 732, 2002.

519 袁靖, 「動物研究」, 『跨湖橋』, 北京, 科學出版社, 2004.

520 KimT. H. et al., Genetic Structure of pig Breeds from Korea and China Using Microsatellite Loci Analysis, *Journal of Animal Science*, 83: 2255~63, 2005.

521 윤세영, 「考古學으로 본 猪」, 『한국의 농경문화』 제5집, 1996.

이지만, 길들여진 시간과 지역에 대해서는 여전히 다양한 추측과 의견이 있다.[522] 장아평(張亞平) 등은 세계에서 발견된 가축 개 654마리의 mtDNA연구를 통해, 이중 95%를 세 집단으로 나눌 수 있고, 동아시아 가축 개에서 더 큰 유전적 다양성이 나타난다는 것을 발견했다. 이것으로 가축 개[狗]는 대략 15,000년 전 동아시아에서 기원했다고 추정했다.[523] 간접적인 증거로 신대륙[524]과 호주[525]의 개[犬]가 동아시아 혹은 구대륙에서 왔다는 사실을 발견한 사람도 있다. 그밖에도 일군의 과학자들은 유사한 방법으로 개[犬]와 유럽 동남부의 늑대[狼]가 혈연관계가 있다는 것을 발견했고, 또한 적어도 유럽의 개[犬]들은 유럽의 늑대[狼]에서 온 것이라는 사실을 추론했다.[526] 지금으로부터 12,000~17,000년 전의 화석들은 유럽의 개[犬] 혹은 아시아 개[狗]의 독립적인 기원설을 지지하고 있다.[527] 유럽 · 서남아시아 · 시베리아 · 동아시아 · 아프리카 · 아메리카의 수컷 개[狗] 10마리의 Y염색체에 대한 연구를 통하여 세상의 개[犬]들은 최소 다섯 개의 다른 늑대군(群)에서 기원한 것을 밝혀냈다.[528] 개[犬]는 유전적 다양성을 갖고 있고, 분포지역도 광범위하

522 Jeffrey Cohn, How about Wolves Became Domestic Dogs, *Biosciencs,* Vol. 47 No. 11: 725~728, 1997.

523 Savlolainen P. et al., Genetic Evidence for an East Asian Origin of Donestic Dogs, *Science,* Vol. 298: 1610~1613, 2002.

524 Leonard J. A. et al., Ancient DNA Evidence for Old World Origin of New World Dogs, *Science,* Vol. 298: 1613~1616, 2002.

525 Savlolainen P. et al., A Detailed Picture of the Origin of the Australian Dingo, Obtained form the Study of Mitochondrial DNA, *PNAS,* Vol. 101 No. 33: 12376~90, 2004.

526 Verginelli F. et al., Mitochondrial DNA from prehistoric Canids Highlights Relationships Between Dogs and South-East European Wolves, *Mol. Biol. Evol.,* 22 (12): 2241~51, 2005.

527 Carles Vila et al., Multiple and Ancient Origins of the Donestic Dog, *Science,* Vol. 276: 1687~89, 1997.

528 Christian Notanaelsson, et al., Dog Y Chromosomal DNA Sequence: Identification, Sequencing and SNP Discovery, *BMC Genetics,* 2006, 7: 45. http//www.bionedcentral.

며, 늑대와 교배도 할 수 있어, 한 시기 한 장소에서 기원했다고 할 수 없다.[529] 청동기시대 이래 유라시아 대륙 중서부의 개[犬]는 인도유럽인들을 따라 동아시아에 들어왔기 때문에, 현대 동아시아의 개[犬]와 개[狗]는 보다 풍부한 유전적 다양성을 보여준다.

하북성 서수현(徐水縣) 남장두(南莊頭)[530], 무안(武安) 자산(磁山), 하남성 신정(新鄭) 배리강(裴李崗), 무양(舞陽) 가호(賈湖), 절강성 여요(余姚) 하모도(河姆渡), 섬서성 서안 반파(半坡) 등의 신석기시대의 유적에서 모두 개[狗]의 뼈와 개모형 도기[陶狗]가 출토되었다. 대문구(大汶口)·용산(龍山)문화에서는 개와 거북이를 순장하는 독특한 문화현상을 형성했다.[531] 무양(武陽) 가호(賈湖)에서는 거북이와 개[犬]의 순장이 이미 존재했었고, 태평양 연안지역에서는 거북이와 개[狗]에 대한 제사풍속이 유행했다.[532]

동·서양문화 혹은 유목·농경민족문화에서 개[犬]와 개[狗]는 확연히 다른 의미를 가진다. 언어학연구에서도 유사한 결론을 얻을 수 있는데, 견(犬)은 인도유럽어와 알타이어에서 개에 대한 호칭이다. 농경민족과 유목민족의 개[犬]와 개[狗]에 대한 태도는 뚜렷이 달랐다. 최근까지도 개[狗]는 이(夷)문화 전통의 일본·한국·중국의 육식공급원 가운데하나였으며, 이것은 유목 민족 혹은 인도유럽인에게는 인육을 먹는 것과 다름없었다.

com/1471−2156/7/45.

529 Raisor M. J., *Determining the Antiquity of Dog Origins: Canine Domestication as A Model for the Consilience between Molecular Genetics and Archaeology*, Oxford Archaeopress, 2005.

530 保定地區文管所 等,「河北徐水縣南莊頭遺址試掘簡報」,『考古』, 1992 (11).

531 高廣仁, 邵望平,「中國史前時代的龜靈與犬牲」,『中國考古學研究─夏鼐先生考古五十年紀念論文集』, 北京, 文物出版社, 1986.

532 凌純聲,「古代中國及太平洋區的犬祭」,『中硏院民族學硏究所集刊』 제3기, 1957.

중국은 아마 세계에서 가장 일찍 닭을 키운 국가일 것이다. 강서성(江西省) 만년(萬年) 선인(仙人)굴과 섬서성(陝西省) 반파(半坡)유적에서 발견된 닭뼈 유물은, 원시 닭이 장강과 황하 지역에 모두 분포했었다는 것을 설명한다. 하북성(河北省) 무안(武安)의 자산(磁山)·하남성(河南城) 신정(新鄭) 배리강(裴李崗)·산동성(山東省) 등현(滕縣) 북신(北辛)유적 등에서 모두 닭뼈가 출토되었는데, 모두 가축 닭일 것이며, 이는 현재 세계에서 가장 오래된 기록이다. 앙소(仰韶)문화와 용산(龍山)문화유적에서는 닭뼈와 닭모형 도기[陶鷄]가 자주 출토되는데, 닭은 유일한 가금류였을 것이다. 갑골문자에 조(鳥) 옆에 해(奚)를 덧붙인 형성자인 계(鷄)자가 있고, 은허(殷墟)에서는 희생물로 쓴 닭의 뼈가 발견되었으며, 닭은 육축(六畜) 가운데 하나였다.

집닭(Gallus domesticus)은 홍원닭(Gallus gullus)에서 유래했다. 홍원닭은 중국·인도·미얀마·필리핀 등의 국가에 분포하고 있다. 다윈은 집닭이 홍원닭에서 길들여진 것이라고 제시했는데, 이는 이미 미토콘드리아 DNA 연구로 증명되었다.[533] 2004년 여러 나라의 과학자들이 홍원닭의 유전자 배열 지도를 공포했는데, 닭의 게놈(genome) 규모가 상대적으로 작아서 인류의 1/3밖에 되지 않지만, 유전자 총수는 2만~2만 3천 개로 서로 비슷하며, 60% 정도의 유전자가 서로 동일하다.[534] 홍원닭과 육계(고기닭)·난용종닭·중국 오골계의 게놈을 대비한 결과, 집닭은 사람들이 생각하는 것처럼 근친교배가 심하지 않아 유전적 다양성이 큰 것을 발견했다.

서아시아와 서부지역의 집닭은 인더스강 유역의 하라파(harappa)문화

533 Fumihito A. et al., One Subspecies of Red Jungle Fowl (Gallus Gallus) Suffices as the Matriarchic Ancestor of All Domestic Breeds, *PNAS*, 91: 12505~509, 1994.

534 Sequence and Comparative Analysis of the Chicken Genome Provide Unique Perspecives on Vertebrate Evolution, *Nature*, Vol. 432: 695~777, 2004.

(B.C. 2,500~2,100)에서 기원한 것으로 일반적으로 알고 있다. 인도와 중국에서 약속이나 한 듯이 닭을 길들여 기른 것은 가능한 일이다. 닭은 오덕지금(五德之禽)으로 알려지고 있다. 『한시외전(韓詩外傳)』에서는 "닭 머리에 관(冠)이 있으니, 문덕(文德)이다. 발에 며느리발톱이 있어서 싸울 수 있으니, 무덕(武德)이다. 대적함에 물러서지 않으니, 용덕(勇德)이다. 음식이 있으면 무리를 부르니, 인덕(仁德)이다. 밤을 지키고 날이 밝음을 알리니, 신덕(信德)이다."[535]라고 했다. 동아시아 민간에서는 닭을 상서로운 동물로 사악하고 해로운 것을 물리칠 수 있다고 여겼다.

닭·개·돼지는 사람과 마찬가지로 잡식동물로, 인간과 쉽게 친밀한 관계를 맺을 수 있었다. 그들을 길들이는 과정은 인류의 자기순화(自己馴化)와 대체로 동시에 진행되었는데, 바꾸어 말하면 인류는 그들을 길들이는 과정에서 자기순화를 완성했다. 이러한 가축이 있었기에 인류는 비로소 수렵·채집 생활을 버리고 점차 생산경제시대에 진입할 수 있었다. 노자(老子)의 이상세계는 "닭과 개의 울음소리가 서로 들리는 세계[鷄犬之聲相聞]"로, 닭과 개가 없으면 가정을 이루기 어렵다. "한 사람이 도를 터득하니 닭과 개가 하늘로 오른다."는 구절은, 닭·개·사람이 밀접한 관계에 있음을 말하는 것이다. 중국에서는 정월 초하루는 닭의 날, 초이틀은 개의 날, 초사흘은 돼지의 날, 초나흘은 양의 날, 초닷새는 소의 날, 초엿새는 말의 날이다. 육축이 다 배열되고 초이레가 되서야 사람의 날이니, 매우 깊은 의미가 있다고 할 수 있다. 계돈구체(鷄豚狗彘) 혹은 계구저체(鷄狗豬彘)는 동아시아 정착농경 생활방식과 뗄 수 없이 밀접한데, 동아시아의 이인(夷人)이 이 세 동물을 각각 길들였다.

---

535 역주: 『韓詩外傳』卷二: 首戴冠者, 文也. 足搏距者, 武也. 敵在前敢鬥者, 勇也. 得食相告, 仁也. 守夜不失時, 信也.

(3) 도자기

일본은 1만 년 전의 도기를 발견했다고 가장 먼저 발표했고 중국과 한국도 이어서 만년 전후의 도기가 출토되었다고 보도했으며, 러시아 극동지역에서도 초기 도기를 발견했다. 쿠즈민(Kuzmin)은 체계적인 고찰을 통해 러시아 극동지역·일본·중국의 도기는 13,700~13,300 B.P.로 거슬러 올라가며 상대적으로 독립된 세 개의 발원 중심지가 있다고 보았다.[536] 동아시아의 도기의 출현은 신석기시대의 상징이 될 수 있다.[537] 이 세 지역의 도기는 확실히 각자의 특색을 지니고 있으며 자체적으로 체계를 이루었다. 그러나 러시아 극동지역과 일본의 조기(早期) 도기는 놀라울 정도로 비슷한 점이 있으니, 아마도 연원(淵源)관계가 있을 것이다.

일본의 대표적인 조기(早期) 도기는 가나가와(神奈川)현의 우에노(上野)유적과 우에노현의 시모노우치(下茂內)유적에서 발견되었는데, 무늬가 없는 도자기[無紋陶器]·자돌문(刺突紋)도기·와문(窩紋)도기 외에도 융기선(隆起線)무늬도기가 있다.[538] 조기(早期) 도기와 미코시바계(神子柴系)석기가 함께 출토되었는데, 미코시바계 석기는 러시아 극동지역의 전통석기이며, 가사(Gasha)·후미(Khummy) 유적에서도 또한 시대가 상당히 비슷한 도기를 발견했다.[539]

---

536 Kuzkim Y. V., Chronology of the Earliest Pottery in East Asia: Progress and Pitfalls, *Antiquity*, 80: 362~371, 2006.

537 Kuzkim Y. V., Radiocarbon Chronology of the Earliest Neolithic Sites in East Asia, *Radiocarbon*, 43 (2B): 1121~1128, 2001.

538 堤隆 著, 岳曉樺 譯: 「日本列島晩氷期人類對環境的適應和陶器起源」, 『稻作陶器和城市的起源』, 嚴文明 等 主編, 北京, 文物出版社, 1998, 65~80쪽.

539 Kajiwara H. et al., A Japanese-Russian Joint Excavation in the Far East: the Discovery of the Oldest Pottery in the Maritime Region of Russia, *Novosibirsk*, 12(16), 1995.

한반도의 도기와 토기도 만 년전까지 거슬러 올라갈 수 있다. 이형구(李亨求)는 한반도 유문도기(有紋陶器)와 중국 동북 및 화북지역 도기의 유사성에 주의했다.[540] 임효재(任孝宰)도 한반도 신석기시대 도기는 중국 동북지역 특히 홍산(紅山)문화와 연관이 있다고 생각했다.[541] 청동기시대 한반도의 대표적인 도기인 미송리(美松里)토기는 요동지역에 근원한다.[542] 한반도와 중국 동북지역의 도기는 아마도 공동의 기원이 있는 동일계통에 속하며, 야요이(彌生)시대에는 일본에까지 영향을 미쳐, 일본 도기의 발전방향을 바꿨다.

중국의 도기는 또 다른 기원을 가지고 있을 것이다.[543] 광서성(廣西省) 증피암(甑皮巖)유적 제1기에서 출토된 부형(釜形) 도기는 중국 최초의 도기로 여겨진다.[544] 호남성(湖南省) 옥섬암(玉蟾岩)과 강서성(江西省) 선인동(仙人洞)유적지에서도 유사한 도기가 출토되었다. 이것은 황하 유역에서 유행하는 삼족기(三足器)나 북방의 평저도기(平底陶器)와 선명한 차이가 있다. 아키야마 신고(秋山進午)는 이것과 벼농사·조농사·수렵·채집 등 경제생활 방식과 서로 대응된다고 보았다.[545]

도기는 동아시아 신석기시대의 대표적인 기물이며, 중국고고학에서 문화의 이름을 정하거나 구역을 나누고 계통을 구분하는 주요한 근거가 된다.[546] 정(鼎)은 동남부 지역에서 기원하고, 력(鬲)은 서북지역에서 기

---

540 李亨求,『渤海沿岸古代文化硏究』, 臺灣大學博士論文, 1987.

541 林孝宰,「新石器時代韓國與中國東北陶器文化比較」,『2004年紅山文化國際學術硏討會論文集』, 北京, 文物出版社, 2006.

542 김미경,「美松里型 土器의 변천과 성격에 대하여」,『한국고고학보』, 제60집, 2006.

543 朱乃誠,「中國陶器의起源」,『考古』, 2004(6).

544 中國社會科學院考古所等,『桂林甑皮巖』, 北京, 文物出版社, 2003.

545 秋山進午,「中國土器始原」,『考古學硏究』第51卷 第4號, 2005.

546 蘇秉琦,『中華文明起源新探索』, 北京, 三聯書店, 1999.

원했다. 정(鼎)과 력(鬲)은 동아시아지역의 독특한 도기이다. 따라서 어떤 사람은 중국 신석기문화를 정력문화(鼎鬲文化)라고 칭한다. 정(鼎)과 력(鬲)은 중국신석기문화 전파의 지표라고 할 수 있다.

동아시아는 두말 할 것 없는 도기의 기원지로, 승문도기(繩紋陶器)는 만년이상 지속되었고, 채도(彩陶)도 7,000년 전으로 거슬러 올라갈 수 있다. 앙소(仰韶)문화 채도의 수량과 용산(龍山)문화 흑도(黑陶)의 수준은 비교할 수 없을 정도로 탁월했다. 원시 자기(瓷器)는 약 4,000년전 까지 거슬러 올라가며, 자기가 중국에서 기원했다는 것에는 논란의 여지가 없다. 도자기는 정착농경문화가 동아시아 본토에서 기원했다는 유력한 증거이다.

(4) 반지혈(半地穴), 간란(幹欄)

가옥은 정착의 중요한 상징이다. 중국 북방지역의 신석기시대 가옥은 대부분 반지혈식(半地穴式)구조지만, 또 반지혈식에서 지면건축으로 발전하는 경향도 있었다. 자산(磁山)유적에서 두 채의 가옥 터를 발견했는데, 모두 반지혈식 가옥이었다. 흥륭와(興隆窪)[547] · 조보구(趙寶溝)[548] · 앙소문화 취락유적은 모두 반지혈식 가옥이며, 유사한 건물배치와 취락형태를 가지고 있다. 특이한 점은 흥륭와(興隆窪)에서 홍산(紅山)문화에 이르기까지, 가옥의 크기가 큰 것에서 작은 것으로 변하는 경향이 있다는 것이다. 흥륭와유적의 가옥은 대부분이 20~60㎡ 크기이지만, 홍산문화는 대부분 10~20㎡의 크기만 있다.[549] 이는 인구 증가와

---

547 中國社會科學院考古所內蒙古隊, 「內蒙古敖漢旗興隆窪聚落遺址1992年發掘簡報」, 『考古』, 1997(1).

548 劉國祥, 「趙寶溝文化聚落形態及相關問題研究」, 『文物』, 2001(9).

549 楊虎, 劉國祥, 「紅山文化的源頭-興隆窪原始聚落遺址」, 『中國十年百大考古新發現

자원 부족과 관련이 있는 것 같다.

일본열도와 한반도에서도 또한 대량의 신석기시대의 반지혈식 주택 및 취락을 발견했다. 일본 도기의 출현 후, 반지혈식 주택은 눈에 띄게 증가했고, 아울러 식물을 저장하기 시작했으며, 인류는 점차 구석기시대의 유동(流動)생활에서 신석기시대의 정착생활로 넘어갔다. 조몬(繩文) 중기 반지혈식 가옥은 상당히 보급되어, 장방형 대형 주택을 중심으로 한 취락이 많이 형성되었다. 한반도의 반지혈식 가옥은 청동기시대 말기까지 이어졌는데, 원형·방형·장방형의 큰 가옥은 청동기시대의 전형적인 취락유적지인 송국리(松菊里)에서도 보인다.

중국의 남방지역은 무덥고 습하여, 신석기시대에 이미 간란식(幹欄式) 건축이 있었다. 하모도(河姆渡)의 간란식건축 중 한 채는 장방형으로 면적이 160여 평방미터(23×7)에 달하기도 했는데, 흥륭와·앙소문화의 큰 가옥과 서로 선명한 대조를 이룬다. 동남지역의 신석기시대의 간란식 건축은 현대 서남지역의 민간가옥과 매우 비슷한데, 원류(源流)관계에 있다.

이러한 간란식 건축은 벼농사 문화를 따라 한반도와 일본에 전파되었다. 일본에서 발견된 조몬문화 말기의 대나무와 나무로 제작된 용기(容器)와 강남지역의 이족(夷族), 월족(越族)은 밀접한 관계가 있다. 일본의 동탁(銅鐸)과 동경(銅鏡)에서 반영하고 있는 밑받침 말뚝, 등마루식 지붕의 간란식 건축과 중국의 강남지역의 건축은 서로 비슷하다.

흙과 나무를 주요 건축 재료로 하는 반지혈식 가옥과 간란식 건축은 동아시아 지역 신석기시대의 주요 주거장소이며, 그 가옥의 모양과 취락형태는 놀라울 만큼 서로 비슷한 부분이 있고, 서아시아의 벽돌을 주요 건축 재료로 하는 주택 및 미궁(迷宮)과 같은 배치와는 매우 다르다.

(1990~1999)』(上冊), 北京, 文物出版社, 2001.

(5) 뽕나무, 누에, 비단

1958년 절강성 오흥(吳興) 전산양(錢山漾)유적에서 발견된 양저(良渚)문화의 견직물은 약 4,700년 전 동아시아에 양잠과 견직업(絹織業)이 있었음을 설명한다.[550] 최근 전산양(錢山漾)유적지에서 또 비단이 출토되어 새로운 증거를 제공했다.[551] 1978년 절강성 여요(余姚)의 하모도(河姆渡) 유적지에서 편직문(編織紋)과 잠문(蠶紋) 도안이 조각된 상아로 만든 충형기(盅形器) 및 마선(麻線), 방륜(紡輪)과 원시적 직기(織器) 부품이 몇 건 출토되었는데, 이는 비단 생산의 증거라 할 수 있다.[552] 하남성 청대(靑臺) 유적지에서 출토된 앙소문화시기의 탄화된 견직물은, 감정결과 삼베·명주견직물·나문(羅紋)견직물이 포함되어 있었다고 한다.[553] 한대(漢代)이전의 비단문물의 발견은 주로 황하 중하류와 장강 하류 등 양대지구(兩大地區)에 집중되어 있다. 신석기시대 장강유역의 비단 관련 유적·유물은 장강 하류 델타지역에 집중되어 있는데, 이후 호북과 호남을 중심으로 하는 중류지역까지 확대되었고, 마지막에 비로소 장강 상류의 사천 일대까지 이르렀다.[554] 중국 견직물과 양잠기술의 출현은 연이어 발생한 것으로, 견직물은 대체로 하모도(河姆渡)문화에서 기원하며, 양잠은 앙소와 양저문화에서 무르익었다.[555]

산서성 하현(夏縣) 서음촌(西陰村)에서 1926년 반 토막 난 누에고치가

550 周匡明, 「錢山漾殘絹片出土的啓示」, 『文物』, 1980(1). 徐輝 等, 「對錢山漾出土絲織品檢驗」, 『絲綢』, 1981(2).

551 周潁, 「絲之源-湖州錢山漾」, 『絲綢』, 2006(6).

552 周匡明, 「養蠶起源問題的研究」, 『農業考古』, 1982(1).

553 張松林 等, 「滎陽靑臺遺址出土絲麻織品觀察與研究」, 『中原文物』, 1999(3).

554 劉興林, 范金民, 「長江絲綢文化」, 武漢, 湖北敎育出版社, 2003.

555 衛斯, 「中國絲織技術起始時代初探: 兼論中國養蠶起始時代問題」, 『中國農史』, 1993(2).

출토되었는데 아마 앙소문화에 속할 것이다.[556] 하북성 정정(正定) 남양장(南陽莊)[557]과 산서성 예성(芮城) 서왕촌(西王村)에서 출토된 앙소문화의 도제 누에 번데기는 집누에[家蠶]를 반영한 것이라 한다.[558] 내몽골 나일사대(那日斯臺)에서도 홍산문화의 옥잠(玉蠶)을 발견하였고, 요하(遼河) 유역에는 지금도 여전히 야생뽕나무가 있으니, 이는 누에 숭배만을 나타내는 것은 아닐 것이다. 홍산문화는 옥으로 유명할 뿐만 아니라 또한 비단과 연결시킬 수도 있으므로, 옥백고국(玉帛古國)문화이다.

중국의 양잠업(養蠶業)은 이미 오천년의 유구한 역사를 가지고 있다. 어떤 이는 집누에가 황하중류에서 기원한다고 주장한다.[559] 태산(泰山) 주위의 이인(夷人)이 가장 일찍 누에 실을 사용하고 집누에를 길들였을 것이다.[560] 황하강 중하류유역과 장강 중하류 유역 모두 잠사업(蠶絲業)의 기원지일 것이다.

집누에(Bombyx Mori L.)는 야생뽕나무 누에(Bombyx Mandarina)를 길들여 온 것이지만 집누에의 분화(分化)에 대해서는 다양한 관점들이 있다. 누에는 종(種)의 진화를 거쳐서 다양한 지리적 개체군 혹은 생태유형을 이루었는데, 예를 들면 중국 종, 아시아열대 종, 일본 종, 유럽대륙 종 등 이다. 각각의 개체군 가운데 또 약간의 개별 품종이 있으며, 그 생태와 경제적 성질과 상태에는 모두 각각의 특징을 가지고 있다.

556　李濟, 「西陰村史前的遺存」, 淸華學校硏究院叢書第3種, 1927. 하내(夏鼐)는 누에고치가 대략 후세에 섞여 들어 간 것으로 보았다. 일본학자 누노메 지로(布目順郎)는 누에고치에 대하여 복원연구를 하여 뽕나무 누에고치라고 판단했으나, 이케다 켄지(池田憲司)는 집 누에고치라고 보았다.

557　郭郛, 「從河北省正定南楊莊出土的陶蠶蛹試論我國家蠶的起源問題」, 『農業考古』, 1987(1).

558　唐雲明, 「我國育蠶織絅起源時代初探」, 『農業考古』, 1985(2).

559　段佑雲, 「家蠶起源於黃河中游中華民族發祥地」, 『蠶業科學』, 1983(1).

560　華德公, 「從史籍看東夷人最早利用蠶絲和馴養家蠶」, 『浙江理工大學學報』, 1993(3).

장유용(蔣猷龍)은 집누에는 일 년에 여러 번 산란하는 것에서 한번 산란하는 방향으로 진화하였고, 다화성(多化性: 한 해에 세 번 이상 알을 까는 누에 품종의 성질) 누에가 가장 먼저 있었으며, 그 기원지도 여러 곳이었을 것으로 보았다.[561] 요시타케 나루미(吉武成美)는 동질효소 다형성에 근거하여 일화성(一化性: 한 해 한 세대를 생산하는 것) 품종이 집누에의 기원이라고 제기했다.[562] 그들은 협력연구에서 일화성(一化性) 품종이 집누에 기원의 중심이라는 관점을 지지했다.[563] 그러나, 일화성(一化性) 품종은 또한 삼면(三眠)·사면(四眠)으로 나누는데 그 사이의 차이는 매우 크다. RAPD(Randomly Amplified Polymorphic DNA: 같은 종의 생물 집단에 공존하는 극미량의 DNA를 무작위로 증폭시켰을 때 나타나는 다양한 길이의 DNA) 지표를 이용하여 다른 계통, 화성(voltinism, 化性)과 면성(眠性: 누에가 허물을 벗기 위해 자는 잠에 관계된 성질.) 등 모두 여섯 부류의 59개 집누에품종 및 산누에에 대하여 연구를 진행하여, 중국 일화성(一化性) 사면(四眠) 누에종이 가장 먼저 산누에에서 갈라져 나온 계통임을 증명했다. 일화성 사면종(四眠種)과 아시아 열대 종 그리고 이화성(二化性) 사면종(四眠種)은 비교적 가깝고, 일화성 삼면종(三眠種)과는 비교적 멀다는 것도 증명했다.[564] 분자 생물학의 방법을 사용하여 11개 지역의 야생뽕나무누에와 25개 집누에품종에 대한 연구로 집누에가 중국 야생뽕나무누에에서 기원한다는 것이 실증되었지만, 집누에는 여러 종류의 생태 유형(일화一化, 이화二化, 다화多化 포함)이 혼잡된 야생 뽕나무누에로 부터 길들여 왔을 것이며, 그 후 몇 천 년의 인공사육과 선별을 통해 비로소 여러 품종

561 蔣猷龍, 「家蠶的起源和分化」, 南京, 江蘇科技出版社, 1982.

562 吉武成美, 「家蠶日本種の起源に關する一考察」, 『日本蠶絲學雜志』, 37(2), 1967 83~87쪽.

563 吉武成美, 蔣猷龍, 「家蠶的起源和分化研究」, 『科技通報』, 1987(3).

564 夏慶友, 「家蠶不同地理品種分子系統學研究」, 『昆蟲學報』, 41(1), 1998.

의 집누에를 기르게 되었을 것이다.[565] 각 지역의 중국야생뽕나무누에의 개체 사이에, 또 그것과 일본 후쿠오카 야생뽕나무누에의 개체 사이에는, 풍부한 DNA의 다형성을 드러냈다.[566]

양잠기술의 출현은 견직기술의 출현과 관계가 있을 뿐 아니라 또한 뽕나무재배, 가축, 가금의 사육과 관련이 있다.[567] 중국고대경제는 농업과 양잠업을 근본으로 했다. 뽕나무는 크게 교목상(喬木桑), 고간상(高幹桑), 지상(地桑) 등 세 종류로 나눌 수 있다. 교목상(喬木桑)은 보통 야생뽕나무로, 거대하게 자생했기 때문에 뽕잎을 따기가 불리하다. 고간상(高幹桑)은 교목상을 다듬어 나무 끝을 잘라낸 것으로, 수관이 비교적 낮게 형성되어 뽕잎을 따기가 편하다. 지상(地桑)은 줄기가 지면에 가까워, 뽕잎을 따기가 편리하고, 뽕잎의 품질도 좋고 양도 많다. 교목상(喬木桑)과 고간상(高幹桑)은 장강과 황하유역에 광범위하게 분포 되어 있다. 지상(地桑)은 재배종(栽培種) 뽕나무이며 인위적으로 선택하여 키워진 것이다. 갑골문에서 상(桑)자는 서법이 다양한데 아마도 교목상(喬木桑), 고간상(高幹桑)과 지상(地桑)을 구분하여 표시했을 것이다.[568] 교목상(喬木桑), 고간상(高幹桑)은 보통 가옥의 앞과 뒤 혹은 길옆 들판에서 생장하고, 지상(地桑)이야말로 큰 밭에서 경작하는 작물이다. 복사(卜辭)에 이미 '상전(桑田, 뽕밭)'이라는 단어가 있었다. "왕이 그 뽕밭을 살피니, (뽕밭)물가 주변에 재앙이 없다."(『合集』28917) 바다가 변하여 뽕밭이 되고, 뽕밭이 변하여 바다가 된다는 유래는 이미 오래 됐다. 삼대(三代)에도 야생 뽕나무 숲이 여전히 존재했다. 『여씨춘추(呂氏春秋)』

---

565 魯成等, 「中國野桑蠶和家蠶的分子系統學研究」, 『中國農業科學』, 2002(2).

566 魯成等, 「中國野桑蠶和日本野桑蠶的 RAPD 研究」, 『蠶業科學』, 2002(1).

567 衛斯, 「我國栽桑育蠶起始時代初探」, 『農史研究』第6輯, 北京, 農業出版社, 1985.

568 周匡明, 「桑考」, 『農業考古』, 1981(1).

「순민(順民)」에는 "탕(湯)이 하(夏)를 이기고 천하를 바르게 했는데, 하늘이 큰 가뭄을 내려, 오년간 수확하지 못했다. 탕은 곧 친히 뽕나무 숲에서 기도를 했는데…… 마침내 큰 비가 내렸다."[569]라고 되어 있다. 나필(羅泌)의 『노사여론(路史餘論)』에는 "뽕나무 숲은 토지 신에게 제사를 지내는 곳이다."라고 되어있다. 송(宋)에는 뽕나무 숲이 있고, 제(齊)에는 사직(社稷)이 있으며, 초(楚)에는 운몽(雲夢)이 있으며, 연(燕)에 조상이 있는 것과 같다.

누에, 뽕나무, 비단은 중국고대의 서로 연관된 위대한 발명이다.[570] 뽕나무를 심고, 누에를 놓고, 고치에서 실을 뽑고, 방직하고, 수를 놓는 것은 매우 복잡한 기술 활동이며, 그 복잡한 과정은 지금도 이해하기 어렵다. 비단은 처음부터 예의용품 혹은 사치품이었으며, 고대 동아시아 사람들의 정신생활 가운데에서 특별한 의미를 지녔다. 신석기시대 비단은 옥과 비견될 만한 의례용품으로, 옥백고국(玉帛古國)의 상징이다. 안양(安陽) 은허(殷墟)에서 진짜 같은 옥잠(玉蠶)이 출토된 적이 있으며, 무관촌(武官村)에서 발견한 창끝에는 명주 혹은 비단이 남아 있다. 갑골문에 이미 '잠(蠶, 누에)', '상(桑, 뽕나무)', '사(絲, 명주실)', '비(帛, 비단)' 등의 문자가 있었으며, 또한 누에 신에게 제사를 지낸 기록의 갑골이 존재한다.[571] 삼례(三禮)인 『의례(儀禮)』, 『주례(周禮)』 및 『예기(禮器)』에는 선잠(先蠶)에 제사 지낸 기록이 있다. 누에, 뽕나무, 비단은 실크로드를 통해 서방에 전파되었고, 그와 동시에 인근 나라인 한국, 일본에 중요하고 심원한 영향을 끼쳤다.[572]

---

569 『呂氏春秋』「順民」: 湯克夏而正天下, 天大旱五年不收, 湯乃以身禱於桑林,……雨乃大至.

570 夏鼐, 「我國古代蠶, 桑, 絲, 綢的歷史」, 『考古』, 1972(2).

571 胡厚宣, 「殷代的蠶桑和絲織業」, 『文物』, 1972(11).

572 傅朗雲, 「關於古代東北亞絲綢之路的探索」, 『北方論叢』, 1995(4). 嚴勇, 「古代中日絲綢文化的交流與日本織物的發展」, 『考古與文物』, 2004(1).

(6) 가래, 보습, 쟁기

동아시아 최초의 땅을 고르는 공구인 가래와 보습은 중국역사에서 상징적인 농기구이며, 또한 동아시아 정착 농업문화의 상징이다. 처음에는 나무 가래, 후에는 나무 보습이 있었고 얼마 지나지 않아 또 돌보습과 뼈보습을 발명했다. 초기의 가래는 송곳형 나무 막대기였으며, 한 쪽만 뾰족한 것이 양쪽의 뾰족한 것으로 변화 발전한 것을 쌍날가래[雙尖耒]라고 불렀으며, 한 쪽만 뾰족한 나무 쟁기의 날 부분이 편평한 널빤지 모양의 날로 발전한 것이 나무보습이 되었다.[573] 선사시대의 나무로 된 가래와 보습은 보존하기 쉽지 않지만, 근대 서남변경에서는 여전히 가래와 보습을 사용하여 경작하고 있다. 섬서성 임동현(臨潼縣)의 강채(姜寨)와 하남성 섬현(陝縣)의 묘저구(廟底溝) 등 신석기시대의 유적지에서는 쌍날가래를 사용하여 흙을 파고 난 후 남겨진 흔적이 발견되었다.[574] 나무보습의 날 부분은 닳기 쉬워, 나중에는 동물 어깨뼈 혹은 돌로 만든 날을 보습 위에 묶어 사용한 것이 뼈보습 혹은 돌보습으로 되었다. 현재 초기의 뼈보습이 가장 많이 발견된 곳은 지금으로부터 7,000여 년이 된 절강성 여요(余姚)의 하모도(河姆渡) 유적지와 나가각(羅家角) 유적지이다.[575] 북방 신석기시대 유적지, 예를 들면 하북성 무안(武安) 자산(磁山)유적지와 하남성 신정(新鄭) 배리강(裵李崗)유적지 및 요녕성과 내몽골의 홍산문화유적지에서 매우 많은 돌보습이 출토되었다.

『주역(周易)』「계사(繫辭)」에서 "포희씨가 죽거늘, 신농씨가 일어나 나무를 깎아 보습을 만들고 나무를 구부려 쟁기를 만들어 밭을 갈고 김매

573 陳文華 編著, 『中國農業考古圖錄』, 南昌, 江西科學技術出版社, 1994, 141쪽.

574 『廟底溝與三里校』, 圖版九三, 北京, 科學出版社, 1959, 23쪽.

575 浙江省文物管理委員會 等, 「河姆渡遺址第一期發掘報告」, 『考古學報』, 1978(1).

대 태평양에서 흔히 볼 수 있는 항해 도구이다. 절강성 소산의 과호교 신석기시대유적의 초기 카누, 복건성 연강(連江) 서한(西漢)시기의 카누, 광동성 화주(化州)의 동한(東漢)시기의 카누, 광서성 흠주(欽州) 모령강(茅嶺江) 동쪽연안의 카누가 태평양의 수많은 아웃리거 카누, 요트의 구조와 유사하다. 아마도 중국이 과선의 발원지였을 것이다.[582] 대나무 뗏목은 틀림없이 동아시아의 특산품이지만 가죽 뗏목은 아마 서아시아에서 왔을 것이다.[583] 대나무의 비어있는 속은 마치 수밀창(水密艙) 같아서, 훗날 중국에서 대형선박의 수밀 구획실을 발명하는데 천연의 형상을 제공했다.

이(夷)문화는 동방의 해양문화 범주에 귀속될 수 있다. 이인(夷人)들은 바다를 의지하고 이용하여 바다에서 물질생활에 필요한 것을 얻었으며, 또한 바다조개 등을 장식품, 화폐, 삽 등을 도구로 삼았다. 은허의 도굴당하지 않은 고분 중 40%에서 바다조개들이 출토되었고, 그중 80%의 무덤 주인은 입에 조개를 물고 있었거나 손에 잡고 있었으며 발밑에도 조개가 놓여 있었다.[584] 동이인(東夷人)의 항해 활동은 바다에서 황해를 넘어 요동, 한반도 및 일본 열도에 이르는 전형적 항로를 개척했다. 동시에 동이인에게서 인면조신(人面鳥身)의 바다신[海神]에 대한 신앙과 태양과 새를 숭배하는 풍속이 생겨났다.[585] 섬에 사는 도이(島夷)와 백월(百越)족은 배를 잘 다루었다. 『회남자(淮南子)』「주술훈(主術訓)」에서는 "탕무는 성주이기 때문에 월인과 함께 배를 타고 강과 호수에 떠 있을 수

582 吳春明, 「中國東南與太平洋的史前交通工具」, 『南方文物』, 2008(2).

583 Chen xingcan, Where did the chinese Leather Raft come from? A Forgotten Issue in the Study of Ancient East-West Culture Interaction, *BMFEA*, 75, 2003.

584 唐際根, 「殷墟商代墓葬出土海貝的統計學分析」, 唐際根, 『考古與文化遺産論集』, 北京, 科學出版 社, 2009.

585 朱建君, 「東夷海洋文化及其走向」, 『中國海洋大學學報(社會科學版)』, 2004 (2).

없다."[586]라고 말하고 있다. 남도어족(南島語族)과 서사시대의 백인토착 민(?)의 역사의 흔적도 ? ??? 관계가 ???? ???? 유견석부(어깨가 있는 돌도끼), 기하무늬가 새겨진 도자기 등의 유물은 동 남연해와 태평양 여러 섬의 교통을 탐색하는 데 중요한 단서를 제공했 다. 한당(漢唐) 이래 중국해주변은 세계해양 상로(商路)의 네트워크에서 가장 활발한 구간이 되었으며 해상 비단의 길, 도자기의 길, 향료의 길, 향자기의 길, 차의 길의 기점으로 여겨졌다. 해양집단의 변천과 기층해 양문화의 특징으로 볼 때, 이는 전통 역사학으로부터 한인(漢人)이 주도 ? ??????? ??????? ??? ????? ???? ? ???? ? ??? ???? ???? ? ?????.

(8) 토갱장(土坑葬), 옹관(甕棺)

토갱장은 동아시아 신석기시대의 가장 주요한 고분 형식이고 옹관장 은 동아시아 신석기시대의 매우 특색이 있는 고분 방식이다. 옹관장(Jar Burial)은 옹(甕)·관(罐)과 같은 도기를 장례 도구로 삼아 유아매장에 주 로 사용했으며, 또한 성인을 매장하는 데도 사용했다. 중국 신석기시대 유적지에는 어린이옹관장이 흔히 발견되는데, 대체로 거주지 부근 혹은 실내에 매장되어 있고 또한 오로지 유아 옹관장만 있는 묘지도 있다. 가장 오래된 옹관장은 배리강(裴李崗)문화인 무양(舞陽) 가호(賈湖)유적지 에서 발견되었고 그곳에 항아리·솥·시루·대야 등이 있었으며 위에 는 사발이 덮여 있었다.[588] 앙소문화(仰韶文化) 시기에 이르러, 이 같은

---

586 『淮南子』「主術訓」: 湯武聖主也, 而不能與越人乘幹舟而浮於江湖.

587 吳春明, 「"環中國海"海洋文化的土著生成與漢人傳承論綱」, 『復旦學報(社會科學版)』, 2011 (1).

588 河南省文物考古研究所編, 『舞陽賈湖』第5章, 北京, 科學出版社, 1999.

장례 풍속이 널리 유행하기 시작했다.[589] 반파(半坡)유적의 정교하고 아름다운 도자기들, 예를 들면 인면어문(人面魚紋)과 인면문, 녹문채도분(鹿紋彩陶盆) 등은 옹관장에서 많이 나왔다. 성인 옹관장은 오직 앙소문화인 염촌(閻村)유형만 성행했다. 일종의 대형 옹관은 이천(伊川) 항아리로 불리는데, 임여현(臨汝縣) 염촌(閻村)의 관어석부도도항(鸛魚石斧圖陶缸)[590]과 홍산묘유적의 금조부일도도항(金鳥負日圖陶缸)같은 것들이다.[591] 석가하(石家河)문화의 옹관장에는 성인과 아이의 것이 있고, 어떤 옹관에는 옥기가 들어있다.[592]

옹관장은 신석기시대에 나타났고 앙소시기에는 바닥이 뾰족한 병 등의 기물로 아이의 시개를 담았으며 용산시기에는 바로 단형옹(蛋形甕)[593], 도력(陶鬲), 도관(陶罐)을 사용했고, 상주(商周)시기에는 전문적으로 옹관을 제작하는 데까지 발전했다. 『예기(禮記)』「단궁(檀弓)」에는 "유우씨(有虞氏)는 와관(瓦棺)으로 하고 하후씨(夏后氏)는 직주(塈周)로 하고 은인(殷人)은 관곽(棺槨)으로 하고 주인(周人)은 장(牆)을 두르고 삽(翣)을 둔다."[594]라고 기록하고 있다. 주나라 사람은 은나라 사람의 관곽 방식으로 16~19세에 사망한 사람[長殤]들을 매장했고, 하후씨의 직주(塈周) 방식으로 12~15세에 사망한 아이[中殤]들과 8~11세에 사망한 아이[下殤]를 매장했으며, 유우씨(有虞氏)의 와관(瓦棺)으로 7세 이하에 죽은 아이[無服之殤]를 매장했다. 여기에서의 와관(瓦棺)은 "유우씨상도(有虞氏尙

589 李仰松,「談談仰韶文化甕罐葬」,『考古』, 1976(6).

590 臨汝縣文化館,「臨汝閻村新石器時代遺址調査」,『中原文物』, 1981(1).

591 河南省文物考古學研究所編,『汝州洪山廟』, 鄭州, 中州古籍出版社, 1995.

592 郭立新,「石家河文化晚期的甕棺葬研究」,『四川文物』, 2005(3).

593 井中偉,「蛋形甕研究」,『考古學報』, 2006(6).

594 『禮記』「檀弓」: 有虞氏瓦棺, 夏后氏塈周, 殷人棺槨, 周人牆置翣.

陶)"와 서로 부합한다. [595]

옹관장은 동아시아 본래의 매장 풍속으로서 광범위하고 지속적으로
전해졌다. 일부 서남지역의 이(夷)는 신중국이 들어서기 전까지 이런 풍
속이 여전히 남아있었고 동방의 조선반도와 일본열도까지 전해졌다. 한
반도는 청동기시대에서 옹관장이 유행하였고 이미 30여 곳이 발견되었
으며 대부분 한강과 금강유역에 분포되어 있고 북부와 동부에서는 보기
드물다. [596] 일본의 조몬(繩文)시대 중기, 말기에 이미 옹관장이 출현했고
야요이(彌生)시대에 성인 옹관장이 유행했다. 사가(佐賀) 요시노(吉野)에
서는 옹관장이 2,000여 구 출토되어 옹관왕국(甕棺王國)으로 불리게 되
었다. 동아시아에서 옹관장이 유행된 것은 실작 농경생활방식의 구현이
며 토기 숭배와 관련이 있고, 난형옹(卵形甕)은 아마도 난생(卵生)신화와
관련되었을 것이며 재생 혹은 신생을 의미한다. [597] 유럽의 청동기시대
에도 옹관에 화장한 유골을 두는 것이 성행했으나, 그것은 화장(火葬)의
한 특수 형식인 옹기를 이용한 매장(Urn Burial)방식으로, 동아시아 매장
의 특수 형식인 옹관장과는 본질적으로 다르다.

(9) 옥기(玉器)

돌 중에 가장 아름다운 것이 옥(玉)이며 옥은 동아시아 문명의 가장
중요한 토대로 인식된다. 양백달(楊伯達)은 중국의 옥문화를 동이(東夷)
옥문화, 회이(淮夷)옥문화와 동월(東越)옥문화 등 세 가지 큰 판으로 나

---

595 許宏, 「略論我國史前時期的甕棺葬」, 『考古』, 1989(4).

596 김규정, 「무문토기 옹관묘 검토」, 『선사와 고대』 25집, 2006.

597 Maurizio Riotto, Jar-Burial in Korea and Their Possible Social Implications, *Korea Journal*, Autumn: 40-53, 1995.

누어 옥과 이(夷)의 특수한 관계를 드러내어 보였다.[598] 등총(鄧聰)은 중국전역의 옥기에 대한 체계적인 고찰을 통해 옥기 문화가 몽골인종과 관련이 있음을 발견했다. 인류역사상 유럽, 북아프리카, 서아시아와 남아시아 사람들은 황금을 높이 받들었지만, 아시아와 아메리카의 몽골인종에 이르기까지 옥을 최고의 물건으로 여겼으니, 20세기까지 금과 옥은 각각 동 서양인들의 물질문화를 가장 잘 대표한다고 지적했다.[599] 그는 옥결(玉玦)이 가장 넓게 분포한 옥기이며 아마도 동아시아 북부에서 기원하여 남쪽으로는 베트남까지 확산되었고, 동쪽으로는 일본까지, 동남쪽으로는 필리핀까지 전해졌을 것이며, 북위 60도에서 남위 10도까지, 동경 80도에서 150도까지 모두 옥결이 분포되어 있을 것이라고 여겼다.[600] 최초의 옥결은 8,000년 전의 흥륭와(興隆窪)문화에서 보이고[601] 일본에서 유행한 옥결과 비슷한 점이 많다.[602] 옥은 동아시아 사람 특히 한족(漢族)이 편애하는 귀중품으로 종류와 기능이 다양하다.[603]

러시아 극동지역 특히 바이칼호 부근에서 신석기시대의 옥기가 대량으로 발견되었고 일부는 2만 년 전의 구석기시대 말기의 것인데 아마도 동아시아 옥문화의 기원지일 것이다.[604] 일본도 옥문화가 발달한 지역

598　楊伯達,「歷史悠久而永葆生機的中國玉文化」,『巫玉之光』, 上海, 上海古籍出版社, 2005.

599　鄧聰,「蒙古人種及玉器文化」,『東亞玉器·序』, 香港中文大學中國考古藝術研究中心, 1998.

600　鄧聰,「東亞玦飾四題」,『文物』, 2000(2).

601　中國社會科學院考古所內蒙古隊,「內蒙古敖漢旗興隆窪聚落遺址1992年發掘簡報」, 『考古』, 1997(1).

602　藤田富士夫,「日本列島の玦狀耳飾の始源與相關問題試論」,『東亞玉器』, 香港中文大學中國考古藝術研究中心, 1998.

603　夏鼐,「商代玉器的分類·命名和用途」,『考古』, 1983(5).「漢代的玉器−漢代玉器中傳統的延續和變化」,『考古學報』, 1983(2).

604　Sergei A Komissarov, The Ancient Jades of Asia in the light of Investigation by the Russian Archaeologinsts,『東亞玉器』, 香港中文大學中國考古藝術研究中心, 1998.

이며, 그 기원은 조몬초기 심지어 구석기시대 말기까지 거슬러 올라갈 수 있다.[605] 특히 옥신, 구옥, 관옥이 특히 풍부하고 대부분이 섬옥에 더인 비취이며 또한 독자적으로 기원했을 가능성이 있다.[606] 일본은 구옥, 청동경, 검을 삼대 국보로 삼았으며 조선도 구옥과 관옥이 유행했다.

서방학자는 비교적 일찍 옥기의 특수한 문화적 가치에 주목했다.[607] 비효통(費孝通)은 만년에 옥기가 중국문화의 상징인 것을 깨닫고 직접 옥기문화 세미나를 개최하고 주재했다.

중화민족은 어떠한 더욱 좋고 우수한 전통문화로 미래 세대에 기여할 수 있는가? 우리는 마땅히 중국문화를 대표할 수 있는 독특한 분야를 이론적으로 분석하여 전 세계 사람들 앞에 내놓아야 한다. 여기서 필자가 먼저 생각한 것은 중국의 옥기이다. 왜냐하면, 옥기는 일찍이 중국 역사에서 아주 중요한 지위에 있었고 서방에 없거나 혹은 보기 드문 것이기 때문이다. 우리는 옥기에 대한 연구를 돌파구로 하여 고고학연구와 정신문명연구를 결합할 수 있지 않겠는가?[608]

옥기·옥문화·옥학 연구는 이제 막 한창이다.[609] 중원(中原)의 가호(賈湖), 자산(磁山), 배리강(裴李崗), 노관대(老官台) 등 선(先)양사오문화

605 煙宏明 等, 「日本北海島地方舊石器時代及繩文時代前半的玉類」, 『東亞玉器』, 1998.

606 寺村光晴, 「日本的硬玉(翡翠)制玉類的生産」, 『東亞玉器』, 香港中文大學中國考古藝術研究中心, 1998.

607 Laufer B, Jade, A Study in Chinese Archaeology and Religion, Chicago.1912. Rawson J, and Ayers J, *Chinese Jades throughhout the Ages*, London, 1975.

608 費孝通, 「中國古代玉器和傳統文化」, 費孝通主編, 『玉魂國魄』, 北京, 紫禁城出版社, 2002.

609 楊伯達 主編, 『中國玉文化玉學論叢』4編 7冊, 北京, 紫禁城出版社, 2002-2006. 劉國祥 主編, 『名家論玉』3大卷, 北京, 科學出版社, 2008-2010.

유적에서는 모두 옥기를 보기 어렵기 때문에 옥문화의 기원지일 가능성이 적다. 옥문화는 동아시아 지역에 깊숙이 뿌리를 내리고 있어 동북아시아야 말로 옥문화의 기원지이다.[610] 동아시아는 대략 5,000년 전에 이미 신석기시대의 전성기에 들어섰는데, 홍산문화인 옥저룡(玉猪龍)과 양저(良渚)문화인 옥종(玉琮)을 동아시아 신석기 문화의 상징이라 할 수 있다. 제가(齊家)문화 등 중서부에서 발견한 옥은 동이(東夷)에서 온 것으로 여겨지고 있다.[611] 옥기는 동아시아 이인(夷人)이 창조한 것이고 또한 중국 문화의 독특한 상징이다.

(10) 제사(祭祀), 예(禮)

제사는 신석기시대 사회생활의 주요내용이었고 조상 숭배는 동아시아 문화의 전통이었다.[612] 옥기는 도구나 장식품으로 여길 수 있지만 신석기시대에서는 주로 제사에 사용하는 예기(禮器)로 쓰였다. 원시종교와 제사는 왕권과 국가의 형성과정에서 중요한 역할을 했다.[613] 홍산문화의 방대한 종교제사유적 · 양저문화 옥기의 신인신수(神人神獸) 및 제사유적 · 도사(陶寺)유적에서 출토된 용반(龍盤) 등과 상대(商代)의 신권정치 등은 모두 종교와 제사의 신성한 역할을 설명할 수 있다.[614]

동산취(東山嘴) 대형섬돌제단유적과 50km떨어진 우하량(牛河梁) 여신

---

610 中國社會科學院考古研究所 等編, 『玉器起源探索』, 香港中文大學中國考古藝術中心, 2008.

611 鄧淑萍, 「晉 · 陜出土東夷系玉器的啓示」, 『考古與文物』, 1999(5).

612 Liu Li, Ancestror Worship: An Archaeological Investigation of Ritual Activities in Neolithic North China, Journal of East Asian Archaeology, Vol. 2 No. 1: 129-164, 2000.

613 王震中, 「祭祀 · 戰爭與國家」, 『中國史研究』, 1993(3). 王巍, 「論原始宗敎與祭祀在王權與國家形成過程中的作用」, 『中國社會科學院古代文明研究通訊』第2期, 2001.

614 鄒昌林, 『中國禮文化』, 北京, 社會科學文獻出版社, 2000.

묘(女神廟), 적석총군(積石塚群) 및 면적이 약 4만㎡의 고국(古國)유적 등
은 지금으로부터 약 5,500년이나 떨어져 있다. 중심에 ㅁ ㅁㅁ을 쌓은 길
이가 약 60m, 너비가 40m로 안에는 원형 제단과 정방형 제단이 있고,
제단 안에는 도기 재질의 생육신(生育神)과 농신(農神)의 소상(塑像)이 있
다. 우하량(牛河梁)유적 안에는 제단(祭壇), 여신묘(女神廟)와 여러 유형의
적석총(積石塚)이 있다. 적석총(積石冢)은 정방형, 원형 및 정방형과 원형
이 결합된 것도 있다. 무덤군 중심의 대형 무덤 주위에 아주 많은 작은
무덤이 있다. 중심대묘(中心大墓) 혹은 대형묘에는 옥기만 부장되어 있
고, 석기 혹은 도기가 부장된 무덤은 보다 소소형 무덤이고, 소형묘 혹
은 부속 무덤 같은 경우 일반적으로 부장품이 없다. 이것은 홍산문화사
회에 분화가 출현했음을 분명하게 나타낸 것이다. 동산취(東山嘴)와 우
하량(牛河梁)유적지의 단(壇)·묘(廟)·총(冢)의 배치는 북경의 천단(天壇)
과 태묘(太廟), 그리고 십삼릉(十三陵)과 유사하다. 홍산문화는 부락을 기
반으로 하여 높은 차원의 사회조직이 생겨났고 종교는 이러한 등급을
분화시키고 고정시켰다. 제단(祭壇), 여신묘(女神廟), 적석총군(積石塚群)
과 대량의 옥질 예기(禮器)를 지표로 봤을 때, 홍산문화가 가장 먼저 고
국시대(古國時代)로 진입했다고 할 수 있다.

양저문화(良渚文化)는 지금으로부터 5,300~4,000년 떨어져 있다. 양
저유적지는 1936년에 발견되었는데 30㎢남짓의 범위 내에서 100여
곳의 유적이 계속해서 발견되었다. 막각산(莫角山)유적지는 사람이 쌓
아 올린 토성(土城)으로 동서(東西)의 길이가 670m, 남북(南北)의 너비
가 450m, 높이가 10m로, 그 위에 또 3개의 비교적 작은 토성을 쌓았는
데, 체적(體積)이 약 300만㎥로 현존하는 동아시아 신석기시대의 가장
큰 토목공사다. 반산(反山) 12호 묘에서 출토된 옥종왕(玉琮王)은 높이가
8.8cm이며, 직경(直徑)이 17.1~17.6cm이고, 구경(口徑)이 4.9cm이며,
무게가 6,500g이고, 안은 둥글고 밖은 네모나며, 8개의 신인수면(神人獸

面)의 문양이 새겨져 있어서 양저옥종(良渚玉琮)의 으뜸으로, 동아시아의 비금속 시대의 최고의 공예 수준을 구현했으며, 짐작컨대 더욱 단단한 옥석 혹은 금강석을 사용했을 것이다.[615] 양저유적지군은 궁전(宮殿), 제단(祭壇), 묘지(墓地), 성터, 촌락(村落) 등 여러 종류의 유물을 포괄한 문화중심(文化中心)이며, 종(琮)과 벽(璧)을 위주로 한 옥기(玉器)의 조합이 정연하고 사회계층이 분명하게 나눠졌으며 이미 복잡한 사회로 진입했음을 보여준다.[616] 양저문화(良渚文化)의 발생지역 안에 있는 제단(祭壇)의 형상과 구조의 일치성은 예(禮)와 예제(禮制)가 이미 규범화와 제도화로 향해 가고 있음을 나타낸다. 1958년 전산양(錢山漾) 양저문화유적지에서 동아시아에서 가장 오래된 견직물이 출토되었다. 양저유적지는 명실상부한 옥백고국(玉帛古國)의 유적지이다. 우(禹)가 도산(塗山)에서 제후들과 모였는데 옥과 백을 가진 자는 만국(萬國)이나 되었다. 그 중 제일 유력한 고국(古國)은 양저(良渚)이다.

사돈(寺墩)유적지는 강소성(江蘇省)의 무진현(武進縣)에 위치해 있으며 면적은 약 90만㎡로 양저문화말기 대형의 중심유적지이다. 유적지의 한가운데는 원형의 제단이며, 주위는 묘지이고, 외곽은 거주지이며, 사면은 도랑으로 둘러싸여 있다. 묘지의 동남부에서 4개의 대형 묘가 발견되었는데 그중 제3호 묘에는 24개의 옥벽과 33개의 옥종을 포함하는 100여 개가 넘는 기물이 매장되어 있었다. 이것은 양저문화 중에서 옥종이 가장 많이 매장된 고분이다. 이러한 옥기(玉器)들은 재질과 제작방법에서 양저유적지의 옥기와 어느 정도 다른데 아마도 그 지역에서 제조했을 것이다. 사돈(寺墩)유적지는 태호(太湖)북쪽의 양저문화의 중심

615　Lu P. J. et al., The Earliest Use of Corundum and Diamond in Prehistoric China, *Archaeometry*, 47: 1~12, 2005.

616　李紹連, 「從反山墓地和瑤山祭壇論良渚文化的社會性質」, 『中原文物』, 1992(3).

으로서 아마도 또 다른 옥백고국(玉帛古國)의 유물일 것이다.

이인조각상 혹은 여신상은 홍산문화의 뚜렷한 특징 중의 하나이다.[617] 생식기 숭배, 장식주술과 소상에 대한 제사는 홍산문화 선민사회 생활의 중요한 부분이다. 홍산문화의 여신숭배는 결코 따로 떨어진 문화현상이 아니며 그 근원은 조보구문화(趙寶溝文化)와 흥륭와문화(興隆窪文化)로 거슬러 올라갈 수 있고, 여인조각상도 하나의 작은 것에서 큰 것으로 변해가는 과정이다. 우하량(牛河梁) 여신묘(女神廟)의 제사 대상은 주로 여신이지만 제사를 지내거나 사회권력을 장악한 사람은 주로 남자다. 공개적으로 발표한 몇 개의 중요한 고분을 살펴보면 묘고의 주인은 다수가 남성이거나 성별을 알 수 없고, 생산도구와 병기를 같이 매장하지 않았는데 이는 묘의 주인이 아마도 생산노동에서 벗어난 전문적인 제사장이거나 부락의 우두머리일 것임을 명확히 나타낸 것이다.[618]

요산(瑤山)유적지의 제단은 사각형을 갖추었으며 안에서 밖으로 붉은색 토대(土臺), 석회토 도랑과 자갈로 된 누대의 순서로 되어 있고 외곽의 둘레가 약 20m에 이른다. 제단위에는 일반적으로 모두 큰 묘가 있는데 아마 사람들이 조상과 토지신에게 제사 지내는 장소일 것이다. 홍산문화의 옥인(玉人, 神人像)과 양저문화의 신휘(神徽) 혹은 신인수면(神人獸面)문양은 조상 숭배의 구현일 가능성이 매우 높다.

생식기숭배 혹은 조상숭배는 단지 홍산과 양저의 선민종교생활의 한 부분일 뿐이다. 그들은 또한 천지를 숭배하고 대자연을 경외(敬畏)하며, 거북이와 용과 새(봉황)를 편애하고, 산천에 대한 제사와 숭배 또한 배제할 수 없었다. 우하량(牛河梁)의 제2지점 3호 적석총의 배치는 원형을

---

617 陳星燦, 「豊産巫術與祖先崇拜－紅山文化出土女性塑像試探」, 『文物』, 1997 (8).

618 郭大順, 「紅山文化的"唯玉爲葬"與遼河文化起源特征與認識」, 『文物』, 1997 (8).

갖추고 있다. 세 동심원[三同心圈]의 직경은 각각 20m, 15.6m, 11m 남짓으로, 바깥쪽의 원이 제일 낮고, 안쪽의 원이 제일 높으며, 간결하고 질박한 천단(天壇)형상을 이루고 있다.[619] 동산취(東山嘴)유적지는 사각과 원형을 결합한 제사를 지내던 유적지이며, 중심부분은 직사각형(11.8×9.5m)의 토대인데, 아마도 대지의 어머니에게 제사를 지내는 제단일 것이다.[620] 『주례(周禮)』「춘관(春官)」에서 "창벽(蒼璧)으로 하늘에 제를 지내고, 황종(黃琮)으로 땅에 제를 지낸다."[621]라고 말했다. 옥종(玉琮)은 토지신에게 제사를 지낼 때 사용하는 일종의 예기(禮器)이다. 양저의 옥종(玉琮)의 내원외방(內圓外方)은 아마도 원시시대 선민(先民)의 '하늘은 둥글고 땅은 네모'라고 하는 우주관의 구현일 것이며, 양저의 선민은 일찍이 이를 이용하여 천지신령과 소통했을 것이다.

옥백고국(玉帛古國)의 시대는 제사는 있지만 전쟁은 없는[有祀無戎]시대였다.[622] 홍산과 양저문화에는 전문적으로 제사를 지내는 사람들이 있어서, 백성들을 거느리고 신에게 제사를 지냈으며, 오직 제사 지내는 것만을 크게 여겼다. 전쟁의 흔적은 아직 발견하지 못했다. 동아시아 선민은 정치적인 동물이라고 말하기 보다는 차라리 종교적인 동물이라고 말하는 편이 낫다.[623] 그들의 제사는 하늘, 땅, 우주자연에 대한 경외에서 벗어나 혹은 생식(生殖), 풍작과 평안을 위한 것이었다. 전쟁을 위

---

619 馮時, 「紅山文化三環石壇的天文學研究-兼論中國最早的圓丘與方壇」, 『北方文物』, 1993 (1).

620 兪偉超, 「座談東山嘴遺址」, 『文物』, 1984 (11).

621 역주: 『周禮』「春官宗伯」: 以蒼璧禮天, 以黃琮禮地.

622 易華, 「紅山文化定居農業生活方式」, 『2004年紅山文化國際學術研究討會論文集』, 北京, 文物出版社, 2006.

623 Robin Clarke and Geoffrey Hindley, *The Challenge of the Primitives*, London,1975. 제4장에서 아리스토텔레스의 '인간은 정치적 동물'이라는 말을 '인간은 종교적 동물'이라고 수정했다. 그들은 의식과 종교 행위가 원시인의 생활 속에서 반드시 필요한 것으로, 인간과 자연을 조절하고 인간과 사회를 정합하는 작용을 갖추고 있다는 것을 발견했다.

하여 제사를 지내는 행위는 발견되지 않았고, 또한 성을 포위하거나 축성 및 부기로 매장한 부사개층이 존재도 발견되지 않았으며 사람을 희생으로 삼고 사람을 순장하는 풍속은 아직 형성되지 않았다.

옥백고국(玉帛古國)의 제사는 있지만 군대가 없는 것은 가능하다. 『장자(莊子)』「도척(盜蹠)」편에서 "신농의 시대에……서로 해하는 마음이 없고 덕의 융성함이 지극했다. 그러나 황제는 덕을 이루지 않고 치우와 탁록의 들에서 싸워 그 피가 흘러 100리나 되었다."[624]라고 했고, 『상군서(商君書)』「화책(畵策)」에서는 "신농(神農)의 시대가 사라지고, 강한 것이 약한 것을 이기고, 무리를 지어 약한 것을 폭행했다. 그러므로 황제(黃帝)는 군신상하간의 의(義), 부자와 형제간의 예(禮), 부부와 배필간의 합(合)을 만들었고, 안에서는 형벌을 행하고, 밖에서는 전쟁을 했으므로 때에 따라 변했다."[625]라고 더욱 구체적으로 기술하고 있다. 일부 오래되고 원시적인 부락은 줄곧 전쟁이 뭔지 몰랐다. 루스 풀턴 베네딕트는 인디안들 가운데에서 여태껏 전쟁을 경험해 본적이 없는 부락을 발견했다. 그는 "그들 자체의 문화 속에는 본래 전쟁이라는 관념이 존재할 수 있는 토대가 없고……그들에게는 마침 이 두 가지 같지 않은 상황을 구별하는 데 쓰이는 문화유형이 없다."[626]고 하였다. 그린란드의 토착민은 더욱 치고 박고 싸울 줄도 모른다. 덴마크의 어느 한 선교사는 주의했다. "다툼과 언쟁, 증오와 해침은 그들 안에서 거의 자취를 감췄다. 그들은 우리 선원이 싸우는 것을 보고 '이 사람들은 자신이 사람인 것을

---

624 역주: 『莊子』「盜蹠」: 神農之世,…… 無有相害之心, 此至德之隆也, 然而黃帝不能致德, 與蚩尤戰於涿鹿之野, 流血百里.

625 역주: 『商君書』「畵策」: 神農旣沒, 以强勝弱, 以衆暴寡. 故黃帝作爲君臣上下之義, 父子兄弟之禮, 夫婦妃匹之合, 內行刀鋸, 外用甲兵, 故時變也.

626 露絲・本尼迪克特 著, 王煒等 譯, 『文化模式』, 北京, 三聯書店, 1988, 34쪽.

잊어버린 것 같다.'고 말했다."[627] 그들은 여전히 남녀가 상대적으로 평등하고, 사람과 신이 공존하는 평화 상태에서 생활한다. 인류는 문명이라는 사회에 진입하고 자아중심주의(自我中心主義)가 날로 심각해져서야만 명분에 맞는 전쟁을 일으킬 수 있었다. 자연 상태에서 인류는 상대적으로 보잘 것 없고 미약하며 또한 평화적이었다.

지금으로부터 약 5,000년 전에 중국의 남북이 만나며 나타난 단(壇) · 묘(廟) · 총(塚)과 동서가 만나며 나타난 정(鼎) · 력(鬲) · 호(壺) 등의 고정된 결합은 모두 예제(禮制)와 관련이 있다. 앙소문화의 채문도기에서 홍산문화와 양저문화의 옥기까지, 그리고 삼대족기(三袋足器)의 최초 출현은 모두 신과 통하는 도구인 것이다. 신과의 통함 그리고 그 신권지상(神權至上)은 문명의 발생 과정에서 특수하고 중요한 자리를 차지한다. 예제(禮制)는 중국초기 사회질서의 주요한 지주(支柱)이고 인본주의 전통과 조상숭배의 종합적인 구현이며, 중국고대문명의 큰 특징이다.[628] 중화문명이 예악문명(禮樂文明)이라 불리는 데는 예(禮) 혹은 예제(禮制)가 모든 일을 꿰뚫는 요소이다. 예는 나라의 근본이다. 공자는 평생 예치(禮治)를 힘써 제창했고, 나라를 예로 다스리자[爲國以禮]고 주장했다.(『論語』「先進」) 고대 중국의 예(禮)는 하나의 완전한 문화체계이며 정치, 법률, 종교, 윤리와 사회제도 등 여러 내용과 관련된다. 하(夏) · 상(商) · 주(周) 3대 이래 예악문명을 구성하는 주체인 예(禮) 혹은 예제(禮制)는 홍산문화와 양저문화 속에서 이미 뿌리를 내리고 싹을 틔웠다. 조상숭배와 효도는 동아시아 이(夷)문화의 독특한 전통이며 상징이다.

627　羅伯特 · 路威 著, 呂叔湘 譯, 『文明與野蠻』, 北京, 三聯書店, 1984, 291쪽.

628　邵望平, 『禮制-中國古代文明的一大特徵』, 『文史哲』, 2004 (1).

(11) 동아시아 이(夷)문화

북신(北辛), 대문구(大汶口), 용산문화(龍山文化)가 서로 이어진 신석기 문화는, 일반적으로 동이문화로 인식된다.[629] 북신문화의 원시농경, 마제석기, 니조반축(泥條盤築)도기, 반지혈식 주택과 촌락은 정착 농경생활방식이 이미 형성되었음을 분명하게 보인다. 대문구(大汶口)와 용산문화(龍山文化)의 도기제작 기술은 출중했고 조형삼족기(鳥形三足器), 흑도고병배(黑陶高柄杯)와 옥기(玉器), 귀갑(龜甲) 등의 조합은 동이가 제사를 핵심으로 여기는 예의문화의 원전임을 엿볼 수 있게 한다.[630] 동이문화는 산동에만 국한 되지 않는다.[631] 동아시아는 이인(夷人)의 거주지역이며 대호씨(大昊氏)와 소호씨(小昊氏)를 시조(始祖)로 여기고 요순(堯舜)을 모범으로 삼고 있다. 동아시아 옥기(玉器)의 제작과 사용은 표현이 두드러지며 새에 대한 숭배가 성행했다.[632] 하모도(河姆渡)유적에서 출토된 상아(象牙)제품 중에 쌍조조양(雙鳥朝陽)무늬의 접형기(蝶形器)와 봉황모양의 단검기물이 있는데 아마도 이(夷)문화에 속할 것이다. 홍산문화와 양저문화는 이(夷)와 관계가 없을 수 없다. 홍산문화옥기 중에 새 문양과 짐승문양의 옥기(玉器)는 매우 큰 비중을 차지하며, 새 문양의 옥은 동북쪽의 이(夷)문화의 특색(특징)이 가장 잘 반영되었다.[633] 새 문양의 옥기는 중국 고대 옥기 가운데 비교적 큰 비중을 차지하는데, (옥기의

629　欒豐實, 『東夷考古』, 濟南, 山東大學出版社, 1996.

630　劉敦願, 「序」, 欒豐實, 『東夷考古』, 濟南, 山東大學出版社, 1996.

631　石興邦, 「我國東方沿海和東南地區古代文化中鳥類圖像與鳥祖崇拜的有關問題」, 『中國原始文化論集－紀念尹達八十誕辰』, 北京, 文物出版社, 1989.

632　巫鴻 著, 鄭岩等 譯, 「東夷藝術中的鳥圖像」, 『禮儀中的美術－巫鴻中國古代美術史文編』, 北京, 三聯書店, 2005. 鄧淑萍, 「天命玄鳥降而生商」, 『故宮文物月刊』, 1986 (4). 鄧淑萍, 「鳩杖－兼談古越俗中的鳥崇拜」, 『故宮文物月刊』, 1993 (10).

633　尤仁德, 「紅山文化鳥獸紋玉研究」, 『考古與文物』, 1994 (1).

용도가 변하고, 사람들의 심미 관념이 변함에 따라 새 문양의 옥기) 또한 이에 상응하는 변화가 발생했다.[634] 삼차형옥기(三叉形玉器)는 양저문화옥기 중에 조형이 독특한 기물이며 아마 양저(良渚)의 선민(先民)이 숭배하는 새가 근원일수 있다.[635] 양저문화의 옥기도안은 두 종류로 나눌 수 있는데, 즉 새 문양을 대표로 하는 자연숭배의 요소와 신인수면(神人獸面)을 대표로 하는 조상숭배의 요소로, 두 가지 다른 숭배형식을 구현해 냈다. 새와 조상숭배는 동방지역의 신석기문화에서 유구한 전통을 가지고 있는데, 대문구(大汶口)문화에서 발전을 거두었으며 양저문화에서 상당한 극치를 이루었다.[636] 사람과 새가 하나 된 그림은 상대(商代)의 예옥(禮玉)에서 중요한 장식문양인데, 상(商)문화와 선사시대 동이문화의 연원관계를 보여주며, 선상(先商)의 토템신이 인격을 갖춘 신으로 전환된 역사적 사실을 내포하고 있다.[637]

굴가령(屈家嶺)과 대문구(大汶口)로부터 조문문화(繩文文化)에 이르기까지 이[牙]를 뽑은 현상이 있다. 이를 뽑는 것은 동이(東夷)의 습속(習俗)으로 생각된다.[638] 대문구(大汶口) 사람과 폴리네시아군도·하와이군도의 사람들은 모두 이를 뽑는 풍속이 있다.[639] 아시아의 중국대륙과 대만지역 그리고 일본·한국·시베리아와 오세아니아·아메리카주 등지에서 이를 뽑는 풍속이 유행된 적이 있는데, 이를 뽑는 습속은 인구 이동과

---

634 張廣文,「上古時期的鳥紋玉器」,『故宮博物院院刊』, 1995 (4).

635 王書敏,「良渚文化三叉形玉器」,『四川文物』, 2005 (2).

636 陳洪波,「從玉器紋飾看良渚文化宗教信仰中的兩類因素」,『南方文物』, 2006 (1).

637 謝崇安,「人鳥合一玉飾與君權神授: 先秦藝術與中國文明起源研究之三」,『廣西民族大學報』, 1998(4).

638 嚴文明,「大汶口文化居民的拔牙習俗和族屬問題」,『大汶口文化討論文集』, 濟南, 齊魯書社, 1979.

639 韓康信·潘其風,「我國拔牙風俗的源流及其意義」,『考古』, 1981 (1).

문화전파 그리고 거주방식과 혼인관계 등의 현상과 관련이 있다.[640] 이 [illegible]문화에는 발치, 노루이빨을 함께 묻고 거북껍질을 지니는 등의 독특한 풍속이 있는데, 가호(賈湖) 혹은 북신(北辛)문화에서 근원했다.

중국내외의 학자들은 동이문화에 대하여 더욱 폭넓은 견해를 가지고 있으며, 전체 동북아지역과 러시아 원동지역, 일본열도, 한반도와 중국 대부분 모두 고고학의 동이세계에 속한다고 보았다.[641] 더욱이 개방적인 견해로는 동이문화가 중국대륙 본토문화의 기층일 뿐만 아니라 전체 환태평양문화의 발원지이며, 아시아 동북부로부터 베링해협을 넘어 북아메리카에 진입하거나, 혹은 남태평양 [illegible]로부터 항해하여 남아메리카에 도착했다고 보았다.

상고시대의 전설은 하(夏)나라가 건립되기 전 동이(東夷)와 서이(西夷)가 밀접하여 나눌 수 없음이 드러나, 이(夷) 혹은 중이(衆夷)로 통칭할 수 있다. 고고학연구는 상고시대의 중이(衆夷)와 이만(夷蠻)간에 밀접한 문화 연결이 있음을 나타내고 있다. 산동성(山東省) 추평현(鄒平縣) 용산문화(龍山文化)유적지에서 출토된 정공도문(丁公陶文)과 갑골문(甲骨文)은 아주 다르다.[642] 그러나 고이문(古彝文)과 동일한 문자계통에 속하며 신석기시대 동아시아에서 유행했던 하나의 고이문(古夷文)이므로 어떤 사람은 이것을 가지고 상고시대의 이인(夷人)의 이동을 생각해 냈다.[643] 그럼에도 불구하고 고고학적 발견과 연구는 아직 이인(夷人)의 이동방향을 명백히 밝힐 수 없으며, 단지 신석기시대의 이인(夷人)이 중원을 포함한 광대한 지역에서 활약했음을 설명할 수 있을 뿐이다. 중국 하남성

---

640 何星亮, 「中日學術拔牙風俗研究概述」, 『廣西民族研究』, 2003 (1).

641 村上恭通, 『東夷世界的考古學』, 青木書店, 2000. 大貫靜夫, 『東北亞的考古學』, 同成社, 1998.

642 馮時, 「山東丁公龍山時代文字解讀」, 『考古』, 1994 (1).

643 陳平, 「從"丁公陶文"談古東夷人的西遷」, 『中國史研究』, 1998 (1).

(河南省) 가호(賈湖)유적지의 배리강(裴李崗)문화[644]와 이족(彝族)문화는 또한 유사하거나 혹은 공통된 점을 많이 가지고 있다. 귀갑(龜甲)과 석식(石飾, 돌장신구)에 새긴 부호는 고이문(古夷文)과 몹시 닮았고, 갈퀴모양의 뼈 물건은 이족(彝族)의 삐마신전통(畢摩神箭筒)과 유사하고, 손잡이 모양의 석식(石飾)은 신장(神杖)과 유사하며, 뼈로 된 피리[骨笛]는 대나무 피리와 유사하고, 가늘고 긴 형태의 뼈 물건은 유승기(揉繩器)와 유사하며, 장아골기(獐牙骨器)는 뼈 송곳[骨錐]과 유사하고, 고리모양의 석기(石器)는 귀고리와 유사하며, 저아골기(豬牙骨器)는 부녀자의 머리 장식품과 유사하고, 짐승의 어깨뼈는 점복(占卜)에 쓰는 뼈와 유사한데, 이러한 여러 가지 흔적은 이족문화(彝族文化)와 중원(中原)의 신석기문화가 필연적 연결이 있음을 말해주고 있다.[645] 신석기시대의 중원(中原) 또한 만이(蠻夷)의 땅이었다.

동이(東夷)는 중이(衆夷)의 일부분이며 기타 이(夷) 특히 서이(西夷)의 존재를 생각해 낼 수 있고, 또한 고고학에서는 신석기시대의 하인(夏人)의 존재에 대한 확증을 발견하지 못했으므로 동아시아 신석기시대의 문화를 이(夷)문화로 부른 것이 적합하다. 위에서 말한 동아시아 신석기시대의 모든 특징은 한 시대와 한 지역에서 기원한 것이 아니라 다른 시기와 다른 지역에서 각각 기원한 것이며 지역별로 각자가 기여한 것이다. 서아시아처럼 수천 년에 걸쳐 집중된 정착 농업문화중심은 발견하지 못했지만, 동아시아의 문화중심은 청동기시대에 이르러서야 비로소 형성된 것이다.

이상은 동아시아 신석기시대에 본토에서 기원한 여러 가지 문화요소이며 이러한 문화를 창조한 주인이 바로 이인(夷人)이라는 것이다. 동아

---

644 「河南舞陽賈湖新石器時代遺址第二至六次發掘簡報」, 『文物』, 1989 (1).

645 朱琚元 等, 「河南賈湖裴李崗文化與彝族文化的某些共性比較」, 『彝族文化』, 1993.

시아 정착 농업문화는 이(夷)문화라고 부를 수 있다. 최초의 하(夏)가 중
원의 토착민이 아니면 다른 지역에서 왔는지, 이 지까지 잘못은 없지
만, 하(夏)나라가 세워지기 전에 이미 만이(蠻夷)가 중원의 대지에서 활
동했고, 아직 유목과 농경의 나눠짐이 없었다는 것은 긍정할 수 있다.
하(夏)에 상대적으로 말해 보면, 이(夷)는 동아시아 토착민으로, 신석기
시대의 정착농업문화 및 예악문명을 창조했다고 할 수 있다.

2. 하(夏)와 청동기시대 유목문화

일본의 조몬(繩文)문화,[646] 한국의 빗살무늬(櫛目文)기문화[647]와 중국의
신석기시대문화는 모두 청동과 유목문화를 내포한 흔적은 없다. 일본
학자는 일찍이 일본의 청동과 유목문화는 중국 혹은 한국에서 기원한다
고 명확히 인정했다.[648] 한국학자도 청동과 유목문화는 중국 또는 중앙

---

646 역주: 일본의 선사문화. 조몬(繩文)이란 '줄무늬'란 뜻인데, 이 말은 메이지(明治)유신 이
후 일본에 처음 고고학을 전한 미국 동물학자 에드워드 모스(Edward S. Morse)가 오모리(大森)
유적에서 최초로 줄무늬가 있는 토기 그릇을 발굴하여 '조몬식 토기'라고 명명하면서 생겨났다.
조몬문화는 기원전 12,000년경부터 약 1만년 동안의 시대에 해당하며, 주로 토기의 발달에 따
라 전기(기원전 12,000~기원전 4,000년경까지), 중기(기원전 4,000~3,000년경까지), 후기(기
원전 3000~2300년경까지) 3시기로 나눈다. 이 조몬문화 시대는 채집경제 시대로서 조몬인들은
수혈식(竪穴式) 토굴에서 살았다. 출토된 토우(土偶)나 기타 유물에서 보듯 그들은 이미 주술적
습속을 가지고 있었고, 중·후기부터는 발치(拔齒)나 굴장(屈葬) 풍속도 있었다. 조몬식 토기는
500~600도의 저온에서 구워내는 비교적 조악한 토기다. 일반적으로 토기는 농경의 시작과 함께
등장하나 일본 조몬문화는 이런 상례를 깨고 농경문화 없이 토기가 독자적으로 나타난 것이 특징
이다. 조몬문화는 주로 동일본과 북일본 지역에 집중되어 있어서 지역적 편중성이 심하다. 이 시
대 사람들이 현재 일본인들의 직접적 조상으로 보인다.

647 역주: 한국의 신석기시대는 한반도, 만주 일대에서 고대 한국인이 활동한 시기인 기원전
10000년~기원전 4,000년까지의 시기를 의미한다. 대표적인 유물이 빗살무늬토기이기 때문에 빗
살무늬토기 시대라고도 한다.

648 江上波夫 著, 張承志 譯, 『騎馬民族國家』, 北京, 光明日報出版社, 1987.
　　　Keiji Imamura, *Prehistoric Japan: New Perspectives on Insular Easst Asia*, University of Hawaii

아시아에서 들어온 것으로 인정하지만, 다만 전파한 구체적 시기와 경로는 여전히 논쟁거리로 남아있다.[649] 중국학자도 기꺼이 중국과 일본, 그리고 한국 청동문화의 기원과 발전관계를 인정한다.[650] 이제는 중국학자들도 청동과 유목문화는 동아시아의 새로운 문화라는 것과 중앙아시아나 혹은 서아시아에서 기원한 것을 솔직하게 인정할 때이다. 동아시아 고고학적 발굴과 연구는 대략 하(夏)나라부터 일련의 신문화적 요소인 청동 · 황소 · 길들인 말 · 산양 · 면양 · 금 숭배 및 지석묘와 화장(火葬) 등이 출현하기 시작했고 유목문화와 무(武)를 숭상하고 전쟁을 좋아하는 풍속이 동아시아를 휩쓸었음을 밝히고 있다.

(1) 청동기, 청동기술

청동의 제련과 주조는 고도로 복잡한 기술 활동으로, 한 사람, 한 때, 한 지역에서 완성한다는 것은 불가능하며, 완전해지기 위해 끊임없는 개선의 과정이 있어야 하는, 여러 사람들의 협동작업의 결과물이다. 구대륙에서는 두 개의 독립된 기원이 있을 수 없는데,[651] 그럼에도 불구하고 어떤 사람들은 발칸반도[652]와 리베리아반도[653]가 야금술(冶金術)의 독

Prss. 1996

649 Pak Yangjin, *A Study of the Bronze Age Culture in the Northern Zone of China*, 397~405, Ph D. Dissertation, Harvard University, 1995.

Kim Won-yong, The Bronze Age in Korea, 95~104, in *Art and Archaeology of Ancient Korea,* Taekwang Publishing Co, 1986.

650 王建新, 「東北亞的靑銅器文化」, 同成社, 1999.

王巍, 「東亞地區古代鐵器和冶鐵術的傳播與交流」, 北京, 中國社會科學出版社, 1999.

651 Wertime T. A., The Beginning of Metallurgy: A New Look, *Science*, Vol. 182: 875~87, 1973.

652 Renfrew C., The Autonomy of the South East Copper Age, *Proceedings of Prehistoric Society*, 35: 12~47, 1967.

653 Ruiz-Taboada A. et al., The Oldest Metallurgy in Western Europe, *Antiquity*, Vol.73, 1999.

립적인 발원지라는 견해를 고수하고 있다. 야금술의 구체적 기원지 또
한 명확하게 규정하기가 어렵다. 발칸반도에서 아나톨리아마다 일대
는 일찍이 7,000년 전부터 야금술을 시행했으며, 5,000년 전에는 거
푸집주조법과 납형법(蠟型法)이 발명되었고, 합금 비율이 다른 비소청
동, 주석청동, 납청동, 납주석청동 등이 계속해서 발명되었다. 다시 말
하면 4,000년 전 서아시아에서는 이미 청동기시대의 가장 왕성한 시기
에 진입했고, 중요한 청동의 제련과 주조 기술은 모두 이미 발명되었으
며, 게다가 주변 세계에 중대한 영향을 끼쳤다.

아나우문화(Anau Culture)는 중앙아시아의 금석병용시대(chalcolithic age)
의 문화이며, 나마스가문화(Namazga Ⅳ~Ⅵ culture), 아파나시에보문화
(Afanasievo Culture), 신타시타—페트로브카문화(Sintashta-Petrovka Culture),
안드로노보문화(Andronovo Culture) 등은 중앙아시아와 그 부근지역이
4,000년 전 무렵 청동기시대에 진입했음을 보여주고 있다. 흔히 볼 수
있는 청동기물은 작은 칼, 정, 바늘, 송곳, 귀고리, 가락지, 도끼, 검, 투
구, 화살촉, 거울, 말 재갈 등이다.[654] 이런 문화들은 한 가지 공통적 특
징을 갖고 있는데, 바로 목축업과 부권(父權)은 날로 발전했으나 농업과
모권(母權)은 위축되었다는 것이다. 마리야 짐부타스(Marija Gimbutas)는
그 중 목축업과 부권이 분명히 우위를 차지한 문화를 쿠르간(Kurgan)문
화라고 불렀고 원시의 인도유럽인이 유목문화를 배양했다고 여겼으며,
또한 유럽과 기타지역의 사회발전과정과 문화구성을 변화시켰다고 여
겼다.[655]

중국의 서북지역, 특히 신강(新疆)지역의 청동기시대유적의 발굴과

---

654 Jettmar, K., The Altai before the Turks, *BMFEA*, 23: 135~223, 1953.

655 Gimbutas, M., *Bronze Age Cultures in Central and Eastern Europe*, London, Monton, 1965.

연구는 청동의 제련과 주조기술이 서쪽에서 동쪽으로 전파된 공백을 채웠다.[656] 고묘구문화(古墓溝文化)유적[657]의 발굴과 연구는 대략 4,000년 전 신강지역의 일부가 이미 청동기시대에 진입했음을 밝혔고,[658] 또한 중앙아시아, 서아시아, 그리고 중원 모두 연계되어 있음을 밝혔다.[659] 매건군(梅建軍) 등은 안드로노보(Andronovo)문화가 분명히 신강의 청동문화에 대해 영향을 끼쳤다고 여겼다.[660] 코즈미나(Elena Efimovna Kuzmina)는 유라시아 대초원의 양치기가 청동문화의 전파과정에서 중심역할을 했음을 지적했다.[661] 신강지구와 감청(甘靑: 감숙과 청해)지구의 청동문화 관계는 대단히 밀접하다.[662] 사패(四壩)문화,[663] 제가(齊家)문화,[664] 주개구(朱開溝)문화[665]는 청동문화가 서북에서 서남·동부·중원으로 전파되어간 중계역이다. 삼성퇴(三星堆)[666]·대전자(大甸子)[667]·이리두(二

---

656 Mair Victor H. ed., *The Bronze Age and Early Iron Age Peoples of Eastern Central Asia*, The Institute for the Study of Man, University of Pennsylvania Museum Publications, 1998.

657 王炳華,「孔雀河古墓溝發掘及其初步研究」,『新疆社會科學』, 1983(1).

658 陳光祖 著, 張川 譯,「新疆金屬器時代」,『新疆文物』, 1995(1).

659 李水城,「考古發現看公元前二千紀東西文化的撞擊與交流」,『新疆文物』, 1999(1).

660 Mei Jianjun., *Copper and Bronze Metallurgy in late prehistoric Xinjiang*, BAR International Series 865, 2000.

661 Kuzmina E. E., Cultural Connections of the Tarim Basin People and Pastoralists of the Asian Steppes in the Bronze Age, in Mair V. H. ed., *the Bronze Age and Early Iron Age Peoples of Eastern Central Asia*, 63-93, 1998.

662 梅建軍 等,「新疆東部地區出土早期銅器的初步分析和研究」,『西域研究』, 2002(2).

663 李水城 等,「四壩文化銅器研究」,『文物』, 2000(3).

664 Fitzgerald-Huber L.G., Qijia and Erlitou: the Question of Contacts with Distant Culture, *Early China*, 20: 17~67, 1995.

665 Linduff M. K., Zhukaigou, Steppe Culture and the Rise of Chinese Civilization, *Antiquity*, Vol. 69: 133~45, 1995.

666 段渝,「商代蜀國靑銅雕像文化來源和功能之再探討」,『四川大學學報』, 1991(2).

667 李延祥 等,「人甸子墓地出土銅器初步研究」,『文物』, 2003(7).

里頭)[668] 유적의 청동기는 아마도 그 지역에서 제조했겠지만, 이 또한 문화신파의 간파이며, 위에서 서술한 지역이 아는능이 기원되었을 가능성은 그다지 크지 않다. 중원, 특히 하나라 상나라 통치의 중심지역은 납과 주석이 적고, 구리 또한 주변에서 왔으며, 이리두(二里頭)와 이리강(二里崗) 그리고 은허(殷墟)는 모두 청동기주조의 중심지였을 뿐이다.

청동단검은 고대 무사가 몸에 지니던 무기이며, 유라시아 대륙에 광범위하게 분포되어 있다. 그 중에 서아시아와 중앙아시아의 단검은 비교적 예스럽고 소박하다. 동아시아의 검은 종류가 매우 다양하며, 또한 상당히 정교하고 심세하다.[669] 임매촌(林梅村)은 고대학과 언어학을 결합하여 중국의 몸에 칼을 지니는 풍속은 서북지역 유목민에서 기원했고, 청동검은 상나라와 주나라시기에 중국 북방초원과 파촉(巴蜀)지역 그리고 중원에 전래되었으며, 이는 인노유럽인이 동방에서 활동한 것과 관계가 있음을 논증했다.[670] 검이라는 단어는 고대 중국어에서 또한 경로(徑路) 혹은 경려(輕呂)라 불렸는데, 이는 분명히 외래어다. 한나라 때 흉노족은 경로신(徑路神)을 구천신(九天神)중의 하나로 삼았는데 이는 전쟁신의 대명사이며, 한나라와 흉노족이 겹치는 지역에 검신(劍神)에게 제사 지내는 사당이 있었다.[671] 『한서(漢書)』「지리지(地理志)」에 "운양에 흉노의 휴도(休屠)·금인(金人)·경로(徑路) 신사 3곳이 있다."[672]라고 했다. 이는 고대 페르시아와 스키타이인(Scythians)의 검(劍) 숭배문화의 연장이다.

---

668 金正耀, 「二里頭青銅器的自然科學硏究與夏文化探索」, 『文物』, 2000(1).

669 靳楓毅, 「論中國東北地區含曲刃青銅短劍的文化遺存」, 『考古學報』, 1982(4) 1983(1).

670 林梅村, 「商周青銅劍淵源考」, 『漢唐西域與古代文明』, 北京, 文物出版社, 1998.

671 Kao Chu Hsun, The Ching Lu Shen Shrines of Han Sword Worship in Hsiung Nu Religion, *Central Asia Journal*, Vol. 5 No. 3: 221~231, 1960. 高去尋, 「徑路神祀」, 臺灣歷史博物館編, 『包遵彭先生紀念論文集』, 1971.

672 역주: 『漢書』「地理志」: 雲陽縣有休屠金人徑路神祠三所.

청동검은 한국·일본의 청동기시대를 상징하는 기물이다. 한반도에는 먼저 요녕(遼寧)식의 비파형 청동단검[673]과 중국식 청동검 즉 도씨검(桃氏劍)[674]이 있으며, 후에 한국식 세형(細形)청동검이 나왔고, 또한 많은 양의 석검도 같이 출토되었는데, 이는 청동문화가 서에서 동으로, 북에서 남으로 전파되는 과정 및 검 숭배 풍조가 성행했음을 뚜렷하게 보여준다. 청동검은 신분을 나타내는 상징물이었다.『주례(周禮)』「고공기(考工記)」에서 말하기를 "도(桃)씨가 검을 만드는데……검의 길이가 칼자루의 5배이고 무게가 9열(鋝)인 것을 상급이라 하고 상사(上士)가 찬다. 칼자루의 4배 길이에 무게가 7열인 것을 중급이라 하고 중사(中士)가 찬다. 칼자루의 3배 길이에 무게가 5열인 것을 하급이라 하고 하사(下士)가 찬다."[675]라고 한다. 한국에서 출토된 도씨검(桃氏劍)은 중급이고, 중사가 차는것에 속한다. 대량으로 복제된 석검과 상나라·주나라 시기에 유행한 옥으로 된 창[玉戈]은 결단코 실전 병기가 아니라, 주로 상징적인 의미를 가지고 있다.

한국식 세형청동검과 청동모(矛), 청동과(戈)는 함께 일본에 전파되었다.[676] 일본에서도 동(銅)이 생산되지만, 주석과 납함량이 적으며, 일본의 초기 청동기는 단지 아마도 바다를 건너 온 사람 혹은 문화의 영향을 받아 제조된 것일 것이다.[677] 1984년 일본의 시네마현 캉바코징다이[神

673 金元龍, 「十二台營子의 靑銅短劍墓－韓國靑銅器文化의 起源問題」, 『역사학보』 제16기, 1961.

674 全榮來, 「中國靑銅器 文化의 南韓流入問題 － 完州, 相林裏에서 출토된 中國式銅劍을 중심으로」, 『韓國靑銅器時代文化研究』, 新亞出版社, 1991.

675 『周禮』「冬官考工記」: 桃氏爲劍 …… 身長五其莖長, 重九鋝, 謂之上制, 上士服之. 身長四其莖長, 重七鋝, 謂之中制, 中士服之. 身長三其莖長, 重五鋝, 謂之下制, 下士服之.

676 森貞次郎, 「彌生時代細形銅劍流入問題研究」, 『日本民族與南方文化』, 1968.

677 中口裕, 『銅的考古學』, 雄山閣, 1972. 片岡宏二, 「渡來人與青銅器生産」, 『古代』102 號, 1996.

庭荒神穀]유적에서 야요이문화시대의 한국식 세형청동검 358본 등 대량
의 청동기로 멘간더이 이 참도 이층 더 입증했다. 남 동위원소인구에서
그 중 343개의 청동검에 함유되어 있는 납은 중국의 화북(華北)지역에
서 왔으며, 하나는 한반도에서 왔고, 14개는 화북과 조선반도에서 함께
섞여 들어온 것임을 밝히고 있다.[678]

청동거울은 스키타이안 트라이어드(Scythian Triad: 병기, 마구, 동물장식)
라는 일종의 특수한 청동기물에 속하지는 않지만, 또한 광범위하게 유
라시아 대륙에 분포되어 있다. 중국에서 비교적 이른 시기의 동경(銅鏡)
은 은하(殷墟)와 부호묘(婦好墓)에서 보이는데, 이마도 제가문화(齊家文化)
에 기원한다고 할 수 있겠다. 이러부 제가문화와 동경(銅鏡)의 십사분양
과 제가문화 동경(銅鏡)의 칠각 밸 문양은 박토리아(Bactria) 청동문명의
상징이다.[679] 밭에 용보들 비구는 것은 중원지역 농입민속이 신동석으
로 상을 비추던 방식이며 금속거울은 즉 아마도 서북유목민족으로부터
유래된 것으로, 춘추시대 이전까지 중원지역에서는 유행하지 않았을 것
이다.[680] 사실, 동경(銅鏡)도 무사(巫師) 혹은 샤먼(shaman)의 법기(法器)이
자 순장용품이다.[681] 동아시아 청동경(靑銅鏡)은 손잡이가 없는 경[無柄
鏡]계통에 속한다.[682]

청동경(靑銅鏡)은 한국 청동문화의 상징이며,[683] 또한 일본의 세 가지

---

678 平尾良光, [日]山巖良二 編, 『靑銅鏡銅鐸鐵劍探索』, 1998, 32쪽.

679 Fitzgerald-Huber, L. G., Qijia and Erlitou: the Question of Contacts with Distant
Culture, *Early China*, 20: 17~67, 1995.

680 宋新潮, 「中國早期銅鏡及其相關問題」, 『考古學報』, 1997(2).

681 서한(西漢) 제왕묘(齊王墓) 용문규형동경(龍紋矩形銅鏡)은 길이 115.1cm, 너비 57.5cm,
무게 56.5kg이다. 1980년 산동(山東) 치박(淄博) 대무향(大武鄕) 와탁촌(窩托村) 고묘 5호 배장
갱(陪葬坑)에서 출토되었다. 산동성(山東省) 치박박물관(淄博博物館) 소장.

682 이청규, 「동북아지역의 다뉴경과 그 부장묘에 대하여」, 『한국고고학보』 제40집, 1999.

683 李亨求, 「銅鏡的源流-再論韓國靑銅文化的起源」, 『故宮學術季刊』 第3卷 第2期, 1985.

신물(神物)가운데 하나이다.[684] 한국의 동경(銅鏡)은 중국의 기하문경(幾何紋鏡)에서 기원했고, 조문경(粗紋鏡)으로부터 변화하여 다뉴세문경(多紐細紋鏡)이 된 것이며,[685] 또한 일본에 전파되었다. 일본에서 발견된 초기 동경(銅鏡)은 중국 전국시대 말기부터 진(秦)·한(漢)시대에서 흔히 보이는 방격규구경(方格規矩鏡)과 이체자명대경(異體字銘帶鏡)이다.[686] 『삼국지(三國志)』「위지(魏志)·왜인전(倭人傳)」에 보면, 위(魏)나라 명제(明帝)는 일본 사마태국(邪馬台國)의 여왕 비미호(卑彌呼)에게 동경 100면을 일찍이 하사한 적이 있다고 기록되어 있는데, 그 가운데 일부는 아마도 낙랑에서 제조한 삼각연신수경(三角緣神獸鏡)일 것이다.[687] 제일 오래된 동경(銅鏡)은 청룡(靑龍)3년(235년)의 방격규구사신경(方格規矩四神鏡)이다. "청룡 3년에 안씨(顔氏)가 거울을 만들어 문장을 새겼고, 왼쪽의 용과 오른쪽의 호랑이 모습은 상세하지 않으며, 주작현무(朱雀玄武)가 음양을 따르고, 많은 자손이 중앙을 다스리며, 금석과 같은 명이 왕과 함께 하소서." 라고 쓰여 있다. 1962년 후쿠오카(福岡)평원유적에서는 야요이(彌生)후기의 방격규구사신경(方格規矩四神鏡) 32면(面)과 모조(模造)한 내행화문경(內行花文鏡) 4면이 발견되었다. 흔히 보이는 옛 거울은 삼각연신수경(三角緣神獸鏡)으로, 1998년 나라흑총고분(奈良黑塚古墳) (고분조기)에서 30여 면이 발견되었다. 납동위원소연구에서 야요이 초기(중국의 전한시대)의 동경(銅鏡)에 함유된 납은 중국의 화북지역에서 온 것이며, 야요이 후기(중국의 후한 및 삼국시대)의 것은 중국의 화남지역에서 온 것이고, 고분시대의 동경(銅鏡)에 함유된 재질은 일본산 납임이 드러났

684 水野祐, 「三種神器與勾玉」, 『勾玉』, 學生社, 1996, 134~171쪽.

685 金良善, 「多紐幾何學紋鏡研究」, 『崇實大學等論文集』, 1964.

686 西川壽勝, 「2000年前的舶載鏡-異體字銘帶鏡與彌生之王」, 『日本考古學』 제10호, 2000.

687 西川壽勝, 「三角緣神獸鏡與卑彌呼之鏡」, 『日本考古學』 第8號, 1998.

다.[688] 일본의 동경(銅鏡)은 한경(漢鏡), 위경(魏鏡) 혹은 오경(吳鏡)에 기원했다.[689]

서아시아와 유럽내륙에서 유행했던 것은 손잡이가 있는 동경(銅鏡)으로, 주로 머리를 빗고 화장을 하는 데에 사용되었으며, 동아시아에서도 우연히 발견되기도 한다.[690] 손잡이가 있는 동경(銅鏡)과 없는 동경(銅鏡)의 선후를 나누기는 어렵지만, 동경(銅鏡)보다 오래 된 것은 흑요석(黑曜石) 거울이다. 이미 알려진 최고로 오래된 흑요석 거울은 아나톨리아(Anatolia, 오늘날 터키 일원)지역에서 보이며, 현존하고 있는 가장 오래된 동경(銅鏡)보다 대략 4,000년 정도 앞설 것이다.[691]

청동방울은 방울과 종으로 변화하여, 복잡한 청동방울 문화권[692]과 종(鐘)문화[693]를 형성했다. 청동방울은 한국에서 간두령(竿頭鈴), 쌍두령(雙頭鈴), 삼주령(三珠鈴), 팔주령(八珠鈴)으로 변화 발전하여, 한국의 특색 있는 청동예기(靑銅禮器)가 되었다.[694] 청동향로, 예를 들어 중국박산향로나 한국백제향로는 모두 불교 및 도교와 관련이 있다. 중국의 하북지역 만성한묘(滿城漢墓)에서 출토된 착금박산로(錯金博山爐)는, 받침대가 새털구름 무늬로 장식되었고, 받침대 손잡이는 해면(海面)을 힘차게 차고 날아오르는 세 마리의 교룡이 조각되어 있으며, 용의 머리가 향로 소반을 떠받치고 있다. 그리고 반상은 빼어나게 험준한 산의 봉우리이

---

688 平尾良光 · 山嚴良二 編, 『靑銅鏡銅鐸鐵劍探索』, 1998, 17쪽.

689 王仲殊, 『論日本出土的吳鏡』, 『考古』, 1989(2).

690 霍巍, 「西藏拉薩曲貢村石室出土帶柄銅鏡及相關問題初步研究」, 『考古』, 1994(7).

691 Enoch Jay M., History of Mirrors Dating Back 8000 Years, *Optomertry & Vision Science*, 83 (10): 775〜781, 2006.

692 王巍, 「出雲與東亞靑銅文化」, 『考古』, 2003(8).

693 華覺明, 「從陶寺銅鈴到中華和鍾一雙音靑銅編鍾的由來 · 演變和創新」, 『淸華大學學報』, 2000(5).

694 이건무, 「한국 청동의기의 연구」, 『한국고고학보』 제28집, 1992.

며, 도가의 전설 속에 등장하는 바다 위의 신선의 세계인 박산(博山)을 상징한다. 이것은 한국 공주에서 출토된 백제금동향로와 기술은 같지만 그 정취가 다른 미묘함이 있다.[695] 어떤 이는 한대(漢代) 박산향로와 중앙아시아 또는 서아시아와의 관계에 대하여 생각했다.[696] 사실상 향을 피우는 풍속도 서쪽에서 왔다.

요컨대 기술사적 측면에서 고찰하면, 홍동(紅銅)의 제련, 거푸집주조법, 납형법(dewaxing casting)은 물론이고 비소청동, 주석청동, 납청동, 주석납청동 등 모든 부분에서 서아시아가 동아시아 보다 앞선다. 게다가 동(銅) 이외의 금, 은, 철 같은 다른 금속들의 제련기술도 서아시아가 동아시아보다 빠르다.[697] 동아시아 청동기시대의 전성시기(商王朝晩期)에 서아시아의 히타이트(Hittie)왕국은 이미 철기시대에 진입했다. 한대(漢代)에 이르러서야 중국의 야금기술은 비로서 세계에서 진정으로 앞서 나갔다.[698] 테일러 카터 등이 주장한 청동제련주조기술이 서쪽에서 동쪽으로 전파되었다는 가설은 아직까지 유력한 반증을 만나지 못했다. 다만 기물(器物)의 유형으로 고찰해 보면, 청동정(靑銅鼎), 복(鍑),[699] 력(鬲), 작(爵), 과(戈), 극(戟), 편종(編鍾), 다주령(多珠鈴), 대탁(大鐸), 파형기(巴形器) 등은 동방의 특색을 상당히 구비하고 있어, 동아시아의 창작일 가능성이 높으며, 또한 반대 방향으로 전파되었을 가능성도 있

695 張寅成, 「百濟金銅大香爐的功能和象徵意義」, 『東亞古物』, 北京, 文物出版社, 2004.

696 傑西作・羅森(Jessica Rawson) 著, 陳宜 譯, 「中國的博山爐-由來,影嚮及其含義」, 『祖先與永恒』, 北京, 三聯書店, 2011.

697 唐際根, 「中國冶鐵術的起源問題」, 『考古』 1993(6). 黃盛璋, 「論中國早期(銅鐵以外)的金屬工藝」, 『考古學報』 1996(2).

698 李約瑟(Joseph Needham), 「中國在鑄鐵冶煉方面的領先地位」, 潘吉星主編, 『李約瑟文集』, 瀋陽, 遼寧科學技術出版社, 1986. 白雲翔, 『先秦兩漢鐵器的考古學硏究』, 北京, 科學出版社, 2006.

699 郭物, 「靑銅鍑在歐亞大陸的初傳」, 『歐亞學刊』 第1輯, 1999.

다. 우랄(Ural)에서 황하유역에 이르기까지 고고 야금학 상에서 분명하게 드러나는 빠진 고리는 없다.[700] 기원전 2,000년부터, 서아시아, 중앙아시아, 동아시아의 사이에는 일종의 서쪽과 동쪽문화가 교류한 청동(靑銅)의 길이 존재했으며, 청동기술과 청동기물뿐만 아니라, 소, 말, 양 및 이에 연관된 기술과 같은 수많은 물자와 관념들까지 포괄하여 전파되었다.[701]

(2) 양, 양모 제품

산양(山羊)과 면양(綿羊)의 뼈는 서아시아 신석기시기의 유적지에서 동시에 자주 나타난다. 이라크와 이란 사이에 위치하는 자그로스(Zagros)산맥 및 그 주변 지역은 염소와 면양을 최초로 길들인 곳일 것이다. 최근 자그로스산맥 남쪽에 있는 간즈 다르흐(Ganj Dareh)와 알리 코쉬(Ali Kosh)에서 출토된 산양 뼈를 새롭게 연구하여, 대략 만 년 전에 서아시아에서 이미 산양을 기르기 시작했음이 더욱 확증되었다.[702]

동아시아에서 양을 기르는 것은 서아시아보다 약 5,000년이나 늦다. 과학을 통해 발굴된 수백 군데의 신석기 시기 유적지 가운데 약 50곳에서 양의 뼈와 양머리 모양의 도기가 출토되었다. 초기 신석기시대의 유물에는 모두 양의 유해가 없었다. 서안(西安)의 반파(半坡)유적에서의 면양 표본이 적어 집에서 기르는 양[家羊]임을 확인할 수는 없다.[703]

700 Katheryn M. Linduff ed., *Metallurgy in Ancient Eastern Eurasia from the Urals to the Yellow River*, The Edwin Mellen Press, 2004.

701 易華, 「靑銅之路: 上古西東文化交流槪說」, 『東亞古物』, 北京, 文物出版社, 2004.

702 Zeder M.A. et al., The Initial Domestication of Goats (Capra hircus) in the Zagros Mountains 10,000 Years Ago, *Science*, Vol.287: 2254–2257, 2002.

703 周本雄, 「中國新石器時代的家畜」, 『新中國的考古發現與研究』, 北京, 文物出版社, 1984, 196쪽.

하모도(河姆渡)에서 출토된 양머리 모양의 도기는 아마도 영양을 표현했을 것이며, 수마트라 영양(Capricornis sumatraensis)은 하모도 유적지에서 출토된 61종 동물 가운데에서 유일한 염소과(Caprinae) 동물이다.[704] 청동기 시대 유적지에서 출토된 산양과 면양의 뼈야 말로 집에서 기르는 양이다.[705] 이것은 양이 동아시아 신석기시대의 혼합 농업에서 차지하는 비중이 크지 않고, 거의 계산하지 않아도 됨을 설명한다. 청동기 시기에 들어온 후에, 신강(新疆)에서 중원(中原)으로 들어온 양의 수량이 뚜렷하게 증가했다. 제가(齊家)문화와 은허(殷墟)유적에서 모두 완전한 양 뼈가 출토되었다. 양이 청동기시대 사람의 경제적 생활과 정신적 생활 속에서 차지하는 비중이 뚜렷하게 높아졌다. 상(商)나라의 서북 강족(羌族)은 양을 기르는 것을 생업으로 하고, 주나라의 중원(中原)에서도 양을 기르는 것이 흔하게 되었다. 『시경(詩經)』「소아(小雅)·무양(無羊)」에서 "누가 임에게 양이 없다고 하나? 삼백 마리나 되는데……양떼가 돌아오는데 그 뿔을 사이좋게 서로 맞대고 온다."[706]라고 했다.

산양(山羊)과 면양(綿羊)의 순화(馴化)는 고고학에서 뿐만 아니라 또한 분자유전학 연구에서도 어려운 문제다. 산양[707]과 면양[708]은 다

704 魏豐 等, 『浙江余姚河姆渡新石器時代遺址動物群』, 北京, 海洋出版社, 1990.

705 袁靖, 「中國新石器時代家畜起源的問題」, 『文物』, 2001(5).

706 역주: 『詩經』「小雅」·「無羊」; 誰謂爾無羊, 三百維羣 …… 爾羊來思, 其耳濕濕.

707 Helena Fernandez et al., Divergent mtDNA Lineages of Goats in An Early Neolithic Site Far from the Initial Domestication Areas, *PNAS*, Vol.103 No.42: 15375-79, 2006.

708 Hiendileder S. et al., Molecular Analysis of Wild and Domestic Sheep Question Current Nomenclature and Provides Evidence for Domestication from Two Different Subspecies, *Proceedings of the Royal Society of London Series B - Biological Sciences*, 269 (1494): 893-904, 2002.
Pedrosa S. et al., Evidence of Three Maternal Lineages in Near Eastern Sheep Supporting Multiple Domestication Events, *Proceedings of the Royal Society of London Series B-Biological Sciences*, 272 (1577):2211-17, 2005.

른 아종(亞種)에 속하여 길들여지는 초기에 다양성이 뚜렷하게 드
러났는데. 적어도 두 가지의 아종(亞種)에서 각각 길들여지는 때문
이다. 유럽·아프리카·남아시아·중앙아시아에서의 산양과 면
양은 아마도 서아시아에서 유래했을 것이다. mtDNA에 의하면 염
소는 네 계열로 나눌 수 있는데, A계열은 서아시아에서 기원했
을 것이고 B계열은 파키스탄에서 온 것이며, A·B 두 계열이 주류
를 차지하고 C·D계열은 보기 드물다.[709] 터키[710]·파키스탄[711]과
인도[712]·라오스[713]의 산양에서 모두 풍부한 유전적 다양성이 나타난다.
13개 품종의 183마리 염소를 대상으로 한 완전한 mtDNA·loop 연구
에서도 중국의 염소도 네 계열로 나눌 수 있었는데. A계열이 주류를 차지
하고 B계열이 그 다음이며 C·D 두 계열은 단지 티베트에서만 보인다
고 밝혔다.[714] 어떤 사람이 B계열에서 동아시아 특색이 있는 한 갈래를
발견했는데 이것으로써 중국 서남 지역도 B계열 염소의 기원지 중의 하
나일 것이라고 추론했다.[715] 한국에서 양을 기르는 것은 이미 2,000여년

---

709 Luikart J. et al., Multiple Maternal Origins and Weak Phylogeographic Structure in Domestic Goats, *PNAS*, 98:5927–5932, 2001.

710 Beatriz Gutierrez · Gil et al., Genetic Diversity in Turkish Sheep, *Acta Agriculture Scand Section*, A56: 1–7, 2006.

711 Sultana S. et al., Mitochondrial DNA Diversity of Pakistani Goats, *Animal Genetics*, 34: 417–4321, 2003.

712 Joshi M.B. et al., Phylogeography and Origin of India Domestic Goats, *Mol, Biol. Evol.*, 21: 454–462, 2004.

713 Hideyuki Mannen et al., Mitochondrial DNA Diversity of Pakistani Goats are Genetically Affected by Two Subspecies of Bezoar (Capra aegagurus), *Biochemical Genetics*, Vol. 39 No.5/6, 145–154, 2001.

714 Liu R.Y. et al., Genetic Diversity and Origin of Chinese Domestic Goats Revealed by Complete mtDNA DLoop Sequence Variation, *Asian-Australasian Journal of Animal Sciences*, 20 (2): 178–183, 2007.

715 Shan–Yuan Chen et al., Mitochondrial Diversity and Phylogeographic Structure of

의 역사를 가지고 있는데, 산양은 상대적으로 단순한 유전적 특성을 가지고 있어 모두 A계열에 속한다.[716]

현재 세계에 있는 면양의 품종은 1,400여종에 이르는데, Y염색체 연구에서는 적어도 두 가지 아종(亞種)으로 나눌 수 있다고 밝혔다.[717] mtDNA연구에서 서아시아 면양은 세 개의 아종(亞種)으로 나눌 수 있음을 발견했는데, 그 구체적인 길들이는 과정은 이전에 상상했던 것보다 더 복잡하다.[718] 이 세 가지 아종(亞種) 면양은 중국에 두루 분포되어 있는데, 동아시아 13개 지역의 19종 449마리 본토(本土) 면양의 mtDNA 연구를 진행했으나, 독특한 유전지표를 발견하지 못했고, 동아시아 면양이 유럽 면양처럼 중앙아시아나 서아시아에서 온 것임을 지지했다.[719] 동북아시아는 동호(東胡)나 동이(東夷)의 옛 땅으로 양이 없고 말이 적은 곳이었다. 한반도와 일본열도의 목양업(牧羊業)은 줄곧 발달하지 못했다. 동아시아 면양과 유럽 면양에 뚜렷한 차이가 있음을 발견하지 못했다. 아시아 및 그 근처지역, 예컨대 파키스탄 같은 지역이 산양 혹은 면양의 원시 순화지역 혹은 2차 순화(馴化) 지역으로 공인되었다. 어떤 사람은 중국의 면양에서 새로운 모계 유전자를 발견했다고 하면서, 아울러 중국 면양의 기원에 대한 새로운 견해를 제기하려고 시도했다.[720] 실

Chinese Domestic Goats, *Molecular Phylogenetics and Evolution*, 37: 804-814, 2005.

716 Odahara S. et al., Mitochondrial DNA Diversity of Korean Native Goats, *Asian-Australasion Journal of Animal Genetics*, 37: 444-453, 2006.

717 J. R. S Meadows et al., Globally Dispersed Y Chromosomal Haplotypes in Wild and Domestic Sheep, *Animal Genetics*, 37: 444-453, 2006.

718 Pedrosa S.et al., Evidence of Three Maternal Lineages in Near Eastern Sheep Supporting Multiple Domestication Events, *Proceedings of the Royla Society B-Biological Sciences*, 272(1577): 2211-2217, 2005.

719 Shan-yuan Chen et al., Origin, Genetic Diversity, and Population Structure of Chinese Domestic Sheep, *GENE*, 376: 216-223, 2006.

720 J. Guo et al., A Novel Matermal Lineage Revealed in Sheep (Ovis Aries), *Animal Genetics*,

제로는 서아시아와 중아시아의 면양에서 잘 보이는 C계열이다. 이리
북의 ○○○ 유적지에서 발견된 면양 골격은 mtDNA분석에서 짧은 꼬리
양·오양(○○)·몽골양·농양(○○)과 같이 모두 A계열에 속하며, 반양
(盤羊)과 완양(豌羊)은 중국 티벳계 면양과 몽골계(蒙古系) 면양의 조상이
아님이 밝혀졌다.[721] 분자유전학도 또한 동아시아, 특히 중원(中原)과 동
북아시아를 염소나 면양의 기원지로 여기는 것을 지지하지 않는다.

신석기시대에 양은 주로 식용이었으며, 청동시기에는 양모의 중요함
이 날로 부가되었다. 청동기시대에 진입한 후, 서아시아의 일부유적에
서 면양○○이 점점 증가했고, 양의 가죽은 벗기는 도구는 어느 정도
감소했으며, 산양과 면양의 비율도 이에 따라 변했다. 이것은 양모가
점점 중요한 방직과 편직의 원료가 되었음을 의미한다. 약 B.C. 1,000
년에 서아시아에서 서로 만든 가위가 발명되었는데 이로 인해 양모의
개발과 이용이 빨라졌다. 바빌로니아 제국에서는 양모와 곡물과 기름이
삼대물산으로 병립했고, 고대 그리스에서도 면양과 올리브와 보리가 주
요한 생산물이었다. 양은 부의 상징으로, 양모를 부드러운 황금이라 불
렀고, 금양모 이야기가 널리 전해졌다. 동아시아에서 비교적 일찍 양모
제품을 이용한 것은 북방 지역이나 서북 지역의 유목민들이었다. 신강
(新疆)에서 출토된 청동기시대의 양모 제품은 중아시아 양모방직전통과
일맥상통하는데, 특히 이 가운데의 트윌(Twill)은 지금까지도 유럽에서
유행하고 있다.[722] 중국은 비단과 무명옷으로 유명해서 울 스웨터와 털
내복 바지는 20세기에 이르러서야 보편화되었다.

36: 331−336, 2005.

721 蔡大偉, 『古DNA與家養動物的起源研究』, 長春, 吉林大學博士論文, 2007.

722 Good I., Notes on A Bronze Age Textile Fragment from Hami, Xingjiang, with
Comments on the Significance of Twill, *Journal of Indo- European Studies*, Vol.23 No.3/4: 319−
345, 1995.

(3) 황소, 우유, 우경

물소는 아마 남아시아에서 기원했을 것이고[723] 황소는 서아시아에서 왔을 가능성이 크다.[724] 하모도(河母渡)에서 흥륭구(興隆溝)까지, 동아시아 신석기시대의 유적에서 출토된 소뼈는 대부분 물소 뼈로, 종이 여러 가지 있는데 모두 야생소이다. 집에서 기르는 물소는 아마 B.C. 1,000년에 남아시아에서 도입되었을 것이다. 중국 남방 지역의 물소를 이용한 쟁기질 기술은 북방 지역의 황소 경작 기술의 영향을 받아 이루어진 것이다.[725] 신석기시대와 청동기시대에 중국의 주요 경작 도구는 가래와 보습이었고, 한나라에 이르러야 소를 이용한 쟁기질이 보급되기 시작했다.[726] 동아시아에서 쟁기를 끄는 방식[拉犁]도 중앙아시아 혹은 서아시아에서 기원한 것이다.[727]

황소는 면양, 산양과 생태 습성이 서로 비슷해, 신석기시대에 서아시

---

[723] Gerold Kierstein et al., Analysis of Mitochondrial D-Loop Region Casts New Light on Domestic Buffalo (Bubalus Bulalis) Phylogeny, *Molecular Phylogenetics and Evolution*, 30: 308-324, 2004. 집에서 기르는 물소는 늪 물소(Swamp Buffalo)와 강 물소(River Buffalo)로 나눌 수 있는데 강 물소는 인도에서 기원했고 늪 물소는 중국에서 기원했을 가능성이 있다. C.Z. Lei et al., Independent Maternal Origin of Chinese Swamo Buffalo (Bubalus Bubalis), *Animal Genetics*, 38: 97-102, 2007. 또 보다 심층적으로 연구하여 중국 늪 물소 또한 두 계열로 나눌 수 있는데, A계열이 많고 B계열이 적다. A계열은 중국에서 기원했을 가능성이 있고, B계열은 동남아에서 온 것이다. C.Z. lei et al., Two Maternal Lineages Revealed by Mitochondrial DNA D-Loop Sequences in Chinese Native Water Buffaloes (Bubalus Bubalis), *Asian-Australasian Journal of Animal Sciences*, 20 (4): 471-476, 2007. 이 밖에 야크가 티베트 고원에서 기원한 가능성이 아주 크다. Songchang Guo et al., Origin of Mitochondrial DNA Diversity of Domestic Yaks, *BMC Evolutionary Biology*, 6: 73, 2006. http://biomedcentral.com/147-2148/6/73.

[724] Ceiridwen J. Edwards et al., Ancient DNA Analysis of 101 Cattle Remains: Limits and Prospects, *Journal of Archaeological Science*, 31: 695~710, 2004.

[725] 劉莉 等,「中國家養水牛起源初探」,『考古學報』, 2006(2).

[726] 徐中舒,「耒耜考」,『中央研究院歷史語言研究所集刊』2本 1分, 1930.

[727] Bishop, Carl W., The Origin and Diffusion of Traction Plough, *Antiquity*, 10: 261-281, 1936.

아와 중앙아시아의 주요 가축이었으나, 동아시아에서는 거의 관심을 갖

시 않았다. 청동기 시대에 들어와서야, 황소가 동아시아에 대량으로 나

타났다. 지금으로부터 대략 4,000년 전의 감숙성의 대하장이와 유식

과 진위가(秦魏家)유적의 제가문화층(齊家文化層)에서 출토된 황소 뼈가

대표적이다. 황소는 산양과 거의 같은 순화(馴化)와 전파 과정을 겪었

다.

황소도 두 가지의 아종(亞種)으로 나눌 수 있는데, 유럽 가축우(Bos

Taurus)는 서아시아에서 기원했을 가능성이 크고[728] 인도 가축우(Bos

Indicus)는 남아시아에서 기원한 것이다. mtDNA연구에서, 동아시아 황

소는 유럽·아프리카 황소와 매우 비슷했지만, 인도 황소와는 차이가

비교적 큰 것으로 나타났다.[729] 더욱 구체적인 연구에 의하면, 일본[730]과

한국[731]의 황소가 모두 유럽 가축우(Bos Taurus)에 속하여 아마 서아시아

에서 왔을 것이고 20%의 몽골 황소가 인도 황소의 영향을 받았는데 아

마 몽골 제국 시기에 이루어졌을 것이다. 또한 서아시아와 아프리카 그

리고 유럽 황소에서 보이지 않는 T4를 발견했는데, 아마도 유럽원우(原

牛, Bos primigenius)에서 왔을 것이다.[732] 중국의 황소는 앞에서 서술한 두

---

728 Troy C.S. et al., Genetic Evidence por Near-Eastern Origins of Eurpean Cattle, *Nature*, 401: 1088-91, 2001.

729 Kyu-IL Kim et al., Phylogenetic Relationships of Northeast Asian Cattle to Other Cattle Population Determined Using Mitochondrial DNA D-Loop Sequence Polymorphism, *Biochemical Genetics*, Vol.41 No.3/4: 91-98, 2003.

730 Mannen H.et.al, Mitochondrial DNA Variation and Evolution of Japanese Black Cattle (Bos taurus), *Genetics*, 150: 1169-75, 1998.

731 Yum S. et al., Genetic Relationship of Korean Cattle (Hanwoo) Based on Nucleotide Variation of Mitochondrial D-Loop Regiom, *Korean Journal of Genetics*, 26 (3):297-307, 2004.

732 H. Mannen et al, Independent Mitochondrial Origin and Historical Genetic Differentiation in North Eastern Asian Cattle, *Molecular Phylogenetics and Evolution*, 32: 539-544, 2004.

가지 아종(亞種)을 포함하는데 남쪽은 인도 황소를 위주로 하여 T1과 T2를 포함하고, 서북쪽은 몽골 황소와 비슷하여 T2, T3와 T4를 포함한다.[733]

사람의 젖을 마시는 것은 자연적이지만 가축의 젖을 마시는 것은 문화이다. 또 하나의 유목 생활방식과 관련 있는 것은 우유를 짜는 것 (milking)이다. 서아시아와 중앙아시아의 농민들은 신석기시대부터 이미 우유를 짜기 시작했다.[734] 동아시아의 농민들은 지금까지도 우유를 짜는 것에 익숙하지 않는데 이는 생물학적 문화적 원인이 있다. 동물의 젖은 풍부한(약 5%) 유당(Lastose)을 함유하고 있는데 유당의 소화는 락타아제(Lastase)에 의존해야 한다. 성인들에게서 락타아제의 부족현상은 동아시아와 동남아시아에서 85~100%에 이르지만 북유럽에서는 10%에도 미치지 못하며, 다른 지역은 이 두 지표 사이에 있다.[735] 중국에서는 성인(14~66세) 중에서 한족(漢族)의 92.3%, 몽골족의 87.9%, 카자흐족의 76.4%가 락타아제가 부족하다.[736] 인류 유전학 연구에 의하면 락타아제의 생성은 락타아제 유전자(Lastase Gene)와 관련이 있고, 이는 유전자의 격변(Point Mutations)과 재결합(Recombination)의 결과이다.[737] 인류가

733 Yu Y. et al., Mitochondrial DNA Variation in Cattle of South China: Origin and Introgression, *Animal Genetics*, 30: 245−250, 1990. Song−Jia Lai et al., Genetic Deversity and Origin of Chinese Cattle Revealed by mtDNA D−Loop Sequence Variation, *Molecular Phylogenetics and Evolution*, 38: 146−154, 2006.

734 Greenfield, H.J., The Origin of Milk and Wool Pruduction in the Old World, *Current Anthropology*, Vol.29 No.4: 573−593, 1988.

735 Sahi, T., Genetics and Epidemiology of Adult−Type Hypolactasia, *Scandinavian Jouranl of Gastroenterology*, Supplement, 202: 7−20. 1994.

736 Wang Yongfa et al., Prevalence of Primary Aldult Lactose Malabsorption in Three Population of Northern China, *Human Gentics*, Vol.67: 103−106, 1984.

737 Hollox, E. J. et al., Lactase Haplotype Diversity in the Old World, *American Journal of Human Genetics*, Vol.68 No.1, 2001.

우유를 마시면서 인간과 소의 유전자 변화를 선택적으로 일으킬 수 있
는데, 이는 유전자 문화의 공동 진화의 일례이다.

그럼 사료 증거에 의하면 B.C. 4,000년쯤에 서아시아에서는 이미
우유를 짜기 시작했다. 우유를 짜는 것이나 낙농업(Dairying)은 쉐라트
(Sherratt)가 제기한 2차 산업혁명(Secondary Products Revolution)의 중요한
내용이며 또한 유목생활방식이 형성되고 보급되는 중요한 열쇠다.[739]
동아시아에서 우유를 짜는 활동의 출현은 양과 소, 말이 동쪽으로 전파
된 것과 거의 동시에 발생했다. 카자흐, 몽골, 한족 성인들의 몸에서 생
성된 락타아제 비율이 차례로 낮아지는 것은, 인도·유럽인과의 혈연관
계 혹은 접촉과 교류의 정도에 따라 차이점을 나타내는 것이다. 동아시
아 유목민들은 거의 모두 락타아제가 부족하여, 농업에 대한 의존이 비
교적 절박했다. 다른 한편으로는, 동아시아 농민들은 가축의 우유와 유제
품을 결코 좋아하지 않기 때문에 축산업의 발전을 쉽게 경시하거나 혹은
중요시하지 않았다. 유럽에서는 재배농업과 축산업은 지극히 긴밀하게
연결되어 있지만 동아시아에서는 뚜렷하게 나눠져 있다. 락타아제가 있
는지 없는지는 중국과 유럽의 식사방식에서 차이가 나는 원인 중의 하나
일 뿐만 아니라[740] 유라시아대륙의 역사발전과정에서도 영향을 끼쳤다.

---

738 Albano Beja-Pereira et al., Gene-Culture Coevolution Between Cattle Milk Protein
Genes and Human Lactase Genes, *Nature Genetics*, Vol.35 No.4: 311-313. 2003.

739 Sherratt A., The Secondary Exploitation of Animals in the Old World, *World Archaeology*,
Vol.15 No.1: 90-104, 1983.

740 Huang, H. T., Hypolactasia and Chinese Diet, *Current Anthropology*, Vol.43 No.5,
2002.

(4) 말, 마차

　말(Equus Caballus)의 야생 조상은 주로 유라시아 초원의 서쪽 끝에 분포했었다. 우크라이나와 카자흐 초원의 신석기와 청동기시대의 문화 유적에서 출토된 대량의 말뼈는 야생말에서 가축말로의 순화과정을 보여준다. 말을 타는 것[騎馬]과 마차 기술은, 서아시아에서 나귀를 타는 것과 달구지를 제작하는 기술에서 기원했을 것이다. 카자흐 초원의 북쪽에 위치한 보타이(Botai)는 금석병용시대(chalcolithic age, B.C. 3,000~3,500)의 특수한 유적으로, 3십여 만 개의 동물 골격이 출토되었고, 그 중에서 99.9%가 말뼈였다. 앤서니(Anthony) 등의 연구에 의하면 이러한 말들은 수로 식용, 제사(부장), 교통수단으로 쓰였으며, 극히 부분만 가축말 이었다.[741] 레빈(Levine)은 올라 타는 것[騎乘]으로 인해 반드시 말의 척추, 특히 13~15 요추의 변형을 일으켰을 것이라고 여겼다. 그녀는 보타이 유적에서 출토된 41개의 견본을 검사·측정했지만 오히려 상응하는 변화를 발견하지 못했다. 이것으로 추측해 보면 보타이문화의 주인은 사냥채집자이며, 야생말 사냥을 위주로 하고, 또한 부업으로 소규모의 농사도 지었음을 알 수 있다.[742] 최근 도기 잔류물에서 말 젖의 성분을 분리해 낸 것에서 보타이사람들이 이미 말을 기르고 젖을 짜기 시작했음을 볼 수 있다.[743]

　동아시아에서 과학적으로 발굴된 수 백 곳의 신석기시대 유적에서는

741　Brow, D.et al., Bit Wear, Horseback Riding, and the Botai Site in Kazakstan, *Journal of Archaeological Science*, Vol.25: 331-47, 1998.

742　Levine, M., Botai and the Origins of Horse Domestication, *Journal of Anthropological Archaeology*, Vol.18 No.1: 29-78, 1999.

743　Alan K. O. et. al., The Earliest Horse Harnessing and Milking, *Science*, 323 (5919): 1332-1335, 2009.

지금까지 말의 뼈대가 발견된 적이 없고, 단지 말의 이빨이나 말뼈가 □□□□ 출토되었다고 해서 가축 말이라고 확정할 수 없다.[744] 의심할 여지없는 확실한 가축 말과 마차는 상나라 때에 보인다.[745] 이후 3,000 여 년의 역사는 중원에서 말을 기르는 것이 결코 적합하지 않음을 증명하고 있다. "은으로 말을 사고, 금으로 말을 기른다.[買馬以銀, 養馬以金]"라고 했는데, 중원에서는 지금까지 우량한 지역의 말 품종을 길러 낸적이 없었다. 대량의 마차 구덩이의 발견에서 중원은 확실히 말의 시체를 매장하는 곳이었음이 드러났다.[746] 말의 분포로 보면, 중원은 줄곧 말이 □□□□ 지역이었다.□□ 마구□□□는 사수 보이지만 말뼈는 보기 □□며, 한반도[748]와 일본열도[749]의 고대 유적에서 말뼈는 매우 적게 발 견되었지만 적지 않은 마구가 출토된 것은 역사에서 기병(騎兵)이 중요한 역할을 한 적이 있음을 나타낸다. 말 모양의 하니와(埴輪, 앤디 무덤의 주위에 묻어 두던 찰흙으로 만든 인형이나 동물 따위의 상(像)]와 힘세고 웅장하는 무사(武士)는 기마(騎馬)문화가 일본열도로 유입되었음을 나타낸다.

말의 순화(馴化)는 확실히 세계적인 난제이다. 10개의 다른 시대와 지역에서 온 191마리 말의 mtDNA에 대한 연구는 풍부한 유전적 다양성을 보여주고, 가축 말이 여러 지역, 혹은 여러 차례의 순화(馴化)과정을

---

744 Linduff K. M., A Walk on the Wild Side: Late Shang Appropriation of Horse in China, *Late Prehistoric Exploitation of the Eurasian Steppe*, Vol.2: 214-231, 2000.

745 周本雄, 「中國新石器時代的家畜」, 『新中國的考古發現與研究』, 北京, 文物出版社, 1984, 196쪽.

746 Lu Liancheng, Chariot and Horse Burials in Ancient China, *Antiquity*, Vol.67, 1993. 吳曉筠, 「西周時期車馬埋葬中的禮制意涵」, 『故宮學術季刊』22권 제4기, 2005.

747 Bakanyi S., Horse, in *Evolution of Domesticated Animal*, ed. by Mason, I. L., London, 1984.

748 金斗喆, 『韓國 古代 馬具의 硏究』, 東義大學博士論文, 2000.

749 森浩一 編, 「古代埋葬中的馬文化」, 『馬文化叢書』제1권, 1993.

거쳤다는 가설을 지지한다. 몽골야생말(Equus Przewalskii)과 가축 말은 염색체의 수가 다르며 일종의 순화할 수 없는 동물이다. 가축 말의 야생 조상이 풍부한 유전적 다양성을 가지고 있음에도 불구하고, 분자유전학 연구에서는 몽골야생말을 가축 말의 조상에서 배제시켰다.[750]

내몽골 적봉(赤峯)지역의 대산전(大山前)과 정구자(井溝子)유적의 청동기시대 가축 말 9마리의 mtDNA와 동아시아, 중앙아시아, 중동과 유럽 등 지역의 가축 말의 mtDNA 서열에 대하여 계통발생네트워크분석을 했는데, 9마리의 옛날 말은 결코 한 무리에 모여 있는 것이 아니라, 일정한 지리적 분포 경향이 있는 현대 가축 말의 무리에 분산되어 있음을 나타냈고, 이것은 한 측면에서 중국 가축 말의 기원에 대한 복잡성을 반영한 것이다.[751] 가축 말이 동아시아에서 기원했다는 고고학과 유전학 증거는 중국, 한국과 일본에서는 아직 발견되지 않았다.

이외에 가축 당나귀도 중앙아시아 혹은 서아시아에서 왔고, 발원지는 아프리카이다. 12가지 품종의 126마리 현지 나귀의 mtDNA에 대한 분석을 통하여 중국의 가축 나귀는 소말리아(Somali)계열과 누비아(Nubian)계열이라는 두 계열로 나눌 수 있고 모두 아프리카에서 왔음이 드러났다.[752]

마차(Chariot)는 여기에서는 특히 청동기시대 유라시아대륙에서 유행한 두 바퀴의 가볍고 빠른 마차를 지칭한 것으로, 주로 전쟁, 사냥, 의례와 경기에 활용되었고 순장(殉葬)품으로 널리 쓰였다. 이러한 종류의

750 Thomas Jansen et al., Mitochondrial DNA and the Origins of the Domestic Horse, *PNAS*, Vol.99 No.16: 10905−910, 2002.

751 蔡大偉 等, 「内蒙古赤峰地區青銅時代古馬線粒體DNA分析」, 『自然科學進展』, 2007(3).

752 Lei Chu−zhao et al., African Maternal Origin and Genetic Diversity of Chinese Domestic Donkeys, *Asian-Australasian Journal of Animal Sciences*, 20 (5): 645−652, 2007.
Chen S. Y. et al., Mitochondrial DNA Diversity and Population Structure of Four Chinese Donkey Breeds, *Animal Genetics*, 37: 427−429, 2006.

마차는 서아시아(주로 아나톨리아[Anatolia]와 메소포타미아[Mesopotamia]유역, 중앙아시아 수로 및 시베리아의 카라수크 초원지역과 동아시아의 고대 상나라와 주나라의 문화 유적지에서 모두 출토되었는데 기본적인 형식과 구조가 비슷할 뿐만 아니라 세부적인 부분도 많이 비슷하다. 이것은 그것들이 공통된 기원을 가지고 있고 독립적으로 발명되었을 가능성이 그다지 크지 않음을 충분히 밝히고 있다.

앤서니(Anthony) 등은 마차가 유라시아초원의 서쪽 끝에서 기원했다고 주장한다.[753] 주요 근거는 신타쉬타-페트로브카(Sintashta-Petrovka)의 문화 고분에서 출토된 14대의 수레로, 그 연대는 약 B.C. 2,100~1,700년이다. 리타우어(Littauer) 등은 일찍 1970년대부터 차량의 기원과 진화를 체계적으로 연구하여 바퀴살이 없는 마차와 바퀴살이 있는 마차가 모두 서아시아에서 기원했고, 그런 다음 각각 유럽, 아프리카와 아시아의 중앙아시아, 남아시아와 동아시아로 전파되었다고 지적했다.[754] 신타샤 페트로프카 문화에서 출토된 마차에 대하여 리타우어(Littauer) 등은 그것들이 너무나 원시적이고 초라하기 때문에 아직 진정한 마차가 아니라고 지적했다.[755] 그 밖에 코카서스(Caucasus)지역에서 B.C. 14~15세기의 청동 마차 모형이 출토되었는데, 이는 마차의 중동 기원설을 지지한다.[756]

지금까지 출토된 초기마차를 보면, 동아시아의 안양(安陽)에서 출토된 마차가 아마 가장 진보적일 것이다. 이것은 바퀴의 직경이 가장 크

---

753 Anthony D.W. et al., The Birth of the Chariot, *Archaeology*, Vol. 48 No.2: 36-41. 1995.

754 Littauer M.A. et al., *Wheeled Vehicles and Ridden Animals in the Near East*, Leiden, 1979.

755 Littauer M.A. et al., The Origin of the True Chariot, *Antiquity*, Vol.70. 1996.

756 Maria Pogrebova, The Emergence of Chariots and Riding in the South Caucasus, *Oxford Jourunal of Archaeology*, 22 (4): 397-409, 2003.

고, 바퀴사이가 가장 넓고 사람이 타는 칸이 가장 크며, 시대적으로는 비교적 늦다. 하야시 미나오[林巳奈夫][757]와 쇼우네시(shaughnessy)[758]등은 동아시아의 마차가 서아시아 혹은 중앙아시아의 초원에서 기원했다고 명확히 주장한다. 최근 왕해성(王海城)은 마차에 대한 세밀하고 체계적인 고찰을 통해, 동아시아는 마차를 독자적으로 발명할 만한 기본 조건을 갖추지 못했다는 것을 지적했다.[759]

(5) 밀

6배종 밀(triticum aestivum) 즉 보통 밀은 이미 전 세계적으로 없어서는 안 되는 필수적인 식량작물이며, 유라시아대륙에서 초기문명 혹은 초기국가가 생겨난 과정에서 중요한 작용을 했고, 선사시대 세계화의 상징적인 작물이다. 학자들은 소맥이 서아시아에서 기원한 이후 유럽과 동아시아로 전파되었고, 좁쌀을 대체한 대표적인 밭농사 작물이라는 것에 어느정도 공감대를 형성했다. 다만 구체적인 전파 시기나 과정에 대해서는 아직 이견이 존재한다. 최근 10년 사이에 중국북부지역에서 한 무더기의 초기 밀 유적이 발견되었는데, 지금으로부터 4,500여 년 전 즉 용산문화 시대에 중국의 고대문화의 핵심지역으로 전래된 것으로 밝혀졌다. 전파경로는 아마도 몇 개의 노선을 포괄하고 있었을 것이다. 즉 유라시아초원의 큰 통로, 하서주랑(河西走廊)[760]의 오아시스통로 및 남아

---

757 林巳奈夫, 「中國先秦時代的馬車」, 『東方學報』 제29권, 1959.

758 Shaughnessy E. L., Historical Perspectives on the Introduction of the Chariot into China, *Harvard Journal Asiatic Studies*, Vol.48: 189~237, 1998.

759 王海城, 「中國馬車的起源」, 『歐亞學刊』 제3집, 北京, 中華書局, 2002.

760 역주: 하서주랑(河西走廊)은 예로부터 신장(新疆)지역과 중앙아시아를 잇는 요충지역이었다.

시아와 동남아시아 해안선을 따라 있는 고대의 바닷길이다.[761] 감숙성
대회산 동회산□□□ 유적 시에 밀이 쌓여있는 원인은 불분명한데, 길에
(瓜州)의 옥수국(玉石國)□□ 남 성북(城北□□□) 유적에서 대량분의 □□의 니와
밀이 출토됨으로써, 동회산에서 출토된 밀의 연대와 유적에 퇴적되었던
원인을 판독하는 데 믿을 만한 증거를 제공해 주었다. 하서주랑지역은
밀이 중국으로 들어오는 데 중요한 지역이었다.[764]

중국에서 밀의 전파와 보급은 오랜 과정을 거쳤는데, 대체로 처음에
는 서쪽에서 동쪽으로, 그 다음에는 북쪽에서 남쪽으로 전개되었다.[765]
은허(殷墟)에서 대량으로 "□□麥□□"이라고 적힌 복사(卜辭)가 발견되
었는데, 이를 통해 상대(商代)에 밀 재배가 이미 초보적인 규모를 갖추
고 있음이 드러났다. 갑골문에서 맥(麥)사의 독특한 형태구조는 문자학
측면에서 밀 재배가 중국본토에서 기원하지 않았다는 증거를 제공한
다.[766] 특별히 주의할 필요가 있는 것은 은력(殷曆) 정월과 2월 모두 책
에 이름이 있는데, 그 중 정월의 이름이 식맥(食麥)이라는 것이다. 이는
밀이 익었을 때를 한해의 처음으로 삼는다는 구체적인 표현이며, 밀이
상나라와 주나라 시대에 귀한 식량자원이었음을 드러낸다.[767] 『시경(詩
經)』 「주송(周頌)·사문(思文)」에 "문덕이 드높으신 후직이여 저 하늘과 짝

---

761 趙志軍, 「有關小麥傳入中國的新資料和新思考」, 『鄂爾多斯青銅器與早期東西文化交流國際學術研討會論文集』, 2010.

762 역주: 중국 간쑤성 중부에 위치한다.

763 역주: 마창문화(馬廠文化)는 중국 칭하이성 민화현의 마창현 유적을 표준으로 삼는 신석기 시대의 문화이다.

764 李水城, 「小麥東傳的新證據」, 『鄂爾多斯青銅器與早期東西文化交流國際學術研討會論文集』, 2010.

765 曾雄生, 「論小麥在古代中國之擴張」, 『中國飮合文化』第1卷第1期, 2005.

766 馮時, 「商代麥作考」, 『東亞古物』, 北京, 文物出版社, 2004.

767 馮時, 「殷曆歲月硏究」, 『考古學報』, 1990 (1).

하여 계시도다. 우리 만백성들에게 곡식을 먹이셨나니 지극한 덕이 아님이 없네. 우리에게 밀과 보리를 내려주어 상제께서 후직에게 명하여 두루 기르게 했네."[768] 라는 구절이 있고, 『예기(禮記)』「월령(月令)」에도 맹춘지월(1월)을 이르기를 "밀과 양의 고기를 먹으며"[769] 라고 했고, 『구당서(舊唐書)』「토번전(吐蕃傳)」에 "계절과 기후를 모른다면 밀이 익은 정도를 가지고 세수(歲首)로 삼는다."[770]라고 했다. 청과(靑稞, 보리의 일종)는 티벳족의 제일 중요한 식량자원인데, 밀이 익은 것으로 세수(歲首)를 삼는 풍속을 여전히 찾아 볼 수 있다.[771] 밀이 중국에 전해졌지만, 그에 상응하는 먹는 방법은 전해지지 않아서 알곡을 먹는 것에서 가루로 만들어 먹는 토착화 과정을 겪으며 서아시아의 맥주나 빵의 전통과는 다른 빙(餠)이나 만토우(饅頭)를 만들어 먹는 전통을 형성했다.[772] 작물종류나 먹는 방법에 근거하여 동아시아와 서아시아 양쪽의 다른 전통을 설명할 수 있다. 서아시아 혹은 서양의 음식의 특징은 곱게 갈아서 밀가루를 만들어 열을 통해 굽는 방식이고, 동아시아 혹은 동양은 주로 끓이거나 찌는 방식이다. 중국에서 밀, 보리, 소를 받아들인 것은 이들 품종의 인도 전파 및 식품으로 이용된 방식에 대한 비교를 할 수 있다. 오직 밀만이 두 전통 속에서 주요 양식 작물이 되었다.[773]

식물의 미화석(Microfossils)은 식물의 종류를 결정하고, 안정동위원소

768 『詩經』「周頌 · 思文」: 思文後稷, 克配彼天, 立我烝民, 莫匪爾極, 貽我來牟, 帝命率育.

769 『禮記』「月令」: 食麥與羊.

770 『舊唐書』「吐蕃傳」: 不知節候, 以麥熟爲歲首.

771 陳久全, 『中國少數民族科技史叢書 · 天文曆法』, 南寧, 廣西民族出版社, 1996, 214쪽.

772 王仁湘, 「由漢式餠食技術傳統的建立看小麥的傳播」, 『鄂爾多斯靑銅器與早期東西文化交流國際學術硏討會論文集』, 2010, 出版中.

773 傅稻鎌, 「古代亞洲跨越飮食國界的作物」, 『鄂爾多斯靑銅器與早期東西文化交流國際學術硏討會論文集』, 2010,

[774]는 인간과 동물의 식단을 측정할 수 있기 때문에 이 두 가지 연구방법을 농사에 이용하면 유라시아 초원에서 농업이 전파에 관련 문제를 해결할 수 있다. 기원전 3,000년 간에 서아시아에서 재배하던 보리와 밀이 중국에 이르렀고, 중국에서 재배하던 기장과 메밀이 서쪽으로 전파되어 유럽에 이르렀다.[775] 일반적으로 높은 가치와 수량이 극히 적은 향료나 환각제 같은 식물은 여러 차례의 장거리 이동 혹은 무역이 있었던 것으로 여기지만, 에너지를 제공하는 주식(主食)인 곡물이나 괴경류(감자와 같은 덩이줄기식물)는 세계화 과정이 비교적 적게 발생한다고 여긴다. 기원전 3천 년대는 사람들의 마음이 작동하는 시대로서, 더욱 일찍이 '콜럼버스의 교환'[776]과 또한 유사한 주식의 세계화과정이 구대륙에서 전개되었다.[777]

(6) 벽돌건축물

벽돌은 인류건축물 역사상 첫 번째로 중대한 발명이다. 서아시아 특히 메소포타미아 유역에는 자연산 돌이 부족하여서 신석기시대에 도기(陶器)와 거의 같은 때에 벽돌이 만들어졌다. 벽돌은 흙과 짚으로 만든 굽지 않은 벽돌(Abode), 진흙벽돌(Clay Brick), 물기 있는 진흙으로 만

---

774 역주: 안정동위원소(stable isotope)는 방사성 동위원소보다 발견이 늦고 1912년에 J.J.Thomson이 네온에 대하여 발견했다. 현재는 각종의 안정 동위원소가 분리(질량 분리기로), 농축(확산법 등으로) 또는 제조(핵반응으로)되어 tracer로도 이용되고 있다.

775 劉歆益,「中國植物考古學和穩定同位素分析視野」,『鄂爾多斯靑銅器與早期東西文化交流國際學術硏討會論文集』, 2010.

776 역주: 콜럼버스의 교환은 1492년 콜럼버스가 아메리카 대륙을 발견한 이후 옥수수나 감자, 고추 등의 농작물이 유라시아에 전파되고 천연두나 홍역이 아메리카에 전파되는 등 인간의 교류로 인해 발생하는 생태학적 변화를 일컫는다.

777 [英]馬丁·瓊斯(Martin Jones),「主食爲何要遷移?」,『鄂爾多斯靑銅器與早期東西文化交流國際學術硏討會論文集』, 2010.

든 벽돌(Mud Brick), 또 햇빛에 말린 벽돌(Sundried Brick)을 가리키는데, 그 근원을 약 1만 년 전의 서아시아에서 찾을 수 있다.[778] 벽돌을 만드는 것은 수메르인의 중요한 일상작업이었고, 태양빛이 충족되는 여름의 첫 번째 달을 그들은 전월(磚月, 벽돌의 달)이라고 불렀다.[779] 수메르 시대에는 벽돌을 대량으로 사용했는데, 내화벽돌 즉 번트벽돌(Fired Brick or Burnt Brick) 혹은 베이크벽돌(Baked Brick, 판을 사용) 또한 나타나기 시작했다. 바빌로니아 시대에는 유약벽돌과 유리벽돌이 유행했고 벽돌 조각 혹은 화상(畵像) 벽돌 등도 시대의 요구에 따라 나타났다. 청동기 시대 서아시아 지역에는 다양한 종류의 벽돌을 이용하여 신전, 궁전, 담, 도로, 다리, 수로, 주택 등이 건축되었고, 벽돌을 쌓아 올리는 건축기술은 4000년 전 인더스강, 나일강 유역, 지중해지역에 전파되었고, 그리스로마 시기에 전 유럽에 전파되었다.[780]

신석기시대 중국의 북방에서는 반지혈식가옥[781]이 유행했고, 남방에서는 간란식(幹欄式)가옥이 유행했으며, 중원에서는 동굴건축을 발명했다. 용산문화 말기에 평량대(平糧臺) 유적지와 같은 곳에서는 이미 굽지 않은 흙벽돌과 배수관이 출현했다. 동회산 사패문화의 햇볕에 말린 흙벽돌은 아마도 중국에서 최초의 흙벽돌일 것이다. 진원현(鎭原縣) 제가(齊家)문화의 집터에서 100미터 길이의 도기로 된 배수관이 발견되었는데, 배수관의 각 마디가 53cm이고, 자모구(子母口, 배수관을 연결하는 방식)가 없이 서로 연결할 수 있으며, 이리두(二里頭)문화보다 빨라, 이미 당

---

778 David Oates, Innovations in Mud-Brick: Decorative and Structural Techniques in Ancient Mesopotamia, *World Archaeology*, Vol.21 No. 3, 1990.

779 [美]斯蒂芬·伯特曼(Stephen Bertman)著, 秋葉譯, 『探尋美索不達米亞文明』, 北京, 商務印書館, 2009, 292쪽.

780 Potter J.F. The Occurrence of Roman Brick and Tile in Churches of the London Basin, *Britannia* Vol. 32, 2001.

781 역주: 반지혈식(半地穴式)은 땅을 절반쯤 파내려가는 방식을 말한다.

시 세계수준에 가까웠다. 섬서성(陝西省) 주원(周原)의 서주(西周) 유적지
에서는 벽돌기와 등의 각종 재료가 출토되었는데, 3000년 전 이미 주
나라 사람들이 벽돌과 기와를 생산하고 사용했으며, 만들기 어려운 배
수관까지 만들어 사용했음이 증명되었다.[782] 비록 주대에 이미 벽돌과
기와의 사용 흔적이 있음에도 불구하고, 춘추전국시기에 또한 계속해
서 장방형의 진흙으로 만든 얇은 벽돌, 대형 공동벽돌,[783] 단면이 궤(几)
자 형인 무늬타일, 장방형 오목하게 패인 벽돌, 판 벽돌 등이 출현했고,
진한시기에 진흙벽돌의 제작기술은 이미 성숙했으며, 양식 역시 비교
적 고정되었다. 진(秦)나라의 벽돌과 한(漢)나라의 기와는 사패문화와 세
가문화까지 거슬러 올라갈 수 있지만, 벽돌과 기와 건축은 진한 시기에
이르러 비로소 보급되기 시작했다. 생 벽돌과 구운 벽돌의 제작기술은
모두 서아시아로 거슬러 올라갈 수 있는데, 오직 한대(漢代)에만 유행한
공동벽돌은 아마 중국의 발명일 것이다.

(7) 고인돌, 화장(火葬), 묘도(墓道)

수많은 고인돌이 있는 한반도는 세계에서 고인돌이 가장 밀집한 지
역이며, 그 때문에 고인돌 연구는 자연히 한국의 고고학 연구의 핵심과
제이다. 김병모(金秉模)는 한국의 고인돌을 아시아 지역 거석문화의 유
기적 구성 부분으로 간주하고, 시작단계에서 일본, 중국, 인도, 인도네
시아, 말레이시아 등 여러 나라 거석문화를 조사한 후, 고인돌과 새 숭
배사상이 대체로 중복된다는 것과 그것들이 아시아 벼농사 문화의 구성

---

[782] 邵嚴國,「考古新發現─三千年前我國已生産使用磚瓦」,『中國建材』, 1989 (5) .

[783] 역주: 벽돌의 무게를 줄이고, 습기나 열을 막기 위하여 속을 비게 만든 벽돌.

부분이라는 것을 지적했다.[784] 그는 한국의 각석묘(Cut-stone tomb) 역시 중국에서 기원한다고 여겼다.[785]

김원용(金元龍)은 고인돌은 한국의 청동기 시대(무문토기)의 새로운 무덤형식이고, 시베리아에서 만주를 잇는 돌을 쌓아올린 무덤(돌무덤)의 토대에서 발전한 고인돌문화라고 여겼다. 그는 중앙아시아 카라수크(Karasuk)문화[786]에도 석관묘(돌널무덤) 혹은 돌무덤군이 밀집되어 있는 것에 주의하여 한국의 고인돌은 중앙아시아에서 기원한다고 주장했다.[787] 동아시아 석관묘와 예니세이강(Enisei R.) 상류의 문화는 비슷한 곳이 매우 많이 있어서 한국의 석관묘 역시 중앙아시아에서 기원했다고 주장한다.[788]

유럽에서 더 오래된 매우 많은 고인돌 혹은 거석문화가 발견되었는데, 코일 렌프류(Colin Renfrew)는 영국과 덴마크의 거석문화가 기원전 5천 년보다는 빠를 수 있고 기원전 4,000년 보다 늦지 않으며 피라미드보다 더 오래되었다고 보았으며,[789] 게다가 추장(酋長)사회에 진입했다고 보았다.[790] 지중해 연안의 약간의 고인돌 혹은 선돌은 5,000년 전의

---

784 Byung-mo Kim, A New Interpretation of Megalithic Monuments in Korea, in *Megalithic Cultures in Asia*, ed. by Byung-mo Kim, Monograph, No. 2, Hanyang University, 1982

785 김병모, 「中國 刻石墓의 起源과 韓國에의 影響」, 『韓國考古學報』 創刊號, 1976.

786 역주: 카라수크문화(Karasuk culture)는 청동기시대 말(BC.1200.~BC.700.)에 남시베리아, 사얀·알타이 산악지역 및 오비강(江) 상류에 펼쳐졌던 문화이다.

787 Kim Won-Yong, the Formation of the Korean Prehistoric Cultures, in *Introduction to Koreanology*, ed. by Korean Academy of Sciences, 1986.

788 이종선, 「韓國 石棺墓의 硏究」, 『韓國考古學報』 創刊號, 1976.

789 Colin Renfrew, *Before Civilization*, p. 123, Alfred A. Knopf, New York, 1973.

790 Colin Renfrew, Monuments, Mobilization and Social Organization in Neolithic Wessex, in *The Explanation of Culture Change: Models in Prehistory*, 539-558, University of Pittsburgh Press, 1973.

초기 청동기시대(B.C. 3,200~3,000)로 거슬러 올라 갈 수 있다.[791] 4,000
년 전 전후의 고인돌은 요르단 이나 중앙아시아, 시베리아에서 쉽게 볼
수 있는데, 어떤 이는 반 유목생활 방식과 관련 있을 것이라고 추측한
다.[793] 프랑스 브르타뉴(Brittany)의 가장 오래된 돌건축물은 대략 기원
전 4500년전 건축되었고, 세계에서 가장 오래된 거석문화라고 여겨진
다.[794] 한국에 있는 고인돌은 아마도 켈트족(Celts)의 유물일 것이다.

중국, 한국, 일본등지의 동아시아 고인돌은 아마도 같은 기원일 가능
성이 크다.[795] 어떤 사람은 고인돌의 한국본토기원설을 주장한다. 일본
학자는 중국과 한반도 남단의 고인돌을 꼼꼼하게 살펴 비교한 후에 일본
지식보의 기원이 한락이라고 밝혔다. 한국의 수많은 고인돌 가운데 주
요 부장품은 석기와 토기이나 그 수가 많지 않고, 그 다음은 청동기와 옥
기인데 그 수가 매우 적다.[797] 동시대 혹은 조금 늦은 돌부넘의 유물은 더
욱 풍부한데 많은 청동검, 청동거울, 옥기를 포함하고 있다. 고인돌의 크
기와 유물의 수량은 어느 정도의 빈부차이가 있음을 전달할 수 있지만

791　Zeidan A. Kafafi et al., Megalithic Structures in Jordan, *Mediterranean* Archaeology *and*
Archaeometry, Vol. 5 No.2: 5-22, 2005.

792　Waldren W., A New Megalithic Dolmen Frome the Balearic Island of Mallorca: Its
Radiocarbon Dating and Artefacts, *Oxford Journal of Archaeology*, 20(3): 241-62, 2001.
Richard Bradley et al., The High — Water Mark: The Siting of Megalithic Tombs on the
Swedish Island of Tjorn, *Oxford Journal of Archaeology*, 23(2): 123-133, 2004.

793　Yosef Stepansky, The Megalithic Culture of the Corazim Plateau, Eastern Galilee, Israel:
New E, Evidence for a Chronological and Social Framework, *Mediterranean Archaeology and*
Archaeometry, Vol. 5 No. 1: 39 -50, 2005.

794　Sherratt A. S., The Genesis of Megaliths: Monumentality Ethnic ity and Social Complex
in Neolithic North-west Europe (1995), in *Economy and Socity in Prehistoric*, Europe Edinburgh
University Press, 1997.

795　지건길,「東北아시아 支石墓의 形式學的 考察」,『韓國考古學報』第12輯, 1982.

796　端野晉平,「支石墓在韓國南部和九州北部的傳播過程」,『日本考古學』第16號, 2003 .

797　이영문,「湖南地方 支石墓 出土遺物에 대한 考察」,『韓國考古學報』第25輯, 1990.

뚜렷한 계층분화는 볼 수는 없으며, 대형 고인돌이 발견되지 않은 것으로 보아 한국의 고인돌사회는 아직 족장사회로는 진입하지 않았다.[798]

중국학자도 중국의 고인돌과 한국의 고인돌 및 세계에서 이름난 지역의 거석문화를 연구하여 각각의 특색을 가지고 있다고 보고 있다.[799] 중국 서북, 서남과 동북지역에서는 청동기 시대에 석관묘가 유행했었다. 석관묘, 돌무덤, 토광묘(土壙墓)는 당나라 이전에 티베트지역의 세 가지 주요 무덤형식이었다.[800] 석관묘는 청동기 시대에 유행했으며 연대는 지금으로부터 약 2500년에서 3000년 전이다.[801] 창도(昌都)지역의 석관묘에서 말뼈가 나왔는데, 유라시아 유목민들의 말을 순장하는 풍속의 흔적이다. 돌무덤에서 나온 유물에는 청동제 삼릉족(三稜鏃), 엽형철촉(葉形鐵鏃) 등이 있는데, 알타이 돌무덤에서 원시적인 것과 유사하며, 두개골은 장두형(長頭型)에 속하는데, 장두형은 인도유럽인 혹은 캅카스(Kavkaz)[802]인들의 특징이다.[803] 석관묘의 기원과 분포는 고고학계의 아직 풀리지 않은 수수께끼다. 동은정(童恩正)은 일찍이 반월형(半月形) 문화 전파 지대라는 가설을 제기하여 이에 대한 해석을 시도했다.[804] 고인돌과 석관묘와 관련한 수많은 문제들은 여전히 해결되지 못한 채 남아

798 박양진, 「韓國 支石墓社會 族長社會論 의 批判的 檢討」, 『湖西考古學』第14輯, 2006. [韓]강봉원, 「A Megalithic Tomb Society in Korea: A Social Reconstruction」, 『韓國上古史學報』第7號, 1991.

799 許玉林, 『遼東半島石棚』, 沈陽, 遼寧科學校術出版社, 1994.

800 霍巍, 『西藏古代墓葬制度史』, 成都, 四川人民出版社, 1994.

801 中國社會科學院考古所實驗室, 「放射性碳素測定年代報告」(19), 『考古』, 1992 (7).

802 역주: 러시아 남부, 카스피해(海)와 흑해(黑海) 사이에 있는 산계·지역의 총칭.

803 Roerich J. N., The Animal Style among the Nomad Tribes of Northen Tibet. 童恩正, 「西藏考古綜述」, 『文物』, 1985 (9).에서 제인용.

804 童恩正, 「試論我國從東北至西南的邊地半月形文化傳播帶」, 『文物與考古論集』, 北京, 文物出版社, 1986.

있다.[805] 오직 한 가지 초보적인 확신은 고인돌과 청동기의 시간과 공간
의 분포는 대체로 중복된다는 것이며 청동기시대와 철기시대의 여러의
무덤방식으로 유행했다는 것이다.

일본의 고분은 아마도 한국의 전방후원분(前方後圓墳)[806]에 기원할 것
이다.[807] 전방후원분은 일본 국가의 기원과 민족형성과도 관계가 있을
뿐만 아니라 또한 중국의 원분(圓墳)이나 방분(方墳)의 영향도 있는데,
아마도 조령제사(祖靈祭祀)의 구현일 것이다.[808] 중국과 일본의 고분과
돌무덤의 유사성은 이러한 영향이 확실하다는 것을 나타낸다.[809] 일본,
한국, 중국의 주구묘(周溝墓)[810]도 한 계통이며, 잡요문화[811]로 그 근원을
기슬러 올라 갈 수 있다.[812] 일본고분, 신라의 왕총(王塚), 왕소군 묘와
중앙아시아 고분(Kurgan)은 관계가 없을 수 없다. 중앙아시아 고분인 쿠

805 MongLyong Choi, Dolmens of Korea, Archaeology, *Ethnology & Anthropology of Eurasia*, No. 2, 2000.

806 역주: 전방후원분은 평면도상으로 보면 원형(圓形)과 방형(方形)의 분구가 붙어있는 모습을 하고 있다.

807 朝鮮學會編, 『前方後圓墳與古代日朝關系』, 同成社, 2002.

808 都出比呂志, 『前方後円墳と社會』, 塙書房, 2005.

809 王巍, 「中日古代墳丘墓的比較研究」, 卜部行弘, 「墳丘墓の日中比較」, 後藤直等編, 『東亞與日本的考古學』(1. 墓制), 同成社, 2001.

810 역주: 주구묘(周溝墓)는 매장 주체부를 중심으로 그 둘레에 도랑을 굴착한 형태의 분묘이다.

811 역주: 잡요문화(卡窯文化, Kayao)는 중국 칭하이성 서녕현 잡요와 하서하(下西河) 유적으로 대표되는 선사(先史)문화. 1923~24, 안데르손이 발굴 조사하여 사와(寺窪)문화로 간주되었으나 정(鼎)과 력(鬲)이 없고 청동기의 형상도 달라 현재는 다른 계통의 문화로 간주함. 토기는 조질(粗質)의 연와색으로 홍도(紅陶)이며 채문은 드물고 기형은 목부분에 손잡이가 있는 쌍이호(雙耳壺)와 기복측부(器腹側部)에 귀걸이[耳環]가 달린 것, 입언저리가 안장형으로 된 것 등 특색이 있음. 묘장(墓葬)으로부터는 돌구슬[石珠], 골판, 아식(牙節) 등 이외에 청동제의 창(戈), 화살촉(鏃), 구(釦) 등이 출토됨. 1959년 이후, 같은 계통의 문화가 서녕(西寧)에서 가까운 황중(湟中)현에서도 조사되었으며 신점(辛店) 문화의 지방적 전개 내지는 소수민족 조기문화의 하나로 간주되고 있다.

812 兪偉超·茂木雅博, 「中國與日本的周溝墓」, 後藤直等編, 『東亞與日本, 的考古學』(1. 墓制)』, 同成社, 2001.

르간은 유목생활과 관련이 있다.[813]

중국의 청동기시대 이래 무덤에 관한 제도는 확실히 중앙아시아, 서아시아의 영향을 받았다. 유라시아 대륙에 있는 묘도(墓道)는 같은 기원을 가지고 있는데, 1개에서 다수의 묘도를 가진 무덤으로 변화했다.[814] 동아시아에서 지금까지 신석기시대의 묘도는 발견되지 않았고, 이미 알고 있는 가장 이른 시기의 간단한 묘도는 제가(齊家)문화에서 볼 수 있다. 상(商)나라 후기에는 갑자기 네 갈래의 묘도를 가진 큰 무덤이 출현했다.[815]

『묵자(墨子)』와 『열자(列子)』 등에서 강족(羌族)은 화장(火葬)을 했다고 언급하고 있는데, 화장은 인도유럽어계 민족에서 기원한다. 저족(氐族)과 강족 문화에 남아있는, 예를 들어 사와문화, 신점문화가 위치한 감청(甘青, 감숙성, 청해성) 지역같은 곳에서 유골이 담겨 있는 도기항아리가 발견되었다. 현재 동아시아 최초의 화장묘(火葬墓)는 4,000년 전의 종일(宗日)유적지에서 볼 수 있다.[816] 조금 늦게 나타난 화장(火葬)과 관련된 유적은 중국의 서남, 동북, 중원에서 모두 비슷하게 발견되었다.[817] 주나라 사람 역시 아마도 화장(火葬)했을 것이다.[818] 화장(火葬)은 청동기시대 후기에 이르러 독특한 유골옹기 문화로 변화한다. 언필드 문화(Urnfield

---

813 Morgunova N. L. et aI., Kurgan and Nomad: New Investigations of Mound Burials in the Southem Urals, *Antiquity*, 80(308): 303−317, 2006.

814 Maximilian O. Baldia, From Dolmen to Passage−and Gallery−Grave: An Interregional Conslruction Analysis. http://comp−archaeology.org/DKcaWEB.htm.

815 韓國河, 「簡論坡形墓道」, 『鄭州大學學報』, 2000 (5).

816 李錦山, 「論宗日火葬墓其相關問題」, 『考古』, 2002 (11) .

817 姜仁求, 「中國地域 火葬墓 研究」, 『震旦學報』, 1979.
　　　王志友, 「關中地區發現的西周火葬墓」, 『西北大學學報』, 2005 (5).

818 張平轍, 「周之先人火葬說」, 『西北師大學報』, 1994(5).

Culture)[819]는 중앙아시아 혹은 동유럽의 청동기 시대 인도유럽인이 창
조한 문화에 기원한다.[820] 불교문화는 인도유럽인들에게 유행했던 유골
항아리 문화를 계승한다. 그 뒤 이러한 장례방식은 또한 청동분와 옥은
불교문화를 따라서 중국을 통해 한국과 일본으로 전파됐다.[821]

(8) 전쟁, 병장기

청동기 시대에 유목 문화가 나타남에 따라 호전적인 바람이 동아시
아에 불어왔다. 하아의, 상(商), 주(周)의 새 시대는 예악(禮樂)이 무너지고
무예를 숭상하고 전투를 좋아하는 풍조가 우위를 차지했다. 인도유럽
의 베르세르크(Berserks) 무사는 무예를 숭상하고 전투를 좋아하는 문화
의 강력한 전파자이다.[822] 켈트족(Celts)의 선투에 대한 열싱, 스파르타
(Sparta)정신, 진나라의 무력(武力)에 대한 숭상, 일본의 무사도(武士道) 정
신까지 모두 무예를 숭상하고 전투를 좋아하는 풍조의 다른 표현이다.
상앙(商鞅)은 적을 베는 사람은 작위를 높여준다고 규정했다. 진나라의
갑옷 입은 군사 백만[帶甲百萬]이 발을 구르며 주먹을 다지고 급하여 기
다릴 수 없을 정도였다. 작(爵)은 일종의 특수한 술잔으로, 적을 죽이면
작위를 높여주는 것은 확실히 유목민족에게서 적을 죽이고 술을 마시
던 풍속이 발전한 것이다. 『사기(史記)』「흉노열전(匈奴列傳)」에서는 "공
격하고 전투한 후에, 머리를 베면 한 잔의 술을 하사하고, 노획한 것을

---

819 역주: 언필드 문화는 후기 청동기 시대 (기원전 1300년 경부터 기원전 700년경)의 유럽 일
대의 주요 문화이다.

820 Fokkens H., The Genesis of Urnfields: Economic Crisis or Ideological Change, *Antiquity*,
1997.

821 山本孝文,「百濟火葬에 대한 考察」,『韓國考古學報』第50輯, 2003.

822 Speidel M. P., Berserks: A history of Indo-European "Mad Warriors"(1), *journal of world
History*, Vol.13 No,2, 2002.

주며, 포로는 노비로 삼았다. 따라서 그 전투에서 이로움을 취할 목적으로 병사들을 꾀어 적을 이길 수 있게 되었다."[823]라고 했다. 육국(六國, 진 나라를 제외한 한·위·조·연·제·초)의 군대가 진(秦)나라를 만날 때마다 패배하여 뜻은 있으나 진나라에 대항할 수는 없었다. 진시황은 결국 모든 것을 아래로 두고 천하를 호령할 수 있었다. 신라가 한반도를 통일한 것과 야마토왕조가 일본 열도를 통일한 것과도 유사한데, 모두 정복왕조(征服王朝)이고, 기병(騎兵)이 전투에서 확실히 중요한 작용을 하지만 결코 기마민족이 직접 정착 농경민족을 정복한 것은 아니다.

칼과 검을 좋아하는 것은 일종의 주물숭배사상(fetishism)이다. 칼과 검을 차는 것은 무사도 정신을 상징한다. 앞서 언급했듯이 검을 차는 풍속과 검을 숭배하는 것은 서북쪽의 유목민족에서 비롯되었다. 일본, 중국, 한국에서의 청동 무기의 숭배나 제사의 풍속은 서로 통한다.[824] 위세품(威勢品)[825]으로서의 철제 고리칼[素環刀]도 유사한 전파과정을 보여준다.[826] 병기의 제작과 발달은 다량의 피땀과 눈물을 의미한다.[827] 니토베 이나조(Nitobe Inazō, 新渡戸稲造)는 공자와 맹자의 도(道)가 무사도의 도덕의 연원이라고 인정하지만 또한 무사도의 두 가지 중요한 출처는 불교와 신도교[828]라고 밝혔다. 양계초(梁啓超)도 일본의 강대함은 무

---

823 역주:『史記』「匈奴列傳」: 其攻戰, 斬首虜賜一卮酒, 而所得鹵獲因以予之, 得人以爲奴婢. 故其戰, 人人自爲趣利, 善爲誘兵以冒敵.

824 下條信行,「青銅武器的傳播與展開」, 大塚初重 等編『考古學上の日本歷史·戰爭』, 雄山閣, 2000, 117~126쪽.

825 역주: 위세품(威勢品)은 상층계급의 권위를 상징하는 물품이다.

826 禹在柄,「素環刀の型式學的研究」,『待兼山論叢』25호, 오사카 대학 문학회, 1991.

827 春成秀爾,「武器形祭器」, 福井勝義 等編,『戰爭の進化與國家の生成』, 東洋書林, 1999, 121~160쪽.

828 新渡戸稲造 著, 張俊彦 譯,『武士道』, 北京, 商務印書館, 1993

시도에 의한 것이지만 중국이 가난하고 약함은 진시황 이래 기개 있게 복술을 바랄 수 있는 성부(省府)의 정신의 발상에서 만나했다고 하였다. 그는 황제(黃帝) 이래로 화하(華夏)민족이 바로 무력으로 만이(蠻夷)를 정복하여 이 넓고 큰 땅에서 생활하고 번성했으며, 무예를 숭상하는 탁월한 인물이 부지기수라고 여겼다. "중국 민족의 무(武)는 그 최초로 부여받은 천성(天性)이고, 중국 민족이 무력을 쓰지 않는 것은 두 번째로 부여받은 천성(天性)이다."[829]라고 했다. 그들은 모두 무(武)를 숭상하는 기풍의 근원을 해석하지 않았거나 할 수 없었다.

일본 열도에서 의심할 여지없이 전쟁은 야요이 시대에서 시작되었다.[830] 왜국시란(倭國之亂)에 대한 고고학적인 증서를 이미 찾았다.[831] 철제 병기의 전파에 따라, 전쟁은 야요이 시대가 고분시대로 들어가는 것을 촉진시켰다.[832] 군사조직이 점점 형성되면서 5세기에 이르러서는 전문적인 무사나 병사 계층이 나타났다.[833] 전쟁은 원래 있던 부족의 질서와 사회구조를 변화시켰고 왕권의 형성과 왕국의 탄생을 촉진시켰다.[834] 한국의 신석기시대에는 전쟁이 발생한 흔적이 없고, 청동기시대에 이르러서야 비로소 전쟁과 관련된 환호취락(環壕聚落)과 병기(兵器)가 나타났으며, 원삼국시대에 비로소 확실한 전쟁시대에 진입하게 되었다.

---

829 梁啓超,「中國之武士道」,『飮冰室合集』24, 北京, 中華書局, 1989.

830 橋口達也,「彌生時代之戰爭」,『考古學研究』42卷 제1호, 1995, 54~77쪽.
佐原眞,『稻·屬·戰爭: 彌生』, 吉川弘文館, 2002.

831 酒井龍,「倭國大亂的考古學」, 大塚初重 等編『考古學上的日本歷史·戰爭』, 25~36쪽, 雄山閣, 2000.

832 松木武彦,「彌生時代的戰爭與日本列島社會的發展過程」,『考古學研究』第42卷 제3호, 1995, 33~47쪽.

833 田中琢,「戰爭與考古學」,『考古學研究』第42卷 제3호, 1995, 19~30쪽.

834 松木武彦,「戰爭的始源與王權的形成」, 都出比呂志·田中琢 編,『古代史的論點-權利·國家與戰爭』, 小學館, 1998, 211~245쪽.

전쟁은 조직적인 무력 충돌이다. 고고학에는 다음과 같은 표현이 있다. 방위시설의 부락 혹은 도시와 읍이 있고, 칼, 검과 같은 근거리 무기와 활과 화살과 같은 원거리 무기 및 투구, 갑옷, 방패와 같은 몸을 지키는 장비가 있으며 그리고 전투장비등을 순장하거나 제사지내는 풍속이 있고, 사상자가 있으며, 전사 혹은 전투장면의 조형예술품 혹은 그림이 있다.[835] 어떤 사람은 동아시아 최초의 전쟁이 중국 신석기시대까지 거슬러 올라간다고 여겼다.[836] 그러나 증거가 매우 충분하지 않고 동아시아에서는 신석기시대에 발생한 염황대전(炎黃大戰)의 고고학적 증거를 아직 발견하지 못했다. 싸우고, 주먹질하고 심지어는 살인까지도 모두 전쟁이 아니다. 전쟁은 사회문화현상이지 순혈 생물적인 사인현상이 아니다. 자연계에 참혹한 생존경쟁이 존재하지만 전쟁은 존재하지 않는다. 동아시아에서 의심할여지 없이 확실한 최초의 전쟁은 상대(商代)에 보이는데, 여러 갑골문(甲骨文)을 보면 충분한 고고학 증거가 있다. 진정으로 격렬한 큰 전쟁은 춘추전국 시대에 출현했다.

전쟁은 국가 형성의 과정에서 중요한 작용을 한다. 전쟁은 정복자와 피정복자의 사이에 납공(納貢)과 신복(臣服)관계를 세우게 했으며 부락들 사이의 평등 관계를 파괴했다. 전쟁에 승리한 자의 내부에는 전공(戰功)에 따른 계층이 생겨났고, 전쟁은 동시에 또한 노예의 공급지 중의 하나였다. 일본 · 한국의 국가 형성과 안정에는 청동기시대 유목문화의 전파와 분명한 관계가 있고 중국도 그 예외라 할 수 없다. 전쟁의 근원이라 할 수 있는 청동병기는 중앙아시아 혹은 서아시아에서 기원을 찾을 수 있다. 은허에서 출토된 화살촉, 과[戈], 자루가 긴 창[矛], 도삭(刀

---

835 佐原眞, 「日本 · 世界戰爭的起源」, 福井勝義 · 春成秀爾 編, 『戰爭的進化與國家的形成』, 東洋書林, 1999.

836 岡村秀典, 「中國新石器時代的戰爭」, 『古文化談從』 제30集(下), 1993.
佐川正敏, 「玉與鉞－中國新石器時代的戰爭」, 『考古學硏究』 제43卷 제2호, 1995, 49~62쪽.

例), 도끼(斧)류는 동아시아의 검보다 더 오래된 5가지 병기인데, 오직 과 비면 중과 몽류의 청신이고 다른 4가지는 김치면 시아시아에서 왔다.[837] 과(戈)와 극(戟)은 동아시아 특유의 병기이며 서양인들은 이것을 중국식 창(Chinese Ko-Hal-berd)이라고 부른다.[838] 과(戈)는 아마도 하인(夏人)의 상징적인 기물일 것이다.[839] 중국 창[戟]은 중원에 주로 분포했고 거의 전체 동아시아 지역에 전해졌으며 또한 청동기시대보다 이르지 않았다.

(9) 금기(金器)

금 중에 아름다운 것이 황금이다. 황금은 금속문회의 상징이다. 고대 이집트의 휘황찬란한 문화는 사람을 감탄하게 하고, 대하(人夏)의 황금 보물은 많아서 다 볼 수 없고, 스키타이(Scythia)는 초원황금의 주인으로 인식된다. 흑해(黑海)를 둘러싼 야금(冶金)구역(Circumpontic Metallurgical Province)에서 수집한 7만 8천여 개 선사시대의 금속제품 중에 5만 5천여 개가 황금제품이다.[840] 금 양털과 금 사과의 이야기가 오랫동안 유전된 것은, 마치 서아시아에 황금시대가 있었던 것처럼 느껴지는데, 동아시아의 옥기시대와 서로 비춰볼 수 있다. 동아시아의 황금제품은 청동

---

837 李濟,「殷墟銅器五種及其相關之問題」,『中央研究院歷史語言研究所集刊‧慶祝蔡元培先生六十五歲論文集(上)』, 1933.
Max loehr, Weapons and Tools from Anyang, and Siberian Analogier, *American Journal of Archaeology*, Vol.53 No.2: 126~144, 1949

838 William Watson, *Cultural Frontiers in Ancient East Asia*, Edinburgh, 1971, 43쪽.

839 曹定雲,「殷代族徽"戈"與夏人後裔氏族」,『考古與文物』, 1989(1).

840 Chernykh E. V. et al., Ancient Metallurgy in northeast Aisa: From Urals to the Saiano-Altai, in *Metallurgy in Ancient Eastern Eurasia from the Urals to the Yellow River*, ed. by Katheryn M. Linduff, The Edwin Mellen Press, 2004.

기보다 늦다. 중국 초기 금으로 만든 기물은 제가(齊家)문화, 하가점하
층문화(夏家店下層文化) 와 삼성퇴(三星堆) 등 상(商)·주(周)시대의 문화유
적에서 보이고, 대체로 청동과 함께 나왔다. 금사(金沙)유적에서 출토된
태양신조(太陽神鳥)는 절세의 우수 작품이어서 이미 중국 문화유산의 상
징으로 지정되었다. 하·상·주의 금으로 된 기물[金器]은 주로 장식품
과 제사나 예절과 관련된 용품[841]이고 중앙아시아와 서아시아에서 대응
되는 원형(原形)을 찾기가 어렵지 않다.[842]

　　신라의 황금, 선비족의 금식, 흉노족의 금관(金冠), 대하(大夏)의 황
금, 스키타이(Scythia)의 금기(金器), 이집트(Egypt)의 금가면은 서로 하나
로 이어져 있으며 모두 금 숭배의 표현이다. 황금갑관(ㅁ工ㅍㅅ)은 고
대 이집트(Egypt) 황금예술의 대표작으로 조형(造型)이 간결하고 고리모
양의 머리띠를 중심으로 하여 위아래 모두 엽편(葉片)으로 장식이 되
어 있다. 금 조각 공예품은 우르왕조시대에서 매우 유행했다.[843] 금관
과 보요관(步搖冠)은 스키타이(Scythia)로부터 흉노에게까지 영향을 주었
다. 흉노족, 선비족, 몽골족에서 보요(步搖) 혹은 보요관(步搖冠)이 유행
했고, 신라의 왕관에 분명히 영향을 주었으며[844] 게다가 일본까지 미쳤
다.[845]

　　유라시아 대륙의 동쪽부분인 동아시아는 옥을 숭상하여 청동기시대
이전에 또한 전설의 옥기시대(玉器時代)가 있었고, 유라시아 서쪽지역
인 서아시아와 유럽은 주로 금(金)을 숭상하여 청동기시대 이전에 또한

841　白黎璠,「夏商西周金器研究」,『中原文物』, 2006(5). 齊東方,「中國早期金銀器研究」,『華
　　夏考古』, 1999(4).

842　Emma Bunker, Glod ina Ancient Chinese World, *Artibus Asiae*, 27~50,1993.

843　Tengberg M. et al., The Gloden Leaves of Ur, *Antiquity*, 82: 925~939, 2008.

844　이송란,「皇南大塚 新羅冠의 技術的 系譜」,『韓國古代史研究』第31輯, 2003.

845　孫機,「步搖·步搖冠與搖葉冠飾」,『文物』, 1991(11).

진실의 황금시대(黃金時代)가 있었다. 청동기시대가 도래함에 따라 황금이 중국에 처음 나타났고 하나라와 상나라의 대평성대에 이르러서는 금과 옥은 갈라놓을 수 없는 연을 맺었다. 금성옥진(金聲玉振), 금루옥의(金縷玉衣), 금주옥벽(金柱玉璧) 금준옥잔(金樽玉盞), 금상옥반(金床玉盤), 금헌옥패(金軒玉珮), 금상옥두(金商玉鬥), 금옥만당(金玉滿堂), 금장옥액(金漿玉液), 금구옥아(金口玉牙), 금풍옥로(金風玉露), 금유옥간(金流玉澗), 금지옥엽(金枝玉葉), 진화옥수(進化玉樹), 금사옥예(金沙玉蕊), 금호옥양(金壺玉羊), 금용옥봉(金龍玉鳳), 금토옥섬(金兔玉蟾), 금구옥음(金口玉音), 금옥양언(金玉良言), 금상옥구(金相玉質), 금현옥세(金昆玉友), 금책옥집(金冊玉籍), 금분옥간(金盆玉碗), 금과옥률(金科玉律), 금성옥질(金聲玉質), 금용옥모(金容玉貌), 금봉옥석(金鳳玉石), 금우옥곤(金友玉昆), 금동옥녀(金童玉女), 금옥양연(金玉良緣) …… 금이 마치 더 우세한 것 같아 보이지만, 황금은 가치를 매길 수 있고, 옥은 가치를 매길 수 없다. 옥과 금은 각각 동·서문화의 상징이니, 금과 옥이 인연을 맺은 것은 동족과 서쪽이 절충됨을 의미한다. 본토에서 기원한 옥석문화와 외부에서 온 금속문화가 서로 결합하여 중국 문화의 이중나선(螺旋)구조의 특징을 형성했다.

(10) 천(天), 제(帝)

하늘(天)은 유목민족과 농경민족이 다 같이 숭배하는 대상이므로 아마도 같은 기원이 있을 것이다. 제(帝)와 하늘의 관계에 대해서 이미 적지 않은 사람이 연구와 추측을 하고 있지만 아직도 합리적인 해석을 얻지 못했다.[846] 황천(皇天)과 상제(上帝)도 서로 구별하기가 어렵고 천자

---

846 劉復, 「"帝"與"天"」, 『古史辨』, 第2冊, 1930.

(天子)와 제자(帝子)는 같은 연원이 있다.[847] 플레쳐(Fletcher)는 그의 유작 (遺作)에서 유일신 신앙(A Single Universal God)이 아리아인(Aryan)에서 기 원한다고 제기했고 동아시아의 하늘 숭배는 인도 · 유럽 유목민 특히 토 하라인(Tocharians)의 활동과 관련이 있다고 여겼다.[848]

하늘에 대한 숭배의 내용은 대체로 같으나 형식은 다르다. 『상서(尙 書)』「대고(大誥)」에서 천(天)이 대략 20번 정도 등장한다. "하늘이 위엄 을 내려 …… 내가 하는 일은 하늘이 시키신 것이다. …… 나 소자는 감 히 상제의 명을 폐할 수 없으니, 하늘이 영왕(寧王)을 아름답게 여기시 어 우리 작은 나라인 주나라를 흥하게 한다."[849]라고 했다. 선진 문헌에 서 천(天)과 제(帝)는 자주 통용되거나 연용(連用)되어 대동소이(大同小異) 하다. 『상서(尙書)』「소고(召誥)」에 "오호라! 황천상제가 원자(元子)를 바 꾸셨다."[850]라고 했고, 흉노시대(匈奴時代)에는 하늘에 대한 숭배가 높은 단계로 진입했다. 하늘에 제사를 지내는 것은 흉노족의 정치문화생활 가운데에서 큰 부분을 차지하는 행사였다. 『후한서(後漢書)』「남흉노전 (南匈奴傳)」에 "흉노의 풍속은 해마다 용(龍)에 대한 제사가 3번 있고 항 상 정월, 5월, 9월의 무(戊)일에 천신께 제사를 지낸다."[851]라고 하고 있 으며 선우(單於, 흉노의 추장)는 '탱리고도(撑梨孤塗, 흉노어)'라고 불리는데, 의미는 천자라는 의미이고, 이것은 한 나라 황제를 천자라 부르는 것과

---

847 Sanping Chen, Son of Heaven and Son of God: Interactions among Ancient Asiatic cultures Regarding Sacral Kingship and Theophoric Names, *Journal of Royal Asiatic Studies*, 12(3): 289~325,2002.

848 Joseph Fletcher, The Mongols: Ecological Social Perpectives, *Harvard Journal Asian Study*, 46(1): 11~50,1986.

849 역주: 『尙書』「大誥」: 天降威, …… 予造天役. …… 予惟小子, 不敢替上帝命. 天休於寧王, 興我小邦周.

850 역주: 『尙書』「召誥」: 嗚呼, 黃天上帝, 改闕元子.

851 역주: 『後漢書』「南匈奴傳」: 匈奴俗, 歲有三龍祠, 常以正月五月九月戊日祭天神.

같다. 『예기(禮記)』「곡례(曲禮)」에 "임금이 천하의 사람들을 내려다보니
천하의 사람들이 모두 천자라 칭한다." 라고 했다. 이에 대해 정현(鄭
玄)의 주(注)에는 "천하란 밖으로 사해에 이름을 밀어는 것이다. 지금 한
나라는 만이(蠻夷, 오랑캐)에게 천자라 칭하고 왕후(王侯)에게 황제라 칭
한다."853라고 하고 있다. 흉노족들은 하늘에 맹세하는 습속(習俗)이 있
고 또 천벌(天罰)의 설도 믿는다. 흉노는 서역 한 구름속의 높은 산을 하
늘 혹은 하늘신의 상징으로 여겨 천산이라고 부른다. 기련(祁連, 중국 서
쪽 한 산의 이름)과 탱리(撐犁, 흉노어)는 한 단어를 달리 음역한 것으로, 하
늘이라는 뜻이고 기련산(祁連山)이 곧 천산이며 흉노족들의 마음에 있는
신산(神山)이다.854

하늘에 제사를 지내는 흉노의 풍속은 돌궐(突厥), 거란(契丹), 몽골(蒙
古)이 계승했다. 흉노는 천(天)을 기련(祁連)이나 탱리(撐犁)라고 불러
돌궐(突厥)어, 몽골[蒙古]어의 탕그리(Tangri)와 또 중국어의 천(天, Tian)과
언어학적으로 관련이 있다.855 제천(祭天), 천산(天山), 천자(天子), 하늘
에 맹세함[對天發誓], 천벌[天譴] 그리고 언어학적인 연관성은 유목민족
과 농경민족이 하늘에 대한 비슷한 숭배 현상이 있었다는 것을 증명한
다. 대체로 상나라 시대에는 제(帝)라고 많이 호칭했으며 주나라 시대에
천(天)이라고 많이 호칭했고, 유목민족은 대부분 탕그리(Tangri)라고 호
칭했다. 수메르어(Sumerian language)에서 din-gir, di-gir, dim-mer 등
의 발음이 있다. 처음 전해질 때 제(帝)라고 읽고, 그 다음 전해질 때 천
(天)이라고 읽고 세 번째 전해질 때 탕그리(Tangri)라고 읽었을 가능성이

---

852   역주: 『禮記』「曲禮」: 君天下曰天子.

853   역주: 『禮記正義』「曲禮」: 天下, 謂外及四海也. 今漢於蠻夷稱天子, 於王侯稱皇帝.

854   역주: 劉義棠, 「祁連天山考辨」, 『政治大學民族學報』, 第21期, 1996.

855   Sanping Chen, Sino-Tokharico-Altacia-Two Linguistic Notes, *Central Asian Journal*, 42(1): 24~43,1998

없지 않다. 동아시아 고유의 조상 숭배가 외래에서 들어온 하늘 숭배사
상과 서로 결합하여 중국 특유의 경천법조(敬天法祖, 하늘을 우러르고 황실
의 법통을 받듦)의 전통을 형성했다.

(11) 하(夏)와 하(夏)문화

이상은 하왕조때부터 동아시아에 나타나기 시작한 새로운 문화 요소
로, 청동기시대의 유목문화라 부를 수 있다. 그 문화가 동쪽으로 전파
된 것은 토하라인, 강족(羌族), 혹은 융족(戎族), 적족(狄族)과 관련이 있
다.[856] 앞에서 우리는 하나라, 주나라 사람과 융족, 적족이 관계가 있다
는 것을 논증했는데, 하나라 사람 혹은 융족과 적족이 청동기시대의 유
목문화를 도입했다고 추론할 수 있다. 동아시아 각국은 선택적으로 그
가운데에서 부분 내용을 흡수했고 또한 더욱 발전시켰다. 중국은 청동
기술을 도입한 후 중앙아시아와 같은 무기, 도구와 장식품을 생산할 수
있었을 뿐만 아니라 대형용기를 생산하고 예기(禮器, 의식에 사용되는 그
릇)를 만들었다. 한국은 비파형청동검(曲刀靑銅劍)을 세형청동검(細型靑
銅劍)으로 개조했다. 동경과 동탁[銅鐸, 동으로 만든 큰 방울]은 일본에서 점
점 실용적인 기능을 잃고 순수한 의례, 혹은 순장품용으로 변했다. 소,
말, 양 및 그 관련 기술의 전파 역시 장애물에 부딪쳤다. 혹자는 그 중
의 부분 내용을 선택적으로 흡수했기 때문에, 일본열도와 한반도, 중국
대부분 지역이 유목화되지 않았다고 말했다. 무(武)를 숭상하는 기풍과
황금숭배는 동아시아에 풍미했고 옥기(玉器)숭배와 의례의 풍속은 여전
히 존재하고 있다.

---

[856] 徐中舒, 「北狄在前殷文化上之貢獻: 論殷墟靑銅器與兩輪大車之由來」, 『古今論衡』,
1999(3), 171~200쪽. 본문은 서중서 선생의 유고이며 집필한 연대는 1948년이다.

하(夏)는 하왕조, 하나라, 하민족의 세 가지 의미가 있다. 하(夏)문화
는 하민족문화를 가리킬 뿐만 아니라 또한 하나라 혹은 하나라시대의
문화를 가리킨다. 아내(夏鼐)는 하문화가 마땅히 하왕조시기의 하민족
문화여야 한다고 생각한다.[857] 하문화가 용산문화 등과 함께 일어났다
는 것은 적합하지 않고, 기타 신석기시대 문화와 한데 섞어 논하는 것
은 더욱 적합하지 않다. 하왕조시기부터 나타나기 시작한 이러한 신문
화는 단지 하인(夏人) 및 그 관계가 밀접한 융족, 적족 혹은 토하라인
(Tocharians)의 공로라 할 수 있을 뿐이다. 고묘구(古墓溝)문화, 제가(齊家)
문화, 주개구대계문화, 하가점하층(下家店下層)문화, 이리두(二里頭)문
화는 기본적으로 위에 서술한 새로운 문화요소를 포함했으며 중국 내의
하민족 문화일 가능성이 크다. 하나라의 대중기반은 이인(夷人)이고 이
(夷)문화는 사인히 하대(夏代)문화의 토대이다. 따라서 하대, 혹은 하나
라의 문화는 이(夷)민족문화와 하(夏)민족문화가 혼합된 결과이며 일종
의 복합문화이다.

제가(齊家)문화는 이문화와 하문화가 모여서 형성되었고, 또한 바로
하대의 기년(紀年) 내에 있어서 하문화일 가능성이 크다. 제가문화는 오
곡이 풍성하게 무르익고 육축(六畜)이 갖추어져 있었다. 감숙성(甘肅省)
임담현(臨潭縣) 진기마구(陳旗磨溝) 유적지는 전형적인 제가문화의 고분
군(古墳群)이다. 전분립(澱粉粒, starch grain)연구에 의하면 당시 인류의 식
물성 음식물에는 밀, 보리, 쌀보리, 조, 메밀, 콩류 및 견과류 등을 포
함하는 다양한 특징이 가지고 있으며 그 중 맥류(麥類)와 조의 전분립
수량이 70%를 차지했다.[858] 현재 중국에서 최초의 비교적 완전한 양뼈

---

857 夏鼐, 「談談探索夏文化的幾個問題」, 『河南文博通訊』, 1978 (1)

858 李明啓, 「甘肅臨潭陳旗磨溝遺址人牙結石中澱粉粒反映的古人類植物性食物」, 『中國科
學: 地球科學』, 2010(4).

는 감숙성 영정현(永靖縣) 대하장(大何莊) 제가문화 유적지에 보이며, 다음이 비로소 이리두(二里頭)이다. 면양은 또한 하양(夏羊)이라고도 한다. 『이아(爾雅)』「석축(釋畜)」에는 "하양은 수컷은 유이고 암컷은 고이다."[859] 라고 했고 『본초강목(本草綱目)』「수일(獸一)·양(羊)」에는 "진진(秦晉)에서 난 것을 하양이라 하는데 머리는 작고 몸이 크며 털이 길어 토착인은 양이 두 살 때 그 털을 잘라 융단으로 삼았으니 그것을 일러 면양이라 한다."[860]라고 했다. 황소(黃牛)는 산양(山羊)과 같이 대체로 동일한 순화(馴化)와 전파과정을 거쳤는데, 감숙성 대하장유적지, 진위가(陳魏家)유적지의 제가문화층에서 출토된 황우골격은 전형적인 대표이다. 비교적 완전한 말 뼈대는 서안(西安) 노우파(老牛坡) 상대(商代)문화층에서 처음 보이고 감숙성 영정현 대하장 유적지에서도 말뼈가 출토되었는데 아마 제가문화시대에 이미 말이 있었을 것이다. 돼지는 동아시아 신석기시대의 대표적인 가축으로 제가문화에서 대량의 돼지 뼈가 출토되었다. 개와 닭도 당연히 빠질 수 없다. [농작물] 재배업과 목축업의 결합은 제가문화의 특징으로 동아시아 [농작물] 재배의 전통을 보존했고 또한 중앙아시아 유목문화를 흡수했다. 청해성(青海省)의 유만(柳灣)에서 서양식 식도구가 발견되었고 광하현(廣河縣) 제가평(齊家坪)에서는 뼈 갈퀴가 출토되었으며 제가문화시대에 이미 칼, 갈퀴, 수저가 갖추어졌다.[861] 라가(喇家)제가문화 유적지에서도 벽식 화로가 발견되었다.[862]

동아시아 신석기시대 무덤은 대부분 수직 동굴 방형의 흙구덩이무덤[竪穴方形土坑墓]으로 소량의 옹관장(甕棺葬)을 동반했으며, 청동기시대

---

859 역주:『爾雅』「釋畜」; 夏羊, 牡羭, 牝羖.

860 역주:『本草綱目』「獸一·羊」; 生秦晉者爲夏羊, 頭小身大而毛長, 土人二歲而剪其毛, 以爲氈物, 謂之綿羊.

861 王仁湘,「四千年前的中國餐叉」,『往古的滋味』, 濟南, 山東畫報出版社, 2006.

862 葉茂林,「青海民和喇家史前遺址的發掘」,『考古』, 2002(7).

에는 무덤형식이 뚜렷하게 복잡해져서 묘도(墓道)가 출현했고 동실묘(洞室墓, 남녀합장과 화장이 유행했다. 새기문화는 이러한 무덤의 변혁을 구체적으로 드러냈으며 동아시아 부담이 상대적으로 단순했던 시대를 끝냈다. 동실묘(洞室墓) 문화는 중앙아시아 초원지대의 청동기시대 문화로 볼가강 하류와 드네프르강 동쪽의 흑해 북쪽해안에 분포되어 있고 수혈묘(竪穴墓) 문화보다 늦으며 목곽묘(木槨墓) 문화로 대체되었다. 동실(洞室)은 수직 동굴의 동굴벽 하부에서 시작되며 그것과 상대적인 동굴벽은 비탈, 혹은 계단으로 이루어져 있는데, 즉 원시 묘도(墓道)이다. 보통 한 남자를 매장하고 한 두 명의 여자를 같이 합장한다. 동실묘와 묘도는 빈부의 양극화가 이미 뚜렷했음을 보여주는데, 예를 들어 황낭낭대(皇娘娘臺)의 고분의 부장품에는 도기(陶器)가 적게는 한두 개, 많게는 37개에 달하고 옥벽이 적은 것은 없고 많은 자는 83개에 달한다. 제가문화의 남녀합장 동실묘는 남존여비의 부계사회가 형성되고 있음을 나타낸 것으로, 여성은 허리를 굽히고 무릎을 꿇기 시작했고 남성은 첩을 얻을 수 있는 권리를 가졌다. 감숙성 무위시(武威市)의 황낭낭대 묘지는 모두 88기의 묘가 발굴되었고, 그 중 1남 2녀로 합장한 묘가 3기가 되는데, 남성은 반듯하게 누워 가운데에 거하고 여성은 몸을 옆으로 기울여 구부린 채로 남성에게 가까이 붙어있으며, 다리는 뒤로 구부리고 얼굴은 모두 남성을 향하고 있다. 성년 남녀 합장묘 10기는 남성이 반듯하게 눕고 사지를 곧게 하여 왼쪽에 거하고 여성은 몸을 옆으로 기울여 사지를 구부려 오른쪽에 거하며 얼굴은 남성을 향하고 있다.[863] 영정현 진위가(陳魏家)에서 138기의 묘가 발굴되었는데 그 중 성인남녀 합장묘가 16기이고, 남성은 반듯하게 누워 사지를 곧게 하여

---

863 甘肅博物館,「甘肅武威皇娘娘臺遺址發掘報告」,『考古學報』, 1960(2).「甘肅武威皇娘娘臺遺址第4次發掘」,『考古學報』, 1978(4).

오른쪽에 거하고 여성은 몸을 옆으로 기울여 사지를 구부려 왼쪽에 거하며 얼굴은 남성을 향하고 있다. 과학적 발굴을 통하여 모두 한 번의 장례인 것이 뚜렷하고, 남존여비를 구체적으로 드러냈을 뿐 아니라 처와 첩을 순장하는 것이 이미 풍속으로 형성되었음을 밝히고 있다. 임담현(臨潭縣) 진기마구(陳旗磨溝)유적지에서는 한 기의 제가문화 무덤이 발견되었고 높이 약 0.5미터, 밑 부분 직경이 약 2.5미터이며 황토더미로 되어있다. 이것은 아마 동아시아에서 가장 오래된 무덤일 것이며 또한 바로 중앙아시아에서 자주 보이는 쿠르간(Kurgan)이다. 청해성 라가유적지에서 제가문화의 높은 격식의 무덤 한 기가 발견되었는데, 긴 방형의 흙구덩이에 매장했고 목관이 있으며 옥화, 옥벽 등 예기(禮器)가 수장되어 있고 무덤 입구에는 회(回)자형이 나타나 있다. 초보적인 감정을 통해 무덤 주인은 아마도 남성이며 군사 혹은 종교의 지도자일 것이다. 무덤부근 100평방미터의 토성(土城)위에는 많은 사람들이 활동한 흔적의 경면(硬面)과 제사 흔적이 있으니 아마도 제단일 것이다. 오늘날 동아시아에서 가장 오래된 화장묘 역시 4,000년 전의 제가문화인 종일(宗日)유적지에 보인다.

제가문화의 분포지역은 동서문화가 합류하는 요충지이다.[864] 제가평(齊家坪)에서 한 쌍의 금귀고리가 출토되었는데 중국에서 오늘날 발견된 가장 오래된 황금기물이다. 제가문화 청동기는 중앙아시아, 남시베리아의 동기와 양식이 기본적으로 같은데 청동칼은 자주 보이고 청동창, 사람 얼굴을 부조한 청동비수, 도끼 등의 모형에 맞게 주조된 병기와 동경(銅鏡)은 가끔 보이며, 장식품으로는 탁(鐲, 팔찌), 천(釧, 팔찌), 비통(臂筒), 포(泡), 귀고리, 비음(鼻飮) 등이 있다. 이러한 청동기와 중앙아

---

864 Fitzgerald-Huber L. G., The Qijia Culture: Paths East and West, *BMFEA*, 75: 55~78, 2003.

시아 청동기는, 특히 얇은 벽면(thin-wall) 주조기술로 만든 청동창, 도끼, 송곳과 유라시아 대륙 북부의 새이마-투르비노(Seima-Turbino, 시베리아 청동기 문화)성동기는 매우 비슷하다. 도끼 등의 청동 병기는 중앙아시아에서 기원하여 아주 빠르게 동아시아 은왕조 경내(境內)로 전파되었다.[866]

제가문화는 서양의 황금문화를 흡수하는 동시에 동양의 옥기문화전통을 버리지 않았다. 제가문화의 옥기는 30종 이상이 있다. 옥종(玉琮)의 구조는 각각 다르고 크기도 고르지 않은데 죽절 문양의 종, 현문양의 종, 혹은 종 형태의 기물이 있다. 모양식의 황낭낭대. 광하(廣河) 제가평(?)유적지에서 출토된 종은 양식문화 종과 비슷하다. 제가문화에서 벽(?)은 비교적 많은데 황낭낭대 묘서 48호 묘에 수상된 벽은 83개나 된다. 옥벽, 옥도끼, 옥삽 등은 또한 비실용적 기물들로 재산의 상징, 혹은 의례용품이다. 장식품에는 각종 패식[허리띠에 달던 장식품], 추식[늘어뜨리는 장식품], 머리띠 등이 있다. 제가문화의 옥 재료는 주로 감숙성, 청해성 본지의 옥이며 신강(新疆)의 화전옥(和田玉)도 있다. 공구류의 도끼, 자귀[나무를 깎아 다듬는 연장의 하나], 정 등과 같은 것은 주로 본지의 옥을 골라 썼고, 예기류의 종, 벽, 황[반원형의 옥], 월[큰 도끼 모양의 병기], 칼, 장 등은 화전옥을 많이 썼다. 2002년 라가(喇家)유적지에서 출토된 구멍이 세 개인 대옥도(大玉刀)는 훼손되고 남은 물체의 길이가 38.8cm, 너비가 16.6cm, 두께가 0.4cm이며 복원한 길이는 66cm가 되는데 현재까지 알려진 가장 큰 옥도이다. 제가문화의 많은 구멍이 난 옥도는 이미 몇 개가 발견되었고 이리두문화의 옥도와 유사하여 아마도

---

865 Jianjun Mei, Qijia and Seima-Turbino, The Question of Early Contacts between Northwest China and the Eurasian Steppe, *BMFEA*, 75: 31~54, 2003.

866 E. H. Valentin Chernykh 等著, 王博 等譯, 『歐亞大陸北部的古代冶金: 塞伊瑪-圖爾賓諾現象』, 北京, 中華書局, 2010, 2006쪽.

『예기』에서 말한 "왕의 기물[王者之器]"일 것이다.

제가문화의 도기(陶器)는 발달하지는 않았지만 오히려 독특한 특색이 있는데, 쌍이관(雙耳罐)과 력(鬲)이 대표적인 기물이다. 쌍이관은 중앙아시아와 서양에 모두 있는 도기이고 력(鬲)은 동아시아의 특산물이다. 동회산(東灰山) 사패(四壩)문화의 햇볕을 쬐어 만든 흙벽돌은 아마도 중국에서 가장 오래된 흙벽돌일 것이며, 영대현(靈臺縣) 교촌(橋村)에서 출토된 한 무더기의 제가문화 질기와[陶瓦]는 오늘날 세계에서 이미 알려진 가장 오래된 기와이다. 진나라의 벽돌과 한나라의 기와는 사패문화와 제가문화로 거슬러 올라갈 수 있다. 진원현(鎭原縣) 제가문화의 집터에서 백미터를 웃도는 질그릇 상하수도관이 발견되었는데, 각 전의 속반 길이가 53cm로, 앞손구 더미 니노 맞물려있고, 이리두보다 이른 것으로 이미 당시의 세계적 수준에 근접해 있었다. 제가문화의 도자기로 된 지팡이 머리와 사패문화의 동지팡이 머리는 서아시아와 중앙아시아의 지팡이 머리의 구조와 비슷하고, 그 중 네 마리 양 머리로 된 청동 지팡이 머리는 복합적인 틀을 써서 주조한 것이다.

역사 지리학에서도 제가문화가 하문화라는 증거를 제시할 수 있다. 제가문화의 핵심구역인 대하하(大夏河) 유역은 하민족의 본거지일 가능성이 크다. 장병린(章炳麟)의 『문록(文祿)』에서는 "한나라가 나라를 세운 것은 한중(漢中)에 책봉되었을 때부터다. 하수(夏水)와는 같은 땅에 있었고 화양(華陽)과는 같은 주에 있어서 통칭으로 쓰였는데, 본명과 부합한다. 이러한 까닭에 화(華)를 말하고, 하(夏)를 말하고, 한(漢)을 말함에 하나의 이름을 들어 세 가지 뜻을 겸하고 있는 것이다. 한이라는 명칭을 민족명으로 세우니 방국의 뜻이 여기에 있고, 화라는 명칭을 나라이름으로 세우니 종족의 뜻 역시 여기에 있다."고 했다. 그가 언급한 하수(夏水), 혹은 한수(漢水)는 장강유역에 속하지만 한대 이전의 한인(漢人) 혹은 하인(夏人)은 주로 황하유역에서 활동했다. 사실 하하(夏河)와 대하하

(大夏河)는 황하의 지류이고 또한 일반적으로 황하를 가리킬 수 있다. 하

□□의 □□□은 □□□는 것이며, □□□□□에서는 "관(關)으로부터 서쪽

지역 진(秦)나라와 진(□)□□□ 사이에는 □□□ 강대하고 웅장한 것을 일러

하(夏)라고 한다."고 했다. 하하(夏河)는 즉 대하(大河)이고 대아아(大夏河)

는 같은 뜻의 반복으로, 청해성(靑海省) 동인현(同仁縣)에서 기원하여 감

숙성 하하(夏河), 임하(臨夏)를 지나 유가협(劉家峽)에서 황하로 들어간

다.『상서(尚書)』「우공(禹貢)」에서는 "하수(河水)를 인도하되 적석(積石)으

로부터 용문(龍門)에 이르며, 남쪽으로는 화음(華陰)에 이르며 동쪽으로

는 저주(□□□)에 이른다."□□고 했다. 임하(臨河)에 적석산(積石山)이 있고,

대우(大禹)는 범람한 하하(□□□)를 잘 다스렸다. 하하(□□□와 하□□를 어

쩌면 하하(夏河)에서 유래되었을 것이다.

『상서(尚書)』「우공(□□□)」에서는 황하 중하류 및 회하(淮河)유역과 장강

하류 지역의 네 주(州)는 이인(夷人)이 거주하던 곳이라고 분명히 말하고

있다. 기주(冀州)의 도이(島夷), 청주(靑州)의 우이(嵎夷)와 내이(萊夷), 서

주(徐州)의 회이(淮夷), 양주(揚州)의 조이(鳥夷)가 그 곳이다. 만약 하(夏)

가 있었다면 황하상류지역에서 생활했을 가능성이 매우 크다.『상서(尚

書)』「우공(禹貢)」에서는 "흑수(黑水)와 서하(西河)에 옹주(雍州)가 있고……

그 공물은 구림(球琳)과 낭간(琅玕)이다. 적석(積石)에 띄워 용문(龍門)의

서하(西河)에 이르면 위수(渭水)의 물굽이로 모인다. 직피(織皮), 곤륜(崑

崙), 석지(析支), 거수(渠搜)는 서융(西戎)이 평정했다."[868]라고 했다. 하는

서융과 뗄레야 뗄 수 없는 관계였다. 임하현(臨夏縣) 동남의 서강고지(西

羌故地)에 일찍이 대하현(大夏縣)을 설치했는데, 대하성(大夏城)유적지는

---

867 역주:『尚書』「禹貢」: 導河積石, 至于龍門, 南至于華陰, 東至于底柱.

868 역주:『尚書』「禹貢」: 黑水西河惟雍州.……厥貢惟球琳琅玕. 浮于積石, 至于龍門西河, 會
于渭汭. 織皮崐崙, 析支渠搜, 西戎卽敍.

광하현성(廣河縣城) 서남쪽 십리내외의 대지(臺地)에 있으며, 현지인들은 고성(古城)이라고 부른다. 『산해경(山海經)』 「대황동경(大荒東經)」에는 "하주의 나라가 있다."[869]고 했다. 동한(東漢)후기 당항족(黨項族)은 섬서(陝西), 감숙(甘肅), 영하(寧夏)지역으로 옮겨 갔고 후에 당나라 제국에 의해 하주(夏州)일대로 배치되었다. 990년 이계천(李繼遷)은 요나라에 의해 하국왕(夏國王)으로 책봉되었으며 점차적으로 독립국가의 길을 걸어갔다. 원호(元昊)는 천자를 자처했고, 1038년 정식으로 즉위하여 대하황제(大夏皇帝)라고 칭했다.

황제(黃帝)·하(夏)·강(羌)·흉노(匈奴)·척발(拓跋)·당항(黨項)은 서로 하나로 통하는 부분이 있는데, 그것은 유목과 유격에 능하다는 점이다. 혁련발발(赫連勃勃)은 자기 자신을 헌원황제(軒轅黃帝)에 비유했다. 『진서(晉書)』 「재기(載記)」에는 "내가 구름을 타고 바람을 달려 그 뜻하지 않은 곳으로 나아가, 앞을 구원하면 그 뒤를 공격하고 뒤를 구원하면 그 앞을 공격하면서 저들로 하여금 목숨을 부지하는데 지치게 했다. 나는 곧 무위도식하며 태연자약하니 10년이 못 되어 영북(嶺北), 하동(河東)이 모두 내 것이 되었다. 요흥(姚興)이 죽기를 기다린 후 천천히 장안(長安)을 취했다. 요홍(姚泓)은 유약한 어린아이이니 그를 사로잡을 책략은 이미 내 계획 속에 있다. 옛날 헌원(軒轅)씨도 20여 년간 떠돌아 다녔으니 어찌 나 혼자만이겠는가!"[870]라고 했다. 원호(元昊), 혁련발발(赫連勃勃) 등은 서북지역 전체가 대하고국(大夏故國)의 영토라고 여겼다.

신석기시대는 정착 농경문화를 특징으로 하고 옥기와 견직물은 고대 국가에서 즐비했으며 제사는 있었지만 전쟁은 없었다. 청동기 시대에는

---

869 역주: 『山海經』 「大荒東經」: 有夏州之國.

870 역주: 『晉書』 「載記」: 吾以雲騎風馳, 出其不意, 救前則擊其後, 救後則擊其前, 使彼疲於奔命, 我則游食自若, 不及十年, 嶺北河東盡我有也, 待姚興死後, 徐取長安, 姚泓凡弱小兒, 擒之方略, 已在吾計中矣. 昔軒轅氏亦遷居無常二十餘年, 豈獨我乎.

유목문화를 특징으로 하고 왕국이 독립적이었으며 전쟁이 빈번했다. 동아시아는 이때부터 역사시대에 진입했다.

하왕조는 우(禹)에서부터 시작되어 걸(桀)에게서 끝났다고 전해지는데, 모두 17명의 제왕이 있었고 사씨(姒氏)였으며 시기는 약 기원전 2100년에서 1700년이다. 하나라 때에 사유제가 나타나기 시작했고 선양(禪讓)제도가 세습제로 대체되었으며 고국시대(古國時代)에서 왕국시대(王國時代)로 진입했다. 하나라 말기 내정이 정비되지 않고 외환이 끊이지 않아 상나라 탕왕은 이에 천명으로 호소하여 명조(鳴條)의 전쟁에서 하나라 걸왕을 이겨 하왕조를 멸망했다. 만약 정말로 하왕조가 있었다면 하나라는 아마도 신석기시대 혹은 전설시대에서 역사시대에 이르는 과도기이며, 또한 유목과 농경문화가 격렬하게 충돌하고 융합한 시기라 할 수 있다. 만약 정말 하(夏)민족이 있었다면 황하상류 대하(大夏) 지역에 형성되었을 가능성이 가장 높고, 하나라 말기 상나라 초기에 사방으로 분열되어 어느 부분은 한족으로 변화, 발전되고 기타는 강(羌), 흉노(匈奴), 당항(黨項) 등의 민족이 되었을 것이다.『순자(荀子)』「대략(大略)」에서 "우는 서왕국에서 배웠다."[871]고 했고『사기(史記)』는 "우는 서강에서 났다."[872]고 적고 있다. 서강고국(西羌古國)은 아마도 주체가 하왕조로 변화했을 것이다. 이어(彝語)와 한어(漢語)는 아마도 원시 강하어(羌夏語)에서 같이 기원했을 것이다.[873] 제가문화의 연대가 하왕조의 기년과 비슷한 것은 또한 동서 민족문화 교류의 결과다. 서북지역은 황하(黃河) 농업문화와 서북 초원문화가 서로 인접한 지대여서 독특하고 다양한 제가문화를 형성했다. 제가문화는 강(羌), 혹은 융(戎)과 관련이 있고 주진(周

---

871 역주:『荀子』「大略」: 禹學於西王國.

872 역주:『史記』「六國年表」: 禹興於西羌.

873 陳保亞・汪鋒,「論原始羌夏語及其轉型—兼說蜀・夏・彝和三星堆文化的淵源關系」,『首屆古彝文化與三星堆文化探源學術研討會論文』, 2009年, 西昌.

秦)문화의 근원일 뿐만 아니라 하문화일 가능성이 매우 크다.

제4장

몽골인종과
인도유럽인종:
체질인류학 논증

1995년 국제 인류학과 민족학 연합회(The International Union of Anthropological and Ethnological Sciences) 집행위원회는 이탈리아 피렌체에서 "인종 개념에 관한 성명(Statement on Race)"을 통과시켰다. 이 성명은 지금 지구상에 살고 있는 모든 인류는 공동의 혈통을 가지고 있으며, 호모 사피엔스 사피엔스(Homo Sapiens Sapiens)에 속한다는 것을 명확하게 선포한 것이다.[874] 이는 체질인류학자와 문화인류학자가 달성한 학술적 공감대이다. 일찍이 18세기에 칼 린네(Carl Linnaeus)는『자연의 체계』에서 인류를 호모사피엔스(Homo sapiens)라고 명명하고, 자연계에서의 인류의 지위를 확인했다. 19세기 찰스 다윈(Charles Robert Darwin)은 『인류의 유래와 성(性)선택』에서 인류의 동일기원을 논증하고 인류의 공통성을 확인했다. 20세기에는 유전자검사로 인류의 동일성을 증명했다. 1998년 UN총회는 유네스코가 건의한 "세계 인간게놈과 인권 선언"을 채택하고, 인류는 공통의 유전자를 가지고 있기 때문에 학술적으로든 정치적으로든 일체의 인종차별에 반대한다고 발표했다.[875] 인류의

---

874 세속관념과 피부색, 모발특징 또는 두상으로 인류를 크게 3-4종에서 64종으로 분류하는데 모두 편협된 생각이다. 인종은 단지 아종(亞種) 혹은 품종(品種)으로 물종(物種)이 아니다. 서술을 위해 부득이 차용한다. 몽골인종(Mongoloid)은 황인종 · 아시안-아메리칸인종이라고도 하며, 니그로인종(Negroid)은 흑인종 · 적도(赤道)인종이라 부르고, 유럽인종(Europeoid)은 백인종 · 코카서스인종으로 부른다.

875 http://www.un.org/chinese/aboutun/prinorgs/ga/ares/53/a53rl52.htm

동일기원은 이미 공인되었지만, 그 기원의 시간과 장소는 아직도 의견
이 엇갈리고 있다. 아프리카에 이란기원을 보외이 가능한 학설로 인류
의 기원지를 모두 아프리카로 본다. 승기가 찢인수록 중국인이 본토에
서 기원하였다는 설은 성립되기 어려우며, 동아시아인이 아프리카에서
기원했을 가능성이 크다는 것이 분명해졌다. 인류가 아프리카를 떠난
것이 한번이 아니기 때문에,[876] 동아시아에 이동해 온 구체적인 과정은
여전히 불분명하다. 개괄하면, 남쪽 이동경로로 이동해 온 인류는 비교
적 이른 시기에 대규모로 왔으며, 이들을 몽골인종이라 하고 이인(夷人)
과 관세가 있다. 북쪽 이동 경로로 이동해 온 인류는 비교적 높은 시기
에 소규모로 왔으며, 이들은 코가시스인종이라고 부를 수 있고 하인으
로과 관계가 있다. 지금부터 각각 구분하여 검토하고 아울러 소실을 내
고사 한다.

1. 몽골인종과 이(夷)

고인류학 골격측량과 DNA연구로 석기시대 동아시아인은 몽골인종
이라는 사실이 분명해졌다. 산정동인(山頂洞人)은 형성단계의 몽골인종
이다.[877] 동아시아 석기시대 사람의 골격은 분명 연속성이 있다.[878] 비록
본토기원설을 증명하기에는 부족하지만 안여(顔闍)[879] · 오신지(吳新智) ·

---

876 Templeton A. R., Out of African Again and Again, *Nature*, Vol. 416: 45~51, 2002.

877 吳新智, 「山頂洞人的種族問題」, 『古脊椎動物與古人類』2(2), 1960. Kamminga J. et. al., The Upper Cave at Zhoukoudian and the Origins of Mongoloids, *journal of Human Evolution*, 17:739~765, 1988.

878 吳新智, 「中國古人類進化連續性新辯」, 『人類學學報』, 2006(2)

879 顔闍, 「從人類學上觀察中國舊石器時代晚期與新石器時代的關系」, 『考古』, 1965(10)

304 이하선후설(夷夏先後說): "이(夷) 하(夏) 관계의 선후를 밝히다"

반기풍(潘其風)[880] · 한강신(韓康信)[881] · 주홍(朱泓)[882] 등은 (동아시아의 석기 시대 사람은) 몽골인종에 속한다고 주장하였다. 삽모양앞니(shovel-shaped incisor)는 공인된 몽골인종의 대표 특징으로, 한치(漢齒) · 중국치(中國齒, Sindadonty)[883]라고도 불리며, 동아시아인종 연속성의 유력한 증거로 여겨졌다.[884] 삽모양앞니를 가진 대륙인은 야요이(彌生)시대부터 계속해서 일본열도로 이동하기 시작하여 순다형(Sundadonty) 앞니를 가진 조몬인(繩文人)과 교류하여 야요이인과 지금의 일본인을 형성했다.[885] 측량과 계산을 통해 고분시대(古墳時代) 일본 동부에는 도래자가 72%에 달하고 일본 서부에는 81~90%까지 달한 것을 발견했다. 현재 일본인 중 토착 조몬인(繩文人)과 대륙 도래자의 혈연 비례는 지역에 따라 관동 인본인은 1:3, 오키나와는 2:3, 홋카이도 아이누인은 7:3에 이른다.[886]

21개 신석기시대 그룹 13개 항에 대한 클러스터 분석 및 주성분 분석을 통하여, 중국 신석기시대인을 인골의 체질적 특징에 따라 감청(甘靑)그룹 · 화남(華南)그룹 · 황하중하류－강회지구(黃河中下流－江淮地區)그룹 3개로 구분할 수 있었다. 감청(甘靑)그룹은 두개골이 짧고 얼굴이 좁

880 潘其風, 「中國古代居民種系分布初探」, 『考古學文化論集(1)』, 北京, 文物出版社, 1987

881 韓康信, 潘其風, 「古代中國人種成分研究」, 『考古學報』, 1984(2)

882 朱泓, 「中國南方新石器時代居民體質類型的聚類分析」, 『中國考古學會第七次年會論文集』, 北京, 文物出版社, 1992.

883 Turner C. G., Major Feature of Sindadonty and Sundadonty, including Suggestions about East Asian Micro-Evolution, Population History, and Late Pleistocene Relationship with Australian Aboriginals, *American journal of Physical Anthropology*, 82:295~317, 1990.

884 劉武, 「華北新石器時代人類牙齒形態特征及其在現代中國人起源與演化上的意義」, 『人類學學報』, 1995(4).

885 Yoshitaka Manabe et. a1., Dental Morphology of the Dawenkou Neolithic Population in North China: Implications for the Origin and Distribution of Sinodonty, *joumal of Human Evolution*, 45:369~380, 2003.

886 Matsumura H., Differentials of Yayoi Immigration to Japan as Derived from Dental Metrics, *Homo*, 52(2):135~156, 2001.

으며 턱이 평평하여 다른 신석기시대 그룹과 구분되고, 화남(華南)그룹
은 코가 비교적 넓고 얼굴 절반이 높아 기타 남방 신석기시대 그룹과 구
별된다.[887] 한강신(韓康信) 등은 지금까지 중국 청해(靑海)·감숙(甘肅)·
영하(寧夏)·섬서(陝西)등 서북 지역에서 발견된 신석기시대·청동기시
대 및 진한(秦漢)시대 이전의 고대 정착민은 예외 없이 몽골인종에 속하
며, 서방 코카서스인종의 어떠한 요소도 발견하지 못했다고 했다. 이것
으로 코카서스인종의 특징을 가진 인류가 중국내에 진입한 지역은 주로
신강(新疆) 동부와 감숙(甘肅) 서부 사이였으며, 동쪽으로 이동한 시기는
진한 시기 이전으로 추측했다.[888]

　　DNA연구에서도 동아시아 신석기 정착인의 체질적 특징에 명확한
연속성이 발견되어 몽골인에 속하는 것이 분명해졌다. 섬서(陝西) 임동
(臨潼) 강채(姜寨) 유적지의 앙소(仰韶)문화 인류 잔해에 대한 DNA 분석
으로 지금 서안(西安)사람의 동원성(同源性) 서열에 단지 두 곳의 변형
이 있다는 것이 밝혀졌다.[889] 또 하북(河北) 양원(陽原) 강가량(姜家梁) 인
골에 대한 골격측량과 DNA연구를 결합한 결과, 두개골의 연속적 형질
이 뚜렷하게 발견되었기 때문에 강가량(姜家梁) 신석기시대인이 몽골인
종 범주에 속하는 것이 분명해졌다.[890] 도사(陶寺)문화 중후기 무덤과 회
갱(灰坑)의 인골에서는 뚜렷한 차이는 없다. 그러나 도사(陶寺)문화 초기
무덤에서 출토된 인골의 형태와는 차이가 큰 것으로 도사(陶寺)문화 초
기의 인류와 중후기의 인류의 기원이 다르다는 것이 드러났다.

887　尚虹,「中國新石器時代人類體質的分布格局」,『第九屆中國古脊椎動物學學術年會論文
集』, 2004.

888　韓康信 等,『中國西北地區古代居民種族研究』, 上海, 復旦大學出版社, 2005.

889　賴旭龍 等,「仰韶文化人類遺骸古DNA的初步研究」,『地球科學·中國地質大學學報』,
2004(1).
王明輝,「遼河流域古代居民的種系構成及相關問題」,『華夏考古』, 1999(2).

890　李法軍,「河北陽原姜家梁新石器時代人骨研究」, 吉林大學博士論文, 2004.

mtDNA분석으로 B5 · C · D · D4 · D4bl · D5 · F* · G2a · M · M* · Ml0 · M7c · M7c* · Y하플로그룹을 포함하고 있을 뿐만 아니라 M계열 하플로그룹은 85%를 차지하고 있는 것으로 나타났다.[891] 청해(青海) 라가(喇家) 유적지 고대인의 치아에서 채취한 DNA는 각각 B · C · D · M* · Ml0에 속했다. 하플로그룹 분석으로 라가(喇家) 유적지 고대인들은 현대의 한족(漢族) 및 티베트버마어족(Tibeto-Burman languages)과 비교적 가까운 친연관계에 있음이 분명해졌다.[892] 보존이 비교적 잘 된 주개구(朱開溝) 유적의 치아 9개에 대한 mtDNA 증폭과 염기서열 및 계통발육분석을 통하여, 주개구(朱開溝) 고대인은 모계유전상 그 후에 등장한 음우구(飮牛溝)무덤의 고대인 및 현대 내몽골지역 사람들과 관계가 밀접하고, 내몽골 중남부지역 사람들의 모계유전 구조와 연속성이 있음을 발견했다.[893]

체질인류학 · 분자생물학과 컴퓨터 가상3D 인종 복원 등 종합적인 연구로, 북경(北京) 노산(老山) 한묘(漢墓)의 유해는 동아시아 몽골인종으로 밝혀졌고, 이와 가장 유사한 계통은 은허(殷墟)의 소묘(小墓)로 대표되는 중원지역의 선진(先秦)시기 토착민들로 밝혀졌다. 그녀의 mtDNA 서열은 아시아 M계보에 속하며, 동아시아 현대 인류의 조상유형을 대표하는 유전학 성질이다.[894]

891 張雅軍 等, 「陶寺中晚期人骨的種系分析」, 『人類學學報』第28卷 第4期, 2009.

892 高詩珠, 「青海省民和縣喇家遺址古代居民線拉體DNA多態性研究」, 吉林大學碩士論文, 2004. · Shi-Zhu Gao et. al., Tracing the Genetic History of the Chinese People: Mitochondrial DNA Analysis of Eneolithic Population from the Lajia Site, *American journal of Physical Anthropology*, Vol.133 No.4: 1128~1136, 2007.

893 王海晶 等, 「內蒙古朱開溝遺址古代居民線粒體DNA分析」, 『吉林大學學報(醫學版)』, 2007(1)

894 朱泓等, 「老山漢墓女性墓主人的種族類型 · DNA分析和顱像復原」, 『吉林大學學報(社會科學版)』, 2004(2).

적지 않게 발견되는 신석기시대의 인형(人形)과 인면암화(人面岩畵)는, 그 체질적 특징이 명확하여 있는 식반, 몽골인종의 형성과 이동경로를 반영한다. 인면암화(人面岩畵)는 환태평양 지역에서 주로 발견되는데, 중국의 인면암화(人面岩畵)는 수량도 가장 많고 분포지역도 넓으며 특징도 확실해, 세계의 인면암화(人面岩畵) 중 특수한 지위를 점하고 있다.[895] 동아시아지역에서 대량의 인면암화(人面岩畵)가 발견되었는데, 그 수는 5,000-6,000폭에 달한다. 동일한 유형의 암석화 5,000여 폭이 북미 서쪽 연안에서도 대량으로 발견되었다. 이렇게 두 대륙의 산과 해안에 새겨진 인면암화(人面岩畵)는 공통된 제작 기법·구도·특징·표현 스타일을 갖고 있으며, 공통적으로 태양형·동심원·작고 오목한 원형의 부호가 동반되어 발견되었다. 이것은 선사시대 몽골인종이 동아시아에서 북미지역으로 이동하는 여정을 명확히 게 증명해 주었다.[896]

마치 살아있는 듯한 석기시대의 인형도상이나 기물을 발견하기는 매우 어렵고 이미 발굴된 양저문화의 인면문(人面紋)과 홍산문화의 옥인(玉人)과 니조여상(泥塑女像) 그리고 더 이른 선사시대 비너스 등과 같은 인물형상에서 인종의 특징을 찾기에는 역부족이다. 믿을만한 문자 기록도 거의 없다. 다행히 신석기시대와 현대 중국인의 연속성은 이미 증명되었기 때문에 현대 동아시아인에 대한 연구를 통해 석기시대인의 대략적인 상황을 추적할 수 있을 뿐이다.[897]

분자유전학연구로 몽골인종은 아프리카에서 기원해 동남아를 거쳐 왔다는 것이 밝혀졌다. 1987년 레베카 칸(Rebecca Louise Cann) 등은 세계 각지 현대인의 태반 145개의 mtDNA를 분석하여, 아프리카 표

---

895 陳兆復, 『古代巖畵』, 北京, 文物出版社, 2002, 152쪽.

896 宋耀良, 『人面巖畵之謎』, 上海, 上海文藝出版總社, 2008.

897 劉武, 「更新世晩期人類演化及現代人群形成硏究的一些問題」, 『自然科學進展』, 2006(7).

본에 변이가 가장 많고 그 다음이 아시아라는 것을 발견하였다. 그리고 약 20만 년 전 인류가 아프리카에서 출발했다는 이브가설[898]을 제기하여, 현대인류의 기원과 이동 연구의 새로운 지평을 열었다.[899] 인류의 Y염색체 연구를 통해 인류의 혈연관계를 추적한 것이 아담가설이다. 해머(Hammer) 등은 아프리카·유럽·오세아니아·아메리카에 거주한 60개 집단(N=1500)의 Y염색체 변이를 연구하였다. 5개의 YAP(YAlu Polymorphism, 알루 다형 현상) 하플로타입과 27개의 결합식−하플로타입 중 21개가 아프리카 인류에서 출현하였으며, 아프리카가 Y염색체의 변이가 가장 풍부한 지역인 것을 확인하였다. 이를 통해 인류의 지난 20만년 간의 이동과 확장의 역정을 추론해냈다.[900] 2001년 언더힐(Underhill) 등은 세계 각지의 1,062개 대표 개체의 Y염색체 비재조합영역(NRY)의 단일 염기서열 다형성(SNP) 기록을 분석하여 유사한 집단의 혈연관계를 확인했다.[901]

mtDNA와 Y염색체 연구를 연계하여 서로 다른 집단의 혈연관계를 믿을 만하게 그려내는 것이 현생 인류의 기원과 이동을 밝힐 수 있는 가장 효과적인 연구방법이다.[902] 중국학자들도 적극적으로 연구하고 있으

---

898 Cann R. L. et al., Mitochondrial DNA and Human Evolution, *Nature*, Vol. 325 No. 6099: 31~36, 1987.

899 Horai S. et al., The Recent African Origin of Modern Humans Revealed by Complete Sequences of Hominoid Mitochondrial DNAs, *PNAS*, 92: 532~536, 1995.

900 Hammer M. F., A Recent Common Ancestry for Human Y Chromosome, *Nature*, 378:376~378, 1995.
Hammer M. F. et al., The Geographic Distribution of Human Y Chromosome Variation, *Genetics*, 145:787~805, 1997.

901 Underhill P. A. et al., The Phylogeography of Y Chromosome Binary Haplotypes and the Origins of Modem Human Populations, *Annals of Human Genetics*, 65:43~62, 2001.

902 Jorde L. B. et al., The Distribution of Human Genetic Diversity: A Comparison of Mitochondrial, Autosomal, and Y Chromosome Data, *American journal of Human Genetics*, 66(3):979~88, 2000.

며 많은 성과를 내놓았다. 숙병(宿兵) 등은 다양한 민족 925명(이 중 739
명은 동아시아인이다)의 Y염색체를 연구하여, 중국 남방인의 유전자가 북
방인 보다 다양하기는 하지만 모두 아프리카 집단에 존재하는 조상 하
플로타입 M168에서 파생된 것임을 확인하고, 동남아시아는 인류가 아
프리카에서 동아시아에 오기까지의 중요한 지점임을 밝혀냈다.[903]

가월해(柯越海) 등은 아시아 각지에서 12,000여 개 무작위 표본을
뽑아 Y염색체 M89 · M130 · YAP을 분석하여 모두 세 종의 Y-SNP
중 하나를 가지고 있으며 돌연변이형은 없는 것을 발견했다. Y염색
체 다형체 M89 · M130 · YAP는 모두 M168의 동일변이형 시발 위에
서 생겨난 것이기 때문에 M168은 현생인류가 아프리카에서 기원했다
는 직접적인 근거가 된다.[904] 그들은 22개 성시(省市) 한족(漢族)의 19
개 단일 염기서열 다형성(SNP) Y염색체 하플로타입을 연구하여, 남방
인이 북방인보다 다형성이 훨씬 높으며 남방인에게서만 하플로타입
H7 · H10 · H11 · H12가 발견되는 것을 밝혔다. 현생 인류가 대략
18,000-60,000년 전 남방에서 중국으로 들어와 계속해서 북으로 이동
했다고 제시했다.[905] 김력(金力)과 숙병(宿兵)의 연구는 현대 중국인이 아
프리카에서부터 남쪽을 거쳐 북쪽으로 이동한 흐름을 증명하여 중국인
본토기원설의 가능성을 배제시켰다.[906] 계속되는 인류유전학 연구로 유

---

903 Bing Su et. al., Y Chromosome Evidence for a Northward Migration of Modem Humans
into Eastern Asia during the Last Ice Age, *American joumal of Human Genetics*, 65(3):1718~24,
1999.

904 Yuehai ke, et. al., African Origin of Modem Humans in East Asia: A Tale of 12000 Y
Chromosomes, *Science*, Vol. 292 No. 5519:1151~53, 2001.

905 柯越海 等, 「Y染色體單倍型在中國漢族人群中的多態性分布與中國人群的起源及遷移」,
『中國科學』C輯, 第30卷 第6期, 2000.

906 Li Jin, Bing Su, Natives or Immigrants: Modern Human Origin in East Asia, *Nature
Genetics Review*, 2000(1).

력한 증거들이 지금도 계속 더해지고 있다.[907]

mtDNA연구로 동아시아인은 놀라운 동질성을 가지고 있음이 분명해졌다. 일본·중국·베트남 및 기타 아시아인들에 대한 연구에서 부계유전의 차이는 비교적 크지만 모계유전의 차이는 매우 적은 동아시아인의 공통점을 확인했다.[908] 장아평(張亞平) 등은 집단 유전자학을 종합하는 방법으로, 동아시아 mtDNA 하플로타입의 계통수(phylogenetic trees)를 구축하여, mtDNA계보를 아프리카에만 존재하는 L3에서 분화된 M이나 N집단에 귀속시켰다. 동아시아 고대 원시인의 모계 유전자분화를 추론할 만한 것은 발견하지 못했지만, mtDNA유전자 측면에서 동아시아 집단이 아프리카에서 기원했다는 가설을 지지했다.[909]

상염색체유전자 연구에서도 비슷한 결론을 얻었다. 유전자 빈도(gene frequency)는 인류의 이동과 혈연관계를 반영한다.[910] 이를 통해 몽골인종의 중국내 이동 경로를 대략 그려볼 수 있었다.[911] 저가우(褚嘉佑) 등은 30개 상염색체 미세위성체(microsatellite)의 위치를 이용해 28개 동아시아 집단을 분석하여, 현대 중국인은 아프리카에서부터 동남아시아를 거쳐 이동해왔다는 이론을 지지했다.[912] 두약보(杜若甫) 등은 유전학을 통

---

907 Shi H et al., Y-Chromosome Evidence of Southern Origin of the East Asian-Specific Haplogroup03-M122, *American journal of Human Genetics*, 77(3):408~419, 2005.

908 Oota H. et al., Extreme mtDNA Homogeneity in Continental Asian Populations, *American journal of Physical Anthropology*, 118(2):146~153, 2002.

909 Kong, QP et. al., Large-scale mtDNA Screening Reveals a Surprising Matrilineal Complexity in East Asia and Its Implications to the Peopling of the Region, *Molecular Biology and Evolution*, 28(1):513~522, 2011.

910 Cavalli-Sforza L. L. et. al., *The History and Geography of Human Genes*, Princeton University Press, 1994.

911 Chen Kuang-ho, Genetic Findings and Mongoloid, Population Migration in China, *Bulletin of the Institute of Ethnology Academia Sinica*, No.73:209~232, 1992.

912 Chu J. Y. et al., Genetic Relationship of Populations in China, *PNAS*, 95:11763~68, 1998.

해 중국인의 기원을 연구하였다. 중국인의 38개 유전자 자리의 130개 동위유전자 빈도에 대한 주성분 분석을 통하여 남방 몽골인종은 동남아시아에서 오고 북방 몽골인종은 파미르에서 와서, 최근 2·3천 년 사이에 장강 유역에서 합류한 것으로 추측했다.[913]

최근 아시아 각국의 과학자들은 다양한 지역에 분포된 인류의 유전 다양성에 대해 공동으로 연구를 진행하여, 유전 다양성은 남에서 북으로 갈수록 점진적으로 감소하고, 남방성분은 고아프리카 성분과 비슷하지만, 북방성분은 아프리카성분과 유전 거리가 멀다는 것을 발견했다. 하플로타입 공유(Haplotype sharing)방법을 이용해 북방인 하플로타입의 대부분을 남방인에서 찾을 수 있고, 북방인 고유의 하플로타입을 적은 것을 확인하고, 동아시아 북방인의 유전자풀(gene pool)은 남방인 유전자에서 추출된 것으로 보았다. 종합적 비교연구를 통해, 아시아인이 선사시대에 남쪽에서 북쪽으로 이동한 대략적인 패턴이 또 입증되었다.[914]

몽골인과 중앙아시아인의 유전적 교류는 무시할 수 없지만, 모두 동아시아인에 속한다.[915] 아이누 족을[916] 포함한 현대 일본인과 한국인도[917] 유사하다. 일반적으로 몽골인종은 동아시아지역에 거주하는 현지인과 아메리카 인디언을 가리키며, 그 중에서도 중국·몽골·한반도·일

913 肖春傑, 杜若甫 等, 「中國人群基因的主成分分析」, 『中國科學』 C輯, 2000(4).

914 The HUGO Pan-Asian SNP Consortium, Mapping Human Genetic Diversity in Asia, *Science*, 11, December 2009:1541~1545.

915 Toru Katoh et. al., Genetic Features of Mongolian Ethnic Groups Revealed by Y-Chromosomal Analysis, *Gene*, 346:63~70, 2005.

916 Kozintsev A. G., Ainu Origins in the Light of Modern Physical Anthropology, *Homo*, 44(2): 105~127, 1993.

917 Hong SB et al., Y-Chromosome Haplogroup 03-M122 Variation in East Asia and Its Implications for the Peopling of Korea, *Korean Journal of Genetics*, 28(1):1~8, 2006.

본에 거주하는 인류가 전형적인 몽골인종이다.[918] 복단대학교 현대 인류학 센터의 자료에 따르면 동아시아인 대부분은 몽골인종에 속하고 그 친연관계는 대체로 아래와 같다.[919]

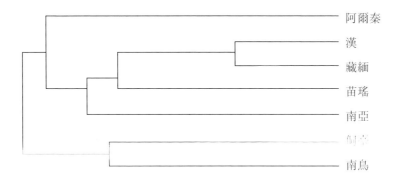

이상을 종합하면, 몽골인종은 아프리카에서 기원하여 약 50,000년 전 동남아시아를 거쳐 동아시아로 들어와 북쪽으로 이동해 아메리카 대륙까지 도달하며, 현대 동아시아인의 기초를 구성했다.[920] 앞에서 동아시아 신석기문화는 본토에서 기원했으며 동아시아 구석기문화와 연결된다고 논증하였다. 이는 몽골인종이 동아시아 구석기시대 후기와 신석기시대에 정착 농경문화를 창조하여 동아시아문화의 기초를 닦았다는 것을 설명해준다. 전설과 역사기록을 통해 삼대(三代) 이전 요순(堯舜)시대는 이인(夷人)의 시대로, 다시 말해 동아시아 신석기시대 정착민이 이

918 劉武, 「蒙古人種及現代中國人的起源與演化」, 『人類學學報』, 1997(1).

919 李輝 等, 「人類譜系的基因解讀」, 『二十一世紀』 網絡版, 2002年(7). 金力等의 『人類遷徒遺傳地理圖譜計劃』은 중국인의 이동 노정의 연구로 끝을 맺고 있다.

920 Oota H. et al., A Large-scale Analysis of Human Mitochondrial DNA Sequences with Special Reference to the Population History of East Eurasian, *Anthropological Science*, 110(3):293~312, 2002.

인(夷人)임을 확인했다. 이를 통해, 이인(夷人)은 먼저 동아시아에 도달한 아주민으로, 이후에 도달한 서위 비교하여 토착민으로 분류 수 있음을 증명했다. 동아시아인은 대체로 몽골인종이고 이이가 동아시아 토착민이니, 이(夷)는 몽골인종에 속한 것이다.

2. 하(夏)와 인도유럽인

현대 동아시아인은 단일한 몽골인종이 아니며, 적어도 청동기시대부터 끊임없이 인도유럽인이 동아시아에 진입하기 시작했다. 중앙아시아는 유라시아대륙 중 인류 유전 다양성이 가장 높은 지역이다. 특히 우즈베키스탄은 주요한 두 이동의 기원지로, 하나는 서쪽으로 유럽에 신입한 이동이고 다른 하나는 동쪽으로 미국에 진입한 이동이다.[921] 중앙아시아인은 동서로 이동하는 과정에서 동아시아와 중원에 진입했다.

고인류학 골격측량과 DNA연구로 대략 4,000년 전 인도유럽인이 중국 서북부까지 진입한 것을 확인했는데, 신강(新疆)에서 발견된 미라가 명백한 증거이다. 한강신(韓康信) 등의 연구에 따르면 신강지역의 청동기시대 인종은 주로 파미르-페르가나(Pamir-Fergana)와 프로토-유러피안(Proto-European)과 메디터레이니언(Mediterranean)의 세 유형을 포괄하는 인도유럽인이 주류였고, 몽골인종은 일부였다.[922] 국제 학술계의 주목을 받은 이 미라는, 대부분 토하라인(Tocharians)이거나 고대 이란인으

921　Spencer Wells R. et al., The Eurasian Heartland: A Continental Perspective on Y-Chromosome Diversity, *PNAS*, Vol.98 No.18: 10244~10249, 2001.

922　Han Kangxin, The Physical Anthropology of the Ancient Populations of the Tarim Basin and Surrounding Areas, In *The Bronze Age and Early Iron Age Peoples of Eastern Central Asia*, 558~570, ed.by V. H. Mair, 1998.

로 그들이 중국 역사에 미친 영향이 적지 않았다.[923] 신강(新疆) 청동기 시대 인종의 내원은 매우 복잡하다. 대초원 가설(Steppe Hypothesis)과 박트리아 오아시스 가설(Bactrian Oasis Hypothesis)은 성립되기 어려우며, 외부에서 유입된 사카(Saka)족의 조상일 가능성이 크다.[924] DNA연구도 위 가설을 뒷받침해준다.[925] 카자흐스탄에서 발견된 유골(B.C. 1,300~A.D.500) 36구의 mtDNA분석을 통해 초기에는 모두 인도유럽인으로 신강(新疆)의 토하라인(Tocharians)과 관련이 있고, 후기에 이르러서야 몽골 인종이 출현하여 카자흐스탄 초원에서 함께 공존했다는 것이 밝혀졌다.[926] 신강 투루판 분지와 노프 노르(羅布泊, Lop Nor)지역의 청동기시대-초기 철기시대 고대 정착민의 mtDNA 반응 분석신험 결과, 적어도 한(漢)나라 이전 신강(新疆) 경내에 유럽과 동아시아 혈통이 양방향에서 침투했고, 아시아 서열의 서쪽 침투는 비교적 소소했지만 유럽혈통의 동쪽침투는 활발했다는 것이 밝혀졌다.[927]

빅터 마이어(Victor Mair)와 김력(金力) 등 중미 학자들은 공동으로 소

923 Mallory J. P. and Mair V. H. *The Tarim Mummies: Ancient China and the Mystery of the Earliest Peoples from the West*, p.318, Thames & Hudson, 2000.

924 Hemphill B. E. et al. ,Horse-Mounted Invaders from the Russo-Kazakh Steppe or Agricultural Colonists from Western Central Asia? A Craniometrical Investigation of the Bronze Age Settlement of Xinjiang, *American journal of Physical Anthropology*, 124(3):199~222, 2003.

925 Francalacci P., DNA Analysis on Ancient Desiccated Corpses from Xinjiang(China): Further Results, *In The Bronze Age and Early Iron Age Peoples of Eastern Central Asia*, 537~547,ed. by V. H. Mair, 1998.
崔銀秋, 『新疆古代居民線粒體DNA研究-羅布泊與吐魯番』, 長春, 吉林大學出版社, 2003.
何惠琴 等, 「3200年前中國新疆哈密古人骨的mtDNA多態性研究」, 『人類學學報』 第22卷 第4期, 2003.

926 Lalueza-Fox C. et al., Unraveling Migrations in the Steppe: Mitochondrial DNA Sequences from Ancient Central Asians, *Proc Biol Sci*, 271(1542):941~947, 2004.

927 崔銀秋, 周慧, 「從mtDNA研究角度看新疆地區古代居民遺傳結構的變化」, 『中央民族大學學報(哲學社會科學版)』, 2004(5).

하(小河) 무덤의 유전자 비교연구를 진행하여, Y염색체 분석에서는 인도 유럽인 하플로그룹인 R1a1a민 보유하고 있지만, 미토콘드리아 분석에 서는 동방의 특징인 하플로그룹 C도 가지고 있으며, 또 서방의 특징인 하플로그룹 H와 K도 가지고 있다는 것을 확인했다. 이것은 인도유럽인 남성이 동서방의 여성과 공동생활을 한 것이 약 4,000년 전 타림분지라 는 것을 말해준다.[928] 신강(新疆)의 고대 인류는 동아시아인(황인종)과 유 럽인의 혼합체에 속한다. 동서 인류문화교류는 적어도 4,000년 전으로 거슬러 올라갈 수 있다. 소하(小河)지역의 초기 인류는 동서양 혼합인류 로 청동기시대의 남시베리아인과 밀접한 관련이 있었지만, 후기에 이르 러 그들은 중앙아시아인과 남아시아인의 영향을 받았다. 소하(小河) 무 덤에서 출토된 소의 유전구조 특징은 유럽과 서아시아의 길들여진 소와 같으니, 길들여진 소는 서아시아에서 기원했을 것이다. 소하(小河) 무덤 에서 발굴된 밀은 6배체(hexaploid) 밀로 서아시아에서 기원했고, 기장은 동아시아에서 기원했을 것이다.[929]

상(商)나라 시대까지, 인도유럽인의 중요한 역할은 크게 주목을 받지 못했다. 이제(李濟)는 일찍이 은허(殷墟)인의 두골에 코카서스인종의 성 분이 높은 것에 주목했다. 양희매(楊希枚)는 해방 전 안양(安陽)에서 출 토된 수백 개의 두골을 정밀 조사하여, 뚜렷한 인도유럽인의 특징을 발 견했다. 제1그룹은 총 30구의 고대 몽골인종으로 부랴트(Buryat)인과 유 사하며, 제2그룹은 총 34구의 태평양계 흑인종으로 파푸아인과 유사하 며, 제3그룹은 2구의 코카서스인종으로 영국인과 유사하며, 제4그룹 은 총 50구의 에스키모인종으로 몽골대인종의 북방유형이며, 제5그룹

---

928 Chunxiang Li et al., Evidence that a West-East Admixed Population lived in the Tarim Basin as Early as the Early Bronze Age, *BMC Biology*, 2010. http://www.biomedcentral. com/1741-7007/8/15.

929 李春香, 「小河墓地古代生物遺骸的分子遺傳學研究」, 吉林大學博士論文, 2010.

은 특정한 유형이 없는 총 38구였다.[930] 이제(李濟)는 이러한 측량 결과
를 통해 제3그룹의 코카서스인종이 상나라의 적(敵)이며 인종의 특징과
복사(卜辭)에서 반영된 바로 보아 서북지역의 강방(羌方)·귀방(鬼方)·
토방(土方)과 일치한다고 보았다. "이 지역은 초기에 중앙아시아 유목
부족들이 항상 거쳐가는 지역이었다. 따라서 이들 유목민 중에 부랴트
인과 에스키모인 혼혈 유럽인의 두골이 발견된 것은, 결코 이상하지 않
다."[931] 해방 후 은허(殷墟) 유적에서 새로 발견된 인골은 상당히 많은 인
류가 인도유럽인에서 기원했다는 것을 밝혀주었다.[932]

산동(山東) 임치(臨淄) 고분에서 발견된 춘추전국시대 유골의 DNA연
구에서 명확한 코카서스인종의 특징이 반영되었다.[933] 왕력(王力) 등은
산동(山東) 임치(臨淄)의 2,500년 전(춘추전국시대)·2,000년 전(한나라시대)
과 현재의 사람은 서로 다른 유전적 배경을 가지고 있다고 지적했다.
2,500년 전 임치(臨淄) 고분의 유전자는 터키·아이슬란드·핀란드와
같은 인도유럽인에 가깝고, 2,000년 전 임치(臨淄)인은 그 중간이었다.
이것으로 그들은 역사상 임치(臨淄)지역에 있었던 이동에서 발생한 인류
유전구조의 변화를 추론했다.[934] 위의 데이터에 산동의 청도(靑島)·태

---

930   楊希枚, 「河南安陽殷墟墓葬中人體骨格的整理和研究」, 『中硏院歷史語言硏究所集刊』 42
本2分, 1970. 韓康信, 潘其風, 「殷代人種問題考察」, 『歷史硏究』, 1980[2]. 다른 의견도 있다.
中國社會科學院歷史硏究所等編, 『安陽殷墟頭骨硏究』(北京, 文物出版社, 1985)을 참고하라.
1991年 楊希枚 선생은 내게 안양 은허유적 중에 인도유럽인의 골격이 있다고 굳게 믿고 있다고
말한 바 있는데, 또한 李濟와 Coon의 관점이기도 하다.

931   李濟, 『安陽』, 石家莊, 河北敎育出版社, 1996, 265쪽.

932   2006년 '상문명 국제학술회의(商文明國際學術會議)' 기간 동안 唐際根 박사와 함께 아직
공개되지 않은 은허(殷墟) 인골 DNA 측정 결과를 본 적이 있는데, 이 점을 더욱 명확하게 증명해
주었다. 은허 인류 유골 DNA 연구가 시작된 지 10여 년이 되었지만, 그 결과는 아직 공개되지 않
았다.

933   Wang Li et al., Genetic Structure of a 2500-Year-Old Human in China, *American journal
of Human Genetics*, Vol.69, 2001.

934   Wang Li et al., Genetic Structure of a 2500-Year-Old Human Population in China and

안(泰安) 그리고 일련의 현대 중국인 DNA 데이터를 더하여 다시 분석한 결과, 신강(新疆)·운남(雲南)·요녕(遼寧)·섬서(陝西)·산동(山東) 등지의 인류에서 2,500년 전 고대 임치(臨淄) 유골 유전자 데이터와 비슷한 표본이 발견되어, 왕력(王瀝)의 추론이 뒤집혔다.[935] 역사상 동아시아인의 유전구조에는 중요한 변화가 없었고 남방과 북방의 인류 유전자에도 뚜렷한 차이가 없었다.[936]

　　DNA연구는 매우 어렵고 함정에 빠지기 쉬운 작업이다.[937] 데이터에 대한 정확한 이해와 해석은 매우 중요하며 과장해서 추론해서도 안 된다. 왕력(王瀝) 등의 실험 결과는 단지 춘추전국시대의 인도유럽인이며 그 후손들이 산동(山東)에 도달했다는 것을 밝힌 것일 뿐. 전체 산동 나아가 전중국인의 유전구조에 근본적인 변화가 있다는 의미는 아니다. 『춘추좌씨전(春秋左氏傳)』에 의하면 융(戎)과 적(狄)이 제(齊)와 노(魯)에 접근하자, 관자(管子)는 존왕양이(尊王攘夷)를 제기했다. 이들은 아마 적적(赤狄)과 백적(白狄)에 해당할 것이다. 임치(臨淄) 이외의 춘추전국시대 고분에서 출토된 대량의 대구(帶鉤)는 유목민이 산동에 이주했거나 유목문화가 산동까지 영향을 끼쳤다는 증거이다.

　　수(隋)나라 우홍묘(虞弘墓) 유골의 mtDNA연구로 우홍(虞弘) 본인은

Its Spatiotemporal Changes, *Mol. Biol. Evol.*, 17(9):1396~40, 2000. 이 연구 결과는 2000년 '21세기 중국 고고학과 세계 고고학 국제 학술 연토회(21世紀中國考古學和世界考古學國際學術硏討會)'에서 보고된 바 있다. 당시 회의장에 있었던 고고학자들은 모두 침묵했고, 회의가 끝난 후 많은 사람들이 믿을 수 없다는 반응을 보였다. 내게 자신의 연구실을 참관시켜주고, 또 이 논문의 파일을 제공해 준 金峰과 王瀝 부부에게 감사의 뜻을 전한다.

935　Yao Y-G et al., Reconstructing the Evolutionary History of China: A Caveat about 1nferences Drawn from Ancient DNA, *Mol. Biol. Evol*, 20:214~219, 2003.

936　Yuan Chun Ding et al., Population Structure and History in East Asia, *PNAS*, Vol.97 No25:14003~6, 2000.

937　Yao Yonggang, Zhang Yaping, Pitfalls in the Analysis of Ancient Human mtDNA, *Chinese Science Bulletin*, 48(8): 826~830, 2003.

고대 인도유럽혈통(하플로그룹 U5)에서 기원하거나 내원했다는 것이 밝혀졌고, 묘지(墓誌)에도 우씨(虞氏) 순제(舜帝)의 후손이라고 했다. 그 처(妻)는 동아시아 토착민(하플로그룹 G)임이 밝혀졌다.[938]

출토된 인물두상에서도 청동기시대 인도유럽인이 동아시아에 들어온 것임을 밝혀준다. 삼성퇴(三星堆)에서 출토된 인물상의 얼굴이 코가 높고 눈이 깊은 것과, 금장(金杖)·청동 신수(神樹)와 소 숭배는 모두 고대 서아시아 및 중앙아시아에서 나타나는 문화현상이다.[939] 삼성퇴(三星堆)의 청동인물상은 서아시아 또는 중앙아시아와 관계가 없을 수 없다.[940]

주(周)나라 시대에 동아시아에 이주한 인도유럽인이나 하(夏)나라 상(商)나라 유민의 인도유럽인종 후손은 그 수를 헤아릴 수 없다. 1074년 감숙(甘肅) 영대(靈臺) 백초파(白草坡)의 서주(西周)묘에서 출토된 청동 극(戟)의 인두상은 분명히 백인종의 특징을 갖고 있다.[941] 1980년 섬서(陝西) 부풍(扶風)의 서주(西周) 궁전유적에서 출토된 방조(蚌雕) 두상(頭像)은 코가 높고 눈이 깊었으며, 그중 한 개는 정수리 위에 十자가 새겨져 있었다. 윤성평(尹盛平)은 이 두상의 종족을 스키타이인(Scythians)이라 보았지만,[942] 사유지(斯維至)는 엄윤(嚴允)사람과 관계가 있다고 보았다.[943] 매유항(梅維恒)은 두 개의 두상은 의심할 여지없이 코카서스인종 또는 서양인종의 특징을 가지고 있으며, 기원전 1,000년경 동서왕래의 유력한 증거라고 했다. 고대 한어(漢語)의 무(巫)자와 고대 페르시아의 Magus

938 Li. C. X. et al., Evidence of Ancient DNA Reveals the First European Lineage in 1ron Age Central China, *Proceedings of Royal Society: Biological Sciences*, Vol. 274: 1597~1601, 2007.

939 Mary Boyce, Priest, Cattle, and Man, *Bulletin of the School of Oriental and African Studies*, University of London, Vol. 50 No. 3: 508~526, 1987.

940 段渝, 「古代巴蜀與南亞近東的經濟和文化交流」, 『社會科學研究』, 1993(3).

941 甘肅省博物館文物隊, 「甘肅靈臺白草坡西周墓」, 『考古學報』, 1977(2).

942 尹盛平, 「西周蚌雕人頭像種族探索」, 『文物』, 1986(1).

943 斯維至, 「從周原出土人頭像談嚴允文化的一些問題」, 『歷史研究』, 1996(1).

및 영어의 Magician은 필연적 관계가 있다고 보았다.[944] 요종이(饒宗頤)

는 ㅡㅡㅡ ㅡ 시원전 5,000이 넘~ ㅡ~어~~의 암~ ~상~~ ~~까지 거슬러

올라갈 수 있고, 중국문자의 기원에도 영향을 주었다고 생각했다. ㅡ 북

경(北京) 창평(昌平) 백부(白浮)의 서주(西周) 고분에서 출토된 청동 인물

상에도 인도유럽인의 특징이 있었다.[947]

곽거병(霍去病) 묘 앞의 마답흉노(馬踏匈奴) 석상에는 뚜렷하게 드러나

지는 않지만, 흉노(匈奴)족의 수염이 아주 강하고 거칠다. 낙안(諾顔) 오

랍(烏拉)의 25호묘에서 얼굴이 희게 수 놓여진 인물상이 출토되었는데,

ㅡㅡ~~ ~과 인도유럽인에 해당하~ ~~으로 밝혀졌다. ㅡㅡ 이런 마~~~

~와 그~ 기방대~ 신의 채찍이 지만, 그 용모는 오히려 몽골인과 유사

하다. 흉노의 ~~묘에서 출토된 인골자료 대부분은 몽골인종에 해당한

다. 동방사람의 눈에 흉노(匈奴)는 서방의 오랑캐~~~이지만, 서방 사

람들 눈에 흉노(匈奴)는 동방의 오랑캐[蠻夷]였다. 사실 흉노는 몽골인종

과 코카서스인종이 섞여 살면서 혼혈이 되었거나 섞여 살았지만 아직

완전히 혼혈되지 않은 결과였다. 아틸라(阿提拉)와 혁련발발(赫連勃勃)이

바로 양자의 전형으로, 인도유럽인이 동진할 때, 동시에 동아시아인도

서쪽으로 간 것이다.

역사문헌의 기술에서도 인도유럽인이 청동기시대에 중원에 이주하기

---

944 Mair V. H., Old Sinitic "Mag", Old Persian "Magus", and English "Magician", *Early China*, 15: 27–47, 1990.

945 역주: 할라프 문화(Halaf culture). 기원전 6000년경에 레바논과 이스라엘, 팔레스타인, 시리아, 아나톨리아 그리고 북메소포타미아 지역에서 등장했고, 건조한 대지에서 농경생활을 영위했다.

946 饒宗頤, 『符號·初文與字母—漢字樹』, 香港, 商務印書館, 1998, 83~86쪽.

947 Csorba M. The Chinese Northern Frontier ∷ Reassessment of the Bronze Age Burials from Baifu, *Antiquity*, 70: 546~587, 1996.

948 柯玆洛夫 著, 田華等 譯, 「諾音烏拉墓葬群」, 『黑龍江考古民族資料譯文集』第1輯, 北方文物雜志社, 1991.

시작했다는 것을 밝히고 있다. 이제(李濟)는 『순자(筍子)』「비상(非相)」에서 "굉요(閎夭)의 모습은 얼굴에 피부가 보이지 않네."[949]라고 한 것에 주의했다.[950] 굉요(閎夭)는 주(周)왕조를 창건한 십대 공신 중 한 사람인데, 얼굴에서 피부를 볼 수 없다는 것은 바로 수염이 가득하다는 것이니, 몽골인종이 아니라 인도유럽인종이었을 것이다. 전국시대부터 양한(兩漢)에 이르면서, 호인(胡人)의 형상은 점점 정형화되었다. 중산국(中山國)의 융적(戎狄)은 코카서스인종의 특징을 가지고 있었다.[951] 『한서(漢書)』에는 흉노(匈奴) 휴도(休屠)의 왕태자 김일제(金日磾)의 신장이 8척 2촌이고 용모가 위엄이 있었다고 기록되어 있다. 오손(Wusun)은 털이 많고 눈이 깅고 코가 높다고 했다. 『한서(漢書)』「서역전(西域傳)」안사고(顏師古)의 주에서 "오손(Wusun)은 서융(西戎) 중에서 그 형상이 가장 기이하다. 지금의 호인(胡人)은 푸른 눈에 붉은 수염을 하고 있어, 그 형상이 원숭이와 비슷하다. 본래 그러한 종족이다."[952]라고 했다.

『진서(晉書)』「재기(載記)」에는 흉노(匈奴)의 후예 "발발(勃勃)은 신장이 8척 5촌이고, 허리둘레는 10품이나 되며, 성품은 지혜롭고, 아름다운 풍모와 거동이 있었다.……요흥(姚興)은 그를 보고 마음이 매료되었고, 송조(宋祖)는 이를 듣고 색정이 일어났다."[953]라고 했다. 『주서(周書)』「돌궐전(突厥傳)」에서는 목간가한(木杆可汗)은 "모습이 많이 기이한데, 얼굴

---

949 역주:『筍子』「非相」: 閎夭之狀, 面無見膚.

950 李濟,『中國文明的開始』, 同前揭書, 10쪽.

951 陳健文,「先秦至兩漢胡人意像的形成與變遷」, 臺灣師範大學博士論文, 2003. Alf Hiltebeitel and Barbara D. Miller ed., *Hair: Its Power and Meaning in Asian Cultures*, New York: State University of New York Press, 1998.

952 역주:『漢書』「西域傳」顏師古注: 烏孫於西域諸戎其形最異. 今之胡人靑眼赤須, 狀類彌猴者, 本其種也.

953 역주:『晉書』「載記」: 勃勃身長八尺五寸, 腰帶十圍, 性辯慧, 美風儀.…… 姚興睹之而醉心, 宋祖聞之而動色.

폭이 한 자 남짓하고 그 색이 매우 붉으며 눈이 유리 같다."[954]라고 했다. 이것들은 모두 코카서스인종의 특징이다.

고대 시가 중에도 코카서스인종의 특징이 기록되어 있다.[955] 장식(張籍)의 『영가행(永嘉行)』에는 "황색 머리카락의 선비(鮮卑)가 낙양(洛陽)에 들어왔네."[956]라고 했고, 두보(杜甫)의 『비청판(悲靑阪)』에는 "황두의 오랑캐 병사는 날마다 서쪽으로 향하니"[957]라고 했고, 백거이(白居易)의 『서량기(西涼伎)』에는 "자주색 수염과 깊은 눈을 한 두 명의 호인(胡人)."[958]이라 했고, 소식(蘇軾)은 『제당인한간적화부(題唐人韓幹的畵賦)』에서 "붉은 수염에 푸른 눈의 나이든 선비인(鮮卑人)."[959]이라고 했고, 잠참(岑參)은 『호가가송안진경사부하롱(胡笳歌送顏眞卿使赴河隴)』에서 "그대는 호가(胡笳)의 소리가 가장 슬프다는 말을 들어보지 못했는가? 자주색 수염에 푸른 눈의 호인(胡人)이 불고 있네."[960]라고 했고, 이백(李白)은 유주호마객가(幽州胡馬客歌)』에서 "호마(胡馬)를 탄 유주(幽州)의 손님, 푸른 눈에 호피관(虎皮冠)을 썼네."[961]라고 했다. 한산(寒山)은 『시삼백삼수지이사사(詩三百三首之二四四)』에서 "푸른 눈의 호인(胡人)이 많이 있네."[962]라고 했고, 여암(呂嵒)은 『칠언(七言)』에서 "푸른 눈의 호인(胡人)의 손이 하늘을 가리키네."[963]라고 했다.

---

954 역주: 『周書』 『突厥傳』: 狀貌多奇異, 面廣尺餘, 其色甚赤, 眼若琉璃.

955 玉立, 「唐詩中的胡人形象一兼談中國文學中的胡人描寫」, 『內蒙古大學學報』, 2002(1).

956 역주: 『永嘉行』: 黃頭鮮卑入洛陽

957 역주: 『悲靑阪』: 黃頭奚兒日向西.

958 역주: 『西涼伎』: 紫髯深目兩胡兒.

959 역주: 『題唐人韓幹的畵賦』: 赤髯碧眼老鮮卑.

960 역주: 『胡笳歌送顏眞卿使赴河隴』: 君不聞胡笳聲最悲, 紫髯綠眼胡人吹.

961 역주: 『幽州胡馬客歌』: 幽州胡馬客, 綠眼虎皮冠.

962 역주: 『詩三百三首之二四四』: 大有碧眼胡.

963 역주: 『七言』: 碧眼胡兒手指天.

붉은 머리 · 더부룩한 수염 · 푸른 눈 · 높은 코 · 큰 키의 코카서스 인종은 동아시아인이 생각하는 호인(胡人)의 모습이다. 우리는 토하라인 (Tocharians)과 오손(Wusun) · 흉노(匈奴) · 돌궐(突厥) 등 융(戎)과 적(狄)에게 코카서스의 혈통이 있음을 초보적으로 인정할 수 있다.

분자유전학연구로 몽골인종이 아프리카에서부터 동남아시아를 거쳐 왔다는 것은 밝혀졌다고 하여, 동아시아에 있는 모든 몽골인종이 남방에서 왔다는 의미는 아니다.[964] 현대 동아시아인의 유전자연구로 인도유럽인이 끊임없이 동아시아에 들어왔다는 것이 증명된다. 전아병(錢亞屛) 등은 티베트족 Y염색체의 기원은 단일하지 않고, YAP 돌연변이를 지닌 중앙아시아 또는 시베리아에서 온 집단의 영향을 받은 것을 발견했다.[965] 이 YAP+는 한반도와[966] 일본열도의 사람에게서 흔히 발견되며, 특히 일본의 경우 평균 42%에 이르고 그 중 오키나와의 일본인은 55%에 달했다.[967] 해머(Hammer) 등은 현대 일본인은 1만 년 전 일본군도로 이주한 조몬인(繩文人)과 2,300년 전 중국 동북방과 한반도에서 이주한 야요이인이 융합하여 이루어졌다고 보았다. 옛 조몬인(繩文人)은 YAP+를 가지고 있지만 나중에 이주한 야요이인은 YAP+가 없기 때문에, YAP+를 조몬인(繩文人)의 특정 유전자로 보았다.[968] 중국 동북의 한족(漢族)과 오르죤족(鄂倫春族) · 오원커족(鄂溫克族) 등 몇몇 민족의 검

964 Karafet T. M. et al. Paternal Population History of East Asia: Sources, Patterns, and Microevolutionary Processes, *American Journal of Human Genetics*, 69: 615 −628, 2001.

965 Yaping Qian et al. Multiple Origins of Tibetan: Y Chromosome Evidences, *Human Genetics*, 106: 453−54, 2000.

966 Kim W. et al. Y−specific DNA Polymorphisms of Y AP Element and the Locus DYSI9 in the Korean Population, *Journal of Human Genetics*, 43: 195 −198, 1998.

967 Hammer M. F. et al, The Geographic Distribution of Human Y Chromosome Variation, *Genetics*, 145(3): 787−805, 1997.

968 Hammer M. F. et al., Y Chromosomal DNA Variation and the Peopling of Japan, *American Journal of Human Genetics*, 56: 951−962, 1995.

사결과 모두 YAP+가 없는 것으로 증명되어. 해머 등의 현대 일본인 기원에 관한 융합 가설을 지지해준다. YAP+유전식은 분포가 매우 복잡하여, 아프리카에서 나오거나 아시아모형에서 기원했다고 간단하게 말할 수 있는 것이 아니다.[969] 티베트인과 일본인에게서 비슷한 YAP+ 빈도가 나타나는 것은 YAP+를 가지고 서북방에서 이주해 온 저족(氐族)·강족(羌族)과 점차 융합되어, 현대의 티베트족이 형성되었기 때문일 것이다.[970] 운남성에서 YAP+개체가 많이 발견되었는데, 25개 민족 33개 집단의 연구에서 평균 9.2%로 나왔다. 그 중 보미족(普米族)은 72.35%에 달하고 그 다음이 티베트족(35%)과 납서족(納西, 37.5/25.5%)인 것은, 그들이 서북에서 왔기 때문일 것이다. YAP+가 발견되지 않은 운남 민족은 납고족·합니족·아창족·포룡족·율속족·수족·포의족·외족·포낭족·눅앙족·반족·회족·몽골족과 호남 백족이다.[971] YAP+개체를 지닌 다양한 지역 사람들의 염기서열화 반응을 통해, 그들에게 공통의 Alu 삽입 지점이 있는 것을 발견했는데, 이는 인류 진화상 최근에 발생한 단일 삽입사건 이었다.[972] YAP+는 남방한족과 동남아시아에서는 드물게 보이기 때문에, YAP+인종이 남쪽에서 왔다는 설은 설득력이 없으며, 서쪽에서 왔다고 보는 것이 마땅할 것이다. 이 외에 운남(雲南) 백월(百越) 계통 민족과 저강(氐羌) 계통 민족의 부계는 매우 다르

969 Bravi C. M. et al. Origin of Y AP Plus Lineages of the Human Y-Chromosome. *American journal of Physical Anthropology*, 112(2): 149-158, 2000.

970 錢亞屏 等, 「中國雲南省五個民族DYS287位點多態性的調査」, 『中華醫學遺傳學雜志』 第16卷 第6期, 1999.

971 Shi H. et al., The Geographic Polymorphisms of Y Chromorome at YAP Locus among 25 Ethnic Groups in Yunnan, China, *Science in China C-Life Sciences*, 46(2): 135-140, 2003.

972 Spurdle A. B. et al. The Y Alu Polymorphism in Southern African Populations and Its Relationship to Other Y-Specific Polymorphisms, *American journal of Human Genetics*, 54(2): 319-330. 1994.

다. 백월(百越)의 후예 민족에는 하플로그룹 H11 · H12가 주로 분포되어 있고, 저강(氐羌)의 후예 민족에는 하플로그룹 H5,H6과 H8이 주로 분포되어 있어, 부계 유전자풀(gene pool)에 다른 내원이 있음이 밝혀졌다.[973]

한족을 포함한 전국 각지에 분포하는 34개 민족의 Y염색체에 대한 연구에서, 서북과 서남 그리고 북방민족에서는 M214가 발견되었지만, 중원의 한족과 남방의 소수민족에서는 드물게 발견되었다. M214가 중앙아시아로부터 내원하였을 가능성에서, 동아시아인류가 동남아에서 내원했다는 단일학설에 대해 도전하고, 중국인 형성과 이주의 복잡성을 제기하였다.[974] M216(하플로그룹 C)은 유라시아 대초원 정착민의 특정 유전자로, 몽골족의 55%가 보유하고 있지만, 남방민족에서는 드물게 나타난다.[975] 비단길은 동서인종의 교류지역이고, 특히 위구르족[976]과 기타 무슬림 민족은 더 많은 인도유럽인 유전자를 보유하고 있다.[977] 북방 5개 민족 다우르족(達斡爾族) · 오원커족(鄂溫克族) · 조선족 · 몽골족(蒙古族) · 오르죤족(鄂倫春族)의 mtDNA 연구에서, 인도유럽인을 상징하는 하플로그룹 R2 · H · J · T가 발견되었다.[978] 또한

973 董永利, 「雲南18 個民族Y染色體雙等位基因單倍型頻率的主成分分析」, 『遺傳學報』, 2004(10).

974 Wei Deng et al. Evolution and Migration History of the Chinese Population Inferred from Chinese Y-Chromosome Evidence, *journal of Human Genetics*, 49: 339-348, 2004.

975 Wells R. S. et al. The Eurasian Heartland: A Continental Perspective on Y-Chromosome Diversity, *PNAS*, 98: 10244-249, 2001.

976 Xiao FX et al. Diversity at Eight Polymorphic Alu Insertion Loci in Chinese Populations Shows Evidence for European Admixture in an Ethic Minority Population from Northwest China, *Human Biology*, 74(4): 555-568, 2002.

977 Yao Y G et al. Gene Admixture in the Silk Road of China-Evidence from mtDNA and Melanocortin1 Receptor Polymorphism, *Genes Genet Syst*, 75: 173-178, 2000.

978 Qing-Peng Kong et al. Mitochondrial DNA Sequence Polymorphisms of Five Ethnic Populations from Northern China, *Human Genetics*, 113: 391-405, 2003.

요녕(遼寧)·섬서(陝西)·호남(湖南)·신강(新疆) 같은 기타지역에서도 발견되었다.

앞에서 우리는 아(夏)와 토하라(Tochara)·월지(月氏)·오손(Wusun)·토방(土方)·귀방(鬼方)·흉노(匈奴) 등 융적(戎狄) 민족의 관계를 논증했다. 지금 또 융적(戎狄)과 인도유럽인의 관계가 밀접한 것을 확인하였으니, 하(夏)와 인도유럽인은 관계가 없을 수가 없다. 당연히 전부가 아닌 일부의 하인(夏人)만이 인도유럽인에 속한다. 이것은 우리들이 황제(黃帝)의 수염을 연상하는 것까지 막지는 못한다. 그들은 다양한 방식으로 동아시아에 이주 한 후 혈통의 순수성을 유지하지 못하고, 농경인들의 바다에 융화되었다. 현재로 신강(新疆)의 타지크족·카자흐족·위구르족 등이 지닌 인도유럽인 특징을 제외하면, 기타 지역이나 기타 민족에서는 인도유럽인종의 영향을 거의 찾아 볼 수 없다. 그러나 사실 동아시아의 많은 사람들의 몸에는 많건 적건 인도유럽인의 유전자를 보유하고 있다.

3. 이하(夷夏)혼혈: 한족(漢族)과 기타

동아시아인이 모두 몽골인종은 아니며 모두 동남아시아에서 내원한 것도 아니다. 일부는 중앙아시아에서 내원하였다. 한 지역에서 기원했지만, 2가지 내원이 있는 것은 결코 모순이 아니다. 일본은 섬나라고 한국은 단일 민족 국가로 알려져 있어 그 인종 성분이 상대적으로 단일하지만, 그 복잡성은 상상을 초월한다.[979] 하니하라 카즈로(埴原和郎)는 일

---

[979] Astushi Tajima et al. Three Major Lineages of Asian Y Chromosome: Implications for the Peopling of East and Southeast Asia, *Human Genetics*, 110:80-88, 2002.

본과 아시아 인구에 대하여 체계적인 연구를 진행한 후, 조몬인(繩文人)과 도래인이 혼합되어 일본 민족이 형성되었다는 일본인 이원설을 제기했다.[980] 이원설은 비교적 넓은 지지를 받았다.[981] 한국학자도 이 설에 찬성하며, 한국민족의 이중 내원설을 제기했다.[982] 해머(Hammer)는 이것을 수정하여, 일본문화는 아시아 대륙에서 기원해서 두 차례 이주해온 이주민이 창조한 것으로 보고, 일본인 이중 내원설을 인정하였다. 그는 여기에서 한걸음 더 나아가 조몬인의 조상은 중앙아시아에서 내원했고, 야요이인은 동남아시아에서 내원했다고 추정했다.[983] 실제 정황은 그들이 연구하고 예측한 것보다 더 복잡한데, 야요이인은 동질적이지 않으며 조몬인의 후예인 아이누족도 다양한 내원 과정을 갖고 있다.[984] 중국인과 함께 동아시아를 구성하는 주체인 일본인과 한국인이 다양한 내원 과정을 가지고 있다면, 중국인에게도 단일한 내원만 있을 수는 없을 것이다.

동아시아인이 경유한 남쪽노선과 북쪽노선의 관계는 관심을 가지고 깊게 생각해볼 가치가 있다. 결과가 어떻게 나오든 우리는 이(夷)와 하(夏)의 관계에 대한 이해가 깊어질 것이다. 초춘걸(肖春傑) 등은 중국인

980　Hanihara K. Dual Structure Model for the Populations in Japanese, *Japan Review*, 2: 1–33, 1991.

981　Horai S el al. mtDNA Polymorphism in East Asian Populations, with Special Reference to The Peopling of Japan, *American Journal of Human Genetics*, 59: 579–590, 1996.
Omoto K. et al. Genetic Origins of The Japanese: A Partial Support for the Dual Structure Hypothesis, *American Journal of Physical Anthropology*, 102: 437–446, 1997.

982　Han-Jun Jin et al. Y-Chromosomal DNA Haplogroups nnd Their Implicalions for the Dual Origins of the Koreans, *Human Genetics*, 114: 27 –35, 2003.

983　Hammer M. F. el al, Dual Origins of The Japanese: Common Ground for Hunter Gatherer and Fanner Y-Chromosomes, *Journal of Human Genetics*, 51: 47 –58, 2006.

984　Tajima A., Genetic Origins of the Ainu Inferred from Combined DNA Analyses of Maternal and Paternal Lineages, *Journal of Human Genetics*, 49: 187 –193, 2004.

의 38개 유전자 자리의 130개 등위원소의 빈도에 대한 주성분을 분석하였다. 그 결과 한족 6000여 개의 주성분 분포에서는 남방몽골인종과 북방몽골인종의 유전구조차이의 점진적 변화를 보여주고, 제2 주성분 분포에서는 몽골인종과 코카서스인종의 유전자 흐름을 보여주었다. 중국인의 유전자빈도 주성분 종합지도는 장강(長江)을 따라 남방몽골인종과 북방몽골인종의 뚜렷한 분계선을 보여주었다. 초춘걸은 만약 중국 현대인이 확실하게 아프리카에서 기원했다면, 남방몽골인종과 북방몽골인종의 선조들은 아시아에 진입하기 이전에 갈라졌을 것이라고 추측했다. 남방몽골인종의 선조들은 아프리카나 중동인인에서부터 동쪽으로 이동하여 동남아시아에 진입한 후 북쪽으로 방향을 틀어 장강(長江) 유역에 이르렀다. 북방몽골인종의 선조들은 파미르 고원 북쪽의 서부에서부터 동쪽으로 이동하여 곧바로 동북아시아에 진입한 후 계속하여 아메리카에까지 이르렀으며, 동시에 남쪽으로 장강(長江) 이남까지 확장해 갔다.[985] 사실상 제1 주성분은 몽골인종이 남에서 북으로 이주한 역사를 반영하고, 제2 주성분은 인도유럽인종이 동아시아에 진입한 역정을 반영한다.

문파(文波)는 120개 동아시아인의 5,131개체의 Y염색체 다형성과 101개 동아시아인의 4,238개체의 mtDNA 다형성에 대한 체계를 고찰하였다. 그는 Y염색체 O-M175·C-M130·DYAP 하플로그룹과 mtDNA 하플로그룹 B·R9·M이 남쪽노선에는 각각 동아시아인의 부계와 모계 유전자풀의 80%와 85%를 점하고 있으나, 북쪽노선에는 각각 9%와 1.2%를 차지하고 있다고 발표했다.[986] 북쪽노선에 극히 적은 것은, 중앙아시아에서 동아시아로 진입한 인류가 많지 않음을 말해

985 肖春傑 等, 「中國人群基因頻率的主成分分析」, 『中國科學』C輯, 第30卷4期, 2000.

986 文波, 「染色體多態性與東亞人群的遺傳結構」, 復旦大學博士論文, 2004.

준다.

　서북지역은 인도유럽인종과 몽골인종이 직접 충돌하고 교류하며 융합된 지역이다. 비단길지역의 집단과 기타 집단은 유전자 융합 방면에 차이가 있었다. 누란(樓蘭)·오손(Wusun)·차사(車師)·회골(回鶻) 4개 고대국가 정착민에 대한 DNA연구로 인도유럽인종과 몽골인종이 경쟁과 성쇠의 대치과정을 밝힐 수 있었다. 옛 누란(樓蘭) 정착민은 대부분 동지중해유형인데, 그들은 남파미르고원 동쪽에서 신강(新疆)에 진입한 후 소수의 현지 황인종과 융합한 정착민이다. 오손(Wusun)의 주체는 중앙아시아 양하유형(兩河類型)[987]에 속하는데, 기원전 2세기에 서쪽으로 이동한 후, 다양한 부족들과 계속된 융합으로 몽골인종의 성분이 계속 증가하여, 황인종과 백인종의 과도적 유형인 남시베리아유형을 형성했다. 그 유전자는 주로 카자흐와 키르키스 등 현대 중앙아시아에 흩어져 분포해 있다. 옛 차사인(車師人)은 유럽인종과 몽골인종이 서로 융합된 민족이지만, 몽골인종 성분이 더 많다. 인종 성분이 복잡한 차사인(車師人)은 신강(新疆)의 고대민족에 융합되었다. 회골인(回鶻人)은 대부분 북아시아 몽골인종인데, 서쪽으로 이동하며 셋으로 나뉘었고, 그중 감주(甘州)의 회골(回鶻)이 발전하여 유고족(裕固族)이 되었다.[988] 누란(樓蘭)·오손(Wusun)·차사(車師)·회골(回鶻)은 모두 피가 섞이며 인도유럽인종 성분이 점차 줄어들고 몽골인종 성분이 이에 상응하여 증가했다. 현대인의 mtDNA 계통 발육 관계수로 실크로드 지역의 민족을 동아시아와 유럽 고유의 혈통으로 구분할 수 있음을 근거로, 유라시아 인류의 유전자 융합 가설을 지지하고 있다.[989]

987　역주: 아무다리야강(Amu Darya)과 시르다리야강(Syr Darya)

988　劉寧,「新疆地區古代居民的人種結構研究」, 吉林大學博士論文, 2010.

989　Yao Y G et al., Gene Admixture in the Silk Road of China-Evidence from mtDNA and Melanocortin 1 Receptor Polymorphism, *Genes Genet Syst*, 75: 173-178, 2000.

조동무(趙桐茂) 등은 중국 24개 민족 · 74개 집단의 면역글로불린 동종이형(Gm)의 분포를 조사하여 9,560개체의 Gm(1, 2, 3, 5, 21)인자를 측정하고, Gm하플로타입 빈도를 근거로 유전거리를 계산하고 계통수를 그렸다. 몽골인종을 남북 유형으로 나누고, 각각 높은 빈도의 Gm(1, 21)과 Gm(1, 3, 5)하플로타입으로 종족의 표기로 삼았다. 코카서스인종과 관련 있는 Gm(3, 5)하플로타입을 중국 서북지역의 소수민족이 보유하고 있는 것은, 비단길을 통해 중앙아시아에서 내원했기 때문일 것이다. 이 두 집단은 대체로 북위 30도를 경계로 각각 황하(黃河)와 장강(長江) 유역에 거주했다. 결과적으로 중화민족은 두개의 다른 집단에서 기원했다는 기존의 가설을 지지한 것이다. 또 남북 한족(漢族)은 혈액형에 차이가 보이는데, 북방인은 A형이 많고 남방인은 B형이 많다. 남북 한족(漢族)의 mtDNA와 혈청 면역글로불린을 분석하여 남북 한족(漢族)의 유전자 차이가 증명되었다. 북방지역의 한족(漢族)이 주로 왕래하고 융합한 것은 흉노(匈奴) · 선비(鮮卑) · 돌궐(突厥) · 강(羌) · 몽골(蒙古) 등 북방몽골인종이었고, 남방지역의 한족(漢族)이 주로 왕래하고 융합한 것은 남월(南越) · 교지(交趾)등 남몽골인종에 속하는 민족이었다. 이것으로 보면한족(漢族)은 혈연적 집단이 아닌 문화적 집단이다.[991]

유전자 연구는 선사시대 인류이동의 복잡한 과정을 어느정도 반영할 수 있다.[992] 동서남북 한족(漢族)의 유전자구조는 시간과 이동에 따라 변했다. 한족(漢族)의 형성과 발전은 상당부분 한(漢)문화와 타인의 정복과 동화의 과정이었으며, 지금 전국의 한족(漢族)의 mtDNA 혈통은 그 역

990 趙桐茂 等, 「中國人免疫球蛋白同種異型的硏究: 中華民族起源的一個假說」, 『遺傳學報』, 1991(2).

991 袁義達 等, 『中國姓氏: 群體遺傳和人口分布』, 上海, 華東師範大學出版社, 2002.

992 Jin Li et al. Distribution of Haplotypes from a Chromosome 21 Region Distinguishes Multiple Prehisloric Human Migrations, *PNAS*, 96: 3796 −3800, 1999.

사유전과 이동의 흔적을 반영하고 있다.[993] 역사상 한족(漢族)은 3차에 걸쳐 대규모로 남쪽으로 이동했으며, 분자유전학으로 남성(男性)이 더 중요한 영향을 끼친 것이 증명되었다.[994] 소수민족 아가씨와 한족(漢族) 남자가[夷娘漢老子] 만나 한족(漢族)을 이루는 방식은 많은 민족이 접촉하고 교유하고 융합되는 복잡한 과정이다. 수천 년간의 격리와 융합 그리고 이동으로 인해 거주지역이 다른 한족(漢族) 사이에 조성된 유전자 차이를 피할 수 없었다.[995]

현대 인류의 다지역 기원설은 1980년대 이전에는 여전히 유효한 학설이었다.[996] 그러나 뒤에 이 가설을 지지해 줄 새로운 증거가 발견되지 않고 계속해서 거짓임만 증명되었다.[997] 일반적으로 삽모양 앞니와 몽골반점, 그리고 몽골주름을 중국인들의 공통된 특징으로 생각하지만, 사실은 그렇지 않다. 단지 많고 적음의 차이일 뿐, 이러한 특징은 아프리카인과 유럽인에게도 존재하며, 중국 남방지역에서는 이러한 특징이 없다. 동아시아인에게는 삽모양앞니의 발생률이 높고, 대부분 쌍 삽모양 구조로, 동아시아 호모에릭투스의 삽모양앞니와는 다르다. 현생인류와 유사한 네안데르탈인은 현생인류의 기원과는 무관하다는 것이 증

993　Yong−Gang Yao et al., Phylogeographic Differentiation of Mitochondrial DNA in Han Chinese, *American Journal of Human Genetics*, 70(3): 635−651, 2002.

994　Bo Wen et al., Genetic Evidence Supports Demic Diffusion of Han Culture, *Nature* Vol. 431: 302−304, 2004.

995　Xu SH et al. Genomic Dissection of Population Substructure of Han Chinese and Its Implication in Association Studies, *The Arnerican Journal of Human Genetics,* 85(6): 1−13, 2009.

996　Wolpoff M. H. et al. Modem Homo Sapiers Origins: A General Theory of Hominid Evolution involving the Fossil Evidence from East Asia, in F. H. Smith et al ed. *The Origin of Modern Humans*, 411−483, Alan R. Liss, 1984.

997　Ke YH et al, Y−Chromosome Evidence for No Independent Origin of Modem Human in China, *Chinese Science Bulletin*, 46(11): 935−937, 2001.

명되었다.[998] 북경원인이 현대인류의 기원과 관련이 있다는 것을 증명한 유전적 증거도 없다.

중요한 어휘가 계속 잘못 쓰이면 불필요한 혼란을 야기시킨다. 다지역 기원설(Multiregional Origins)은 불가능하지만, 다지역 혹은 다노선 진화(Multiregional or Multilane Evolution)는 오히려 보편적이다.[999] 인종의 기원은 인종형성에서 매우 중요한 시간이고, 인류 진화는 긴 과정이다. 한 종이 다른 지역에서 오랜 시간동안 변화를 거쳐 새로운 종을 형성할 수는 있지만, 지금까지 따로 기원한 두 종이 하나의 새로운 종으로 변화 된 경우는 없다. 인류가 아프리카에서 기원한 후 아프리카와 기타 지역에서 진화했다는 것은 가능하지만, 인류가 다양한 지역에서 기원한 후 잡교(雜交)와 융합을 통해 새로운 종이 되었다는 것은 불가능하다. 인류의 다지역 기원설은 생물학 법칙과 국제 인류학계가 달성한 공통의 인식에 직접적으로 위배되고, 유네스코의 인간게놈 선언과 사해(四海)는 형제이며 인류는 평등하다는 상식에도 위배된다.

인류의 기원과 민족형성은 성질이 다른 두 가지 현상으로, 전자는 자연현상이고 후자는 문화현상이다. 민족에게 다양한 내원이 존재하는 것은 보편적이나, 하나의 민족에게 단일한 내원만 존재하는 것은 거의 불가능하다. 민족은 커질수록 활동적이고 섞이는 정도가 높아진다. 이브학설과 아담가설도 아직 완벽하게 실증되지는 않았다.[1000] 그러나 유리한 증거는 시간이 갈수록 많아지고 있다. 현재 극소수의 학자들만 다지역 기원설을 지지하고 있지만, 다지역 진화학설 또는 연속적 진화에 따

998   Krings M. H. et al. Neandertal DNA Sequences and the Origin of Modem Humans, *Cell*, 90: 19−30, 1997.

999   Wolpoff M. H., Interpretations of Multiregional Evolution, *Science*, 274: 704 · 707, 1996.

1000   Pennisi E., Genetic Study Shake up out of African Theory, *Science*, 283: 1828 ,1999.

르는 잡교(雜交)는 여전히 생명력이 있다.

　인류는 기원 이후 전 세계 각지에 퍼져 끊임없이 진화했고, 다양한 지역에 거주하는 사람들이 계속해서 이동했기 때문에 잡교와 혼합을 피할 수 없었다. 이러한 잡교와 혼합은 민족형성의 기본방식이다. 인도유럽인종이 직접 중원에 진입했을 가능성이 크지 않기 때문에 고대 중원에서 순수한 인도유럽인종은 거의 볼 수 없지만, 혼혈이 중원에 진입했을 가능성은 매우 크기 때문에 혼혈을 보기는 쉽다. 토하라인(Tocharian)·스키타이인(Scythians)·오손인(Wusun)은 비교적 순수한 인도유럽이다. 강(羌)과 주(周) 또는 융(戎)과 적(狄)은 인도유럽인종 혈통이 적지 않게 섞였다. 하(夏)도 융(戎)·적(狄)·강(羌)·주(周)와 관계가 밀접하며, 인도유럽인종 혈통이 섞였다. 하(夏)·주(周)가 이(夷)와 혼합되어 한족(漢族)을 형성했다. 반복적으로 피가 섞이며 다음과 같은 국면이 발생했다. 서역 더 나아가 전 중국에서, 순수한 백인종을 찾을 수 없을 뿐만 아니라 순수한 황인종도 찾기가 어려운 것은, 인도유럽인종의 혈통이 섞이지 않은 가족이나 성씨가 거의 없기 때문이다. 한족(漢族)은 만들어진 문화공동체이지 혈연과 유전공동체가 아니다. 이렇게 혼혈과 융합으로 형성된 동아시아 유전자 연관군 대부분은 현재의 한족(漢族)에게 남아 있으니, 한족(漢族)의 유전자풀은 매우 풍부하여 포함하지 않는 것이 거의 없다고 할 것이다. 자신 있게 말할 수 있는 것은, 중국인은 몽골인종 기반에 어느 정도 인도유럽인의 피가 섞였으며, 이는 바로 이(夷)와 하(夏)가 혼합되어 한족(漢族) 또는 중국인이 되었다는 것이다.

제5장

어족에서
어해(語海)로:
언어인류학 논증

1. 중국티베트어족 가설

지난 한 세기의 탐구와 논쟁으로도, 중국티베트어족 가설은 여전히 명확하지는 않다. 그러나 분명한 것은 한어(漢語)와 티베트어 사이에 밀접한 관계가 있다는 점이다.[1001] 시몬(Walter Simon)은 한어(漢語)와 티베트에서 어원이 같은 300여 개의 어휘를 뽑아 음운을 비교하여, 1929년에 『한장어동원사초탐(漢藏語同源詞初探)』을 발표했다.[1002] 그리고 베르톨트 라우퍼(Berthold Laufer)는 일찍이 1916년에 티베트어에서 한어(漢語) 차용어[借詞] 106개를 찾고,[1003] 또 중국－티베트 문화의 관계에 대하여 다방면으로 고증했다.[1004] 1937년 이방계(李方桂)는 중국티베트어족을 중국타이어(漢臺語, Sino-Tai Languages)와 티베트버마제어로 크게 나누고, 중국대만어에 중국어와 타이어(臺語) 그리고 먀오야오(苗瑤) 3족의 언어를 포괄하여, 언어학적으로 중국티베트어 가설을 정식으로 제

1001 孫宏開, 江荻, 「漢藏語言系屬分類之爭及其源流」, 『當代語言學』, 1999(2).

1002 孫宏開, 江荻, 「漢藏語言系屬分類之爭及其源流」, 『當代語言學』, 1999(2).

1003 Laufer B., Loan-words in Tibetan, *TP* 17: 403-452, 1919. 趙衍蓀 譯, 『藏語中的借詞』, 中國社會科學院民族研究所, 1987.

1004 Laufer B., *Sino-Tibetan Studies, Selected Papers on the Art, Folklore*, History, Linguistics and Prehistory of Sciences in China and Tibet, New Delhi, 1987.

기했다.[1005] 폴 베네딕트(Paul Benedict)는 1942년에 『Sino-Tibetan: A Conspectus』을 거의 완성하고 1972년에 출판했다. 그는 감타이어(감타이어語, Kam-Tai Languages)와 먀오야오어(苗瑤語, Miao-Yao Languages)를 제외하고, 중국티베트어족에 한어(漢語) · 카렌어(克倫語) · 티베트버마제어만 포괄시켜, 성운과 형태 그리고 구법의 측면에서 한어(漢語)와 티베트어의 혈연관계를 확인했다.[1006] 그는 스와데시(Swadesh) 리스트에 근거하여 중국티베트어의 어휘를 분석하여, 59쌍은 동일어원 어휘이며 중대한 어의 변화도 없고, 12쌍은 동일어원 어휘이지만 중대한 어의 변화가 있었고, 29쌍은 동일어원의 관계가 없다고 명확하게 지적했다. 그는 또 상고시대 한어휘에 널리 사용된 접두어유형을 발견하고, 더 많은 원시 중국티베트어어휘를 재구성하여, 중국티베트어의 발생학적 관계를 더욱 분명히 했다.[1007]

보드먼(Nicholas Cleaveland Bodman)도 중국티베트어족을 형성하는 증거에 대해 체계적으로 연구하여, 음성과 어의 측면에서 486쌍의 중국 · 티베트 동일어원 어휘에 대하여 논증했다.[1008] 사우스 코블린(South Coblin)은 베네딕트의 학설 위에 캄타이어와 먀오야오어(苗瑤語)를 제외한 중국티베트어의 원시 형식을 재구성하여, 중국티베트어 어휘 비교 리스트를 출판했다.[1009] 유민(兪敏)은 중국과 티베트는 인종과 언어가 모

1005 Fang-Kuei Li, Language and Dialects of China, In *Chinese Yearbook*, Shanghai. Reprinted in Journal of Chinese linguistics, 1: 1-13, 1972. 중문 번역본은 『民族譯叢』, 1980(1)에 게재.

1006 Benedict P. K., *Sino-Tibetan: A Conspectus*, Cambridge University Press, 1972. 樂賽月 等譯, 『漢藏語言槪論』, 中國社會科學院民族硏究所, 1984.

1007 Benedict P. K. Sino-Tibetan: Another Look, *Joumal of the American Orienlal Society*, 76(2), 1976. 중문 번역본은 『漢藏語言槪論』 附錄에 보인다.

1008 包擬古 著, 潘悟雲等 譯, 『原始漢語與漢藏語』, 北京, 中華書局, 1995.

1009 Coblin W. S., A Sinologist's Handlist of Sino-Tibetan Lexical Comparisons, *Monumenta Serica*, Monograph Series 18, 1986.

두 동일한 기원 관계에 있다고 확신하여,[1010] 600여개의 동일어원 어휘를 찾고,[1011] 또 강(羌)·강(姜)·티베트의 관계를 연구했다.[1012] 전광진(全廣鎭)은 중국어와 티베트어의 동일어원 어휘 654개를 찾아, 원시 중국티베트어 및 한어(漢語)의 상고음 방면에 관한 새로운 사실을 발견했다.[1013] 오안기(吳安其)는 언어학과 고고학을 결합하여, 중국티베트어 동일어원 어휘를 체계적으로 연구했고, 중국티베트어족의 이동과 분화의 시간과 지역에 대해서 추측했다.[1014] 어떤 사람은 사족(詞族)비교법을 이용하여 지명을 예로 들며 중국티베트어의 동일기원 관계를 증명했다.[1015] 장곤(張琨)은 침(針)과 철(鐵) 등의 글자를 연구하여 중국티베트 공통문화가 금속문화를 포함한다는 것을 밝혀냈다.[1016] 그러나 침(針)과 철(鐵)은 중국티베트어의 동일어원 어휘가 아니라 공통의 차용어[借詞]일 것이다.

강인(羌人)과 중국티베트의 관계는 매우 밀접하지만, 강어(羌語)와 강어(羌語)의 지류 언어는 중국티베트어족에서의 지위를 확정하기가 어렵다. 일반적으로 강어(羌語)의 지류로 알려진 강어(羌語)·서하어(西夏語)·가융어(嘉戎語)·보미어(普米語) 등 10여 종의 언어는, 언어의 면모가 오래되었고 어법에 특생이 있지만, 서면상 티베트어와 유사한 복자음 성모와 운모가 있어,[1017] 티베트버마어족의 지류로 본

1010 兪敏,「漢藏兩族人和語同源探索」,『北京師範大學學報』, 1980(1).

1011 兪敏,「漢藏同源字譜稿」,『民族語文』, 1989(1-2).

1012 兪敏,「東漢以前的姜語和西羌語」,『民族語文』, 1991(1).

1013 全廣鎭,『漢藏語同源詞綜探』, 台北, 學生書局, 1996.

1014 吳安其,『漢藏語同源研究』, 北京, 中央民族大學出版社, 2002.

1015 宋金蘭,「漢語和藏緬語住所詞的同源關系」,『民族語文』, 1994(1).

1016 張琨,「漢藏語系的"針"字, 漢藏語系的"鐵"字」,『漢藏語系語言學論文選譯』, 中國社會科學院民族研究所, 1980.

1017 孫宏開,「羌語支屬問題初探」,『民族語文研究文集』, 西寧, 青海民族出版社, 1982.

다.[1018] 한어(漢語)와 티베트어의 동일어원 어휘와 차용어[借詞]를 찾는 과정에서 한어(漢語)와 티베트어 사이에 동일어원 관계뿐만 아니라 밀접한 접촉 관계가 있다는 것을 확인했다. 동일어원 어휘와 차용어[借詞]는 중국과 티베트의 문화 공통성과 문화교류를 찾는 중요한 경로이다. 윌리엄 백스터(William H. Baxter)는 컴퓨터로 한어(漢語)와 티베트어에 대한 통계학적 분석을 통해, 한어(漢語)와 티베트어의 혈연성은 우연이 아님을 확인했다.[1019]

중국티베트어족 이론이 이미 완성된 이론 같아 보이지만, 풀어야 할 과제가 없는 것은 아니다. 1990년 로랑 사가르(Laurent Sagart)는 제23회 국제 중국티베트언어학회에서 "중국어-오스트로네시아어 동일어원론"을 발표했다.[1020] 그는 한어(漢語)와 티베트버마제어 사이에서 공유되는 상당수의 어휘는 동일어원이 아니라 접촉을 통해 발생한 것이고, 몇몇 언어의 대응은 기층 차용어[借詞]의 특징을 나타내고 있으며, 한어(漢語)와 티베트버마제어 사이에 존재하는 공유형태는 기타 동아시아 언어에서도 존재한다고 지적했다.[1021]

에드윈 풀리블랭크(Edwin Pulleyblank)는 상고시대 한어(漢語)와 인도유럽어의 비교 연구를 통해 한어(漢語)에 인도유럽어 차용어[借詞]가 많을 뿐만 아니라 구조상의 유사성도 있어, 발생학적 관계가 있을 것으로 보

1018 Matisoff J. A., Issues in the Subgrouping of Tibet-Burman in the Post-Benedict Era, *Paper on 30th ICSTL.*, 1997.

1019 白一平,「親緣性强於偶然性: 古漢語與藏緬語的槪率比較」,『漢語的祖先』, 北京, 中華書局, 2005.

1020 Sagart L., Chinese and Austronesian: Evidence for a Genetic Relationship, *Journal of Chinese Language*, Vol. 21 No. 1: 1~63, 1993.
鄭張尙芳 · 曾曉渝譯,「論漢語南島語的親屬關系」,『漢語硏究在海外』, 北京, 北京語言學院出版社, 1995.

1021 Sagart L., Some Remarks on the Ancestry of Chinese, in *The Ancestry of Chinese Language, Journal of Chinese linguistics*, 1995.

았다.[1022] 그는 이를 바탕으로 인도유럽인이 중국에 진입한 시기는 그들이 인도에 진입한 시기보다 결코 늦지 않을 것이라고 추론했다.[1023] 어떤 사람은 한어(漢語)와 인도유럽어에서 수백 개의 서로 비슷한 어휘를 찾아서, 한어(漢語)와 인도유럽어 사이에 접촉 관계뿐만 아니라 혈연관계도 있음을 도식으로 증명했다.

동일어원 어휘 대부분은 사람 및 자연과 관련된 어휘로 혈연관계를 드러내고, 차용어[借詞] 대부분은 문화와 관련된 어휘로 접촉 관계를 드러낸다. 중국티베트어족의 여러 언어들 사이에도 차이가 크다. 중국티베트어족의 몇몇 언어들은 수 백개의 동일어원 어휘나 차용어[借詞]가 있지만 공통의 수사나 인칭대명사가 없다. 또, 중국티베트어족의 대다수의 언어가 교착어이지만 가장 큰 비중을 차지하는 한어(漢語)는 고립어이다. 이러한 두 가지 특징으로 한어(漢語)는 기층과 상층이 확실히 다른 전형적인 혼합어일 가능성을 드러낸다. 풀리블랭크와 사가르는 모두 뛰어난 통찰력으로 각각 한어(漢語)의 층위별 내원과 혈연관계를 밝혀냈다. 한어(漢語)와 티베트버마어 사이의 친속관계가 설령 사실일지라도, 중국티베트어 가설도 또한 지극히 복잡한 한어사(漢語史)를 탐구하는 한 갈래일 뿐이다. 왕사원(王士元, Wang William Shi-Yuan)은 중국티베트어 가설의 군건한 지지자들과 유력한 도전자들을 한데 모아, 한어(漢語)와 동아시아 언어의 형성에 대해 납득시키고자 하였다. 몇몇 최고 전문가가 어족개념을 믿기는 했지만 어떠한 합의를 이루지는 못했다.[1024]

1022 Pulleyblank E. G., Chinese and Indo-Europeans, *Journal of Royal Asiatic Society*, 3~39, 1966.

1023 Pulleyblank E. G., Prehistory East-West Contacts Across Eurasia, *Pacific Affairs*, 47: 500~508, 1975.

1024 Wang Willim S-Y. ed., *The Ancestry of Chinese Language, Journal of Chinese Linguistics*,

한어(漢語)·일본어·한국어 등 동아시아 언어의 형성과 진화 과정은 아직도 정확히 밝혀지지 않았다. 우리는 중국티베트어의 언어학적 연구가 부족함을 인정하지 않을 수 없다.

지금까지도 이 학문에 대해 우리는 그 경계를 명확하게 할 수 없다. 다시 말해, 우리는 지금도 연구의 대상에 어떤 언어가 포함되는지 잘 모른다. 혹자는 지금까지 우리가 연구한 언어 중 어떠한 언어도 중국티베트어족에 속하지 않는다고 한다. 연구대상을 내부적으로 분류하는 작업도, 경계 문제 및 기타 복잡한 요소로 인해 여전히 어떤 언어가 어느 층위에 놓여야 하며 어떤 언어가 어느 부문에 배열되어야 하는지 확신할 수 없다.[1025]

2. 한어(漢語)의 기층: 이어(夷語)와 화오어(華澳語) 가설

일찍이 15세기부터 언어의 기층 현상에 주목한 학자가 있었으나, 19세기에 이탈리아의 언어학자인 그라치아디오 아스콜리(Graziadio Isaia Ascoli)에 의해 체계적으로 연구되었다. 20세기 무렵에는 서구와 소련 언어학자들의 주목을 이끌어냈다. 기층언어(Substratum)는 전쟁 승자의 언어에 흡수된 전쟁 패자의 언어 요소로 이해할 수 있다. 패자의 언어는 외래 언어로 장악된 지역의 토착민 언어를 가리키며, 그 지역 언어에 융합된 전쟁 승자나 외부인 언어를 상층언어(Superstratum)라고 한다.[1026] 기층언어이론은 많은 언어 현상을 해석할 수 있다. 예를 들어,

1995. 李葆嘉 主譯, 『漢語的祖先』, 北京, 中華書局, 2005.

1025 江荻, 『漢藏語言演化的歷史音變模型·前言』, 北京, 民族出版社, 2002.

1026 鮑爾科夫斯基, 「開幕詞」(1955), 陳偉 等譯, 『語言的底層問題』, 中國社會科學院民族研究所語言研究室.

스페인어와 프랑스어의 자음약화는 켈트어(Celtic)의 기층 침투와 간섭(Substratum Interference)으로 해석되고, 인도어의 권설음도 드라비다어(Dravidian)의 기층현상으로 인식된다.[1027] 기층언어의 간섭과 가차(Language Borrowing)는 모두 언어접촉의 산물이다. 언어차용은 A언어가 B언어의 성분을 차용하는 것이다. 기층간섭은 언어 사용자가 제2 외국어를 습득하거나 모어를 버리고 다른 언어를 습득할 때, 모어의 특징이 습득한 언어에 남아있는 것이다. 중국 민족은 이동이 빈번하여, 언어의 접촉과 언어의 가차도 매우 복잡하다. 기층연구는 중국의 언어 연구 실정에 적합하다.[1028] 장강(長江) 이남의 광활한 지역은 진한(秦漢)시대 이전에는 백월(百越)민족의 거주지로서, 현재 한어(漢語)의 남방 방언인 오어(吳語)·민어(閩語)·월어(粵語)·상어([湘語)·감어(贛語)·객가어(客家語) 등의 방언에서 백월어(百越語)의 기층요소를 적지 않게 발견할 수 있다.[1029]

로랑 사가르(Laurent Sagart)는 중국어-오스트로네시아어 동일어원론을 주장한다. 그는 상고시대 한어(漢語)와 원시 오스트로네시아어의 혈연관계 및 티베트버마어·고(古) 한어(漢語)·원시 오스트로네시아어의 연관성을 입증하는 기초적인 증거를 제시했다.[1030] 한어(漢語)의 단음절어와 오스트로네시아어의 다음절어의 마지막 음절을 대응시키고, 한어(漢語)의 성조 분류와 오스트로네시아어의 자음 종성을 대응시켰다. 예를 들면, 원시 오스트로네시아어의 s종성과 한어(漢語)

1027 Thomason Sarah G. & Terrence Kaufman, *Language Contact, Creolizatwn, and Genetic Linguistics,* Berkeley, University of Califomia Press, 1988.

1028 陳忠敏,「語言的底層理論與底層分析方法」,『語言科學』第6卷 第6期, 2007.

1029 李如龍,「關於東南方言的"底層"研究」,『民族語文』, 2005(5).

1030 Sagart L, Proto-Austronesian and Old Chinese Evidence for Sino-Austronesian, *Oceanic Linguistics,* 33(2): 271 ~ 308, 1994.

의 거성 −agh · −idh · −adh가 대응되고, 원시 오스트로네시아어의 −p · −t · −k와 한어(漢語)의 입성 −p · −t · −k가 대응되며, 한어(漢語)의 불송기청색음(不送氣淸塞音) · 송기청색음(送氣淸塞音) · 탁색음(濁塞音)에 상대되는 것은 오스트로네시아어의 청색음(淸塞音) · 비관청색음(鼻冠淸塞音) · 탁색음(濁塞音)에 해당하고, 상고시대 한어(漢語)의 개음(介音) −J− · −r−은 조어 역할을 하는 접요사로, 그 역할이 오스트로네시아어의 접요사인 in− · −ar−과 비슷하다. 그는 고(古) 한어(漢語)와 원시 오스트로네시아어의 관계사 222쌍을 뽑고, 그 중 17쌍을 스와데시(Swadesh) 리스트 200개 기본어휘에 포함시켰다. 동아시아와 태평양의 여러 언어 사이에는 공통된 조어법이 있고, 티베트버마어와 원시 오스트로네시아어 사이에도 공통된 어휘가 존재한다. 그는 또 중국어와 오스트로네시아어 동일어원론의 다른 증거자료도 인용하고 있다. 약 B.C. 6,000년에 기장[稷]은 주요 식품이 되었고, 민속신앙에도 중요한 역할을 했다. 기장문화는 중국에서는 B.C. 5,000년 후기까지 거슬러 올라갈 수 있으며, 오스트로네시아어 집단에서는 쌀보다 기장을 더 숭배했다.[1031] 산동 대문구(大汶口) 고문화와 초기 오스트로네시아어 문화는 전체적으로 유사성이 있다. 모두 반지혈(半地穴) 움막에서 거주했고, 사춘기에 이를 발치하는 습속이 있었다. 언어문화 · 건축 스타일 · 유전적 특징 · 사회 조직 · 풍속 신앙 등의 유사성에서 이월(夷越)문화와 말레이폴리네시아문화와 유구한 관계가 있음이 드러났다.[1032] 문신 · 단발 · 현관장(懸棺葬) 등에서 고대 동아시아와 동남아시아 지역이 남태평양 섬들과 공동의 문화유형을 가지고 있었음을 확인할 수 있다. 공동의 문화

1031 Fogg W. H, Swidden Cultivation of Foxtail Millet by Taiwan Aborigines: A Cultural Analogueof Ihe Domesticalion of Setaria italica in China, 95−115, in *The Origins of Chinese Civilization*, ed. by Keighty D. N., Ilerkeley: University o[California Press, 1983.

1032 楊江著, 呂凡譯, 「馬來−玻利尼西亞與中國南方文化傳統的關系」, 『浙江學刊』, 1991(I).

유형은 공동언어의 기반이 된다. 오천여 년 전, 오스트로네시아어족은 동·남·서쪽으로 흩어져, 남쪽으로는 말레이시아와 인도네시아, 서쪽으로는 마다가스카르 섬, 동쪽으로는 멜라네시아와 미크로네시아·프랑스령 폴리네시아까지 이르렀다. 그들은 항해술이 계속 개선됨에 따라 태평양 각 섬으로 분산되었다.[1033] 동시에 북쪽으로 한반도와 일본 열도까지 북상하여, 전 동아시아에 비교적 비슷한 언어와 문화현상이 나타났다.

　형공원(邢公畹)은 사가르(sagart)의 가설에 해설과 보충을 했다.[1034] 그는 한어(漢語)와 오스트로네시아어의 성모와 종성을 대응시켜 고증했다.[1035] 반오운(潘悟雲)은 동일어원 어휘의 선택과 재구성이 잘못되면 캄타이어와 한어(漢語)의 동일어원 관계를 파악할 수 없음에 주의하며, 사가르(Sagart)의 가설을 지지했다. 캄타이어와 한어(漢語)에는 같은 기원을 가진 기본 어휘가 상당히 많다. 캄타이어와 한어가 기원이 같다면 오스트로네시아어와 한어의 동일기원이라는 결론까지 이끌어 낼 수 있다. 많은 학자들이 캄타이어와 오스트로네시아어의 동일어원 관계를 논증하여, 자연스럽게 한어(漢語)와 오스트로네시아어도 동일어원 관계라는 결론을 내릴 수 있었다. 동남아시아 언어의 친연관계 연구에 캄타이어는 교량 역할을 했다. 인도유럽어는 형태적 어음을 대응시켜 동일어원 관계를 확인했다. 한어(漢語)와 친족어 관계를 확인할 수 있는 유용한 방법은 사족(詞族)비교법이다. 만곡(彎曲, 굽다)·편평(扁平, 납작하다)·

1033　焦天龍,「東南沿海的史前文化與南島語族的擴散」,『中原文物』, 2002(2).

1034　邢公畹,「關於漢語南島語的發生學問題一L. 沙加爾"漢語南島語同源論"述評補正」,『民族語文』, 1992(3).

1035　邢公畹,「關於漢語南島語的聲母的對應一L. 沙加爾"漢語南島語同源論"述評補正」,『民族語文』, 1992(4).
邢公畹,「關於漢語南島語的聲母及韻尾輔音的對應一L. 沙加爾"漢語南島語同源論"述評補正」,『民族語文』, 1992(5).

취집(聚集, 모으다)의 세 사족(詞族)은 한어(漢語)·티베트버마어·캄타이어·먀오야오어·오스트로아시아어·오스트로네시아어에서 모두 비슷한 것을 차용으로 해석할 수 없다고 단정했다.[1036]

정장상방(鄭張尚芳) 등은 한어(漢語)·티베트버마어·캄타이어·먀오야오어·오스트로아시아어·오스트로네시아어는 화오어족(華澳語族, Sino-Austronesian)이라는 슈퍼어족으로 결성될 수 있다고 보았다. 신석기시대 물벼[水稻]재배 기술의 출현과 전파가 화오(華澳)어족 형성의 배경이 된다고 보았다. 화오(華澳)어족 분포 지역에서 두 종류의 쌀[稻米] 명칭이 있는 것은, 두 곳의 독립된 벼농사문화 기원지가 반영된다. 한어(漢語)·티베트어·인도네시아어의 동일기원의 어휘인 *brats〉bras "현미[糯]"는 먀오야오족과 오스트로네시아족에도 전파되었다. 동이(東夷)와 백월(百越)은 관계가 밀접하고, 모두 물벼[水稻]를 재배했으니, 도(稻)라는 명칭은 동이(東夷)가 한어(漢語)에서 가지고 온 것이다. 다음절어인 오스트로네시아어와 단음절어인 한어(漢語)는 유형상 차이가 매우 크다. 한어(漢語)의 어휘는 대부분 단음절이지만, 선진(先秦)시대 문헌에는 쌍음절 어휘도 있으며, 원시 한어(漢語)에는 더 많은 다음절 어휘가 있었을 것이다. 이는 어의의 중심이 하나의 음절에 집중되면서, 다른 음절은 의미가 없게 된 것이다. 상고시대 한어(漢語)의 발음 유형은 대체로 현재의 오스트로아시아어 단계로, 복자음과 전관음(前冠音) 외에도, 쌍음절 연면어(聯綿語)도 존재했었다. 오스트로네시아어의 다음절 유형에서 전형인 오스트로아시아어의 약화음절 유형을 거쳐, 다시 한어(漢語)의 단음절 유형으로의 변화가 화오(華澳)어족 진화의 대략적인 형세이다.[1037]

1036　潘梧雲,「對華澳語系假說的若干支持材料」,『漢語的祖先』, 北京, 中華書局, 2005.

1037　鄭張尚芳,「漢語與親屬語同源根詞及附綴成分比較上的擇對問題」,『漢語的祖先』, 北京,

유여걸(游汝傑)은 조충류(鳥蟲類) 명사에 있는 접두어를 남방 언어의 공통된 특징 가운데 하나라고 보았다. 한어(漢語) 방언에 나타나는 조충류 명사의 접두어 현상은 선진양한(先秦兩漢) 시대까지 거슬러 올라가며, 타이카다이어(壯侗語) · 먀오야오어와 양상이 유사하기 때문에 같은 계통일 가능성이 크다.[1038] 등효화(鄧曉華)는 민어(閩語) · 객가어(客家語)의 방언과 오스트로네시아어의 동일기원 어휘 십여 개 중에 선도(蟬嘟) · 지주(蜘蛛)가 포함된다고 제시했다.[1039] 『시경(詩經)』과 『초사(楚辭)』의 연면자(聯綿字) 연구를 통해, 한어(漢語)의 쌍음절 어휘가 단음절화 되어가는 궤적을 살펴볼 수 있었다.[1040] 왕력(王力)은 "상고시대 한어(漢語)의 발음은 매우 복잡하다. 성모(聲母) · 운복(韻腹) · 운미(韻尾)가 모두 현대 보통화보다 다양하고 풍부하며, 중고시기와 비교하여도 매우 복잡하다."고 했다.[1041] 『세본(世本)』 「거편(居篇)」의 주(注)에 "오(吳)는 만이(蠻夷)로, 발성되는 음이 많고, 여러 음절이 한 어휘를 이룬다."라고 했다. 양웅(楊雄)의 『방언(方言)』에는 쌍음절 어휘가 많은데, 예를 들면 권7의 연직(憐職[愛]) · 후가(煦暇[熱]), 권10의 단파(短罷[短]) 등이다.

사가르(Sagart)는 한어(漢語)의 단음절 패턴이 파생된 것은 머리 음절의 마모에의한 것으로 보았다. 비록 원시 오스트로네시아어와 상고시대 한어(漢語)의 어휘구조 패턴이 다르지만, 접요사[中綴]와 접두사[前綴]의 파생 패턴과 어휘구조는 비슷하다. 원시 오스트로네시아어의 어휘는 접요사 형식을 차입하여, 끝음절이 소실되고 접요사가 음절의 끝소리가 되

中華書局, 2005.

1038 游汝傑, 「中國南方方言里的鳥蟲類名詞詞頭及相關問題」, 『漢語的祖先』, 北京, 中華書局, 2005.

1039 鄧曉華, 「南方漢語中的南島語成分」, 『民族語文』, 1994(3).

1040 周及徐, 「上古漢語雙音節詞單音節化現象初探」, 『四川大學學報』, 2000(4).

1041 王力, 『漢語史稿』, 北京, 中華書局, 1980.

었다. 수덕락(帥德樂)은 CV1CV2→CV2 발음 패턴의 변화과정에서, 접요사가 어법 체계에서 소실될 수 있다고 보았다.[1042] 오스트로네시아어의 전문가인 백락사(白樂思)는 오스트로네시아어 문헌을 정확하게 인용하고 있는 사가르(Sagart)의 설계에 별 문제는 없지만, 나머진 부분은 의문이 든다고 했다.[1043]

임어당(林語堂)은 송대(宋代) 손목(孫穆)의 『계림유사(鷄林類事)』의 고려어(高麗語) 바람 "風日孛纜" 구절을 통해 상고시대 한어(漢語)에 복자음이 있었다고 추론했다.[1044] 나상배(羅常培)는 풍(風)의 상고음을 plwm로 표시하고, 사천이어(四川夷語) brum 風을 참고하여, "風日孛纜" 구절과 상호 증명하였다.[1045] "風日孛纜" 구절의 바람(孛纜)은 원시 한어(漢語)와 대만어가 지닌 복자음 성모의 동일기원 어휘이다.[1046] "飛廉, 風伯也" 구절의 비렴(飛廉)은 한어(漢語)와 오스트로네시아어의 동일기원 어휘이다.[1047] 비렴(飛廉)과 바람(孛纜)은 모두 이어(夷語)로, 한국어가 한어(漢語)에서 바람(孛纜)을 차용한 것이 아니라, 한어(漢語)가 이어(夷語)에서 비렴(飛廉)을 계승한 것이다. 어떤 학자는 이를 근거로 풍(風)의 수수께끼를 탐구하여 이어(夷語)의 회랑지대 개념을 제시했다. 즉 한국어·오월어·초어(楚語)·캄타이어·오스트로네시아어는 북쪽에서 남쪽으로 분포하면서 이어(夷語)의 회랑지대를 이루고 있으며, 風(飛廉)은 동

1042　帥德樂,「漢語-南島語的連接: 南島語形態學方面的審察」,『漢語的祖先』, 北京, 中華書局, 2005.

1043　白樂思,「一位南島語言學家眼中的漢語-南島語系」,『漢語的祖先』, 北京, 中華書局, 2005.

1044　林語堂,「古有複輔音說」,『語言學論叢』, 開明書店, 1933.

1045　羅常培,『語言與文化』, 北京, 北京大學出版部, 1950.

1046　邢公畹,「原始漢臺語複輔音聲母的演替系列」,『語言論集』, 北京, 商務印書館, 1983.

1047　鄧曉華,「南方漢語中的南島語成分」,『民族語文』, 1994(3).

이족(東夷族)의 이동과 관계가 있다고 설명한다.[1048] 風은 세르게이 야혼토프(Sergey E. Yakhontov)의 35개 기본어휘 중 하나로 상고시대 동아시아에 다양한 독음이 있었다. 무정(武丁)시대의 갑골에 "동쪽을 석(析)이라 하고, 그 바람을 협(協)이라 한다. 남쪽을 협(夾)이라 하고, 그 바람을 미(微)라 한다. 서쪽을 이(彝)라 하고, 그 바람을 위(韋)라 한다. 북쪽을 완(宛)이라 하고, 그 바람을 역(役)이라 한다."라고 쓰여 있다.[1049]

중국 하천 명칭의 분포에도 지역적 특징이 있어 북방에서는 하(河)라고 하며, 남방에서는 강(江)이라고 부르며, 또 수(水) 혹은 천(川)으로도 부른다. 이러한 현상은 중국티베트어 학계에서 매우 주목받는 문제이다. 제리 노먼(Jerry Norman)과 매조린(梅祖麟) 등은 강(江)과 하(河)는 모두 한어(漢語) 고유의 기본 어휘가 아니라, 각각 남아시아어와 몽골어에서 차용되었다고 주장했다. 하시모토 만타로(橋本萬太郎)는 한어(漢語)는 오스트로네시아어와 알타이어가 남북에서 맞부딪쳐 생성된 것으로, 강(江)·하(河) 명칭의 내원에 그 과정이 반영되었다고 보았다.[1050] 언어학·민족학·역사문헌 및 지리학 등의 자료를 근거로, 강(江)은 한어(漢語)의 고유한 기본어휘이고 다른 언어에 보이는 유사한 형식은 한어(漢語)의 영향을 받아서 나타난 것임을 증명할 수 있었다.[1051] 한반도와 그 부근에서도 하(河)를 강(江)으로 부르는 것은 이어(夷語)를 계승했다는 증거 중 하나가 될 수 있다.

제리 노먼(Jerry Norman) 등은 한어(漢語)의 차이를 뜻하는 아(牙)는 원

1048　尉遲治平,「"風"之謎和夷語走廊」,『語言硏究』, 1995(2).

1049　胡厚宣,「甲骨文四方風名考」,『責善半月刊』, 第2卷 第19期, 1940,「釋殷代求年於四方和四方風的祭祀」,『復旦學報』, 1956(1).

1050　橋本萬太郎,『語言地理類型學』, 日本弘文堂, 1978. 余志鴻 譯, 北京, 世界圖書出版公司, 2008, 52−55쪽.

1051　張洪明, Chinese Etyma for River, *Journal of Chinese Linguistics*, Vol. 26 No. 1, 1998. 顔洽茂·鄧風予 譯,「漢語‘江’詞源考」,『浙江大學學報』, 2005(1).

시 오스트로아시아어에서 차용된 것이고, 갑골문에 보이는 치(齒)는 어금니 · 원아 · 상아 등의 의미를 포함하고 있어, 아(牙)가 치(齒)보다 늦게 출현한 것으로 보았다.[1052] 풀리블랭크(Pulleyblank)는 아(牙)에 대해서 오스트로아시아어에 널리 분포되지도 않았고 어의도 협소하여, 오히려 한어(漢語)에서 차입된 것으로 보았다.[1053] 『설문해자(說文解字)』에 "아(牙)는 코끼리의 윗니와 아랫니가 서로 엇갈린 형상이다."[1054]라고 했다. 그 자형은 어금니가 서로 맞닿는 모양이지 길고 굽은 상아의 형상이 아니다. 단옥재(段玉裁)의 주(注)에 "통틀어서 말하면 모두 치(齒) 또는 아(牙)라고 하지만, 나누어서 말하자면 앞쪽의 입술에 닿는 것을 치(齒)라 하고 뒤쪽의 보조하는 것들을 아(牙)라고 한다."[1055]라고 했다.

조개[貝]는, 타이어로는 beer, 참어(Cham language)와 크메르어(Khmer language)로는 bier, 말레이어로 bia이다. 은상(殷商)시대에 "조개를 화폐로 쓰고 거북이 껍질을 보물을 삼은 것은"[1056] 해양문화와 관계가 밀접하다. 조개는 남태평양의 외래물이 아닌 이월(夷越)의 생태 환경에서 흔히 볼 수 있는 생물로, 동아시아 문화의 연관성과 공통성을 나타내준다.

오스트로아시아어 · 오스트로네시아어 · 티베트버마어와 알타이어의 부분적 유사성은 몽골인의 이동과 동아시아 신석기시대의 정착 농경문화를 구체적으로 드러낸다. 중국티베트어 동일기원설 · 중국-오스트로네시아어 동일기원설 · 화오어(華澳語) 동일기원설은 모두 다른 각도에

1052　Norman J. & Tsu-lin Mei, The Austroastiatics in Ancient South China: Some Lexical Evidence, *Monumenta serica*, 32: 274~301, 1976.

1053　蒲立本, 『上古時代的華夏人和鄰族』, 游汝傑 譯, 『揚州大學中國文化研究所集刊(二)』, 南京, 江蘇古籍出版社, 1998.

1054　역주: 『說文解字』「牙部」: 牙, 象上下相錯之形.

1055　역주: 『說文解字注』: 統言之皆偁齒偁牙, 析言之則前當脣者偁齒, 後在輔車者偁牙.

1056　역주: 『說文解字』「貝部」: 貨貝而寶龜.

서 제각기 선택한 자료에 의거하여 각각 한어(漢語)와 이웃 언어의 동일 기원 관계를 논증한 것이다. 중국-오스트로네시아어족 혹은 화오(華澳) 어족 가설이 중국티베트어족 가설에 비하여 더 명확한 증거가 있는 것은 아니지만, 동아시아 신석기시대 정착 농경문화의 동일성을 설명할 수 있다. 그들이 열거한 동일기원 어휘는 대부분 자연·어로·채집 혹은 정착 농경문화와 관련되어 있고, 대부분은 고대 이만(夷蠻) 어휘집인 『집운(集韻)』와 『광운(廣韻)』에 수록되어 있다. 이는 바로 이인(夷人)이 동아시아 정착 농경화를 창조했으며, 이어(夷語)가 한어(漢語)의 주요한 내원으로 한어(漢語)의 기층을 이루고 있고, 또한 중국-오스트로네시아어족 혹은 화오(華澳)어족의 기층이라는 뜻이다. 사가르(Sagart) 등의 가설은 상고시대 한어(漢語)의 기층이 동아시아 이어(夷語)임을 제시했다는 점에서 의의가 있다.

아프리카에서 기원한 현대 인류는 유라시아 대륙에 진입하여, 남북으로 두 갈래로 나뉘었다. 남쪽은 인도로 들어가 동남아시아를 거쳐 동아시아에 진입하여, 원시 이월(夷越)어군 혹은 오스트로아시아어군·오스트로네시아어군으로 진화했다. 이어(夷語)어군은 회하(淮河)·황하(黃河) 유역과 발해 일대에 거주하던 고대 문헌에 등장하는 동이(東夷)·회이(淮夷)·구이(九夷) 등이고, 백월(百越)어군은 장강(長江)의 하류와 동남 연해지역에서 거주하던 고대 문헌에 등장하는 강만(江蠻)·오월(吳越)·산월(山越)·구월(甌越)·민월(閩越)·양월(揚越)·우월(于越) 등이다. 한어(漢語) 형성과 진화의 원천은 이어(夷語)와 월어(越語)라고 할 수 있다.

3. 한어(漢語)의 상층: 하언(夏言)과 중국-인도유럽어족 가설

토하라어(Tocharian languages)는 인도유럽어족 중 비교적 원시 켄툼어 (centum languages)에 속하며, 이란어는 인도유럽어족 중 후기에 성숙한 사템어(satem languages)에 속한다. 토하라인(Tocharians)은 중국 서부 및 오르도스(ordos)지구에 매우 이른 시기에 도달한 후, 동아시아지역에 깊은 영향을 끼쳤다. 기련(祁連)과 곤륜(崑崙)은 전형적인 토하라어 가차자로, 하늘이라는 뜻이다. 유사한 것으로는 검(劍)·제(帝)·만(萬)·밀(蜜)·사(獅)·기린(麒麟)·거(車)·마(馬) 등이 있으며, 한대(漢代)에 설립한 하서사군(河西四郡)인 무위(武威)·장액(張掖)·주천(酒泉)·돈황(燉煌) 중 무위(武威)·장액(張掖)·돈황(燉煌)도 토하라어와 관련이 있다. 장액(張掖)은 소무(昭武)의 동명이역(同名異譯)이다. 소무성(昭武城)은 일찍이 토하라인(Tocharians)의 지류인 월지인(月氏人)의 활동 중심지였다. 따라서 서쪽으로 중앙아시아의 아무다리야강(Amu Darya) 유역으로 옮겨간 후에도 대월지인(大月氏人)은 여전히 소무(昭武)를 성(姓)으로 삼아 근본을 잊지 않았음을 드러냈다. 돈황(燉煌)은 토하라(Tochara) 혹은 대하(大夏)와 관계가 있고, 무위(武威)는 고장(姑臧)이라고도 하는데 이 역시 토하라어에서 유래했다. 고장(姑臧)은 고창(高昌)과 어원이 같으며, 고창(高昌)의 차사(車師)는 누란(樓蘭)·구자(龜玆)·언기(焉耆)와 마찬가지로 토하라인(Tocharians)의 지류이다. 불교 경전도 처음에는 토하라어를 통해서 한어(漢語)로 번역되었다.

일찍이 19세기 후반 유럽의 극동 언어학 연구의 선구자 요셉 에드킨스(Joseph Edkins)[1057]와 구스타프 슈레겔(Gustaaf Schlegel)[1089]은 약속이나

1057   Joseph Edkins, *China's Place in Philology, An Attempt to Show that the Languages of Europe*

한 듯 "중국티베트어-인도유럽어 동일기원론"을 제시했다. 1925년 아우구스트 콘라디(August Conrady)는 한어·티베트어·미얀마어와 태국어 등을 인도유럽-중국어족으로 통칭하고, 인도유럽어에서 한어(漢語)에 차입되었을 가능성이 있는 어휘를 전문적으로 논의했다. 20세기 후반 로버트 셰퍼(Robert Shafer)는 『유라시아어(Euasial)』[1059]와 『유라시아슈퍼어계(The Euasial Linguistic Supperfamily)』[1060]에서 이 가설을 발전시켜 중국-인도유럽어족의 건립을 시도했다.

풀리블랭크(Pulleyblank)는 중국티베트어족과 인도유럽어족의 혈연관계를 재차 입증했다. 그는 하(夏)왕조와 상(商)왕조 주변지역에 거주한 오스트로아시아인·티베트버마인·먀오야오인·크라다이(kra-Dai)인·알타이인·오스트로네시아인·고 시베리아인·토하라인과 그 언어를 연구하여, 한인(漢人)과 한어(漢語)는 그 주변의 민족과 언어와는 분명한 차이가 있고, 인도유럽인과 인도유럽어와 밀접한 관계가 있다고 보았다.[1061] 그는 중국티베트-인도유럽어족 가설은 개별어휘의 유사성에 기초한 것이 아니라 기층 구조와 구성형식의 일치성에 근거한 것으로 보았다. 베른하르트 칼그렌(Bernhard Karlgren)의 j-화설 즉 삼등운(三等韻)의 구개음화[喩化]는 운도(韻圖)와 『절운(切韻)』에 부합하지 않고, 또한 당대(唐代) 전기의 발음상황과도 부합하지 않는다. 그는 천간지지(天干地支)

and Asia Have A Common Origin, London, Trubner, 1871. 『漢語在歷史比較語言學中的地位: 歐一亞語言同源論試探』(1871).

1058 Gustaaf Schegel, *Sinico-Aryaca, Batavia*, 1872. 『漢語-雅利安語』(1872).

1059 Robert Shafer, Eurasial, *Orbis,* 12, 1963.

1060 Robert Shafer, The Eurasial Linguistic Supperfamily, *Anthropos*, 60, 1965.

1061 Pulleyblank E. G., The Chinese and Their Neighbors in Prehistoric Time, in *The Origins of Chinese Civilization*, ed. by David N. Keightley, Universily of California Press, 1983. Early Contacts between Indo-Europeans and Chinese, *International Review of Chinese Linguistics*, 1-47, 1996.

22개의 역법부호는 중국어의 22개 기수자음[起首輔韻]이고, 『시경(詩經)』의 압운체계는 18개 수미자음[收尾輔韻]을 포함한다고 가정했다. 양자가 결합되어 상고시대 한어(漢語)의 자음체계를 재구성했다는 것이다. 그는 또 상고시대 한어(漢語)의 모음 *ə와 *a는 모음교체 관계에 있음을 재구성했다. 그는 상고시대 한어(漢語)의 두 모음체계는 원시 인도유럽어와 서로 대응된다고 보고, 성모에서도 상고시대 한어(漢語)의 *ng-는 원시 인도유럽어 g-에 대응된다는 것과 같은 법칙을 찾아냈다. 그는 인도유럽-중국티베트어의 어원이 같은 어휘 24개-우(于)·하(何)·합(合)·안(眼)·견(犬)·우(牛)·왕(往)·년(年)·국(國)·수(輪)·엽(葉)·일(一)·마(麼)·약(約)·부(父)·모(母)·고(考)·불(不)·해(海)·서(西)·작(作)·명(名)·야(夜)·안(雁)을 제시했다. 풀리블랭크(Pulleyblank)는 중국티베트어와 인도유럽어에는 발생학적 관계가 존재하며 동원체를 형성한 시기는 기원전 6,000년이라는 결론을 내렸다.[1062] 마리야 김부타스(Marija Gimbutas)는 인도유럽인은 기원전 4,500~3,500년 흑해와 카스피해 일대에서 쿠르간(Kurgan) 유목문화를 창조하고 사방으로 끊임없이 확장해 갔다고 제시하며, 원시 인도유럽인과 중국티베트인의 왕래 가설을 지지했다.[1063]

한어(漢語)에는 적지 않은 인도유럽어 어휘가 있다.[1064] 주급서(周及徐)는 스와데시(Swadesh)의 100개 기본어휘 리스트와 200개 기본어휘 리스

1062 Pulleyblank E. G., The Historical and Prehistorical Relationships of Chinese, Monograph series No. 8, *Journal of Chinese Lingaistics*, 1995. 중문 번역본은 『漢語的祖先』(北京, 中華書局, 2005)에 보인다.

1063 Gimbutas, M., Primary and Secondary Homelands of the Indo-Europeans, *Journal of Indo-European Studies*, 13: 185~202, 1985.

1064 Chang Tsung 一 tung, Indo-European Vocabulary in Old Chinese: A New Thesis on the Emergence of Chinese Language and Civilization in the Late Neolithic Age, *Sino-Platonic Papers*, 7, 1988.

트에 근거하여 89쌍(47쌍+42쌍)의 한어(漢語)와 인도유럽어 대응 기본어휘를 열거하며, 한어(漢語)와 인도유럽어는 선사시대에 밀접한 관계에 있었다고 주장했다.[1065] 한어(漢語)와 영어 같은 인도유럽어족 언어의 원시어휘 발음의 차이를 비교하여 중국-인도유럽어 동일기원설을 지지하고, 한어(漢語)를 중국-인도유럽어족의 하나로 귀속시키고자 시도했다.[1066] 또한 음위학(音位學)이나 음운학(音韻學)으로 토하라어와 한어(漢語)의 혈연관계를 증명하려 시도한 학자도 있었다.[1067]

세르게이 스타로스틴(Sergei Starostin)이 논증하고자 한 중국티베트-코카서스 슈퍼어족은 당납(唐納. 1916)의 관점까지 거슬러 올라갈 수 있다. 그는 상고시대 한어(漢語)·티베트버마어·북코카서스어·대만어·오스트로네시아어를 비교하여, 한어(漢語)·티베트버마어·북코카서스어에 서로 짝이 되는 핵심 어휘가 많음을 발견하고, 중국-코카서스어족(Sino-Caucasian Family) 개념을 제시했다.[1068] 그는 언어의 친속 관계의 문제는 근본적으로 통계 문제라고 생각했다. 사가르(sagart)가 역사형태의 비교를 중시한 것과는 달리, 스타로스틴(Starostin)은 음성 대응 관계를 강조하여 증명하려 했다. 그의 스승 야혼토프(Sergey E. Yakhontov)의 기본어휘 리스트에 근거하여, 그는 상고시대 한어(漢語)의 어휘 35개와 그 어원을 세세하게 고찰하여 다음과 같은 결론을 도출했다. 상고시대 한어(漢語)와 티베트버마어 대응 어휘 24개는 관계가 밀접하다는 확실한 증거이고, 원시 오스트로네시아어와의 대응 어휘 4개는 기층의 친

1065 周及徐, 「漢語和印歐語史前關系的證據之一: 基本詞彙的對應」, 『四川師範 大學學報』, 2003(6).

1066 周及徐, 『漢語印歐語詞彙比較』, 成都, 四川民族出版社, 2002.

1067 何潔, 「Tocharian and Old Chinese」, 北京語言大學碩士論文, 2006.

1068 Starostin S. A., Nostratic and Sino-Caucasian, 42-66, In *Explorations in Language Macrofamilies*, ed. by Shevoroshkin, Bochum, 1989.

연관계가 구체적으로 드러난 것이며, 6개의 원시 인도유럽어의 동일 기원 어휘는 접촉이 있었다는 증거가 되며, 12개의 오스트로네시아어와 원시 대만어의 짝이되는 어휘는 베네딕트(Benedict)의 오스트로타이어족(Austro-Tai languages) 가설이 합리적이라는 뜻이다. 상고시대 한어(漢語) 혹은 중국티베트어와 원시 북코카서스어(North Caucasian languages) 사이의 대응 어휘 13개는 중국-코카서스 슈퍼어족의 증거가 될 수 있다.[1069] 중국-코카서스어족과 노스트라트어족(Nostratic languages)은 모두 수많은 유라시아 슈퍼어족(Eurasiatic Macrofamily) 학설 중 하나로,[1070] 어느 정도 영향력이 있다.[1071]

풀리블랭크(Pulleyblank)·백스터(Baxter)·스타로스틴(Starostin) 등의 학자들이 저강화(氐羌化)된 주진(周秦)언어 자료에 의거하여 발견한 한어(漢語)와 티베트버마어·인도유럽어·코카서스어의 관계는, 청동기시대의 유목문화가 동진한 상황을 반영한다. 한어(漢語)에 존재하는 수많은 인도유럽어문화의 가차어가 한어(漢語)의 상층을 이루고 있기 때문에 인도유럽어의 한어(漢語)에 대한 영향을 부인할 수 없다. 풀리블랭크(Pulleyblank)가 재구성한 상고시대 한어(漢語)의 음운체계는 매우 창의적이다. 상고시대 한어(漢語)의 음운 상황은 매우 번잡하기 때문에 간단한 체계로 개괄할 수 없다. 밀·청동기·철·흙벽돌 건축·쟁기와 거마·황소·산양·면양·가축말·기병은 신강(新疆)·몽골을 통해 동아시아에 전파되었다. 신강(新疆)·몽골·감숙성 경내의 정착민이 중앙아시아나 시베리아와 서로 연계된 인종적 특징을 보이는 것은 유럽 혹은 코카

1069 斯塔羅斯金,「上古漢語詞彙: 歷史的透視」,『漢語的祖先』, 北京, 中華書局, 2005.

1070 Shevoroshkin V. ed., *Explorations in Language Macrofamilies*, Bochum Brockmeyer, 1989.

1071 Colin Renfrew, At ihe Edge of Knowability: Towards a Prehistory of Languages, *Cambridge Archaeological Journal*, 10(1): 7-34, 2000.

서스인종과의 융합 때문이다. 이것이 중국티베트-인도유럽어의 동일 기원론과 중국티베트-코카서스어가 유사한 인류문화의 배경이다.

4. 혼합어로의 한어(漢語): 어족에서 어해(語海)로

중국티베트어족 가설이 백여 년이 지나도록 완성되지 못하였기 때문에, 동아시아 언어의 분류법에 커다란 문제가 생겼다. 역사비교언어학은 인도유럽인의 대규모 이주를 배경으로 언어 계보 분화가설 위에 성립되었다. 동아시아 고대 농경사회 인구의 이동방식은 확산의 방식이었기 때문에 인도유럽어족처럼 언어 변화의 맥락이 분명하지 않고, 인도유럽어족과 같이 견고한 중국티베트어족 체계를 세우는 것도 거의 불가능하다. 따라서 근본적으로 인류 언어의 계보관계나 친속관계를 재검토해야한다.[1072] 인도유럽어족은 인류역사의 특수한 현상으로, 그 구조를 생물분류학 이론에서 참고했다. 그러나 언어는 물건이 아니라서 변화와 혼합이 쉽기 때문에 타지역에서는 인도유럽어족과 같은 질서정연한 분화 현상을 발견하기 어렵다. 앙투완 메이예(Antoine Meillet)는 "이러한 언어들에 대해 증명을 하고 싶다면, 새로운 방법을 찾지 않으면 안 된다."라고 했다.[1073] 이러한 이유로 어떤 학자는 어족의 개념이 아닌 개방상태에서의 다변화 언어 현상을 해석할 것을 제시했다.[1074]

요하네스 슈미트(Johannes Schmidt)가 개창한 파동설(wave theory)과 아우구스트 슐라이허(August Schleicher)의 계통수설(Tree model)은 상호 보완이

1072 橋本萬太郎, 『語言地理類型學』, 日本弘文堂, 1978, 余志鴻 譯, 北京, 世界圖書出版公司, 2008.

1073 梅耶, 『歷史語言學中的比較方法』(1925), 北京, 科學出版社, 1957, 34쪽.

1074 江荻, 「漢藏語言系屬研究的文化人類學方法綜論」, 『民族硏究』, 1999(4).

가능한 언어학 이론으로, 각각 인류언어의 확산과 변화의 방식을 살펴보았다. 토르스토프는 원시언어 연쇄 확산성 가설을 제시했다. 즉 서로 이웃한 부락은 비록 언어가 다르더라도 대화가 통하지만, 서로 멀리 떨어진 부락 사이에는 교류하기가 어렵다. 발음과 어법이 많이 다른 언어는 하나의 원시언어에서 연쇄적으로 확산된 통로를 형성하기 때문에 어족개념으로 분류하기가 어렵다는 것이다.[1075]

전 세계 5,000여 종의 언어는 대체로 17개의 어족으로 분류할 수 있는데, 어족 간에는 중첩이 있을 수 있고, 그 지리적 분포는 인류의 이동과 관계가 있다. 한어(漢語)는 중국티베트어족·인도유럽어족·오스트로아시아어족·오스트로네시아어족·코카서스어족·알타이어족과 관계가 밀접하며, 고 시베리아어족·우랄어족·에스키모알류트어족·인디언어족·오스트레일리아어족·아프리카아시아어족과도 관련이 있다. 인도유럽어족은 17개 어족 중 가장 큰 어족으로, 사용자도 가장 많으며, 약 150여 종의 언어가 있다. 하지만 한어(漢語)는 의심할 여지 없이 가장 큰 언어이기 때문에, 어떠한 어족으로도 한어(漢語)를 포괄할 수 없다.

기층언어(Language Substratum)이론도 또한 어족이론과 병립할 수 있는 언어학 이론이다. 언어가 기층과 상층으로 구성된 언어가 바로 혼합어이다. 니콜라이 마르(Nikolai Yakovlevich Marr)는 심지어 세계의 모든 언어는 그 정도만 다른 혼합어라고 주장했다. 기층은 분명 단순한 언어학 개념이 아니다. 기층현상은 반드시 민족의 기원 과정을 전제하기 때문에 언어의 역사는 민족의 역사와 함께 뒤엉켜 있다.[1076]

1075 尼·切博克薩羅夫, 伊·切博克薩羅娃 著, 趙俊智·金天明 譯, 『民族·種族·文化』, 北京, 東方出版社, 1989.

1076 阿巴耶夫, 「論語言的底層」, 陳偉 等 譯, 『語言的底層問題』, 中國社會科學院民族研究所語言研究室.

혼합어 연구는 역사언어학에 충격을 가져왔다. 피진(pidgin)[1077]이 크리올화(creolization)[1078] 과정을 거쳐 혼합어(Mixed Language)가 된다. 혼합어 연구의 선구자인 로버트 홀(Robert A. Hall) 등은 세계 각지 혼합어의 형성 과정·유형·구조·어휘의 특징·사회적 기능에 관한 연구를 통하여, 혼합어가 모국어나 민족어가 될 수 있다고 보았다.[1079] 일본어는 고대 혼합어에서부터 대대로 이어진 언어로, 아시아대륙 서부와 인도네시아 및 필리핀 남부의 개척자에게서 근원 했다고 제기하는 학자들도 있다.[1080]

한어(漢語)의 동자이음[一字多音]은 혼합어의 증거가 될 수 있다. 저(豬)자는 어부(魚部)의 저음(豬音)·지부(支部)의 시음(豕音)·미부(微部)의 희음(豨音)·문부(文部)의 돈음(豚音)으로 읽을 수 있다. 때문에『방언(方言)』에서 "돼지[豬]는 북연(北燕)과 조선(朝鮮)지역에서는 가(豭)라고 하고, 관동(關東)과 관서(關西)에서는 체(麁)라고 하거나 시(豕)라고 하고, 남초(南楚)에서는 희(豨)라고 한다. 그 새끼는 돈(豚)이나 혜(貕)라고 하는데, 오양(吳揚)지역에서는 저자(豬子)라고 한다."[1081]라고 했다. 무정(武丁)시대의 갑골에 "동쪽을 석(析)이라 하고, 그 바람을 협(協)이라 한다. 남쪽을 협(夾)이라 하고, 그 바람을 미(微)라 한다. 서쪽을 이(彝)라 하고, 그 바람을 위(韋)라 한다. 북쪽을 완(宛)이라 하고, 그 바람을 역(役)이라 한다."라고 쓰여 있다.『산해경(山海經)』에서는 또 "동쪽을 절(折)이라 하고, 불어오는 바람을 준(俊)이라 한다. 동쪽 끝에 머물며 바

1077 역주: 서로 다른 두 언어의 화자가 만나 의사소통을 위해 자연스레 형성한 혼성어.

1078 역주: 피진(pidgin)이 그 사용자들의 자손들을 통하여 모어화 되는 과정.

1079 Hall R. A., *Pidgin and Creole Languages*, Ithaca: Cornell University Press, 1966.

1080 Trask R. L., *Historical Liguistics*, p.319, Arnold of the Hodder Headline Group, 1996.

1081 역주:『方言』: 豬, 北燕朝鮮之間謂之豭, 關東西或謂之麁, 或謂之豕, 南楚謂之豨. 其子, 或謂之豚, 或謂之貕, 吳揚之間謂之豬子.

람을 내고 거둔다."[1082] "남쪽을 인호(因乎)라 하고, 불어오는 바람을 호민(乎民)이라 한다. 남쪽 끝에 머물려 바람을 내고 거둔다."[1083] "석이(石夷)라는 사람이 있다. 불어오는 바람을 위(韋)라고 한다. 서북쪽 모퉁이에 머물며 해와 달의 길이를 담당한다."[1084]라고 했다.[1085]

동의어현상은 한어(漢語)에 다양한 내원이 있음을 나타낸다.[1086] 인칭대명사를 포괄하는 기본어휘는 대부분 두 개 이상의 동의어를 가진다. 인칭대명사 나[我] · 너[你] · 그[他]는 다양한 표현법이 있다. 여(余) · 오(吾) · 여(予) · 아(我) · 엄(俺) · 농(儂), 여(女) · 여(汝) · 이(爾) · 니(你), 기(其) · 궐(厥) · 타(他) · 지(之) · 피(彼) · 거(渠) · 이(伊)이다.[1087] 상용어도 두 종 혹은 두 종 이상의 표현법이 있다. 낭(娘) · 마(媽), 다(爹) · 파(爸), 강(江) · 하(河) · 수(水) · 천(川), 구(口) · 취(嘴), 목(目) · 안(眼), 아(牙) · 치(齒), 내(奶) · 유(乳), 구(狗) · 견(犬) …… 등도 한어(漢語)가 두 종 혹은 두 종 이상의 언어로 형성된 혼합어임을 나타낸다.

고립구조유형은 한어(漢語)가 전형적인 혼합어임을 보여준다. 일반적인 언어학 원리에 근거하면, 혼합된 언어 형태일수록 탈락이 점점 빨라진다. 한어(漢語)의 고립구조는 혼합성과 방괴자(方塊字) 서법에 기원하

1082 역주:『山海經』「大荒東經」: 東方曰折, 來風曰俊, 處東極以出入風.

1083 역주:『山海經』「大荒南經」: 南方曰因乎, 誇風曰乎民, 處南極以出入風.

1084 역주:『山海經』「大荒西經」: 有人名曰石夷, 來風曰韋, 處西北隅以司日月之長短.

1085 서풍(西風)을 '위(衛)'라 하는 것은 영어의 Wind, 독일어의 Vent, 스페인어의 Viento와 비슷한데, b, p가 v, f로 변하는 현상은 인도유럽어계와 중국티베트어계의 공통된 규율이다. 饒宗頤의 『四方風新義—時空定點與樂律的起源』 『中山大學學報』, 1986(4)]은 인류는 아주 일찍부터 사방(Four Quarters) 관념을 인식했으며, 화하와 서아시아 및 인도의 원고문화에는 모두 사방풍의 명칭이 있었다는 것을 지적했다. 우선 서아시아 바빌론의 『에누마 엘리시』(Enuma elis)에 이미 사방풍(Four Winds)이 보인다. 동서남북의 사방풍은 최고의 위력을 지녔는데, 바로 지상신(至上神)이 반역자 티아마트(Tiamat)를 대적하기 위해 준비한 무기였기 때문이다.

1086 Schuessler A., Multiple Origins of the Old Chinese Lexicon, *Journal of Chinese Linguistics*, 31(1) : 1 −71, 2003.

1087 陳翠珠, 「漢語人稱代詞考論」, 華中師範大學博士論文, 2009.

고, 먀오야오어 · 캄타이어 · 베트남어의 고립구조화는 한어(漢語)의 영향 때문이다. 한어(漢語)는 원시의 교착어 형태에서 고립어 형태로 변하여, 주로 어순 · 허자(虛字) · 어기를 통해 문법적 의미를 나타낸다.

수탉[公鷄/鷄公] · 시래기[菜幹/幹菜] · 손님[人客/客人] · 생선[魚生/生魚] · 누룽지[飯焦/焦飯] · 수다[嘴多/多嘴] · 채소[菜蔬/蔬菜] · 실내화[鞋拖/拖鞋] · 먼지[塵灰/灰塵] · 유부[乳腐/腐乳]와 같이 두 가지로 배열이 가능한 어휘도 한어(漢語)가 혼합어임을 보여준다. 개사(介詞)는 피수식어 앞에 있을 수도 있고 뒤에 있을 수도 있으며, 심지어 在x上과 같이 앞뒤에 함께 있을 수도 있다.

혼합된 어순과 구법은 한어(漢語)가 혼합어임을 보여준다. 서방의 티베트버마어와 북방의 알타이어 및 동북방의 한국어 · 일본어는 역행구조의 SOV · AN이고, 몬크메르어(Mon-Khmer languages) · 먀오야오어 · 캄타이어 · 카다이어(kadai languages) · 인도네시아어 등은 순행구조의 SVO/NA이지만, 한어(漢語)는 분명히 SVO/AN의 혼합구조방식이다. 원시 한어(漢語)는 기층이 이어(夷語)이고 상층이 원시 하어(夏語)이기 때문에, SVO와 AN이 혼합된 어순이 되었다.

하시모토 만타로(橋本萬太郎, 1932-1987)의 한어(漢語)의 알타이어화 이론은 수대(隋代) 언어학자 안지추(顔之推)의 『안씨가훈(顔氏家訓)』 「음사(音辭)」의 "남방에서는 오월(吳越)의 언어에 물들고, 북방에서는 이로(夷虜)의 언어와 섞였다."[1088]라는 명구에서 영감을 얻었다. 이월어(夷越語)는 동아시아에서 발원하여 서방에서 온 원시 인도유럽어와 혼합되어 한어(漢語)를 형성했다. 한어(漢語)는 다양한 원시 이어(夷語)와 혼합되었을 뿐만 아니라 인도유럽어족의 언어들과도 혼합된 후, 한자로 공고화 과정을 거치며 독특한 최대의 혼합어를 형성했다. 인류역사상 언어의 혼

1088　역주: 『顔氏家訓』 「音辭」: 而南染吳越 北雜夷虜.

합은 언어가 깊게 접촉한 결과이다. 침투정도가 비교적 약하고 침투 층차가 명확한 경우는 주류특징에 근거하여 그 소속을 확정할 수 있지만, 혼합정도가 심하고 침투 층차가 복잡한 경우는 혼합어로 보는 것이 좋다. 어족을 산맥에 비유한다면, 한어(漢語)는 바다와 같은 것이다. 모든 하천이 바다로 모이면, 바다를 특정 하천에 소속시키기는 어렵다. 한어(漢語)는 전형적인 혼합어로, 어휘들은 사방팔방에서 들어왔으며, 어법도 독특한 혼합성을 보여준다.

이화(談話, 광서성 장족) · 당왕화(唐汪話, 감숙성 동향족) · 와향화(瓦鄉話, 호남성 와향인) · 오둔화(五屯話, 청해성 토족) · 도화(倒話, 사천성 서부 감자 장족 자치주 아강현)는 지금까지 중국에서 공인된 혼합어이다. 이들은 모두 다양한 언어가 혼합되어있다. 오둔화(五屯話)의 경우 한어(漢語) · 티베트어 · 몽골어가 혼합되었기 때문에, 한어(漢語) 어휘가 대다수를 이루고, 티베트 어휘가 약 20%를 차지하며, 일부의 어휘는 몽골어 · 보안어(保安語)와 해음관계(諧音關係)이고, 10%의 어휘는 출처가 확인되지 않았으며, 대다수의 어휘는 다음절이다.[1089] 혼합어는 어족 내에서 존재할 뿐만 아니라 다른 어족 간에도 존재할 수 있기 때문에, 오채화(五彩話)라고 부를 수도 있는 것이다.

한국어도 오스트로네시아어와 알타이어의 혼합어로, 어족의 구분이 모호하다. 기층문화의 측면에서 보면, 한반도는 요동반도 · 산동반도와 환발해(環渤海)를 형성한 원시 이(夷)문화 체계이며, 언어는 원시 이월어(夷越語)이다. 한국어의 기본어휘는 오스트로네시아어와 동일한 기원을 갖는다.[1090] 또 북방 알타이인 숙신(肅愼) · 오환(烏桓) · 선비(鮮卑) · 부여(扶餘) · 고구려(高句麗) 등과의 밀접한 관계로, 한반도의 청동기시대 혹

1089 陳乃雄,「五屯話初探」,『民族語文』, 1982(1).

1090 吳安其,「論朝鮮語中的南島語基本成分」,『民族語文』, 1994(1).

은 철기시대에 알타이인과 그 언어의 영향을 받았다. 이로 인하여 원시 오스트로네시아어를 기층으로 하고 알타이어를 상층으로 하는 한국어가 되었다. 연(燕)나라와 진(秦)왕조가 잇따라 요동반도와 한반도 북부를 지배했고, 서한(西漢)시대 연(燕)나라 사람 위만(衛滿)이 수천 명의 사람을 이끌고 한반도 북부에 가서 정권을 건립했으며, 진한(秦漢)시대 이후로 중국문화의 지속적인 영향을 받았기 때문에, 한국어의 절반은 한어(漢語)에서 가차된 어휘이다. 한국어는 사실 샌드위치형 혼합어로, 단순하게 알타이어족·오스트로네시아어족·중국티베트어족으로 분류할 수 없고, 3개의 어족과 모두 밀접한 관계가 있다.

일본어족의 구분도 어렵다. 일본의 학자들은 일찍이 일본어와 말레이어의 관계가 밀접한 것을 발견했다. 조몬(繩文)문화의 주인은 아이누인[蝦夷人]이거나 원시 이월인(夷越人)이다. 석기시대의 초기 이주 외에, 상주(商周)시대부터 진한(秦漢)시대까지 중국 동남부 연안의 거주민은 꾸준히 일본으로 이동해갔다. 조몬(繩文)문화 후기에 물벼[水稻]재배 문화가 일본에 전해지기 시작한 것은 인구이동 때문이며, 언어전파도 동반되어 나타났다. 『위략(魏略)』에 왜인(倭人)은 "남자들은 어른과 아이를 가리지 않고 모두 얼굴과 몸에 문신을 하고, 구어(舊語)를 알아들으며, 스스로를 진백(秦伯)의 후손이라고 했다."라고 기록했다. 야요이시대부터 북방 알타이인의 청동 유목문화가 점차 일본 열도에 전파되기 시작하여, 일본 사회의 발전과 언어의 형성에 거대한 영향을 미쳤다. 한당(漢唐)시대에 중국과 일본의 거리는 멀었지만, 문화의 영향은 강력하여, 한자(漢字)와 한어(漢語)가 일본의 언어·문자의 형성과 발전에 거대한 역할을 했다. 일본어가 비록 어음구조와 어휘체계에서 한어(漢語)의 영향을 크게 받았지만, 교착구조는 크게 바뀌지 않았다. 일본어는 원시 오스트로네시아어나 이월어(夷越語)에서 기원했지만 알타이어와 고대 한어(漢語)의 영향도 받아, 한국어와 유사한 혼합어가 되었다.

한어(漢語)·일어·한국어는 동아시아와 세계에서 유명한 3대 혼합어로, 이 언어들은 어떠한 어족으로도 분류하기에 적합하지 않다. 이들은 언어의 바다 혹은 호수로서, 끊임없이 다른 언어를 흡수하여 독특한 혼합어가 되었다. 이 세 언어는 모두 이어(夷語)를 기층으로 하고, 인도유럽어와 알타이어를 상층으로 하고 있어, 또한 이하(夷夏) 선후의 증거가 될 수 있을 것이다.

제6장

토론과 결론

본토기원설과 진화론으로 동아시아 정착 농경문화의 기원과 발전을 해석할 수 있지만, 청동 유목문화의 내원을 해석할 수가 없다. 외래전파설과 전파론으로 청동 유목 문화의 내원을 밝힐 수 있지만, 초기 동아시아문화의 기원을 설명할 수가 없다. 전파론과 진화론은 대립하는 이론이 아니라 서로 보완하는 이론이다. 전파도 문화가 진화하는 근본 원동력이다. 세상과 고립된 섬은 그 문화의 변화 속도가 매우 느리지만, 전파나 교류가 그 발전을 가속시킬 수 있다. 오직 양자를 결합한 상호작용론이어야만 동아시아문화의 기원과 발전을 밝힐 수 있다.

부사년(傅斯年)의 『이하동서설(夷夏東西說)』은 가장 먼저 상호작용론을 응용하여 중국 상고사에서 이(夷)와 하(夏)의 동서병립을 탐구했지만, 이(夷)와 하(夏)의 선후와 그 문화의 전모를 설명해내지 못했다. 이제(李濟)는 깊고 세밀하게 연구하였지만 체계적인 결과를 얻지 못한 채, 『답입문명적과정－중국사전문화조감(踏入文明的過程－中國史前文化鳥瞰)』은 '탈고를 기다리며' 미완의 유작으로 전해지고 있다. 이하선후설(夷夏先後說)은 각종 본토기원설과 외래전파설의 기초 위에 상호작용론을 응용하여 더 거시적인 시공간에서 동아시아인의 내원과 문화의 형성을 논술하고, 아울러 여러 학자의 모순을 해결하고자 시도했다.

이(夷)와 하(夏)의 관계는 복잡하게 얽혀있다. 편의를 위해 우리는 각각 역사문헌 · 고고학 발견자료 · 골격과 유전자 그리고 언어자료를 이용하여 이(夷)와 하(夏)의 관계에 대해 인류학적 분석을 진행했다. 역사기록은 산산이 흩어져 있지만, 전래문헌을 근거로 하(夏)·상(商)·주(周) 삼대(三代)의 지지기반이었던 이인(夷人)은 하(夏)보다 앞서 동아시아 지역에 살고 있었으며, 진한(秦漢) 이후의 지지기반 역시 이(夷)의 후손이었기 때문에 요순(堯舜) 전설을 반겼다는 것을 어렵지 않게 추측할 수 있었다. 하(夏)·상(商)·주(周) 삼대(三代)에 잘 보이지 않는 하인(夏人)은 기(杞)·증(鄫)·월(越)·호(胡)·대하(大夏)·토하라(Tochara)·우지(禺氏)·월지(月支) 혹은 융(戎)·적(狄)·흉노(匈奴)와 관련이 있고, 그 중 일부는 인도유럽인에 속하기 때문에, 염황(炎黃) 고사를 즐겨 전파했다는 것을 증명해냈다.

고고학 발굴과 연구 성과를 통해 신석기시대 동아시아는 독특한 정착 농경문화 전통을 형성하고 있었고 삼대(三代)에 청동기시대 유목문화가 동아시아에 전파된 것을 밝혀내어, 중국문화 전통을 재정립했다. 청동기시대 유목문화의 동쪽전파는 하(夏) 혹은 융적(戎狄)과 관련이 있지만, 정착 농경문화는 이(夷)의 창조물이다. 또 체질인류학으로 이(夷)의 대부분이 몽골인종임을 확인했고, 혹자는 몽골인종은 일반적으로 이인(夷人)으로 인정된다고 말했다. 주로 서북부에서 생활하던 하(夏)나 융적(戎狄)은 인도유럽인의 유전자를 비교적 많이 지니고 있지만, 기본적으로 몽골인종에 속한다. 한어(漢語)의 기층언어는 이어(夷語)이고 화오(華澳)어족에 속한다고 주장하는 학자들도 있었고, 한어(漢語)와 인도유럽어의 유사성은 인도유럽어가 한어(漢語)의 상층 혹은 표층언어이기 때문이라고 주장한 학자들도 있었지만, 종합하여 한어(漢語)는 혼합어라는 결론을 얻었다.

이는 일견 '순환논증'으로 보일 수 있지만 사실 4중의 상호증명이다. 각각의 학문 분야는 한계가 있지만, 네 분야의 연쇄적 통합으로 우리는 이(夷)와 하(夏)의 관계에 대해 입체적인 인식을 지닐 수 있었다.

1. 중국문화의 기원

역사와 고고인류학 그리고 관련 연구로 정착 농경문화는 동아시아에서 기원한 중국의 기층문화이며, 청동기 유목문화는 중앙아시아나 서아시아에서 온 중국의 상층문화임이 밝혀졌다. 어떠한 외래문화도 그 바탕과 기조를 완전히 바꾸지 못한 깊고 두터운 기층문화는 중국문화를 풍부하게 만들었다. 강력한 외래문화는 병기[金戈鐵馬]의 힘을 빌려 항상 우위를 점하는 듯 했지만 금방 본토문화에 융합되어 병기[干戈]가 예[玉帛]로 바뀌며 새로운 문화를 창조했다.

신석기시대 환태평양지역은 독특한 문화를 형성하고 있었는데, 이(夷)문화가 대표적이다. 능순성(凌純聲)은 수피포(樹皮布)·인문도(印文陶)와 제지·인쇄술과[1091] 귀제(龜祭)·견제(犬祭)·고인돌·세골장(洗骨葬)·작주(爵酒) 등 일련의 문화 현상을 결합하여, 환태평양문화권 개념을 제시했다.[1092] 비슷한 견해를 가진 톨스토이(Tolstoy)도 수피포(樹皮布) 제작기술의 기원과 전파를 연구하여, 아시아에서 기원하여 아메리카까지 전파되는 과정을 초보적으로 증명했다.[1093] 등총(鄧聰)은 수피포(樹皮布)의 기원과 전파를 선사시대 몽골인종이 해양지대로 확산된 지표로 보고, 새로운 연구를 진행했다.[1094] 옥 문화의 기원과 전파도 동아시아문화의 독특한 지표이다.[1095] 환태평양지역의 삼대(三大) 옥 문화권

1091 凌純聲, 『樹皮布印文陶與造紙印刷術發明』, 台北, 中研院民族學研究所, 1963.

1092 凌純聲, 『中國邊疆民族與環太平洋文化』, 台北, 聯經出版事業公司, 1979.

1093 Paul Tolstoy, Diffusion: as Explanation and as Event, 823−41. in *Early Chinese Art and Its Possible Influence in the Pacific Basin*, New York: International Arts Press, 1972.

1094 鄧聰, 「史前蒙古人種海洋擴散研究−嶺南樹皮布文化發現及其意義」, 『東南文化』, 2000(11).

1095 鄧聰, 「蒙古人種及玉器文化」, 『東亞玉器·序』, 香港中文大學中國考古藝術研究中心, 1998.

은 각각의 특색이 있지만, 빠르고 느린 차이만 있을 뿐 모두 동아시아에서 발원했다.[1096] 또 어떤 사람들은 신대륙과 구대륙의 도기의 유사성과 조롱박의 재배와 전파를 주시했다. 조롱박은 아프리카에서 기원하여 대략 10,000년 전 아시아 · 아메리카 · 남태평양 도서지역에 전파되었고, 아메리카지역 최초의 재배식물이다.[1097] 전파경로는 아직 분명하지 않지만, 뉴기니와 아메리카의 조롱박은 분명히 다르며,[1098] 폴리네시아의 조롱박은 아메리카와 아시아에서 왔다.[1099] 고고학 · 언어학 · 체질인류학은 신구대륙 간의 인구이동을 뒷받침한다.[1100] 아메리카 대륙의 원주민은 아시아 동북지역의 사람들과 관련이 있는데, 혹자는 환태평양지역이 모두 관련이 있다고 말한다. DNA연구로 아메리카에는 34,000년-6,000년 전에 일찍이 적어도 두 차례의 대규모 인구이동이 있었으며, 처음에는 북아메리카에 이르렀고, 두 번째는 남아메리카에 도달한 것을 밝혀냈다. 북태평양 해안지역의 선사시대문화는 분명 유사점이 있다. 채집이나 어로를 위한 이동은 있었지만 정착이 기본적인 특징이었다.[1101]

1096　黃翠梅 等, 「從玉石到玉器-環太平洋地區玉文化起源與傳播」, 『玉文化論叢(4)』, 台北, 衆志美術出版社, 2011.

1097　Erickson D. L. et al, An Asian Origin for a 10000 Year Old Domesticated Plant in the Americas, *PNAS*, 102(51): 18315-320, 2005.

1098　Deena D. W. et al., Diversity in Landraces and Cultivars of Bottle Gourd(Lagenaria Siceraria; Cucurbitacea) as Assessed by Random Amplified Polymorphic DNA, *Genetic Resources and Crop Evolution*, 48: 369-380, 2001.

1099　Andrew C. C. et al., Reconstructing the Origins and Dispersal of the Polynesian Bottle Gourd(Lagenaria siceraria), *Mol. Biol. Evol.*, 23(5): 893- 900, 2006.

1100　Green J. H. et al., A Comparison of the Linguistic, Dental and Genetic Evidence, *Current Anthropology*, 27: 477-497, 1986.
C. Melrin Aikens, From Asia to America: The First Peopling of the New World, 『韓國上古史學報』第19號, 1995, 31-64쪽.

1101　Hitoshi Watanabo, The Northern Pacific Maritime Culture Zone: A Viewpoint on Hunter-Gatherer Mobility and Sedentism, in *Pacific Northeast Asia in Prehistory*, 105-109, ed. by C. Melvin Aikens and Song Nai Rhee, WSU press, 1994.

장광직(張光直)은 베넷(bennett)[1102]의 지역 공동전통(Co-tradition)과 아시아-아메리카 샤먼 기층문화(Asian American Shamanistic Substraturm)를 주시한 웨스턴(Weston)[1103] · 퍼스트(Furst)[1104]의 연구를 근거로, 환태평양 기층문화(The Circumpacific Substratum)와 중국-마야연속체(China/Maya Continuum) 개념을 제안하고, 아시아와 아메리카는 문화가 유사할 뿐만 아니라 국가형성과정도 유사하다고 지적했다.[1105]

동아시아 · 동남아시아와 서아시아 · 중아시아의 석기시대 문화는 분명히 다르다. 나카오 사스케(中尾佐助) · 사사키 고오메이(佐佐木高明)등은 수년간 기후 · 지리 · 생태 · 민속문화 등 다방면에서 현지답사를 통해, 남아시아 · 동남아시아 · 중국 서남부 · 중국 동남부 및 일본의 식생과 문화의 유사성을 발견하고 조엽수림문화대 가설을 제기했고, 동아시아와 동남아시아 문화의 공통성을 제시했다.[1106] 그들은 또한 일본의 벼농사 기술뿐만 아니라 기타 많은 문화풍속이 모두 중국 서남부의 '반월호(半月弧)'[1107]에서 유래했다고 보았다.[1108] 와타나베 타다요(渡部忠世)의 『도미지로(稻米之路)』는 중국 서남부와 일본의 물벼를 중심으로 쌀 · 차 · 견 · 된장 ·

1102 Benett, W. C., The Peruvian Co- tradition, 1-7, in *A reappraisal of Peruvian Archaeology*, ed. by P.T.Furst, New York: Praeger, 1972.

1103 Weston La Barre, Hallucinogens and the Shamanic Origins of Religion, in *Flesh of the Gods*, ed. by P.T.Furst, New York: Praeger, 1972.

1104 Peter T. Furst, The Roots and Continuities of Shamanism, *Arts Canada*, 185-187, 1973/74.

1105 Chang K. C., The Circumpacific Substratum of Ancient Chinese Civilization, in *Pacific Northeast Asia in Prehistory*, 217-222, ed. by C. Melvin Aikens and Song Nai Rhee, WSU Press, 1994.

1106 [日]中尾佐助 · 佐佐木高明, 『照葉樹林文化と日本』, 東京, 苦悶出版社, 1992.

1107 역주: 반월호(半月弧). 방글라데시 아삼 지역에서 중국 호남지역에 이르는 '반달형' 지대

1108 佐佐木高明 著, 劉愚山 譯, 『照葉樹林文化之路: 自不丹 · 雲南至日本』, 昆明, 雲南大學出版社, 1998.

옻 · 자소(紫蘇) · 곡주 등의 문화 요소를 구체적으로 연구했다.[1109] 조엽수림문화대 가설이 제시한 동아시아문화의 공통기층이 바로 이(夷)문화의 특징이다.[1110] 이(夷) 특히 백월(百越)의 도작농경은 중국문화의 기초를 다지고 동아시아문화의 기조를 확립했다.

빙하기도 이동하고자 하는 인류의 열정과 충동을 막지 못했으며, 태평양도 문화의 전파와 교류를 저지하지 못했다. 우리는 동아시아와 밀접한 중앙아시아와 서아시아로 시야를 돌려야 한다. 일찍이 1940년대에 어떤 학자는 유럽과 동아시아의 구석기문화가 서로 다른 전통을 가지고 있는 것에 주의했다. 전자(유럽)는 주먹도끼 문화권(The Great Hand-Axe Complex)이며, 후자(동아시아)를 외날찍개 문화권(The Great Chopper-Tool Complex)으로, 그 경계선을 모비우스 선(Movius Line, 莫氏線)이라 부른다.[1111] 중국의 흰도끼[1112]와 한국의 전곡리[1113] 손도끼의 발견으로 구석기시대 동서문화 교류의 가능성을 생각하게 되었다. 어떤 학자는 동곡타(東谷坨) 석핵(石核)과 수동구(水洞溝) 석기를 연구한 후, 구석기시대에 동서문화가 교류한 석기의 길[石器之路]이 있었다고 대담한 주장을 했다.[1114]

중앙아시아와 동아시아의 채도문화가 독립적으로 기원했는가에 대

1109　渡部忠世 著, 伊紹亭等 譯,『稻米之路』, 昆明, 雲南人民出版社, 1982.

1110　上山春平,『照葉樹林文化-日本文化的深層』, 中央公論新社, 1969.

1111　Movius H.L, Early Man and Pleistocene Southern and Eastern Asia, *Papers of the Peabody Museum of American Archaeology and Ethnology*, 19 93), 1944.

1112　黃慰文,「中國的手斧」,『人類學學報』第6卷 第1期, 1987, 61-68쪽. Hou Y.M. et al. Mid- Pleistocene Acheulean- like Stone Technology of the Bose Basin, South China, *Science*, Vol. 287: 1622-1626, 2000.

1113　金元龍 · 崔茂藏 · 鄭永和,『韓國舊石器文化研究』, 韓國精神文化研究院, 1981.

1114　侯亞梅,「水洞溝東西方文化交流的風向標?-兼論華北小石器文化和石器之路的假說」,『第4紀研究』第25卷 第6期, 2005.

해서는 아직 정론이 없다. 신석기시대 말기에 밀[小麥]은 이미 동아시아에 전파되었다. 청동기시대 유목문화는 중앙아시아 혹은 서아시아에서 와서 본토 문화를 덮어 동아시아 문화의 상층으로 자리 잡았다. 에가미 나미오(江上波夫)는 수십 년간 '기마민족—유목국가—정복왕조' 학설을 가지고 일본의 문화 기원 · 민족 형성 · 국가 성격을 해석하는 데 집중했다.[1115] 게리 레드야드(Gary Ledyard)는 기마민족설(Horserider Theory)을 동아시아의 역사와 문화를 해석하는 공신력 있는 학설로 보고, 부여가 마한을 정복하고 백제를 건립한 후, 계속해서 일본 열도까지 동진하여 정복왕조를 건립했다고 주장했다.[1116] 고고학 발굴과 역사기록을 살펴보면 부여와 고구려는 기마민족 정복정권일 가능성이 있지만 한강 이남의 마한 · 진한 · 변한은 그렇지 않다. 삼국시대에 유목문화와 한문화의 영향을 받고나서야 효율적인 군사조직을 구축했음을 보여준다.[1117] 백제와 신라가 기마민족의 정복정권이 아니면, 일본이 기마민족의 정복왕조라는 것도 성립되기 어렵다.

중국 동북지역과 한반도라는 완충지로 인해, 기마민족은 일본에 직접 진입하지 못했다. 하시하카(箸墓)고분이 유목민족 수령이나 친족의 묘라는 증거는 없으며, 야마타이국(邪馬台國)의 여왕도 유목민족의 특징을 갖고 있지 않다.[1118] 『고사기(古事記)』와 『일본서기(日本書紀)』에는 천신(天神)과 국신(國神)이 보이는데, 천신이 일본에 강림하여 국신을 정복한다. 천신(天神)민족—특히 천손지(天孫支, 天皇支)는 부여와 고구려의 건국전설을 계승했다. 천황 본인이나 가족이 한반도에서 건너올 수는 있

1115 江上波夫 著, 張承志 譯, 『騎馬民族國家』, 北京, 光名日報出版社, 1988.

1116 Ledyard G, Galloping along with the Horseriders: Looking for the Founders of Japan, *The Journal of Japanese Studies*, Vol. 1, No. 2, 1975.

1117 김정배, 「한국에 있어서의 기마민족문제」, 『歷史學報』 제75 · 76 합집, 1978.

1118 王巍, 「從中國看邪馬台國和倭政權」, 雄山閣, 1993.

지만 전 민족이 대륙에서 건너올 수는 없다. 일본 천황은 하늘에서 강림하고 중국의 황제는 하늘로 승천했으니, 모두 토박이는 아닌 것 같다. 일본에는 유목민족정권이 출현했던 적은 없지만 확실히 유목문화의 영향을 받았으니, 야마토[大和]왕조가 정복왕조의 특징을 갖고 있다. 기마민족설의 의의는 유목문화가 서쪽에서 동쪽으로 전파되었을 가능성을 확인해 준 것에 있으며, 많은 연구와 발견들이 이러한 주장을 공고히 해주었다. 청동기와 유목문화는 동아시아 역사발전의 근본적인 동력이었다. 일본 열도의 야마타이국(邪馬台國)·야마토(大和)왕조와 한반도 삼국·통일신라 건립의 동력이었을 뿐 아니라 중국의 하(夏)·상(商)·주(周)와 진(秦)왕조 통일의 원인이었을 것이다.

유라시아대륙은 청동기시대에 이미 아주 긴밀한 세계시스템을 형성했다. 페르낭 브로델(Fernand Braudel)의 장기지속(longue duree) 이론과 이매뉴얼 월러스틴(Immanuel Wallerstein)의 근대세계체제(The Modern World-System)는 사람들의 마음속에 각인되었다. 안드레 군더 프랑크(Andre Gunder Frank)등은 근대세계체제뿐만 아니라 고대세계체제도 있었으며, 세계체제의 역사는 500년이 아닌 5,000년으로, 청동기시대에 이미 세계체제가 형성되었다고 주장했다.[1119] 청동제련은 지역 간 협력이 필요하여, 서아시아 및 그 주변 지역은 5,000년 전에 홍동·주석·납·청동과 식량을 주요 상품으로 하는 장거리 무역망을 형성했고, 중심과 주변부를 잇는 고대세계체제를 조직했다.[1120] 고대 인도나 남아시아는 이러한 세계체제의 특수한 부분이다.[1121] 유럽의 청동기와 유목문화도

1119 弗蘭克·吉爾斯 主編, 郝名瑋 譯, 『世界體系: 500年環是5,000年?』, 北京, 社會科學文獻出版社, 2004.

1120 Christopher E., Dynamic of Trade in the Ancient Mesopotamian "World System", *American Anthropology*, 94(1): 118~137쪽, 1993.

1121 Ratnagar S., The Bronze Age: Unique Instance of a Pre-Industrial World System,

서아시아[1122] 혹은 중앙아시아[1123]에서 왔으며, 기원전 3,000년 전부터 잇따라 청동기시대에 진입하기 시작했다.[1124] 콜린 렌프루(Colin Renfrew)는 유럽 특히 영국문화의 본토성을 매우 강조하지만,[1125] 청동 유목문화가 아시아에서 전래된 점은 인정하지 않을 수 없었다.[1126] 청동기시대 서아시아와 동아시아 사이의 무역은 상상하기 어렵지만, 서아시아는 부단히 주변부로 기술과 문화를 전파했다.[1127] 세계체제는 경제와 정치 관계뿐만 아니라 과학기술과 의식형태도 포함한다. 동아시아와 고대 유럽은 서아시아 중심의 청동기시대 세계체제의 주변부였다. 청동은 구대륙을 하나로 묶어주었고 인류가 공동으로 청동기시대로 접어들게 했다.

리안 아이슬러(Riane Eisler)는 『성배와 칼(The Chalice and the Blade)』에서 마리야 김부타스(Marija Gimbutas)의 가설 위에 『성경』과 기타 사료를 결합하여 유럽이 신석기시대에서 청동기시대로 넘어가는 잔혹한 과정을 생동하게 그려냄으로써, 유럽 선사시대의 알려지지 않은 진상을 보여주었다. 싸움을 좋아하고 무(武)를 숭상하는 쿠르간(Kurgan) 사람들의 수 차례에 이르는 대규모 침략은 유럽 모계사회의 목가적 생활을 파괴하고 부계사회 제도를 가져왔다. 남신(男神)이 여신(女神)을 대체하고, 검이 성배를 대신하며, 남성 계급의 통치가 여성과 남성의 동반관계를 대체하

Current Anthropology, 42(3): 351~379, 2001.

1122   Childe V. G., The Dawn of European Civilization, 6th ed. Routledge and Kegan, 1947.

1123   Marija Gimbutas, The Beginning of the Bronze Age in Europe and the Indo-Europeans: 3500-2500 B. C., Journal of Indo-European Studies, Vol. 1, 1973.

1124   Michael Rowlands, Conceptualising the European Bronze and Early Iron Ages, 49~69, in Social Transformations in Archaeology: Global and Local Perspectives, Routledge, 1998.

1125   Renfrew C., Before Civilization, Cape, 1973.

1126   Renfrew C., Archaeology and Language: The Puzzle of Indo-European Origins, Cambridge University Press, 1987.

1127   Crawford H. E. W., Mesopotamia's Invisible Exports in Third Milennium B. C., World Archaeology, Vol. 5: 232~241, 1973.

는 등 전반적으로 사회문화가 변화했다. 남성 무사의 손에 들려있는 검으로 상징되는 통치관계의 사회문화 모델이 여신 손에 들려있는 성배로 상징되는 동반관계의 사회문화 모델을 대체하면서부터, 지난 5,000년간 횡포와 독재 및 인류가 당면한 세계적인 문제들이 초래되었다.[1128]

『성배와 칼』과 『국화와 칼』[1129]은 이곡동공(異曲同工)의 묘미가 있다. 검과 무사는 일본 고유의 문화가 아니라, 멀리 중앙아시아의 쿠르간에서 전해온 것이다. 중국이나 동아시아 문화 모델도 이와 같다. 왕국유(王國維)의 『은주제도론(殷周制度論)』과 에가미 나미오(江上波夫)의 『기마민족국가(騎馬民族國家)』도 유사한 문화 모델 혹은 제도의 전환을 언급했다. 왕국유(王國維)는 "은(殷)나라와 주(周)나라의 대변혁은, 표면상으로는 하나의 성(姓)과 하나의 가(家)의 흥망과 도읍의 이전에 불과하지만, 그 본질은 구제도가 폐기되고 신제도가 일어나고 구문화가 폐지되고 신문화가 흥기 한 것이다."라고 말했다.[1130] 에가미 나미오(江上波夫)는 야요이시대 및 전기 고분시대의 주술·제사·화평·동남아식 농경민족 문화는 후기 고분시대의 현실·전투·귀족·북아시아식 기마민족 문화로 대체되었다고 결론지었다.[1131] 일본인은 자주적으로 기마민족 문화를 받아들인 것이 아니라, 대륙에서 한반도를 거쳐 일본에 침입하여 일본인을 정복한 기마민족이 있었다. 일찍이 야요이시대에 청동기와 철기는 이미 일본 열도에 전파되어 있었고, 그와 함께 호전(好戰)적 기풍도 함께 전해졌다. 우메하라 다케시(梅原猛) 등은 일본문화의 기층 구조를

1128 艾斯勒 著, 程志民 譯, 『聖杯與劍: 我們的歷史, 我們的未來』, 北京, 社會科學文獻出版社, 1993.

1129 Ruth Benedict, *The Chrysanthemum and the Sword*, 1946. 黃道琳 譯, 『菊花與劍: 日本的民族文化模式』, 桂冠圖書, 1986.

1130 王國維, 「殷周制度論」, 『觀堂集林』 卷10, 北京, 中華書局, 1959.

1131 江上波夫 著, 張承志 譯, 『騎馬民族國家』, 北京, 光明日報出版社, 1988.

세세하게 분석하고 발굴하여, 가장 기층 문화는 조몬시대 수렵채집 문화로,[1132] 삼림(森林)을 일본인의 정신적 고향이라고 보았다.[1133] 원생문화는 일본문화 모델의 기층 문화 모델로서 문화의 기조를 결정하고, 외래문화는 모두 일본화 되었다. 본토문명은 여러 번 외래문화를 흡수하여 승혼미재(繩魂彌才) · 화혼한재(和魂漢才) · 화혼양재(和魂洋才)라는 일본 문화 모델을 형성했다.[1134] 안정하고 화평한 조몬정신에서 유래한 화(和) 사상을, 성덕태자(聖德太子)는 헌법 즉 국가근본의 중심에 두었다. 군국주의는 일본의 토산품이 아니기 때문에, 전통의 신도(神道)를 벗어난 야스쿠니 신사는 국가에서 유리시킬 수 있다. 일본학계는 일본문화의 단계와 형성 과정을 밝혀냈다.

중국문화는 본토문화와 외래문화가 끊임없이 융합하여 쌍 나선구조를 이루고 있다. 본토에서 기원한 돼지 · 개 · 닭과 외래의 소 · 말 · 양은 육축(六畜)이 되었고, 외래의 밀과 본토의 벼 · 조 · 기장 · 콩은 오곡(五穀)이 되었다. 소로 밭을 갈 때, 쟁기와 호미는 기본적인 생산도구이다. 우경[犁耕]과 호미질은 서로 보완하며 동아시아 농경의 전통을 형성했다. 비단은 서쪽으로 융단은 동쪽으로 전파되어, 비단과 융단은 동서문화교역의 상징이 되었다. 배는 중국에서 기원하고 거마는 중앙아시아에서 기원하여 중원에서 교역되었다. 진(秦)나라의 벽돌 혹은 주(周)나라의 벽돌은 서아시아에서 온 것이고 기와는 중국의 발명품이지만, 벽돌과 기와를 이용한 건축기법은 동아시아의 특색이다. 토장(土葬)은 동아시아의 문화 전통이고 화장은 중앙아시아에서 기원했지만, 토장과 화장은 서로 병행되었다. 예악문화는 신석기시대에 시작되었고 호전적인 풍

1132   梅原猛 · 安田喜憲, 『繩文明的發現』, PHP研究所, 1996.

1133   梅原猛, 『森林思想－日本文化的元點』, 北京, 中國國際廣播出版社, 1993.

1134   梅原猛, 『日本文化論』, 講談社, 1976.

속은 중앙아시아의 청동기 문화에서 기원했지만, 제사와 전쟁은 국가를 이루는 대사가 되었다. 옥 문화는 신석기시대에 시작되었고 금 숭배는 청동기시대에 시작되었지만, 금성옥진(金聲玉振)의 대성을 이루었다. 조상제사[祭祖]는 동방의 특색이고 하늘제사[拜天]는 중앙아시아의 전통이었지만, 경천법조(敬天法祖)가 되었다.

다방면의 비교연구로 삼대(三代) 문화의 쌍 나선형 특징을 증명할 수 있었다. 본토에서 기원한 신석기시대 문화는 정착 농경을 특색으로 하며 중국문화의 기층을 이루었다. 서방에서 전해진 청동기시대 유목문화는 전 중국문화에 영향을 미쳐, 특히 중국의 상층문화가 되었다. 양자가 유기적으로 결합하여 독특한 삼대(三代) 문화를 형성했다. 핵분열 반응과 같은 이산(離散)은 문화전파 혹은 확장의 주요 형식이었고, 종합 반응과 같은 취합(聚合)은 문화의 진화를 가속시키는 근본 동력이 되었다. 하(夏) 혹은 융적(戎狄)이 청동 유목문화를 끌어들이자, 외래문화가 점점 본토의 이(夷)문화를 초월하거나 잠식해버렸기 때문에, 중국문화를 화하(華夏)문명으로 칭한 것이다. 선진(先秦)시대의 중국문화는 이(夷)와 하(夏)가 서로 섞여 이(夷)가 뿌리를 이루고 하(夏)가 줄기를 이루었으며[夷根夏脈], 진한(秦漢) 이후에는 한족(漢族)과 이민족이 섞여 서로 혼백을 이루었다[漢魂胡魄]. 중국문화는 본토에서 기원한 정착 농경의 이(夷)문화와 외래의 청동기 유목의 하(夏)문화가 반복적으로 혼합되어 형성된 복합문화이다.

2. 민족의 형성

중국 혹은 동아시아인의 기원에 관해서는 세 가지 학설이 있다. 1900년대 초에는 서쪽기원설이 유행했고, 1900년대 후기에는 본토설이 주류를 차지하다가, 2000년대에는 남쪽기원설이 점점 우의를 점하고 있다.[1135] 사실 세 학설은 서로 용납할 수 없는 상반된 것이 아니라, 모두 일부의 사실만 발견하거나 밝힌 것이다. 골격을 관찰하고 측량한 기초 위에 세워진 본토기원설이 동아시아인종의 연속적인 진화를 주장하는 것도 일리가 없는 것은 아니다. 중국의 인류와 문화의 진화 계보는 주구점(周口店) 발굴에서 시작되며 화북(華北)을 중심으로 한다고 보는 중국의 구석기 고고학과는 충돌되는 아프리카기원설 혹은 이브이론·아담가설은 몽골인종과 아프리카 흑인종의 연관성을 제시하고, 동아시아인과 인류의 관계를 밝혔다. 분자생물학의 기초위에 성립된 남쪽기원설은 동아시아 사람들이 아프리카에서 동남아를 거쳐 왔다고 주장한다. 몽골인종은 동아시아에서 대략 5만년을 살면서, 다양한 이인(夷人) 집단을 형성했는데, 사서(史書)에서는 '구이(九夷)', '중이(衆夷)' 혹은 '백이(百夷)'라 일컬었다. 중국인이 남쪽에서 온 것이 아니라 서쪽에서 왔다면, 하늘에서 떨어지거나 본토에서 기원했을 가능성은 기본적으로 배제할 수 있다. 신화 전설과 역사 문헌을 기초로 한 서쪽 기원설의 일부를 고고학 발굴과 분자생물학연구로 밝혀냈다. 황제(黃帝)로 상징되는 인도유럽인이 청동기시대부터 동아시아에 진입했을 가능성은 충분하다. 황제(黃帝)의 자손인 하(夏)·주(周)·융(戎)·적(狄)은 끊임없이 중원에 진입하고 종횡으로 이주했다. 그들은 끊임없이 본토의 지역의 이인(夷人)과 섞이며, 황제(黃帝)와 하(夏)를 숭배했기 때문에 대체로 그들을 하인(夏人)으로 칭할 수 있다. 이(夷)와 하(夏)는 반복적으로 부단히 혼합되어 동아시아 각 민족을 형성했다.

언어는 민족의 특수한 지표다. 중국티베트어족 가설은 이미 반 백 년

1135 柯越海·宿兵·李宏宇·陳黎峰·戚春建·郭新軍·黃薇·金建中·盧大儒·金力,「Y 梁色體遺傳學証據支持現代中國人起源於非洲」,『科學通報』, 2001(5).

이 지났음에도 여전히 성숙되지 못했다. 동아시아언어의 분류법은 중요한 도전에 직면해있다. 역사비교법은 인도유럽인의 대규모 이동을 배경으로 언어계보분화 가설의 기초위에 세워졌다. 인도유럽어족과 같은 견고한 중국티베트어족 체계를 구축하는 것은 불가능하다. 언어는 사물이 아니기 때문에, 분화하여 새로운 언어를 생산할 수도 있고 혼합되어 혼합어를 형성할 수도 있다. 인류역사상 언어의 혼합은 언어가 깊게 접촉한 결과이다. 침투력이 비교적 약하고 침투 층차가 명확한 상황에서는 주류 특징에 근거하여 그 소속을 확정할 수 있다. 그러나 혼합도가 강하고 침투 층차가 복잡한 상황에서는 혼합어로 인정하는 것이 가장 좋다.[1136] 한어(漢語)는 전형적인 혼합어로, 어휘는 사방에서 모였으며 어법 역시 독특한 혼합성을 드러낸다. 동자이음[一字多音]·동의어·독립구조·두 가지로 배열이 가능한 어휘·혼합된 어순과 구법은 혼합어의 증거가 된다. 이월어(夷越語)가 동아시아에서 발원하여, 서북쪽에서 온 인도유럽어와 혼합되어 한어(漢語)를 형성했다. 한어(漢語)는 다양한 원시 이어(夷語)와 혼합되었을 뿐만 아니라 인도유럽어족의 언어들과 깊게 혼합된 후, 한자로 공고화 과정을 거쳐 최대의 혼합어를 형성했다. 한국어와 일본어도 어족을 구분하기가 어렵다. 원시 오스트로네시아어 혹은 이월어(夷越語)와 함께 기원했지만, 알타이어와 고대 한어(漢語)의 거대한 영향을 받아 한어(漢語)와 유사한 혼합어가 되었다. 한어(漢語)·일어·한국어는 동아시아뿐 아니라 세계에서 유명한 3대 혼합어로, 이 언어들은 어떠한 어족으로도 분류하기가 적합하지 않다. 이들은 언어의 바다 혹은 호수로서, 끊임없이 다른 언어를 흡수한 독특한 혼합어이다. 이 세 언어는 모두 이어(夷語)를 기층으로 하고, 인도유럽어와 알타이어를 상층으로 하고 있어, 또한 이하(夷夏)의 선후의 증거가 될 수 있을 것

1136 李葆嘉, 「漢語史研究 "混成發生 · 推移發展" 模式論」, 『江蘇教育學院學報』, 1997(1).

이다.

　인류기원과 이동의 배경이 날로 명백해지며 세계화된 오늘날, 민족의 기원을 추적하는 것은 민족의 독특성을 찾는 것이 아니라 민족과 인류의 관계를 고증하는 것이다. 어떤 민족이 독립적으로 기원했다는 학설은 모두 주관적 바람일 뿐 과학적 분석과 검사를 통과하기 어렵다. 따라서 우리는 어떤 민족이 어떤 지역에서 기원하고 어떤 민족에서 유래했다는 단순한 설법에 찬성할 수 없는 이유는, 그러한 것들은 민족이 생겨나 변화되는 과정의 일부일 뿐이기 때문이다. 상술한 과학적 연구를 종합하여 한민족(漢民族)의 기원에 대해 다음과 같이 약술할 수 있을 것이다. 한민족(漢民族)의 대부분은 몽골인종에 속하며, 몽골인종은 대략 50,000년 전 동남아시아를 거쳐 중국에 진입한 후 점차 동아시아지역에 분포하며 이(夷)집단을 형성했다. 일부의 한족(漢族)은 하(夏)·융(戎)·적(狄)으로부터 강(羌)·토하라(Tochara)까지 거슬러 올라갈 수 있으며, 일부는 대략 4,000년 전부터 계속해서 동아시아에 진입하기 시작한 인도유럽인에서 기원했다. 한족(漢族)의 하늘숭배와 청동유목의 전통과 그와 관계된 문화는 하(夏) 혹은 융적(戎狄)에서 기원했고, 토지숭배와 정착 농경문화전통은 동아시아의 토착인 이(夷)의 문화이다. 한어(漢語) 역시 화오(華澳)어족인 이어(夷語)와 인도유럽어족인 하언(夏言)이 혼합되어 이루어졌다. 요순(堯舜) 전설과 염황(炎黃) 신화는 이러한 과정을 상징적으로 반영했다. 간단히 말해, 인류는 아프리카를 떠난 후 각각 히말라야산맥의 남측과 북측으로 동아시아에 진입했는데, 남쪽으로 온 자들은 몽골인종으로 정착 농경생활방식을 발명했고 북쪽으로 온 자들은 인도유럽인종으로 유목생활방식을 형성했다. 이들은 서로 만나고, 반복적으로 섞이며 한민족(漢民族)을 형성하였다. 이것이 우리들이 지금까지 아는 바의 한민족(漢民族)의 기원이다. 다른 민족의 형성 또한 이에 의거하여 유추할 수 있을 것이다.

3. 민족의 정체성

이(夷)와 하(夏)의 관계는 결국 인식의 문제이기 때문에, 객관적 구분이
가능할 것 같지만 정체성이나 신앙으로 변질될 수 있다. 먼저 만이(蠻夷)
가 있었고, 나중에 융적(戎狄)있었으며, 하(夏)는 그 사이에 있었다. 하(夏)
왕조의 건립은 중국역사의 시작을 의미한다. 이보다 앞서 동아시아는 만
이(蠻夷)의 지역이었으나 대우(大禹)부자가 만이(蠻夷)의 사이에서 하(夏)왕
조를 건립하고부터 동이(東夷)와 서이(西夷) · 남만(南蠻)과 북만(北蠻)의 구
별이 생겨났다. 상(商)나라 사람들은 동이(東夷)를 이끌고 하(夏)왕조를 전
복시켜 상(商)나라를 건립했고, 서이(西夷)와 북만(北蠻)은 점점 유목화 되어
서융(西戎)과 북적(北狄)이 되었다. 주(周)나라 사람들은 융적(戎狄) 사이에
서 일어나 상(商)왕조를 정복하고 주(周)왕조를 건립하고, 하(夏)나라 사람
을 선조로 추인했다. 서주(西周) 때 처음 중국(中國)이라고 칭했다. 『하준(何
尊)』의 명문에 "무왕(武王)께서 대읍(大邑) 상(商)을 정벌하시고 하늘에 고하
여 말씀하시기를, 나는 이 중국에 머물며 스스로 백성들을 다스리겠습니
다.……"[1137]라고 하여, 나라 안의 사람들을 하(夏)로 범칭했다. 『설문해
자(說文解字)』에서는 "하(夏)는 중국(中國)의 사람이다."[1138] 라고 했다. 주
(周)왕조의 하인(夏人)은 하(夏)왕조의 귀족과 이만(夷蠻) · 융적(戎狄)이 결
합한 산물이다. 서주(西周)시대에 비록 하(夏) · 이(夷) · 만(蠻) · 융(戎) ·
적(狄)이라는 호칭이 있었지만, 높고 낮음 · 귀천 혹은 문명과 야만의 뚜
렷한 구분은 없었다. 춘추시대에 이르러서도, 초(楚)와 남만(南蠻) · 제

1137 역주: 『何尊』: 唯武王旣克大邑商, 則廷告於天, 曰 余其宅玆中國, 自之辟民……

1138 역주: 『說文解字』「夂部」: 夏, 中國之人也.

(齊)와 동이(東夷)·진(晉)과 북적(北狄)·진(秦)과 서융(西戎)은 여전히 분리하기가 어렵다. 남만(南蠻) 초인(楚人)·동이(東夷) 제인(齊人)·북적(北狄) 진인(晉人)·서융(西戎)·진인(秦人)이 서로 중원에 들어와 패권을 다투며 화하(華夏)로 융합되었는데, 이때 '제하(諸夏)'의 설이 나타났다.

"문채남이 성대하구나! 나는 주(周)나라를 따르겠다."[1139]라고 말한 공자(孔子)는 은상(殷商) 혹은 이인(夷人)의 후예였지만, 주(周) 혹은 하(夏)를 인정했다. 맹자(孟子)는 동이(東夷) 출신이었고, 순(舜)과 문왕(文王)도 이(夷) 출신이지만, 여전히 하(夏)를 인정했다. 『논어(論語)』「안연(顏淵)」에 "군자가 공경하여 허물이 없고, 사람들과 함께할 때는 공경하고 예가 있으면, 사해의 사람들이 모두 형제가 될 것이다!"[1140]라고 했고, 『이아(爾雅)』「석지(釋地)」에서 "구이(九夷)·팔적(八狄)·칠융(七戎)·육만(六蠻)을 일러 사해(四海)라고 한다."[1141]라고 했다.

전국시대에는 제하(諸夏)가 하나가 되어, 변경의 만이(蠻夷)와 융적(戎狄)을 배척하고 폄하하는 것이 사회적 풍조가 되었다. 진시황(秦始皇)이 중원을 통일하면서, '제하(諸夏)' 공동체 의식을 강력히 촉진시켰다. 진(秦)이 직면한 주요 도전자는 서융(西戎)과 북적(北狄)이 혼합된 호(胡) 또는 흉노(匈奴)라 불리던 집단이었다. 흉노(匈奴)는 몽골초원을 호령하며 유목민의 초보적 통일을 이루고 백만대국(百蠻大國)을 건립했다. 진한(秦漢)왕조가 통치하는 제하(諸夏)는 전형적인 농경민족으로, 주로 하(夏)와 이만(夷蠻)으로 구성되었고 융적(戎狄)도 일부 융합되어 있었다. 흉노(匈奴)가 통치하던 제융(諸戎)과 여러 적[衆狄]은 전형적인 유목민족으로, 주로 만이(蠻夷)에서 이어져 왔고 하(夏)·상(商)·주(周) 삼대(三代)의 사

1139 역주: 『論語』「八佾」: 郁郁乎文哉. 吾從周.

1140 역주: 『論語』「顏淵」: 君子敬而無失, 與人恭而有禮. 四海之內, 皆兄弟也.

1141 역주: 『爾雅』「釋地」: 九夷八狄七戎六蠻, 謂之四海.

람과 인도유럽 유목민도 일부 융합되어 있었다. 호(胡) 혹은 흉노(匈奴)는 하(夏)와 끊을 수 없는 관계이다. 서중서(徐中舒)는 베른하르트 칼그렌(Bernhard Karlgren)의 『한어분석자전(漢語分析字典)』에서 고대에는 胡를 you로 읽고 夏를 ya로 읽어, 발음이 같기 때문에 서로 통용될 수 있었다는 것에 주의 했다.[1142] 강량부(姜亮夫)는 "흉노(匈奴)도 하(夏)민족이다. 흉노(匈奴)의 명칭은……마땅히 훈육(獯鬻)·험윤(獫狁)은 일성지전(一聲之轉)의 관계이다.……살펴보면 호(胡)는 응당 하(夏)의 성전(聲轉)관계이다.…… 서호(西胡)는 서하(西夏)와 유사하다."라고 했다.[1143] 이에 따르면, 이(夷)와 하(夏)는 모두 중국 유목민족과 농경민족의 공동선조가 된다.

『사기(史記)』「흉노전(匈奴傳)」 앞부분에 "흉노(匈奴)는 하후씨(夏后氏)의 후손이다."[1144]라고 했는데, 모두 날조는 아니다. 만약 한족(漢族)이 단지 하(夏)만 선조로 여기고 이만(夷蠻)과 융적(戎狄)을 선조로 여기지 않으면 전형적인 수전망조(數典忘祖)이며, 유목민이 단지 융적(戎狄)만 선조로 여기고 하(夏)를 적으로 여기면 똑같은 잘못을 범하는 것이다. 따라서 흉노(匈奴)의 후예 혁련발발(赫連勃勃)은 흉노(匈奴)가 하후씨(夏后氏)의 후손임을 굳게 믿었다. "짐은 대우(大禹)의 후예로, 대대로 유주(幽州)와 삭주(朔州)에 거했다. 조상들은 빛나는 업적으로, 항상 한위(漢魏)와 대등한 나라를 일구었다. 그러다 중간에 경쟁력이 없어, 타인의 제약을 받았다. 짐의 불초함에 이르러, 조상들의 공업을 잇지 못하고, 국가가 패망하여, 여기저기 떠돌아다니며 포로가 되었다. 지금 장차 시운을 따

1142　徐中舒, 「再論小屯與仰韶」, 『安陽發掘報告』 第3期, 1931.

1143　姜亮夫, 「夏殷兩民族若干問題滙述」, 『古史學論文集』, 上海, 上海古籍出版社, 1996.

1144　역주: 『史記』 「匈奴傳」: 匈奴, 夏后氏之苗裔也.

라 일어나, 대우(大禹)의 공업을 회복시키고자 한다"[1145] 라고 했다. 그는 스스로 천왕(天王)·대선우(大單于)라 칭하고, 연호를 용승(龍昇)으로 했으며, 국호를 대하(大夏)로 했다.

〈당(唐)은〉 유목민족과 농경민족이 결합된 산물로, 이세민(李世民)은 먼저 이하일가(夷夏一家)를 높이 부르짖었다. "이적(夷狄)도 사람일 뿐이라서, 그 마음은 중하(中夏)의 사람들과 다르지 않다. …… 대개 덕과 은택을 흡족하게 베풀면 사이(四夷)를 한 집안처럼 만들 수 있지만, 시기가 많으면 골육이 적이 되는 것을 면치 못한다. …… 자고로 중화(中華)를 귀하게 여기고 이적(夷狄)을 천히 여겼지만, 짐은 그들을 아끼기를 똑같이 했다."[1146] 당(唐)왕조에 일찍이 출현했던 "호(胡), 월(越) 일가는, 자고로 있었던 적이 없는" 상황이었다.

이(夷)와 하(夏)의 분별을 주장하는 사람들은 사실 단편적이다. 그들은 하(夏)가 대부분 이(夷)에서 출현했고, 또 이(夷)와 하(夏)는 상호 전환될 수도 있으며, 합쳐서 하나가 될 수도 있음을 알지 못했다. 이는 장광직(張光直)이 말한 바와 같다.

우리는 우리들의 몇 십대 조상에서부터 주(周)나라 사람들에게 속임을 받아왔음을 점차 발견했다. 주(周)나라 사람들은 문자가 있었기 때문에, 중원은 화하(華夏)이고 문명적이지만 중원의 남북은 모두 만이(蠻夷)라고 전할 수 있었다. 그러나 만이(蠻夷)에게는 문자가 없었기 때문에 그들 자신을 알릴 수 없었다. 따라서 우리들의 선대 지식인들은 주(周)나라 사람들에게 크게 속아 화(華)와 이(夷)의 분별을 전통 상고사의 금과옥조로 여겨왔다. 하지만

1145 역주:『晉書』「載記·赫連勃勃」: 朕大禹之後, 世居幽朔, 祖宗重暉, 常與漢魏爲敵國. 中世不競, 受制于人. 逮朕不肖, 不能紹隆先構, 國破家亡, 流離漂虜. 今將應運而興, 復大禹之業.

1146 역주:『資治通鑑』「唐紀」: 夷狄亦人耳, 其情與中夏不殊.…… 蓋德澤洽, 則四夷可使如一家; 猜忌多, 則骨肉不免爲仇敵. …… 自古皆貴中華, 賤夷狄, 朕獨愛之如一.

오늘에 이르러 비로소 고고학으로 모든 것이 밝혀졌다.[1147]

사실 『춘추공양전(春秋公羊傳)』 「소공 23년(昭公 二十三年)」에서는 일찍이 "이적(夷狄)이 중국의 주체가 되는 것을 찬성하지 않았다. 어찌하여 중국을 주체로 하지 않았는가? 중국 또한 새로운 이적(夷狄)이기 때문이다."[1148]라고 밝혔다. 이(夷)와 하(夏)의 분별은 확실히 2천 여 년을 지속해온 무의미한 논쟁이다. 전종서(錢鐘書)는 다음과 같은 문제에 주목했다.

한인(漢人)들은 스스로 화(華)라고 칭하고 선비(鮮卑)를 호로(胡虜)라고 했다. 위(魏)나라 선비(鮮卑)들은 스스로 화(華)라고 칭하고 유연(柔然)을 이로(夷虜)라고 했다. 먼저 지위에 오른 제(齊)나라 선비(鮮卑)들은 뒤이어 지위에 오른 주(周)나라 선비(鮮卑)들을 이적(夷狄)이라 했다. 후에 남송(南宋) 사람들은 금(金)나라 사람들을, 금(金)나라 사람들은 몽골(蒙古) 사람들을 이처럼 대했다.……자신의 화살로 자신을 쏘는 것이라 할 수 있다.[1149]

하(夏)는 이(夷)에서 나왔음에도 스스로가 이(夷)보다 우월하다고 여기는 것은 민족중심주의의 전형적인 표현이다. 객관적으로 이(夷)와 하(夏)는 똑같이 중국 유목민족과 농경민족의 조상이지만 사람마다 주관적 견해는 다르다.

이(夷)와 하(夏)가 관련된 것으로는 염황(炎黃)숭배와 요순(堯舜)신앙

1147 張光直, 「中國考古學科與歷史學整合國際學術研討會致辭」, 『考古人類學隨筆』, 北京, 三聯書店, 1999, 77쪽.

1148 역주: 『春秋公羊傳』 「昭公23年」: 不與夷狄之主中國也. 然則曷爲不使中國主之? 中國亦新夷狄也.

1149 錢鐘書, 『管錐編』, 北京, 中華書局, 1994., 1487-1490쪽

이 있다. 염황(炎黃)전설은 전국시대 문헌에서 처음 보이며, 대체로 중국 역사상 선사시대 유목민족과 농경민족의 관계를 살펴볼 수 있게 상징적으로 표현되어 있다. 염제신농씨(炎帝神農氏)는 대략 신석기시대에 활동한 농경민족의 전설 속 조상이다. 황제헌원씨(黃帝軒轅氏)는 유목을 하며 서북지역에서 활약하다 나중에 중원에 진입했다. 중원의 주도권을 다투던 중 판천(阪泉)의 대전이 발발했고, 염황(炎黃) 두 부족은 하나로 통합되어 모두 정착 농경생활을 하며, "때에 맞게 백곡과 초목을 심고, 금수와 곤충을 길들였다."[1150] 염제(炎帝)의 부족은 인구가 많고 땅을 위주로 생활했지만, 새롭게 일어난 황제(黃帝)의 부족은 인구가 적었기 때문에, 황제(黃帝)가 염제(炎帝)를 정복한 이후 계속해서 염황(炎黃)은 형제라는 설이 있게 되었다. 염황(炎黃)전설은 사실 중국 역사상 소수가 다수를 정복하고 왕조가 교체되는 굴곡을 반영한다.

염제(炎帝)부족과 황제(黃帝)부족의 연맹이 화하(華夏)민족의 주체를 형성했을 가능성이 있다. "황제(黃帝)는 25명의 자식이 있었고, 성(姓)을 얻은 자는 14명이었다."[1151]는 설에 근거하여, 이처럼 번창했다면, 수십 대가 지난 후 온 나라가 모두 황제(黃帝)의 후손이 될 수 있다. 또 염제(炎帝)의 후손으로 태씨(邰氏)·열산씨(列山氏/驪山氏)·과보씨(夸父氏)·태악씨(太岳氏)·고죽씨(孤竹氏)·동어씨(彤魚氏)·강융씨(姜戎氏)·호인씨(互人氏/氐人氏)·영씨(靈氏)·병씨(幷氏)·오씨(午氏)·병씨(丙氏)·적씨(赤氏)·신씨(信氏)·정씨(井氏)·기씨(箕氏)·감씨(甘氏)·채씨(菜氏)·희씨(戲氏)·수씨(殳氏)·연씨(延氏) 등이 있다고 전해지지만, 하후씨(夏后氏)와 유아씨(有娥氏)는 보이지 않는다. 강씨(姜氏)의 후손은 다시 제(齊)·여(呂)·허(許)·신(申)·고(高)·사(謝)·구(邱)·정(丁) 등 백여 개

1150 역주: 『史記』「五帝本紀」: 時播百穀草木, 淳化鳥獸蟲蛾.

1151 역주: 『史記』「五帝本紀」: 黃帝二十五子, 其得姓者十四人.

성(姓)으로 갈라졌지만, 사(姒)성과 자(子)성은 보이지 않는다. 희(姬)와 강(姜)이 대대로 통혼을 한 것은 주(周)나라 사람과 염황(炎黃)의 관계가 밀접했음을 보여준다. 진(秦)나라 사람들은 본래 후미진 서쪽 변방에 살았지만, 비자(非子)가 관산목장(關山牧場)에서 유목생활을 한 이후, 위수(渭水)유역에 진입하여 주(周)나라의 유민을 거두고, 먼저 서융(西戎)을 제패하고 훗날 천하까지 통일하여 주진(周秦) 문화전통을 형성했다. 이로써 주진(周秦)문화는 중화(中華)문화의 '주류'가 되었다.

염황(炎黃)의 자손 중에 유명한 불초자가 있다. "…전욱씨(顓頊氏)에게 불초한 아들이 있었는데, 가르칠 수도 없고 선한 말을 할 줄을 몰라, 천하의 사람들이 그를 도올(檮杌)이라 했다. 이 세 씨족은 대대로 불어나 요(堯)의 시대에 이르렀지만, 요(堯)는 그들을 제거하지 못했다. 진운씨(縉雲氏)에게도 불초한 아들이 있었는데, 음식을 탐하고 재물을 탐하여, 천하의 사람들이 그를 도철(饕餮)이라 했다."[1152] 고증에 의하면, 도철(饕餮)은 유목민족 혹은 북적(北狄)과 관련이 있다.[1153] 『여씨춘추(呂氏春秋)』「시군람(恃君覽)」에서 "안문(鴈門)의 북쪽에 있는 응준(鷹準)·소지(所鷙)·수규(須窺)의 나라들과 도철(饕餮)·궁기(窮奇)의 땅, 숙역(叔逆)의 장소, 담이(儋耳)의 거주지는 대부분 군주가 없다. 이들 네 지역은 군주가 없어서 그 백성들이 미록이나 금수와 같다. 젊은 사람이 나이든 사람을 부리고 나이든 사람들은 건장한 이를 두려워하며, 힘 있는 자를 현자로 여기고 난폭하고 오만한 자를 존대하며, 밤낮으로 서로 해쳐 휴식할 겨를도 없이 동족들의 씨를 말린다."[1154]라고 했다. 몽골초원의 유목민들

1152 역주: 『史記』「五帝本紀」와 『春秋左氏傳』「文公18年」에 자세하다.

1153 楊希枚, 「古饕餮民族考」 『中硏院民族學硏究所集刊』 第24輯, 1967.

1154 역주: 『呂氏春秋』「恃君覽」: 鴈門之北, 鷹隼所鷙須窺之國, 饕餮窮奇之地, 叔逆之所, 儋耳之居, 多無君. 此四方之無君者也. 其民麋鹿禽獸, 少者使長, 長者畏壯, 有力者賢, 暴傲者尊, 日夜相殘, 無時休息, 以盡其類.

은 모두 염황(炎黃)의 자손일 가능성이 높다. 따라서 염황(炎黃)은 농경민족의 조상일 뿐 아니라 유목민족의 조상이기도 하다. 『주서(周書)』 「문제기(文帝紀)」에 "태조(太祖) 문황제(文皇帝)는 우문씨(宇文氏)이고, 휘는 태(泰), 자는 흑랄(黑獺)로 대(代)의 무천(武川) 사람이다. 그 선조는 염제 신농씨(炎帝神農氏)에서 나왔지만, 황제(黃帝)에게 전멸하여 자손들은 북쪽 황야로 흩어졌다."[1155]라고 했다. 유목 출신인 우문씨(宇文氏)가 염제(炎帝)를 선조로 추인한 것은 정치적 투쟁의 필요에 의한 것이었지만, 또한 염황(炎黃)전설의 자연스러운 전개이기도 했다. 『위서(魏書)』 「서기(序紀)」에서는 탁발(拓跋)의 선조를 황제(黃帝)라고 하고 있다.

옛적 황제(黃帝)에게 25명의 아들이 있었는데, 안으로 제화(諸華)가 되기도 했고, 밖으로 황복(荒服)을 나누어 받기도 했다. 창의(昌意)의 작은 아들은 북토(北土)를 봉토로 받았는데, 나라에 대선비산(大鮮卑山)이 있어, 이를 국호로 삼았다. 그 후에 대대로 군장(君長)이 되어 유도(幽都)의 북쪽을 다스리며, 광막(廣漠)한 들에서 가축을 방목하고 이동하며 수렵을 업으로 삼으니, 풍속이 순박하고 문화가 간이하며, 문자를 쓰지 않고 나무에 기호를 새겼을 뿐이다. 멀고 가까운 일을 사람들이 서로 전하고 전했는데, 사관의 기록과 같았다. 황제는 토덕(土德)으로 왕노릇 했는데, 북방의 풍속에 '토(土)'를 '탁(拓)'이라 하고, '후(后)'를 '발(跋)'이라 했으니, 따라서 이를 씨(氏)로 삼았다.[1156]

1155 역주: 『周書』 「文帝紀」: 太祖文皇帝姓宇文氏, 諱泰, 字黑獺, 代武川人也. 其先出自炎帝神農氏, 爲黃帝所滅, 子孫遜居朔野.

1156 역주: 『魏書』 「序紀」: 昔黃帝有子二十五人, 或內列諸華, 或外分荒服. 昌意少子, 受封北土, 國有大鮮卑山, 因以爲號. 其後, 世爲君長, 統幽都之北. 廣漠之野, 畜牧遷徙, 射獵爲業. 淳樸爲俗, 簡易爲化, 不爲文字, 刻木紀契而已. 世事遠近, 人相傳授, 如史官之紀錄焉. 黃帝以土德王, 北俗謂土爲拓, 謂后爲跋, 故以爲氏.

요순(堯舜) 전설과 염황(炎黃) 전설은 중국 역사상 현저히 다른 양대(兩大) 전설이다. 사마천(司馬遷)은 천하일가(天下一家)·만세일통(萬世一統)의 이상에서 출발하여, 체계적으로 정리하여「오제본기(五帝本紀)」를 지었다. 그는 주로『세본(世本)』·『대대례기(大戴禮記)』·『상서(尙書)』에서 자료를 인용하여, 황제(黃帝)를 시작으로 하여 순(舜)으로 마무리했고, 그 가운데 3명은 그다지 중요하게 여기지 않았다. 선진(先秦)시기의 양대 전설이 하나로 섞여서 서로 대립되기도 했지만 통일성 있는 민족 혹은 국가의 기원 신화가 구성되었다.

「오제본기(五帝本紀)」는 시대의 순서를 뒤바꾸었다. 물질문화 혹은 과학기술의 측면에서 보면, 먼저 석기시대 정착 농경문화가 있었고 후에 청동기시대 유목문화가 있었다. 만약 요순(堯舜)과 염황(炎黃)전설의 선후를 구분한다면, 먼저 요순(堯舜)이 있고, 뒤에 염황(炎黃)이 있을 수밖에 없다. 정신문화 혹은 윤리도덕의 측면에서 보아도 순서는 뒤바뀐다.[1157] 중국 고대사를 나누는 시간개념은 그 유래가 오래되었다.『노자(老子)』에서는 "도(道)가 사라지자 덕(德)을 찾기 시작했고, 덕(德)이 사라지자 인(仁)을 찾기 시작하고, 인(仁)이 사라지자 의(義)를 찾기 시작했고, 의(義)가 사라지자 예(禮)를 찾기 시작했다."[1158]라고 했고, 유가(儒家)에서는 "유우씨(有虞氏)는 덕이 높은 자를 귀하게 여겼고, 하후씨(夏后氏)는 작위(爵位)가 높은 사람을 귀하게 여겼으며, 은(殷)나라 사람들은 부유한 자를 귀하게 여겼고, 주(周)나라 사람들은 어버이를 귀하게

1157 과학 기술의 끊임없는 발전과 도덕윤리가 꼭 서로 정비례한다고 볼 수는 없다. 오히려 날마다 더 타락할 수도 있다. 장 자크 루소(Jean-Jacques Rousseau, 1712-1778)의 입상 논문인 『科學與技藝的復興有助於敦風化俗嗎? *Discours sur les sciences et les arts*』(1750년)은 이 점을 설득력 있게 논증했다.

1158 역주:『老子』: 失道而後德, 失德而後仁, 失仁而後義, 失義而後禮.

여겼다."¹¹⁵⁹라고 했으며, 법가(法家)에서는 "상고시대에는 도덕(道德)으로 겨루었고 중세시대에는 지모(智謀)로 겨루었으나 지금은 힘으로 다툰다."¹¹⁶⁰고 했다. 예악이 무너진[禮崩樂壞]시대에 처하여, 그들은 도덕 수준이 날로 무너져 가는 추세를 바라보며 옛날의 평화로운 시절의 기억을 강조했다. 『예기(禮記)』「예운(禮運)」에서는 "대도(大道)가 행해지던 시대와 삼대(三代)의 영웅들의 시대를 내가 직접 보지는 못했지만, 이에 대한 기록이 남아 있다. 대도(大道)가 행해지던 시대에는 천하가 함께하여 어질고 유능한 자를 선발하고 신의를 가르치고 화목을 실천했다.…… 이를 대동(大同)이라고 한다. 지금 대도(大道)가 사라지고 천하가 가(家)로 나뉘어 …… 이를 소강(小康)이라고 한다."¹¹⁶¹라고 했다. 『사기(史記)』「백이열전(伯夷列傳)」에서는 요순(堯舜)시대의 선양제도에서부터 무력으로 횡포한자를 대체하는[以暴易暴] 전 과정을 기술했다. 순(舜)은 도덕의 모범이 되는 도덕문화의 비조(鼻祖)이다. 『상서(尙書)』에서는 "덕(德)은 순(舜)으로부터 밝아졌다."라고 했고, 『사기(史記)』에서도 "천하의 명덕(明德)이 모두 우제(虞帝)로부터 시작되었다."¹¹⁶²라고 했다. 만약 황제(黃帝)가 요순(堯舜)보다 앞서 있었다면, 분명 명덕(明德)을 가진 군주는 아니었을 것이다. 반고(班固)는 『한서(漢書)』「사마천전(司馬遷傳)」에서 "옳고 그름을 분별함에 있어 성인의 뜻에 어긋남이 있으니, 대도(大道)를 논할 때 황노(黃老)를 앞세우고 육경(六經)을 뒤로하여 논했다."라고 했다. 진한(秦漢)시기는 만국이 통일된 시기였기 때문에, 사마천(司馬遷)도

1159 역주: 『禮記』「祭儀」: 有虞氏貴德而尙齒, 夏后氏貴爵而尙齒, 殷人貴富而尙齒, 周人貴親而尙齒.

1160 역주: 『韓非子』「五蠹」: 上古競於道德, 中世逐於智謀, 當今爭於氣力.

1161 역주: 『禮記』「禮運」: 大道之行也, 與三代之英丘未之逮也, 而有志焉. 大道之行也, 天下爲公, 選賢與能, 講信修睦.……是謂大同. 今大道旣隱, 天下爲家.……是謂小康.

1162 역주: 『史記』「帝舜」: 天下明德, 皆自虞舜始.

진한(秦漢)의 대일통 대세에 순응하며 민족일원론(民族一元論)을 계승하여 주장했다. 조상과 신령의 '횡적체계'는 '종적체계'로 바뀌었고, '지도'는 '연표'로 바뀌어, 다른 종족과 다른 문화의 선조들은 모두 제하(諸夏)민족과 중원문화의 체제에 포함되었다.[1163] 『사기(史記)』의 민족일원론은 중화민족의 단결과 응집에는 기여했으나, 고대사 체계의 진실을 파괴했다.

요순(堯舜)의 선양은 황제(黃帝)의 세습 전통과 다르다. 인류역사상 정권을 취득하는 방식은 평화적 천거와 무력탈취가 있었고, 정권을 이양하는 방식은 세습·찬탈·선양·선거가 있었다. 중국의 역대 왕조들이 선택한 것은 전설 속 황제(黃帝)가 열어놓은 무장으로 정권을 탈취한 후 세습하는 전통이었다. 염황(炎黃)전설은 사실 청동기시대 하(夏)·상(商)·주(周) 역사의 굴곡을 반영하고, 요순(堯舜)은 선사시대의 전설로서 신석기시대 정착 농경사회의 상황을 반영한다. 상대적으로 평화로웠던 옥백(玉帛) 고국(古國)시대에는 수령이 선거나 선양을 하는 것이 가능하였다. 동중서(董仲舒)가 "백가를 버리고 유술(儒術)만 존중"하여 왕통과 도통을 혼란하게 하였고 사마천(司馬遷)이 요순(堯舜)과 염황(炎黃)을 조합한 이후부터 공맹(孔孟)정신은 변형되었다. 『맹자(孟子)』「고자하(告子下)」에서는 "옛사람은 천작(天爵)을 닦으면 인작(人爵)이 저절로 따라왔다. 그러나 지금 사람들은 천작(天爵)을 닦아서 인작(人爵)을 구한다."[1164] 라고 했고, 주희(朱熹)는 『맹자장구집주(孟子章句集註)』「진심상(盡心上)」에서 "인의(人義)의 이름을 빌려 탐욕의 사사로움을 구했을 뿐이다."[1165]라고 했다.

인류의 동일기원설은 점점 정설로 인정되고 있다. 민족은 동태적인

1163 顧頡剛, 『古史辨』第4冊「序文」(1933), 上海, 上海古籍出版社, 1982.

1164 역주: 『孟子』「告子下」: 古之人, 修其天爵, 而人爵從之. 今之人, 修其天爵, 以要人爵.

1165 역주: 『孟子章句集註』「盡心上」: 假借仁義之名, 以求濟其貪欲之私耳.

상상의 역사문화공동체이기 때문에 명확한 경계가 없다.[1166] 한 민족의 형성은 다른 민족에서 기원할 수 있고 또 다른 민족도 공동의 종족기원을 가질 수도 있듯이, 집합과 분화는 민족의 형성과 진화의 기본 규칙이다. 인류는 공동의 역사를 갖고 있다. 어느 민족이 문자기록의 역사가 짧다면 사전(史前)의 역사가 길고, 반대도 또한 그러하다. 스키타이(Scythia)는 세계에서 가장 젊은 민족이라고 자랑스럽게 선언하지만, 그 근원은 또한 매우 오래되었다.[1167]

혈연과 정체성: 인류는 조상도 후손도 많은 동물이다. n세대가 흐르면, 2n의 조부모가 존재한다. 혈연적으로 외조부모도 또한 조부모이다. 어머니는 자녀에게 50%의 유전자를 주어, 자녀의 유전특성에 대하여 아버지와 똑같은 영향력을 가진다. 한 개의 민족이나 한 지역의 모계 mtDNA의 구성유형과 비율이, 부계 Y염색체보다 그 유전과 혈통특성을 잘 반영한다. 모든 사람은 무수히 많은 조부모를 가지고 있지만, 또한 공동의 조상에까지 거슬러 올라갈 수 있다. 조부모는 무수히 많고 또 대부분 이름도 없어, 그 근원을 잊고 선택적으로 기억하는 것이 보편적인 역사문화 현상이다. 한편, 어떤 사람들은 자손이 많을 수 있다.

1166 本尼迪克特·理查德·奧格曼·安德森(Benedict Richard O'Gorman Anderson) 著, 吳叡人 譯, 『想像的共同體－民族主義的起源與散布』, 上海, 上海世紀出版集團, 2005.
이른바 순혈민족은 존재하지 않으며, 민족은 모두 혼합의 산물이다. 대니얼 디포(Daniel Defoe)는 「진정한 잉글랜드인(the True-Born Englishman)에서 잉글랜드 인을 다음과 같이 묘사했다. "그리하여 온갖 인종들이 섞이고 섞여, 저 혼종적인 것, 잉글랜드인이 탄생했다네. 열렬한 강간과 길길이 뛰는 욕정 속에, 분칠한 브리튼인과 스코트인이 생식했고, 이렇게 낳은 후손들은 재빨리 숙이는 법을 배워, 암송아지들에게 씌운 멍에를 로마의 쟁기에 매었는데, 그곳에서 혼혈의 잡종이 나왔지, 이름도, 민족도, 말도, 명성도 없이. 잉글랜드인의 뜨거운 핏줄에는, 색슨인과 데인인의 피가 섞여 활기차게 흘렀다지. 그동안 번식력이 왕성한 그 딸들은, 그들의 부모마냥, 문란한 욕정으로 모든 민족을 받아들였네. 이 메스꺼운 피가 담은 것이 바로, 알맞게 추출된 잉글랜드인의 피라네 …… (베네딕트 앤더슨, 서지원 옮김, 『상상된 공동체』, 도서출판 길, 2018, 10쪽에 인용된 대니얼 디포의 「진정한 잉글랜드인」 참고)

1167 希羅多德(Herodotus) 著, 王以鑄 譯, 『歷史』, 北京, 商務印書館, 1997, 266쪽.

역사상 소수의 명성 높은 사람만이 수많은 중생의 전설 혹은 역사가 기억하는 선조가 되었다. 순(舜)·황제(黃帝)·공자(孔子)·칭기즈칸이 대표적이다. 순(舜)의 후손은 수억이다. 공자(孔子)는 오직 한 명의 아들이 성인이 되었지만, 70여 대를 거치며 자손은 10,000을 헤아리게 되었고 외손은 더욱더 많을 것이다. 혈연은 단지 민족 정체성의 중요 근거일 뿐 유일한 근거는 아니다. 한 사람의 직계 후손이 몇 개의 다른 민족에 속할 수 있으며, 다른 혈연민족의 후손이 동일 민족이 될 수도 있다. 생물학 혹은 유전학 연구는 인류의 동질성을 연구하기에는 유리하지만, 민족의 정체성을 결정하거나 바꿀 수는 없다. mtDNA로 모계 혈연을 거슬러 올라가 인류의 공동 조모를 찾아냈으며, Y염색체로 부계 혈연을 거슬러 올라가 인류의 공동 조부를 찾아냈다. 그러나 일반적으로 민족은 혼혈이며, 특히 한족(漢族)은 더욱더 그러하다.

신앙과 정체성: 민족 정체성은 근본적으로 신앙이다. 종교 혹은 신앙은 인류의 민족 정체성을 공고히 하거나 변화시킬 수 있다. 기독교에 귀의한 중국인은 자신이 아담과 하와의 자손이라고 믿고 있고, 불교에 귀의한 사람은 자신을 이(夷) 혹은 하(夏)의 후손으로 생각하지 않는다. 민족 정체성은 여러 종교나 신앙이 서로 경쟁하는 현상을 초래하여, 다른 집단이나 다른 민족과의 관계도 복잡하게 만든다. 진인각(陳寅恪)은 「청소지론여몽골원류(彰所知論與蒙古源流)」에서 다음과 같이 말했다.

동서의 기록에서 몽골의 옛 역사를 살펴보면, 세계 창조와 민족 기원의 관념에 모두 네 가지가 있다. 최초에 먼저 부여(夫餘)·선비(鮮卑) 민족들과 비슷한 감생설(感生說), 조금 후에 고차(高車)·돌궐(突厥) 민족에서 취한 신화, 아랍·페르시아국가들의 문화를 받아들이면서 더해진 이슬람교의 교리, 그리고 불교에 귀의하면서 간접적으로 받아들인 티벳의 전통, 이로 인해 몽골의 역사는 천축(天竺)·토번(吐蕃)의 옛 기록을 따오고, 본래의 부여(夫餘)·

선비(鮮卑) 민족들의 감생설(感生說)과 고차(高車)·돌궐(突厥) 민족에서 받아들인 신화를 추가하고 혼합했다.[1168]

정치와 민족 정체성: 정치도 민족의 정체성에 영향을 미치고 변화시킬 수 있다. 역사의 발전과 정치형세의 변화에 따라 민족 정체성은 변한다. 민족 정체성은 일종의 강력한 정치 행위이자 정치적 동원의 유력한 수단이다. 정치 활동은 한 민족을 형성할 수 있고, 정치시책은 사람들의 민족 정체성을 변화시킬 수 있다.

학술과 정체성: 만약 생물학과 인류학의 연구 성과를 이해하지 못하고, 민족의 신앙체계를 이해하지 못하며, 정치적 요인의 영향을 고려하지 못한다면, 단순한 학술연구로는 민족의 기원과 정체성을 밝히기 어렵다.

왕국유(王國維)는 학술이 발달하려면 반드시 학술은 목적이 되어야 하고 수단이 되어서는 안 된다고 주장했다.

시비와 진위를 구별하는 것 외에 국가·인종·종교의 견해를 섞는 것은, 학술을 수단으로 삼는 것이지 목적으로 삼는 것이 아니다. 학술이 목적이 되지 않고서 발전한 경우를 보지 못했다. 학술의 발전은 독립에 달려 있다. 따라서 오늘날 우리나라의 학술계는 중서(中西) 학술의 구분을 깨뜨리고, 정론의 수단으로 삼지 않는다면, 발전하는 날이 올 것이다.[1169]

인문과학이라고도 칭해지는 학술은 민족과 국가의 한계를 뛰어넘을

1168 陳寅恪, 「彰所知論與蒙古源流」(蒙古原流研究之三), 『中央研究院歷史語言研究所集刊』 2本3分, 1930.

1169 王國維, 「談近幾年之學術界」, 『王靜庵文集』, 台北, 1978.

수 있으며 학자의 이상에 기탁할 수도 있다. 왕국유(王國維)는 주공(周公)의 예(禮)를 숭상하여, "이것들은 모두 주(周)나라가 천하를 바로잡은 것으로, 그 취지는 도덕으로 상하를 바로잡아 천자·제후·경·대부·서민을 도덕적 집단으로 만드는 것이었다. 주공(周公)이 제작한 본의는 사실상 여기에 있다."[1170]라고 했다. 부사년(傅斯年)의 『이하동서설(夷夏東西說)』은 동방주의(東方主義)를 드러내 동이(東夷)와 상(商)의 문화공헌을 강조했다.

동남방에 분포한 거대한 부족은 서쪽에 치우쳐 분포하여 제하(諸夏)로 불리던 거대한 부족과 대치하는 형국이었다. 이들 부족 중, 태호족(太皞族) 같은 경우 팔괘 전설이 있고, 혼인 제도와 화식을 했다는 전설이 있다. 소호족(少皞族) 같은 경우 백익(伯益) 지파가 목축으로 유명하고, 고요(皐陶) 지파가 형벌을 제정한 것으로 유명하다. 그리고 이(夷)라 불리는 모든 이들은 활과 화살로 유명하다. 여기서 이(夷)의 문화에 대한 공헌이 적지 않음을 알 수 있다.……하(夏)왕조의 문화에 대한 공헌이 얼마인지는 오늘도 여전히 그 자취를 찾을 수 없다. 그러나 이성(夷姓)들의 공헌은 실로 적지 않다.

한족(漢族)은 이(夷)와도 다르고 하(夏)와도 다른 이(夷)와 하(夏)가 혼합된 결과이다. 사람은 다양한 정체성을 가질 수 있다. 종교와 신앙이 자유로운 시대에, 민족 정체성은 일종의 신앙적 선택이다. 만약 우리가 복희와 여와에서 정체성을 찾는다면, 인류의 동일기원은 신화와 전설에 그치지 않을 것이다. 만약 우리가 이(夷)에서 정체성을 찾는다면, 채식을 위주로 하던 동아시아 정착 농경민족은 항상 괴롭힘을 당했고, 고기를 먹고 술을 마시던 유목민족은 항상 우의를 점했기 때문에, 중국역

1170 王國維, 「殷周制度論」, 『觀堂集林』 卷10, 北京, 中華書局, 1959.

사는 기본적으로 침략을 당했던 역사일 것이다. 만약 우리가 하(夏)에서 정체성을 찾는다면, 우유와 고기를 주식으로 삼던 유목민족이 거듭 승리하면서 정착 농경민족을 정복했기 때문에 중국의 역사는 끊임없이 침략하여 굳건히 한 역사일 것이다. 양계초는 황제를 정체성으로 여기며, "우리의 신적인 조상 황제는 곤륜에 내려와 사면팔방을 정벌하고 이민족을 평정하여, 무덕을 우리 자손에게 남겨 주었다. 지난 3천여 년간 동방의 대륙에 모인 족속이 대개 수백을 능가하지만 우리 민족보다 강력한 민족은 없었다. 그러한 까닭에 승자의 논리에 따라 우리 민족이 대륙의 주인이 된 것이다."[1171]라고 했다. 그는 황제(黃帝)이전 동아시아가 자연 평화 상태에 처하여, 이웃하고 살면서도 죽을 때까지 서로 왕래가 없다는 것을 알지 못했다. 만약 우리가 요순(堯舜)에서 정체성을 찾는다면, 중국은 예약 문화의 나라일 것이다. 만약 이(夷)와 하(夏)에서 동시에 정체성을 찾는다면, 중국의 역사는 바로 형제의 혼전으로 융합된 역사일 것이다.

4. 결론

종합해보면, 본문은 역사인류학·고고인류학·체질인류학·언어인류학 네 분야의 40여 측면에서 수백 개의 증거를 수집하여 이하(夷夏)의 선후 관계를 탐구했다. 그 결과, 구계이론(區系理論)과 상호작용가설로 동아시아 신석기시대 정착 농경문화는 대체로 본토에서 기원했음을 확인했고, 중앙아시아설과 바빌론설로 청동기시대 유목문화는 기본적으로 외부에서 왔음을 밝혔으며, 동시에 다원일체(多元一體) 구도는 모

1171 梁啓超,「中國之武士道·自敍」,『飮冰室合集』24, 北京, 中華書局, 1989.

순이 아니라 단지 일부 중요한 요소가 외부에서 유입되었음을 강조하는 것임이 밝혔다. 인류의 이동과 문화전파의 전체적인 배경을 살펴봄으로써, 이하선후설(夷夏先後說)은 이하동서설(夷夏東西說)을 수용하고 더 나아가 동아시아 문화의 '쌍 나선' 구조를 제시했다. 중국·한국·일본 등은 모두 연이어 이주해 온 이민족에 의해 조성되었다.

중화(中華)민족의 다원일체(多元一體)는 이(夷)와 하(夏)의 혼합으로 형성된 것이다. 요순(堯舜)전설은 역사가 아니며, 염황(炎黃)신화는 과학이 아니다. 그러나 우리는 역사적으로 전설을 다루고 과학적으로 신화를 분석할 수 있다. 요순(堯舜)과 염황(炎黃)은 고인들이 편찬한 고사(故事)로, 어느 정도 역사적 사실이 반영되어 있고 과학적 논리도 내재해 있다. 요순(堯舜)은 이인(夷人)의 전설로 신석기시대 동아시아 정착 농경문화와 예악문명(禮樂文明)의 흥기를 상징했고, 염황(炎黃)은 하인(夏人)의 고사(故事)로 청동기시대 유목문화와 무(武)를 숭상하고 호전적인 기풍의 동진(東進)을 반영했다. 『대학(大學)』에서 "만물에는 근본과 말단이 있고, 일에는 끝과 시작이 있으니, 먼저 할 바와 나중에 할 바를 알면, 도에 가깝다."[1172]라고 했으니, 근본에서부터 바로잡아 요순(堯舜)·염황(炎黃)·이하(夷夏)의 선후와 본말의 관계를 명확히 해야만, 미신을 제거하고 다시 화락의 길로 나아갈 수 있다.

중국민족의 문화사는 단조로운 독창곡이 아니라 화성의 교향곡이다. 일본은 섬나라이지만 일본학자 대부분은 독립적으로 발전하는 섬나라 심리를 버리고 인류의 동일기원설과 대 이동설을 받아들였다. 중국은 전형적인 대륙 국가임에도 일부의 학자는 여전히 섬나라 심리를 고집하며 독립적 기원과 발전에 대한 신념을 견지하고 있다. 인류는 필경 같은 곳에서 기원하여, 구석기시대에 제각각 동서로 흩어져 각각 서로 다

[1172] 역주: 『大學』: 物有本末, 事有終始, 知所先後, 則近道矣.

른 신석기시대 문화를 창조했다. 청동기시대에는 다른 사람들과 문화의 교류가 강화되어 구대륙에 청동기시대 세계체제를 형성했다. 최근 500년은 현대화 파도가 전 세계를 휩쓸며, 본래의 대동세계가 점차 세계적 대동으로 나아가고 있다. 일치하는 점은 취하고 부차적인 것은 보류하자. 인류는 지구가 작은 행성임을 안다. 멀리 하늘의 별을 바라보며 지난 일을 뒤돌아보고 미래를 전망하며, 인류의 밀접한 관계를 받아들이고, 새로운 공감의 길로 나아가야 한다.

중국민족주의:
귀납에서 연역에
이르는 시도

민족주의(Nationalism)는 민족을 중심으로 세계와 타자를 다루는 사상이나 신념으로, 자기중심주의가 확장된 형태이다. 중국의 민족관은 대체로 다음의 세 가지 형식이 존재하는 것으로 보인다. 즉 일원론(Monism), 이원론(Dualism), 다원론(Pluralism)으로 구분지을 수 있다. 이하 이원론(夷夏二元論) 민족관은 민족주의로 변화되기가 쉽다. 상당히 많은 사람들이 민족관을 가지고 있고, 적지 않은 사람들이 민족주의를 가지고 있으나 매우 소수만이 민족주의자로 구분된다. 여기에서 이른바 민족주의자란 민족주의를 사상과 행동의 지침으로 삼는 사람들이다. 중국에서 민족은 근대의 산물이 아니며, 민족주의 역시 반드시 현대화에 따라 강화된 것은 아니다. 중국인의 정신은 결코 과학·철학·신학 또는 일종의 어떤 주의(主義)가 아니라 일종의 심리적인 것이다. 민족주의가 과거에도, 현재에도, 그리고 미래에도 대다수 중국인들의 중요한 신념이 될 수는 없을 것으로 보인다. 하지만 이를 가볍게 보아서도 안 되고, 그렇다고 또 두려워할 필요도 없다.

1. 들어가는 말

다양한 '주의(主義)' 중에서도 민족주의를 가벼이 보아서는 안 된다. 민족주의와 관련된 연구는 그 의견이 분분하지만, 여전히 장님이 코끼리를 만지는 단계라고 할 수 있다.[1173] 어네스트 겔너(Ernest Gellner)는 민족은 근대 공업사회의 필연적 산물이며, 민족주의가 민족을 만드는 것이지 민족이 민족주의를 만드는 것은 아니라고 공언했다.[1174] 앤서니 기든스(Anthony Giddens)도 민족주의는 현대화 과정에서 나타난 관념적 산물이라고 보았다.[1175] 리아 그린필드(Liah Greenfeld)는 민족주의에 대해 국가가 현대화되는 사상적 동력이라고 주장했다.[1176] 베네딕트 앤더슨(Benedict Anderson)도 비슷한 견해를 가지고서 민족주의가 서쪽에서 동쪽으로 전파된 과정을 논술했다.[1177] 이사야 벌린(Isaiah Berlin)은 민족주의의 미래를 명확하게 예언한 위대한 사상가는 없다는 점에 주의하며, 지난 세기 후반 30여 년간 발생한 사회운동이나 혁명은 반드시 민족주의와 결맹하거나 적어도 민족주의에 대항하지 않아야 성공할 수 있었다고 지적했다.[1178] 에릭 홉스봄(Eric Hobsbawm)은 만약 지구상의 인류가 핵전쟁으로 멸종된 뒤에 우주 사학자가 근 두 세기 이래의 지구역사를 엿보려고 한다면, "민족"(Nation) 및 민족으로부터 파생된 여러 개념에 손대

1173 Hass E. B. , What is Nationalism and Why We Should Study It? *International Organization*, Vol. 40 No. 3: 707~744, 1986.

1174 厄內斯特・蓋爾納 著, 韓紅 譯: 『民族與民族主義』, 北京, 中央編譯出版土, 2002.

1175 Anthony Giddens, *The Nation-State and Violence*, Cambridge Polity Press. 1985.

1176 Greenfield L. , *Nationalism: Five Roads to Modernity*, p. 15, Harvard University Press. 1992.

1177 本尼迪克特・安德森(Benedict Anderson) 著, 吳叡人 譯, 『想像的共同體－民族主義的起源與散布』, 上海, 上海世紀出版集團, 2005.

1178 以賽亞・伯林 著, 秋風 譯, 「論民族王義」, 『戰略與管理』, 2001(4).

지 않으면 안 될 것이라 예견하기도 했다.[1179]

한편, 존 킹 페어뱅크(John King Fairbank)는 고대 중국은 민족주의가 결핍되었다고 보았다. "근대 초기의 중국에는 여전히 비민족주의적 전통이 남아 있어, 통치자의 통치가 적절하기만 하다면 누가 통치하든지 간에 관계가 없었다"라고 하였다.[1180] 이신지(李愼之) 역시 중국 전통의 이상은 천하주의(天下主義)이지 민족주의가 아니라고 명확하게 지적했다.[1181] 여영시(余英時)는 현대 중국에서 많은 사람들의 관심을 일으킨 정치, 사회, 문화 운동은 공공연히 혹은 남몰래 민족주의에 기반을 두지 않은 것이 없다고 여겼다.[1182] 나지전(羅志田) 또한 여러 세기 동안 축적되어 온 중국 최대의 역량은 바로 민족주의이며, 근대 중국 민족주의는 전통적인 이하관념과 서방의 민족주의에 기원한다고 여겼다.[1183] 민족주의는 음악으로 치자면 중국 근현대사의 삽입곡이라고 할 수 있을 것이다.

혹자는 서방과 동방 민족주의에 뚜렷한 차이점이 있다는 점에 주목하기도 했다. 서방 민족주의는 광의와 협의의 구분이 있는데, 동방의 민족주의는 통상 협의적인 것으로, 외부자극에 대한 반응이라고 여겨져 오기도 했다. 한편 어떤 이들은 민족주의는 근대의 산물이나 고대에 연원하고 있으며, 또한 단일 중심과 다중심(多中心)의 구분이 있다고 여겼다. 왕청가(王晴佳)는 민족주의는 본래 서방역사와 문화의 산물이기 때

1179 埃裏克·霍布斯鮑姆 著, 李金梅 譯, 『民族與民族主義』, 上海, 上海人民出版社, 2000, 1쪽.

1180 費正淸 著, 張理京 譯, 『美國與中國』, 北京, 世界知識出版社, 2003, 92쪽.

1181 李愼之, 「全球化與中國文化」, 『太平洋學報』, 1994(2).

1182 余英時, 「中國現代的民族主義與知識分子」, 『近代中國思想人物論: 民族主義』, 台北, 時報出版公司, 1981.

1183 羅志田, 『亂世潛流: 民族主義與民國政治』, 上海, 上海古籍出版社, 2001.

문에, 결코 중국과 인도 등 지역의 역사를 해석하는 데 온전히 적용될 수는 없다고 보았다.[1184] 사람들은 민족주의를 정치 · 경제 · 문화 · 종교 · 군사 민족주의로 구분하기도 하고, 급진과 보수 · 진보와 반동으로 나누기도 한다. 또한 천하민족주의 · 국가민족주의 · 자유민족주의 · 이성민족주의로 나누기도 하는 등 오늘날 세계는 마치 민족주의의 세상인 듯 여겨지기도 한다.[1185]

상술한 연구들은 기본적으로 묘사와 귀납의 방식이며, 일부만 연역과 추리의 방식이다. 성홍(盛洪)은 게임이론으로 민족주의와 천하주의는 보기 드문 예외임을 논증했다. 그는 천하주의가 민족주의보다 우월하다고 논증했다. 민족주의는 세계를 구할 수 없는데, 만약 세계를 구할 수 없으면 또한 끝내 중국을 구할 수 없다고 보았다.[1186]

2. 민족주의

과학은 본래 분류하는 학문이지만 귀납만 있고 연역이 없다면 충분치 않을 것이다. 민족주의와 기타 '주의'의 관계와 그것의 인류 역사상의 의의를 더욱 명확하게 이해하기 위해, 벤다이어그램을 참조하여 다음과 같은 분류체계를 제시해 보고자 한다.

1184　王晴佳, 「論民族主義史學的興起與缺失—從全球比較史學的角度考察」, 『河北學刊』, 2004(4).

1185　王聯主編, 『世界民族主義論』, 北京, 北京大學出版社, 2002.

1186　盛洪, 「從民族主義到天下主義」, 『戰略與管理』, 1996(1).

(1) 개인주의(Individualism)

개인을 중심으로 하여 사회나 타인에 대응하는 일종의 사상이나 신념이다. 프로타고라스(Protagoras)는 "사람은 만물의 척도이다"라고 했고, 토마스 홉스(Thomas Hobbes)는 개인주의는 영원히 변치 않는 인간 본성이라 보았으며, 니체(Friedrich Wilhelm Nietzsche)는 개인주의를 절정으로 이끌기도 했다. 동방의 맹자(孟子)는 "만물이 모두 나에게 갖추어져있다"고 했으며, 양주(楊朱)의 "유아(爲我)"·"귀기(貴己)"·"중생(重生)"은 털 하나를 뽑아 천하를 이롭게 하더라도 하지 않는다는 학설이다. 개인주의와 이기주의·자유주의·무정부주의 등은 서로 연관성이 있는데, 유아론(唯我論, Solipsism)의 또 다른 표현이라고 할 수 있을 것이다.

(2) 민족주의(Nationalism)

자기 민족을 중심으로 세계와 타인을 다루는 사상 혹은 신념으로, 민족중심주의(ethnocentralism)라고 불리기도 한다. 민족주의는 부족주의(tribalism)와 관계가 있으며, 국가주의와는 구분하기 어렵고, 또한 가족주의·집체주의와 유사한 의미이다.

(3) 국가주의(Statism)

국가를 근본으로 하여 다른 나라와 세계를 보는 이상이나 신념이다. 국가주의자는 국가주권이 신성하고, 국가이익이 어떤 것보다 중요하며 국가를 위해 목숨을 버리는 것을 꺼리지 않는다. 국가주의는 또한 애국주의, 군국주의 또는 파쇼주의로 표현될 수 있다. 국가숭배 또는 국가신화는 그 영향력이 상당히 크고 널리 유행해 왔다.

(4) 인류주의(Humanism)

인류를 중심으로 하여 세계를 보는 사상이나 신념으로, 인본주의 또는 인문주의라고 부르기도 하며, 세계주의, 천하주의라는 말과 유사하다. "사해(四海) 안은 모두 형제이다", "전 세계의 무산자여 연대하라" 등은 모두 인류주의의 색채를 갖춘 구호이다. 인류가 해방된 뒤의 대동세계야말로 인류주의의 세계이다. 국가가 없어지고 민족이 융합된 인류공동체이다.

개인주의부터 인류주의에 이르기까지 일맥상통하는 점이 있다. 즉 자기중심주의부터 끊임없이 확장된 결과라는 점이다. 이는 다음과 같은 도식으로 나타낼 수 있다.

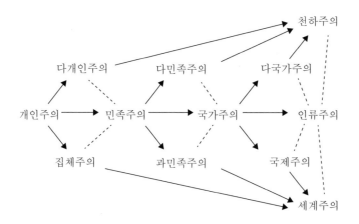

개인은 개인주의자일 뿐만 아니라 민족주의자, 국가주의자 또는 인류주의자일 수 있으며, 심지어 이 모두를 겸비할 수도 있다. 여러 '주의'가 서로를 촉진시키거나 억제할 수도 있어 관계가 매우 복잡하기 때문에 이에 대한 구체적인 해석이 필요하다. 이론상으로 국가 또는 지역, 사회 또는 개인은 모두 상술한 4종의 '주의'로 존재하며, 비중이 다를 뿐이다. 벤다이어그램으로 보면, 다음과 같은 16종의 전형적인 유형과 수많은 과도적 유형이 나올 수 있다.

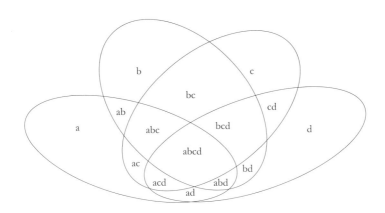

1. a: 개인주의가 절대적인 우세를 차지하고, 기타 3종의 '주의'는 고려하지 않아도 되는, 개인주의 클럽과 같은 소형 사회 조직이다.

2. b: 민족주의가 절대적인 우세를 차지하고, 기타 3종의 '주의'는 고려하지 않아도 되는, 미국과 유럽의 유태인 사회 같은 부류이다.

3. c: 국가주의가 절대적인 우세를 차지하고, 기타 3종의 '주의'는 고려하지 않아도 되는, 이스라엘 같은 부류이다.

4. d: 인류주의가 절대적인 우세를 차지하고, 기타 3종의 '주의'는 고려하지 않아도 되는, 적십자회 같은 부류이다.

5. ab: 개인주의와 민족주의가 우세를 차지하고, 국가주의와 인류주의는 중요하지 않은, 집시사회 같은 부류이다.

6. ac: 개인주의와 국가주의가 우세를 차지하고, 민족주의와 인류주의는 중요하지 않다. 예컨대, 미국과 같은 것으로, 개인, 국가의 이익이 우선적으로 고려되며, 민족, 인류 공동의 이익, 특히 기타 인류의 이익은 매우 적게 고려된다.

7. ad: 개인주의와 인류주의가 우세를 차지하고, 민족주의나 국가주의는 중요하지 않다. 예컨대, 노벨상위원회가 개인과 인류의 이익을 고려하고 민족과 국가의 의미를 매우 적게 생각하는 것과 같은 부류이다.

8. bc: 민족주의와 국가주의가 우세를 차지하고, 개인주의와 인류주의는 중요하지 않다. 예컨대, 히틀러의 나치즘과 일본의 군국주의가 민족주의와 국가주의가 결합된 극단적인 형식으로, 국가나 민족의 명분을 매우 중요하게 여겨 개인과 인류의 이익을 해치는 부류이다.

9. bd: 민족주의와 인류주의가 우세를 차지하며, 개인주의와 국가주의는 중요하지 않다.

10. cd: 국가주의와 인류주의가 우세를 차지하며, 개인주의와 민족주의는 중요하지 않다.

11. abc: 개인, 민족, 국가주의가 성행하며, 인류주의가 결핍되어 있다.

12. abd: 개인, 민족, 인류주의가 성행하며, 국가주의가 결핍되어 있다.

13. acd: 개인, 국가, 인류주의가 성행하며, 민족주의가 결핍되어 있다.

14. bcd: 민족, 국가, 인류주의가 성행하며, 개인주의가 결핍되어 있다.

15. abcd: 개인, 민족, 국가, 인류주의가 똑같이 차지하거나 우열을 가리기 어려운, 스위스와 중국의 형태이다.

16. 개인, 민족, 국가, 인류주의가 결핍되어 있으니, 폭력집단과 같은 부류이다.

3. 중국민족관

민족관은 시대별로 다양하게 표현되기도 하며, 다양한 형식의 민족관이 또한 동시대에 병존하기도 한다. 고대 중국민족관은 주로 세 가지 형태가 존재하는 것으로 보인다. 즉 일원론(Monism) · 이원론(Dualism) ·

다원론(Pluralism)으로 나누어 볼 수 있다. 근대에 진입하여 서방문화의 충격을 받았지만, 근대중국민족관은 중국고대민족관이 전개된 것으로, 현재까지도 지속적으로 그 영향력을 미치고 있다.

상고시대부터 진대(秦代)까지의 역사는 만국이 통일된 역사이며, 민족관 역시 다원론에서 일원론으로 변화한 역사이다. 일원론적 민족관, 즉 천하가 일가(一家)라는 관념은 선진(先秦)시대부터 시작된다. 진시황(秦始皇)이 육국(六國)을 일소하고 중국을 통일하여 대일통(大一統)을 실현한 것은, 일원론적 민족관이 유행하는 기초가 되었다.

(1) 다원민족관

하(夏)왕조가 건립되기 이전의 동아시아는 방국(方國)이 즐비한 시대였다. 『상서(尙書)』「요전(堯典)」에 "능히 큰 덕(德)을 밝혀 구족(九族)을 친하게 하시니 구족(九族)이 이미 화목하거늘 백성을 고루 밝히시니 백성이 덕을 밝히며 만방(萬邦)을 합하여 고르게 하셨다."[1187]라고 했고, 『춘추좌씨전(春秋左氏傳)』에 또 "우(禹)임금께서 도산(塗山)에서 제후들을 회합하시니, 옥과 비단을 바치는 나라가 만국(萬國)이었다."[1188]라고 했다. "만국(萬國)"이나 "만방(萬邦)"은 크고 작은 방국(方國)이다. 하(夏)·상(商)·주(周) 삼대(三代)는 방국(方國)이 융합된 시대로, 동방에는 우이(嵎夷)·래이(萊夷)·회이(淮夷)·풍이(風夷)·황이(黃夷)·우이(于夷)·백이(白夷)·적이(赤夷)·현이(玄夷)·양이(陽夷)·방이(方夷) 등이 있었고, 서방에는 곤륜(昆侖)·석지(析支)·거수(渠搜)·강방(羌方)·마방(馬方)·견방(犬方) 등이 있었으며, 북방에는 피복조이(皮服鳥夷)·귀방(鬼方)·공방

1187 역주:『尙書』「堯典」; 克明俊德, 以親九族, 九族旣睦, 平章百姓, 百姓昭明, 協和萬邦.

1188 역주:『春秋左氏傳』「哀公7年」; 禹合諸侯於塗山, 執玉帛者萬國.

(舌方)·토방(土方) 등이 있었고, 남방에는 훼복도이(卉服島夷)·유묘(有苗)·화이(和夷)·나국(裸國) 등이 있어, 오방민(五方民)의 구도를 점차로 형성해 갔다. 『상서(尙書)』에 '만(蠻)'자는 다섯 군데 모두 족칭(族稱)으로 쓰였고, 이(夷)자는 29군데 중 23개가 족칭(族稱)으로 쓰였으며, 융(戎)자는 12군데 중 3개가 족칭(族稱)으로 쓰였고, 적(狄)자는 2군데 중 1개가 족칭으로 쓰였다. 또 '만이(蠻夷)'의 병칭은 「요전(堯典)」에 두 번 보이고, '융적(戎狄)', '이적(夷狄)' 병칭은 보이지 않고, '사이(四夷)'는 3번, '화하(華夏)'·'방하(方夏)'·'구하(區夏)'·'동하(東夏)'·'중국(中國)'·'중방(中邦)'은 각각 한 번 보이지만, 만(蠻)·이(夷)·융(戎)·적(狄)의 대칭으로 쓰인 용법은 보이지 않는다.[1189] 『상서(尙書)』시대에 화하(華夏)·사이(四夷)·오방민(五方民)의 사상(思想) 구조가 형성 중에 있었던 것으로 보인다. 『예기(禮記)』「왕제(王制)」에 다음과 같은 말이 있다.

무릇 각지 백성들의 생활방식이라는 것은, 반드시 천지의 춥고 따뜻하고 건조하고 저습함과 넓은 골짜기와 큰 하천에 따라 그 형태를 다르게 한다. 그 속에 살고 있는 백성들은 각기 풍속이 다르며, 그 성질과 기풍의 강하고 부드러움이나 가볍고 무거움이나 느리고 빠름이 한결같지 않으며, 다섯 가지 맛의 조화가 다르고, 기계의 제작이 다르고, 의복이 기후에 따라 다르다. 교화를 시키고 그 풍속을 바꾸지 않았으며, 그들의 정치를 정제시키고 그 마땅한 것을 바꾸지 않았던 것이다. 중국과 융이(戎夷)를 합한 오방(五方)의 백성들은 모두 각기 특성이 있어 그것을 바꾸어 고치지 않았다. 동방(東方)에 사는 이민족을 '이(夷)'라고 하는데, 머리를 풀어 헤치고 몸에 문신을 새겼으며 화식을 하지 않는 자도 있었다. 남방(南方)에 사는 이민족을 '만(蠻)'이라고 하는데, 이마에 먹물을 넣어서 새기고 양쪽 엄지발가락을 서로 향하게 하고

1189　張正明, 「先秦的民族結構·民族關系和民族思想」, 『民族研究』, 1983(1).

걸으며 화식을 하지 않는 자도 있었다. 서방(西方)에 사는 이민족을 '융(戎)'이라고 하는데, 머리를 풀어 헤치고 가죽으로 만든 옷을 입으며 곡식을 먹지 않는 자도 있었다. 북방(北方)에 사는 이민족을 '적(狄)'이라고 하는데, 새의 깃과 짐승의 털로 옷을 지어 입고 땅굴에서 살며 곡식을 먹지 않는 자도 있었다. 중국(中國)·이(夷)·만(蠻)·융(戎)·적(狄)이 모두 나름의 거주 방식이 있었고, 오미(五味)의 조화와 마땅한 의복이 있었고, 이롭게 쓰이는 것과 기물이 갖추어져 있었다. 오방(五方)의 백성이 서로 말이 통하지 않고, 좋아하는 것과 바라는 것이 서로 같지 않았다. 그들이 뜻을 전하고 욕망을 통하기 위해서는 통역이 필요했는데, 그것을 동방에서는 기(寄), 남방에서는 상(象), 서방에서는 적제(狄鞮), 북방에서는 역(譯)이라고 했다. 무릇 백성을 편안하게 살게 하는 데에는 땅을 헤아려서 고을을 만들고, 땅을 나누어 주어 백성들을 살게 하는데, 땅과 고을과 백성이 사는 데에는 반드시 이 세 가지가 서로 조화를 이루어야 한다.[1190]

이것은 다원민족관의 전형적인 서술로, 공자의 '유교무류(有敎無類)'·'화이부동(和而不同)'의 사상을 표현한 것이다. 이른바 화하(華夏)와 이만융적(夷蠻戎狄)의 구별은 경제생활방식에 있지 예의도덕(禮儀道德)에 있지 않다. 이른바 예의(禮儀)는 실제적으로 심리나 문화적 편견이다. 융(戎)의 왕(王)은 유여(由余)를 진(秦)에 사신으로 보냈는데, 『사기(史記)』「진본기(秦本紀)」에 기록된 목공(繆公)과 유여(由余)의 대화는 융적(戎狄)

1190　역주: 『禮記』「王制」: 凡居民材, 必因天地寒煖燥濕廣谷大川異制, 民生其間者異俗, 剛柔輕重遲速異齊, 五味異和, 器械異制, 衣服異宜. 脩其教不易其俗, 齊其政不易其宜. 中國戎夷, 五方之民, 皆有性也, 不可推移. 東方曰夷, 被髮文身, 有不火食者矣. 南方曰蠻, 雕題交趾, 有不火食者矣. 西方曰戎, 被髮衣皮, 有不粒食者矣. 北方曰狄, 衣羽毛穴居, 有不粒食者矣. 中國夷蠻戎狄, 皆有安居和味宜服利用備器. 五方之民, 言語不通, 嗜欲不同. 達其志, 通其欲, 東方曰寄, 南方曰象, 西方曰狄鞮, 北方曰譯. 凡居民, 量地以制邑, 度地以居民, 地邑民居, 必參相得也.

의 예의도덕(禮儀道德)이 화하(華夏)에 못지않음을 설명하고 있다. 목공(繆公)이 말했다. "중국(中國)은 시서(詩書) 예악(禮樂) 법도(法度)로 정치를 하는데도 오히려 때때로 혼란한데, 지금 융이(戎夷)는 이것이 없으니 무엇으로 다스립니까? 또한 어렵지 않겠습니까?"[1191] 그러자 유여(由余)가 웃으면서 다음과 같이 답했다.

이것이 바로 중국에서 난리가 일어나는 원인입니다. 상고시대의 성인 황제(黃帝)께서 예악(禮樂)과 법도를 만드신 후로 친히 솔선수범하시어 겨우 나라가 다스려졌습니다. 그러나 후세에 이르러 날로 교만하고 음락에만 빠져, 법도의 권위를 무시하고, 백성들을 문책하고 감독하니, 아래의 백성들은 극도로 피폐해져서 인의(仁義)를 가지고 군주를 원망했습니다. 위아래가 서로 다투고 원망하며 서로 찬탈하고 죽여서 멸족의 지경에까지 이르게 되는 것은 모두 이러한 까닭에서입니다. 그러나 융이(戎夷)는 그렇지 않습니다. 윗사람은 순박한 덕으로 아랫사람을 대하고 아랫사람은 충신(忠信)으로 그 윗사람을 받듦으로, 한 나라의 정치가 사람이 자기 한 몸을 다스리는 것같이 잘 다스려지지만, 잘 다스려지는 원인이 무엇인지 알지 못합니다. 이것이 진정한 성인의 다스림입니다.[1192]

『사기(史記)』「흉노전(匈奴傳)」에서 중항열(中行說)은 한인(漢人)의 흉노(匈奴)에 대한 오해에 대해 다음과 같이 해석했다.

1191 역주: 『史記』「秦本紀」: 中國以詩書禮樂法度爲政, 然尙時亂, 今戎夷無此, 何以爲治, 不亦難乎?

1192 역주: 『史記』「秦本紀」: 此乃中國所以亂也. 夫自上聖黃帝, 作爲禮樂法度, 身以先之, 僅以小治. 及其後世, 日以驕淫, 阻法度之威, 以責督於下, 下罷極, 則以仁義怨望於上, 上下交爭怨而相纂弒, 至於滅宗, 皆以此類也. 夫戎夷不然, 上含淳德以遇其下, 下懷忠信以事其上, 一國之政猶一身之治, 不知所以治, 此眞聖人之治也.

흉노(匈奴)의 풍습은, 사람은 가축의 고기를 먹고 그 육즙을 마시며 그 가죽을 입고, 가축은 풀을 먹고 물을 마시며 계절에 따라 이동한다. 그러므로 그들은 전시에는 말 위에서 궁술을 익히고 평상시에는 평화를 즐긴다. 그들의 약속법은 간편하여 실행하기 쉬우며, 군신관계는 간이(簡易)하여 일국의 정치가 마치 한 몸의 일과 같다. 부자형제(父子兄弟)가 죽었을 때 그들의 처를 취하여 자기의 아내로 삼는 것은 가계가 단절될 것을 두려워하기 때문이다. 그러므로 흉노(匈奴)는 어지러워지더라도 반드시 일족의 가계를 세울 수 있다. 지금 중국에서는 내놓고 자기 부형(父兄)의 처를 아내로 삼지 않으나 친족관계가 더욱 멀어져서 서로 죽인다. 역성혁명이라고 해서 천자의 성(姓)이 바뀌는 것도 모두 이런 따위가 아닌가. 예의의 폐해는 마음속으로는 그렇지 못하면서 예의만 지키다 보면 실은 상하가 서로 원망만 깊어가는 것이다. 그리고 가옥을 짓기에 힘을 다하다 보면 생산력은 쇠퇴된다. 대개 한(漢)에서는 농경과 양잠을 해서 의식의 재료를 구하고, 성곽을 쌓아서 자신을 방비하니, 한(漢)의 백성은 전시에는 전투에 서투르며 평상시에는 생업에 지쳐있다.[1193]

위진남북조(魏晉南北朝) 시기 오호(五胡)가 중화를 어지럽혔는데, 중화 또한 스스로 난세를 자초했다. 이는 사실상 다민족간의 난투와 융합의 시대라고 할 수 있다. 수당(隋唐)시대에 이르러 다민족 평화공존의 국면이 출현했다. 왕동령(王桐齡)은 당대(唐代)에 외족 출신 인물에 대해서 초보적인 통계를 제시했다. 서역(西域) 2人, 호(胡) 1人, 선비(鮮卑) 34人,

---

1193 역주: 『史記』「匈奴傳」: 匈奴之俗, 人食畜肉, 飮其汁, 衣其皮, 畜食草飮水, 隨時轉移. 故其急則人習騎射, 寬則人樂無事. 其約束輕, 易行也. 君臣簡易, 一國之政猶一身也. 父子兄弟死, 取其妻妻之, 惡種姓之失也. 故匈奴雖亂, 必立宗種. 今中國雖詳不取其父兄之妻, 親屬益疏則相殺, 至乃易姓, 皆由此類. 且禮義之敝, 上下交怨望, 而室屋之極, 生力必屈. 夫力耕桑以求衣食, 築城郭以自備, 故其民急則不習戰功, 緩則罷於作業.

돌궐(突厥) 15人, 월(越) 3人, 말갈(靺鞨) 3人, 고려(高麗) 9人, 토번(吐蕃) 2人, 우전(于闐) 1人, 소륵(疏勒) 1人, 서강(西羌) 3人, 거란(契丹) 9人, 안서(安西) 1人, 해(奚) 3 人, 철륵(鐵勒) 7人, 안식(安息) 1人, 회흘(回紇) 8人, 유성호(柳城胡) 7人, 사타(沙陀) 3人, 일본(日本) 1人, 당항(黨項) 1人, 인도(印度) 1人, 그리고 출신미상[未詳者] 2人으로 모두 122人이다. 이 중 『당서(唐書)』에 입전(立傳)된 자가 57인이고, 나머지 65인은 타인의 전기(傳記)에 부가되어 있다. 그 중에는 왕(王)이나 군왕(郡王)으로 봉인된 자가 15人, 공작(公爵) 26人, 재상으로 임명된 자가 21人, 원사(元帥)나 부원수(副元帥) 5人, 대장군(大將軍)이나 장군(將軍) 20人, 절도사(節度使) 49인이다.[1194] 장군(章群)은 당대(唐代)의 번장(蕃將)이 총 2,500人에 달한다고 추산했다.[1195] 소수민족 백성은 많아서 통계내기가 어렵다. 이처럼 당대(唐代) 특히 이세민(李世民)의 시대는 대체로 다민족이 공존하던 시대였다.

송(宋), 요(遼), 금(金)나라 시기는 중국역사상 두 번째의 남북조시기로, 역시 여러 민족들이 경쟁하고 상호작용하던 시대였다. 거란은 요를 건립하고, 사타(沙陀)는 후당(後唐), 후진(後晉), 후한(後漢) 및 북한(北漢) 정권을 건립했으며, 당항(黨項)은 서하(西夏)를 건립하고 여진은 금을 건립했으며, 회골(回鶻)은 객라한(喀喇汗)을, 토번은 곡시라(唃廝囉) 정권을, 백족(白族)은 대리(大理)정권을 건립했다. 북방민족으로 인해 한족인 북송(北宋)은 물러나 강남을 지키며 남송을 건립했다. 이 기간에 북송은 요나라와 "전연지맹(澶淵之盟)"을 체결하고, 송은 거란의 소태후(蕭太后)를 숙모로 삼았으며, 연간 은 10만 냥, 비단 20만 필을 바쳤다. 북송은 서하와 화약을 맺으면서 송은 원호(元昊)를 하(夏)나라의 군주로 책봉하

1194　王桐齡, 『中國民族史』, 文化學社, 1934.

1195　章群, 『唐代蕃將研究』, 香港, 香港大學出版社, 1986.

고, 비단 15만 3천 필, 은 7만 2천 냥, 차 3만 근을 하사했다. 남송은 금나라와의 소흥화약에서 땅을 떼어주는 것 외에도, 남송은 금나라에 대해 신하라고 칭했고, 해마다 은 25만 냥, 비단 15만 필을 바쳤다. 이러한 불평등조약의 체결은 한인(漢人) 혹은 화하(華夏)족이 항상 우세를 점했던 것이 아니라, 다른 민족 역시 우세를 점한 시기가 있었음을 말해주는 것이다. 이처럼 북방 유목민족과 정권의 존재는 고대 동아시아에 민족 간 상호작용과 국제교류의 역사적 배경을 제시해 주고 있다.

원나라는 통일 중국의 신분 구성을 4등급으로 나누어 몽골은 가장 위, 색목인은 그 다음, 북인(北人) 즉 요, 금 통치 하의 여러 색인(色人)은 또 그 다음, 남인(南人) 즉 스스로를 정통 한족이라 여겼던 이들은 가장 아래였다. 한 나라 안에 출현한 많은 민족이 명확히 분등되어 있으면서도 서로 공존하는 상황이었다. 서로 다른 민족 간의 관계는 사회, 정치, 경제생활에 큰 영향을 끼쳐서, 일종의 독특한 민족적 구성을 이루게 되었다.

청나라의 통치자는 일찍이 만주와 몽골의 간의 혼인을 장려했고, 나중에는 만한일가(滿漢一家)를 창도하는 동시에 만주어와 말타기, 활쏘기를 중시하여, 자기 민족의 특색을 보존하였을 뿐만 아니라 다른 민족의 다양성 역시 존중하였다. 건륭(乾隆) 시대에 피서산장에서 활약한 4개의 주요민족, 만(滿)·몽(蒙)·한(漢)·장(藏)은 서로 다른 생태문화배경에서 나왔다. 몽골은 전형적인 유목민족이고, 한족은 전형적인 농경민족이며, 만주족과 티벳은 그 중간으로, 반유목 혹은 준유목민족으로 광의의 유목민족에 속한다. 만주족이 중원의 주인이 된 이후 자동적으로 중앙왕조와 통합되면서 동일시되었다. 바로 만주족이 반유목 반정착민족의 하나였기에 유목과 정착민족의 통합에 핵심적인 역할을 하여 중국역사상 전에 없던 성공에 이르게 된 것이다. 피서산장 및 외팔묘의 주요비문의 대부분은 만(滿)·몽(蒙)·한(漢)·장(藏) 네 종의 문자로 새겨져 있고, 그 중 여정문(麗正門)에는 회골문(回鶻文)이 더 추가되었다. 『오체청문감(五體淸文鑑)』의 편찬은 다섯 민족의 공존의 관념이 포함되어 있었던 것이고, 건륭시대에 다섯 민족이 공존하는 국면이 나타나게 된 것이다.

청말 민초(民初)의 오족공화(五族共和)는 다섯 민족이 공존해가는 전개를 보여주는 것이다. 선통(宣統) 3년 오족공화(五族共和)의 대세에 순응한 융유태후(隆裕太后)는 청제(淸帝)의 퇴위를 선포하면서 다음과 같은 조령(詔令)을 내렸다.

지금 전국의 민중들의 마음은 다수가 공화를 향해 있다. 앞서 남쪽 각 성에서 발의했고, 후에 북방의 여러 장군들도 주장했다. 인심이 향하는 바로 천명을 알 수 있다. 나 역시 일성(一姓)의 존영(尊榮) 때문에 백성의 호오를 헤아리지 않는 것을 어찌 참을 수 있겠는가. 그러므로 밖으로는 대세를 보고, 안으로는 민심을 헤아려 황제통치권을 온 나라와 함께하는 입헌공화국체제로 정했다. 가깝게는 해내(海內)의 염란망치(厭亂望治, 어지러움을 싫증내고 다스림을 바라는)의 마음을 위로하고, 멀게는 옛 성인의 천하위공(天下爲公)의 뜻을 생각하여 …… 늘 인민을 안도시키고, 나라를 안정시켜, 만(滿), 몽(蒙), 한(漢), 회(回), 장(藏) 다섯 민족의 완전한 영토를 하나의 대중화민국으로 한다. 나와 황제는 한가로운 곳으로 물러나 유유히 세월을 보내고, 국민의 예우를 받으며 친히 지치(至治)의 완성을 볼 것이니, 어찌 아름답지 않겠는가.[1196]

민족평등과 오족공화(五族共和)는 모두 중화민국 안으로 들어왔다.

1196　中國史學會編, "中國近代史資料叢刊"『辛亥革命』第8冊, 上海, 上海人民出版社, 2000, 186쪽.

1912년 원세개(袁世凱) 총통은 손중산(孫中山)의 주재로 반포된『중화민국임시약법(中華民國臨時約法)』의 '오족공화(五族共和)' 원칙을 재천명했다. "현재 오족공화에서 몽(蒙), 장(藏), 회강(回疆) 각 지방은 똑같이 우리 중화민국의 영토이다. 즉 몽(蒙), 장(藏), 회강(回疆) 각 민족은 똑같이 우리 중화민국의 국민이므로 스스로 제정시대와 같이 속국의 명칭으로 불릴 수 없다. 이후, 몽(蒙), 장(藏), 회강(回疆) 등은 마땅히 총괄적 계획 속에서 내정의 통일을 도모해 민족의 대동을 기약해야 한다. 민국정부는 이번(理藩)에 대해 따로 부(部)를 설치하지 않았으며, 원래 몽(蒙), 장(藏), 회강(回疆)과 내륙 각 성이 평등한 것으로 보고, 장래 각 해당 지방의 일체 정치 모두를 내무행정범위에 속하게 한다."[1197] 손중산은 구 삼민주의(三民主義)의 민족주의 중 대한족주의(大漢族主義)를 폐기하고, 다원민족관을 채택했다.『중국 국민당 제일차 전국 대표 대회 선언(中國國民黨第一次全國代表大會宣言)』에서는 "국민당의 민족주의에는 두 가지 의의가 있다. 첫째는 중국민족 스스로 해방을 구하는 것이고, 둘째는 중국경내 각 민족의 일률 평등이다."라고 강조했다.

민족구역 자치제도 역시 오족공화의 발전이다. 앞서서 내몽골 자치구가 있었고, 중화인민공화국이 생긴 후에는 잇따라 신강위구르자치구, 광서장족자치구, 영하회족자치구, 서장자치구가 성립되었다. 1981년『중화인민공화국헌법』에서는 "중국은 세계 역사상 가장 유구한 국가 중 하나이다. 중국 각 민족 인민은 광휘 찬란한 문화를 공동으로 창조했고, 영광의 혁명전통을 갖추고 있다"라고 했다. 광범위한 민족사회, 역사, 언어 대조사를 통해 계속적으로 56개 민족을 확인했다. 민족구역 자치제도는 당대 중국의 3대 정치제도의 하나로, 정치상으로 민족의 다양성을 승인하고 다원민족관을 관철시켰다. 다원민족관은 비효통(費孝

1197 『東方雜誌』第8卷, 第20號.

通)의 '중화민족 다원일체 구조' 학설의 사상적 기초인 것이다.[1198]

(2) 이원론민족관

선진사(先秦社) 또한 이하(夷夏)가 번갈아 승리한 역사였다. 부사년(傅斯年)은 『이하동서설(夷夏東西說)』에서 다음과 같이 말했다.

이(夷)와 상(商)은 동쪽 계열에 속하고, 하(夏)와 주(周)는 서쪽 계열에 속한다. …… 동서가 대치하여 서로 싸우고 멸한 것이 곧 중국의 삼대사(三代史)이다. 하나라 시기 이하의 전쟁에서 이(夷)는 동쪽이고, 하(夏)는 서쪽이며, 상나라 시기 하상의 전쟁에서 상(商)은 동쪽이고 하(夏)는 서쪽이며, 주(周)나라의 건업(建業) 시기에 상엄(商奄)은 동쪽이고 주인(周人)은 서쪽이다. 동방이 흥성한 시기에는 "저 저강(氐羌)으로부터 감히 바치러 오지 않는 이가 없었고, 왕에게 오지 않는 자가 없었으니 상(商)은 영원하다고 했다"[1199]고 했다. 서방이 흥성한 시기에는 "동쪽 땅 사람들은 수고해도 위로를 받지 못하지만, 서쪽 땅 사람들은 빛나는 옷 입었네"[1200]라고 했다. 진(秦)이 여섯 나라를 병합한 것을 새로운 국면이라고 말하지만 오히려 하주(夏周)가 그들을 선도한 것이고, 관동(關東)이 진을 멸망시킨 것을 새로운 국면이라고 말하지만 오히려 이인(夷人)이 "배를 풀어 산으로 가고[釋舟陵行]"[1201], 은인(殷人)의 "노여움이 귀방까지 미쳐[覃及鬼方]"[1202] 그들을 선도한 것이다. 또한 동서 이원(二元)의 국면이 어찌 삼대(三代)에 그쳤겠는가. 전국시대 이후 수백

1198　費孝通, 「中華民族的多元一體格局」, 『北京大學學報』, 1989(4).

1199　역주: 『詩經』 「商頌·殷武」: 自彼氐羌, 莫敢不來享, 莫敢不來王, 曰商是常.

1200　역주: 『詩經』 「小雅·大東」: 東人之子, 職勞不來, 西人之子, 粲粲衣服.

1201　역주: 『楚辭』 「天問」 구절.

1202　역주: 『詩經』 「大雅·蕩」 구절.

년 역시 어찌 그러하지 않았겠는가?

상고, 삼대(三代)에는 이(夷)와 하(夏)가 대등하여 우열을 가리기 힘들었다. 춘추전국시대에 이르러서는 하를 높이고 이를 폄하하는 풍기가 점차 생겨나, 화하(華夏)의 자아도취 경향이 날로 뚜렷해졌다.[1203] 『춘추좌씨전(春秋左氏傳)』 「민공원년(閔公元年)」에 관중이 제후(齊侯)에게 말한 것을 보면 "융적(戎狄)은 승냥이와 이리와 같아 만족할 줄 모르고, 제하(諸夏)는 서로 친밀하니 버려서는 안 되며, 안일은 독약과 같으니 생각해서는 안 됩니다."[1204]라고 했다. 관자(管子)는 '존왕양이(尊王攘夷)'의 기수로 여겨지고 있다. 관중은 제환공을 도와 아홉 번 제후를 회합하고 천하의 질서를 바로잡아 동이의 옛 땅에서 패자라고 칭했다. 제나라는 춘추오패의 처음이 되고, 공공연히 주나라 천자에 도전했다. 주왕혹은 주 천자를 존경하지 않은 이는 바로 관중 혹은 제환공이었던 것이다. 『관자(管子)』 「소광(小匡)」에서 제환공은 "수레[乘車]에 올라 회합함이세 번이고, 병거(兵車)에 올라 회합함이 여섯 번이니, 모두 아홉 차례나제후들을 규합하여 천하를 통일된 질서로 바로잡았소. 북쪽으로는 고죽(孤竹)·산융(山戎)·예맥(穢貉)에 이르고, 태하(泰夏)의 왕을 사로잡았소. 서쪽으로는 유사(流沙)와 서우(西虞)에 이르고, 남쪽으로는 오(吳)·월(越)·파(巴) …… 형이(荊夷)의 나라에 이르기까지 과인의 명을 어기지않으나 중원의 각국은 오히려 나를 가벼이 여겼소. 옛날 삼대(三代)의천명(天命)을 받아 천자(天子)가 된 사람과 내가 무엇이 다르겠소?"[1205]라

1203 吳鋭, 「試論中國文化自戀傾向的起源」, 『中國哲學史』, 2000(4).

1204 역주: 『春秋左氏傳』 「閔公元年」: 戎狄豺狼, 不可厭也, 諸夏親暱, 不可棄也. 宴安酖毒, 不可懷也.

1205 역주: 『管子』 「小匡」: 呈乘車之會三, 兵車之會六, 九合諸侯, 一匡天下, 北至於孤竹·山戎·穢貉·拘秦夏, 西至流沙, 西虞南至於吳越巴 …… 荊夷之國, 莫違寡人之命, 而中國卑我. 昔

고 말하였다. 존왕양이는 최초의 민족주의적 구호라 할 수 있지만, 도둑이 도둑을 잡으라고 고함치는 것과 다르지 않은 격이다.

사실 주왕(周王)과 융적(戎狄)의 관계는 몹시 밀접했다. 주양왕(周襄王)이 적(狄)의 군대를 이끌고 정나라를 치려했는데, 부진(富辰)이 간(諫)하여 막았다. "지금 천자께서 작은 분노를 참지 못하여 정나라와의 친분을 버리신다면, 이는 어찌하려는 것입니까? 공이 있는 사람을 등용하고, 친속을 친애하며, 가까운 신하와 친하게 지내고, 현능한 자를 높이는 것은 덕 가운데 큰 것입니다. 또 귀머거리를 가까이하고, 장님을 따르며, 완고한 자와 함께 하고, 야단스럽게 떠드는 자를 등용하는 것은 간사함 가운데 큰 것입니다. 덕을 버리고, 간사함을 숭상하는 것은 화 가운데 큰 것입니다. 정나라는 평왕과 혜왕을 도운 공훈이 있고, 여왕·선왕과 친속이며, 총애하는 신하를 버리고 어진 신하 세 명을 등용하고, 여러 희성 제후들 중에서 가까우니, 네 가지 덕이 갖춰진 것입니다. 귀로 오음의 조화로움을 듣지 못하는 것을 '귀머거리(聾)'라고 하고, 눈으로 오색의 문채를 구분하지 못하는 것을 '어둡다(昧)'고 하며, 마음으로 덕의의 벼리를 본받지 못하는 것을 '완고하다(頑)'고 하고, 입으로 충신의 말을 하지 못하는 것을 '야단스럽게 떠든다(囂)'고 하는데, 적(狄)은 모두 이를 본받고 있으니, 네 가지 간사함을 갖추고 있는 것입니다."[1206] 주양왕(周襄王)은 실제와 맞지 않는 모욕적인 이러한 단어들을 믿지 않았고, 적(狄)의 군대를 이끌고 정나라를 쳤을 뿐만 아니라, 게다가 적(狄)의 여자를 취하여 왕후로 삼고자 했다. 부진(富辰)이 또 간(諫)하

三代之受命者, 其異於此乎.

1206 역주:『春秋左氏傳』「僖公24年」; 今天子不忍小忿, 以棄鄭親, 其若之何? 庸勳親親, 暱近尊賢, 德之大者也. 卽聾, 從昧, 與頑, 用囂, 姦之大者也. 弃德崇姦, 禍之大者也. 鄭有平惠之勳, 又有厲宣之親, 棄嬖寵而用三良, 於諸姬爲近, 四德具矣. 耳不聽五聲之和爲聾, 目不別五色之章爲昧, 心不則德義之經爲頑, 口不道忠信之言爲囂, 狄皆則之, 四姦具矣.

여 말했다. "무릇 혼인은 화(禍)와 복(福)이 들어오는 계단입니다. 안을 이롭게 하면 복이요, 밖을 이롭게 하면 화를 취하는 것입니다. 지금 왕께서는 밖을 이롭게 하려 하시니, 그 화를 취하는 계제가 되는 것이 아니겠습니까?[1207] 보답하는 자는 나태해지고, 베푼 자는 만족할 줄 모른다고 합니다. 적(狄)은 진실로 탐욕스러운데, 왕께서 또 이를 열어주려 하십니다. 여자의 뜻은 끝이 없고, 부녀자의 원망은 그침 없다고 하니, 적(狄)은 반드시 우환이 될 것입니다."[1208] 왕(王)은 또 귀담아 듣지 않고, 원래대로 장가를 들었다. 왕에게는 밖이 없고, 천하가 한 집안이라는 것이야말로, 시대의 주류였다.

『춘추좌씨전(春秋左氏傳)』「희공25년(僖公二十五年)」에서는 『국어(國語)』「주어(周語)」를 인용하여 "덕(德)으로 중국(中國)을 회유(懷柔)하고 형벌(刑罰)로 사이(四夷)를 위협(威脅)한다."[1209]고 했다. 그러나 이런 것들은 모두 『춘추』의 본의가 아니고, 단지 좌구명(左丘明)의 생각일 뿐이다. 양계초(梁啓超)는 일찍이 이 점에 주목했다. "내가 세 번 『춘추』를 반복해 읽었는데, 이러한 말을 보지 못했고, 내가 선진 양한 시기 선사들의 말을 두루 읽어보았으나, 이러한 말을 본 적이 없다. 공자가 지은 『춘추』는 천하를 다스리는 것이지, 한 나라를 다스리는 것이 아니고, 만세를 다스리는 것이지, 한 때를 다스리는 것이 아니다."[1210]

그러나 『논어(論語)』「팔일(八佾)」에서 공자는 "이적(夷狄)에게 임금이 있어도, 제하(諸夏, 중국)에 없는 것보다 못하다."라고 했다. 『맹자(孟子)』

1207 역주: 『國語』「周語中」: 夫婚姻, 禍福之階也, 由之利內則福, 利外則取禍, 今王外利矣, 其無乃階禍乎.

1208 역주: 『春秋左氏傳』「僖公24年」: 報者倦矣, 施者未厭, 狄固貪惏, 王又啓之, 女德無極, 婦怨無終, 狄必爲患.

1209 역주: 『春秋左氏傳』「僖公25年」: 德以柔中國, 刑以威四夷.

1210 「『春秋』中國夷狄辨序」, 『時務報』第36冊, 1897, 湯志鈞 編, 『飮冰室合集』2(北京, 中華書局, 1989)에 수록.

「등문공(滕文公)」에서는 "나는 하(夏)로 이(夷)를 변화시켰다는 것은 들었어도, '이'로 '하'를 변화시켰다는 것은 듣지 못했다."라고 했다. 이러한 한두 마디의 말과 남의 글 일부를 가져와 제멋대로 해석하여 공맹(孔孟)의 민족사상을 반영하기에는 역부족이다. 이는 후세에 이하 분별의 근거가 되었다. 『한서(漢書)』「흉노전(匈奴傳)」에서는 다음과 같이 '논찬(論贊)'했다.

이적(夷狄)들은 탐욕스럽고 이익을 좋아하며 피발좌임(被髮左衽)하고 인면수심(人面獸心)이로다. 그들은 중국과 서로 다른 장복(章服-예복)을 입고 습속(習俗)이 다르고 음식이 같지 않고 언어가 통하지 않는다. 궁벽한(辟) 북쪽 변경의 찬 이슬이 내리는 땅에 살며 풀과 가축을 따라 옮겨 다니고 사냥을 생업으로 삼는데 산곡(山谷)으로 격리되고 사막으로 막혀 있으니 천지(天地)가 안과 바깥(중국과 흉노)을 끊어 놓았도다. 이런 고로 성왕(聖王)들은 금수처럼 그들을 길렀으니 그들과 더불어 약속하지 않고 공벌(攻伐)하지도 않았다. 약속을 하면 선물을 써서 결국 속임을 당하고, 공벌하면 군대를 수고롭게 할 뿐 결국 침략을 불러들인다. 그들의 땅은 경작해서 식량을 생산할 수 없고 그들의 백성은 신민으로 삼아 기를 수 없다.[1211]

이는 이원론적 민족관의 전형적인 서술이다. 강통(江統)의 「사융론(徙戎論)」은 화하(華夏)와 사이(四夷)는 잡거(雜居)해서는 안 된다고 여겼다.

대저 이만융적(夷蠻戎狄)을 사이(四夷)라고 이르는데, 구복(九服)의 제도에

1211   역주:『漢書』「匈奴傳」: 夷狄之人貪而好利, 被髮左衽, 人面獸心. 其與中國殊章服, 異習俗, 飮食不同, 言語不通, 辟居北垂寒露之野, 逐草隨畜, 射獵爲生, 隔以山谷, 雍以沙幕, 天地所以絶外內也. 是故聖王禽獸畜之, 不與約誓, 不就攻伐. 約之則費賂而見欺, 攻之則勞師而詔寇. 其地不可耕而食也, 其民不可臣而畜也.

서, 그 땅은 요복과 황복에 자리합니다. 『춘추(春秋)』의 대의는 제하(諸夏)를 안으로 하고, 이적을 밖으로 하는 것입니다. 그 언어가 통하지 않고, 지폐(贄幣)가 다르며, 법과 풍속이 궤이(詭異)하고, 종류가 현저히 다릅니다. 어떤 이들은 변경 밖에 거하기도 하고, 산천의 끝, 산천 계곡의 험준한 땅 등 중국과 단절된 땅에서 서로 침범하고 간섭하지 않고 부역도 미치지 않으며 정삭(正朔, 역법)도 따르지 않으니, "천자가 도가 있으면, 사이를 지킨다."고 한 것입니다. …… 그 길에서 먹을 양식을 주면, 지금 족히 스스로 각지에 이르러, 각기 본래 종족으로 돌아가고 그 옛 땅으로 돌아가 속국으로 이(夷)를 안무하여 그들을 편안히 모여 살게 할 수 있습니다. 융과 진이 섞이지 않고, 각기 거할 곳이 있으니 위로는 고대에 질서를 잡았던 뜻에 합하고, 아래로는 영구한 흥성한 시대의 규범입니다. 설령 하(夏)를 어지럽히겠다는 마음이 있어 전쟁을 일으키더라도, 중국과 멀리 떨어져 있고 산과 물로 나뉘어 있기 때문에, 비록 포학하게 도적질 하더라도 피해는 크지 않을 것입니다.[1212]

고환(顧歡)의 「이하론(夷夏論)」은 이하지변(夷夏之辨)에 새로운 막을 열었다.[1213] 그는 도경과 불경에 근거하여 불교와 도교의 근원이 같다고 인식했다. 이는 불교와 도교의 성스러운 면에서는 부합하지만, 그 자취는 반대였다. "예복과 홀[端委縉紳]은 제화(諸華)의 의용이요, 머리를 자르고 의복을 풀어 헤친[剪髮曠衣] 것은 이인(夷人)의 복식이다. 손을 모으고 무릎을 꿇고 허리를 굽혀 예를 표하는 것[擎跽磬折]은 후전(侯甸)의

1212　역주: 『晉書』「江統傳」: 夫夷蠻戎狄, 謂之四夷, 九服之制, 地在要荒. 春秋之義, 內諸夏而外夷狄. 以其言語不通, 贄幣不同, 法俗詭異, 種類乖殊. 或居絶域之外, 山河之表, 崎嶇川穀阻險之地, 與中國壤斷土隔, 不相侵涉, 賦役不及, 正朔不加, 故曰天子有道, 守在四夷. 谷其道路之糧, 今足自致, 各附本種, 反其舊土, 使屬 國撫夷就安集之, 戎晉不雜, 並得其所, 上合往古卽敘之義, 下爲盛世永久之規. 縱有猾夏之心, 風塵之警, 則絶在中國, 隔閡山河, 雖爲寇暴, 所害不廣.

1213　李養正,「顧歡『夷夏論』與『夷夏』之辨述論」『宗敎學硏究』, 1998.

공손함이요, 여우처럼 엎드리고 개처럼 앉는 것은 황류(荒流)의 엄숙함
이다. 관곽을 써서 시체를 염하고 장사지내는 것은 중하(中夏)의 제도이
고, 화장하고 수장하는 것은 서융(西戎)의 습속이다. 신체를 온전히 하
고 예를 지키는 것은, 선함을 계승하는 가르침으로 여겨지고, 용모를
훼손하고 본성을 바꾸는 것은, 악함을 끊어야 하는 것으로 여겨진다.
이것이 어찌 사람에게만 공통적이겠는가, 다른 사물에도 미친다. ……
새의 왕이 우짖는 것과, 짐승의 우두머리가 포효하는 것은 같다. 중화
로 교화하면 중화의 말을 하고, 이(夷)가 되면 이의 말을 할 뿐이다. 비
록 배와 수레가 모두 운송하는 데 이르지만, 물과 육지의 제약이 있다.
불도가 모두 교화를 이룰 수 있지만, 이(夷)와 하(夏)라는 대상의 구별이
있다. 만약 그 다다르려는 곳이 같다면, 그 방법을 바꾸어, 수레로 강을
건너고, 배로 육지를 갈 수 있겠는가?"[1214] 이 글에서는 또 '민족'이라는
말을 응용하여, "지금 제화(諸華) 남녀는 민족이 바뀌지 않았으나, 머리
를 드러내고 다리를 꼰 채로 앉아서 이인의 예를 남용하며, 머리를 깎
아 드러낸 무리들은 모두 호인(胡人)처럼 하고 있지만, 나라에는 옛 풍
속이 있어, 법도가 변하지는 않았다."[1215]라고 했다. 여기서 '민족이 바
뀌지 않았으나'의 '민족'은 현재의 민족 개념과 거의 완전하게 일치한
다.[1216]

  한유(韓愈)는 요(堯)임금과 순(舜)임금의 전통대로 따라하고, 문왕과

1214 역주: 『南齊書』 권54 「顧歡傳」: 是以端委搢紳, 諸華之容, 翦髮曠衣, 羣夷之服. 擎跽磬
折, 侯甸之恭, 狐蹲狗踞, 荒流之肅. 棺殯槨葬, 中夏之制, 火焚水沈, 西戎之俗. 全形守禮, 繼善
之教, 毁貌易性, 絶惡之學. 豈伊同人, 爰及異物. 鳥王獸長, 往往是佛, 無窮世界, 聖人代興. 或
昭五典, 或布三乘. 在鳥而鳥鳴, 在獸而獸吼. 教華而華言, 化夷而夷語耳. 雖舟車均於致遠, 而
有川陸之節, 佛道齊乎達化, 而有夷夏之別, 若謂其致旣均, 其法可換者, 而車可涉川, 舟可行陸
乎.

1215 역주: 『南齊書』 권54 「顧歡傳」: 今諸華士女, 民族弗革, 而露首偏踞, 濫用夷禮, 云於翦落
之徒, 全是胡人, 國有舊風, 法不可變.

1216 邸永君, 「"民族"一詞見於〈南齊書〉」, 『民族研究』, 2003(3).

무왕의 전장(典章)을 본받았다. 그는 오직 중국인만이 사람이라고 부를 수 있다고 했다. 『원인(原人)』에 "사람이라는 것은 이적(夷狄)과 금수(禽獸)의 주인이다."라고 했다. 「간영불골(諫迎佛骨)」은 고환(顧歡) 등의 반불존도(反佛尊道)를 계승한 것으로, 배불숭유(排佛崇儒)에 그 뜻이 있었다.

부처는 원래 이적(夷狄)사람이니, 중국과 서로 언어가 통하지 않고, 의복의 제도가 다르며, 입은 선왕의 법언(法言)을 말하지 않고, 몸은 선왕의 법복(法服)을 입지 않으며, 군신(君臣)의 의(義), 부자(父子)의 정(情)을 알지 못합니다. …… 그 몸이 죽은 지 이미 오래되어 말라 썩은 뼈와 흉하고 더러운 나머지를 어찌 궁금(宮禁)으로 들어오게 할 수 있겠습니까. 공자(孔子)께서 말씀하시기를 "귀신을 공경하되 멀리하라."라고 했습니다. …… 어찌 이 뼈로써 유사(有司)에 주어 물이나 불속에 던지게 하시와, 그 근본을 영원히 단절시키고, 천하의 의심을 끊으시며, 천하의 의혹을 단절시켜 천하 사람으로 하여금 대성인(大聖人)의 일하시는 바가 심상을 벗어남이 만만(萬萬)하다는 것을 알게 하시옵소서. 어찌 성대(盛大)하며, 어찌 통쾌(痛快)하지 않겠습니까! 만약 부처가 신령이 있어 재앙을 일으킬 수 있다면 무릇 재앙과 허물이 마땅히 신(臣)의 몸에 더해질 것입니다. 상천(上天)이 굽어보시니 신은 원망하거나 뉘우치지 않을 것입니다.[1217]

송(宋)나라 초기 3대 선생 중 하나인 석개(石介)의 「중국론(中國論)」 또한 화이지변(華夷之辨)의 대표작이다. 그는 중국과 이적의 지리적 위치

1217 역주: 『舊唐書』卷160「韓愈列傳」: 夫佛本夷狄之人, 與中國言語不通, 衣服殊製, 口不言先王之法言, 身不服先王之法服, 不知君臣之義, 父子之情. …… 其身死已久, 枯朽之骨, 凶穢之餘, 豈宜以入宮禁. 孔子曰, 敬鬼神而遠之. …… 乞以此骨付之有司投諸水火, 永絶根本, 斷天下之疑, 絶後代之惑, 使天下之人知大聖人之所作爲出於尋常萬萬也. 豈不盛哉. 豈不快哉. 佛如有靈, 能作禍祟, 凡有殃咎, 宜加臣身. 上天鑒臨, 臣不恐悔.

가 다르고, 본질도 다르기 때문에 화와 이는 서로 떨어져 섞이면 안 된다고 강조했다.

> 각각 자기의 사람을 사람으로 하고, 각각 자기의 풍속을 풍속으로 하며, 각각 자기의 가르침으로써 가르치고, 각각 자기의 예(禮)로 예법을 삼고, 각각 자기의 의복을 입고, 각각 자기의 집에 거주하며, 사이(四夷)로 하여금 사이에 거하게 하고, 중국은 중국에 거하니, 각자 서로 어지럽지 않게 하니, 이와 같이 할 뿐이다. 중국은 중국이고 사이(四夷)는 사이이다.[1218]

『백호통의(白虎通義)』는 왕이 불신하는 신하에 세 가지 부류가 있다고 하였다. 그 중 하나가 바로 이적(夷狄)이다. "먼 곳에 있어 풍속이 다르고, 중화(中和)의 기(氣)에서 나온 사람들이 아니라서 예의(禮義)로써 교화할 수 없기 때문에, 신하로 삼을 수 없다"[1219]고 했다. 이 주제는 송대 과거시험 문제로 출제되기도 하였다. 소식(蘇軾)은 다음과 같이 대답했다. "이적은 중국의 다스림으로 다스릴 수 없으니, 비유컨대 금수와 같다. 그 큰 다스림을 구하면 반드시 큰 혼란이 이를 것이다. 선왕께서 그러함을 아셨기 때문에, 중국을 다스리는 것으로써 다스리지 않으셨다. 이적을 다스림에 중국을 다스리는 것으로 하지 않는다면, 이에 더욱 깊게 다스릴 수 있을 것이다."[1220]

송원(宋元) 시기에 살았던 정소남(鄭所南) 또한 민족관념이 아주 강했

1218 石介, 『徂徠石先生文集』卷10, 北京, 中華書局, 1984.: 各人其人, 各俗其俗, 各敎其敎, 各禮其禮, 各衣服其衣服, 各居廬其居廬, 使夷處四夷, 中國處中國, 各不相亂, 如斯而已矣. 則中國, 中國也, 四夷, 四夷也.

1219 역주: 『白虎通義』: 絶域異俗, 非中和氣所生, 非禮義所能化, 故不臣也.

1220 역주: 『蘇東坡集後集』卷10「王者不治夷狄論」: 夷狄不可以中國之治治也, 譬若禽獸然. 求其大治, 必至於大亂. 先王知其然, 是故以不治治之, 治之以不治, 乃所以深治之也.

던 사람으로, 송나라 사람의 비참한 경험을 기술한 『심사(心史)』를 지었다고 전해진다.[1221] 정사초(鄭思肖, 곧 정소남)는 『심사』의 「자계(自戒)」에서 다음과 같이 말했다.

필부가 바른 행동(行)을 하면 자신의 몸(명분)을 지킬 수 있고, 가정을 보호할 수 있으며, 자손을 보호하게 되니 그 선함이 남아 마을에 알려지게 된다. 재상이 바른 행동을 하지 않는다면 자신의 몸이 망하고, 가정을 망하게 하며, 나라를 망하게 하고, 천하를 망하게 하여 그 추악함이 남아 후세의 웃음거리가 될 것이다. 감히 단언컨대, 행동이 바르지 않은 재상은, 행동이 바른 필부만도 못하다!

양계초는 생각했다.

정소남 선생의 인격은, 우리나라 수천 년 역사의 선민 중 닮은 사람이 매우 드물고, 오직 일본에 요시다 쇼인(吉田松陰)과 아주 비슷하다. 그 행동이 고상한 것이 비슷하고, 그 기상이 멋있고 훤칠한 것이 비슷하며, 그 주의가 단순한 것이 비슷하고, 그 자신이 확고한 것이 비슷하며, 수많은 우여곡절에도 굴하지 않고 자신이 지닌 신념을 실행하는 것 또한 비슷하고, 마음과 힘을 다스려 천하의 후세들에게 함께 알리려는 그 근본 역시 비슷하다. 오호라! 해서(海西) 해동(海東) 수백 년간, 오직 두 사람뿐이구나, 오직 두 사람뿐이로다. 요시다 쇼인은 능히 앞으로의 일본을 이끌 수 있지만, 그러나 선생이 남긴 의지는 몰락하여, 오직 『심사(心史)』만이 자손들에게 선물로 남겨졌다. 이는 어쩌면 당시의 시세와 어려움이 다르기 때문일 것이다. 그러나 일본의 요시다 쇼인이 제창하자, 수백 수천 명의 사람들이 따르고 응답했지만, 소남

1221　鍾焓, 「心史·大義略敍」成書時代新考」, 『中國史研究』, 2007(1).

선생에게는 그를 따르는 자가 하나도 없었다.[1222]

왕부지(王夫之)는 중국의 위대한 사상가 중 하나로, 청조의 통치자와 공존할 수 없었던, 이원론적 민족관의 전형적인 인물이다. 그는 "천하에 크게 예방해야 할 두 가지가 있는데, 중국의 이적이고, 군자의 소인이다. 이는 본말에 구별이 있기 때문이 아니라 선왕이 이 두 가지에 대한 예방을 강조했기 때문이다. 이적과 화하는 사는 땅이 다르다. 그 땅이 다르니 그 기질이 다르다. 기질이 다르니 습속이 다르고, 습속이 다르니 그 지식과 행동에 다르지 않은 것이 없다. 이에 그 속에서 자연스럽게 귀천이 생겨났다. 특히 지리적으로 나눠져 있고, 하늘의 기운도 다르니, 어지러이 섞여서는 안 된다. 어지러이 섞이면 사람들이 크게 무너질 것이다."[1223]라고 하였다. 그는 우물물과 강물이 간섭하지 않듯이 서로 간섭하지 않을 것을 주장하고, "물고기는 강이나 호수에서 서로 잊어버리고[魚相忘於江湖], 사람들은 도술에서 서로 잊어버린다[人相忘於道術]."라고 하면서 한나라 광무제의 폐관정책을 찬성했다. 그는 "그러므로 광무제가 폐관하자 하주(河州)와 황주(湟州)가 공고해졌으니, 천지에 요험을 세워 화이를 구분하여 인력으로 통하지 않게 하고 수백 리에 걸쳐 마치 다른 세상과 같을 것이다. 눈으로 그 가로막힌 것을 보면 마음이 풀어지고, 싸우고자 하는 마음이 저절로 잦아들 것이다."[1224]라고 하였다.

1222 梁啓超, 「重印鄭所南『心史』序」, 『飮冰室文集』17, 北京, 中華書局, 1989.

1223 역주: 王夫之, 『讀通鑒論』卷14, 北京, 中華書局, 1977.: 天下之大防二, 中國夷狄也, 君子小人也. 非本末有別, 而先王强爲之防也. 夷狄之與華夏, 所生異地. 其地異, 其氣異矣. 氣異而習異, 習異而所知所行蔑不異. 乃于其中亦自有其貴賤焉. 特地界分, 天氣殊, 而不可亂, 亂則人極毁.

1224 역주: 王夫之, 『讀通鑒論』卷21, 北京, 中華書局, 1977.: 故光武閉關而河湟鞏固, 天地設險以限華夷, 人力不通, 數百里而如隔世. 目阻心灰, 戎心之所自戢也.

『대의각미록(大義覺迷錄)』은 증정(曾靜)과 옹정제 등의 이화(夷華) 관계에 대한 반성을 기술한 것이다. 화하의 정종으로 자처했던 증경은 만주를 이적(夷狄)이라고 욕하면서 금수만도 못하다고 했다. 옹정제는 담담히 이적임을 인정했지만, 증정을 압박하여 스스로 이적만도 못하다고 인정하게 했다.

청조가 천하를 얻은 것은, 성탕(成湯)이 걸(桀)을 추방한 것과 주무왕(周武王)이 주(紂)를 정벌한 것 보다 더욱 명분에 맞는 것이다. …… 대개 기존의 화이지변(華夷之辨)은 중국이 한 곳에 물러나 있던 진(晉), 송(宋), 육조(六朝)시기에, 서로 땅과 세력이 비슷하여 우열을 가릴 수 없었을 때 나왔는데, 북인(北人)은 남쪽을 '도이(島夷)'로 폄훼했고, 남인은 북쪽을 '색로(索虜)'라고 지칭했다. 현재 사람들은 덕을 닦고 인을 행하는 데 힘쓰지 않고, 다만 입으로 서로 비방하는 것만 일삼아, 식견이 지극히 낮고 지극히 고루해졌다. 지금 역적 등은 '천하일통(天下一統)', '화이일가(華夷一家)'에 대해, 망령되이 중외를 변별하면서, 분노를 생기게 하니, 어찌 천리를 어그러뜨리고 아비도 없고 임금도 없는, 벌과 개미만도 못한 것과 다를 것이 무엇인가?[1225]

증정(曾靜)은 억지로 깨달은 바를 가지고 「귀인설(歸仁說)」을 지어 "이적이 중국에 들어오면 중국이 되고, 중국이 이적에 가면 이적이 된다."[1226]는 오래되고 간단한 사실을 인정했다.

1225　역주: 「大義覺迷錄」, 『淸史資料』 第4輯, 北京, 中華書局, 1983.: 本朝之得天下, 較之成湯之放桀, 周武之伐紂, 更爲名正而言順 …… 蓋從來華夷之說, 乃在晉宋六朝偏安之時, 彼此地醜德齊莫能相尙, 是以北人詆南爲島夷, 南人指北爲索虜. 在當日之人不務修德行仁, 而徒事口舌相譏, 已爲至卑至陋之見. 今逆賊等於天下一統, 華夷一家之時, 而妄判中外, 謬生忿戾, 豈非逆天悖理, 無父無君, 蜂蟻不若之異類乎.

1226　역주: 「大義覺迷錄」 附 「歸仁說」, 『淸史資料』 第4輯, 北京, 中華書局, 1983.: 夷狄而進中國, 則中國之, 中國而夷狄, 則夷狄之.

이하이원론(夷夏二元論)으로 민족관계를 이해할 때, '하(夏)'가 아니면 '이(夷)'고, '이(夷)'가 아니면 '화(華)'라는 이원론에 빠져서는, 평등한 민족관을 확립하기가 어렵고, '분치(分治)' 혹은 '불치(不治, 제대로 다스릴 수 없는 것)'를 초래하기 쉽다. 곽거병(霍去病)은 "흉노를 멸하지 않으면, 어찌 집을 생각 하겠는가[匈奴不滅, 何以家爲]"라고 했고, 악비(岳飛)는 "굳건한 뜻으로 주릴 때 적의 고기를 먹고, 담소하다 목마르면 흉노의 피를 마시리라[壯志饑餐胡虜肉, 笑談渴飮匈奴血]."라고 했는데, 그들과 이민족 간의 공존할 수 없는 민족관을 반영한 것이다. 문천상(文天祥)은 죽어도 몽골 사람과 협력하지 않고, "나의 일편단심을 청사에 바치리라[留取丹心照汗靑]"라고 했다. 이는 곽거병과 악비는 자기의 민족과 나라를 위해 자신의 생명을 봉헌하겠다라고 하며, 지금까지 민족 영웅으로 칭송 받고 있다. 그들은 목숨 바쳐 민족주의를 외쳤고, 행동으로 민족관을 체현했다. 이하이원론은 남정북벌, 수축장성(修築長城)의 사상적 근원이었다.

(3) 일원론민족관

선진시기의 역사 또한 민족 혼합의 역사로, 이와 하가 서로 전화된 것이다. 하왕조가 건립되기 전의 동아시아는 만이(蠻夷)의 땅이었다. 요순시대, 만이가 와서 복종했다. 『상서(尙書)』 「탕서(湯誓)」에 이르길, "나 보잘 것 없는 사람이 감히 난을 일으키려는 것이 아니라, 하(夏) 나라에 죄가 많아, 하늘이 죽이라고 명하신 것이오. …… 하나라 임금이 죄가 있고, 나는 상제를 두려워하여, 감히 정벌하지 않을 수 없는 것이다.."[1227] 상나라가 하나라를 멸한 이후, 하나라 사람들은 남북으로 흩

1227 역주: 『尙書』 「湯誓」: 非台小子, 敢行稱亂, 有夏多罪, 天命殛之. …… 夏氏有罪, 予畏上

어져, 소수 일부만이 중원에 남았고, 훗날 '기인우천(杞人憂天)'의 고사로 유명해졌다. 춘추오패(春秋五霸)와 전국칠웅(戰國七雄)은 모두 하(夏)와 뚜렷한 관계가 없다. 제(齊)나라는 동이(東夷)에서 일어났고, 초(楚)나라는 남만(南蠻)에서 일어났고, 진(晉)나라는 북적(北狄)에서 일어났고, 진(秦)나라는 서융(西戎)에서 일어났기 때문에, 사이(四夷)와 관계가 매우 밀접하다. 마치 『춘추공양전(春秋公羊傳)』 「희공 4년(僖公四年)」에 "북적(北狄)과 남이(南夷)가 서로 호응하여 중국의 운명은 가는 실처럼 유지되고 있다."[1228]라고 한 것과 같다. 중국도 역시 새로운 이적인 것이다.

왕헌당(王獻唐)은 이족이 동아시아의 토착민족으로 정착 농경을 주업으로 삼았고, 황제를 대표로하는 하는 유목민과 관계가 있을 수 있음에 주목했다. "염제(炎帝)와 황제(黃帝)의 아버지가 다르기는 하지만, 어떻게 두 민족인 것을 알 수 있는가? 말하길, 이(夷)와 하(夏)로 알 수 있고, 황하(黃河)유역을 차지하기 위한 싸움으로 알 수 있다. 당시의 사이(四夷)는 염제(炎帝)의 후손이고, 황제(黃帝)의 자손은 모두 화하(華夏)였다. 황제(黃帝)로부터 상(商)나라와 주(周)나라 이전까지의 전쟁은 대체로 민족 간의 전쟁으로, 이른바 염제(炎帝)와 황제(黃帝) 두 민족의 전쟁이었다.[1229] 춘추전국시대가 되어서는 이미 하나가 되어서 이쪽과 저쪽을 나누기 힘들게 되었다. 그러므로 『논어(論語)』에서 자하(子夏)는 앞장서서 외쳤다. "사해(四海)의 안은 모두 형제이다."[1230] 『이아(爾雅)』 「석지(釋地)」에는 "구이(九夷), 팔적(八狄), 칠융(七戎), 육만(六蠻)을 사해(四海)라한다."[1231]라고 했다. 공자(孔子)는 구이(九夷)지역에 살고 싶어 했다. 『논

帝, 不敢不正."

1228 역주: 『春秋公羊傳』 「僖公 4年」: 南夷與北狄交, 中國不絶若線.

1229 王獻唐, 『炎黃氏族文化考』, 濟南, 齊魯書社, 1985. 12쪽.

1230 역주: 『論語』 「顔淵」: 四海之內皆兄弟.

1231 역주: 『爾雅』 「釋地」: 九夷八狄七戎六蠻, 謂之四海.

어(論語)』「자한(子罕)」에서 "군자가 거처하는데 무슨 누추할 것이 있겠는가?"[1232]라고 했고, 『순자(荀子)』「왕제(王制)」에서도 말했다. "사해의 안이 한 집과 같기 때문에, 가까운 사람은 그 능력을 숨기지 않고, 먼 데 사람은 그 달려가는 수고를 싫어하지 않고, 벽지나 외진나라가 없고, 모두 다 추종하지 않는 나라가 없어 편안하게 되었다."[1233]

공자께서 이(夷)의 예법을 썼다면, 제자(諸子)는 모두 이족(夷族)이다. 우리는 공자가 기자(箕子), 미자(微子)와 마찬가지로, 이인(夷人)의 후손임을 어렵지 않게 증명할 수 있다. 기자(箕子)는 곧 동이(東夷)의 출중한 대표이고, 미자는 은나라의 정통 계승자이니, 모두 공자가 추숭한 선현이었다. 공자는 노나라에서 태어난 은나라 사람의 후예이다. 『사기(史記)』「공자세가(孔子世家)」에서 말했다. "그의 선조는 송(宋)나라 사람으로 공방숙(孔防叔)이다. 방숙(防叔)이 백하(伯夏)를 낳고, 백하(伯夏)는 숙양흘(叔梁紇)을 낳았다. 흘(紇)은 안씨(顔氏)의 딸과 야합하여 공자(孔子)를 낳았다."[1234] 공자는 주나라를 인정했고 다만 죽을 무렵에 자기가 은나라 사람임을 잊은 적이 없었다. "천하에 도가 없어진 지 오래되어 아무도 나를 존중하지 않는구나! 상을 치를 때, 하(夏)나라 사람들은 빈(殯)을 조계(阼階)에 모셨고, 주(周)나라 사람들은 빈(殯)을 서계(西階)에 모셨으며, 은(殷)나라 사람들은 빈(殯)을 두 기둥 사이에 모셨다. 어제 저녁 나는 두 기둥 사이에서 제사를 받는 꿈을 꾸었다. 나의 조상은 은(殷)나라 사람이다."[1235]

1232 역주: 『論語』「子罕」: 君子居之, 何陋之有.

1233 역주: 『荀子』「王制」: 四海之內若一家, 故近者不隱其能, 遠者不疾其勞, 無幽閒隱僻之國, 莫不趨使而安樂之.

1234 역주: 『史記』「孔子世家」: 其先宋人也, 曰孔防叔. 防叔生伯夏, 伯夏生叔梁紇. 紇與顔氏女野合而生孔子.

1235 역주: 『史記』「孔子世家」: 天下無道久矣, 莫能宗予. 夏人殯於東階, 周人於西階, 殷人兩柱間. 昨暮予夢坐奠兩柱之間, 予殆殷人也.

"예를 잃어 야(野)에서 찾아야하기"[1236]때문에 공자(孔子)는 "구이(九夷)에 거하고자"[1237] 했다. 많은 인의도덕(仁義道德)은 확실히 이(夷) 혹은 은(殷) 나라의 전통에 근원한다.

맹자는 이(夷)가 하(夏)로 변하는 보편성에 주목했다.

순(舜)은 제풍(諸馮)에서 태어나 부하(負夏)로 옮겼다가 명조(鳴條)에서 별세하셨으니, 동이(東夷) 사람이다. 문왕(文王)은 기주(岐周)에서 태어나 필영(畢郢)에서 별세하셨으니, 서이(西夷) 사람이다. 땅의 거리가 천 여리이며 세대가 천여 년 차이가 있지만, 뜻을 얻어 중국(中國)에 행함에 있어서는 부절(符節)을 합치듯 똑같았다. 앞의 성인(聖人)과 뒤의 성인(聖人)의 그 헤아림이 똑같다.[1238]

『맹자(孟子)』「이루하(離婁下)」에 "순도 사람이고 나도 사람이다. 큰일을 함이 있으면 모두 역시 순임금과 같으니 다만 그 금수와 다른 마음을 보존해야 할 뿐이다."[1239]라고 했다. 또한 『맹자(孟子)』「고자상(告子上)」에서는 "성인(聖人)도 나와 같은 동류(同類)이시다."[1240]라고 했다. 맹자(孟子)는 순(舜)임금은 동이(東夷) 사람이며 문왕(文王)은 서이(西夷) 사람으로 보았고, 그 자신도 꼭 하인(夏人)은 아니라고 하였다. 맹가(孟軻)는 추(鄒)나라 사람이며, 추기(鄒忌)와 추연(鄒衍)과 더불어 삼추자(三鄒

1236 역주: 『漢書』「藝文志」: 禮失求諸野.

1237 역주: 『論語』「子罕」: 子欲居九夷.

1238 『역주: 孟子」「離婁下」: 舜生於諸馮, 遷於負夏, 卒於鳴條, 東夷之人也. 文王生於岐周, 卒於畢郢, 西夷之人也. 地之相去也, 千有餘里, 世之相後也, 千有餘歲. 得志行乎中國, 若合符節, 先聖後聖, 其揆一也.

1239 역주: 『孟子』「離婁下」: 舜亦人也, 我亦人也, 有爲者亦若是, 但當存其異於禽獸之心耳.

1240 역주: 『孟子』「告子上」: 與我同類者.

子)로 불린다. 『사기색은(史記索隱)』「맹자순경열전(孟子荀卿列傳)」에 "추(鄒)는 노(魯)나라의 지명이다. 또 판본에 따라 주(邾)나라 사람이라고도 하는데, 추(鄒)땅으로 옮겨왔기 때문이다."[1241]라고 했다. 노(魯)나라 지역은 동이(東夷)의 옛 지역으로 추(鄒)나라 사람이나 주(邾)나라 사람들은 대부분 이인(夷人)이거나 이인(夷人)의 후손이었다. 춘추전국시대(春秋戰國時代)는 많은 이인(夷人)들이 하인(夏人)으로 변하는 시대였다. 이 때문에 맹자가 말하기를 "나는 하(夏)는 이(夷)가 변한 것이라는 말을 들었지만, 이(夷)는 하(夏)가 변한 것이라는 말은 듣지 못했다."라고 했다. 듣지 못했다는 것은 없다거나 될 수 없는 것과는 다르다. 그 자신도 이(夷)가 하(夏)로 변했음을 알지 못했던 것이다.

대일통(大一統)을 주장하는 『춘추공양전(春秋公羊傳)』「성공 15년(成公一五年)」에서는 "『춘추』에는 나라를 안으로 하면 제하(諸夏)를 밖으로 하고, 제하(諸夏)를 안으로 하면 이적(夷狄)을 밖으로 한다. 왕 노릇 하는 자가 천하를 하나로 하고자 하면서 어찌 안팎이라는 말을 하는가? 가까운 데로부터 시작함을 말한 것이다."[1242]라고 했다. 『예기(禮記)』「예운(禮運)」에서는 "천하를 일가로 삼는다[以天下爲一家]."는 관념을 제시했다. 사마천(司馬遷)은 요순(堯舜)전설과 염황(炎黃)고사를 잘 빚어서 『사기(史記)』「오제본기(五帝本紀)」를 저술하여, 중국 경내의 모든 민족은 황제의 자손이라는 일가지언(一家之言)을 확립했다. 『사기(史記)』「흉노전(匈奴傳)」에서는 "흉노는 그 선조가 하후씨(夏后氏)의 후손이다."[1243]라고 했고, 『사기(史記)』「월왕구천세가(越王句踐世家)」는 "월왕구천은 그 선조

1241　역주: 『史記索隱』「孟子荀卿列傳」: 鄒魯地名, 又云本邾人徙鄒故也.

1242　역주: 『春秋公羊傳』「成公15年」: 內其國而外諸夏, 內諸夏而外夷狄.

1243　역주: 『史記』「匈奴傳」: 匈奴, 其先祖夏后氏之苗裔也.

가 우(禹)의 후손이다."[1244]라고 했으며, 『사기(史記)』「오태백세가(吳太伯世家)」는 "중국의 우(虞)와 형만의 구오(勾吳)는 형제이다."[1245]라고 했고, 『사기(史記)』「초세가(楚世家)」는 "초나라의 선조는 전욱(顓頊) 고양(高陽)으로부터 나왔다."[1246]라고 했으며, 『사기(史記)』「오제본기(五帝本紀)」는 "황제로부터 순·우에 이르기까지 모두 성이 같은데 그 국호를 달리하여 명덕(明德)을 드러내었다."[1247]라고 했으니, 바로 이른바 "천하일가(天下一家)"라는 것이다. 이러한 화이일체, 천하일가의 민족사상은 바로 일원론적 민족관이다.

수당(隋唐) 시기는 중국역사상 진한(秦漢) 시기를 잇는 또 한 번의 대통일 시기로, '화이일가(華夷一家)'라는 사상이 시대적 기조를 이뤘다. 당태종 이세민의 조모 독고씨(獨孤氏)와 어머니 두씨(竇氏), 그 아내 장손황후(長孫皇后)는 모두 선비족의 후예로, 본인이 바로 이족(異族) 결합의 산물이었다. 따라서 '화이일가' 사상이 어렵지 않게 나올 수 있었다. 그는 "이적(夷狄)도 사람일 뿐이며 …… 임금(人主)은 덕을 입히지 못할까 근심하되, 이민족을 시기할 필요가 없다. 대개 덕이 충분히 입혀지면, 사이(四夷)도 한 가족과 같을 것이요, 시기가 많으면 골육이라도 원수나 적이 되는 것을 면치 못한다."[1248]라고 하였다.

"예부터 제왕(帝王)은 비록 중하(中夏)를 평정했어도, 이적(夷狄)을 복종시키지는 못했다. 짐은 고인에 미치지 못하나, 공을 이룬 것은 고인보다 크다 …… 여기에 미칠 수 있었던 이유는 …… 옛날부터 모두 중화

1244 역주: 『史記』 「越王句踐世家」: 越王句踐, 其先禹之苗裔.

1245 역주: 『史記』 「吳太伯世家」: 中國之虞與荊蠻句吳兄弟也.

1246 역주: 『史記』 「楚世家」: 楚之先祖, 出自顓頊高陽.

1247 역주: 『史記』 「五帝本紀」: 自黃帝之舜禹, 皆同姓而異其國號, 以章明德.

1248 역주: 『資治通鑑』 卷197: 夷狄亦人耳 …… 人主患德澤不加, 不必猜忌異類. 蓋德澤洽, 則四夷可使如一家, 猜忌多則骨肉不免爲仇敵.

를 귀하게 여기고 이적을 천하게 여겼는데 나만 홀로 한결같이 사랑했기 때문에 그 부락들이 모두 나를 부모처럼 의지했기 때문이다."[1249] 그는 '하늘같이 높은 칸[參天可汗]'으로 높여졌고, 이때부터 '호월일가(胡越一家)'라는 '자고로 없었던[自古未之有]' 국면이 나타나게 되었다. 원진(元稹)의 「서량기(西涼伎)」에 호한일가(胡漢一家)의 즐거운 모습이 묘사되어 있다.

내가 들으니 옛날에 서량주(西涼州)는, 인가가 다닥다닥하고 산뽕나무가 빽빽하며,

포도주가 익으면 실컷 풍악을 울리고, 붉고 푸른 고운 깃발에 흰 누각이 붉었더라.

누각 아래 흙 화로는 탁녀(卓女)라고 하고, 누각 끝의 손님을 짝하여 막수(莫愁)라고 불렀다.

고향 사람들은 이별의 괴로움을 모르니, 경졸(更卒)들은 허다한 놀이에 침체되었네.

노래하고 창고를 열어 고상한 잔치를 베푸니, 팔도의 진미와 천하의 술이 앞에 있도다.

앞에서 온갖 놀이를 요란하게 경쟁하여, 공과 칼을 휘두르니 서늘한 위엄이 살아난다.

사자가 광채를 흔드니 털빛이 솟구치고, 서역인의 취한 춤은 춤사위가 부드럽다.

대완(大宛)에서 와서 붉은 한혈마를 바치고, 찬보(贊普)도 푸른빛의 풍성한

1249 역주: 『資治通鑑』 卷198: 自古帝王雖平定中夏, 不能服夷狄. 朕不逮古人, 而成功過之. …… 所以及此者, …… 自古皆貴中華, 賤夷狄, 朕獨愛之如一, 故其種落皆依朕如父母.

갖옷을 바치도다.[1250]

　강통(江統)·고환(顧歡)·한유(韓愈) 등 이(夷)와 하(夏)의 대립을 강조
한 관점은 이론상에서 또 현실 생활 속에서도 모두 우위를 차지하지 못
했다. 남조의 송나라 석혜통(釋慧通)의 『박고도사(駁顧道士)』 「이하론(夷夏
論)」에서 다음과 같이 말했다.

　비유하자면 소경이 구슬을 집는데 붉은 콩을 안고서 도리어 보물을 얻은 것
　으로 여긴 것과 같으며, 귀머거리가 음악을 들음에 당나귀 울음소리를 듣고
　서 기뻐하며 음을 알아듣는 것으로 여기는 것과 같다. 우리가 이하(夷夏)의
　담론으로써 이치를 얻은 것으로 여긴다면 그 어긋남이 심한 것이다. …… 천
　도는 말이 없고, 성인은 사심이 없을 것이니, 이 때문에 도가 사람을 말미
　암아서 커지는 것이지 도가 사람을 크게 하지 않는 것이다. 그렇다면 성인
　의 신령스러운 통찰은 통하지 않는 바가 없는데, 지혜의 밝음이 어찌 다를
　수 있겠는가? …… 큰 가르침은 사사로움이 없고, 지극한 덕은 치우치지 않
　으며, 조물주는 뜻을 함께 하고, 뛰어난 사람은 이치와 함께 한다. 적융(오랑
　캐)에서 고르게 소리가 난다면 오랑캐나 한나라에서나 소리가 같다. 성인이
　정녕 땅에 따라 가르침을 달리하여 다른 풍속이 만나는 것을 막았겠는가, 어
　찌 이(夷)가 있으며, 하(夏)가 있겠 는가?[1251]

1250　역주: 『全唐詩』 卷419: 吾聞昔日西涼州, 人煙撲地桑柘稠. 葡萄酒熟恣行樂, 紅艷青旗朱
粉樓. 樓下當壚稱卓女, 樓頭伴客名莫愁. 鄉人不識離別苦, 更卒多爲沉滯游. 哥舒開府設高宴,
八珍九醞當筵頭. 前頭百戲竟撩亂, 丸劍跳躑霜雪浮. 獅子搖光毛彩豎, 胡騰醉舞筋骨柔. 大宛
來獻赤汗馬, 贊普亦奉翠茸裘.

1251　역주: 『弘明集』 卷7: 譬猶盲子采珠, 懷赤菽而反, 以爲獲寶. 韓賓聽樂, 聞驢鳴而悅, 用爲
知音. 斯蓋吾子夷夏之談, 以爲得理, 其乖甚焉. …… 天道弗言, 聖人無心, 是以道由人弘, 非道弘
人. 然則聖人神鑒, 靡所不通, 智照寧有不同. …… 大教無私, 至德弗偏, 化物共旨, 異人俱致. 在
戎狄以均響, 處胡漢而同音. 聖人寧復分地殊教, 隔寓異風, 豈有夷耶. 寧有夏耶.

"남조(南朝)의 4백 8십 사찰은, 수많은 누대가 안개비에 젖고 있다."[1252] 현장(玄奘)은 서쪽으로 유람하고, 감진(鑑眞)은 동쪽으로 건너갔으니 모두 중생을 제도하기 위하여 하이(夏夷)의 국경을 돌파한 것이다. 유가와 도가가 서로 보완하고 유가와 불가가 서로 통하여 점차 삼교 합일하는 국면이 형성되었다. 송대(宋代) 선문(禪門)의 정조(定祖) 석계숭(釋契嵩)은 불교의 오계(五戒)가 바로 유가의 오상(五常)이라고 하였다.

오계(五戒)의 첫째는 살생하지 않고[不殺生], 둘째는 도둑질하지 않고[不偸盜], 셋째는 삿된 음란을 하지 않고[不邪淫], 넷째는 망녕된 말을 하지 않고[不妄語], 다섯째는 술 마시지 않는[不飮酒] 것을 말한다. 살생하지 않는 것은 인(仁)이고, 도둑질하지 않는 것은 의(義)이고, 삿된 음란을 하지 않는 것은 예(禮)이고, 술을 마시지 않는 것은 지(智)이고, 망녕된 말을 하지 않는 것은 신(信)이다.[1253]

풍도(馮道)는 난세에 나서 일생동안 네 왕조(후당·후진·후한·후주 그 밖에 거란) 열 명의 황제를 30여 년간 섬겨서 스스로 장락로(長樂老)라고 불렀다. 그는 산림에 은거한 적이 없었고 또 한 민족이나 한 국가에 충성하지 않았고 제 3의 길을 갔다. 본인과 당시 현지 사람들의 근본이익과 인류의 최고이익을 전제로 했고, 편협한 국가나 민족이나 종교 관념을 타파하고, 정치가의 지혜와 기교로 상처와 갈등을 봉합하고, 평화와 회복의 경로를 모색하려고 했다.[1254] 풍도(馮道)는 73세에 죽었는데 공자

1252 역주: 杜牧,「江南春」: 南朝四百八十寺, 多少樓臺煙雨中.

1253 역주: 契嵩,『鐔津文集』卷3「輔敎編·戒孝章」: 五戒始一曰不殺, 次二曰不盜, 次三曰不邪淫, 次四曰不妄言, 次五曰不飮酒. 夫不殺仁也, 不盜義也, 不邪淫禮也, 不飮酒智也, 不妄言信也.

1254 葛劍雄,『亂世的兩難選擇-馮道其人其事』,『讀書』, 1995(2).

와 같은 나이였기 때문에, 당시 사람들은 모두 감탄했다. 송대(宋代) 초기의 명신인 범질(范質)은 "두터운 덕으로 학문을 연구하여, 재주와 도량이 크고 훌륭하니, 아무리 왕조와 시대가 바뀌어도, 사람들이 흠잡을 수 없었고, 우뚝하기는 큰 산과 같았고, 또 바꿀 수가 없었다."[1255]고 했다. 그가 여러 왕조를 섬긴 것은 공자가 열국을 주유한 것과는 방법은 다르지만 효과는 같았다. 그는 '사해의 안이 모두 형제'라고 생각하는 '천하일가'의 신봉자이자 현대 공무원의 원조라고 할 수 있다.

거란의 통치자도 또한 화이일가(華夷一家)를 제창했다. 소관음(蕭觀音)이 임금의 명에 따라 「군신동지화이동풍[(君臣同志華夷同風)]」이라는 시를 읊었다.

우(虞)나라 조정이 열리니 수레가 가득하고, 왕이 조회를 하니 진기한 보물이 모인다.

이르는 곳마다 하늘의 뜻을 받드니, 모두 똑같이 밝은 마음으로 받든다.

법은 흉노에까지 통하고, 풍성(風聲)과 교화가 계림에까지 다다랐다.

우주의 교태(交泰)를 보니, 응당 고금에 차이가 없음을 알겠네.[1256]

양계초는 '민족주의'를 도입했을 뿐만 아니라 또한 '중화민족'을 제시했다.[1257] 중화민족은 실질적으로 천하일가(天下一家)와 의미가 가깝다. 『시경(詩經)』「소아(小雅) · 북산(北山)」에 "하늘아래 모든 땅이 왕의 땅이

1255 역주: 『資治通鑑』 卷291: 厚德稽古, 宏才偉量, 雖朝代遷賀, 人無間言, 屹若巨山, 又不可轉也.

1256 「焚椒錄」, 陳述輯, 『全遼文』, 北京, 中華書局, 1982, 62쪽. 虞廷開盛軌, 王會合奇琛. 到處承天意, 開同捧日心. 文章通蠡俗, 聲敎薄鷄林. 大寓看交泰, 應知無古今.

1257 梁啓超, 「論中國學術思想變遷之大勢」, 『飮冰室合集』 文集6, 北京, 中華書局, 1989.

아님이 없으며, 땅의 모든 곳이 왕의 신하가 아님이 없다."[1258]라고 했다. 왕에게 밖은 없으니[王者無外], 천하는 전 세계와 전 인류를 의미한다. 천하일가는 곧 천하주의(天下主義)이고, 또한 세계주의(世界主義), 인류주의와 같은 뜻이다.

세 종류의 민족관은 모두 선진 시기에 잉태되었고, 진한(秦漢) 이후로 각 왕조마다 다르게 체현되었다. 다원민족관과 일원민족관은 서로 통하는 곳이 있으나, 이원민족관만은 화해하는 데에 어려움이 있다.

4. 민족관과 민족주의

민족관이란 민족에 대한 기본적인 관점을 말한다. 민족주의는 본민족을 핵심으로 문제를 인식하는 것을 말한다. 민족관이 반드시 민족주의로 이어지는 것은 아니다. 그러나 민족주의가 일종의 민족관인 것만은 분명하다. 중국의 민족관에서 주로 나타나는 것은 다원론, 이원론, 일원론의 문제이다. 『예기(禮記)』「왕제(王制)」에서 논술하고 있는 오방(五方) 민족 각각의 특색은 일종의 평등적 민족관의 표현으로 저자의 신분이 개입되지 않았으며 민족주의가 아니다.

송(宋), 요(遼), 금(金) 왕조 시기는 (각기 다른) 민족국가가 병립하는 시대였다. 이들은 각각 서로 다른 민족관을 가지고 있었는데, 이것은 민족주의와 유사했다. 송, 요, 금 왕조는 모두 화하(華夏)의 정통을 계승했다고 자처했으며, 서하(西夏) 역시 스스로를 대하(大夏)라 자칭하면서 하 왕조의 재림을 표방했다. 원대의 4등제는 불평등 민족관의 일종이었는데 이는 통치계급이었던 몽골족 민족관의 실천이었고 그들 중심의 민족

1258　역주: 『詩經』「小雅 · 北山」: 溥天之下, 莫非王土, 率土之濱, 莫非王臣.

주의를 반영한 것이었다. 통치민족 중심의 민족주의는 필연적으로 피통치민족의 반발을 야기했다. 원나라 말년에 주원장이 마침내 "만주 오랑캐를 제거하여 중화를 회복하자"는 전형적인 민족주의 구호를 피압박민족에게 호소한 결과 몽골족 통치체제를 전복시켰다.

청나라는 만주족을 중심으로 한 오족(五族) 공존을 표방했으며, 동시에 몽골족과의 통혼, 만주족과 한족은 하나임을 강조했다. 더욱이 통치 말년에는 민족평등을 제창했다. (청말) 만주족이 비록 여전히 통치계급이었다고는 하나 실권은 모두 한족관료 수중에 있었고, 증국번(曾國藩), 좌종당(左宗棠), 이홍장(李鴻章), 장지동(張之洞), 원세개(元世凱) 등이 조정의 권력을 장악했다. 청조의 민족 압박은 강성정책에서 연성정책으로 변화하는 과정에 있었다. 손문(孫文)은 "오랑캐를 몰아내고 중화를 회복하자"는 기치를 다시 들고 나왔지만 그다지 광범위한 호응을 이끌어내지는 못했다. 오히려 적지 않은 이들이 (손문의 민족주의에 대한) 비판을 제기했다. 양계초(梁啓超) 등은 민족혁명이 아닌 정치혁명을 강조했으며 사실상 손문의 한족 중심 민족주의에 반대했다.

만주족 배척 행위를 돕는 것은 곧 이기적인 것이다. 만인(滿人)이라고 해서 무조건 악한 것이 아니다. 혁명사상을 가진 사회 진보주의자들이 매우 많다. 그러니 만인이라고 해서 무조건 일망타진하려 들어서는 안 된다. 만인이라고 해서 선악을 구분하지 않고 일망타진하려 하는 것이 그 첫 번째로 이기적인 것이다. 한인(漢人)이라고 해서 무조건 선한 것이 아니다. 그들의 사악한 행위를 돕는 악한 자들이 오늘날 길거리에 즐비하다. 한인이라고 해서 (타민족과) 다른 위치에 놓으려 해서는 안 된다. 한인이라는 이유만으로 선악을 구분하지 않고 다른 위치에 두는 것이 그 두 번째 이기적인 것이다. …… 공정한 도리에 의거하지 않고 다섯 종족 상호 간에 원수지게 하니 이것이 세 번째 이기적인 것이다. …… 그러므로 민족주의자는 복수주의(자)라고 했다.

복수주의자는 이기주의(자)라고 하는 것이다.[1259]

이하(夷夏) 이원론적 민족관은 민족주의라고 할 수 있으나, 또한 비민족주의라고 표현할 수도 있다. 한 종족을 중심으로 타민족을 향해 정벌과 교화, 차별정책을 쓰면 민족주의라 할 수 있다. 그러나 이하(夷夏)를 평등하게 여기고 혼합시키며 타민족과 같은 부류임을 인정한다면 비민족주의라고 할 수 있다. 중국 역사에서 화이(夷夏)의 구분은 이민족(夷)을 깎아내리고 중화(夏)를 찬양하는 기조이다. 예를 들면 반고(班固), 강통(江統), 한유(韓愈), 석개(石介), 왕부지(王夫之)의 사상에서 이러한 성향이 뚜렷하게 드러났다. 공자, 맹자, 사마천, 이세민[唐太宗] 등도 역시 화이(夷夏)에 대해 언급하고 있으나, (이들은) 화이의 변화와 일체화를 강조하였다. 그러므로 이러한 사상은 민족주의라고 할 수 없다.

'사해 안에서 모두 형제', '천하일가(天下一家)'라고 하는 일원적 민족관은 민족주의라고 하기 보다는 천하주의나 인류주의라고 할 수 있다.

5. 민족주의와 민족주의자

많은 사람들이 민족관을 가지고 있고, 적잖은 사람이 민족주의 의식을 가지고 있지만 그 중에서 소수의 사람만이 민족주의자가 된다. 이른바 민족주의자란 민족주의를 사상과 행위의 지침으로 삼는 이를 말한다. 많은 사상이 개인에게 각기 다른 정도로 영향을 미치나 그 가운데 주도적인 작용을 하는 사상만이 그 개인을 상징한다고 할 수 있다.

1259　褚民誼, 「論民族·民權·社會三主義之異同答來書論 "新世紀" 發刊之趣意」, 見張枏·
王 王忍之 編: 『辛亥革命前十年間時論選集』 第2卷下冊, 北京, 三聯書店, 1965, 1005-1006쪽.

공맹(孔孟)은 민족현상에 대한 기본적인 관점을 가지고 있었으나 민족주의자는 아니었다. 그들은 오로지 민족만을 중심으로 문제를 인식하지 않았으며 오히려 천하의 일을 자신의 소임으로, 그것을 목적으로 삼았다. 그들 자체가 '이민족이 중화로 변화한[夷變夏]'사례의 전형이었다. 공자와 맹자는 이인(夷人)의 후손이었다. 공맹(孔孟)의 언설 중에는 "덕으로써 중국을 평온하게 하고, 형벌로써 주변 사방의 이민족에게 위엄을 보여야 한다[德以柔中國, 刑以威四夷.]", "우리와 동류가 아니니, 그 마음이 필시 다를 것이다[非我族類, 其心必異]"와 같은 발언을 찾아볼 수 없다. 뿐만 아니라 사이(四夷)를 가리켜 "늑대승냥이(豺狼)", "금수(禽獸)"와 같은 표현을 하지 않았다. 그들은 천하는 한 가족이라는 이상을 가슴에 품고, "사해 안에서 모두 형제"라 믿었으며 "누구에게나 차별 없이 교육을 실시하고[有敎無類]", "중원 밖 변경에서 살고 싶다[欲居九夷]", "말이 진실되고 믿음직스러우며, 행실이 독실하고 공경스러우면 비록 만맥(蠻貊, 오랑캐 나라)이라도 그 뜻이 행해진다[言忠信, 行篤敬, 雖蠻貊之邦, 行矣]"고 제창했다. "마음에 공경과 충직함이 있다면, 예의에 따라 타인을 진심으로 사랑한다면, 천하를 누빌 수 있고 사람들은 모두(그가 누구든) 그를 존중할 수 있다.[體恭敬而心忠信, 術禮義而情愛人, 橫行天下, 人莫不貴]"고 했다. 공맹 이전에 이미 민족 차별이 존재했으며 공맹 또한 민족 차이를 인정했다. (그러나) 이후 유가의 "수신, 제가, 치국, 평천하(修身齊家治國平天下)"의 이상 역시 민족을 핵심으로 하는 것은 아니었다. 다른 민족의 특색을 경시한 것은 더더욱 아니었다. 화이(華夷)의 구분을 높이 부르짖었던 강통(江統), 한유(韓愈), 석개(石介), 왕부지(王夫之) 등은 결코 유가학설의 정통 계승자들이 아니었다.

공맹이 소수민족의 숭배를 받았던 것은 우연이 아니다. 북위(北魏)의 선비족 통치자들은 유가학설을 존숭했으며 '하변이(夏變夷)' 사상을 활용하여 적극적인 한화정책(漢化政策)을 폈다. 고려(高閭)의 「지덕송(至德頌)」

은 북위를 하(夏), 은(殷), 주(周), 한(漢)을 계승한 화하(華夏)를 정통 왕조로 인식했다.[1260] 당연히 『위서(魏書)』 또한 "이십사사(二十四史)"의 일부이다. 요, 금, 원, 청 왕조의 통치자들의 공자 존숭 역시 한, 당, 송 명조의 통치차들에 뒤지지 않는다. 현존하는 공림(孔林), 공묘(孔廟), 공부(孔府)는 기본적으로 요, 금, 원, 청대에 조성된 것이다.

중국의 정치생활에 있어 이러한 이민족의 통치 경험은 유가 사상을 약화시키지 못했을 뿐 아니라 도리어 강화시켰다. 왜냐하면 그들이 유가사상을 어떤 지역 혹은 종족의 수준에 두지 않고, 보편적인 수준에 두었기 때문이다. …… 의문의 여지없이, 공맹의 도(道)는 어느 곳에 놓아도 모두 들어맞는다[四海皆準]는 이러한 인식은 중국문화(생활방식)가 민족주의보다 더 기본적이라는 것을 의미한다.[1261]

『사기(史記)』「태사공자서(太史公自序)」에서는 다음과 같이 말했다.

선친이 말씀하시길, 주공이 죽은 후 500년 후에 공자가 태어났다. 공자가 죽은 후 지금까지 오백년이 지났으니, 다시 밝은 세상을 계승하고 『역전』을 바르게 해석하며, 『춘추』를 계승하고 『시경』, 『서경』, 『예기』, 『악경』의 근본에 뜻을 두는 사람이 있을 것이라고 하셨다. 선친의 뜻이 여기 있었다. 그런데 내가 어찌 감히 이 일을 사양하겠는가?[1262]

사마천은 공자를 모범으로 하여 "하늘과 인간의 관계를 연구하고, 고

1260 『魏書』卷54「高閭傳」

1261 費正淸 著, 張理京 譯, 『美國與中國』, 北京, 世界知識出版社, 2003, 92~93쪽.

1262 역주: 『史記』「太史公自序」: 先人有言, 自周公卒五百歲而有孔子. 孔子卒後至於今五百歲, 有能紹明世, 正易傳, 繼春秋, 本詩書禮樂之際. 意在斯乎! 意在斯乎! 小子何敢讓焉.

금의 변화를 통달하여 일가견을 이루었다." 그는 "사해 안에서 모두 형제"라는 문구를 "천하는 한 집안이다[天下一家]"로 해석했다. 그는 천하주의의 대표적인 인물로서 결코 민족주의자가 아니었다. 그는 수많은 민족의 상황을 공정하게 기술했다.

같은 이치로 고홍명(辜鴻銘), 강유위(康有爲) 등도 민족주의자가 아니다. 고홍명은 남양(南洋) 태생으로 공부는 서양에서, 혼인은 동양인과, 관직은 북양(北洋)에서 했으며, 중국과 서양의 학문에 통달하면서 유가문화를 가슴에 새겼다. 청말민초(淸末民初), 서방의 민족차별과 문화차별, 그리고 중국 내의 강렬한 반 전통 경향에 직면하여, 그는 전통 중국의 존엄을 적극 수호하고 유가문화의 영원한 가치를 고취하고자 했다. 대표작으로『중국인의 정신』,『춘추대의』라고 불리는 글이 있다. 그 서문에 다음과 같이 말했다.

사실상, 진실로 중국인과 중국문명에 대해 알고자 한다면, 그는 반드시 신중하고 풍부하며 순박해야 한다. 왜냐하면 중국인의 성격과 중국문명의 깊은 3대 특징이 바로 신중함, 풍부함과 순박함이기 때문이다.…… 미국인들이 만약 중국문명을 연구한다면, 보다 신중하게 할 것이고, 영국인이라면 보다 풍부해 질 것이고, 독일인이라면 보다 순박하게 할 것이다. 미국, 독일, 영국의 세 나라 사람이 중국문명을 연구하고, 중국의 전적과 문학을 연구한다면, 모두 이를 통해 일종의 정신적 특징을 얻을 것이니……영민함이다.[1263]

그는 인간의 본성은 원래 착하고, 누구에게나 차별 없는 교육을 실시해야 한다고 굳게 믿는다. 교양이 있는 사람들에게는 민족과 종족의 차

1263 辜鴻銘 著, 黃興濤等 譯,「中國人的精神」序言,『辜鴻銘文集(下)』, 海口, 海南出版社. 1996, 6-7쪽.

별이 존재하지 않는다. 다시 말해, 교양 있는 자의 교양은 그가 어떤 민족에 속해 있는지에 있지 않고, 그 교양 자체에 있다는 것이다. 현대 유럽의 위대한 괴테가 결국 유럽인의 완벽한 인격 모델이 된 것처럼, 그리고 유럽문명이 잉태한 진정한 유럽인이 된 것처럼, 중국인은 이미 공자를 완벽한 인격의 전형으로 인정했다.[1264] 이는 고홍명이 중국인과 중국문화를 편애했음을 보여주지만, 그렇다고 민족주의자는 아니었다.

『대동서(大同書)』는 강유위의 대표작이다. 그는 『춘추공양전(春秋公羊傳)』의 3세설(三世說)과 『예기(禮記)』 「예운(禮運)」의 대동설, 그리고 서양의 진화론과 사회주의 사조를 결합시켜, 인류사회의 대동세계를 설계해냈다. 그는 "모든 고통의 근원은 모두 구계(九界)에서 나올 뿐이다"라고 했는데, 바로 국계(國界), 급계(級界), 종계(種界), 형계(形界), 가계(家界), 산계(産界), 난계(亂界), 유계(類界), 고계(苦界)다. 그 중 '종계'는 전 세계의 인종 차별을 가리키는데, 이로부터 종족 차별이 형성되어 인류사회 불평등이 만들어졌다고 여겼다. "그러므로 모든 인종의 대동사회를 이루고자 한다면, 먼저 땅을 옮겨 거하고, 다음으로 잡혼을 해서 바꾸며, 마지막으로 음식과 운동으로 길러야 한다. 세 가지를 행했는데도 인종이 변하지 않고, 종계가 사라지지 않고, 대동이 이르지 않은 곳은 없었다."라고 했다. 그는 종족의 역사문화로 만족과 한족이 같은 종족임을 논증했다.

『춘추』의 이른바 '이적(夷狄)'은 모두 오제(五帝) 삼왕(三王)의 후예이니, 그렇다면 만주족과 몽골족 모두 우리와 같은 종족이다. 누가 능히 그들이 이(夷)의 후예임을 분별할 수 있겠는가? 대개 혼란스러운 시기에는 그 나라를 안

1264 辜鴻銘著, 黃興濤等譯, 「中國人的精神」, 『辜鴻銘文集(下)』, 海口, 海南出版社, 1996, 64쪽.

으로 하고 제하(諸夏)를 밖으로 하며, 태평으로 가는 시기에는 제하를 안으로 하고, 이적을 밖으로 하며, 태평성대에 이르러서는 안팎으로나 크고 작으나 한결같이 한다. 그러므로 왕의 사랑은 사이(四夷)에 미친다고 한 것이고, 또 왕은 밖이 없다고 한 것이며, 또 먼 곳의 이를 용납하여 밖으로 하지 않는다고 한 것이다.[1265]

강유위는 천하주의자 혹은 인류주의자, 사회주의자, 자유주의자로 일컬을 수 있지만 결코 민족주의자는 아니다.

양계초는 중국 민족주의의 대표적 인물로 간주되고 있다. 그는 인류 사회가 가족주의시대, 추장주의시대, 제국주의시대를 거쳐 민족주의시대로 접어들었고, 미래에는 '만국대동주의시대'가 될 것이라고 생각했다. 그는 민족주의를 제창하는 것을 급선무로 여겼다.

민족주의는 세계에서 가장 광명정대하고 공평한 주의다. 다른 민족이 우리의 자유를 침범하지 못하게 하고, 우리 또한 다른 민족의 자유를 침범하지 않는다. 민족주의가 나라에서는 사람을 독립하게 하고, 세계에서는 나라를 독립하게 한다. 이 주의로 말미암아, 각 한계를 분명히 하여 미래에 영원히 미치게 할 수 있다면, 어찌 천지 사이의 크게 기쁜 일이 아니겠는가![1266]

이 방면에서 그는 그의 스승(강유위)과 의견이 달랐다.

오늘날은 민족주의가 가장 발달한 시대로, 이 정신이 아니면 결코 나라를 세

1265 康有爲,「辨革命書」, 張栴 · 王忍之 編『辛亥革命前十年間時論選集』第1卷, 北京, 三聯書店, 1965. 212~213쪽.

1266 梁啓超,「國家思想之變遷異同論」,『飮氷室合集』6, 北京, 中華書局. 1989. 20쪽.

울 수 없습니다. 제자는 맹세컨대 침이 마르는 한이 있어도 졸필을 가지고 창도할 것이니, 결코 포기하지 않을 것입니다. 그렇기 때문에 민족정신을 환기시켜 만주를 공격하지 않을 수 없는 형세입니다. 일본은 막부를 토벌하는 것이 가장 시의적절한 주의이고, 중국은 만주를 토벌하는 것이 가장 시의적절한 주의입니다.[1267]

민족주의를 홍보하는 것은 수단일 뿐, 현대 민족주의를 수립하는 것이 목적이다. 그는 민족국가 개념을 명확히 제기하면서, 국민은 반드시 독립된 인격을 가져야 하며, 동시에 또한 국가의 독립, 민족의 흥망에 책임을 져야한다고 했다. 국가주의와 민족주의의 병립에 대해, "민족이 팽창하는 바는, 민족주의와 국가주의에서 말미암지 않은 것이 없다."고 했고, 또 "오늘날 중국을 구하려면 먼저 민족주의 국가를 건설하는 것 외에 다른 방법이 없다."[1268]라고 했다. 그는 단일민족 건국 이론을 초월하여, 단민족 사유의 소민족주의를 버리고, 대민족주의를 채택해야 한다고 호소했다. 중국은 다민족이 서로 융합된 공동체라는 인식으로, 그는 중화민족 개념을 제기하여, 중화민족의 건립을 위한 사상적 준비를 했다. 이와 동시에 양계초의 『신민설』은 신민의 도를 제창한 실질적인 서방 민주정치의 개인주의, 자유주의 이념이다. 이로써 중국에 자유주의 사상이 생겨나게 하였고, 중국 민주정치가 전개될 수 있도록 하였다. 양계초와 그의 스승인 강유위는 천하를 가슴에 품고 여러 나라를 두루 돌아다녔고, 또 세계주의적인 감정을 가졌다. 그는 『구유심영록(歐遊心影錄)』에서 세계주의적 국가개념을 제안했다.

1267 丁文江·趙豐田 編, 『梁啓超年譜長編』, 上海, 上海人民出版社, 1983. 286쪽.

1268 梁啓超, 「論民族競爭之大勢」, 『飮冰室合集』 6, 北京, 中華書局, 1989. 22쪽.

나라는 사랑을 필요로 하지만, 완고하고 편협한 오래된 사상으로는 나라 사랑이 이루어질 수 없다. 왜냐하면 현세 국가들은 이렇게 발전하지 않았기 때문이다. 우리의 나라 사랑은 한편으로는 국가만 알고 개인을 몰라서는 안 되고, 다른 한편으로는 나라가 있는 것만 알고 세계가 있는 것을 몰라서는 안 된다.[1269]

양계초는 개인·민족·국가·세계의 관계를 의식한, 개인주의·민족주의·국가주의·세계주의의 사위일체(四位一體)의 인물로 손색이 없다.

손중산(孫中山)은 강유위와 양계초를 "본성을 잊고, 양심을 속이며, 동족을 버리고 이족을 섬기고, 충의를 버리고 매국노가 되었다"라고 하였다.[1270] 손중산의 민족주의 사상과 행동은 강렬하고 분명했다. 1894년 흥중회는 주원장이 원나라를 성토한 격문의 "오랑캐를 쫓아내고, 중화를 회복한다[驅逐胡虜, 恢復中華]"라는 것을 모방하여, "만주 오랑캐를 제거하고, 중화를 회복한다[驅除韃虜, 恢復中華]"는 사유를 제창했다. 손중산은 민족주의로 귀결되는데, "우리는 반드시 비만주족의 중국인이 민족주의 정신을 고양해야 한다. 이는 내 일생의 책임이다."[1271]라고 하였다. 손문은 또 말했다. "대개 민족사상은 사실 우리 선민(先民)들이 남긴 것으로, 처음에는 밖에서 잠식해 들어오는 자를 당해내지 못했다. 내가 왕년에 민족주의를 제창했을 때, 이를 호응한 사람은 당원들밖에는 없었다. 중류 사회 이상의 사람들 같은 경우, 거의 없는 것이나 마찬가지였다." 신해혁명 이후, 한족을 중심으로 한 국가의 건설이라는 그

1269 梁啓超, 「歐遊心影錄」, 『飮冰室合集』 專集 23, 北京, 中華書局, 1989.

1270 孫中山, 「駁保皇報書」, 『孫中山全集』 第1卷, 北京, 中華書局, 1981, 233쪽.

1271 孫中山, 「在檀香山正埠的演說」, 『孫中山全集』 第1卷, 北京, 中華書局, 1981, 227쪽.

의 주요한 이상과 사명은, 어쩔 수 없이 오족공화(五族共和)를 받아들이
게 만들었다. "이른바 오족공화라는 것은 참으로 사람을 기만하는 말이
로다! 대개 티벳, 몽골, 회족, 만주족이 우리 한족에 동화되어, 하나의
가장 큰 민족국가를 건설한 것은, 한인들 스스로가 결정한 것이다."[1272]
라고 했다. 그는 중국 '민족이 바로 국족'이라는 것과 '중국은 진한(秦漢)
이래로 모두 하나의 민족이 하나의 국가를 만들었다'[1273]는 것을 명확
히 하였다. 이를 통해 손중산이 민족주의자일 뿐만 아니라 또한 국가주
의자라는 것을 알 수 있다. 다른 한편으로 그는 서방 문화의 영향을 받
아 기독교에 귀의하면서, '천하위공(天下爲公)'을 제창했다. 이 또한 세계
주의적 감정을 지닌 것이다. 손중산은 기독교가 세상을 구하려는 뜻이
혁명과 상통한다고 여겼다. 그가 종교를 믿는 것은 그 정신을 중요하게
여긴 것이지, 과거를 묵수(墨守)하기 위한 것은 아니었다. 일명 '손대포
(孫大炮)'라 불리던 그는 개인 영웅주의적 성격이 뚜렷했다. 따라서 손중
산은 민족주의자이자 국가주의자였으며, 또한 세계주의자, 개인주의자
였다고 할 수 있다.

　호적(胡適)은 중국 자유주의의 선구자로 여겨진다. 그는 『자유주의』에
서 이렇게 말했다.

"동양의 자유주의 운동을 줄곧 정치적 자유가 갖는 특수한 중요성을 인식하
지 못했다. 이로 인해 줄곧 민주정치 건설의 길로 나아가지 못한 것이다. 서
양의 자유주의가 크게 공헌한 것이 바로 이 점이다. 그들은 민주적인 정치가
있어야 시민의 기본적 자유를 보장할 수 있으므로, 자유주의의 정치적 의의

1272　孫中山, 『孫中山全集』 第5卷, 北京, 中華書局, 1985, 5쪽.

1273　孫中山, 『三民主義』, 長沙, 嶽麓書社, 2000, 2쪽.

는 민주주의의 옹호에 있다는 것을 깨달았다."[1274]

호적은 결코 민족주의를 대대적으로 제창하지 않았고, 다만 그 발전
과 변화를 냉정하게 살폈다.

민족주의에는 세 가지 측면이 있다. 가장 얕은 것은 외세의 배척이고, 그 다
음은 자국 고유 문화의 옹호다. 가장 높고 가장 어려운 것은 하나의 민족 국
가를 건설하는 일이다. 마지막 단계가 가장 어렵기 때문에 모든 민족주의 운
동에서는 종종 먼저 앞쪽의 두 단계로 나아간다.[1275]

호적은 체계적인 서양 교육을 받은 적이 있다. 비록 그가 중국의 전
통 문화와 국가의 운명에 대해 많은 관심을 가지고 있었지만 절대로 편
협한 민족주의자나 국가주의자가 아니었다. 그는 『대우주중담박애(大宇
宙中談博愛)』에서 세계주의 사상을 잘 표현했다. 호적은 대단히 온화한
사람으로 네 가지 주의의 영향을 받아 "문제는 더 많이 연구하고, 주의
는 적게 얘기하자"라고 제창했다. 그는 개인 자유주의, 민족 국가주의
와 인류 세계주의 사상을 가지고 있었지만, 어느 하나의 '주의'라는 라
벨을 받아들이는 것을 원치 않았다.

곽거병(霍去病), 강통(江統), 한유(韓愈), 악비(岳飛), 문천상(文天祥), 사
가법(史可法), 왕부지(王夫之), 정성공(鄭成功), 유여시(柳如是), 장병린(章
炳麟), 진천화(陳天華) 등은 민족주의자라고 할 수 있다. "흉노를 멸하지
않으면, 어찌 집을 생각하겠는가?", "굳건한 뜻으로 주릴 때 적의 고기
를 먹고, 담소하다 목마르면 흉노의 피를 마시리라" 등이 모두 민족주

1274 胡適, 『胡適哲學思想資料選(上)』, 上海, 華東師範大學出版社, 1981.
1275 『獨立評論』第150號, 1935.

의자가 남긴 가장 우렁찬 맹세의 말이다. 남송의 항금(抗金) 명장인 악비는 몸과 마음을 다하여 국가에 충성했다. 그의 이름은 영원히 전해져 '악악왕(岳鄂王)'으로 높임을 받는다. 1903년 『호북학생계(湖北學生界)』에 발표된 '중국 민족주의의 최고 위인 악비전(岳飛傳)'에서 이렇게 말했다. "근대 민족주의 논의는 대부분 17세기 네덜란드로 거슬러 올라간다. 하지만 중국에는 이보다 400~500년 전에 이미 '기세등등하게 손으로 이민족을 찔러 죽이고, 입으로 이민족을 씹어 삼키며, 발로 이민족을 차버리고, 죽어도 변하지 않으며, 민족주의를 숭상한 절대적인 위인이 있었다.'"[1276] 문천상, 사가법, 정성공 등도 민족 영웅이자 민족주의자라고 할 수 있다.

왕부지(王夫之)는 청초 민족주의자의 전형이다. 장태염(章太炎)은 형양(衡陽)의 왕부지가 민족주의의 스승이고, 여요(餘姚)의 황종희(黃宗羲)가 입헌 정치체제의 스승이라고 여겼다.[1277] 왕부지가 대중화주의를 품고 무력을 빌어 문화를 널리 알리려 했던 극단적인 민족주의자라고 여기는 사람도 있다. 민족주의, 즉 이(夷)와 화(華)의 구별은 왕부지의 일생과 저술에서 주도적인 작용을 했다. 그는 평생 변발을 하지 않았고, 불교로 도피하지도 않았으며, 반청 활동에 적극적으로 참여했다. 그의 저작, 특히 『황서(黃書)』, 『송론(宋論)』, 『독통감론(讀通鑑論)』 등은 민족주의 색채가 농후하다. 하지만 왕부지는 민족주의자가 아니라고 여기는 사람도 있다.

왕부지의 민족사상은 '민족 정체성(Ethnic Identity)'이 박약하다. 그의 민족 사상은 상대성을 띠고 있어 민족의 문명론을 초월한다. 그는 '기론

1276 丁守和, 『辛亥革命時期期刊介紹』 第3集(北京, 人民出版社, 1983)에서 재인용.
1277 湯志鈞 編, 『章太炎政論選集』, 北京, 中華書局, 1977, 42쪽.

(氣論)' 철학을 바탕으로 민족 간에 서로 포용하고 각자의 문화적 특성과 독립성을 존중해야 한다고 주장하였다. 더욱이 현대적인 '국가' 관념은 없다. 그러므로 왕부지를 '민족주의'로 규정하는 것은 타당하지 않다. '애국주의'의 라벨은 더욱 터무니없는 말이 된다.[1278]

왕부지와 동시대의 인물인 유여시(柳如是)는 보기 드문 여성 민족주의자였다. 그녀의 부모는 부패하고 몰락한 명나라 시기에 억울하게 죽임을 당했다. 그녀는 어려서부터 온갖 고통을 겪었지만 죽어도 청나라 통치자에게 협조하지 않았다. 죽음에 이르러서는 관을 무덤 속에 매달아 사후에도 청나라 땅에 닿지 않게 하라고 유언을 남겼다. 청초에 죽은 유여시는 청말에 태어난 진인각(陳寅恪)에게 강렬한 공감을 주었다. 그는 류여시(柳如是)가 거처하던 한류당과 금명관을 자기 문집의 서명으로 삼았다. 『유여시별전(柳如是別傳)』은 그가 평생의 심혈을 기울인 작품이다.

세 집만 남아 있어도 진나라를 멸망시키겠다는 의지와 「구장(九章)」·「애영(哀郢)」의 가사는 당시의 사대부에게서 나왔다. 이를 소중히 여기고 확대해 우리 민족의 독립정신과 자유사상을 표창해야 한다. 하물며 문에 기댄 아름다운 소녀와 비파를 타는 젊은 부인에게서 나와 당시의 고지식한 이들에게 폄훼당하고 후대의 경박한 무리에게 모함당한 것이랴![1279]

유여시는 민족적 절개가 돋보이지만 민족주의로 그 감정과 사상 세계를 전부 요약할 수는 없을 것이다.

1278 朱榮貴,「王夫之 "民族主義" 思想商権」,『中國文哲研究集刊』, 1994(4).

1279 陳寅恪,『柳如是別傳(上)』, 上海古籍出版社, 1980, 4쪽.

진천화(陳天華)는 이론과 행동으로 청대 말엽 민족주의자의 대표적인 전형이 되었다. 그는 민족주의 대표작 『맹회두(猛回頭)』와 『경세종(警世鐘)』에서 민족 혁명을 널리 알리고, 청나라의 부패한 통치를 뒤엎은 후 한족이 집권하는 민주국가를 건설하자고 호소했다. 그는 끓는 피와 생명으로 자신의 약속을 실현했다. 그는 『절명사(絶命辭)』에 이렇게 썼다.

그러므로 저의 만주족 배척은 광대처럼 복수를 외치는 것이 아니라 여전히 정치적 문제입니다. 정치의 일반적인 규율에 따르면, 우등한 다수파 민족이 열등한 소수파 민족을 통치합니다. 열등한 소수파 민족이 우등한 다수파 민족을 통치하는 것은 이치에 맞지 않습니다. 저는 혁명에 대해 이렇게 생각합니다.[1280]

그러므로 그는 결코 단순하고 극단적인 민족주의자가 아니다. 그는 '사황(思黃)'이라는 필명으로 속마음을 드러낸 적이 있다.

우리는 박애·평등주의를 견지하고 동시에 또 민족주의를 견지한다. 양자는 서로 도움이 된다. …… 우리의 이상적인 국가에 이를 수 있다. 내외 평등주의를 실행한다. 우리나라에 체류하는 외국인은 모두 내국인과 동등한 권리를 갖는다. 우리는 전 세계가 동일한 기(氣)로 이루어졌다는 의견과 각국이 평화롭게 공존해야 한다는 논의를 적극적으로 제창한다. 그러므로 민족에 관한 주장은 다만 현재에 국한되고 중국이 강대해진 후에는 더 이상 적합하지 않다.[1281]

1280　劉晴波·彭國興 編校,『陳天華集』, 長沙, 湖南人民出版社, 1982, 236쪽.

1281　思黃,「今日豈分省界之日耶」,『民報』第一號時許欄, 1905.

진정한 민족주의자는 대단히 보기 드물다. '중국 민족주의의 아버지'라 불리는 왕부지와 민족주의의 걸출한 대표인 진천화는 모두 단순한 민족주의자가 아니다. 민족주의는 결코 일류 사상가를 낳을 수 없다. 또는 일류 사상가 예를 들어 플라톤, 공자, 볼테르, 루소, 칸트, 마르크스 등은 모두 민족주의자가 아니다.

6. 토론과 결어

고대 중국의 개인주의, 가족주의, 국가주의, 천하주의는 뿌리가 튼튼하여 쉽게 흔들리지 않으며, 민족주의 관념은 매우 담박하지만 민족주의가 아예 없는 것은 아니다. 민족 영웅 혹은 민족적 기개를 갖고 있는 사람을 민족주의자(民族主義者)라고 부르는데 곽거병(霍去病), 악비(岳飛) 등은 민족적 기개가 체현된 것이며, 강통(江統)의『사융론(徙戎論)』, 정소남(鄭所南)의『심사(心史)』, 왕부지(王夫之)의『황서(黃書)』등은 민족의식을 선양한 것이다. 소무(蘇武), 문천상(文天祥), 유여시(柳如是) 등은 민족적 절개를 유지한 인물이다. 당연히 더욱 많은 사람들, 예를 들어 풍도(馮道), 야율초재(耶律楚材), 건재망(蹇材望)과 같은 사람들은 역래순수(逆來順受), 명철보신(明哲保身)하여 민족 혹은 국가의 존망(存亡)을 함께 하지 않았다. 이세민은 화융(華戎)은 일가(一家)라고 소리를 높였고, 옹정제(雍正帝)는『대의각미록(大義覺迷錄)』에서 이하(夷夏)의 구분을 없앴고, 건륭(乾隆) 시대에는 만(滿), 한(漢), 몽(蒙), 회(回), 장족(藏族)의 다민족 공존의 구도가 선명해졌다. 증국번(曾國藩), 강유위(康有爲), 양계초(梁啓超), 장지동(張之洞), 왕국유(王國維), 고홍명(辜鴻銘) 등은 모두 청왕조(淸王朝)를 인정하면서 보기 드문 충성을 나타내기도 했다.

민족국가의 핵심은 주권이다. 대내주권(對內主權)은 분할이 불가하고,

대외주권(對外主權)은 침범할 수 없다. 민족국가의 주권 원칙은 1648년 베스트팔렌조약에 의해 확립된 것으로 여겨진다. 민족국가(民族國家, Nation State)는 사실 민족(民族, Nation)과 구별되는 것으로, 민족국가에는 단일민족국가와 다민족국가가 있다. 사실상 단일민족국가는 기본적으로 존재하지 않는다. 영국, 미국, 캐나다, 오스트레일리아, 러시아, 프랑스, 독일, 이탈리아, 인도, 남아프리카공화국, 브라질, 중국, 일본 등 큰 나라들은 모두 단일민족국가(單一民族國家)가 아니며, 스위스와 같이 작은 나라 또한 대표적인 다민족국가(多民族國家)이다. 아주 작은 국가인 이스라엘 역시 단일민족국가가 아니다. 유럽연맹도 사실상 실제로 다국(多國) 혹은 다민족공동체(多民族共同體)다. 민족과 국가의 경계가 완전히 중첩된 적은 거의 없었다. 미국 국적 인도인이자 중국사 전문가인 두아라(Duara)[1282]는 서방의 민족주의가 중국에 들어오기 전, 중국인들은 이미 '민족'과 유사한 생각을 갖고 있었는데, 중국에 있어서 새로웠던 것은 '민족'이라는 개념이 아니라 서방의 민족국가체계였다는 점을 지적했다.[1283]

프랑크 디쾨터(Frank Dikötter)는 다음과 같이 말했다.

민족(民族, Nation)으로서의 인종(人種, Race)은 혈통(血統, Lineage)으로서의 인종의 확장 개념이다. 민족은 '백성[民]'이라는 개념과 '후손[族]'이라는 허구가 통합된 것이다. 유신파(維新派)는 국가의 정치적 근거를 찾기 위해 1903년에 처음으로 '민족'이라는 말을 개념화 했다.[1284]

1282 역주: 인도 출신의 중국사학자. 시카고대학 역사학과 교수역임, 싱가포르 국립대 아시아연구소소장.

1283 杜贊奇 著, 王憲明 等 譯, 『從民族國家拯救歷史-民族主義話語與中國現代史硏究』, 北京, 社會科學文獻出版社, 2003.

1284 馮客 著, 楊立華 譯, 『近代中國之種族觀念』, 南京, 江蘇人民出版社, 1999, 90쪽.

중국은 유구한 역사와 사학 전통을 지닌 국가로, 수많은 외래문화의 세례와 외래 민족의 침입을 겪으면서 거대한 흡수 능력과 완강한 저항력을 갖추었다. 근대 중국의 민족과 민족주의는 모두 고대 중국에서 근원했지만, 그 사이에 명확한 경계가 있는 것은 아니다. 서방 열강의 침략과 서방 사조(思潮)의 전래는 중국의 민족주의를 격발시킬 뿐이었다. 임칙서(林則徐)가 사람들을 모아『사주지(四洲志)』를 편찬하면서 주동적으로 서방세계를 인식하기 시작했다. 위원(魏源)은『해국도지(海國圖志)』에서 '오랑캐의 장점을 본받아 오랑캐를 제압(師夷長技以制夷)'할 것을 제창했다. 양무운동(洋務運動)은 사실상 '호복기사(胡服騎射)'의 현대판이었다. 오방지민(五方之民)에서부터 오족공화(五族共和)까지, '존왕양이(尊王攘夷)'에서부터 '구제달로(驅除韃虜)'까지, 천하일가(天下一家)에서부터 중화민족(中華民族)까지, 한 계통으로 이어진 것이다.

근대 중국 민족주의는 고대 중국 민족주의의 전개로, 또한 서방 민족주의의 영향을 받아 독특한 형식으로 나타났고, 현재까지 계속하여 이어져왔다. 먼저 한족 민족주의가 머리를 들기 시작했으며, 몽골족(蒙古族), 회족(回族), 티벳족[藏族] 또한 이를 따라서 각성하게 되었다. 몽골족은 몽골국을 건립했고, 만주국은 잠깐 나타났다 사라졌으며, 이슬람 지역[回疆]과 티벳[西藏] 또한 독립의 기미가 출현하게 되었다. 결국은 다민족주의(多民族主義) 혹은 국가주의(國家主義)가 우세하게 되었고, 중화민국(中華民國) 또는 중화인민공화국(中華人民共和國)은 모두 다민족국가(多民族國家)였다.

민족주의의 물결은 천하주의(天下主義), 국가주의(國家主義)와 개인주의(個人主義)의 억제를 받았다. 유불도(儒佛道) 삼교(三敎) 합일의 전통적인 중국문화는 강렬한 천하주의(天下主義)의 색채를 지니고 있다. 특히 불교는 가정, 민족과 국가를 초월한다. 불교도는 민족 혹은 국가 관념이 아주 약했기 때문에, 티벳의 독립에는 사상적인 방향과 민중의 기초가 약했고, 줄곧 소수의 사람들만이 변죽만 울릴 뿐이었다.

이슬람교를 믿는 많은 민족들은 전국 각지에 분포하고 있었고, 민족의식도 강렬했다. 그러나 건국의 역사와 지역이 없었기 때문에 강렬한 국가주의와 싸워 승리하기 힘들었다. 도가 혹은 개인주의는 중국의 문화적 전통으로 또한 민족주의를 녹여낼 수 있었다.

근대 중국의 활달한 민족주의는 중국 역사에 영향을 주었고, 또 계속하여 작용했다. 민족주의는 천하주의(天下主義), 국가주의(國家主義), 개인주의(個人主義)의 억제를 받았을 뿐만 아니라 과학, 민주, 사회주의의 제약을 받았기 때문에, 중국은 서방 혹은 기타지역처럼 민족주의의 풍파가 일어날 가능성이 크지 않았다. 중국 공산당과 중국정부의 일관된 입장은 애국주의와 국제주의(國際主義)를 제창하며, 큰(한족) 민족주의와 작은(지방) 민족주의를 반대 하는 것이다. 중국에 있어서 민족주의는 단지 많은 '주의' 중의 하나일 뿐, 민족의 이익을 모든 민족의 기질보다 높이 여기고, 생명보다 중히 여기는 민족주의자는 줄곧 소수일 뿐이었다. 그 영향력 또한 매우 제한적이었다.

『중국민족주의(中國民族主義)』의 주편(主編)은 머리말에서 중국민족주의(中國民族主義)는 모든 정치 스펙드럼을 초월했다고 했다. 중국의 정치와 경제가 앞으로 어떤 방향으로 가더라도 중국의 민족주의는 서방사람들이 반드시 경계하는 대사(大事)이다.[1285] 그러나 경계할수록 복잡해지기 마련이다. 중국에서 민족은 근대적 산물이 아니며, 민족주의 또한 현대화에 따라서 더욱 강화되는 추세가 일어나지 않았던 것으로 보인다. 이는 바로 고홍명(辜鴻銘)이 말한 것과 같이 중국인의 정신은 과학, 철학, 신학 혹은 어떠한 일종의 '주의(主義)'가 아니라 오히려 일종의 심

1285 Jonathan Unger, *Introduction, China Nationalism*, ed by M. E. Sharpe, 1996. 石中의「西方人眼中的"中國民族主義"」,『戰略與管理』, 1996(1) 참조

정적인 것이라고 할 수 있는 것이다.[1286] 민족주의는 다만 자기중심주의가 확장된 형태이며, 수신(修身) · 제가(齊家) · 치국(治國) · 평천하(平天下)의 언어 환경[語境] 속에서 민족주의는 저절로 약화되기 마련이다. 민족주의는 과거, 현재와 미래 모두에 있어서 대다수 중국인의 주요 신념이 될 수 없기 때문에, 경시해서는 안 되겠지만, 또한 두려워할 필요도 없다.

1286 辜鴻銘 著, 黃興濤等 譯: 「中國人的精神」 序言, 『辜鴻銘文集(下)』, 海口, 海南出版社, 1996, 67쪽.

청동기시대 세계체제 속의 중국

대략 5,000년 전에 서아시아와 중앙아시아 일부 지역이 먼저 청동기시대에 진입하면서, 차츰 세계체제가 형성되었다. 대략 4천 년 전에 동아시아는 청동기시대 세계체제에 진입하기 시작하여, 유럽과 마찬가지로 이 체제의 주변지역이 되었다. 출토된 석기·도기·옥기·작물·거주방식 등을 살펴보면 하(夏)·상(商)·주(周) 삼대(三代)의 문화는 동아시아 신석기시대의 정착농경문화를 계승했지만, 새로 출현한 청동기·금기(金器)·소·양·말 등은 중앙아시아 청동유목문화의 영향을 받았다. 동아시아가 청동기시대 세계체제에 편입되어야 비로소 중국의 원사(原史) 혹 삼대사(三代史)를 꿰뚫어 볼 수 있다. 역사기록이나 전설에서 하(夏)왕조가 건립되기 이전의 동아시아는 이만(夷蠻)의 땅이었고, 대우(大禹)부자는 이만(蠻夷) 가운데에서 하(夏)왕조를 건설한 후에야 남만(南蠻)과 북만(北蠻)·동이(東夷)와 서이(西夷)의 구분이 생기게 되었다는 것을 밝히고 있다. 고고학 발굴과 연구는 하(夏)왕조가 건립되기 이전의 동아시아에는 아직 유목과 농경의 구분이 나타나지 않았으며, 이(夷)가 동아시아 신석기시대의 정착 농경문화를 창조했고, 하(夏)나 융적(戎狄)이 청동기시대의 유목문화를 도입했음을 밝혔다.

1. 머리말

인류는 이주를 좋아하는 동물로, 인류사는 바로 이주의 역사이다. 민족과 국가는 모두 다양한 이주민으로 구성되었다. 이른바 토착민이란, 새로 도착한 이주민에 상대되는 말로, 일찍 도착한 이주민이다. 미국의 토착 인디언은 유럽 식민지 지배자에 상대되는 말로, 먼저 도착한 아시아 이주민이다. 하(夏)에 상대해서 말하면, 이(夷)는 동아시아의 토착민이다.

하(夏) · 상(商) · 주(周) 삼대(三代)는 대체로 청동기시대에 해당하며, 중국 문화의 전통이 형성된 중요한 시기다. 이제(李濟)는 "중국의 초기 문화 중 외래적 성분이 얼마이고 토착적 성분이 얼마인가? 이것이 중국 상고사를 토론하는 핵심 문제이다. 이에 대해 명료하게 이야기할 수 없다면, 상고사는 쓸 수 없다."[1287]라고 했다. 수세기 동안 논쟁을 이어온 삼대문화의 기원에 관한 문제는 아직도 정론이 없다.

중국문화 외래설은 이집트설 · 바빌로니아설 · 중앙아시아설 · 인도설 등을 포함하고, 고고학분야의 외래설은 요한 군나르 안데르손(Johan Gunnar Andersson)에서 시작되었다. 레오니드 바시리예프(Leonid Vasilyev)는 외래설을 집대성하여고 단계적 전파가설을 제기했으며, 중국의 청동 유목문화는 서방에서 왔고, 석기시대의 문화도 밖에서 왔거나 외래문화의 거대한 영향을 받았다고 보았다.[1288] 풀리블랭크(Edwin G. Pulleyblank)는 한어와 인도유럽어의 비교연구를 통해 인도유럽인이 중국에 진입한

1287 李濟, 「中國上古史之重建工作及其問題」, 『李濟考古學論文選集』, 北京, 文物出版社, 1990.

1288 列 · 謝 · 瓦西里耶夫 著, 郝鎭華等 譯, 『中國文明的起源問題』, 北京, 文物出版社, 1989.

시기는 인도에 들어간 시기보다 결코 늦지 않다고 말했다.[1289] 여태산(余太山)은, 윤성(允姓)의 융(戎)·대하(大夏)·우지(禹氏)는 각각 소호씨(少昊氏)·도당씨(陶唐氏)·유우씨(有虞氏)까지 거슬러 올라갈 수 있다고 보았다.[1290] 캐서린 린더프(Katheryn M. Linduff)는 여러 나라의 학자들과 청동문화 비교연구를 공동으로 추진하면서, 우랄 지역에서 황하 유역까지 일맥상통함을 발견했다.[1291]

고고학분야의 중국문화 본토기원설은 성자애(城子崖)의 발굴과 용산문화라고 명명(命名)하는 데에서 시작되었다. 양사영(梁思永)은 용산(龍山)문화와 은(殷)문화의 밀접한 관계를 논증했다.[1292] 하내(夏鼐)는 앙소(仰韶)문화와 제가(齊家)문화의 시대 순서를 명확히 하고, 본토기원의 신념을 굳히면서, 신석기시대 후기 각종 문명 요소의 발전이 중국 문명의 기원이라고 여겼다.[1293] 하병체(何炳棣)는 생태환경·농경·목축업·도기·청동기·문자 등의 방면에서, 황토지대는 중국문명 나아가 전체 동방문명의 요람임을 논증한; 중국문화 본토기원설의 대표적인 인물이다.[1294] 소병기(蘇秉琦)[1295]·장광직(張光直)[1334]은 구계유형이론(區系類型

1289 Pulieyblank E. G., Prehistoric East − West Contacts across Eurasia, *Pacific Affairs*, 47: 500−508, 1975.

1290 余太山, 『古族新考』, 北京, 中華書局, 2000.

1291 Katheryn M. Linduff ed. , *Metallurgy in Ancient Eastern Eurasia From the Urals to the Yellow River*, The Edwin Mellen Press, 2004.

1292 Liang, S. Y. , The Lungshan Culture: A Prehistoric Phase of Chinese Civilization, *Proceedings of the Sixth Pacific Science Congress*, No.4: 69−79, 1939. 中文本은 『考古學報』(第7册, 1954)에 게재.

1293 夏鼐, 『中國文明的起源』, 北京, 文物出版社, 1985, 80쪽.

1294 Ping−ti Ho, *The Cradle of the East: An Inquiry into the Indigenous Origins of Techniques and Ideas of Neolithic and Early Historic China, 5000-1000B.C.*, Hong Kong Chinese University, 1975.

1295 蘇秉琦 等, 「關於考古文化的區系類型問題」, 『文物』, 1981(5).

理論)과 상호작용권(Interaction Sphere) 가설을 각각 제기하여, 각 문화구의 상호작용과 관계를 능동적으로 파악하고 중원 독보적 일원론을 부정했다.

본토기원설과 외래전파설 모두 중국 민족과 문화의 기원 및 형성에 관해 충분히 해석해 낼 수 없다. 중국 신석기 문화의 요소들이 모두 중원에 기원한 것은 아니고, 청동기시대 새로운 문화 요소들도 다른 지역에서 들어온 것이다. 이들은 고고학·언어학·체질인류학과 역사기술 및 전설이 상고시대에 있었던 대규모의 인구이동과 문화 교류를 밝히고 있다. 부사년은 『이하동서설(夷夏東西說)』에서 그 방향을 명확하게 밝혔다. 라우퍼(Berthold Laufer)의 『Sino-Iranica: Chinese Contributions to the History of Civilization in Ancient Iran with Special Reference to the History of Cultivated Plants and Products(中國伊朗編)』와 셰퍼(Edward H. Schafer) 의 『The Golden Peaches of Samarkand: A Study of T'ang Exotics(唐代的外來文明)』은 중국 외래문화 연구의 본보기이다. 조셉 니담(Joseph Needham) 등은 중국과학기술사를 체계적으로 연구하여, 동서문화교류의 비교연구라는 새로운 영역을 개척했다. 최근 몇 년의 고고식물학·고고동물학·야금고고학·농경고고학·기술고고학 및 분자유전학 연구와 중서문화교류 연구의 괄목할만한 성과로, 우리는 삼대(三代) 문화요소의 전후 맥락을 체계적으로 분석할 수 있게 되었다.

페르낭 브로델(Fernand Braudel)의 장기지속(longue duree)개념과 이매뉴얼 월러스틴(Immanuel Wallerstein)의 세계체제(World-System)이론은 인류역사 연구의 시야를 발전시키고, 세계역사에 새로운 시공간의 틀을 제공했다. 비어 고든 차일드(Vere Gordon Childe)는 "이집트와 수메르에서

1296　張光直, 「中國相互作用圈與文明的形成」, 『考古學論文選集』, 125~156쪽.

온 깨우침이 에게해에 진정한 유럽문명을 창건했다"[1297]라고 했다. 그는 유럽의 청동기시대 문화는 동방에서 왔다고 주장하며, 이를 문명의 서광이라 했다. 쉐라트(Sherrat)는 우경을 핵심으로 하는 농경문화는 서아시아에서 기원했으며, 그것을 제2의 산업혁명이라고 했다.[1298] 안드레 군더 프랑크(Andre Gunder Frank) 등은 현대 세계체제뿐만 아니라 고대 세계체제도 있었으며, 세계체제의 역사는 500년이 아닌 5,000년으로, 청동기시대에 이미 세계체제가 형성되었다고 주장했다.[1299] 청동제련은 지역 간 협력이 필요하여, 서아시아 및 그 주변 지역은 5,000년 전에 홍동·주석·납·청동과 식량을 주요 상품으로 하는 장거리 무역망을 형성했고, 중심과 주변부를 잇는 고대 세계체제를 조직했다. 세계체제는 경제와 정치관계에만 국한되지 않고, 더 나아가 과학기술과 의식형태 방면의 연계도 포괄할 수 있었다. 동아시아는 고대 유럽과 마찬가지로 서아시아를 중심으로 한 청동기시대 세계체체제의 주변부였다.

청동기시대의 세계체제 연구는 이미 세계사의 중점 과제가 되었으나, 서아시아 및 그 주변 지역에만 집중되어 있을 뿐, 중국에까지 관심이 미치지 못하고 있다.[1300] 하(夏)·상(商)·주(周) 단대공정은 중국문화의 본토 기원을 바탕에 깔고 있다. 중화문명탐원공정은 제1기에는 중원에 한정되어 있었다가 제2기에는 변강지역으로 확장되었으나, 하(夏)·상(商)·주(周) 시기의 외래문화를 중시하지 않았다. 본고는 연구 범위를 전 유라시아대륙으로 확장시켜, 중국문화의 본토기원적 요소를 승인함

1297　柴爾德著, 陳淳等譯, 『歐洲文明的曙光』, 上海, 三聯書店, 2008, 285쪽.

1298　Sherratt, A. S., Plough and Pastoralism: Aspects of the Secondary Productions Revolution, in *Pattern the Past: Studies in Honor of David Clark*, Cambridge, 1981.

1299　安德烈·岡德·弗蘭克 等主編, 郝名瑋 譯, 『世界體系: 500年還是5000年?』, 北京, 社會科學文獻出版社, 2004.

1300　劉健, 「區域性"世界體系"視野下的兩河流域史」, 『全球史評論』第2輯, 北京, 中國社會科學出版社, 2009.

과 동시에 외래문화적 요소도 주목하여 중국문화와 세계문화의 관계를 분명히 밝히려고 시도하였다.

종합 연구에서 밝혔듯이, 석기·도기·벼농사·좁쌀·돼지·개·반지혈 혹은 간란식 주택·토갱장·옥기 등 정착농경문화 요소는 동아시아에서 8,000년 전 심지어 10,000년 전까지 거슬러 올라갈 수 있고, 청동기·밀·황소·면양·말·화장·금기 등에 유목생활방식과 관계가 있는 문화 요소는 동아시아에서 5,000년 혹은 4,000년 이상까지 올라가지 않는다. 중국 신석기시대 정착농경문화는 본토에서 기원했고, 청동기시대 유목문화는 외래적 요소라는 것을 기본적으로 인정할 수 있을 것이다. 학제간 연구를 통한 세계사의 각도에서 하(夏)·상(商)·주(周) 삼대문화의 근원을 살펴보아야 한다. 필드 고고와 실험실의 연구성과를 기초로 하여, 종적으로는 신석기시대 문화 속에서 중국문화의 특징을 찾고 횡적으로는 청동기시대 문화 속에서 인류 혹은 유라시아문화의 공통점을 찾으면, 세계체제 속에서 중국 삼대문화의 지위를 명확히 할 수 있을 것이다. 이 책에서는 주로 세계사 혹은 고고인류학적 측면에서 삼대시대의 본토문화와 외래문화의 관계 및 청동기시대 세계체제 속에서의 지위를 연구하여, 중국 학술계에 고대세계체제 이론의 진전을 소개함과 동시에, 중국 필드고고와 실험고고의 성과를 이용하여 고대세계체제 이론을 더욱 충실하고 풍부하게 하고자 했다.

2. 청동기시대 세계체제(Bronze Age World System)

유럽의 진면목을 인식하지 못한 까닭은 단지 자신이 유럽인이기 때문이다. 초기 고고학연구는 필드발굴과 문자해독에 집중하여 이론적 개괄이 결핍되어 있었다. 유럽인이 봤을 때 유럽의 사분오열은 상대적으로 완전한 이미지의 결핍에 있었다. 호주태생인 비어 고든 차일드(Vere Gordon Childe)는, 유럽을 관찰하는 독특한 시각으로 먼저 고고인류학 측면에서 유럽을 전체적으로 고찰했다. 그는『유럽 문명의 여명(The Dawn of European Civilisation)』(1925)을 시작으로 생전 마지막 저작 증보판인『유럽 문명의 여명』(1957)까지 20권의 책을 썼으며, 그 중『인간이 인간을 만든다(Man Makes Himself)』(1936)와『역사적으로 무슨 일이 일어났는가(What Happened in History)』(1942)는 거시적 저작으로 많은 사람들이 읽는 영향력이 큰 작품이다. 그는 유럽과 동방의 관계 및 기술발전의 의의를 특히 중시하였고, 인류 발전이라는 각도에서 문제에 접근하여 인류의 진보를 이해하는 핵심 개념인 '신석기혁명'과 '도시혁명'을 제기했다.

비어 고든 차일드에게서 영감을 받은 쉐라트는 스스로 최고의 논문이라고 인정하는「쟁기와 목축: 제2차 생산 혁명의 양상」을 집필하며 '2차 생산 혁명(Secondary Produnts Revolution)'이라는 개념을 제기했다.[1301] 그는 신대륙과 구대륙을 비교하던 중, 가축으로 기르던 동물이 확연히 다른 것을 발견하고, 동물의 이용방식을 신대륙과 구대륙 사회의 발전과 문화의 차이를 만들어낸 근본적 원인으로 인식했다. 신석기 혁명기에 식물과 동물이 각각 순화되었고, 그에 상응하는 농업과 목축업이 나타났다. 쟁기 혹은 우경은 농업과 목축업이 상호 결합된 결과였다. 쟁기는 최초로 가축을 이용한 기계로, 서아시아에서 가장 먼저 출현하여 오래지 않아 유럽으로 전파되었다. 많은 도상자료와 문자증거가 나타내듯이 5,000년 전 서아시아에서는 소 두 마리가 끄는 형식의 우경이 이미 보편화 되어 있었다. 유럽 일부 지역에서도 우경의 물증이 발견되었는데, 덴마크 같은 북유럽에서도 근 5,000년 전 우경의 흔적이 발

1301 Sherratt, A. S., Plough and Pastoralism: Aspects of the Secondary Productions Revolution, in *Pattern the Past: Studies in Honor of David Clark*, Cambridge University Press, 1981.

견되었다. 우경과 밀접한 관련이 있는 것이 바로 동물이 끄는 수레 혹은 바퀴달린 운수 수단이다. 소나 당나귀를 사용하여 견인하는 4륜거는 5,000년 전 이미 서아시아에서 출현했다. 대략 4,000년 전, 중앙아시아에서 말이 끄는 바퀴살이 있는 이륜 수레와 기마술이 출현하여, 대량의 원거리 운수능력을 향상시켰다. 젖을 짜는 풍속과 털을 만드는 기술이 점차 보급되었고, 옷과 식품과 주거조건이 개선되었다. 쟁기를 지고, 수레를 끌며, 젖을 짜고, 털을 깎고, 수레를 타는 등은 모두 가축에 대한 2차 개발로, 고기를 먹고 가죽을 베거나, 뼈를 부수어 골수를 빼먹는 초급 수준의 이용과는 달랐다. 쉐라트는 이를 제2차 생산혁명이라고 일컬었다.

가축 사육의 2차 개발기술은 한 시기, 한 곳에서 기원한 것이 아니라, 4-5천 년 전에 복합적으로 형성되었다. 2차 생산혁명은 농업 생산력과 교통 운수능력을 극대화시켰다. 우경 농업을 핵심으로 하는 정착 생활 방식과 젖을 먹고 털을 입는 목축 생활 방식을 형성, 도시의 흥기와 유목민족의 탄생을 이끌어 냈다. 쟁기 농법은 호미 농법을 대체했고, 유목은 목축을 대체했고, 남자의 경제적 사회적 지위가 상대적으로 높아지면서 점차 남권사회(男權社會)가 형성되었다. 1983년 쉐라트는 『세계고고학(世界考古學)』에 게재한 논문에서, 우경의 기원과 발전, 면양의 전파와 이용, 동물의 젖을 짜는 풍속의 기원, 낙타와 말과 동물의 2차적 개발과 이용으로 운송과 무역이 발전하였음을 논술하면서, 더 나아가 구대륙에서 동물의 2차 개발의 기원과 전파 과정을 명확히 밝혔다.[1302] 쉐라트는 '제2의 생산 혁명'에 관한 논의를 제기하여, 신석기 혁명에서 도시혁명으로의 과도기적 동인(動因)을 밝혔다. 신석기시대에는

1302 Sherratt, A. S., The Secondary Exploitation of Animal in the Old World, *World Archaeology*, 15(1): 90-104, 1983.

동물과 식물을 길들이고 재배했지만, 동물에 대해서는 초보적인 수준으로 개발하고 이용만 했기 때문에 '식물 생산 혁명'이라고 부른다. 동물에 대한 2차 개발 이용은 노동 생산력과 교통 운수 능력을 크게 향상시켰고, 잉여생산품 및 원거리 무역과 상호작용은 도시 탄생의 조건이 되었다. 2차 생산혁명 개념은 이미 고고인류학계에서 널리 받아들여지고 있고, 『The oxford handbook of archaeology』에도 수록되었다. 가축의 2차 개발의 시간과 지점 및 전파경로와 세부사항은 끊임없이 업데이트 될 것이다. 2차 생산혁명 개념의 창의성은 시대에 뒤떨어지지 않았다.

『쟁기와 목축』에서 쉐라트는 여러 차례 세계체제(World System)를 언급했다. 10년 후 그는 『유럽고고학보(Journal of European Archaeology)』의 창간호에 「청동기시대 세계체제는 어떠했는가: 선사 후기 지중해와 온대유럽의 관계(What Would a Bronze – Age World System Look Like? Relations between Temperate Europe and the Mediterranean in Later Prehistory)」라는 장문의 논문을 게재하여 청동기시대 세계체제 개념에 대해 시험적으로 찬술했다.[1303] 1999년 클라크는 기념강좌에서 고고학의 세계체제와 장기간의 변화의 관계를 거듭 밝혔다. 곧 구대륙 혹은 세계사적 관점에서 인류역사상의 중대한 변천, 예컨대 세계 식민, 농업 전파, 야금발전과 도시화 과정, 그리고 인도유럽인의 기원과 같은 인류역사상의 중대한 변천을 고찰한 것이다. 2차 생산혁명은 대체로 청동기시대에 발생했는데, 소, 양, 말의 유럽 전파는 대체로 청동기시대의 전개와 그 걸음걸이를 함께 했다. 청동기시대 세계체제의 형성과정 또한 가축의 2차 생산 개발의 과정이었다. 수레 운수와 기마는 원거리 무역과 상호작용을 가능케 했다. 서아시아는 의심의 여지 없이 세계체제의 중심(Core)이었고,

---

1303 Sheratt, A. S., What Would a Bronze – Age World System Look Like? Relations between Temperate Europe and the Mediterranean in Later Prehistory, *Journal of European Archaeology*, 1(2): 1–57, 1993.

중앙아시아와 유럽 지중해 지역은 서아시아와 가까웠기 때문에 비교적 일찍 세계체제의 주변(Peryphery)에 자리했고, 북유럽을 포함한 유럽 대부분 지역은 세계체제의 변연(Margin)에 들어가게 되었다. 2차 생산혁명은 신구대륙의 근본적 차이로, 이는 청동기시대의 세계체제를 조성했을 뿐만 아니라 현대세계체제를 잉태하기도 했다.[1304]

고고인류학자 쉐라트와 필적할 만한 경제인류학자 프랑크의 관점도 대체적으로 같은데, 거의 동시에 각각 청동기시대의 세계체제를 발견했다. 프랑크는 현대세계체제에서 출발하여 중고시기 세계체제를 지나 고대 세계체제를 발견한 것이다. 브로델의 『지중해』에서는 '장기지속' 이론, '경제세계', '총체사(histoire totale)' 개념이 제기되었고, 월러스타인(Wallerstein)은 '현대세계체제이론'으로 발전시켰다. 프랑크는 월러스타인과 관계가 밀접했는데, 새로 창간된 『세계사학보』에 발표한 논문에서 세계계통사(World System History)[1305]를 제시하였다. 그는 또 쉐라트와 연락하여, 그 원고와 발표된 논문을 인용하여, 1993년 권위 있는 『당대인류학(Current Anthropology)』에 「청동기시대 세계체제 및 그 주기(The Bronze Age World System and Its Cycles)」[1306]라는 논문을 발표했다. 쉐라트는 횡적으로 청동기시대 세계체제의 범위를 고찰하면서, 서아시아가 중심이고 지중해 지역이 주변인 것을 인정함과 동시에, 유럽 대부분 지역은 변연의 구성부분이었다는 것을 강조했다. 프랑크는 종적으로 세계체제의 변화를 고찰하여, 현대 중고시기 세계체제 외에, 고대 세계체제도 강조했

1304 Sherratt, A. S., Reviving the Grand Narrative: Archaeology and Long-term Change, *Journal of European Archaeology*, 3: 1–32, 1995.

1305 Frank, A. G., A Plea for World System History, *Journal of World History*, 2(1): 1~28, 1991.

1306 Frank, A. G., The Bronze Age World System and Its Cycles, *Current Anthropology*, 34(4): 383–413, 1993.

는데, 세계체제의 시대에 따른 변화에 의한 것이었다. 프랑크 등은『세계체제: 500년 아니면 5000년?』출판의 주편을 맡기도 했다. 쉐라트는 뒤표지에 본서는 널리 독서하고 토론할 만한 가치가 있다고 강조하며, 프랑크 등의 노력을 긍정했다.[1307] 이 책은 이미 중문으로도 번역 출판되어, 청동기시대 세계체제이론이 점차 학계로 들어와 광범위하게 알려졌다.

프랑크의『백은자본(白銀資本)』은 중국과 현대세계체제를 연구한 걸작이다. 쉐라트는 또한 고대 중국의 청동기시대 세계체제 중에서 지위에 관심을 가졌다. 그는 빅터 마이어(Victor H. Mair)가 주재한 펜실베니아 주립대학에서 열린 '고대 세계 접촉과 교류 국제회의'에 초청을 받아,「트랜스 유라시안 교류: 선사시기 중국과 서방의 관계」라는 논문을 발표했다.[1308] 크로스비는 콜롬비아 교환(The Columbian Exchange)을 제기하여 신구대륙의 접촉과 교류, 그리고 현대세계체제의 형성을 상세히 논술했다.[1309] 쉐라트는 유라시아대륙 내의 동방과 서방은 청동기시대에 이미 접촉과 교환을 통해, 고대세계체제가 형성되었다고 여겼다. 그는 중국에 온 적도 없고, 중국어도 모르지만, 선사시기 중국은 상대적으로 독립된 자주적 문화체계를 지닌 것은 인정했다. 그러나 그렇다고 완전히 고립된 것이 아니라, 구대륙 세계체제 가운데 반 분리된 멤버(Semidetached Membership)로 인식했다. 대서양에서 태평양까지 유라시아 대륙은 청동기시대 문화구를 형성했고, 서아시아와 중앙아시

1307 安德烈·岡德.弗蘭克 等主編, 郝名瑋 譯,『世界體系: 500年還是5000年?』, 北京, 社會科學文獻出版社, 2004.

1308 Sherratt, A. S., The Tran-Eurasian Exchange: The Prehistory of Chinese Relations with the West, in *Contact and Exchange in the Ancient World*, ed. by Victor H. Mair, University of Hawaii Press, 2006.

1309 Crosby, A. W., *The Columbian Exchange: Biological and Cultural Consequences of 1492*, Greenwood Press, 1972.

아, 그리고 유럽(남부 아프리카와는 다른)과 마찬가지로 중국 혹 동아시아
는 그 구성성분이었다. 그는 상호작용론자(Interactionist)가 외래전파론자
(Diffusionist) 혹 토착자주론자(Autonomist)보다 중국 청동기시대 문화의
형성과 발전을 더욱 잘 해석할 수 있다고 여겼다.

중국신석기시대 동물 개발에 관한 중요한 점은 육류의 획득이며, 즉
초급이용이다.[1310] 개를 수렵에 이용한 것 외에 동물을 2차적으로 이
용한 증거는 거의 발견되지 않았다.[1311] 청동기시대 제2차 제품혁명
은 중국에 영향을 끼쳐 동아시아의 문화적 면모를 변화시켰다. 쉐라트
(Sherratt)와 프랑크(Frank)의 생각에 따라서, 우리는 충분한 증거를 제공
할 수 있고, 삼대(三代) 중국이 청동기시대 세계체제의 한 부분이었음을
설명할 수 있을 것이다.

3. 중국청동기시대

일본의 조몬[繩文]문화, 한국의 빗살무늬[有紋] 도기 문화와 중국의 신
석기시대문화는 모두 청동과 유목문화를 내포한 흔적은 없다. 일본학자
는 일찍이 일본의 청동과 유목문화가 중국 혹은 중앙아시아에서 기원했
다는 점을 명확히 인정했다.[1312] 한국학자도 청동 혹은 유목문화는 중국
또는 중앙아시아에서 들어온 것으로 인정하지만, 다만 그것이 전파된

1310 袁靖, 「中國新石器時代獲取動物肉食的方式」, 『考古學報』, 1999(1).

1311 黃蘊平, 「動物骨骼數量分析和家畜馴化發展初探」, 『動物考古』第1輯, 北京, 文物出版社, 2010.

1312 江上波夫 著, 張承志 譯, 『騎馬民族國家』, 北京, 光明日報出版社, 1987. Keiji Imamura, *Prehistoric Japan: New Perspectives on Insular East Asia*, University of Hawaii Press, 1996.

구체적 시기와 경로는 여전히 논쟁거리로 남아있다.[1313] 중국학자도 기꺼이 중국과 일본, 그리고 한국 청동문화의 기원과 발전관계를 인정한다.[1314] 이제는 중국학자들 또한 청동과 유목문화가 동아시아의 새로운 문화라는 것과 중앙아시아나 혹은 서아시아에서 기원하였다는 것을 솔직하게 인정할 때이다. 동아시아의 고고학적 발굴과 연구는 대략 하(夏)나라부터 일련의 신문화적 요소인 청동·황소·길들인 말·산양·면양·소맥·벽돌·금 숭배 및 지석묘와 화장(火葬)과 천제(天帝) 숭배 등이 출현하기 시작했고, 유목문화와 무(武)를 숭상하고 전쟁을 좋아하는 풍속이 동아시아를 휩쓸었음을 밝히고 있다.

(1) 청동기, 청동기술

청동의 제련과 주조는 고도의 복잡한 기술 활동으로, 한 사람, 한 때, 한 지역에서 완성한다는 것은 불가능하며, 끊임없이 완전해지게 하는 개선의 과정이 있어야 하는, 여러 사람들의 협동작업의 결과물이다. 구대륙에서는 두 개의 독립된 기원이 있을 수 없다.[1315] 야금술의 구체적 기원지 또한 명확하게 규정하기가 어렵다. 발칸반도에서 아나톨리아(터키 일원) 일대는 일찍이 7,000년 전부터 야금술을 시행했으며, 5,000년 전에는 거푸집주조법과 납형법(蠟型法)이 발명되었고, 합금 비율이 다

1313 Pak Yangjin, *A Study of the Bronze Age Culture in the Northern Zone of China*, 397~405, Ph D. Dissertation, Harvard University, 1995.
Kim Won-yong, The Bronze Age in Korea, 95~104, in *Art and Archaeology of Ancient Korea*, Taekwang Publishing Co, 1986.

1314 王建新,『東北亞的青銅器文化』, 日本, 同成社, 1999. 王巍,『東亞地區古代鐵器和冶鐵術的傳播與交流』, 北京, 中國社會科學出版社, 1999.

1315 Wertime T. A., The Beginning of Metallurgy: A New Look, *Science*, Vol.182: 875~87, 1973.

른 비소청동, 주석청동, 납청동, 납주석청동 등이 계속해서 발명되었다. 4,000년 전 서아시아에서는 이미 청동기시대의 가장 왕성한 시기에 진입했고, 중요한 청동의 제련과 주조 기술은 모두 이미 발명되었으며, 게다가 주변 세계에 중대한 영향을 끼쳤다. 아파나시에보 문화(Afanasievo Culture), 신타쉬타-페트로브카 문화(SintashtaPetrovka Culture), 안드로노보 문화(Andronovo Culture) 등은 중앙아시아와 그 부근지역이 4,000년 전 무렵 청동기시대에 진입했음을 보여주고 있다. 흔히 볼 수 있는 청동기물은 작은 칼, 도끼, 검, 투구, 화살촉, 말 재갈, 끌, 바늘, 송곳, 귀고리, 반지, 거울 등이다.[1316] 이런 문화들은 한 가지 공통적인 특징을 가지고 있는데, 바로 목축업과 부권(父權)은 날로 발전했으나 농업과 모권(母權)은 위축되었다는 점이다. 마리야 김부타스(Marija Gimbutas)는 그 중 목축업과 부권이 분명히 우위를 차지한 문화를 쿠르간(Kurgan) 문화라고 불렀고 원시의 인도 유럽인이 유목문화를 배양했다고 여겼으며, 또한 유럽과 기타지역의 사회발전과정과 문화구성을 변화시켰다고 여겼다.[1317]

중국의 서북지역, 특히 신강(新疆)지역의 청동기시대유적의 발굴과 연구는 청동의 제련과 주조기술이 서쪽에서 동쪽으로 전파된 공백을 채웠다.[1318] 고묘구문화(古墓溝文化) 유적[1319]의 발굴과 연구는 대략 4000년 전 신강지역의 일부가 이미 청동기시대에 진입했음을 밝혔고, 또한 중

1316 Jettmar, K., The Altai before the Turks, *Bulletin of the Museum of Far Eastern Antiquities*, 23: 135~223, 1953.

1317 Gimbutas, M., *Bronze Age Cultures in Central and Eastern Europe*, London: Monton, 1965.

1318 Mair, V. H. ed., *The Bronze Age and Early Iron Age Peoples of Eastern Central Asia*, The Institute for the Study of Man, University of Pennsylvania Museum Publications, 1998.

1319 王炳華,「孔雀河古墓溝發掘及其初步硏究」,『新疆社會科學』, 1983(1).

앙아시아, 서아시아, 그리고 중원이 모두 연계되어 있음을 밝혔다.[1320] 안드로노보(Andronovo) 문화는 분명히 신강의 청동문화에 영향을 끼쳤다.[1321] 유라시아 대초원의 양치기는 청동문화의 전파과정에서 중요한 역할을 했다.[1322] 사패(四壩)문화, 제가(齊家)문화,[1323] 주개구(朱開溝文化) 문화[1324]는 청동문화를 서북에서, 서남·동북·중원으로 전파시킨 중계지역이다. 삼성퇴(三星堆)·대전자(大甸子)·이리두(二里頭) 유적의 청동기는 아마도 그 지역에서 제조했겠지만, 이 또한 문화전파의 결과이며, 위에서 서술한 지역이 야금술의 기원지였을 가능성은 그다지 크지 않은 것으로 보인다. 중원, 특히 하나라 상나라 통치의 중심지역은 납과 주석이 적었고, 구리 또한 주변에서 왔으며, 이리두(二里頭)와 이리강(二里崗) 그리고 은허(殷墟)는 모두 청동기 주조의 중심지였을 뿐이다.

요컨대 기술사적 측면에서 고찰하면, 홍동(紅銅)의 제련, 거푸집주조법, 납형법(dewaxing casting)은 물론이고 비소청동, 주석청동, 납청동, 주석납청동 등 모든 부분에서 서아시아가 동아시아 보다 앞선다. 게다가 동(銅) 이외의 금, 은, 철 같은 다른 금속들의 제련기술도 서아시아가 동아시아보다 빠르다.[1325] 테일러 카터 등이 주장한 청동제련주조기술이 서쪽에서 동쪽으로 전파되었다는 가설은 아직까지 유력한 반증을 만나

1320   李水城,「考古發現看公元前二千紀東西文化的碰撞與交流」,『新疆文物』, 1999(1).

1321   Mei Jianjun., *Copper and Bronze Metallurgy in late prehistoric Xinjiang*, BAR International Series 865, 2000.

1322   Kuzmina E. E., Cultural Connections of the Tarim Basin People and Pastoralists of the Asian Steppes in the Bronze Age, in Mair, V. H. ed., *the Bronze Age and Early Iron Age Peoples of Eastern Central Asia*, 63~93, 1998.

1323   FitzgeraldHuber L.G., Qijia and Erlitou: the Question of Contacts with Distant Culture, *Early China*, 20: 17~67, 1995.

1324   Linduff M. K., Zhukaigou, Steppe Culture and the Rise of Chinese Civilization, *Antiquity*, Vol. 69: 133~45, 1995.

1325   黃盛璋,「論中國早期(銅鐵以外)的金屬工藝」,『考古學報』, 1996(2).

지 못했다. 다만 기물(器物)의 유형으로 고찰해 보면, 청동정(靑銅鼎), 복(鍑, 아가리 오므라진 솥)[1326], 력(鬲, 다리굽은솥), 작(爵, 술잔), 과(戈), 극(戟, 끝이 두 세가 닥 갈라진 창), 편종(編鍾), 다주령(多珠鈴), 대탁(大鐸), 파형기(巴形器) 등은 동방의 특색을 상당히 갖추고 있어, 동아시아의 창작일 가능성이 높으며, 또한 반대방향으로 전파되었을 가능성도 있다. 우랄(Ural)에서 황하유역에 이르기까지 고고 야금학 상에서 분명하게 드러난 빠진 고리는 없다.[1327] 기원전 2000년부터, 서아시아, 중앙아시아, 동아시아의 사이에는 일종의 서쪽과 동쪽문화가 교류한 청동(靑銅)의 길은 존재했으며, 청동기술과 청동기물뿐만 아니라, 소, 말, 양 및 이에 연관된 기술과 같은 수많은 물자와 관념들까지 포괄하여 전파되었다.[1328]

(2) 양, 양모제품

산양(山羊)과 면양(綿羊)의 뼈는 서아시아 신석기 시기의 유적지에서 동시에 자주 나타난다. 이라크와 이란 사이에 위치하는 자그로스(Zagros)산맥 및 그 주변 지역은 염소와 면양을 최초로 길들인 곳일 것이다. 최근 자그로스산맥 남쪽에 있는 간즈 다르흐(Ganj Dareh)와 알리 코쉬(Ali Kosh)에서 출토된 산양 뼈에 대한 연구를 새롭게 진행하여 대략 만 년 전에 서아시아에서 이미 산양을 기르기 시작했음을 증명했다.[1329]

동아시아에서 양을 기르는 일은 서아시아보다 약 5,000년이나 늦다.

1326　郭物,「靑銅鍑在歐亞大陸的初傳」,『歐亞學刊』第1輯, 北京, 中華書局, 1999.

1327　Linduff M. K., *Metallurgy in Ancient Eastern Eurasia from the Urals to the Yellow River*, The Edwin Mellen Press, 2004.

1328　易華,「靑銅之路: 上古西東文化交流槪說」,『東亞古物』, 北京, 文物出版社, 2004.

1329　Zeder M. A. et al., The Initial Domestication of Goats (Capra hircus) in the Zagros Mountains 10,000 Years Ago, *Science*, Vol.287: 2254−2257, 2002.

과학을 통해 발굴된 수백 군데의 신석기 시기 유적지 가운데 약 50곳에서 양의 뼈와 양머리 모양의 도기가 출토되었다. 초기 신석기시대의 유물에는 모두 양의 유해가 없었다. 서안(西安)의 반파(半坡)유적에는 '면양' 표본이 적어 집에서 기르는 양[家羊]임을 확인할 수 없다.[1330] 하모도(河姆渡)에서 출토된 양머리 모양의 도기는 아마도 영양을 표현했을 것이며, 수마트라 영양(Capricornis sumatraensis)은 하모도 유적지에서 출토된 61종 동물 가운데에서 유일한 염소과(Caprinae) 동물이다.[1331] 청동기시대 유적지에서 출토된 산양과 면양의 뼈야말로 집에서 기르는 양이다.[1332] 양은 동아시아 신석기시대의 혼합 농업에서 차지하는 비중이 크지 않기 때문에, 무시해도 된다. 청동기시기에 들어온 후에, 신강에서 중원(中原)으로 들어온 양이 뚜렷하게 증가했다. 제가(齊家)문화와 은허(殷墟)유적에서 모두 완전한 양 뼈가 출토되었다. 양이 청동기 시대 사람의 경제적 생활과 정신적 생활 속에서 차지하는 비중이 뚜렷하게 높아졌다. 상(商)나라의 서북 강족(羌族)은 양을 기르는 것을 생업으로 했고, 주나라의 중원(中原)에서도 양을 기르는 것이 흔하게 되었다. 『시경(詩經)』「소아(小雅)」의 「무양(無羊)」에서 "누가 임에게 양이 없다고 하나? 삼백 마리나 되는데 …… 양떼가 돌아오는데 그 뿔을 사이좋게 서로 맞대고 온다."[1333]라고 했다.

산양(山羊)과 면양(綿羊)의 순화(馴化)는 고고학에서뿐만 아니라 또한 분자유전학 분야에서도 연구의 어려움이 있다. 산양와 면양은 다른 아종(亞種)에 속하여 길들이는 초기에 그 다양성이 뚜렷하게 드러났는데,

1330 周本雄,「中國新石器時代的家畜」,『新中國的考古發現與硏究』, 北京, 文物出版社, 1984, 196쪽.

1331 魏豐 等,『浙江余姚河姆渡新石器時代遺址動物群』, 北京, 海洋出版社, 1990, 88쪽.

1332 袁靖,「中國新石器時代家畜起源的問題」,『文物』, 2001(5).

1333 역주:『詩經』「小雅 · 無羊」: 誰謂爾無羊, 三百維羣 …… 爾羊來思, 其角濈濈.

적어도 두 가지의 아종(亞種)에서 각각 길들여졌기 때문이다. mtDNA
에 의하면 염소는 네 계열로 나눌 수 있는데, A계열은 서아시아에서 기
원했을 것이고 B계열은 파키스탄에서 온 것이다. A · B 두 계열이 주
류를 차지하고 C · D계열은 보기 드물다.[1334] 13개 품종의 183 마리 염
소를 대상으로 한 완전한 mtDNA—loop 연구에서 중국의 염소 또한 네
계열로 나눌 수 있는데, A 계열이 주류를 차지하였고 B 계열이 그 다음
이었으며 C · D 두 계열은 단지 티베트에서만 보인다고 밝혔다.[1335]

현재 세계에 있는 면양의 품종은 1,400여 종에 이르는데, Y염색체
연구에서는 적어도 두 가지 아종(亞種)으로 나눌 수 있다고 밝혔다.[1336]
mtDNA 연구에서 서아시아 면양은 세 개의 아종(亞種)으로 나눌 수 있
음을 발견했는데, 그 구체적인 길들이는 과정은 전에 상상했던 것보다
더 복잡하다.[1337] 동아시아 13개 지역의 19종 449마리의 본토(本土) 면
양을 대상으로 mtDNA 연구를 진행하여 독특한 유전지표를 발견하지
못했으나, 동아시아 면양도 유럽 면양과 같이 중앙아시아나 서아시아에
서 온 것임을 논증해냈다.[1338]

신석기시대에 양은 주로 식용이었으며, 청동시기에는 양모의 중요함

1334   Luikart J. et al., Multiple Maternal Origins and Weak Phylogeographic Structure in
Domestic Goats, *PNAS*, 98: 5927—5932, 2001.

1335   Liu R. Y. et al., Genetic Diversity and Origin of Chinese Domestic Goats Revealed by
Complete mtDNA DLoop Sequence Variation, *Asian-Australasian Journal of Animal Sciences*,
20(2): 178—183, 2007.

1336   Meadows, J. R. S et al., Globally Dispersed Y—Chromosomal Haplotypes in Wild and
Domestic Sheep, *Animal Genetics*, 37: 444—453, 2006.

1337   Pedrosa S. et al., Evidence of Three Maternal Lineages in Near Eastern Sheep
Supporting Multiple Domestication Events, *Proceedings of the Royla Society B-Biological Sciences*,
272(1577): 2211—2217, 2005.

1338   Shan—yuan Chen et al., Origin, Genetic Diversity, and Population Structure of Chinese
Domestic Sheep, *GENE*, 376: 216—223, 2006.

이 날로 부가되었다. 청동기시대에 진입한 후, 서아시아의 일부유적에서 방륜(紡輪)이 점점 증가했고, 양의 가죽을 벗기는 도구는 어느 정도 감소했으며, 산양과 면양의 비율도 이에 따라 변화했다. 이것은 양모가 점점 중요한 방직과 편직의 원료가 되었음을 의미한다. 약 B.C. 1,000년에 서아시아에서 쇠로 만든 가위가 발명되었는데 이로 인해 양모의 개발과 이용이 빨라졌다. 바빌로니아 제국에서는 양모와 곡물과 기름이 삼대물산으로 병립했고, 고대 그리스에서도 면양과 올리브와 보리가 주요한 생산물이었다. 양은 부의 상징으로, 양모를 부드러운 황금이라 불렀고, 금양모 이야기가 널리 전해졌다. 동아시아에서는 비교적 일찍 양모 제품을 이용하였는데 북방 지역이나 서북 지역의 유목민들이었다. 신강(新疆)에서 출토된 청동기시대의 양모 제품은 중아시아 양모방직전통과 일맥상통한다. 특히 이 가운데의 트윌(Twill)은 지금까지도 유럽에서 유행하고 있다.[1339] 중국은 비단과 무명옷으로 유명해서 울 스웨터와 털내복 바지는 20세기에 이르러서야 보편화되었다. '양(羊)'자와 '대(大)'자가 만나 아름다울 '미(美)'자를 이룬다. 양은 중국 문화에서 재부를 상징할 뿐만 아니라 점차 아름다움과 길상의 함의까지 갖게 된 것이다.

(3) 황소, 우유, 우경

물소는 아마 남아시아에서 기원했을 것이고[1340] 황소는 서아시아에

1339 Good I., Notes on A Bronze Age Textile Fragment from Hami, Xingjiang, with Comments on the Significance of Twill, *Journal of Indo-European Studies*, Vol.23 No.3/4: 319-345, 1995.

1340 Gerold Kierstein et al., Analysis of Mitochondrial D-Loop Region Casts New Light on Domestic Buffalo (Bubalus Bulalis) Phylogeny, *Molecular Phylogenetics and Evolution*, 30: 308-324, 2004. 집에서 기르는 물소는 늪 물소(Swamp Buffalo)와 강 물소(River Buffalo)로 나눌 수 있는데 강 물소는 인도에서 기원했고 늪 물소는 중국에서 기원했을 가능성이 있다. C.Z. Lei et

서 왔을 가능성이 크다.[1341] 하모도(河母渡)에서 흥륭구(興隆溝)까지 동아시아 신석기시대의 유적에서 출토된 소뼈는 대부분 물소 뼈로, 그 종이 다양하지만 모두 야생소이다. 집에서 기르는 물소는 아마 기원전 1천년기에 남아시아에서 도입되었을 것이다. 중국 남방 지역의 물소를 이용한 쟁기질 기술은 북방 지역의 황소 경작기술에서 영향을 받아 이루어진 것이다.[1342] 신석기시대와 청동기시대에 중국의 주요 경작 도구는 가래와 보습이었고, 한나라에 이르러야 소를 이용한 쟁기질이 보급되기 시작했다.[1343] 동아시아에서 쟁기를 끄는 방식[拉犁]도 중앙아시아 혹은 서아시아에서 기원한 것이다.[1344]

황소는 면양, 산양과 생태 습성이 서로 비슷해, 신석기시대에 서아시아와 중앙아시아의 주요 가축이었으나, 동아시아에서는 거의 관심을 갖지 않았다. 청동기 시대에 들어와서야 황소가 동아시아에 대량으로 나타났다. 지금으로부터 대략 4,000년 전의 감숙(甘肅)성의 대하장(大何莊) 유적과 진위가(秦魏家)유적의 제가문화(齊家文化) 층에서 출토된 황소 뼈가 대표적이다.[1345] 황소는 두 가지의 아종(亞種)으로 나눌 수 있는데, 유럽 가축우(Bos Taurus)는 서아시아에서 기원했을 가능성이 크고[1346] 인도 가축우(Bos Indicus)는 남아시아에서 기원한 것이다. mtDNA연구에서,

---

al., Independent Maternal Origin of Chinese Swamo Buffalo (Bubalus Bubalis), *Animal Genetics*, 38: 97-102, 2007.

1341　Ceiridwen J. Edwards et al., Ancient DNA Analysis of 101 Cattle Remains: Limits and Prospects, *Journal of Archaeological Science*, 31: 695~710, 2004.

1342　劉莉 等,「中國家養水牛起源初探」,『考古學報』, 2006(2).

1343　徐中舒,「耒耜考」,『中央研究院歷史語言研究所集刊』2本 1分, 1930.

1344　Bishop, Carl W., The Origin and Diffusion of Traction Plough, *Antiquity*, 10: 261-281, 1936.

1345　呂鵬,「試論中國家養黃牛的起源」,『動物考古』第1輯, 北京, 文物出版社, 2010.

1346　Troy C. S. et al., Genetic Evidence for Near-Eastern Origins of Eurpean Cattle, *Nature*, 401: 1088-91, 2001.

동아시아 황소는 유럽 · 아프리카 황소와 매우 비슷했지만, 인도 황소와는 차이가 비교적 큰 것으로 나타났다.[1347] 더욱 구체적인 연구에 의하면 일본[1348]과 한국[1349]의 황소가 모두 유럽 가축우(Bos Taurus)에 속하며 아마도 서아시아에서 왔을 것이다. 20%의 몽골 황소는 인도 황소의 영향을 받았는데, 이는 아마 몽골 제국 시기에 이루어졌을 것이다. 중국의 황소는 앞에서 서술한 두 가지 아종(亞種)을 포함하는데 남쪽은 인도 황소를 위주로 하여 T1과 T2를 포함하고 서북쪽은 몽골 황소와 비슷하여 T2, T3와 T4를 포함한다.[1350]

사람의 젖을 마시는 것은 자연적이지만 가축의 젖을 마시는 것은 문화이다. 또 하나의 유목 생활방식과 관련 있는 것은 우유를 짜는 것(milking)이다. 서아시아와 중아시아의 농민들은 신석기시대부터 이미 우유를 짜기 시작했다.[1351] 동아시아의 농민들은 지금까지도 우유를 짜는 것에 익숙하지 않는데, 이는 생물학적 문화적 원인이 있다. 동물의 젖은 풍부한(약 5%) 유당(Lastose)을 함유하고 있는데 유당의 소화는 락타아제(Lastase)에 의존해야 한다. 성인들에게서 락타아제의 부족현상은 동아시아와 동남아시아에서 85~100%에 이르지만 북유럽에서는 10%에

1347 Kyu-Il Kim et al., Phylogenetic Relationships of Northeast Asian Cattle to Other Cattle Population Determined Using Mitochondrial DNA D-Loop Sequence Polymorphism, *Biochemical Genetics*, Vol.41 No.3/4: 91-98, 2003.

1348 Mannen H. et al, Mitochondrial DNA Variation and Evolution of Japanese Black Cattle (Bos taurus), *Genetics*, 150: 1169-75, 1998.

1349 Yum S. et al., Genetic Relationship of Korean Cattle(Hanwoo) Based on Nucleotide Variation of Mitochondrial D-Loop Region, *Korean Journal of Genetics*, 26(3): 297-307, 2004.

1350 Yu Y. et al., Mitochondrial DNA Variation in Cattle of South China: Origin and Introgression, *Animal Genetics*, 30: 245-250, 1990.
Song-Jia Lai et al., Genetic Diversity and Origin of Chinese Cattle Revealed by mtDNA D-Loop Sequence Variation, *Molecular Phylogenetics and Evolution*, 38: 146-154, 2006.

1351 Greenfield, H. J., The Origin of Milk and Wool Pruduction in the Old World, *Current Anthropology*, Vol.29 No.4: 573-593, 1988.

도 미치지 못한다.[1352] 중국에서는 성인 중에서 한족(漢族)의 92.3%, 몽골족의 87.9%, 카자흐족의 76.4%가 락타아제가 부족하다.[1353] 동아시아에서 우유를 짜는 활동의 출현은 양과 소, 말이 동쪽으로 전파된 것과 거의 동시에 발생했다. 카자흐, 몽골, 한족 성인들의 몸에서 생성된 락타아제 비율이 차례로 낮아지는 것은, 인도 유럽인과의 혈연관계 혹은 접촉과 교류의 정도에 따라 적어짐을 나타낸다. 동아시아 유목민들은 거의 다 락타아제가 부족하여 농업에 대한 의존이 비교적 절박했다. 다른 한편으로, 동아시아 농민들은 가축의 우유와 유제품을 결코 좋아하지 않기 때문에 축산업의 발전을 쉽게 경시하거나 혹은 중요시하지 않았다. 유럽에서는 재배농업과 축산업은 지극히 긴밀하게 연결되어 있지만, 동아시아에서는 뚜렷하게 나뉘져 있다. 락타아제가 있는지 없는지는 중국과 유럽의 식사방식에서 차이가 나는 원인 중의 하나일 뿐만 아니라[1354] 유럽아시아대륙의 역사발전과정에서도 영향을 끼쳤다.

(4) 말, 마차, 기마

말(Equus Caballus)의 야생 조상은 주로 유라시아 초원의 서쪽 끝에 분포했었다. 우크라이나와 카자흐 초원의 신석기와 청동기시대의 문화 유적에서 출토된 대량의 말뼈는 야생말에서 가축말로의 순화과정을 보여준다. 말을 타는 것[騎馬]과 마차 기술은, 아마 서아시아에서의 나귀

1352 Sahi, T., Genetics and Epidemiology of Adult-Type Hypolactasia, *Scandinavian Jouranl of Gastroenterology*, Supplement, 202: 7-20. 1994.

1353 Wang Yongfa et al., Prevalence of Primary Adult Lactose Malabsorption in Three Population of Northern China, *Human Genetics*, Vol.67: 103-106, 1984.

1354 Huang, H. T., Hypolactasia and Chinese Diet, *Current Anthropology*, Vol.43 No.5, 2002.

를 타는 것과 달구지를 제작하는 기술에서 기원했을 것이다. 카자흐 초원의 북쪽에 위치한 보타이(Botai)는 금석병용시대(chalcolithic age, B.C. 3,000~3,500)의 특수한 유적으로, 3십 여 만개의 동물 골격이 출토되었고, 그 중에서 99.9%가 말뼈였다. 앤서니(Anthony) 등의 연구에 의하면 이러한 말들은 주로 식용, 제사(부장), 교통수단으로 쓰였으며, 지극히 일부만이 가축말이었다.[1355] 레빈(Levine)은 올라 타는 것[騎乘]으로 인해 반드시 말의 척추, 특히 13~15 요추의 변형을 일으켰을 것이라고 여겼다. 그녀는 보타이유적에서 출토된 41개의 견본을 검사 · 측정했지만 이에 상응하는 변화를 발견하지 못했다. 이것으로 추측해 보면 보타이 문화의 주인은 사냥채집자이며, 야생말 사냥을 위주로 하고, 또한 부업으로 소규모의 농사도 지었음을 알 수 있다.[1356] 최근 도기 잔류물에서 말 젖의 성분이 발견됐는데, 보타이사람들이 이미 말을 기르고 젓을 짜기 시작했음을 증명해 주었다.[1357] 중앙아시아 유목 생활 방식이 형성되고 있었던 것이다.

동아시아에서 과학적으로 발굴된 수 백 곳의 신석기시대 유적에서 지금까지 말의 뼈대가 발견된 적은 없었고, 단지 말의 이빨이나 뼈만 드문드문 출토된 것을 가지고 가축 말이라고 확정할 수는 없다.[1358] 의심할 여지없이 확실한 가축 말과 마차는 상나라 때에 보인다.[1359] 이후

1355 Brown, D. et al., Bit Wear, Horseback Riding, and the Botai Site in Kazakstan, *Journal of Archaeological Science*, Vol.25: 331-47, 1998.

1356 Levine, M., Botai and the Origins of Horse Domestication, *Journal of Anthropological Archaeology*, Vol.18 No.1: 29-78, 1999.

1357 Alan K. Outram et. al., The Earliest Horse Harnessing and Milking, *Science*, 323(5919): 1332-1335, 2009.

1358 Linduff K. M., A Walk on the Wild Side: Late Shang Appropriation of Horse in China, *Late Prehistoric Exploitation of the Eurasian Steppe*, Vol.2: 214-231, 2000.

1359 周本雄,「中國新石器時代的家畜」,『新中國的考古發現與研究』, 北京, 文物出版社, 1984, 196쪽.

3,000여년의 역사는 중원에서 말을 기르는 것이 결코 적합하지 않음을 증명하고 있다. '은으로 말을 사고, 금으로 말을 기른다.[買馬以銀, 養馬以金]'라고 했지만, 중원에서 지금까지 우량한 말 품종을 길러 낸 적이 없었다. 대량의 마차 구덩이의 발견에서 중원은 확실히 말의 '시체를 매장하는 곳[葬身之地]'이었음이 드러났다.[1360] 말의 분포로 보면, 중원은 줄곧 '말이 드문[貧馬]' 지역이었다.

말의 순화(馴化)는 세계적인 난제이다. 10개의 다른 시대와 지역에서 온 191마리 말의 mtDNA에 대한 연구는 풍부한 유전적 다양성을 보여주었고, 가축 말이 여러 지역, 혹은 여러 차례의 순화(訓化)과정을 거쳤다는 가설을 지지해주었다.[1361] 몽골야생말(Equus Przewalskii)과 가축말은 염색체의 수가 다르며 순화할 수 없는 동물의 일종이다. 내몽골 적봉(赤峯)지역의 대산전(大山前)과 정구자(井溝子)유적의 청동기시대 가축 말 9마리의 mtDNA와 동아시아, 중앙아시아, 중동과 유럽 등 지역의 가축 말의 mtDNA 서열에 대하여 계통발생 네트워크분석을 실시했는데, 9마리의 옛날 말은 결코 한 무리에 모여 있었던 것이 아니라, 일정한 지리적 분포 경향이 있는 현대 가축 말의 무리와 같이 분산되어 있었음이 나타났고, 이것은 한 측면에서 중국 가축 말의 기원에 대한 복잡성을 나타내 주었다.[1362] 가축 말이 동아시아에서 기원했다는 고고학과 유전학 증거는 중국, 한국과 일본에서는 아직 발견되지 않았다.

마차(Chariot)는 여기에서 특히 청동기시대 유라시아대륙에서 유행한 두 바퀴의 가볍고 빠른 마차를 지칭한 것으로, 주로 전쟁, 사냥, 의

1360 Lu Liancheng, Chariot and Horse Burials in Ancient China, *Antiquity*, Vol.67, 1993.
吳曉筠, 「西周時期車馬埋葬中的禮制意涵」, 『故宮學術季刊』 第22卷 第4期, 2005.

1361 Carles Vila et al, Widespread Origins of Domestic Horse Lineages, *Science*, Vol.291: 474-477, 2001.

1362 蔡大偉 等, 「內蒙古赤峰地區青銅時代古馬線粒體DNA分析」, 『自然科學進展』, 2007(3).

례와 경기에 활용되었고 순장(殉葬)품으로도 널리 쓰였다. 이러한 종류의 마차는 서아시아(주로 아나톨리아[Anatolia]와 메소포타미아[Mesopotamia]유역), 중앙아시아(주로 우크라이나와 카자흐스탄 초원지역)와 동아시아(주로 상나라와 주나라의 문화 유적지)에서 모두 출토되었는데, 기본적인 형상과 구조가 비슷할 뿐만 아니라 세부적인 부분도 같았다. 이것은 그것들이 공통된 기원을 가지고 있지 독립적으로 발명했을 가능성이 그다지 크지 않음을 충분히 밝혀주고 있다. 앤서니(Anthony) 등은 마차가 유라시아 초원의 서쪽 끝에서 기원했다고 주장한다.[1363] 주요 근거는 신타쉬타-페트로브카(Sintashta-Petrovka)의 문화 고분에서 출토된 14대의 수레로, 그 연대는 약 B.C. 2,100~1,700년이다. 리타우어(Littauer) 등은 일찍이 1970년대부터 차량의 기원과 전파를 체계적으로 연구하여 바퀴살이 없는 마차와 바퀴살이 있는 마차 모두 서아시아에서 기원하여 유럽, 아프리카와 아시아의 중앙아시아, 남아시아와 동아시아에 전파되었다고 지적했다.[1364] 신타샤 페트로프카 문화에서 출토된 마차에 대하여 리타우어(Littauer) 등은 그것들이 너무나 원시적이고 초라하기 때문에 아직 진정한 마차가 아니라고 지적했다.[1365] 그 밖에 코카서스(Caucasus)지역에서 청동 마차 모형이 출토되었는데, 이는 마차의 중동 기원설을 지지한다.[1366]

지금까지 출토된 초기마차를 보면, 동아시아의 안양(安陽)에서 출토된 마차가 아마 가장 진보적일 것이다. 이것은 바퀴의 직경이 가장 크

1363 Anthony D. W. et al., The Birth of the Chariot, *Archaeology*, Vol.48 No.2: 36~41. 1995.

1364 Littauer M. A. et al., *Wheeled Vehicles and Ridden Animals in the Near East*, Leiden. 1979.

1365 Littauer M. A. et al., The Origin of the True Chariot, *Antiquity*, Vol.70, 1996.

1366 Maria Pogrebova, The Emergence of Chariots and Riding in the South Caucasus, *Oxford Jourunal of Archaeology*, 22 (4): 397~409, 2003.

고, 바퀴사이가 가장 넓고 사람이 타는 칸이 가장 크며, 시대적으로는 비교적 늦다. 하야시 미나오[林巳奈夫][1367]와 쇼우네시(shaughnessy)[1368]등은 동아시아의 마차가 서아시아 혹은 중앙아시아의 초원에서 기원했다고 확실하게 주장한다. 최근 왕해성(王海城)은 마차에 대한 세밀하고 체계적인 고찰을 통해, 동아시아는 마차를 독자적으로 발명할 만한 기본조건을 갖추지 못했다는 것을 지적했다.[1369]

(5) 밀

6배종 밀(triticum aestivum) 즉 보통 밀은 이미 전 세계적으로 없어서는 안 되는 필수적인 식량작물이다. 유라시아대륙에서 초기문명 혹은 초기국가가 생겨나는 과정에서 중요한 작용을 했고, 선사시대 세계화의 상징적인 작물이다. 학자들은 소맥이 서아시아에서 기원한 이후 유럽과 동아시아로 전파되었고, 좁쌀을 대체한 대표적인 밭농사 작물이라는 것에 어느 정도 공감대를 형성했다. 다만 구체적인 전파 시기나 과정에 대해서는 아직 이견이 존재한다. 최근 10년 사이에 중국북부지역에서 한 무더기의 초기 밀 유적이 발견되었는데, 지금으로부터 4,500여 년 전 즉 용산문화 시대에 중국 고대문화의 핵심지역으로 전래된 것으로 밝혀졌다. 전파경로는 아마도 몇 개의 노선을 포괄하고 있었을 것이다. 즉 유라시아초원의 큰 통로, 하서주랑(河西走廊)의 오아시스통로 및 남아시아와 동남아시아 해안선을 따라 있는 고대의 바닷길일 것이

1367　林巳奈夫, 「中國先秦時代的馬車」, 『東方學報』 제29권, 1959.

1368　Shaughnessy E. L., Historical Perspectives on the Introduction of the Chariot into China, *Harvard Journal Asiatic Studies*, Vol.48: 189~237, 1998.

1369　王海城, 「中國馬車的起源」, 『歐亞學刊』 제3輯, 北京, 中華書局, 2002.

다.[1370] 감숙성(甘肅省) 동회산(東灰山) 유적지에 밀이 쌓여있는 원인은 복잡한데, 장액(張掖)의 흑수국(黑水國) 남성북(南城北) 유적에서 마창문화의 탄화 밀이 출토됨으로써, 동회산에서 출토된 밀의 연대와 유적에 퇴적되었던 원인을 판독하는 데 믿을 만한 증거를 제공해 주었다. 하서주랑지역은 밀이 중국으로 들어오는 데 중요한 지역이었다.[1371]

중국에서 밀의 전파와 보급은 오랜 과정을 거쳤는데, 대체로 처음에는 서쪽에서 동쪽으로, 그 다음에는 북쪽에서 남쪽으로 전개되었다.[1372] 밀은 중국에 전해졌지만, 그에 상응하는 먹는 방법은 전해지지 않아서, 알곡을 먹는 것에서 가루로 만들어 먹는 토착화 과정을 겪으며, 서아시아의 맥주나 빵의 전통과는 다른 병(餠)이나 만토우[饅頭]를 만들어 먹는 전통을 이루었다.[1373] 작물종류나 먹는 방법에 근거하여 동아시아와 서아시아 양쪽의 다른 전통을 설명할 수 있다. 서아시아 혹은 서양의 음식의 특징은 곱게 갈아서 밀가루를 만들어 열을 통해 굽는 방식이고, 동아시아 혹은 동양은 주로 끓이거나 찌는 방식이다. 중국에서 밀, 보리, 소를 받아들인 것은 이들 품종의 인도 전파 및 식품으로 이용된 방식에 대한 비교를 할 수 있다. 오직 밀만이 두 전통 속에서 주요 양식작물이 되었다.[1374]

식물의 미화석(Microfossils)은 식물의 종류를 결정하고, 안정동위원소

1370 趙志軍,「有關小麥傳入中國的新資料和新思考」,『鄂爾多斯靑銅器與早期東西文化交流國際學術研討會論文集』, 2010.

1371 李水城,「小麥東傳的新證據」,『鄂爾多斯靑銅器與早期東西文化交流國際學術研討論文集』, 2010.

1372 曾雄生,「論小麥在古代中國之擴張」,『中國飮食文化』第1卷 第1期, 2005.

1373 王仁湘,「由漢式餠食技術傳統的建立看小麥的傳播」,『鄂爾多斯靑銅器與早期東西文化交流國際學術研討會論文集』, 2010.

1374 傅稻鎌,「古代亞洲跨越飮食國界的作物」,『鄂爾多斯靑銅器與早期東西文化交流國際學術研討會論文集), 2010.

는 인간과 동물의 식단을 측정할 수 있기 때문에, 이 두 가지 연구방법을 동시에 이용하면 유라시아초원에서 농업이 전파에 관한 문제를 해결할 수 있다. 기원전 3000년 전에 서아시아에서 재배하던 보리와 밀이 동아시아에 전래되었고, 동아시아에서 재배하던 기장과 메밀이 서쪽으로 전파되어 유럽에 이르렀다.[1375] 일반적으로 높은 가치와 수량이 극히 적은 향료나 환각제 같은 식물은 여러 차례의 장거리 이동 혹은 무역이 있었던 것으로 보이지만 에너지를 제공하는 주식(主食)인 곡물이나 괴경류(감자와 같은 덩이줄기식물)는 세계화 과정이 비교적 적게 발생한 것으로 보인다. 기원전 3천 년대 또한 사람들의 마음이 격동하는 시대로, 더욱 일찍이 콜럼버스의 교환과 유사한 주식의 세계화과정이 구대륙에서 전개되었다.[1376]

(6) 벽돌건축

벽돌은 인류건축물 역사상 첫 번째로 중대한 발명이다. 서아시아 특히 메소포타미아 유역에는 자연산 돌이 부족하여서 신석기시대에 도기(陶器)와 거의 같은 때에 벽돌이 만들어졌다. 벽돌은 흙과 짚으로 만든 굽지 않은 벽돌(Abode), 진흙벽돌(Clay Brick), 물기 있는 진흙으로 만든 벽돌(Mud Brick), 또 햇빛에 말린 벽돌(Sundried Brick)을 가리키는데, 그 근원을 약 1만 년 전의 서아시아에서 찾을 수 있다.[1377] 벽돌을 만드는

1375 劉歆益, 「中國植物考古學和穩定同位素分析視野」, 『鄂爾多斯青銅器與早期東西文化交流國際學術研討會論文集』, 2010.

1376 馬丁·瓊斯(Martin Jones), 「主食爲何要遷移?」, 『鄂爾多斯青銅器與早期東西文化交流國際學術研討會論文集』, 2010.

1377 David Oates, Innovations in Mud-Brick: Decorative and Structural Techniques in Ancient Mesopotamia, *World Archaeology*, Vol.21 No.3, 1990.

것은 수메르인의 중요한 일상작업이었고, 태양빛이 충족되는 여름의 첫 번째 달을 그들은 전월(磚月, 벽돌의 달)이라고 불렀다.[1378] 수메르 시대에는 벽돌을 대량으로 사용했는데, 내화벽돌 즉 번트벽돌(Fired Brick or Burnt Brick) 혹은 베이크벽돌(Baked Brick) 또한 나타나기 시작했다. 바빌로니아 시대에는 유약벽돌과 유리벽돌이 유행했고 벽돌 조각 혹은 화상(畫像) 벽돌 등도 시대의 요구에 따라 나타났다. 청동기 시대 서아시아 지역에는 다양한 종류의 벽돌을 이용하여 신전, 궁전, 담, 도로, 다리, 수로, 주택 등이 건축되었고, 벽돌을 쌓아 올리는 건축기술은 4,000년 전 인더스강, 나일강 유역, 지중해지역에 전파되었고, 그리스로마 시기에 전 유럽으로 전파되었다.[1379]

신석기시대 중국의 북방에서는 반지혈식 가옥이 유행했고, 남방에서는 간란식(幹欄式) 가옥이 유행했으며, 중원에서는 동굴건축을 발명했다. 용산문화 말기에 평량대(平糧臺) 유적지와 같은 곳에서는 이미 굽지 않은 흙벽돌과 배수관이 출현했다. 동회산 사패문화의 햇볕에 말린 흙벽돌은 아마도 중국에서 최초의 흙벽돌일 것이다. 진원현(鎭原縣) 제가(齊家)문화의 집터에서 100미터 길이의 도기로 된 배수관이 발견되었는데, 배수관의 각 마디가 53cm이고, 자모구(子母口, 배수관을 연결하는 방식)가 없이 서로 연결할 수 있으며, 이리두(二里頭)문화보다 빨라, 이미 당시 세계수준에 가까웠다. 섬서성(陝西省) 주원(周原)의 서주(西周) 유적지에서는 벽돌기와 등의 건축 재료가 출토되었는데, 3,000년 전 이미 주나라 사람들이 벽돌과 기와를 생산하고 사용했으며, 만들기 어려운 배

1378 斯蒂芬・伯特曼(Stephen Bertman) 著, 秋葉 譯, 『探尋美索不達米亞文明』, 北京, 商務印書館, 2009. 292쪽.

1379 Potter J. F., The Occurrence of Roman Brick and Tile in Churches of the London Basin, *Britannia*, Vol.32, 2001.

수관까지 만들어 사용했음이 증명되었다.[1380] 비록 주대에 이미 벽돌과 기와의 사용 흔적이 있음에도 불구하고, 춘추전국시기에 계속해서 장방형의 진흙으로 만든 얇은 벽돌, 대형 공동벽돌, 단면이 궤(几)자 형인 무늬타일, 장방형으로 오목하게 패인 벽돌, 판 벽돌 등이 출현했고, 진한 시기에 진흙벽돌의 제작기술은 이미 성숙했으며, 양식 역시 비교적 고정되었다. 진(秦)나라의 벽돌과 한(漢)나라의 기와는 사패문화와 제가문화까지 거슬러 올라갈 수 있지만, 벽돌과 기와 건축은 진한 시기에 이르러 비로소 보급되기 시작했다. 생 벽돌과 구운 벽돌의 제작기술은 모두 서아시아로 거슬러 올라갈 수 있지만, 오직 한대(漢代)에서만 유행한 공동벽돌은 아마 중국에서 발명된 것일 것이다.

(7) 고인돌, 묘도(墓道), 화장(火葬)

수많은 고인돌이 있는 한반도는 세계에서 고인돌이 가장 밀집한 지역이다. 중국 서북, 서남과 동북지역에서는 청동기시대에 석관묘가 유행했었다.[1381] 그러나 고인돌뿐만 아니라 각석묘(돌덧널무덤) 혹은 거석문화의 기원지는 아니다. 중앙아시아 카라수크에도 또한 석관묘 혹은 돌무지 무덤이 밀집되어 있는데, 한국의 고인돌은 아마 중앙아시아에서 기원했을 것으로 여겨진다.[1382] 유럽에서 더 오래된 매우 많은 고인돌 혹은 거석문화가 발견되었다. 코일 렌프류(Colin Renfrew)는 영국과 덴마크의 거석문화는 기원전 5,000년기까지 이르고, 기원전 4,000년 보다

1380　邵嚴國,「考古新發現－三千年前我國已生産使用磚瓦」,「中國建材」, 1989(5).

1381　童恩正,「試論我國從東北至西南的邊地半月形文化傳播帶」,「文物與考古論集」, 北京, 文物出版社, 1986.

1382　Kim Won-Yong, the Formation of the Korean Prehistoric Cultures, in *Introduction to Koreanology*, ed. by Korean Academy of Sciences, 1986.

늦지 않으며 피라미드보다 더 오래되었다고 보았으며, 게다가 추장사
회에 진입했다고 보았다.[1383] 지중해 연안의 약간의 고인돌 혹은 선돌은
5,000년 전의 초기 청동기시대(B.C. 3,200-3,000)로 거슬러 올라 갈 수
있다.[1384] 4,000년 전 전후의 고인돌은 유럽이나 중앙아시아, 서아시아
에서 쉽게 볼 수 있는데, 어떤 이는 반 유목생활 방식과 관련 있을 것이
라고 추측한다.[1385]

전방후원분은 일본 국가의 기원과 민족형성과도 관계가 있을 뿐만
아니라, 또한 중국의 원분(圓墳)이나 방분(方墳)의 영향도 있는데, 아마
도 조령제사(祖靈祭祀)의 구현일 것이다.[1386] 중국과 일본의 고분과 돌무
덤의 유사성은 이러한 영향이 확실하다는 것을 나타낸다.[1387] 일본, 한
국, 중국의 주구묘(周溝墓)도 한 계통이며, 잡요문화(卡窯文化)로 거슬러
올라 갈 수 있다.[1388] 중국의 청동기시대이래 무덤에 관한 제도는 확실
히 중앙아시아, 서아시아의 영향을 받았다. 유라시아 대륙에 있는 묘도
(墓道)는 같은 기원을 가지고 있는데, 1개에서 다수의 묘도를 가진 무덤
으로 변화했다.[1389] 동아시아에서 지금까지 신석기시대의 묘도는 발견

1383 Colin Renfrew, Monuments, Mobilization and Social Organization in Neolithic Wessex, in *The Explanation of Culture Change: Models in Prehistory*, 539-558, University of Pittsburgh Press, 1973.

1384 Zeidan A. Kafafi et al., Megalithic Structures in Jordan, *Mediterranean Archaeology and Archaeometry*, Vol.5 No.2: 5-22 , 2005.

1385 Yosef Stepansky, The Megalithic Culture of the Corazim Plateau, Eastern Galilee, Israel: New Evidence for a Chronological and Social Framework, *Mediterranean Archaeology and Archaeometry*, Vol.5 No.1: 39-50, 2005.

1386 都出比呂志, 『前方後円墳と社會』, 塙書房, 2005.

1387 王巍, 「中日古代墳丘墓的比較研究」, 後藤直 等編, 『東アジアと日本の考古學』(1. 墓制), 同成社, 2001.

1388 兪偉超 · 茂木雅博, 「中國與日本的周溝墓」, 後藤直 等編, 『東アジアと日本の考古學』(1. 墓制), 同成社, 2001.

1389 Maximilian O. Baldia, From Dolmen to Passage - and Gallery - Grave: An Interregional

되지 않다가, 상(商)나라 후기에 이르러 갑자기 네 갈래 묘도를 가진 큰 무덤이 출현했다.[1390]

『묵자(墨子)』와 『열자(列子)』 등에서 강족(羌族)은 화장(火葬)을 했다고 언급하고 있는데, 화장은 인도유럽어계 민족에서 기원한다. 저족(氐族)과 강족 문화에 남아있는, 예를 들어 사와문화, 신점문화가 위치한 감청(甘青, 감숙성, 청해성)지역같은 곳에서 유골이 담겨 있는 도기항아리가 발견되었다. 현재 동아시아 최초의 화장묘(火葬墓)는 4,000년 전의 종일(宗日)유적지에서 볼 수 있다.[1391] 조금 늦게 나타난 화장(火葬)과 관련된 유적은 중국의 서남, 동북, 중원에서 모두 비슷하게 발견되었다.[1392] 주나라 사람 역시 아마도 화장(火葬)했을 것이다.[1393] 화장(火葬)은 청동기시대 후기에 이르러 독특한 유골옹기 문화로 변화한다. 언필드 문화(Urnfield Culture)는 중앙아시아 혹은 동유럽의 청동기 시대 인도유럽인이 창조한 문화에서 기원한다.[1394]

(8) 전쟁, 병장기

청동기시대에 유목문화가 나타남에 따라 호전적인 바람이 동아시아에 불어왔다. 하(夏), 상(商), 주(周) 세 시대의 예악(禮樂)이 무너지고 무예를 숭상하고 전투를 좋아하는 풍조가 우위를 차지했다. 인도유럽의

Construction Analysis, http://comp-archaeology.org/DKcaWEB.htm.

1390 韓國河, 「簡論坡形墓道」, 『鄭州大學學報』, 2000(5).

1391 李錦山, 「論宗日火葬墓其相關問題」, 『考古』, 2002(11).

1392 王志友, 「關中地區發現的西周火葬墓」, 『西北大學學報』, 2005(5).

1393 張平轍, 「周之先人火葬說」, 『西北師大學報』, 1994(5).

1394 Fokkens H., The Genesis of Urnfields: Economic Crisis or Ideological Change, *Antiquity*, 1997.

베르세르크(Berserks)무사는 무예를 숭상하고 전투를 좋아하는 문화의 강력한 전파자이다.[1395] 켈트족(Celts)의 전투에 대한 열정, 스파르타(Sparta) 정신, 진나라의 무력(武力)에 대한 숭상, 일본의 무사도(武士道)정신까지 모두 무예를 숭상하고 전투를 좋아하는 풍조의 다른 표현이다. 상앙(商鞅)은 적을 베는 사람은 작위를 높여준다고 규정했다. 진나라의 갑옷 입은 군사 백만[帶甲百萬]이 발을 구르며 주먹을 다지고 급하여 기다릴 수 없을 정도였다. 작(爵)은 일종의 특수한 술잔으로, 적을 죽이면 작위를 높여주는 것은 확실히 유목민족이 적을 죽이고 술을 마시던 풍속에서 발전한 것이다. 『사기(史記)』「흉노열전(匈奴列傳)」에서는 "공격하고 전투한 후에, 머리를 베면 한 잔의 술을 하사하고, 노획한 것을 주며, 포로를 노비로 삼았다. 따라서 그 전투에서 이로움을 취할 목적으로 병사들을 꾀어 적을 이길 수 있게 되었다."[1396]라고 했다. 육국(六國, 진 나라를 제외한 한·위·조·연·제·초)의 군대가 진(秦)나라를 만날 때마다 패배하였는데, 뜻은 있으나 진나라에 대항할 수는 없었다. 진시황은 결국 모든 것을 아래에 두고 천하를 호령할 수 있었다.

청동단검은 고대무사들이 몸에 지니며 휴대한 무기로, 유라시아대륙에 광범위하게 분포하고 있으며, 서아시아와 중앙아시아의 단검은 비교적 소박하고 고풍스럽다.[1397] 동아시아 검의 종류는 매우 다양하고, 특히 정교하다.[1398] 중국의 칼을 차고 다니는 풍속은 서북 유목민에게서 기원한다. 청동검은 상(商), 주(周)시대에 중국북방초원지역, 파촉(현재

1395 Speidel M. P., Berserks: A history of Indo-European "Mad Warriors" (1), *journal of world History*, Vol.13 No.2, 2002.

1396 역주: 『史記』「匈奴列傳」: 其攻戰, 斬首虜賜一巵酒, 而所得鹵獲因以予之, 得人以爲奴婢, 故其戰, 人人自爲趣利, 善爲誘兵以冒敵.

1397 Long C. R., The Lasithi Dagger, *American Journal of Archaeology*, 82(1): 35–46, 1978.

1398 靳楓毅,「論中國東北地區含曲刃靑銅短劍的文化遺存」,『考古學報』, 1982(4), 1983(1)

의 쓰촨성) 지역, 중원지역에 들어왔는데, 이는 동방에서 활동하던 인도 유럽인과 관련이 있다.[1399] 검은 고대한어에서 '경로(徑路)' 혹은 '경려(輕 呂)'로 일컫기도 한다. 이는 분명한 외래어다. 한나라와 흉노의 교섭 지역에 일찍이 검신을 제사지내던 사원이 있었는데, 이는 고대 페르시아와 스키타이인의 검 숭배 문화의 연속이라고 볼 수 있다.[1400] 칼과 검을 좋아하는 것은 일종의 주물숭배사상(Fetishism)으로, 일본, 한국, 중국의 청동무기 숭배 혹은 제사의 분위기는 일맥상통한다.[1401] 양계초(梁啓超)는 황제(黃帝) 이래로 화하(華夏)민족이 바로 무력으로 만이(蠻夷)를 정복하여 이 넓고 큰 땅에서 생활하고 번성했으며, 무예를 숭상하는 탁월한 인물이 부지기수라고 하였다. 그는 "중국 민족의 무(武)는 그 최초로 부여받은 천성(天性)이고, 중국 민족이 무력을 쓰지 않는 것은 두 번째로 부여 받은 천성(天性)이다."[1402]라고 하였다.

전쟁은 조직적인 무력 충돌이다. 고고학에는 다음과 같은 표현이 있다. 방위시설의 부락 혹은 도시와 읍이 있고, 칼, 검과 같은 근거리 무기와 활과 화살과 같은 원거리 무기 및 투구, 갑옷, 방패와 같은 몸을 지키는 장비가 있으며 그리고 전투장비 등을 순장하거나 제사지내는 풍속이 있고, 사상자가 있으며, 전사 혹은 전투장면의 조형예술품 혹은 그림이 있다.[1403] 일본 열도에서 전쟁은 야요이 시대에 시작되었다는 사

1399 林梅村,「商周靑銅劍淵源考」,『漢唐西域與古代文明』, 北京, 文物出版社, 1998.

1400 Kao Chu Hsun, The Ching Lu Shen Shrines of Han Sword Worship in Hsiung Nu Religion, *Central Asia Journal*, 5(3), 221-231, 1960.

1401 下條信行,「靑銅制武器的傳播與展開」, 大家初重 等編,『考古學上的日本歷史·戰爭』, 雄山閣, 2000, 117-126 쪽.

1402 梁啓超,「中國之武士道」,『飮冰室合集』24, 北京, 中華書局, 1989.

1403 佐原眞,「日本·世界の戰爭の起源」, 福井勝義·春成秀爾編,『戰いの進化と國家の生成』, 東洋書林, 1999, 58-100쪽.

실은 의심할 여지가 없다.[1404] 전쟁은 원래 있던 부족의 질서와 사회구조를 변화시켰고 왕권의 형성과 왕국의 탄생을 촉진시켰다.[1405] 한국의 신석기시대에는 전쟁이 발생한 흔적이 없고, 청동기 시대에 이르러서야 비로소 전쟁과 관련된 환호취락(環壕聚落)과 병기(兵器)가 나타났으며, 원삼국시대에 전쟁시대에 진입한 것으로 보인다. 어떤 사람은 동아시아 최초의 전쟁이 중국 신석기시대까지 거슬러 올라간다고 여겼다.[1406] 그러나 그 증거가 충분하지 않다. 싸우고, 주먹질하고 심지어는 살인까지도 모두 전쟁이 아니다. 동아시아에서 의심할 여지가 없는 확실한 최초의 전쟁은 상대(商代)에 나타났고, 진정으로 격렬한 큰 전쟁은 춘추전국시대에 출현했다.

전쟁은 사회문화현상이지 결코 생물적인 자연현상이 아니다. 자연계에 참혹한 생존경쟁이 존재하지만 전쟁은 존재하지 않는다. 전쟁은 국가 형성의 과정에서 중요한 작용을 한다. 일본, 한국의 국가 형성과 안정에는 청동기시대 유목문화의 전파와 분명한 관계가 있고 중국도 예외라고 할 수 없다. 전쟁의 근원이라 할 수 있는 청동병기는 중앙아시아 혹은 서아시아에서 기원을 찾을 수 있다. 은허에서 출토된 화살촉, 과[戈], 자루가 긴 창[矛], 도삭(刀削), 도끼[斧斤]는 동아시아의 검보다 더 오래된 5가지 병기인데, 오직 과[戈]만 중국 본토의 물건이고 다른 4가지는 검처럼 서아시아에서 왔다.[1407] 과(戈)와 극(戟)은 동아시아 특유의

1404 橋口達也,「弥生時代の戰い」,『考古學研究』第42卷 第1號, 1995, 54–77쪽.

1405 松木武彦,「戰爭的始源與王權的形成」, 都出比呂志·田中琢 編,『古代史の論点〈4〉權力と國家と戰爭』, 小學館, 1998, 211–245쪽.

1406 岡村秀典,「中國新石器時代の戰爭」,『古代文化談叢』30下, 1993.
佐川正敏,「王と鉞−中國新石器時代の戰爭」,『考古學研究』第43卷 第2號, 1995, 49–62쪽.

1407 李濟,「殷墟銅器五種及其相關之問題」,『中央研究院歷史語言研究所集刊外篇·慶祝蔡元培先生六十五歲論文集(上)』, 1933. Max Loehr, Weapons and Tools from Anyang, and Siberian Analogier, *American Journal of Archaeology*, Vol.53 No.2: 126~144, 1949.

병기이며 서양인들은 이것을 중국식 창(Chinese Ko-Hal-berd)이라고 부른다.[1408] 과(戈)는 아마도 하인(夏人)의 상징적인 기물이었을 것이다.[1409] 과(戈)는 중원에 주로 분포했고, 또한 청동기시대보다 이르지 않다.

(9) 금기(金器)

금 중에 아름다운 것이 황금이다. 황금은 금속문화의 상징이다. 고대 이집트의 휘황찬란한 문화는 사람을 감탄하게 하고, 대하(大夏)의 황금 보물은 많아서 다 볼 수 없고, 스키타이(Scythia)는 초원황금의 주인으로 인식된다. 흑해(黑海)를 둘러싼 야금(冶金)구역(Circumpontic Metallurgical Province)에서 수집한 7만 8천여 개 선사시대의 금속제품 중에 5만 5천여 개가 황금제품이다.[1410] 금 양털과 금 사과의 이야기가 오랫동안 구전된 것은 마치 서아시아에 황금시대가 있었던 것처럼 느껴지는데, 동아시아의 옥기시대와 서로 빗대어 볼 수 있다.

동아시아의 황금제품은 청동기보다 늦다. 중국 초기 금으로 만든 기물은 제가(齊家)문화, 하가점하층문화(夏家店下層文化)와 삼성퇴(三星堆) 등 상(商)·주(周)시대의 문화유적에서 보이고, 대체로 청동과 함께 나왔다. 금사(金沙)유적에서 출토된 태양신조(太陽神鳥)는 절세의 우수 작품이어서 이미 중국 문화유산의 상징으로 지정되었다. 하·상·주의 금으로 된 기물[金器]은 주로 장식품과 제사나 예절과 관련된 용품[1411]

1408 William Watson, *Cultural Frontiers in Ancient East Asia*, P.43, Edinburgh, 1971.

1409 曹定雲,「殷代族徽"戈"與夏人後裔氏族」,『考古與文物』, 1989(1).

1410 E. V. Chernykh et al., Ancient Metallurgy in Northeast Aisa: From Urals to the Saiano-Altai, in *Metallurgy in Ancient Eastern Eurasia from the Urals to the Yellow River*, ed. by Katheryn M. Linduff, The Edwin Mellen Press, 2004.

1411 白黎璠,「夏商西周金器研究」,『中原文物』, 2006(5). 齊東方,「中國早期金銀器研究」,『華夏考古』, 1999(4).

이고 중앙아시아와 서아시아에서 이것과 대응되는 원형(原形)을 찾기
는 어렵지 않다.

신라의 황금, 선비족의 금식, 흉노족의 금관(金冠), 대하(大夏)의 황금,
스키타이(Scythia)의 금기(金器), 바빌론의 금엽(金葉), 이집트(Egypt)의 금
가면은 서로 하나로 이어져 있으며 모두 금 숭배의 표현이다. 공주금관
(公主金冠)은 고대 이집트(Egypt) 황금예술의 대표작으로 조형(造型)이 간
결하고 고리모양의 머리띠를 중심으로 하여 위아래가 모두 엽편(葉片)
으로 장식이 되어 있다. 금 조각 공예품은 우르왕조시대에서 매우 유행
했다.[1412] 금관과 보요관(步搖冠)은 스키타이(Scythia)로부터 흉노에게까지
영향을 주었다. 흉노족, 선비족, 몽골족에서 보요(步搖) 혹은 보요관(步
搖冠)이 유행했고, 신라의 왕관에 분명히 영향을 주었으며[1413] 일본에까
지도 영향을 미쳤다.[1414]

(10) 천(天), 제(帝)

하늘(天)은 유목민족과 농경민족이 다 같이 숭배하는 대상이므로 아
마도 같은 기원이 있을 것이다. 제(帝)와 하늘의 관계에 대해서 이미 적
지 않은 사람이 연구와 추측을 하고 있지만 아직도 합리적인 해석을 얻
지 못했다.[1415] 황천(皇天)과 상제(上帝)도 서로 구별하기가 어렵고 천자
(天子)와 제자(帝子)는 같은 연원이 있다.[1416] 플레쳐(Fletcher)는 그의 유작

1412 Tengberg M. et al., The Gloden Leaves of Ur, *Antiquity*, 82: 925~939, 2008.

1413 이송란, 「皇南大塚 新羅冠의 技術的 系譜」, 『韓國古代史研究』第31輯, 2003.

1414 孫機, 「步搖·步搖冠與搖葉冠飾」, 『文物』, 1991(11).

1415 劉復, 「"帝"與"天"」, 『古史辨』第2冊, 1930.

1416 Sanping Chen, Son of Heaven and Son of God: Interactions among Ancient Asiatic cultures Regarding Sacral Kingship and Theophoric Names, *Journal of Royal Asiatic Studies*,

(遺作)에서 유일신 신앙(A Single Universal God)이 아리아인(Aryan)에서 기원한다고 제기했고 동아시아의 하늘 숭배는 인도·유럽 유목민 특히 토하라인(Tocharians)의 활동과 관련이 있다고 여겼다.[1417]

하늘에 대한 숭배의 내용은 대체로 같으나 형식은 다르다. 『상서(尚書)』「대고(大誥)」에서 "천(天)"은 대략 20번 정도 등장한다. "하늘이 위엄을 내려……내가 하는 일은 하늘이 시키신 것이다……나 소자는 감히 상제의 명을 폐할 수 없으니, 하늘이 녕왕(寧王)을 아름답게 여기시어 우리 작은 나라인 주나라를 흥하게 한다."[1418]라고 했다. 선진 문헌에서 천(天)과 제(帝)는 자주 통용되거나 연용(連用)되어 대동소이(大同小異)하다. 『상서(尚書)』「소고(召誥)」에 "오호라! 황천상제가 원자(元子)를 바꾸셨다."[1419]라고 했고, 흉노시대(匈奴時代)에는 하늘에 대한 숭배가 높은 단계로 진입했다. 하늘에 제사를 지내는 것은 흉노족의 정치문화생활 가운데에서 큰 부분을 차지하는 행사였다. 『후한서(後漢書)』「남흉노전(南匈奴傳)」에 "흉노의 풍속은 해마다 용(龍)에 대한 제사가 3번 있고 항상 정월, 5월, 9월의 무(戊)일에 천신께 제사를 지낸다."[1420]라고 하고 있으며 선우(單于, 흉노의 추장)는 '탱리고도(撑梨孤塗, 흉노어)'라고 불리는데, 의미는 천자라는 의미이고, 이것은 한 나라 황제를 천자라 부르는 것과 같다. 『예기(禮記)』「곡례(曲禮)」에 "천하의 임금된 자를 천자라 한다."[1421]라고 했다. 이에 대해 정현(鄭玄)의 주(注)에는 "천하란 밖으로 사해에 이름

12(3): 289~325, 2002.

1417 Joseph Fletcher, The Mongols: Ecological Social Perspectives, *Harvard Journal Asian Study*, 46(1): 11~50, 1986.

1418 역주: 『尚書』「大誥」: 天降威, …… 予造天役, …… 予惟小子, 不敢替上帝命. 天休於寧王, 興我小邦周.

1419 역주: 『尚書』「召誥」: 嗚呼, 黃天上帝, 改闕元子.

1420 역주: 『後漢書』「南匈奴傳」: 匈奴俗, 歲有三龍祠, 常以正月五月九月戊日祭天神.

1421 역주: 『禮記』「曲禮」: 君天下曰天子.

502 이하선후설(夷夏先後說): "이(夷) 하(夏) 관계의 선후를 밝히다"

을 말하는 것이다. 지금 한나라는 만이(蠻夷, 오랑캐)에게 천자라 칭하고 왕후(王侯)에게 황제라 칭한다."[1422]라고 하였다. 흉노족들은 하늘에 맹세하는 습속(習俗)이 있고 또 천벌(天罰)의 설도 믿는다. 흉노는 서역 한 구름 속의 높은 산을 하늘 혹은 하늘신의 상징으로 여겨 천산이라고 부른다. 기련(祁連, 중국 서쪽 한 산의 이름)과 탱리(撑犁, 흉노어)는 한 단어를 달리 음역한 것으로, 하늘이라는 뜻이고 기련산(祁連山)이 곧 천산이며 흉노족들의 마음에 있는 신산(神山)이다.[1423]

하늘에 제사를 지내는 흉노의 풍속은 돌궐(突厥), 거란(契丹), 몽골(蒙古)이 계승했다. 흉노는 천(天)을 기련(祁連)이나 탱리(흉노어)라고 불러 돌궐(突厥)어, 몽골(蒙古)어의 탕그리(Tangri)와 또 중국어의 천(天, Tian)과 언어학적으로 관련이 있다.[1424] 제천(祭天), 천산(天山), 천자(天子), 하늘에 맹세함[對天發誓], 천벌[天譴] 그리고 언어학적인 연관성은 유목민족과 농경민족이 하늘에 대한 비슷한 숭배 현상이 있었다는 것을 증명한다. 대체로 상나라 시대에는 제(帝)라고 많이 호칭했으며 주나라 시대에 천(天)이라고 많이 호칭했고, 유목민족은 대부분 탕그리(Tangri)라고 호칭했다. 수메르어(Sumerian language)에서 din-gir, di-gir, dim-mer 등의 발음이 있다. 처음 전해질 때 제(帝)라고 읽고, 그 다음 전해질 때 천(天)이라고 읽고 세 번째 전해질 때 탕그리(Tangri)라고 읽었을 가능성이 없지 않다.

이상은 하왕조 때부터 동아시아에 나타나기 시작한 새로운 문화 요소로, 청동기시대의 유목문화라고 부를 수 있다. 그 문화가 동쪽으로 전파된 것은 토하라인, 강족(羌族) 혹은 융족(戎族), 적족(狄族)과 관련

1422 역주: 『禮記正義』「曲禮」: 天下, 謂外及四海也. 今漢於蠻夷稱天子, 於王侯稱皇帝.

1423 劉義棠, 「祁連天山考辨」, 『政治大學民族學報』, 第21期, 1996.

1424 Sanping Chen, Sino-Tokharico-Altacia-Two Linguistic Notes, *Central Asian Journal*, 42(1): 24~43,1998

이 있다.[1425] 앞에서 우리는 하나라, 주나라 사람과 융족, 적족이 관계가 있다는 것을 논증했는데, 하나라 사람 혹은 융족과 적족이 청동기시대의 유목문화를 도입했다고 추론할 수 있다. 동아시아 각국은 선택적으로 그 가운데에서 부분 내용을 흡수했고 또한 더욱 발전시켰다. 중국은 청동기술을 도입한 후 중앙아시아와 같은 무기, 도구와 장식품을 생산할 수 있었을 뿐만 아니라 대형용기를 생산하고 예기(禮器, 의식에 사용되는 그릇)를 만들었다. 소, 말, 양 및 그 관련 기술의 전파 역시 장애물에 부딪쳤는데, 혹자는 그 중의 부분 내용을 선택적으로 흡수했다고 여기기도 한다. 일본열도와 한반도, 중국 대부분 지역이 유목화되지 않았지만, 생산력 경제 기초부터 상층의 의식형태 구축까지 모두 청동 유목문화의 세례를 받았다. 무(武)를 숭상하는 기풍과 황금숭배는 동아시아에 풍미했고 옥기(玉器)숭배와 의례의 풍속은 여전히 존재하고 있다.

용산문화는 신석기시대 후기 혹은 말기의 문화로 아직 청동시대에 진입하지는 못했다. 하문화가 용산문화 등과 함께 일어났다고 보는 것은 적합지 않고, 기타 신석기시대 문화와 한데 섞어 논하는 것은 더욱 적합하지 않다. 하내(夏鼐)는 하문화가 마땅히 하왕조시기의 하민족 문화여야 한다고 생각한다.[1426] 하(夏)왕조시기부터 나타나기 시작한 이러한 신문화는 단지 하인(夏人) 및 그 관계가 밀접한 융족, 적족 혹은 토하라인(Tocharians)의 공로라 할 수 있을 뿐이다. 고묘구(古墓溝)문화, 제가(齊家)문화, 주개구(朱開溝)문화, 하가점하층(夏家店下層)문화, 이리두(二里頭)문화는 기본적으로 위에서 서술한 새로운 문화요소를 포함하고 있

1425　徐中舒, 「北狄在前殷文化上之貢獻: 論殷墟青銅器與兩輪大車之由來」, 『古今論衡』, 1999(3), 171~200쪽.

1426　夏鼐, 「談談探索夏文化的幾個問題」, 『河南文博通訊』, 1978(1).

었으며 이는 중국 내의 하민족 문화일 가능성이 크다. 신석기시대는 정착 농경문화를 특징으로 하고 있으며 옥기와 견직물은 고대국가에서 즐비했으며 제사는 있었지만 전쟁은 없었다. 청동기 시대에는 유목문화를 특징으로 하고 있으며 왕국이 독립적이었으며 전쟁이 빈번했다. 동아시아는 이때부터 역사시대에 진입했다.

4. 토론과 결어

고고학자는 고고학적 문화의 특징과 자세한 부분을 주목하고, 인류학자들은 인류 문화의 공통성과 통칙을 주목한다. 고고학과 인류학을 결합하여(Anthroplogical Archaeology) 전방위적(Holistic)으로 연구해야 인류 문화의 발전 경위를 제대로 살펴볼 수 있다. 중국은 세계를 구성하는 한 부분으로 세계와 병립하는 것이라고는 볼 수 없다. 인류는 공통적인 기원을 가지고 있기 때문에 중국 사람들만의 독립적인 기원이 있을 리가 없다. 문화는 다양하기 마련이며, 중국 문화 또한 세계의 조류 밖에 고립되어 존재할 수는 없다.

현대 세계 체제 개념은 이미 많은 사람들의 공감을 사고 있으며, 중고(中古) 세계 체제도 광범위하게 수용되고 있는 상황이며, 고대 세계 체제도 날이 갈수록 그 논거의 논의전개가 명확해지고 있다. 인류의 역사에서 일찍이 여러 종류의 "교류 네트워크", "공생권(共生圈)", "공동체"가 존재해 왔다. 단지 하나의 대륙의 범위를 넘어서는 것을 세계 체제라고 칭할 수 있을 것으로 보인다. 세계역사는 다문화[跨文化], 다지역[跨地區], 다민족[跨民族]의 시각에서 역사를 더욱 세밀히 들여다보고 더 광범위한 역사적 현상들을 기술한 것으로서, 거시사(Macro History) 혹은 빅 히스토리(big history)라고 할 수 있다. 미국 역사학회 초임 회장이었던 앤드루 딕슨 화이트는 "우리는 그것(세계사)을 줄기로 보고, 전문사(歷史史)와 전기(傳記)를 가지와 잎으로 볼 수 있다. 줄기는 가지와 잎으로부터 생명력을 얻고, 동시에 가지와 잎에도 생명력을 주입한다. 두 가지가 병행되어야 균형 있게 자랄 수 있다."라고 하면서 19세기부터 세계사를 연구할 것을 호소했다.[1427] 중국 고고인류학의 비조인 이제(李濟)도 "중국의 문화 및 종족사의 방대함은 온 유럽의 문화 및 종족사와 비교할 만하다. 단지 이런 시각으로 관찰하고 이것을 근거로 해서 연구해야 중국 고대사와 고고 유적에 대한 해석에 진정한 진보를 얻을 수 있다."[1428]라고 했다. 근본을 버리고 지엽적인 것을 추구하거나 본말을 전도함은 맞지 않을 것이니, 지엽적인 것을 연구할 때에는 반드시 나무줄기를 잊지 말아야 한다.

청동기술과 유목문화는 구대륙(舊大陸)의 고대 세계체제를 형성한 기술·문화적 기초다. 청동, 소, 말, 양, 밀, 보리, 잠두, 우경(牛耕), 차마(車馬), 모(毛)제품, 벽돌, 화장(火葬), 묘도(墓道), 호전풍기(好戰風氣), 금전숭배, 상제신앙 등은 청동기 시대 세계체제의 지표와 흔적을 보여주는 요소로, 하상주 삼대의 중국에서 전반적으로 받아들였기 때문에, 당시 삼대는 이미 청동기시대의 세계체제에 진입했다는 것을 의심할 필요가 없을 것이다. 중국은 고고학에서 홀로 동떨어진 외딴섬이 아니며, 인류 문화의 사각지대라고 보아서도 안된다.

글로벌 히스토리에 관한 연구방법은 여러 가지가 있는데, 이 가운데 가장 많이 쓰이는 방법론은 비교를 통해 같은 점과 다른 점을 찾아, 세계사와 부합되는 점을 발견하는 것이다. 구체적인 비교연구는 거시적

1427 Gilbert Allardyce, Toward World History: American Historians and the Coming of the World History Course, *Journal of World History*, 1: 23–76, 1990.

1428 李濟, 「安陽的發現對譜寫中國可考歷史新的首章的重要性」, 『中國文明的開始』, 南京, 江蘇教育出版社·鳳凰出版傳媒集團, 2005.

인 비교와 통찰에 그 기초를 제공해 줄 수 있다. 서아시아와 중아시아는 유럽의 동방(東方)이면서 중국의 서방(西方)이다. 중국과 유럽은 각각 유라시아 대륙의 동서 양쪽에 위치해 있으니 거시적인 비교나 유비(類比)를 할 수 있다. 청동유목문화가 유럽으로 전파될 수 있으면 동아시아로의 전파가 막힐 이유가 없다. 만약 유럽이 청동시대 세계체제의 가장자리라면, 중국이 가장자리 밖에 있었을 가능성은 크지 않다. 사실상 비록 청동기시대 세계체제의 핵심 구역에서 조금 멀지만 유럽과 동아시아는 고대 세계체제의 두 개의 거대한 가장자리였다고 볼 수 있다.

중심과 외위(Center and Periphery)시각으로 세계사를 살펴보는 것은 경제학에서 유래되었다. 많은 나라와 지역은 자신의 위치에 대해서 나름의 이해를 가지고 있기 마련인데, 한 사람의 중심은 다른 사람의 가장자리일 수 있고, 반대로도 마찬가지다. 세계체제의 중심과 외위는 상대적인 것으로 때에 따라 다르며 여러 개의 중심이 있을 수 있다. 청동기시대 세계체제에서의 중국은 가장자리이기도 하고 중심이기도 하다. 동아시아는 고대세계체제의 가장자리에 있었고, 중국은 또한 오랫동안 동아시아의 중심이었다. 안양(安陽)의 은허(殷墟)는 국제적인 문화센터로서 청동기시대 동방의 독특한 세계적 도시이다.[1429] 고대 세계체제에서 4,000년 전의 용산(龍山)시대에 중국은 아득히 먼 가장자리였고 4,000년 후의 하상주(夏商周) 삼대에는 점점 중심이 되었다. 이른바 사대문명(四大文明) 고국(古國)은 실제로 청동기시대 세계체제의 네 개의 중심이다. 중고(中古) 세계체제에서 한(漢)·당(唐)·송(宋)·원(元)의 중국은 중심적 위치에 있었다. 현대 세계체제에서 중국은 가장자리에서 점차 중심 가운데 하나로 전환되었다. 차이메리카(chimerica)란 개념은 현대 세

1429 李濟, 「古代中國文明」, 『考古』 1996(8).

계체제가 쌍핵(雙核)구조 혹은 "둘이 하나가 되는(合二爲一)" 가능성이 진행 중이라는 것을 의미한다.

취합(convergence)과 이산(divergence)은 글로벌 히스토리에서의 또 하나의 중요한 연구 시각이다. 청동문화가 유목문화와 이산되고, 중국 민족 문화와 취합된 것이 지극히 좋은 예증이다. 청동 시대 세계체제의 중심으로 보면 서아시아 청동 제련과 중부아시아 유목문화가 세계적으로 확산되었다. 청동 기술은 서아시아에서 기원했다. 우선 중부아시아, 지중해(남유럽과 북아시아)로 확산되었고, 그 다음에 유럽의 대부분·동아시아·동남아시아·아프리카 남쪽까지, 온 구대륙과 근처의 섬까지 확산되었다. 이와 관련된 문화 요소는 밀·벽돌과 황금 숭배가 있다. 유목문화가 중앙아시아에서 형성되어 사면팔방으로 확산된 것은 인도유럽 문화의 형성과 인도유럽인의 확장과 밀접한 관련이 있다. 청동기시대의 세계체제는 서아시아와 중아시아에서 주변으로 확장하여 형성된 것이다. 5,000년 전에는 서아시아와 근처 지역에 한정되었고, 4,000년 전에 중아시아 지역으로 확장되었으며, 3,000년 전에는 거의 온 구대륙에 보급되었다. 다른 한편으로는 삼대의 문화는 취합되어 형성된 것이다. 중국문화는 본토문화와 외래문화가 끊임없이 융합한 결과, 쌍 나선구조를 이루고 있다. 본토에서 기원한 돼지·개·닭과 외래의 소·말·양은 육축(六畜)이 되었고, 외래의 밀과 본토의 벼·조·기장·콩은 오곡이 되었다. 소로 밭을 갈 때, 쟁기와 호미는 줄곧 기본적인 생산도구였다. 우경과 호미질을 보완하며 동아시아 농경의 전통을 형성했다. 비단은 서쪽으로 융단은 동쪽으로 전파되어, 비단과 융단은 동서 문화교역의 상징이 되었다. 배는 중국에서 기원했고 거마는 중앙아시아에서 기원했지만, 배와 거마는 중원에서 교역되었다. 진(秦)나라의 벽돌 또는 주(周)나라의 벽돌은 서아시아에서 온 것이고 기와는 중국의 발명품이지만, 벽돌과 기와를 이용한 건축기법은 동아시아의 특색이다. 토장(土葬)은 동아시아의 문화 전통이고 화장은 중앙아시아에서 기원했지만, 토장과 화장은 서로 병행되었다. 예악문화는 신석기시대에 시작되었고 호전적인 풍속은 중앙아시아의 청동기 문화에서 기원했지만, 제사와 전쟁은 국가를 이루는 대사가 되었다. 옥 문화는 신석기시대에 시작되었고, 금 숭배는 청동기시대에 시작되었지만, 금성옥진(金聲玉振)의 대성을 이루었다. 조상제사[祭祖]는 동방의 특색이고, 하늘제사[拜天]는 중앙아시아의 전통이었지만, 경천법조(敬天法祖)가 되었다. 앞에 서술한 10가지 측면을 종합적으로 비교하여 연구하면 모두 삼대 문화의 "쌍 나선(雙螺旋)"의 특성을 증명할 수 있다. 본토에서 기원한 신석기시대 문화는 정착 농경을 특색으로 하며 중국문화의 기층을 이루었다. 서방에서 전해진 청동기시대 유목문화는 전 중국문화, 특히 중국의 상층문화에 영향을 미쳤다. 양자는 유기적으로 결합하여 독특한 삼대(三代) 문화를 형성했다. 핵분열반응과 같은 이산은 문화전파 혹은 확장의 주요 형식이고, 종합반응과 같은 취합은 문화의 진화를 가속시키는 기초적인 동력이 된다.

진화와 전파는 인류문화 발전의 두 가지 주요 형식이다. 진화는 느리고 양적 변화를 주로 하며, 전파는 신속하고 종종 질적 변화를 일으킨다. 중국 신석기시대 6,000여 년의 발전은 느렸고 길면서도 평온했다. 청동기시대로 진입하여서는 나날이 복잡함이 가속화되는 것이 뚜렷해졌고 전쟁 혹은 정권 교체를 끊임없이 되풀이 했다. 본토기원설은 동아시아에 정착한 농경문화의 기원과 발전을 설명할 수 있고 외래설은 청동유목문화의 기원을 밝힐 수 있다. 전파론과 진화론은 결코 언제나 대립되는 것이 아니고 전파 역시 문화진화의 동력 혹은 방식이므로 오직 양자 결합의 상호작용론만이 비로소 삼대문화의 기원과 발전을 뚜렷이 밝힐 수 있다.[1430]

1430 Mair, V. H., Kinesis Versus Stasis, Interaction Versus Independent Invention, in

현존하는 인류는 동일한 하나의 종인 호모사피엔스에 속하며 먼 길을 힘겹게 이동하는 길을 걷어왔다. 전세계 각지로 분산되어 상호작용을 하며 계속해서 인류에게 영향을 주고 있다. 상호작용은 글로벌 히스토리의 핵심이념으로 전세계사 연구는 "큰 범위의 상호작용 연구"[1431]다. 같지 않은 무리가 만난 후 상호 영향을 주는데, 작은 지방은 큰 세계와 상호작용하여 지방사(地方史) 역시 세계화가 될 수 있다. 어떤 지역의 발명 창조는 세계범위 내에서 연쇄반응을 일으킬 수 있고 장거리 혹은 간접적인 상호작용을 발생시킨다. 직접적인 상호작용은 때마다 있지 않은 적이 없이 계속 이어져 왔다. 간접적인 상호작용은 끊어졌다 이어지곤 한다. 중심과 주위는 직접적으로 상호작용하고, 중심과 주변은 간접적으로 상호작용 한다. 근거리 접촉 상호작용과 교류는 논쟁할 여지 없이 확실하며, 근거리 상호작용과 교류는 알아차리기 어렵다. 석기시대에는 인류의 직립보행으로 인해 근거리 접촉 상호작용을 한 것이 주요 교류 형식이었다. 청동기시대에는 차량과 타는 것의 발명과 보급으로 장거리 상호작용을 하게 되었으며, 이것이 인류의 일상적인 활동이 되었다. 소병기의 구계유형이론과 장광직의 상호작용권 가설은 이미 많은 사람이 알고 있던 것이었지만 중국과 동아시아에 국한되어 대륙 간 상호작용에 관해서는 충분한 주목하지 못한 측면이 있었다. 바다와 산맥이 인류의 이동과 교류를 저지하지 못하게 되었고 서로 이웃이 되고 시시각각으로 상호작용했다. 파미르고원 서쪽 혹은 중앙아시아와 서아시아 사이에 '청금석길'이 있었고, 동쪽 혹은 중앙아시아와 동아시아 사이에 '옥석길'이 있었으며, 동서를 소통하게 하는 '청동길'이 있었다. 실

Contact and Exchange in *the Ancient World*, 1~16, University of Hawaii Press, 2006.

1431 劉新成, 「互動: 全球史觀的核心理念」, 『全球史評論』第2輯, 北京, 中國社會科學出版社, 2009.

크로드는 쌍방향 교류였고 청동길 역시 그러하여 대륙 간 상호작용은 청동기시대에 이미 사회적 풍조가 되었다. 소와 양이 오가고, 준마가 질주하며, 밀과 보리 이삭이 출렁였고, 유라시아와 아프리카 3대륙 사이에는 명확한 분계점이 없어 구대륙은 이미 연속적인 상호작용의 체계가 형성되게 된 것이다.

세계체제는 개방적이고 동태적인 시스템이기 때문에 반드시 시스템의 동태적 시각에서 청동기시대의 세계 체계를 이해해야 한다. 인류의 이동과 문화, 특히 기술 전파는 청동기시대의 세계 체계형성과 변화의 결정적 작용을 하는 요인이다. 사물은 보면서 사람은 보지 못하는 것은 중국 고고학자들의 자조적인 현실이다. 네 발 달린 동물과 발이 없는 식물도 모두 먼 길을 마다하지 않고 중국으로 왔는데, 설마 두 발 달린 사람이 나아가지 못하고 멈출 수 있었겠는가? 분자유전학 연구는 인류의 동일성을 증명했다. 중국인은 결코 특수한 인류가 아니라 여타 지역의 사람들처럼 아프리카에서 기원했다. 신강 등지에서 발견된 청동문화유적지의 주인은 일부 인도 유럽인에 속하며 은허 유골 중에서도 역시 인도 유럽인 출신이 있다.[1432] 삼성퇴 청동군상, 서주방조 인두상, 백부 서주 고분 중에 출토된 청동 인면상 등은 모두 명확한 인도 유럽인의 특징이 있다. 토하라인은 비단길을 개척했고, 적적과 백적이 교대로 침입하여, "중국은 끊이지 않는 실과 같았다." 일부 인도 유럽인은 춘추전국시대에 산동에 진입했다.[1433] 현대 인류 기원이 "아프리카에서 시작"되었다는 가설은 이미 유전학과 인류학 증거의 광범한 지지를 얻고 있다. 동아시아 및 주변 지역 유전자의 다양성 비교를 통하여 Y염

1432 楊希枚:「河南安陽殷墟墓葬中人體骨骼的整理和硏究」,『中硏院歷史語言硏究所集刊 42本 2分』, 1970, 231−266쪽.

1433 Li Wang et al., Genetic Structure of a 2500−Year−Old Human Population in China and Spatiotemporal Changes, *Molecular Biology and Evolution*, 17(9): 1396−1400, 2000,

색체의 OM175, CM130, DYAP 하플로그룹 및 mtDNA의 하플로그룹 B · R9 · M은 남방인의 성분으로, 이 둘은 각각 80%와 85%의 동아시아인의 부계, 모계 유전자 은행을 구성하고 있다. 반면에 북방인에게서는 9%와 1.2%만이 동아시아인의 Y염색체와 mtDNA를 포함하고 있다.[1434] 이 결과는 남방인의 성분이 동아시아 사람들의 유전자 은행의 절대적인 주체를 구성하고 있는데, 90% 이상의 사람이 남쪽으로부터 온, 즉 몽골종 혹은 이인(夷人)이고, 10%도 안되는 사람이 서방 곧 인도 유럽인 혹은 하인(夏人)으로, 한인(漢人)의 다수가 혼혈로 이루어져 있다는 것을 말해준다.

　언어인류학 연구 또한 청동기시대에 세계의 체계가 존재한다는 학설을 지지하고 있다. 에드윈 풀리블랭크(Edwin George Pullyblank[캐나다 한학자(漢學者)])는 상고시대 중국어와 인도유럽어(Indo-European languages)의 비교연구를 통해 역시 유사한 결론을 도출했는데, 인도 유럽인이 중국에 진입한 것은 그들이 인도에 진입한 것보다 절대 늦지 않는다는 것이다.[1435] 그는 대담하게도 간지(干支)가 상고시대 중국어의 성모계통이며 셈어파[중동지역, 북아프리카, 동아프리카 전역에 걸쳐 2억 이상의 사람들이 사용하고 있는 언어] 자모표 중 22개 자음부호와 연관이 있을 것이라고 추측했고, 중국어와 인도 유럽어가 단순히 차용 혹은 서로 영향을 준 것 이상이며 또한 발생학과 관계가 있다고 확신했다.[1436] 언어학 연구는 중국 문화 외래설의 몇 가지 증거를 발견했다. 인디언 문명처럼 중국 문명도 결코 완전한 토착문명은 아니라는 것과 인도문명, 그리스문명처럼 파

1434 文波, 『Y染色體 · mtDNA多態性與東亞人群的遺傳結構』, 復旦大學博士論文, 2004.

1435 Pulleyblank E. G., Prehistoric East—West Contacts across Eurasia, *Pacific Affairs*, 47: 500-508, 1975.

1436 Pulleyblank E. G., The Chinese Cyclical Signs as Phonograms, *Journal of the American Oriental Society*, Vol.99 No.1: 24-38, 1979.

생 혹은 복합된 문명이라는 것이다.[1437] 유라시아초어계 가설(Eurasiatic Macro – Family Nostratic Hypothesis)은 우리가 고대 세계 체계를 이해하는 데 유리하다.[1438]

중국은[赤懸神州: 전국 시대 사람 추연이 중국을 적현신주라고 한 것에서 유래함] 구주 가운데 하나일 뿐이고 구주 외에 대구주가 있다. 역사적 전설에도 역시 상고시대에 아마도 세계체제가 존재했을 것이라고 밝히고 있다. 동아시아의 신석기시대는 정착 농경을 기초로 한 "옥백고국(玉帛古國)"시대였는데, 즉 전설 속의 요순시대이다. 중국의 청동기시대는 실제로 하상주 삼대이고 유목문화의 뚜렷한 영향을 받았는데, 염황[염제 신농씨와 황제 헌원씨] 이야기가 바로 이러한 상호작용이 굴절되어 반영된 결과이다. 황제는 서방 혹은 북방으로부터 와서, 후에 윗자리에 올라 주객이 전도되어 점차 오제의 우두머리가 되었다. 사마천은 요순전설과 염황신화를 동일시하여 「오제본기」를 창작했고 "천하일가"의 민족관을 체현했다. 요순전설과 염황신화는 각각 다른 문화전통과 시대정신이 반영된, 두 가지 다른 이야기 계통에서 유래된 것이다. 요순은 이인(夷人)의 전설로, 농사짓고, 도기를 제작하고, 물고기를 잡으며, 우물을 파고, 물을 다스리고, 선양하는 것으로 신석기시대의 동아시아 정착 농경문화와 예악문명의 흥기를 상징하고 있다. 염황은 하인(夏人)의 이야기로, 수레를 만들고, 검을 제작하고, 정을 제작하고, 왕래하고 출정하여 일정한 거처가 없는, 청동기시대 유목문화와 무를 숭상하고 전쟁을 좋아하는 풍조의 동진을 반영하고 있다.[1439]

1437　Coleman J. E., An Archaeological Scenario for the "Coming of the Greeks" ca 3200BC, *Journal of Indo-European Studies*, 28(1/2): 101–153, 2000.

1438　Colin Renfrew, At the Edge of Knowability: Towards a Prehistory of Languages, *Cambridge Archaeological Journal*, 10(1): 7–34, 2000.

1439　易華, 「從『史記』「五帝本紀」看堯舜與炎黃的傳說」, 劉正寅 等主編, 『族際認知—文獻中的

청동기시대는 밀을 상징으로 한 농경문화와 말을 상징으로 한 유목문화를 유라시아 대륙으로 전파하여 세계체제를 형성했다. 대략 5,000년 전 서아시아와 중앙아시아 부분 지역은 이미 청동기시대에 진입하여 점차 청동기시대 체계를 형성했다. 대략 4,000년 전 동아시아는 청동기시대 세계 체계에 진입하기 시작했고 유럽과 동아시아는 모두 이 체계의 경계 지역이었다. 제가문화, 주개구문화, 하가점하층문화와 이리두문화는 동아시아 초기 청동문화의 대표이고, 또한 동아시아가 청동기시대 세계 체계에 진입했다는 것을 상징한다. 청동유목문화는 유럽에 전파되었을 뿐만 아니라 철저히 유럽문화의 면모를 변화시켰다. 게다가 동아시아까지 전파되어 동아시아의 문화발전에 영향을 주었다. 청동 유목문화의 광범위한 전파는 동서양 문화의 동질성을 증가시켰고 유럽과 동아시아의 역사 발전과정을 변화시켰다.

역사적 기록 혹은 전설은 하왕조 건립 전의 동아시아가 만이(蠻夷)의 땅이었고, 대우(大禹) 부자가 만이의 땅에서 하왕조를 건립한 후에야 비로소 남만과 북만, 동이와 서이의 구분이 있게 되었다는 것을 나타내고 있다. 고고학 발굴과 연구는 하왕조 건립 이전의 동아시아에는 아직 유목과 농경의 구분이 없었는데, 바로 이족이 중국 신석기시대의 정착 농경문화를 창조했고, 하 혹은 융적이 청동기시대 유목문화를 도입했다는 것을 설명하고 있다. 청동기시대 세계체제 학설은 중국을 세계로까지 재통합시켰고 중국과 세계의 관계 및 중국을 나아가 동아시아의 민족 형성과 역사를 확실하게 이해하는 데 도움이 되었다. 이하(夷夏)족은 동서의 구분이 있을 뿐만 아니라 선후의 분별이 있다. 이하선후설(夷夏先後說)은 각종 본토기원설과 외래설을 기초로 하여 더욱 거시적인 시공간에서 중국 민족과 문화의 기원 및 형성을 상세히 논술하고 중화문명

他者』, 北京, 社會科學文獻出版社, 2009.

의 근원을 찾아 연구하는 데에 새로운 사고의 맥락을 제공할 수 있다.

夷	夏
堯, 舜	炎, 黃
猪, 狗, 鷄	牛, 馬, 羊
小米, 大米	小麥, 大麥
石器	靑銅
白玉	黃金
陶器, 瓷器	玻璃, 琉璃
土坑墓, 甕棺墓	支石墓, 火葬
地母, 祖先崇拜	天神, 帝王信仰
祀與禮	戰與戎
夷語	夏言
桑樹, 絲綢, 苧麻	棉花, 棉布, 毛
養蠶	養蜂
柑橘, 桃, 棗, 栗, 菜花	苹果, 石榴, 葡萄, 無花果
燕子	鴿子
升斗	天平
瓦	磚
打擊樂: 鼓磬	弦樂
神杆	日晷
門	鎖

왕국유(王國維)는 학문에는 고금과 안팎, 쓸모 있음과 쓸모없음의 구분이 없다고 말했다. 이(夷)·하(夏) 관계의 동서와 선후의 구별에 관한 논의 또한 영구히 변하지 않는 게 아니다. 시간이 흐르고 상황이 변화함에 따라 이(夷)와 하(夏) 모두 변화했다. 북두칠성이 자리를 옮기고 주객의 구별이 없어졌다. 한국고등교육재단에서 어렵게 기회를 제공해 주어서 내가 전심전력으로 그 범위가 크고 끝이 없는 "이하선후설(夷夏先后說)"을 연구할 수 있도록 해 주었다. 충남대학에서 이상적인 연구 공간을 마련해 주었고 부총장이시면서 국제교류학원 원장님이신 박양진(朴洋震) 교수께서 넓은 사무실과 연구실을 배정해 주셨다. 그 분은 동아시아고고학회 부회장이시면서 사무총장이셔서 내가 고고학계의 구체적인 동향을 살펴볼 수 있는 기회도 주셨다. 중국사회과학원 고고연구소 왕외(王巍) 소장께서 방문해 주시고 강연해 주셔서 중화문명탐원공정의 진전 과정을 명료하게 알 수 있는 기회를 가질 수 있었다. 충남대학교 백제연구소 소장을 역임하셨던 장인성(張寅成) 교수, 현재 소장직을 역임하고 계신 우재병(禹在柄) 교수, 역사학과 정순모(鄭淳模) 교수, 공학원의 노태천(盧泰天) 교수, 박물관 박순발(朴淳發) 교수 등은 좋은 스승이자 도움을 주는 벗이었고 형제 같았던 우정을 잊을 수가 없다. 학시원(郝時遠) 소장, 왕인상(王仁湘) 교수, 강인호(姜寅虎) 형님의 적극적인 권유, 츠치다 준코(土田純子), 김강경(金姜京), 김민선(金旻善), 김희강(金姬姜), 최경환(崔卿煥)의 아낌없는 도움으로 일 년 반 동안의 신선 같았던 삶은 감격스러웠을 뿐만 아니라 그리움으로 남을 것이다. 신선한 공기, 자유로운 기분, 여름밤의 개구리 울음소리, 백제의 미소 그 모든 것들이!

이화(易華)

2007년 8월 18일 한국 대전에서

『이하선후설』 초고는 한국에서 완성되었다. 하지만 지난 10년간 구상해 왔던 것이었고 이후에 또 수년간 수정했다. 이전에 북경 농업대학에서 공부했을 때 여러 책을 읽으며 유목과 농경민족에 대해 생각했다. 중국과학원 대학원과정에 입학해서 왕자춘(汪子春), 류창지(劉昌芝) 선생을 사사했고 조셉 니담(Joseph Needham) 등이 창시한 중국과학기술사를 체계적으로 배워서『중국인의 거북이에 대한 인식과 숭배(中國人對龜的認識和崇拜)』라는 제목으로 이학(理學) 석사 학위를 취득했다. 미국을 돌고서 대륙으로 돌아와 정착한 중앙연구원 역사어언연구소(歷史語言研究所) 양희매(楊希枚) 선생이 논문답변위원회 위원장이었다. 그는 논문을 진지하게 심사숙고하며 읽었고 많은 비판과 제안을 제시해주셨다. 나 또한 진지하게 그 분의 저술을 존경하는 마음으로 읽었고 그 분에게서 이제(李濟)와 부사년(傅斯年)의 이야기를 들었다. 그 분의 추천과 노훈(盧勳) 선생의 노력으로 나는 비교적 순탄하게 중국사회과학원 민족연구소에 들어갈 수 있었다. 나는 부사년(傅斯年)과 이제(李濟)의 저작을 체계적으로 읽어나가면서 가슴이 두근거리는 설렘을 느낄 수 있었다. 부사년이『역사어언연구소 사업의 취지(歷史語言研究所工作之旨趣)』를 주찬(主撰)하면서 우리들은 과학적인 동방학의 정통을 중국에서 찾아야 한다고 하면서 "역사학·언어학을 생물학·지질학 등과 같이 세워 나가는 이들이 바로 우리 동지들이다!"라고 했다. 생물학 또는 생태학적 관점에서 중국 또는 동방의 역사를 살펴보는 것은 일종의 흥미로운 시도가 될 수 있을 것이다. 인류는 생물계의 하나의 생물학적 종일 뿐만 아니라 하나의 총체로서 고찰해 보아야 한다. 중국을 세계 체계에 위치시키면 중화민족과 인류를 연결시킬 수 있다. 장기적인 시간의 프레임 속에서 보면 유목과 농경이 규합하는 과정을 고찰해 볼 수 있다. 탈구조(deconstruction)와 구조(construction)의 관점에서는 전통의 붕괴와 재발견의 과정을 밝혀낼 수 있다. 노훈(盧勳) 선생은 주로 남방민족의 원시 경제 형태를 연구해 왔는데 내가 북방유목민족사를 연구하는 것을 지지해 주셨다. 박사논문인『유목과 농경민족 관계 연구(遊牧與農耕民族關係研究)』의 체계는 방대했고 빈틈도 너무 많아서 정식 출판은 엄두를 내지 못했다. 『이하선후설』은 박사논문의 앞의 세 장(章)에 근거하여 그 논의를 확대시켜 완성된 것이다.

체질인류학은 자연과학이다. 체질인류학자인 한강신(韓康信)은 지도교수인 왕자춘 선생님의 복단대 동학으로 그의 논저를 공부하면서 나는 중국체질인류학의 현황을 이해할 수 있었다. 그와 양희매 선생의 안양(安陽)에서 출토된 두개골에 대한 논쟁은 나로 하여금 골격(骨骼) 측량에 의지해서만은 문제를 다 해결할 수 없다는 점을 알게 했다. 우연한 기회에 김봉(金鋒)·왕력(王瀝) 부부를 알게 되었는데 그 분들의 연구는 나에게 매우 신선하게 다가왔다. 인도유럽인이 동진(東進)했다는 것이 전설에 그치는 것이 아니었다. 복단대학의 김력(金力), 중국과학원 곤명동물연구소(昆明動物硏究所)의 장아평(張亞平) 등은 분자유전학의 시대 추세에 발맞춘 연구를 진행해서 국제적인 인정을 받는 성과를 이루어냈다. 곤명 제16회 민족학과 인류학 세계대회(昆明第16屆民族學與人類學世界大會)의 주제 강연에서 김력은 20년에 달하는 연구 성과를 회고했고 중국인 또는 몽골인종은 아프리카에서 동남아시아를 거쳐 왔지만 다만 근래 수 천 년 동안 인도유럽인이 중아시아로부터 동남아시아로 들어갔을 가능성을 배제할 수 없다고 단호하게 말했다. 나는 그 학술대회 참가자들이 발표한 모든 중요한 논문들을 수집하고 꼼꼼하게 읽었는데, 이하선후설은 생물인류학적 근거를 가지고 있었다.

고고학은 인문사회과학 중에서도 가장 견고한 학문 분야로, 『고고(考古)』와 『고고학보(考古學報)』는 아직까지도 과학출판사에서 출판하고 있다. 고고학의 성과와 결론은 비교적 믿을 만한 것이다. 고고학 유적 또는 보고서는 교각과 같아서 그 위로 다양한 교량과 체계를 세울 수 있다. 2004년 나는 류국상(劉國祥)의 요청에 응하여 제1회 홍산문화국제학술토론회(首屆紅山文化國際學術討論會)에 참가했다. 여기에서 나는 「홍산문화 정착생활방식: 유목의 기원을 함께 논하다(紅山文化定居生活方式: 兼論游牧的起源)」를 발표했고 왕인상(王仁湘) 선생의 관심을 끌었다. 그는 곧바로 곧 북경에서 개최될 고고학상에서의 동서문화교류 국제회의(考古學上的東西文化交流國際會議)에 참가하길 요청했다. 나는 약속한대로 대회에서 「유목과 관련된 몇 가지 기술 문제(與游牧有關的幾個技術問題)」에 대해 발표했다. 이를 수정한 다음에 제목을 「청동의 길: 상고시대 동·서 문화 교류 개론(青銅之路: 上古東西文化交流概說)」으로 바꾸어서 『동아고물(東亞古物)』 1권에 발표했고 이를 통해 고고학계와 인연을 맺게 되었다. 2008년 동아시아 고고학 세계대회(東亞考古學世界大會)에 참가하여 「이하선후설: 고고학논증(夷夏先後說: 考古學論證)」을 발표했다. 봄에서 여름으로 넘어갈 즈음, 류국상·허굉(許宏)이 조직한 "중원과 북방 초기 청동문화의 상호교류" 답사에 참가했는데 20여 분의 다양한 학문분야의 학자인 왕인상(王仁湘), 등총(鄧聰), 매건군(梅建軍), 조지군(趙志軍), 하노(何駑), 서량고(徐良高), 장군(張君), 탑랍(塔拉) 등과 열흘 정도 교류했고 고고학과 유관 학문분야에 대해 진지하게 이해할 수 있었다. 최근 몇 년간 흥륭와(興隆注), 반파(半坡), 앙소(仰韶), 서음촌(西陰村), 우하량(牛河梁), 도사(陶寺), 대전자(大甸子), 이리두(二里頭), 은허(殷墟), 삼성퇴(三星堆) 등 대표적인 유적지들을 연달아 답사·조사했고 고고학에 대해 절절한 체득의 시간을 가질 수 있었다. 여러 차례 변경(邊境)민족 고고학 토론회에 참가했고 이하선후설의 고고학적 증거는 날로 늘어갔다.

언어학은 인문사회과학의 기초 학문으로 인식되고 있다. 강적(江荻)은 동향사람으로 동학이자 동료이다. 나는 그 친구의 지도교수인 손굉개(孫宏開) 선생의 "중국티베트언어학"을 선택과목으로 들었는데 그 때 백보몽(白保夢)의 『중국티베트언어 개론(漢藏語言概論)』을 교재로 했다. 손 선생님은 강어(羌語)에 대해서도 연구했는데 강어(羌語) 갈래를 구축했다. 이 분은 국내 소수민족언어연구의 대표적인 인물이기도 하다. 그는 중국티베트어족의 가설이 일종의 증명을 기다리는 크리스티안 골드바흐(Christian Goldbach)의 추측이라고 여겼다. 에드윈 풀리블랭크(Edwin G. Pulleyblank), 왕력(王力), 여숙상(呂叔湘)이 창설한 한어(漢語)연구선통에서는 한어 그 자체에는 관심을 가졌지만 한어와 기타 언어와의 관계에 대해서는 그다지 관심을 갖지 않았다. 중국사회과학원 언어연구소는 사실상 한어연구소이다. 독학했을 때에는 정통적인 한족(漢族) 왕조라고 생각했다. 하지만 사실 한(漢) 왕조는 초(楚)나라 사람인 유방(劉邦) 등이 건립한 나라였다. 그 당시를 생각해보면 항우(項羽)가 유방에게 봉토(封土)하여 한왕(漢王)으로 세웠고 유방은 상당히 불만을 가졌었다. 이당(李唐) 왕실은 한인(漢人) 혈통도 있었지만 선비(鮮卑) 후예가 아니라고도 할 수 없을 것이다. 월송(越宋)과 주명(朱明)은 아마도 한인 왕조였을 것이지만 하(夏)와의 관련성을 찾기에는 이미 매우 아득한 일이라고 할 수 있다. 한(漢)을 하(夏)로, 소수민족을 이(夷)로 잘못 생각하는 행태는 일종의 새로운 차별이라고 할 수 있다. 좋은 것은 한족에게 돌리고 열등한 것은 소수민족에서 돌리며 한족은 영원히 선진적이고 소수민족은 모두 우매하다는 식의 차별적인 시각인 것이다. 이는 민족 간 갈등을 악화시키는 생각의 근원이라고 할 수 있다.

민족학과인류학연구소(民族學與人類學研究所)는 또한 '소과학원(小科學院)'이라고 칭해지기도 한다. 여기에서는 뜨거운 민족 대응책 연구에도 뛰어들 수 있으며 인류의 근본 문제를 묵묵히 심사숙고할 수도 있다. 민족역사 · 언어 · 사회연구는 전통적으로 강한 연구 분야이고 고고연구소, 언어연구소, 중앙민족대학과 형제 관계에 있는 기관으로 교류관계도 수월하게 이루어져 왔다. 중앙국가기관인 민족단결선진단위(民族團結先進單位)에서는 민족은 다민족대가정이고 한족 · 만주족 · 몽골족 · 위구르족 · 티베트족 다섯 민족이 짝을 이루었던 일은 늘 있었던 일이라고 했다.

몽골 남성과 잔을 들어 술을 양껏 마시는 기회가 있다면 흉노피로 마른 목을 마셔야 할까? 유족(維族) 여성과 덩실덩실 춤을 추면서 어떻게 호로의 고기로 주린 배를 채울까? 티베트의 활불(活佛)과 마주보고 앉아서 고요히 생각하면 마음속에 다시 증오가 일어나지는 않을 것이다. 흉노가 사라지지 않아도 편안하게 살 수 있다. 소수민족이 즐거워야 중국이 비로소 행복하고 즐거울 수 있다.

이 세상에 나를 알아주는 이가 있다면(海內存知己) 세상 밖에 지음(知音)이 있을 것이고 세상 끝에 등총(鄧聰)이 있을 것이다. 매유항(梅維恒) 선생님, 장사해(張師海) 선생님, 등총(鄧聰) 선생님이 각각 서문을 써주셨는데 한 생에 세 번의 행운이라고 할 수 있다. 사람들이 도와준 것을 일일이 다 서술하기 어려운데, 지면은 짧고 생각은 많아 영원히 마음에 기억해두리라. 삼가 요종이(饒宗頤) 선생의 시 한 수를 빌려 스스로를 위로하고 함께 누리고자 한다.

만고에 마음 속 뜻을 소멸시킬 수 없으니 　　　　　萬古不磨意
한가운데로 자유자재 흘러가는 마음이라네 　　　　中流自在心

바람이 바다의 비를 불어내며   天風吹海雨

백아의 거문고를 연주하려 하는구나!   欲鼓伯牙琴!

이화(易華)

2012년 4월 15일 북경에서

『이하선후설』에서는 "이(夷)·하(夏)가 동·서의 구분이 있을 뿐만 아니라 선·후의 차이가 있다. 이(夷)·하(夏)의 전환은 동아시아 상고사(上古史) 상에서 중대한 의미를 갖는다."라는 견해를 제기했다. 인류학의 4대분과 학문, 40여 방면의 엄밀하게 선정된 100여 건의 증거들을 통해 체계적인 논증을 해나갔다. 더 방대한 시공간 프레임과 더 깊은 인식 체계에 기초하여 이·하 선후설이 선현들의 독창적인 견해를 수용할 수 있었다. 또한 창조적인 견해를 제시한 부분들도 있어서 사회적인 반향을 일으켰다.

『인민일보(人民日報)』에서 『이하선후설』을 보도하면서 "이 책은 동아시아 문명의 본토기원설과 외래전파설의 모순을 해소시켰고 동아시아 문명의 형성을 설명해냈다."라고 했다. 신화사(新華社)에서는 "한학연구의 새로운 동향: 『이하선후설』이 세상에 나오다"라는 제목으로 북경대학 몽신(夢新) 교수, 중앙민족대학 장해양(張海洋) 교수, 홍콩중문대학 등총(鄧聰) 교수, 펜실베니아대학 빅터 마이어(Victor H. Mair) 교수의 이 책에 대한 높은 평가를 보도했다. 『신화매일전신(新華每日電訊)』에서는 "『이하선후설』의 풍부한 상고사 인식"을 발표했다. 중국신문사들은 "학자가 중화민족 다원일체가 이(夷)·하(夏)가 혼합되어 이루어졌다고 말하다"라는 제목으로 이 책의 기본 관점들을 보도했다.

등총 교수는 『중국문불보(中國文物報)』에서 "세찬 서양의 물결 속에서 중화문명의 기원 문제"라는 제목의 서평을 발표하면서 다음과 같이 말했다. "『이하선후설』이라는 책의 가장 중요한 의미는 중국 문명의 구성요소들을 다시금 새롭게 유라시아 대륙의 체계 속에 두고 생각하게 한다는 점이며 이것은 중국과 세계의 고고학의 융합을 시도한 것으로, 21세기 세계고고학의 공통적인 방향성이라고도 할 수 있을 것이다." 중앙민족대학 이홍빈(李鴻賓) 교수는 출판기념회에서 훌륭한 발언을 했는데 다시 만자에 달하는 독후감을 써서 "인류학적 관점 하에서의 중국 고사(古史)의 전승"이라고 했다. 마이어 교수는 북경대학 강연에서 특별히 경품추천코너를 계획해서 이 책을 경품으로 주었고 『이하선후설』이 새로운 데이터를 응용하여 새로운 사고의 방향을 제기했고 한학(漢學)연구의 새로운 영역을 개척했다고 말했다. 이 분의 제안으로 영문판 출판에 동의했다. 마이어 교수는 고희의 연세에 가까움에도 만 리길을 멀다고 어기지 않으시고 중국에 오셨고 또 매우 좋은 생각으로 이 책을 추천해 주셔서 감격스러웠다.

『이하선후설』은 중앙민족대학교 경문동(敬文東) 교수 등이 대학원생들의 필독서로 지정해 주시는 등 멘토의 역할을 하고 있다. 이 책은 또한 일반 독자들의 환영을 받았다. 중국판 아마존인 당당망(當當網) 상에 스물일곱 분의 전혀 알지 못하는 독자들의 비평이 실렸으며 100점 만점 별 다섯개의 추천을 받았다. "천 편의 곡을 연주해야 소리를 알고 천하의 사람들이 마침내 군자를 알아볼 수 있다(操千曲而后知音, 天下人終會識君)!" 갈 길은 끝없지만 탐구하고자 하는 의지는 사라지지 않으니 옛 친구들과 새로 사귄 벗들의 격려에 매우 감사드린다.

초판이 이미 품절되고 수정판과 영문판을 준비 중이니 기쁘기 한이 없다. 이번 재판(再版)에서도 비평을 기대하며.

2012년 12월 25일 북경 감로원(甘露園)에서